新HSK 한권으로 합격하기

HSK.zip 4급

저자

윤숙연
덕성여자 대학교 중어중문학과 졸업
인하대학교 교육대학원 중국학교육 석사 취득
청룡초등학교, 생연중학교 중국어 강사
시사중국어학원 신촌캠퍼스 新HSK 4급 전임강사

新HSK 한권으로 합격하기 4급 개정판

초판발행	2010년 11월 10일
1판 6쇄	2013년 3월 30일
개정발행	2014년 5월 30일
개정 7쇄	2019년 10월 20일
저자	윤숙연
책임 편집	최미진, 가석빈, 高霞, 박소영, 하다능
펴낸이	엄태상
디자인	진지화
콘텐츠 제작	김선웅, 최재웅
마케팅	이승욱, 오원택, 전한나, 왕성석
온라인 마케팅	김마선, 김제이
경영기획	마정인, 조성근, 김수진, 김예원, 김다미, 전태준, 오희연
물류	유종선, 정종진, 최진희, 윤덕현, 신승진
펴낸곳	시사중국어사(시사북스)
주소	서울시 종로구 자하문로 300 시사빌딩
주문 및 교재 문의	1588-1582
팩스	(02)3671 0500
홈페이지	http://www.sisabooks.com
이메일	book_chinese@sisadream.com
등록일자	1988년 2월 13일
등록번호	제1 - 657호

ISBN 979-11-5720-005-4 18720
　　　979-11-5720-004-7(set)

* 이 책의 내용을 사전 허가 없이 전재하거나 복제할 경우 법적인 제재를 받게 됨을 알려 드립니다.
* 잘못된 책은 구입하신 서점에서 교환해 드립니다.
* 정가는 표지에 표시되어 있습니다.

 **머리말**

2010년 새롭게 개정된 新HSK는 이미 만 4년의 시간이 지나갔습니다. 중국의 위상이 날로 높아지고, 韓中관계 역시 다른 여타의 국가와 비교해 가장 긴밀한 우호관계를 유지 하고 있어, 중국어를 배우는 사람들이 많이 증가되고, 더불어 HSK의 관심 또한 그 어느 때 보다 뜨겁습니다. 이런 상황에서 新HSK 시험 난이도와 문제유형을 다시 재검토해야 할 필요성을 필자는 느끼게 되었습니다. 시험의 문제유형이나 큰 틀은 개정된 이래 눈에 띄는 변화는 비록 없지만, 사실 4년이라는 시간을 거치면서 시험의 난이도는 초반에 비해서 많이 상향조정 되었고, 필수어휘에도 변화가 생겼으며, 듣기도 속도가 전보다 다소 빨라졌기 때문에, 본 수험서 '한 권으로 합격하기4급' 역시 그 변화를 반영해야만 수험생들에게 맞춤식 수험지침을 제공할 수 있다고 생각하여 이렇게 개정판을 출간하게 되었습니다.

무엇보다도 모든 수험서의 가장 좋은 모범 교과서는 기출문제라는 생각을 필자는 항상 가지고 있기 때문에, 이 '한 권으로 합격하기4급' 역시 최신 기출문제를 많이 반영하여 학생들이 실전 적응 능력을 향상시킬 수 있도록 노력하였습니다. '한 권으로 합격하기 4급 최신 개정판'을 통하여서 新HSK시험에 도전하는 모든 수험생들이 최고의 성적을 얻을 수 있기를 희망합니다.

본 교재의 특징은 다음과 같습니다.

1. 新HSK4급 각 영역의 철저한 분석

'지피지기 백전백승(知彼知己 百戰百勝)'이라는 말처럼 우선 새롭게 개편된 HSK가 어떻게 달라졌는지를 확실히 파악해야만 정확히 대비를 할 수 있습니다. 이 책에서는 新HSK의 문제유형 및 난이도 등을 철저하게 분석함으로써 수험생들이 新HSK를 명확히 이해하고 준비할 수 있도록 가이드를 제시하였습니다.

2. 공부기술을 통한 영역별 맞춤 전략 제시

각 영역마다 공부기술을 제시하여, 필요한 핵심내용들을 일목요연하게 정리하고 이해할 수 있도록 하였습니다. 철저하게 수험생들의 눈높이에 맞춰 자세한 설명 및 어휘 등을 제시하였고, 스스로 도식화할 수 있도록 공식화하여 정리하였습니다.

3. 다양한 연습문제와 상세한 풀이

본 교재에서는 이론 정리뿐만 아니라 실전문제를 통하여 바로 적용할 수 있도록 유형 맛보기, 실력 다지기, 실전 테스트와 같이 다양한 연습문제와 풀이를 포함하였습니다. 이와 같이 다양한 난이도의 실전문제를 통하여 문제적응 훈련을 배양할 수 있으며, 또한 풀이가 상세하여 독학용 교재로도 충분히 활용이 가능합니다.

이상 본 교재를 활용하여 많은 수험생들이 新HSK 4급 시험에서 좋은 성적을 거둬 급수를 취득하기를 희망합니다. 또한 간혹 미흡한 부분들과 결점들이 보인다면, 지체 없이 지적해주시고, 날카롭게 비평해 주셔서 더 발전된 수정과 보완을 통해 완벽한 수험서로 거듭날 수 있기를 바랍니다.

저자 윤숙연

목차

머리말	3
新HSK 소개	8
新HSK 4급 소개 및 문제유형	10
일러두기	12

一、听力

第一部分

Ⅰ. 제시된 문장의 주요 단어를 확인하라 ···· 20
    1. 숫자 및 시간 확인하기 ···· 20
    2. 장소 및 지명 확인하기 ···· 21
    3. 부사 확인하기 ···· 22

Ⅱ. 내용의 긍정과 부정 표현에 유의하라 ···· 26
    1. 긍정의 의미를 나타내는 부사들 ···· 26
    2. 부정의 의미를 나타내는 부사들 ···· 27
    3. 주의해야 할 이중부정 ···· 29

Ⅲ. 문장의 논리 관계에 귀를 기울여라 ···· 32
    접속사를 활용한 복문의 이해 ···· 32

Ⅳ. 유사한 단어나 표현에 주의하라 ···· 40
    꼭 알아두어야 할 유의어 ···· 40

실전 테스트 ···· 44

第二部分

Ⅰ. 문제의 보기 안에 힌트가 있다 ···· 45
    다양한 보기 유형들 ···· 45

Ⅱ. 상용되는 단어 및 관용어 표현을 외워라 ···· 52
    1. 칭찬을 나타내는 표현 ···· 52
    2. 불만을 나타내는 표현 ···· 53
    3. 동의를 나타내는 표현 ···· 54
    4. 부정 및 반대를 나타내는 표현 ···· 55
    5. 추측 및 확실하지 않음을 나타내는 표현 ···· 56
    6. 기타 관용어 표현 ···· 57

Ⅲ. 기초 어법 지식은 듣기에서도 통한다 ·············· 60
   1. 접속사 이해하기 ·············· 60
   2. 비교문 이해하기 ·············· 61

Ⅳ. 내용별 맞춤식 전략을 세워라 ·············· 65
   1. 장소 및 방향 관련 문제 ·············· 65
   2. 시간 및 수치 관련 문제 ·············· 70
   3. 반어문 관련 문제 ·············· 75
   4. 분석 및 추론/유추 관련 문제 ·············· 79
   5. 대화의 화제 및 중심 내용 파악 문제 ·············· 84

실전 테스트 ·············· 88

第三部分

Ⅰ. 장문 대화 형식 ·············· 90
   1. 대화 속 남녀를 확실히 구별하라 ·············· 90
   2. 화자의 태도와 어기를 판별하라 ·············· 92
   3. 보기를 통하여 질문을 유추하라 ·············· 95

Ⅱ. 단문 낭독 형식 ·············· 101
   1. 내용의 중심 소재 및 주제를 파악하라 ·············· 101
   2. 사건의 배경과 원인에 주목하라 ·············· 103
   3. 보기를 통하여 문제를 추측하라 ·············· 104

실전 테스트 ·············· 108

二、阅读

第一部分

Ⅰ. 단어 선택의 폭을 좁혀라 ·············· 116
   1. 명사가 주로 놓일 위치 ·············· 116
   2. 부사가 주로 놓일 위치 ·············· 120
   3. 동사/형용사가 주로 놓일 위치 ·············· 125

Ⅱ. 유사한 의미의 단어들에 주의하라 ·············· 129
   유사한 단어의 차이 비교 ·············· 129

	실전 테스트 1회 ⋯⋯⋯⋯⋯⋯⋯⋯⋯⋯ 134
	실전 테스트 2회 ⋯⋯⋯⋯⋯⋯⋯⋯⋯⋯ 136
	실전 테스트 3회 ⋯⋯⋯⋯⋯⋯⋯⋯⋯⋯ 138

第二部分

Ⅰ. 접속사들의 의미와 관계를 파악하라 ⋯⋯ 140
    접속사들의 의미와 관계 비교 ⋯⋯⋯⋯ 140

Ⅱ. 대명사를 유심히 살펴라 ⋯⋯⋯⋯⋯⋯ 145
    인칭대명사 /지시대명사 /의문대명사 ⋯⋯ 145

Ⅲ. 문장 전체의 논리적 맥락에 ⋯⋯⋯⋯⋯ 150
   주의를 기울여라
    문장의 논리적 맥락 파악하기 ⋯⋯⋯⋯ 150

실전 테스트 1회 ⋯⋯⋯⋯⋯⋯⋯⋯⋯⋯⋯⋯ 153
실전 테스트 2회 ⋯⋯⋯⋯⋯⋯⋯⋯⋯⋯⋯⋯ 155
실전 테스트 3회 ⋯⋯⋯⋯⋯⋯⋯⋯⋯⋯⋯⋯ 157

第三部分

Ⅰ. 독해의 기초 기술 습득하기 ⋯⋯⋯⋯⋯ 159
  1. 전체 내용의 중심 주제를 먼저 밝혀라 ⋯⋯ 159
  2. 주요 표점부호(标点符号)의 용법을 ⋯⋯ 161
    확실히 이해하라
  3. 연결작용을 하거나 분위기를 바꾸는 ⋯⋯ 163
    역할을 하는 단어에 주목하라
  4. 시간을 절약할 수 있는 방법을 익혀라 ⋯⋯ 165

Ⅱ. 문제 유형에 따른 독해 기술 ⋯⋯⋯⋯⋯ 167
  1. 글의 주제를 묻는 문제 유형 ⋯⋯⋯⋯ 167
  2. 숫자 관련 문제 유형 ⋯⋯⋯⋯⋯⋯⋯ 171
  3. '最'와 관련된 문제 유형 ⋯⋯⋯⋯⋯⋯ 175
  4. 배제형의 문제 유형 ⋯⋯⋯⋯⋯⋯⋯ 179
  5. 원인 및 목적 추측의 문제 유형 ⋯⋯⋯ 183
  6. 단어 및 문장의 의미 유추 문제 유형 ⋯ 188

실전 테스트 ⋯⋯⋯⋯⋯⋯⋯⋯⋯⋯⋯⋯⋯⋯ 192

三、书写

第一部分

Ⅰ. 중국어의 문장 구조만 잡아도 쓰기가 보인다 ···· 203
    중국어 문장의 6大 성분 및 기본 어순 공식 ········ 203

Ⅱ. 주요 품사별 접근 공식을 밝혀라 ················ 208
    1. 명사/대명사 및 수사/양사 공략하기 ········· 208
    2. 전치사 공략하기 ···························· 215
    3. 동사/조동사/형용사 공략하기 ··············· 219
    4. 부사 공략하기 ······························ 223

Ⅲ. 쓰기에 자주 출현하는 주요 어법
    유형별 공략하기 ································ 228
    1. 비교문 분석하기 ···························· 228
    2. 把/被 이해하기 ····························· 232
    3. 정도/가능보어 이해하기 ····················· 236
    4. 시량/동량보어 이해하기 ····················· 241
    5. 겸어문 이해하기 ···························· 245

    실전 테스트 1회 ································ 248
    실전 테스트 2회 ································ 249
    실전 테스트 3회 ································ 250

第二部分

작문비법 및 실전문제 해결 TIP ···················· 251
실전 테스트 1회 ···································· 260
실전 테스트 2회 ···································· 261

模拟考试

실전 모의고사 1회분 ······················ 265

新HSK 소개

한어수평고시(HSK)를 중국어 학습자에 대한 새로운 요구를 더욱 만족시키기 위해서, 중국 국가한반(汉办)조직의 중외한어교육, 언어학, 심리학과, 교육통계학 등 영역의 전문가들은 충분한 조사와 해외 실제 중국어 교육 상황 이해의 기초 위에 기존 HSK의 장점을 취하고 아울러 국제 언어 시험 연구의 최신 성과를 빌려, 新HSK를 출시하게 되었다.

❶ 시험 구성

新HSK는 국제중국어 능력 표준화 시험이고, 중국어가 모국어가 아닌 학생들이 생활, 학습, 업무면에서 중국어로 교류하는 능력을 중점적으로 테스트한다. 新HSK는 필기시험과 구술시험의 두 가지 부분으로 나누어지고, 필기시험과 구술시험은 서로 독립적이다. 필기시험은 1급, 2급, 3급, 4급, 5급과 6급 시험으로 나누어지고, 구술시험은 초급, 중급, 고급으로 나누어지며 구술시험은 녹음의 형식으로 이루어진다

필기시험	구술시험
HSK(6급)	HSK(고급)
HSK(5급)	
HSK(4급)	HSK(중급)
HSK(3급)	
HSK(2급)	HSK(초급)
HSK(1급)	

❷ 시험 등급

新HSK의 각 등급이 〈국제중국어능력기준〉과 〈유럽언어 공통참고치(CEF)〉의 대응관계는 아래의 표와 같다.

필기시험	단어 수	국제중국어능력기준	유럽언어규격 (CEF)
HSK(6급)	5000이상	5급	C2
HSK(5급)	2500		C1
HSK(4급)	1200	4급	B2
HSK(3급)	600	3급	B1
HSK(2급)	300	2급	A2
HSK(1급)	150	1급	A1

[HSK (1급)] 매우 간단한 중국어 단어와 구문을 이해하고 사용할 수 있으며, 구체적인 의사소통 요구를 만족시키며, 한 걸음 더 나아간 중국어 능력을 구비한다.

[HSK (2급)] 익숙한 일상생활을 주제로 하여 중국어로 간단하게 바로 의사소통할 수 있으며, 초급 중국어의 우수한 수준에 준한다.

[HSK (3급)] 중국어로 생활, 학습, 비즈니스 등 방면에서 기본적인 의사소통 임무를 수행할 수 있으며, 중국에서 여행할 때도 대부분의 의사소통을 할 수 있다.

[HSK (4급)] 중국어로 비교적 넓은 영역의 주제로 토론을 할 수 있고, 비교적 유창하게 원어민과 대화할 수 있다.

[HSK (5급)] 중국어로 신문과 잡지를 읽고, 영화와 텔레비전을 감상할 수 있으며, 중국어로 비교적 높은 수준의 강연을 할 수 있다.

[HSK (6급)] 중국어로 된 소식을 가볍게 듣고 이해할 수 있으며, 구어체나 문어체의 형식으로 자신의 견해를 자유롭게 표현할 수 있다.

❸ 시험 원칙

新HSK는 '시험과 교육을 연계한다'는 원칙을 준수하며, 시험 설계와 현재 국제 중국어 교육 현황 및 교재 사용과 긴밀하게 결합하여, '시험으로 교육을 촉진시키고, 시험으로 배움을 촉진시킨다'는 목적을 가지고 있다.

新HSK는 평가의 객관성, 정확성에 신중을 기하고, 응시생의 중국어 활용 능력을 발전시키는 것을 더욱 중요시한다.

新HSK는 명확한 시험 목표를 설정해서, 응시생으로 하여금 계획성이 있을 뿐만 아니라 효과적으로 중국어 활용 능력을 향상시키기 쉽다.

❹ 시험 용도

新HSK는 기존의 HSK 중국어 능력 시험이 가졌던 위상을 이어가고, 성인 중국어 학습자를 대상으로 한다. 그 성적은 다방면의 수요를 만족시킬 수 있다.

① 대학교 신입생 모집, 분반, 수업면제, 학점 부여 등에 참고 기준을 제공한다.
② 직장에서의 인재채용, 교육, 승진 등에 참고 기준을 제공한다.
③ 중국어 학습자의 이해를 돕고 본인의 중국어 응용능력을 높이기 위해서 참고 기준을 제공한다.
④ 중국어 교육기관과 관련기구에서 교육성과를 평가하는 참고 기준을 제공한다.

❺ 성적 발표

시험 종료 후 3주 내에 응시생은 인터넷을 통해서 본인의 중국어 시험 성적을 확인할 수 있고, '국가한반'에서 수여하는 新HSK성적 보고서를 취득할 수 있다.

新HSK 4급 소개 및 문제유형

新HSK 4급은 수험생의 중국어 응용능력을 평가하는데, 이것은 국제중국어능력기준 4급, CEF B2급에 해당한다. 新HSK 4급을 통과한 수험생은 중국어를 이용해서 광범위한 주제로 토론할 수 있으며, 비교적 유창하게 중국어를 모국어로 하는 자와 교류할 수 있다.

[시험 대상]

新HSK 4급 시험의 대상은 주로 4학기 동안 매주 2~4시간을 학습하고, 1200개의 상용어휘와 관련어법 지식을 숙달한 자이다.

[시험 내용]

新HSK 4급은 총 100문제이며, 듣기, 독해, 쓰기의 3부분으로 나뉜다. 전체 시험시간은 수험생 개인 인적사항 기재시간 5분을 포함하여 약 105분이다.

시험 내용		문항 수		시험시간(분)
1. 듣기	제1부분	10	45	약30
	제2부분	15		
	제3부분	20		
듣기 영역에 대한 답안 작성시간				5
2. 독해	제1부분	10	40	40
	제2부분	10		
	제3부분	20		
3. 쓰기	제1부분	10	15	25
	제2부분	5		
합계	/	100		약100

1. 듣기

제1부분 문제 수는 총 10문제. 녹음은 한 번 들려준다. 한 사람이 말한 후 두 번째 사람이 말하는 것을 듣고 '맞다/틀리다'를 판단한다.

제2부분 문제 수는 총 15문제. 녹음은 한 번 들려준다. 두 명의 대화를 듣고 문제의 정답을 고른다.

제3부분 문제 수는 총 20문제. 녹음은 한 번 들려준다. 4~5개의 문장으로 된 대화나 단문을 듣고 1~2개의 문제의 정답을 고른다.

2. 독해

제1부분 문제 수는 총 10문제이며 문제당 1~2개의 문장이 주어진다. 문장 속의 빈칸에 들어갈 정답을 고른다.

제2부분 문제 수는 총 10문제이며 문제당 3개의 문장이 주어지며, 세 개의 문장을 순서에 따라 적절하게 배열한다.

제3부분 문제 수는 총 20문제이며, 한 단락의 문장을 읽고 1~2개의 문제에 해당하는 정답을 4개의 보기 중에서 고른다.

3. 쓰기

제1부분 문제 수는 총 10문제이며 각 문제당 몇 개의 어휘가 주어지는데 이 어휘를 이용하여 문장을 완성한다.

제2부분 문제 수는 총 5문제이며 각 문제당 그림과 관련 어휘가 주어진다. 그림의 내용에 맞추어 관련 어휘를 이용하여 문장을 만든다.

4. 성적

新HSK 4급의 성적표는 듣기, 독해, 쓰기와 총점 4부분으로 되어 있다. 총 180점 이상이 되어야 합격이다.

	만점	수험생 점수
듣기	100	
독해	100	
쓰기	100	
총점	300	

新HSK성적은 외국유학생이 중국학교에 입학시 중국어능력으로 증명할 수 있으며, HSK성적의 유효기간은 시험 당일로부터 2년이다.

 일러두기

● 功夫기술전수

각 주제와 관련된 선생님의 공부기술을 전수합니다. 오랜 강의 경험과 노하우로 탄생한 이 기술에 맞춰 문제를 풀면 어떤 문제든 바로바로 손쉽게 해결될 것입니다.

> 功夫 기술전수
>
> **1 개념이해**
>
> 단어와 단어, 구, 절, 문장 등을 연결해 주는 기능을 가진 단어를 접속이나 문장 사이의 순접, 전환, 선택, 점층, 인과 등의 논리 관계를 표시 문장을 연결할 때, 일반적으로 글쓴이가 진정으로 하고 싶은 말은 후 논리관계를 보다 명백하게 밝혀주는 역할을 하기 때문에, 그 이해를 나 중심주제 및 핵심내용을 찾는 데에 많은 도움을 줄 것이다.

● 功夫기술공략

바로 앞에서 전수받은 공부기술을 활용하여 문제풀이 연습을 합니다.

> 功夫 기술공략
>
> **유형 맛보기 1**
>
> A 适合农业发展
> B 北方干旱少雨，冬天冷，夏天热
> C 可是南方气候温暖，雨水充足   (   )
>
> ❶ 단어 适合 shìhé 图 적합하다, 부합하다 ｜ 农业 nóngyè 图 농업 ｜ 干旱 gānhàn 图 가물다, 가뭄 ｜ 气候 qìhòu 图 기후 ｜ 充足 chōngzú 图 충분하다, 충족되다
> ❷ 功夫 공식 A，可是 B
> ❸ 功夫 풀이 문장 C의 시작이 '可是'로 되는 것을 보아, 상반관계를 표현함을 알 수 있다. 그렇다면 C 앞에는 그것과 대비되는 내용이 나와야 하는데, C에서 말하고자 하는 내용이 '南方的气候'인 것을 미루어보아 '北方' 기후에 대하여 말
> ❹ 핵심포인트 위에 주어진 4개의 보기만 살펴보면, 모두 직업과 관련된 단어임을 알 수 있다. 보기 을 들을 때 직업과 관련된 내용이나 위에서 제시된 단어들이 출현할 때 마다 체크해 리해진다.
> ❺ 함정조심! A의 경우 '剧场(극장)'과 '机场(공항)'의 발음 상의 유사점을 이용한 함정이라고 할 수 '第二个路口'를 '第一个路口'로, C의 경우는 본래의 '往右拐'를 '往左拐'로 바꿔놓

❶ 단어
문제풀이에 꼭 필요한 핵심단어들을 설명합니다.

❷ 功夫 공식
실전에서 바로 적용할 수 있는 문제풀이 공식을 알려줍니다.

❸ 功夫 풀이
쉽고 자세한 설명으로 문제를 가장 효과적으로 푸는 방법을 제시합니다.

❹ 핵심포인트
답을 결정짓는 부분을 콕 짚어 알려줍니다. 이 부분만 잘 이해한다면 만점!

❺ 함정조심!
문제를 풀 때 쉽게 빠질 수 있는 함정에 대해 설명하고, 그 함정을 극복할 수 있는 대안을 제시합니다.

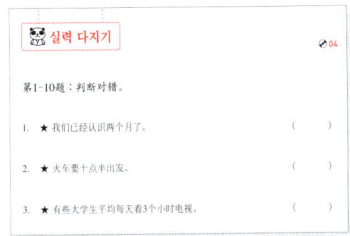

● 실력 다지기

실전에 가까운 풍부한 문제로 구성하여, 각 功夫기술전수와 功夫기술전략에서 익힌 내용을 바로 확인하고, 향상시킬 수 있도록 하였습니다.

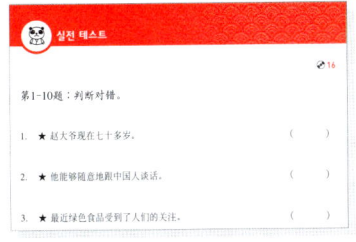

● 실전 테스트

각 영역의 부분별 문제를 유형별로 다양하고 풍부하게 실어, 모든 부분을 집중적으로 완벽히 연습할 수 있도록 하였습니다.

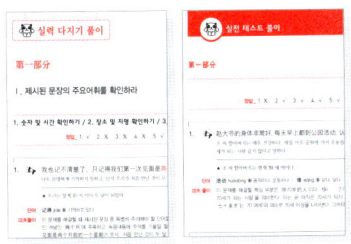

● 실력 다지기/실전 테스트 풀이

功夫기술전략의 유형맛보기와 마찬가지로 해당 문제에 대한 듣기 지문, 해석, 단어, 함정, 功夫 공식, 功夫 풀이, 핵심포인트 등을 자세히 실어, 학습자가 혼자서도 충분히 이해할 수 있도록 하였습니다.

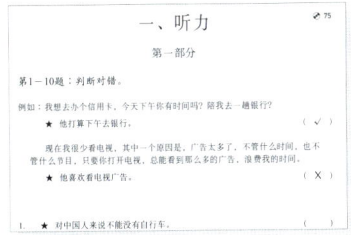

● 모의고사

최근 시험경향에 맞춘 모의고사 1회분을 제공하여, 학습자 스스로 실전에 임하는 자세로 자신의 실력을 최종적으로 테스트해 볼 수 있도록 하였습니다.

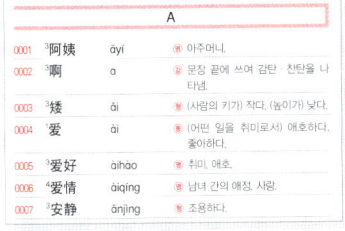

● 필수어휘집

新HSK 요강에 따른 각 급수별 필수어휘를 별도로 묶어 일목요연하게 정리하여, 언제 어디서든 편하게 볼 수 있도록 하였습니다. 학습자는 문제를 풀다가 모르는 어휘가 있으면 언제든지 찾아볼 수 있으며, 꾸준한 반복학습만 해나간다면 어휘 능력 향상과 HSK 시험에서의 고득점을 꾀할 수 있습니다.

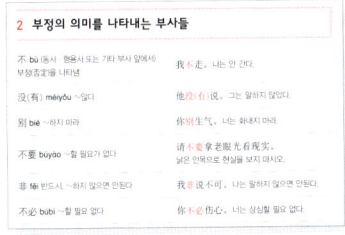

● 비법노트

新HSK 요강의 필수어휘 외에도 각 급수별 비법노트를 따로 정리하였습니다. 급수별 시험에서 중요하게 다루어지는 핵심 문법 및 표현을 보기 쉽고 깔끔하게 정리하여, 언제 어디서든 간편하게 휴대하며 학습하는 데 도움이 될 수 있도록 하였습니다. 특히 시험 당일 시험장에서 비법노트를 보며 학습한 핵심 내용을 최종적으로 정리해나갈 수 있어 매우 유용합니다.

一、听力

공부기술로 푸는 新HSK

新HSK 4급 듣기 경향

HSK한국사무국에서 新HSK 4급은 구HSK 기초3급 ~ 초중등4~5급 수준으로 비교하였으나, 본 교재에서는 듣기의 경우 현장에서 다년간 강의한 경험에 비추어 실질적인 시험형식과 수준의 비교대상을 구 기초 HSK시험으로 삼았다.

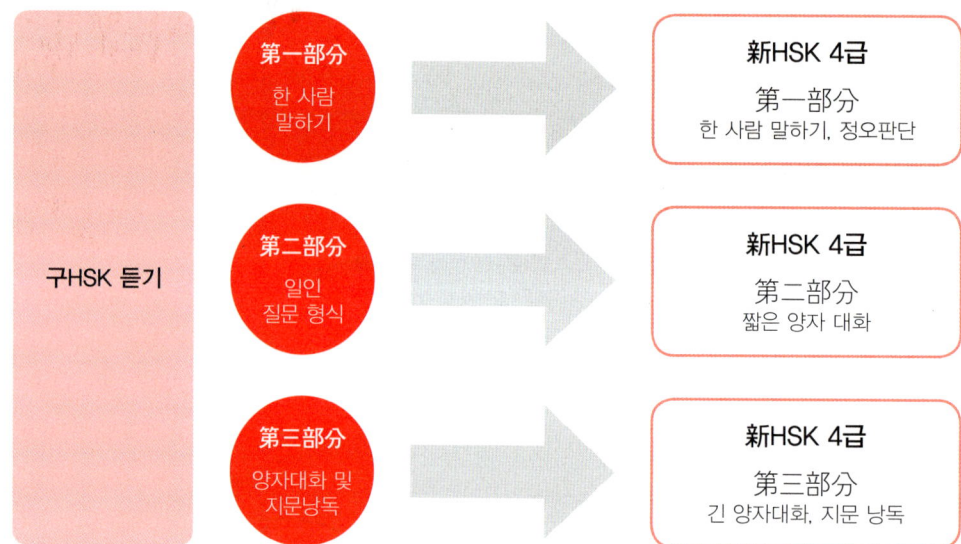

新HSK 4급 듣기 문제유형 소개

시험 내용		문항 수		시험 시간
듣기(听力)	第一部分	10문항	45문항	약 30분
	第二部分	15문항		
	第三部分	20문항		
듣기 영역에 대한 답안 작성시간				5분

1. 第一部分

이 부분은 총 10문항으로 들려주는 한 문장을 듣고, 녹음 내용과 관련하여 주어진 문장이 맞는지 틀렸는지를 판단하는 유형이다. 첫 번째 사람이 말한 것을 들은 후, 두 번째 사람이 말한 바의 정오를 판단하면 된다. 실제 HSK시험에서 이 유형은 총 10문제가 출제되며, 녹음은 한번만 들려준다.

2. 第二部分

이 부분은 총 15문항으로 구성되어 있으며, 매 문항은 두 사람의 짧은 대화로 이루어져 있다. 두 사람의 대화가 종결된 후 제 3자가 내용과 관련하여 질문을 하게 된다.

3. 第三部分

이 부분은 총 20문항으로 구성되어 있으며, 다시 크게 두 부분으로 나눌 수 있다. 하나는 듣기 2부분과 유사한 '양자 대화' 형태지만, 다소 긴 대화로 이루어지며 전체 20문항 중 10문항이 이러한 형태로 출제된다. 또 다른 하나는 4~5문장으로 구성된 스토리가 있는 단락문을 듣고 질문에 답하는 유형이다.

新 HSK 4급 듣기 변화 분석

1. 듣기 내용이 길어지고 수준이 높아졌다.

구 기초HSK의 듣기는 전체 3개 영역 가운데, 1, 2 부분이 비록 그 문제유형에는 다소 차이가 있지만, 모두 1인 독백 형식으로 이루어져 있었다.

다시 말해 전에는 전체 50개의 문항 중에서 30개의 문항이 짤막한 하나의 문장을 한 사람이 말하고 끝나는 형식이었다. 하지만 새롭게 바뀐 新HSK에서는 1인 독백 형식은 오직 듣기 1부분에만 나오며, 그 비중 또한 전체 45개 문항 중 겨우 10개 문항을 차지하고 있다. 또한 듣기 1부분이라고 해도 예전처럼 짧고 단순한 문장 하나가 아닌 다소 길고 내용의 구성이 복잡한 형태를 출제하고 있어 예전에 비해 수험생들의 보다 높은 수준을 요구하고 있음을 알 수 있다.

높은 수준의 장문 듣기!

2. 녹음을 한 번만 들려준다.

구 기초HSK의 듣기는 3부분을 제외한 1, 2부분은 모두 녹음을 두 번씩 들려주었다. 하지만 新HSK는 유형에 상관없이 모두 녹음을 한 번 밖에 들려주지 않는다.

그렇다고 상대적으로 내용이 쉽거나 길이가 짧아진 것은 더더욱 아니며, 두 번 들려주던 내용을 한 번만 들려준다는 것은 이전에 비하여 더 높은 집중력을 요구하고, 평소의 듣기 실력을 있는 그대로 측정하겠다는 의도가 담겨 있다고 볼 수 있다.

방송은 단 한번! 귀담아 듣기!

3. 어휘량은 감소하였다. 〈구HSK 2500개 → 新HSK 1200개〉

구 기초HSK 문제를 해결하기 위해 필요한 어휘량은 대략 2500개~3000개 수준이었다. 하지만 新HSK 4급에서 원하는 어휘량은 그 보다 배 이상이 감소한 1200개에 불과하다.

듣기 영역 역시 기본적으로는 어휘량이 뒷받침이 되어야 하는 영역이므로 필수 어휘량의 감소는 결과적으로 수험생들의 부담을 덜어주는 요소가 된다.

단어량은 절반으로!

新HSK 4급 듣기 功夫전략

新HSK 듣기, 어떻게 접근할 것인가? 이것만은 꼭 기억하자!!

1. '듣고→쓰고→말하기'의 3박자를 반복하라.

듣기 공부는 정도(正道)가 없다.

무조건 반복하여 많이 듣고, 또 들은 내용을 써 내려가고, 그 내용을 다시 중국인의 대화 속도와 유사한 속도로 빠르게 반복해서 읽어보는 것이 듣기 실력 향상의 가장 빠른 지름길이다. 결론적으로 말해, '듣기→쓰기→말하기' 이 세 과정의 순서를 반복적으로 하다 보면, 듣기 실력은 자연스레 향상될 것이다.

2. 평소에 정확한 중국어 발음을 내도록 힘쓰라.

기본적인 듣기 능력을 배양하려면 기본적으로 음소를 어느 정도 정확히 인식하고 식별해야 한다.

나아가 처음부터 정확한 발음을 소리내도록 연습해야 한다. 중국어의 발음은 성모와 운모, 그리고 성조로 이루어져 있다. 성모는 우리말의 자음에 해당하고, 운모는 우리말의 모음에 해당한다. 자음과 모음의 구별도 물론 중요하지만, 우리에게 어려운 요소는 성조를 명확하게 구분하는 것이다. 중국어의 성조에는 1, 2, 3, 4성이 있는데, 성모와 운모가 일치하더라도 성조가 다르면 전혀 다른 한자와 뜻이 되기 때문에 발음을 구별하는 데에 가장 중요한 작용을 한다.

3. 어휘력 향상에 힘쓰라.

흔히들 듣기 실력은 어휘량의 수준에 그다지 영향을 받지 않는 영역이라고 생각하는 수험생들이 많이 있다.

하지만 어휘량이 부족한 초급자의 경우 반복해서 듣더라도, 결정적으로 핵심 어휘를 몰라서 혹은 보기에 제시된 어휘를 정확히 알지 못하여 정확한 답을 찾지 못하는 경우가 많이 있다. 수험생들은 평소 꾸준한 어휘량의 보충으로 듣기 부분 고득점을 위해 노력해야 할 것이다.

4. 어법 지식을 적극적으로 활용하라.

대부분의 수험생들은 듣기 영역은 어법 지식과는 무관한 영역이라고 생각하는 경우가 많다. 물론 이러한 생각은 잘못된 것이다.

비록 독해나 작문에 비해서 그 비중이 많지는 않지만, 듣기도 어법과 관련된 내용이 녹음 내용 중, 혹은 제시된 보기 중에 나타나는 경우가 적지 않게 있다. 듣기 문제에 자주 출현하되 수험생들에게 혼동을 초래하기 쉬운 비교문이나 접속사 등과 관련된 어법 부분에 대해서는 따로 정리할 필요가 있다.

5. 묻고자 하는 바가 무엇인가 - 질문의 핵심을 정확히 파악하라.

듣기 문제를 해결할 때, 주어지는 녹음 내용을 정확하게 듣고 이해하는 것도 중요하지만, 그것보다 더 중요한 것은 바로 녹음 후 이어지는 질문을 명확히 듣고 질문의 핵심을 확실히 파악하는 것이다.

질문의 핵심을 파악하는 데에 가장 결정적인 요소로서 작용하는 것이 '의문대명사'이다. 어떠한 의문대명사를 이용하여 질문하느냐가 곧 정답의 범위를 좁힐 수 있는 중요한 역할을 하게 된다.

6. 남자와 여자를 확실히 구분하라.

양자대화의 형태로 이루어진 듣기 문제의 경우 보통 남자와 여자가 등장하여 대화를 나누게 된다.

이때 대부분 남녀를 구분하여, 특정 대상에 대한 심리, 태도, 의도 혹은 행동을 질문하기 때문에, 마지막 질문을 듣고 남자 혹은 여자의 대화를 혼동하게 되면 정확한 답을 찾을 수가 없다. 그러므로 대화의 흐름을 연결하되, 중간중간 핵심 어휘나 문장에서 남녀를 구분하여 메모하는 습관을 길러야 이러한 혼동을 방지할 수 있다.

7. 사건의 원인과 배경에 주목하라.

모든 사건과 경험에는 배경이 있다. 배경에 해당하는 내용이 여러 가지가 있을 수 있겠으나, 가장 쉽게 떠오르는 것은 바로 시간과 장소이다.

일반적인 사건의 설명과 경험의 묘사를 위해서는 보통 '언제, 어디서'를 시작으로 서술이 이어지게 된다. 특히 대화가 길어지고, 혹은 긴 지문을 낭독하는 유형의 듣기는 일반적으로 스토리가 있기 때문에, 이러한 배경이 자주 언급되고, 또 직접 문제화되어 출제되기 때문에 세심히 들을 필요가 있다.

8. 말하는 사람의 어조 및 태도에 주목하라.

어조를 파악하는 것은 화자의 태도나 감정을 파악하는 데에 결정적 역할을 한다.

하지만 때때로 그러한 어기 색채가 표면적으로 드러나지 않거나, 드러난다고 해도 언어의 경제성을 고려하여, 단 한마디 혹은 한 단어로 일축하여 전하고자 하는 의미를 표현하는 경우가 많다. 따라서 때로는 단어 자체의 뜻만으로는 좀처럼 그 실제 의미를 추론할 수 없는 경우도 많이 있기 때문에 듣기 문제에 자주 출현되는 어휘 표현이나 관용어 표현 등은 따로 정리해서 외워두는 것이 좋다.

第一部分

이 영역은 들려주는 한 문장을 듣고, 녹음 내용과 관련하여 주어진 문장이 맞는지 틀렸는지를 판단하는 유형이다. 첫 번째 사람이 말한 것을 들은 후, 두 번째 사람이 말한 바의 정오를 판단하면 된다. 실제 新HSK시험에서 이 유형은 총 10문제가 출제되며, 녹음은 한 번만 들려준다. 본 교재에서는 新HSK에서 새롭게 선보이는 이 유형의 문제를 해결하기 위해, 실제적인 해결방법을 제시하여 수험생들이 낯선 유형에 쉽게 적응할 수 있도록 안내하며, 다양한 문제들을 통하여 실제적인 적응훈련을 할 수 있도록 할 것이다.

I 제시된 문장의 주요 단어를 확인하라

듣기 1부분의 문제는 들려주는 문장의 내용이 그다지 길거나 까다롭지가 않다. 충분한 시간을 가지고 풀 수 있으므로, 우선 녹음을 듣기 전 재빨리 제시된 문장을 먼저 읽고 대강의 내용을 파악한다면, 실제 녹음이 나올 때 주의해서 들어야 할 부분에 집중을 기울일 수가 있다. 이때 중요한 점은 제시된 문장의 중심 화제와 핵심 단어들을 확실히 파악하고, 특히 숫자 및 장소, 부사 등 문장 전체의 흐름이나 화자의 태도를 판단할 단서가 되는 단어들을 세심히 판단하여 녹음의 내용과 일치 여부를 잘 살펴보아야 한다.

1 숫자 및 시간 확인하기

 기술전수

개념 이해

이 부분은 대개 날짜, 시간, 금액, 수량 등과 관계되는 부분이다. 듣기의 어느 영역에서든 이 부분과 관련하여 높은 빈도의 문항수가 출제되기 때문에, 수치와 관련된 내용은 필히 메모를 해두어 정확히 판별할 수 있어야 하며, 특히 계산을 해야 하는 경우 각별히 신경을 써야 한다. (이 부분의 자세한 설명은 듣기 2부분의 『IV. 내용별 맞춤식 전략을 세워라』에서 하도록 한다.)

 기술공략

유형 맛보기　　　　　　　　　　　　　　　　　　　　　　　　🔊 01

★ 明天上午他们打算去西安。　　　　　　　　　(　　)

↪ 明天去西安的车下午三点开，小王反复提醒我们不能迟到。
　내일 시안 가는 차가 오후 3시에 출발하는데, 샤오왕은 우리에게 늦으면 안 된다고 거듭 일깨워 주었다.

★ 내일 오전에 그들은 시안에 가려고 한다.

단어　反复 fǎnfù 튄 거듭하여 ｜ 提醒 tíxǐng 통 일깨우다 ｜ 迟到 chídào 통 지각하다

功夫 풀이　녹음을 듣기 전 제시된 문장을 먼저 살펴보고, 미리 주요한 단어나 내용의 핵심 부분을 확인하며 녹음을 들어야 한다. 여기서는 '明天上午'와 '西安' 등과 같은 시간과 장소에 특히 주목할 필요가 있다. 녹음 내용에서는 '下午三点开'라고 출발 시간이 오후 3시라고 했지만, 제시된 문장은 '오전'이라고 했으므로 정답은 X가 된다.

답　X

2　장소 및 지명 확인하기

 기술전수

개념 이해

이 부분은 대개 사건이 발생하거나 가보았던 지명 위주로 설명이 이루어진다. 제시된 문장 중 장소나 지명과 관련된 단어가 있다면 반드시 확인하여 녹음 내용에서 그 부분이 어떻게 설명되고 있는지를 확실히 판별해야 한다. (이 부분의 자세한 설명은 듣기 2부분의 『Ⅳ. 내용별 맞춤식 전략을 세워라』에서 하도록 한다.)

 기술공략

유형 맛보기   🔊 02

★ 他去过南方了。   (   )

➤ 以前我以为南方人是不喜欢读书的，没想到这次旅游改变了我的看法。

이전에 나는 남방인들은 책 읽는 것을 좋아하지 않는다고 생각했다. 생각지도 못하게 이번 여행에서 나의 생각은 바뀌었다.

★ 그는 남방에 가본 적이 있다.

단어 读书 dúshū 图 책을 읽다, 공부하다 | 改变 gǎibiàn 图 변하다, 바뀌다 | 看法 kànfǎ 명 견해

功夫 풀이 녹음을 듣기 전 제시된 문장을 먼저 살펴보는데, 여기서는 '南方'이라는 지역이 핵심 단어가 된다. 녹음 내용상에서는 남방에 가보았는지 안 가보았는지 직접적으로 언급하지는 않고 있다. 그러나 후반부 '这次旅游改变了我的看法'를 통하여 화자가 남방으로 여행을 갔기 때문에 남방사람에 대한 생각이 바뀌었음을 추측할 수 있으므로 이 문제는 녹음 내용과 제시된 문장이 일치한다.

답 ✓

3 부사 확인하기

 기술전수

1 개념 이해

때때로 어떠한 부사를 사용하느냐에 따라 문장 전체의 의미나 화자의 주관적 견해가 달라지는 경우가 있다. 특히 비슷한 범주에 속하지만, 의미가 다른 부사들을 따로 정리해 둔다면, 빠른 시간에 흘러 지나가는 듣기의 의미를 명확히 판별하는데 큰 도움이 될 것이다.

2 다양한 부사의 종류

정도부사	정도의 심함을 표시	
	最 zuì 가장, 제일 ｜ 极 jí 아주, 극히 ｜ 非常 fēicháng 대단히 ｜ 十分 shífēn 매우, 아주 ｜ 特别 tèbié 유달리, 각별히 ｜ 太 tài 몹시, 너무 ｜ 挺 tǐng 꽤, 제법 ｜ 过于 guòyú 지나치게, 과도하게	
	一般의 유형	
	比较 bǐjiào 비교적 ｜ 较为 jiàowéi 비교적 ｜ 较 jiào 비교적, 좀 ｜ 还 hái 그만하면, 그럭저럭	
	정도의 약함을 표시	
	有点 yǒudiǎn 조금, 약간 ｜ 稍微 shāowēi 조금, 약간 ｜ 有些 yǒuxiē 조금, 약간	
	비교를 표시	
	越 yuè 점점 ~하다 ｜ 更 gèng 더욱 ｜ 尤其 yóuqí 더욱이, 특히 ｜ 更加 gèngjiā 더욱, 한층 더	
시간부사	과거를 표시	
	曾 céng 일찍이, 이미 ｜ 曾经 céngjīng 일찍이, 이전에 ｜ 早 zǎo 이미, 벌써 ｜ 早就 zǎojiù 이미, 벌써 ｜ 早已 zǎoyǐ 훨씬 전에 ｜ 已经 yǐjing 이미, 벌써 ｜ 刚 gāng 방금, 막 ｜ 刚才 gāngcái 지금 막 ｜ 刚刚 gānggāng 지금 막, 금방	
	현재를 표시	
	正 zhèng 마침, 한창 ｜ 正在 zhèngzài 지금 ~하고있다 ｜ 在 zài 마침 ~하고 있는 중이다 ｜ 立刻 lìkè 곧, 즉시 ｜ 就 jiù 곧, 즉시	
	미래를 표시	
	马上 mǎshàng 금방 ｜ 就要 jiùyào 머지않아, 곧 ｜ 快要 kuàiyào 곧 ~하다 ｜ 将要 jiāngyào 장차 ~하려 하다 ｜ 眼看 yǎnkàn 곧, 즉각 ｜ 将 jiāng ~하게 될 것이다	
대략부사	大概 dàgài 아마도, 대개 ｜ 大约 dàyuē 아마, 대략 ｜ 约 yuē 대개, 대략 ｜ 恐怕 kǒngpà 대체로, 대략 ｜ 几乎 jīhū 거의 ｜ 也许 yěxǔ 어쩌면, 아마도 ｜ 或者 huòzhě 아마, 어쩌면 ｜ 好像 hǎoxiàng 마치 ~와 같다 ｜ 差点儿 chàdiǎnr 거의	
빈도부사	又 yòu 또, 다시 ｜ 再 zài 재차, 또 ｜ 还 hái 또, 게다가 ｜ 重新 chóngxīn 다시, 재차	
연속형부사	连续 liánxù 연속하다 ｜ 不断 búduàn 부단히, 끊임없이 ｜ 继续 jìxù 연속, 계속 ｜ 常常 chángcháng 늘, 항상 ｜ 往往 wǎngwǎng 자주, 흔히 ｜ 一直 yìzhí 계속, 줄곧	
돌연성부사	忽然 hūrán 갑자기, 홀연 ｜ 突然 tūrán 갑자기, 문득 ｜ 猛然 měngrán 돌연히, 갑자기	
방식표시	偶尔 ǒu'ěr 때때로, 간혹 ｜ 特意 tèyì 특별히, 일부러 ｜ 亲自 qīnzì 직접, 손수 ｜ 顺便 shùnbiàn ~하는 김에 ｜ 仍然 réngrán 변함없이, 여전히	
기타	果然 guǒrán 과연, 아니나다를까 ｜ 自然 zìrán 자연히, 당연히 ｜ 原来 yuánlái 알고보니 ｜ 明明 míngmíng 분명히, 명백히 ｜ 只好 zhǐhǎo 부득이	

 기술공략

유형 맛보기 🎧 03

★ 他快要毕业了。　　　　　　　　　　　　　（　　）

➡ 时间过得真快，我还记得那年刚入学时的情景，转眼间，我们就要毕业了。
시간이 정말 빨리 지난다. 나는 아직도 막 입학했던 그 해의 장면이 기억이 난다. 눈 깜짝할 사이에 우리는 곧 졸업이다.

★ 그는 곧 졸업한다.

단어 记得 jìde 동 기억하고 있다 ｜ 入学 rùxué 동 입학하다 ｜ 情景 qíngjǐng 명 장면, 모습 ｜ 转眼 zhuǎnyǎn 동 눈깜짝하다

功夫 풀이 이 문제는 동일한 의미를 가지는 단어들을 판별할 수 있는지를 확인하는 문제이다. 화자는 후반부에서 '我们就要毕业了'라고 말하고 있는데, 부사 '就要'는 '곧, 머지않아'의 의미를 나타내며 보통 문장 끝에 '了'와 함께 쓰여 '곧 ~할 것이다'라는 의미로 어떠한 사건이 곧 발생됨을 나타낸다. 제시된 문장의 '快要' 역시 '就要'와 동일한 의미이므로 이 문제는 내용이 서로 일치한다.

답 √

실력 다지기

04

第1-10题：判断对错。

1. ★ 他们已经认识两个月了。　　　　　　　　　（　　　）

2. ★ 火车要十点半出发。　　　　　　　　　　　（　　　）

3. ★ 房租每个月一千五。　　　　　　　　　　　（　　　）

4. ★ 为了身体健康，他常常爬楼梯。　　　　　　（　　　）

5. ★ 买东西的时候，他看重商品的质量。　　　　（　　　）

6. ★ 昨天他去长城，很早就回来了。　　　　　　（　　　）

7. ★ 他是一个人来中国的。　　　　　　　　　　（　　　）

8. ★ 比赛大概九点半开始。　　　　　　　　　　（　　　）

9. ★ 北京有名的地方他都去过。　　　　　　　　（　　　）

10. ★ 现在在北京买东西方便多了。　　　　　　　（　　　）

▶ 풀이는 해설집 4p에서 확인하세요.

Ⅱ 내용의 긍정과 부정 표현에 유의하라

듣기 1부분 문제의 특징은 녹음 내용과 판단해야 할 문장 내용이 전혀 상관없거나 엉뚱한 내용을 제시하지 않는다는 것이다. 오히려 녹음의 사소한 내용 일부만 바꿔서 수험자들에게 혼동을 야기시킨다. 이때 주의해야 할 사항은 긍정형의 문장을 부정형의 문장으로, 반대로 부정형의 문장을 긍정형으로 바꿔서 제시하는 경우가 많으므로 이 부분에 있어서 좀 더 세심한 주의가 필요하다. 또한 긍정의 색채가 강한 혹은 그 반대로 부정의 색채가 강한 단어들을 반대로 접근하는 경우 또한 있으므로 각각의 색채에 따른 단어의 구분을 확실히 해두어야 한다.

1 긍정의 의미를 나타내는 부사들

功夫 기술전수

一定 yídìng 반드시, 꼭	我一定去。 나는 꼭 간다.	
确实 quèshí 확실히, 정말로	我的病确实好起来了。 내 병은 확실히 좋아지기 시작했다.	
的确 díquè 확실히, 분명히	妈妈的确很辛苦。 어머니는 확실히 매우 고생하신다.	
必须 bìxū 반드시, 기필코	我们必须明白保护环境就是保护自己。 우리는 환경을 보호하는 것이 곧 자기를 보호하는 것임을 반드시 알아야 한다.	
当然 dāngrán 당연히, 물론	我当然希望你成功。 나는 당연히 네가 성공하길 희망한다.	
准 zhǔn 틀림없이, 꼭	明天准是好天气。 내일은 꼭 좋은 날씨일 것이다.	

 기술공략

유형 맛보기 05

★ 骑自行车时也必须遵守交通规则。　　　　　　　　（　　　）

我们骑车上街<u>一定要遵守交通规则</u>，除了要注意过往车辆以外，还要注意路上的行人。

우리가 자전거를 타고 길을 다닐 때, 반드시 교통 규칙을 지켜야 한다. 지나가는 차량을 조심해야 하는 것 외에, 또한 길 위의 행인들도 조심해야 한다.

★ 자전거를 탈 때도 반드시 교통 규칙을 지켜야 한다.

단어 遵守 zūnshǒu 동 준수하다, 지키다 | 交通规则 jiāotōng guīzé 명 교통 규칙 | 过往 guòwǎng 동 오가다, 왕래하다

功夫 풀이 제시된 문장은 강한 긍정의 의미를 가지고 있는 부사 '必须'를 사용하여 동작의 당위성을 강조하고 있다. '必须'는 '반드시 ~해야 한다'의 부사로서, 이를 바탕으로 녹음 내용과 일치 여부를 판단해야 한다. 녹음 내용의 전반부 '骑车上街一定要遵守交通规则'에서 '一定要' 역시 '반드시 ~해야 한다'의 의미로 결국 '必须'와 동일한 의미를 나타내게 되므로, 제시된 문장과 녹음의 내용은 일치한다.

답 √

2 부정의 의미를 나타내는 부사들

 기술전수

不 bù (동사·형용사 또는 기타 부사 앞에서) 부정(否定)을 나타냄	我不走。 나는 안 간다.
没(有) méiyǒu ~않다	他没(有)说。 그는 말하지 않았다.
别 bié ~하지 마라	你别生气。 너는 화내지 마라.

不要 búyào ~하지 마라	请**不要**拿老眼光看现实。 낡은 안목으로 현실을 보지 마시오.
非 fēi 반드시, ~하지 않으면 안 된다	我**非**说不可。 나는 말하지 않으면 안 된다.
不必 búbì ~할 필요 없다	你**不必**伤心。 너는 상심할 필요 없다.
不用 búyòng ~할 필요가 없다	你**不用**对她太客气。 너는 그녀에게 너무 예의를 차릴 필요가 없다.

 기술공략

유형 맛보기 🎧 06

★ 除了广州以外，别的地方他都还没去找过工作。　（　　　）

为了找工作我去了北京、上海、杭州，只有广州还没去过。
일자리를 찾기 위해 나는 베이징, 상하이, 항저우에 갔었지만, 오직 광저우는 아직 가지 않았다.

★ 광저우 이외에, 다른 곳으로 그는 아직 일자리를 찾으러 가지 않았다.

단어　除了 chúle 젠 ~를 제외하고
功夫 풀이　녹음의 '我去了北京、上海、杭州'에서와 같이 '北京、上海、杭州'는 긍정의 형태로 말하였고, 후반부 '广州还没去'에서 '广州'는 부정의 형태로 말하고 있다. 하지만 제시된 문장은 그 반대인 '广州를 제외하고 다른 곳은 모두 아직 가지 않았다'라고 말하고 있으므로, 긍정과 부정을 혼동시켰다. 그러므로 답은 X가 된다.
답　X

3 주의해야 할 이중부정

 기술전수

1 개념 이해

이중부정 형식은 부정의 단어들이 들어가 있어, 자칫 잘못 판단하면, 의미도 역시 부정의 의미로 오해할 수 있다. 하지만, 이중부정은 오히려 긍정의 의미를 보다 더 강조하는 표현으로서, 그 의미가 결코 부정이 아님을 주의해야 한다. 자주 쓰이는 이중부정 형식의 표현들을 익혀 혼동을 피해야 한다.

2 반드시 알아야 할 이중부정 문형

不能不 ~하지 않을 수 없다 → 반드시 ~해야만 한다	明天的会议你不能不去。 내일 회의에 네가 가지 않으면 안 된다.
非 fēi ……不可 ~하지 않으면 안 된다 → 반드시 ~해야만 한다	为了取得好成绩，非努力学习不可。 좋은 성적을 얻기 위해서, 열심히 공부하지 않으면 안 된다.
未必 wèibì 不 반드시 ~하지 않은 것은 아니다 → ~할 수도 있다	他说的话未必不可靠。 그가 하는 말이 반드시 믿을 만하지 않은 것은 아니다.
不会不 ~하지 않을 리 없다 → 반드시 ~할 것이다	这么重要的事情他不会不知道吧。 이렇게 중요한 일을 그가 모를 리 없다.
没有……不…… ~하지 않은 것이 없다 → 모두(모든 것이) ~하다	在我们当中没有一个不喜欢李老师的。 우리 중에서 이 선생님을 싫어하는 사람은 없다.
不是没有…… ~가 없는 것은 아니다 → 있다	小孩子不是没有烦恼。 어린 아이가 고민이 없는 것은 아니다.
难道 nándào 不(是)……吗? 설마 ~가 아니란 말인가? → ~이다	勇于这样做的人，难道不是一个英雄吗? 용감히 이렇게 할 수 있는 사람이 영웅이 아니란 말인가?

一、听力　29

 기술공략

유형 맛보기 07

★ 他感冒了，非吃药不可。　　　　　　　　　　　（　　　）

我刚来北京的时候，由于不太习惯这儿的气候，闹了几次感冒。不过都不太严重，所以没吃药也就好了。

내가 막 베이징에 왔을 때, 이곳의 기후에 익숙하지 않았기 때문에 몇 차례 감기에 걸렸었다. 하지만 모두 심하지 않아서 약을 먹지 않고도 좋아졌다.

★ 그는 감기에 걸리면, 약을 먹지 않으면 안 된다.

단어 由于 yóuyú 접 ~때문에, ~으로 말미암아 | 气候 qìhòu 명 기후 | 严重 yánzhòng 형 심하다, 중대하다, 심각하다

功夫 풀이 제시된 문장은 이중부정의 형태를 취하고 있다. 중요한 이중부정 표현인 '非……不可'는 '~하지 않으면 안 된다'의 의미로서, 결국 그 뜻은 오히려 강한 긍정인 '반드시 ~해야 한다'가 된다. 그렇다면 제시된 문장은 '반드시 약을 먹어야 한다'라는 의미가 된다. 하지만 녹음 내용의 후반부 '所以没吃药也就好了'를 통해 결과적으로 '약을 먹지 않고도 좋아졌다'는 의미를 파악하여 화자가 '감기에 걸릴 때 꼭 약을 먹는 것은 아니다'라는 사실을 알 수 있으므로 제시된 문장과 녹음 내용은 일치하지 않는다.

답 X

실력 다지기

08

第1-10题：判断对错。

1. ★ 买东西的时候他不能不相信他自己。　　（　　）

2. ★ 感冒不能预防。　　（　　）

3. ★ 有了钱，也有办不到的事儿。　　（　　）

4. ★ 飞机没按时起飞。　　（　　）

5. ★ 他钱包里没有钱。　　（　　）

6. ★ 一想起上次去黄山旅行就不高兴。　　（　　）

7. ★ 他不想听爸爸的话。　　（　　）

8. ★ 期末考试他还没准备好。　　（　　）

9. ★ 他从小就想学习音乐。　　（　　）

10. ★ 他已经写完毕业论文了。　　（　　）

▶ 풀이는 해설집 7p에서 확인하세요.

Ⅲ 문장의 논리 관계에 귀를 기울여라

문장의 논리 관계를 파악하는 것은 전체 내용의 흐름을 이해하고, 한 문장 내에서 어떠한 반전이나 변화가 있는지를 밝혀주는 중요한 역할을 해준다. 논리 관계를 분석하기 위해서는 접속사에 대한 확실한 이해가 있어야 한다. 이 문장이 인과관계인지, 아니면 조건관계인지 등에 따라 화자가 하고자 하는 실제 의미가 어디에 있는지, 또 녹음 내용과 제시된 문장의 논리 관계가 일치하는지 여부를 명확히 분석할 수 있으며, 더불어 감정 변화와 그 색채까지도 파악할 수 있다.

접속사를 활용한 복문의 이해

 기술전수

1 개념 이해

단어와 단어, 구, 절, 문장 등을 연결해 주는 기능을 가진 단어를 접속사라고 한다. 절이나 문장을 연결하는 접속사는 절이나 문장 사이의 순접, 전환, 선택, 점층, 인과 등의 논리 관계를 표시한다. 듣기에서 접속사를 활용하여 두 개의 절이나 문장을 연결할 때, 일반적으로 글쓴이가 진정으로 하고 싶은 말은 후반부에 있음에 유의해야 한다. 접속사는 앞뒤 절의 논리 관계를 보다 명백하게 밝혀주는 역할을 하기 때문에, 그 이해를 바탕으로 듣기 문제에 접근한다면, 대화의 분위기나 중심 주제 및 핵심 내용을 찾는 데에 많은 도움을 줄 것이다.

2 다양한 논리 관계

1. 병렬관계

병렬관계는 두 개 이상의 단어나 문장이 동등한 위치에서 사물의 여러 방면을 묘사 혹은 서술하는 관계이다.

> □ 既 jì A 又 yòu B
> □ 既 jì A 也 yě B
> □ 又 yòu A 又 yòu B
> □ 也 yě A 也 yě B
>
> A하기도 하고 B하기도 하다

예) 她既聪明，又用功。 그녀는 똑똑하고, 또 열심히 공부한다.
这个房间又干净又漂亮。 이 방은 깨끗하고 예쁘다.

- 一边 yìbiān A 一边 yìbiān B
- 一面 yímiàn A 一面 yímiàn B

A하면서 동시에 B하다

예) 他一边听音乐一边做作业。 그는 음악을 들으면서 숙제를 한다.
我一面走一面唱。 나는 걸으면서 노래를 부른다.

2. 점층관계

점층관계는 뒤에 나오는 의미가 앞보다 더욱 깊어지는 관계이다.

- 不但 búdàn A 而且 érqiě (也 yě) B
- 不仅 bùjǐn A 并且 bìngqiě (还 hái) B

A일 뿐만 아니라 또한 B하다

예) 不但价钱便宜，而且东西也不错。 가격이 저렴할 뿐만 아니라, 게다가 물건도 좋다.
我不仅会说汉语，并且还会写汉字。 나는 중국어를 할 수 있을 뿐 아니라, 한자도 쓸 수 있다.

- 不但不 búdàn bù A 反而 fǎn'ér B   A 안 할 뿐 아니라 오히려 B하다

예) 他们不但不支持我，反而泼我的冷水。
그들은 나를 지지하지 않을 뿐 아니라, 오히려 나에게 찬물을 끼얹었다.

- 除了 chúle A (外 wài / 以外 yǐwài / 之外 zhīwài), 都 dōu / 全 quán B

A를 제외하고, 모두 B하다 (A는 포함하지 않고, B만 포함하는 개념)

예) 除了李老师以外，其他人都来了。 이 선생님을 제외하고, 다른 사람들은 모두 왔다.
除了苹果以外，我什么水果都喜欢。 사과를 제외하고, 나는 무슨 과일이든 다 좋아한다.

- 除了 chúle A (外 wài / 以外 yǐwài / 之外 zhīwài), 也 yě / 还 hái B

A외에, 또 B하다 (A뿐만 아니라 B 또한 포함하는 개념)

예) 除了香港以外，她还去过广州、深圳。 그녀는 홍콩을 외에, 광저우와 선전도 가 보았다.
除了咖啡以外，还有果汁。 커피 외에, 과일 주스도 있다.

- A 甚至 shènzhì B   A하고, 심지어 B하다

예) 五十多岁甚至六十多岁的老年人也参加了植树活动。
50여 세, 심지어 60여 세의 노인들도 식목 활동에 참가했다.

3. 선후관계

연속적으로 출연하는 동작이나 상황을 차례대로 설명하는 관계이다.

□ 一 yī A, 就 jiù B	A하자마자 B하다
□ A 了 le, 就 jiù B	

예 他们**一**下班**就**去看电影了。 그들은 퇴근하자마자 영화를 보러 갔다.
　　下**了**课，他**就**回宿舍了。 수업이 끝나고, 그는 바로 기숙사로 돌아갔다.

□ 先 xiān A, 再 zài / 接着 jiēzhe B	먼저 A한 뒤, B하다
□ 先 xiān A, 然后 ránhòu B, 最后 zuìhòu C	먼저 A하고, B한 뒤, 마지막으로 C하다

예 该**先**治好病，**再**考虑工作问题。
　　너는 먼저 병을 치료하고, 그런 다음 일 문제를 생각해야 한다.
　　先去长城，**然后**去颐和园，**最后**去故宫。
　　먼저 만리장성에 가고, 그 다음 이화원에 가고, 마지막에 고궁에 가자.

4. 가정관계

어떤 상황을 가정하고, 가정에 따른 결과를 나타내는 관계이다.

□ 如果 rúguǒ / 要是 yàoshi A, 就 jiù / 那么 nàme B	만약 A하면 B하겠다
□ A 的话 dehuà, 就 jiù B	

예 **如果**下雨，明天**就**不去了。 만약 비가 오면, 내일 가지 않겠다.
　　要是大家都去的话，我**就**去。 만약 모두가 간다고 한다면, 나도 가겠다.

□ 即使 jíshǐ / 就是 jiùshì / 就算 jiùsuàn / 哪怕 nǎpà A, 也 yě B	설령 A하더라도 B하다

예 **即使**下雨，我们**也**要去博物馆参观。 설령 비가 오더라도, 우리는 박물관 견학을 갈 것이다.
　　就是你不去，我**也**会去。 설령 네가 가지 않더라도, 나는 갈 것이다.

5. 선택관계

두 개 이상의 단어 혹은 단문이 사실을 말하면, 그 중 선택하는 방식을 나타내는 관계이다.

□ 不是 búshì A, 而是 érshì B	A가 아니라 B

예 他**不是**老师，**而是**家长。 그는 선생님이 아니라 학부형이다.
　　我想找的**不是**你，**而是**他。 내가 찾는 사람은 네가 아니라 그다.

▫ 不是 bùshì A，就是 jiùshì B　　　　A가 아니면 B

예 他现在不是在家，就是在办公室。 그는 지금 집이 아니면 사무실에 있다.
　　明天不是下雨，就是下雪。 내일 비가 내리지 않으면 눈이 올 것이다.

▫ (是 shì) A，还是 háishi B　　　　A 입니까 B 입니까?

예 明天你坐飞机去，还是坐火车去?
　　내일 너는 비행기를 타고 가니 아니면 기차를 타고 가니?
　　你是A型，还是B型? 너는 A형이니 아니면 B형이니?

6. 조건관계

조건과 결과를 나타내는 관계이다.

▫ 只有 zhǐyǒu A，才 cái B　　　　A해야만 B하다(조건강조)

예 只有努力学习，才能通过考试。 열심히 공부해야만 시험에 통과할 수 있다.

▫ 只要 zhǐyào A，就 jiù B　　　　A하면 B할 수 있다(결과강조)

예 只要有时间，我就去看你。 시간만 있으면, 나는 너를 보러 갈 것이다.

▫ 无论 wúlùn A，都 dōu / 也 yě B
▫ 不管 bùguǎn A，都 dōu / 也 yě B　　　A에 관계없이(A하더라도) B하다

예 无论多忙，我每天都要学习两个小时的汉语。
　　얼마나 바쁘던 상관없이, 나는 매일 2시간 동안 중국어를 공부할 것이다.
　　不管他有没有钱，我都喜欢他。
　　그가 돈이 있던지 없던지 상관없이, 나는 그를 좋아한다.

7. 목적관계

목적과 목적을 달성하기 위한 행동을 나타내는 관계이다.

▫ 为 wèi / 为了 wèile A　　　　A를 위해서

예 为了达到目的，我们必须做进一步的努力。
　　목표에 도달하기 위해서, 우리는 반드시 진일보된 노력을 해야 한다.

> ▫ A, 以免 yǐmiǎn / 免得 miǎnde B   B하지 않도록 (B를 면하도록) A하다

예) 你应该来，以免他不高兴。그가 기분 나빠하지 않도록 너는 와야 해.
　　我还是跟你们一起去吧，免得到时候你们骂我。
　　그때가서 너희들이 나를 욕하지 않도록. 그래도 너희들과 함께 갈게.

8. 전환관계

앞의 내용과 뒤의 내용이 일치하지 않거나 상반되는 것을 나타내는 관계이다.

> ▫ 虽然 suīrán / 尽管 jǐnguǎn / 虽说 suīshuō A, 但是 dànshì / 可是 kěshì / 不过 búguò B
> 　　　　　　　비록 A하지만, B하다

예) 虽然身体不舒服，但是他还是每天都来上课。비록 몸이 좋지 않지만, 그는 여전히 매일 수업에 나온다.
　　尽管病了，他还是来上课了。비록 병에 걸렸지만, 그는 그래도 수업에 나왔다.
　　他虽说不帅，可是很有能力。그는 비록 잘 생기지 않았지만, 매우 능력이 있다.

앞의 접속사를 생략하고 뒷절에 '但是, 可是, 然而' 등의 접속사만을 사용해 전환을 나타낼 수도 있다.
예) 他说来，可是没来。그는 오겠다고 말했지만, 오지 않았다.

9. 인과관계

원인과 결과를 나타내는 관계이다.

> ▫ 因为 yīnwèi A, 所以 suǒyǐ B   A하기 때문에, 그래서 B하다
> ▫ ((之 zhī)所以 suǒyǐ) A, 是因为 shì yīnwèi B   A하다, 왜냐하면 B하기 때문이다.

예) 因为身体不舒服，所以他今天没有来上课。몸이 좋지 않기 때문에, 그는 오늘 수업에 오지 않았다.
　　他没来上班，是因为家里有急事。그는 출근하지 않았다. 왜냐하면 집에 급한 일이 있기 때문이다.

> ▫ 由于 yóuyú A, 因此 yīncǐ / 所以 suǒyǐ / 因而 yīn'ér B   A하기 때문에, B하다

예) 由于最近天气不好，因此大家的情绪都不高。
　　최근에 날씨가 좋지 않기 때문에, 모두의 기분이 좋지 않다.
　　由于下雨，因而演唱会只能取消了。비가 오기 때문에, 콘서트는 어쩔 수 없이 취소되었다.

> ▫ 既然 jìrán A, 就 jiù B   기왕 A하게 되었으니, B해라

예) 既然已开始学了，就努力吧。기왕 배우기 시작했으니, 열심히 해라.
　　既然你已经买了，就不要后悔。기왕 네가 이미 산 바에, 후회하지 마라.

 기술공략

유형 맛보기 1 ◎09

★ 这里以前有很多高大的建筑物。　　　　　(　　)
▶ 가정관계 유형

改革开放以前，这里很穷，即使在主要街道上，也看不到什么像样儿的建筑物。
개혁 개방 이전, 이곳은 매우 가난했다. 설령 주요 거리라 할지라도, 무슨 제대로 된 건축물을 볼 수 없었다.

★ 이곳은 이전에 고층 건물이 아주 많이 있었다.

단어 改革 gǎigé 통 개혁하다 | 开放 kāifàng 통 개방하다 | 穷 qióng 형 가난하다, 빈곤하다 | 即使 jíshǐ 접 설령 ~하더라도 | 街道 jiēdào 명 거리 | 建筑物 jiànzhùwù 명 건축, 건축물

功夫 풀이 녹음 내용에서 제시된 접속사 '即使……也……'는 '설령 ~하더라도 ~하다'라는 의미의 가정관계를 결정하는 접속사이다. 그러므로 '即使在主要街道上，也看不到什么像样儿的建筑物'의 의미는 '설령 주요 거리라 할지라도, 무슨 그럴 듯한 건물을 볼 수 없다'의 뜻이 되므로, 후반부의 내용이 제시된 문장의 내용과 상반됨을 알 수 있다.

답 X

유형 맛보기 2 ◎10

★ 他很喜欢下雨时出去。　　　　　(　　)
▶ 인과 및 상반관계 유형

昨天我一出门就遇上了大雨。我又没带伞，所以衣服都被淋湿了。不过好在是夏天，我觉得还挺舒服的。
어제 나는 외출하자마자 곧 큰 비를 만났다. 나는 또 우산을 가져오지 않아서 옷이 다 젖었다. 하지만 다행히 여름이라 나는 그래도 편안함을 느꼈다.

★ 그는 비가 내릴 때 외출하는 것을 좋아한다.

단어 遇 yù 통 만나다, 겪다, 당하다 | 伞 sǎn 명 우산 | 淋湿 línshī 통 흠뻑 젖다

功夫 풀이 녹음 문장은 접속사에 따라 크게 두 부분으로 나뉠 수 있다. 처음에 등장하는 접속사 '所以'는 결과를 이끄는 접속사로 '所以' 전반부가 원인이 되고, '所以' 뒤의 내용이 그 결과가 된다. 여기서는 '所以'를 중심으로 이루어지는 인과관계의 복문이 문장 전체의 배경이 된다고 볼 수 있다. 그 뒤이어 '不过'의 등장은 문장 내용의 반전이 일어남을 유추할 수 있는 상반의 의미를 나타내는 접속사이다. 대개 반전이 일어날 때, 그 후반부의 내용이 화자가 주로 말하고 싶은 내용일 경우가 많다. 여기서는 '여름이기 때문에 (비를 맞아도) 편안했다'가 내용의 중심 요지가 된다. 제시된 문장은 '비올 때 외출하는 것을 좋아한다'의 화자의 개인적 취향을 일반화시켜 말하고 있는데, 녹음 내용은 일반적인 상황이 아닌, '여름이기 때문에 편안했다(좋았다)'가 되므로, 제시된 문장과 녹음 내용은 일치하지 않는다.

답 X

유형 맛보기 3

★ 今晚演员们都准时到了。　　　　　　　　　　　（　　　）

▶ 점층관계 유형

今晚的演出7点开始，演员们不仅没有一个迟到的，而且还都提前了两个小时。
오늘 저녁의 공연은 7시에 시작한다. 배우들은 한 사람도 지각하지 않았을 뿐 아니라, 게다가 2시간 앞당겨 왔다.

★ 오늘 저녁 배우들이 모두 제시간에 도착했다.

단어 演出 yǎnchū 명동 공연(하다) | 演员 yǎnyuán 명 배우, 연기자 | 迟到 chídào 동 지각하다 | 提前 tíqián 동 (예정된 시간, 위치를) 앞당기다

功夫 풀이 녹음 문장은 '不仅……而且……'의 형식을 이용한 점층관계의 복문구조이다. 뜻은 '～할 뿐만 아니라 게다가 ～하다'의 의미로서 화자가 전반부보다 후반부에 무게 중심을 두고 말하는 구조이다. 그러므로 녹음에서 화자가 정작 강조하여 말하는 부분은 '而且还都提前了两个小时'가 되며, 그 뜻은 '2시간 앞당겨(일찍) 왔다'가 되므로, 제시된 문장의 '제시간에 도착했다'와 비교하면 일치하지 않는다.

답 X

실력 다지기

🎧 12

第1-10题：判断对错。

1. ★ 他已经去过新疆了。　　　　　　　　　　（　　）

2. ★ 王明没去动物园。　　　　　　　　　　　（　　）

3. ★ 爱自己才会爱别人。　　　　　　　　　　（　　）

4. ★ 房间里的空调该修了。　　　　　　　　　（　　）

5. ★ 他没有钱去旅行。　　　　　　　　　　　（　　）

6. ★ 职业理想不理想，关键是看工资高不高。　（　　）

7. ★ 他最大的爱好是旅行。　　　　　　　　　（　　）

8. ★ 夜生活越丰富，越难早起。　　　　　　　（　　）

9. ★ 孩子们的性格跟外貌有关系。　　　　　　（　　）

10. ★ 那出京剧，他只看了一遍。　　　　　　　（　　）

▶ 풀이는 해설집 10p에서 확인하세요.

Ⅳ 유사한 단어나 표현에 주의하라

녹음 내용과 제시된 문장의 옳고 그름을 판단할 때 또 한 가지 주의해야 할 점은 유사한 단어나 표현 방식을 정확히 이해하는 것이다. 녹음 내용과 제시된 문장에서 사용된 단어나 단어 외의 문장 표현이 서로 다르더라도, 그것이 나타내는 의미가 같다면, 두 내용은 일치한 것으로 간주해야 한다. 또 그와 반대로 비슷하게 표현했을지라도 그 뜻이 의미하는 바가 다르다면 그 내용은 일치하지 않는 것으로 판단해야 한다.

꼭 알아두어야 할 유의어

功夫 기술전수

按时 ànshí 부 시간대로, 시간에 맞추어
准时 zhǔnshí 부 정시에, 정확한 시간에

帮忙 bāngmáng 동 일(손)을 돕다, 원조하다
帮助 bāngzhù 동명 돕다, 원조하다, 도움

宝贵 bǎoguì 형 귀중하다, 소중하다
珍贵 zhēnguì 형 진귀하다, 귀중하다

保持 bǎochí 동 지키다, 유지하다
坚持 jiānchí 동 견지하다, 고수하다

本来 běnlái 부 본래, 원래, 당연히
原来 yuánlái 부 원래, 본래, 알고보니

抱歉 bàoqiàn 형 미안해하다, 미안하게 여기다
道歉 dàoqiàn 동 사과하다, 미안함을 표시하다

别 bié 부 ~하지 마라
不要 búyào 부 ~하지 마라
不用 búyòng 부 ~할 필요가 없다, ~하지 마라

表达 biǎodá 동 (생각이나 감정을) 나타내다, 표현하다
表示 biǎoshì 동 표시하다, 밝히다, 가리키다

不见得 bújiàndé 부 반드시 ~라고는 할 수 없다
不一定 bù yídìng 부 반드시 ~은 아니다

不好意思 bù hǎoyìsi 형 쑥스럽다, 미안하다, 창피하다
害羞 hàixiū 형 수줍어하다, 부끄러워하다

不同 bùtóng 형 같지 않다, 다르다
不一样 bù yíyàng 형 같지 않다, 다르다
区别 qūbié 동명 구별하다, 구별

成果 chéngguǒ 명 성과, 수확
效果 xiàoguǒ 명 효과

成就 chéngjiù 명동 성취, 성과, 업적, 성취하다
成绩 chéngjì 명 성적

吃惊 chījīng 동 (깜짝) 놀라다
奇怪 qíguài 형 기이하다, 이상하다

从前 cóngqián 명 예전, 종전
以前 yǐqián 명 이전
过去 guòqù 명 과거

答应 dāying 동 대답하다, 응하다, 동의하다
同意 tóngyì 동 동의하다

打算 dǎsuàn 동 ~할 작정이다, 계획하다 准备 zhǔnbèi 동 준비하다, 계획하다	大概 dàgài 부 대략, 아마도 大约 dàyuē 부 대략, 얼추, 대강 可能 kěnéng 부 (어쩌면) ~일 것이다, 아마도 也许 yěxǔ 부 아마도, 어쩌면
确实 quèshí 명 부 확실하다, 확실히, 정말 真的 zhēnde 부 진짜, 참으로, 정말로	丢 diū 동 잃다, 놓다, 내던지다 失去 shīqù 동 잃다, 잃어버리다
懂 dǒng 동 알다, 이해하다 理解 lǐjiě 동 이해하다 了解 liǎojiě 동 이해하다, 알다 明白 míngbai 동 분명하다, 이해하다	付钱 fùqián 동 돈을 내다 交钱 jiāoqián 동 돈을 내다
赶快 gǎnkuài 부 빨리, 얼른, 어서 立刻 lìkè 부 즉시, 곧, 당장 马上 mǎshàng 부 곧, 즉시	按照 ànzhào 전 ~에 비추어, ~에 따라, ~에 근거해 根据 gēnjù 전 ~에 근거하여, ~에 의거하여
工作 gōngzuò 명 동 일, 일하다, 근무하다, 노동하다 上班 shàngbān 동 출근하다, 근무하다	估计 gūjì 동 예측하다, 평가하다, 추정하다 猜 cāi 동 추측하다, 추측하여 풀다
好像 hǎoxiàng 동 마치 ~과 같다(인 듯 하다) 像 xiàng 동 닮다, 비슷하다, 마치 ~과 같다	忽然 hūrán 부 갑자기, 별안간 突然 tūrán 부 형 갑자기, 돌연히, 갑작스럽다
几乎 jīhū 부 거의, 하마터면 差不多 chàbuduō 부 대강, 대체로 거의(비슷하다) 差点儿 chàdiǎnr 부 거의, 하마터면	简单 jiǎndān 형 간단하다, 단순하다 容易 róngyì 형 쉽다, 용이하다
客气 kèqi 형 동 예의바르다, 사양하다 礼貌 lǐmào 명 형 예의, 예절, 예의바르다	麻烦 máfan 형 귀찮다, 번거롭다 打扰 dǎrǎo 동 방해하다, 폐를 끼치다
难过 nánguò 형 괴롭다, 지내기 어렵다 伤心 shāngxīn 형 상심하다, 슬퍼하다	普遍 pǔbiàn 형 보편적이다, 널리 퍼져 있다 普及 pǔjí 동 보급하다, 보편화시키다 普通 pǔtōng 형 보통이다, 평범하다, 일반적이다
随便 suíbiàn 부 마음대로, 편할대로, 자유로이 马虎 mǎhu 형 소홀하다, 대충하다 粗心 cūxīn 형 부주의하다, 꼼꼼하지 않다	提前 tíqián 동 (예정된 시간, 기한 등을) 앞당기다 早点儿 zǎodiǎnr 부 좀(더) 일찍

 기술공략

유형 맛보기 1　　🔊 13

★ 这个饭馆的服务不错。　　　　　　　　　　　　(　　)

📢 这个饭馆的服务态度真不怎么样。
이 식당의 서비스 태도는 정말 그리 좋지 않다.

★ 이 식당의 서비스는 괜찮다.

단어 服务 fúwù 동 서비스하다 | 态度 tàidù 명 태도 | 不怎么样 bù zěnmeyàng 그리 좋지 않다, 평범하다

功夫 풀이 녹음 내용과 제시된 문장은 술어인 형용사를 서로 다르게 사용하고 있다. 녹음 내용의 '不怎么样'은 그 뜻이 '그다지 좋지 않다'의 의미이며, 제시된 문장의 '不错'는 '좋다'의 의미가 되므로 그 뜻이 서로 일치하지 않는다.

답 X

유형 맛보기 2　　🔊 14

★ 多花钱买衣服不值得。　　　　　　　　　　　　(　　)

📢 我想去王府井买两件丝绸衬衫。那种衬衫虽然价钱贵一点儿，但穿着很凉快，多花点儿钱也值得。
나는 왕푸징에 가서 실크셔츠를 사고 싶다. 그 셔츠는 비록 가격은 좀 비싸지만, 입으면 너무 시원해서, 돈을 많이 쓸 가치가 있다.

★ 많은 돈을 써서 옷을 살 만한 가치가 없다.

단어 丝绸 sīchóu 명 비단, 명주, 견직물 | 衬衫 chènshān 명 셔츠, 블라우스 | 值得 zhíde 동 ~할 가치가 있다, ~할 민히디

功夫 풀이 제시된 문장의 핵심 단어는 '不值得'로서 '~할 가치가 없다'의 의미를 나타낸다. 녹음 내용의 후반부 '多花点儿钱也值得'에서 '值得'는 오히려 '不值得'와 반대되는 의미로서 '~할 가치가 있다'는 뜻이다. 이 문장은 '值得'와 '不值得'의 차이를 이해하는지의 문제이므로, 답은 X가 된다.

답 X

실력 다지기

🎧 15

第1-10题：判断对错。

1. ★ 他不会游泳。　　　　　　　　　　　　　（　　　）

2. ★ 他现在当翻译。　　　　　　　　　　　　（　　　）

3. ★ 对他来说，汉语是最难学的语言。　　　　（　　　）

4. ★ 将来是可以改变的。　　　　　　　　　　（　　　）

5. ★ 公司让他学习汉语。　　　　　　　　　　（　　　）

6. ★ 现在大学生的生活丰富多彩。　　　　　　（　　　）

7. ★ 因为买不到机票，所以推迟了回国的日期。（　　　）

8. ★ 他一直以为小强会去上海。　　　　　　　（　　　）

9. ★ 普通话就是北京话。　　　　　　　　　　（　　　）

10. ★ 昨天他准时到了火车站。　　　　　　　　（　　　）

▶ 풀이는 해설집 14p에서 확인하세요.

 실전 테스트

🎧 16

第1-10题：判断对错。

1. ★ 赵大爷现在七十多岁。　　　　　　　　　　（　　　）

2. ★ 他能够随意地跟中国人谈话。　　　　　　　（　　　）

3. ★ 最近绿色食品受到了人们的关注。　　　　　（　　　）

4. ★ 小公共汽车的车费比公共汽车贵。　　　　　（　　　）

5. ★ 中国城市的很多家庭都有一辆以上的自行车。（　　　）

6. ★ 当时他不想换座位。　　　　　　　　　　　（　　　）

7. ★ 这次考试考得不好也没关系。　　　　　　　（　　　）

8. ★ 他在酒店工作。　　　　　　　　　　　　　（　　　）

9. ★ 那家饭馆有十几个服务员。　　　　　　　　（　　　）

10. ★ 小明很讲究穿鞋。　　　　　　　　　　　（　　　）

▶ 풀이는 해설집 55p에서 확인하세요.

第二部分

이 부분은 총 15문항으로 구성되어 있으며, 매 문항은 두 사람의 짧은 대화로 이루어져 있다. 두 사람의 대화가 종결된 후 제3자가 내용과 관련하여 질문을 하게 된다. 이 부분의 관건은 첫째, 질문자가 묻고자 하는 것이 과연 무엇인지 문제의 핵심을 정확하게 파악하는 것이며, 둘째, 대화를 이끌어가는 두 사람 중에서도 첫 번째 화자에 초점을 맞추고 있는지 아니면 두 번째 화자에 국한하여 질문하는지를 파악하는 것이다. 각 문제에는 A, B, C, D 네 개의 보기가 주어지며, 수험생은 그 중에서 문제의 답을 선택하여야 한다. 이 영역을 연습할 때는 우선 말하는 사람의 목적과 태도를 이해해야 하며, 그 다음 질문을 듣고, 들은 내용에 근거하여 추리 판단을 할 수 있어야 한다. 특히 말하는 사람의 어조 및 대화자 간의 관계에 주의를 기울여야 한다.

I 문제의 보기 안에 힌트가 있다

듣기 문제를 해결할 때, 주어지는 보기만 보고도 그 문제가 어떠한 유형인지를 추측할 수 있다. 즉, HSK듣기 문제를 해결할 가장 좋은 방법은 녹음이 나오기 전에 보기를 눈으로 대강 훑어 보는 것이다. 보기를 통해서 과연 무엇을 물어볼지 유추할 수 있기 때문에, 유추한 바 해당하는 내용을 보다 신중히 들어 그때 그때 바로 간단한 메모나 체크를 할 수 있다. 또한 녹음 내용에서 반복적으로 들려주는 특정 소재나 화제가 음성만을 의지해서 잘 파악이 안 될 때에도, 보기 속에 이미 제시되어 있는 경우가 많이 있으므로, 보다 쉽게 파악이 가능하다.

다양한 보기 유형들

 기술전수

해결 전략

1. 먼저 보기를 통해 질문의 유형을 유추해 본다.

2. 녹음 내용을 들으면서 보기에서 제시된 단어와 관련된 내용을 파악하여 알아보기 쉽게 표시해 둔다.

3. 마지막 질문을 듣고, 표시한 내용과 대입하여 정답을 찾는다.

 기술공략

유형 맛보기 1 🎧 17

| A 运动员 | B 记者 | C 篮球教练 | D 演员 |

▶ 직업과 관련한 보기 유형

女：刚才跟你打招呼的那个人是谁呀？他个子挺高的啊！
男：他挺有名的！曾经是篮球队的，后来教过孩子们打篮球，还拍过电影。
问：哪个工作那个人没有做过？

여: 방금 당신과 인사한 그 사람은 누구예요? 키가 정말 커요!
남: 그는 아주 유명해! 그는 일찍이 농구팀 선수였고, 그 후에 아이들에게 농구를 가르쳤을 뿐만 아니라, 심지어 영화도 찍었어.
질문: 다음 중 그 사람이 해보지 않은 일은 무엇인가?

A 운동선수　　　B 기자　　　C 농구코치　　　D 연기자

단어 曾经 céngjīng 〔부〕 일찍이, 이전에, 벌써 | 教练 jiàoliàn 〔명〕 감독, 코치 | 拍 pāi 〔동〕 (사진을) 찍다, 촬영하다 | 记者 jìzhě 〔명〕 기자 | 演员 yǎnyuán 〔명〕 배우, 연기자

핵심포인트 위에 주어진 4개의 보기만 살펴보면, 모두 직업과 관련된 단어임을 알 수 있다. 보기를 먼저 확인한 후 녹음 내용을 들을 때 직업과 관련된 내용이나 위에서 제시된 단어들이 출현할 때 마다 체크해 둔다면 답을 찾기가 훨씬 유리해진다.

功夫 풀이 보기를 통하여 이미 묻고자 하는 바가 직업과 관련된 것임을 확인했으므로, 녹음 내용 중 직업과 관련하여 언급된 부분을 체크하며 소거해 나갈 수 있다. 처음 '曾经是篮球队的'를 통해 농구선수였음을 확인할 수 있고, 농구선수는 곧 보기 A의 운동선수와 동일하게 볼 수 있다. 또 '教过孩子们打篮球'에서 '아이들에게 농구를 가르쳤다'는 것은 곧 그가 '농구코치'를 했음을 알 수 있다. 마지막으로 '还拍过电影'에서 '영화를 찍었다'는 것은 그를 '영화배우'로 봐도 무관하다. 그러나 보기 B의 '기자'와 관련해 어떠한 어휘도 언급되지 않았으므로, 그가 해보지 않은 직업으로는 보기 B가 답이 된다.

답 B

유형 맛보기 2 🎧 18

| A 35块 | B 62块 | C 81块 | D 178块 |

▶ 숫자 및 수치와 관련한 보기 유형

女：这次全国运动会北京队的成绩怎么样？
男：他们获得了金牌35块，银牌62块，铜牌81块。

여: 이번 전국 체육대회에서 베이징팀 성적이 어때?
남: 그들은 금메달 35개, 은메달 62개, 동메달 81개를 획득했다.

问：北京队获得多少块金牌?　　　　　질문: 베이징팀은 몇 개의 금메달을 획득했는가?

　A 35개　　　　B 62개　　　　C 81개　　　　D 178개

단어 金牌 jīnpái 몡 (운동 경기 등에서) 금메달 ｜ 银牌 yínpái 몡 은메달 ｜ 铜牌 tóngpái 몡 동메달

핵심포인트 위에 주어진 4개의 보기만 살펴보면, 모두 수치와 관련된 내용임을 알 수 있다. '块'는 양사로서 중국의 화폐단위를 나타내기도 하고, '덩어리, 조각' 등의 의미로서 쓰이기도 한다. 그러므로 여기서는 우선 화폐단위로 접근할 수도 있고, 개수로 접근할 수도 있다. 이렇게 수치로 보기가 구성될 때에는 녹음에서 수치와 관련된 명사들을 해당하는 수치 옆에 간략하게 메모를 해 두어야 한다.

功夫 풀이 보기를 통하여 이미 묻고자 하는 바가 숫자 관련된 것임을 확인했으므로, 녹음 내용 중 직접적으로 수치가 언급된 부분을 체크해 두어야 한다. 여기서는 각각 35, 62, 81의 3개의 수치가 출현하였고, 각각 수치의 핵심 단어는 '金牌, 银牌, 铜牌'가 된다. 질문에서는 '金牌'의 개수를 물어본 것이므로 답은 A가 된다. 여기서 주의할 점은 질문에 따라 3개의 수치를 합산해서 답을 도출해야 할 경우도 있으므로, 질문을 끝까지 듣기 전까진 보기 D를 제거해서는 안된다.

답 A

유형 맛보기 3

　A 银行　　　　B 邮局　　　　C 饭店　　　　D 售票处

▶ 장소와 관련한 보기 유형

男：我要把这个包裹寄到北京。
女：我这里只能寄信，请到五号窗口。
问：这段话可能发生在什么地方?

남: 저는 이 소포를 베이징에 부치려고 합니다.
여: 여기서는 단지 편지만 부칠 수 있어요. 5번 창구로 가세요.
질문: 이 대화는 아마도 어디에서 일어났겠는가?

　A 은행　　　　B 우체국　　　　C 호텔　　　　D 매표소

단어 售票处 shòupiàochù 몡 매표소 ｜ 寄 jì 동 우편으로 부치다, 보내다, 운송하다 ｜ 包裹 bāoguǒ 몡 소포 ｜ 窗口 chuāngkǒu 몡 창문, 창구

핵심포인트 위에 주어진 4개의 보기만 살펴보면, 모두 장소와 관련된 내용임을 알 수 있다. 장소와 관련된 보기들이 출현하였을 때는 일반적으로 '대화가 일어나는 장소' 혹은 '대상이 가고자 하는 장소' 등의 형태로 질문할 확률이 높다. 녹음 내용을 들으면서, 핵심 단어를 포착하면 이런 유형을 해결할 수 있다.

功夫 풀이 보기를 통하여 이미 묻고자 하는 바가 장소와 관련된 것임을 확인했으므로, 우선 녹음 내용 중 직접적으로 장소가 언급되었는지 주의 깊게 들어야 하고, 장소와 관련된 직접적인 언급이 없다면, 핵심 단어를 빨리 찾아내야 한다. 여기서는 '寄包裹, 寄信' 등의 동작이 모두 우체국에서 일어나는 일이므로 답은 B가 된다.

답 B

유형 맛보기 4   🎧 20

| A 6点 | B 6点45分 | C 6点30分 | D 6点15分 |

▶ 시간 및 시점과 관련한 보기 유형

男：我们快去食堂吃饭吧！
女：食堂六点半才开门呢，还有一刻钟，你急什么？
问：现在几点？

남: 우리 빨리 식당 가서 밥 먹자!
여: 식당은 6시 30분이 되어서야 문을 열어. 아직 15분이 남았어, 뭐가 급해?
질문: 지금은 몇 시인가?

| A 6시 | B 6시 45분 | C 6시 30분 | D 6시 15분 |

단어 刻 kè 양 15분 | 急 jí 동 초조해하다, 안달하다, 급하다

핵심포인트 위에 주어진 4개의 보기만 살펴보면, 모두 시간을 나타내고 있음을 알 수 있다. 이를 통하여 질문이 특정 시간에 대하여 물어볼 것을 짐작할 수 있는데, 주로 시간이 보기로 주어지면, '현재의 시간, 행위가 발생한 시간, 약속 시간' 등을 질문하는 경우가 많이 있다. 간혹 시간을 계산해야 하는 경우도 있으므로, 녹음 내용 중 시간을 나타내는 단어 및 숫자 등을 유심히 들어야 한다.

공부 풀이 녹음 내용 중 시간과 관련된 단어는 '六点半'과 '一刻'가 있다. 여기서 질문의 요지는 '一刻'의 뜻을 알고 있느냐라고 할 수 있다. '刻'는 우리말로 '15분'을 뜻하며, '一刻'는 15분, '三刻'는 45분을 의미한다. 식당 문은 6시 30분에 열고, 아직 15분이 남았다는 것을 비추어 현재 시간은 6시 15분이 된다.

답 D

유형 맛보기 5   🎧 21

| A 母子 | B 夫妻 | C 朋友 | D 兄弟 |

▶ 인물 관계와 관련한 보기 유형

女：你别抽烟了，为了你自己，也为了我和孩子。
男：好的，从今天开始不抽了。
问：根据这段话，他们可能是什么关系？

여: 당신 담배피지 마세요, 당신 자신, 그리고 나와 아이를 위해서요.
남: 알았어, 오늘부터 피지 않을게.
질문: 이 대화를 통하여 볼 때, 그들은 아마도 무슨 관계이겠는가?

| A 모자 | B 부부 | C 친구 | D 형제 |

단어 抽烟 chōuyān 동 담배를 피우다, 흡연하다

핵심포인트 위에 주어진 4개의 보기만 살펴보면, 모두 인물 상호간의 관계를 나타내는 단어임을 알 수 있다. 이러한 단어가 출현하면 대부분 '대화하는 사람들의 관계'를 물어보는 경우가 많다. 이러한 경우 관계를 나타내는 단어가 직접적으로 드러나는 경우는 드물며, 대개 상징 매개를 통하여 유추가 가능하다. 이런 경우 두 사람의 관계를 나타내는 핵심 단어를 듣는 데에 집중해야 한다.

功夫 풀이   녹음 대화에는 A, B, C, D 중 어떠한 단어도 언급되지 않았다. 이런 경우 녹음 내용 중 관계를 유추할 수 있는 단어를 찾아야 하는데, 그것은 바로 '孩子'이다. 아이를 사이에 두는 관계이므로 부부 사이임을 유추할 수 있다.

답   B

유형 맛보기 6

A 同意   B 鼓励   C 高兴   D 生气

▶ 감정 및 태도와 관련한 보기 유형

男：经理，小王提前下班了。
女：想来就来，想走就走，这是工作吗？办公室不是什么娱乐场。
问：女的是什么态度？

남: 사장님, 샤오왕이 일찍 퇴근했습니다.
여: 오고 싶으면 오고, 가고 싶으면 가는 것이 업무입니까? 사무실은 무슨 오락장이 아닙니다.
질문: 여자의 태도는 어떠한가?

A 동의하다   B 격려하다   C 기쁘다   D 화나다

단어   提前 tíqián 동 (예정된 시간·위치를) 앞당기다 │ 娱乐场 yúlèchǎng 명 (마작·차(茶) 등을 즐길 수 있는) 오락장, 위락장

핵심포인트   위에 주어진 4개의 보기만 살펴보면, 모두 감정이나 태도와 관련된 단어임을 알 수 있다. 이와 같은 단어들이 제시되면 대게 질문은 '여자(남자)의 현재 기분은 어떠한가, 여자(남자)가 말하는 태도는 어떠한가, 말에 담겨진 감정이나 태도는 어떠한가' 등으로 제시될 가능성이 높다. 감정 및 태도를 유추할 때는 녹음 내용의 전체적인 상황 및 말투 등을 유심히 들어야 한다.

功夫 풀이   지금 여자는 하고자 하는 말을 역설적으로 표현하고 있다. '这是工作吗?'가 나타내는 의미는 오히려 반대인 '这不是工作'가 된다. 일을 하는 모습에 대한 불만을 반어적으로 표현하고 있으므로, 보기 4개 중 여자의 태도는 '生气'로 선택해야 옳다.

답   D

유형 맛보기 7 　　🔊 23

| A 寄信 | B 买菜 | C 买油 | D 看小李 |

▶ 동작 및 행위와 관련한 보기 유형

📢 女：我去市场买点儿菜，一会儿就回来。
　　男：那你顺便帮我把给小李的信寄了吧。
　　问：男的让女的做什么？

여: 난 시장에 야채 사러 가요, 잠시 후 돌아 올게요.
남: 그러면 가는 김에 샤오리에게 보낼 편지를 좀 부쳐줘요.
질문: 남자는 여자에게 무엇을 하라고 했는가?

| A 편지를 부쳐라 | B 야채을 사라 | C 기름을 사라 | D 샤오리를 봐라 |

단어 顺便 shùnbiàn 뷔 ~하는 김에, 겸사겸사

핵심포인트 위의 주어진 4개의 보기만 살펴보면 모두 동작과 관련된 단어다. 이러한 단어들이 제시되면 보통 '화자는(두 사람은) 무엇을 하고 있는가, 무엇을 할 예정인가, 무엇을 부탁하고 있는가' 등의 질문을 제시하는 경우가 많다. 녹음 내용 중 출현하는 모든 동작에 대한 설명이나 묘사를 유심히 듣고 질문에서 물어보는 동작에 대입시켜 답을 찾도록 한다.

功夫 풀이 녹음 내용 중 출현하는 동작은 '买菜'와 '寄' 두 가지이다. 전혀 언급되지 않은 보기 C와 D는 제거해도 무관하다. 여기서는 남자가 요청한 동작을 물어보고 있으므로, 여자의 대화보다 후반부 남자의 대화만 떠올려도 문제를 풀 수 있다. 남자의 대화에서 '帮我把给小李的信寄了吧'라고 했으므로 답은 A가 된다.

답 A

실력 다지기

🎧 24

第1-10题：请选出正确答案。

1. A 长城
   B 北京大学
   C 公园
   D 动物园

2. A 同学
   B 同事
   C 职员和老板
   D 老师和学生

3. A 新年
   B 星期天
   C 一年的最后一天
   D 春节

4. A 出租汽车
   B 公共汽车
   C 小公共汽车
   D 自行车

5. A 乒乓球
   B 游泳
   C 滑冰
   D 网球

6. A 5点
   B 6点50
   C 7点
   D 6点

7. A 十块
   B 十三块
   C 十六块
   D 二十块

8. A 没有毛病
   B 很贵
   C 不准
   D 走得慢

9. A 美术馆
   B 剧场
   C 公园
   D 山顶

10. A 不满意
    B 座位挺好的
    C 买到票就行了
    D 想换座位

▶ 풀이는 해설집 17p에서 확인하세요.

Ⅱ 상용되는 단어 및 관용어 표현을 외워라

언어에서 의미 전달을 할 때, 언제나 주어, 술어, 목적어 등 주요 문장 성분을 다 갖추어 말을 할 필요는 없다. 특히 듣기 영역 중에서도 대화 형태는 구어적인 색깔이 가장 강한 부분이기 때문에, 언어의 경제성을 고려하여, 단 한마디 혹은 한 단어로 일축하여 전하고자 하는 의미를 표현하는 경우가 많다. 그래서 때로는 단어 자체의 뜻만으로는 좀처럼 그 실제 의미를 추론할 수 없는 경우도 많이 있기 때문에 듣기 문제에 자주 출현되는 단어 표현이나 관용어 표현 등은 따로 정리해서 외워두는 것이 좋다.

1 칭찬을 나타내는 표현

 기술전수

不错 búcuò 괜찮다
了不起 liǎobuqǐ 대단하다
非常精彩 fēicháng jīngcǎi 매우 훌륭하다
你真行 Nǐ zhēn xíng 정말 능력이 대단하다

好极了 hǎo jíle 매우 좋다
有两下子 yǒu liǎngxiàzi 솜씨가 있다
很满意 hěn mǎnyì 아주 만족하다
能干 nénggàn 능력이 있다

 기술공략

유형 맛보기 🎧 25

A 比较好   B 一般   C 不好   D 非常好

男：小红，昨天的节目怎么样？
女：非常精彩。
问：小红觉得昨天的节目怎么样？

남: 샤오훙, 어제 프로그램 어땠어?
여: 정말 훌륭했어.
질문: 샤오훙은 어제의 프로그램이 어떻다고 생각하는가?

A 비교적 좋다   B 보통이다   C 좋지 않다   D 매우 좋다

단어 节目 jiémù 몡 프로그램 | 精彩 jīngcǎi 휑 뛰어나다, 훌륭하다

功夫 풀이 두 번째 여자가 말한 부분에서 프로그램에 대한 생각을 표현한 내용을 주의 깊게 떠올려 보면, 핵심은 '非常精彩'가 된다. '精彩'는 '훌륭하다'의 의미로서 '好'의 의미와 동등하다고 볼 수 있다.

답 D

2 불만을 나타내는 표현

 기술전수

没法儿说 méifǎr shuō 말할 도리가 없다	气死了 qì sǐ le 화가 나 죽겠다
马虎 mǎhu 대충대충 하다	你真是的! Nǐ zhēnshì de! 너 정말 (답답하다)!
禁不住 jīn bu zhù 견딜 수 없다	粗心 cūxīn 부주의하다
忍不住 rěn bu zhù 견딜 수 없다	受不了 shòu bu liǎo 참을 수 없다
你这是什么话? Nǐ zhè shì shénme huà? 너 무슨 소리하는 거니?	动不动 dòng bu dòng 걸핏하면

 기술공략

유형 맛보기 🎧26

A 不满意的   B 高兴的   C 难过的   D 亲密的

男：小明看上去不开心，没吃饭就走了。
女：真是的，这么大的人了，还是小孩子脾气！
问：女的是什么口气？

남: 샤오밍이 기분 안 좋아 보이던데, 밥도 먹지 않고 가 버렸어.
여: 정말이지, 이렇게 다 커서도 아직도 아이 같은 성격이야!
질문: 여자는 무슨 말투인가?

A 불만스럽다   B 즐겁다   C 슬프다   D 친밀하다

단어 开心 kāixīn 형 기쁘다, 즐겁다 | 脾气 píqi 명 성격, 성질 | 难过 nánguò 형 고통스럽다, 괴롭다 | 亲密 qīnmì 형 관계가 좋다, 친밀하다

功夫 풀이 질문에서 여자의 말투를 묻고 있으므로, 여자가 말한 부분을 중점적으로 파악하면 된다. 말투는 곧 심리적인 것과 관계가 있는 것으로서, 대화 중 심리적인 측면을 드러내주는 핵심 표현이 무엇인지 파악하는 것이 중요하다. 여기서는 여자의 '真是的'가 바로 그러한 역할을 하는데, 이것은 불만을 표현하는 관용어이므로 답은 A가 된다.

답 A

3 동의를 나타내는 표현

 기술전수

好的 hǎode 좋다	没错 méicuò 맞다
可不是 kěbúshì 왜 아니겠는가	就是 jiùshì 바로 그렇다
没问题 méi wèntí 문제 없다	好说 hǎoshuō 동의할 수 있다, 걱정할 필요 없다
行 xíng 괜찮다	可以 kěyǐ 괜찮다
好主意 hǎo zhǔyi 좋은 생각이다	倒是 dàoshì 그렇기는 하다

 기술공략

유형 맛보기 🎧 27

A 女的现在不后悔　　B 男的认为女的说得对
C 女的小时候听力不好　　D 现在女的喜欢听

女: 小时候, 妈妈的话怎么也听不进去, 现在后悔了。
男: 可不是嘛。
问: 根据对话可以知道什么?

여: 어렸을 땐, 어떻게 해도 엄마의 말이 귀에 들어오지 않았어. 지금은 후회돼.
남: 왜 아니겠어.
질문: 대화를 통하여 알 수 있는 것은 무엇인가?

A 여자는 지금 후회하지 않는다   B 남자는 여자의 말이 옳다고 생각한다
C 여자는 어렸을 때 청력이 좋지 않았다   D 지금 여자는 듣는 것을 좋아한다

단어 后悔 hòuhuǐ 통 후회하다, 뉘우치다

功夫 풀이 여자의 마지막 말은 '지금 후회된다'이므로 A는 옳지 않다. 이어진 남자의 대답은 전적인 동의를 나타내는 '可不是' 한마디를 이용하여 뜻을 전달하고 있다. 그러므로 남자는 여자의 말에 전적으로 긍정하고 있으므로, 그러한 의미를 나타내는 B가 답이 된다. 주의할 점은 C에서 '听力'는 신체적인 기능으로서 청력을 의미하는 것이며, 대화 중 여자가 '어렸을 때 엄마의 말이 귀에 들어오지 않았다'에서는 신체적인 기능의 문제가 아닌 '자신의 의지로서 일부러 듣지 않았다'는 것을 가리키는 것이다.

답 B

4 부정 및 반대를 나타내는 표현

功夫 기술전수

不对 bú duì 틀리다	不行 bù xíng 안 된다
不必 búbì ~할 필요가 없다	谁说的? Shéi shuōde? 누가 그렇게 말해?
不怎么样 bù zěnmeyàng 그저 그렇다	没意思 méi yìsi 재미없다
好什么呀? Hǎo shénme ya? 좋긴 뭐가 좋아?	哪儿呀? Nǎr ya? 어디?
哪有那样的事? Nǎ yǒu nàyàng de shì? 그런 일이 어디 있어?	不可能 bù kěnéng 불가능하다

功夫 기술공략

유형 맛보기 28

A 那套房子不好   B 那套房子非常好
C 那套房子还可以   D 不知道那套房子怎么样

男 : 听说他搬家了, 他的新房子怎么样?
女 : 你还没去过呀? 不怎么样。
问 : 女的是什么意思?

남: 듣기에 그가 이사했다는데, 그의 새 집은 어떠니?
여: 너 아직 안 가봤어? 별로야.
질문: 여자는 무슨 의미인가?

A 그 집은 좋지 않다   B 그 집은 매우 좋다
C 그 집은 괜찮다   D 그 집이 어떤지 모르겠다

단어 搬家 bānjiā 동 이사하다

功夫 풀이 이 문제를 해결할 핵심 부분은 '不怎么样'이다. '不怎么样'의 의미는 '不好'의 의미로서 '좋지 않다'는 뜻이다. 그러므로 답은 A가 된다.

답 A

5 추측 및 확실하지 않음을 나타내는 표현

 기술전수

说不准 shuō bu zhǔn 아마도 ~일지 모른다	未必 wèibì 반드시 ~한 것은 아니다
说不定 shuō búdìng 아마도 ~일지 모른다	不见得 bú jiànde ~라고 할 수는 없다
没准儿 méizhǔnr 확실하지 않다	搞不清楚 gǎo bu qīngchu 잘 모르겠다

 기술공략

유형 맛보기 29

A 一定有票   B 没有票了
C 票太少了   D 也许还有票

女：听说今天有一部新电影，你说，现在去还能买到票吗？ 男：买的人可不少，不过，说不准还有票。 问：男的是什么意思？	여: 듣자니 오늘 새로운 영화가 나왔다던데, 네 생각에 지금 가도 표를 살 수 있겠니? 남: 표를 사는 사람이 적지는 않지만, 아마도 아직 표가 있을 거야. 질문: 남자는 무슨 의미인가?

A 반드시 표가 있다 B 표가 다 팔렸다
C 표가 매우 조금 있다 D 아마도 아직 표가 있을 것이다

功夫 풀이 남자의 말과 관련하여 질문하고 있으므로, 남자가 한 말에서 핵심 단어를 찾는다. 그것은 곧 '说不准'이 되는데, 이것은 불확실성을 표현하는 관용어로서 '아마도 ～일 것이다'라는 의미를 나타낸다. 보기 중 '说不准'의 의미는 곧 D의 '也许'가 되므로 답은 D가 된다.

답 D

6 기타 관용어 표현

 기술전수

随便 suíbiàn 마음대로, 편할 대로	没关系 méi guānxi 괜찮다, 상관없다
不在乎 bú zàihu 개의치 않다	无所谓 wúsuǒwèi 상관없다
不得不 bùdébù 어쩔 수 없이	开玩笑 kāi wánxiào 농담하다, 장난하다
开夜车 kāi yèchē 밤을 새우다	打招呼 dǎ zhāohu 인사하다
不好意思 bù hǎoyìsi 겸연쩍다, 미안하다	包在我身上 bāozài wǒ shēnshang 내가 책임진다

 기술공략

유형 맛보기 🎧 30

| A 非明天去不可 | B 后天去好 |
| C 什么时候都行 | D 都不行 |

男：你看，咱们明天去长城好还是后天去好?
女：随便。
问：女的是什么意思?

남: 네 생각에는 우리가 내일 만리장성 가는 것이 좋니 아니면 모레 가는 것이 좋니?
여: 편할 대로 해.
질문: 여자는 무슨 의미인가?

A 반드시 내일 가야 한다
C 언제든지 다 괜찮다
B 모레 가는 것이 좋다
D 모두 안 된다

功夫 풀이 질문은 여자의 말 뜻을 묻고 있으므로, 여자의 대답 '随便'의 의미만 확실히 파악하면 간단하게 답을 고를 수 있다. '随便'은 '편할대로, 마음대로'의 의미로서 자유의지를 표현하는 단어이다. 이는 곧 '아무 때나 다 괜찮다'라는 의미가 된다.

답 C

실력 다지기

🎧 31

第1-10题：请选出正确答案。

1. A 中国队赢
   B 两队的技术差不多
   C 比赛还没结束
   D 中国队输

2. A 可能不去
   B 不能去
   C 很想去
   D 不想去

3. A 哪儿都不想去
   B 去哪儿都可以
   C 香港和昆明都不满意
   D 还没决定

4. A 运动
   B 看电影
   C 购物
   D 打游戏

5. A 女的不喜欢上网
   B 男的爱好上网
   C 男的主要利用网络工作
   D 女的不满意男的每天上网

6. A 很不错
   B 还可以
   C 不太好
   D 不怎么样

7. A 男的不会打太极拳
   B 女的打得非常好
   C 男的能教女的太极拳
   D 女的不想学打太极拳

8. A 演出推迟了
   B 演出很成功
   C 女的不满意
   D 观众不热情

9. A 男的同意女的意见
   B 男的认为女的应该注意
   C 小李已经知道
   D 男的怀疑小李不高兴

10. A 去国外查资料
    B 不要查资料了
    C 没有办法，算了
    D 查外文资料

▶ 풀이는 해설집 21p에서 확인하세요.

Ⅲ 기초 어법 지식은 듣기에서도 통한다

대부분의 수험생들은 HSK영역에서 듣기영역은 어법 지식과는 무관한 영역이라고 생각하는 경우가 많다. 물론 이러한 생각은 잘못된 것이다. 비록 독해나 작문에 비해서 그 비중이 많지는 않지만, 듣기도 어법과 관련된 내용이 녹음 내용 중, 혹은 제시된 보기 속에 나타나는 경우가 적지 않게 있다. 우리가 늘 말하는 일상 회화 속에도 어법이라는 영역이 녹아 들어가 있듯이, 듣기 내용도 모두 어법적 지식으로 분석이 가능하다. 단지 어렵고 까다로운 어법을 새삼스럽게 듣기 영역에서 다 정리하자는 것이 아니라, 자주 출현하되 수험생들에게 혼동을 초래하기 쉬운 부분에 대해서만 살펴보고자 한다.

1 접속사 이해하기

 기술전수

개념 이해

문장 안에서 접속사의 자세한 기능과 역할은 듣기 1부분의 『Ⅲ. 문장의 논리 관계에 귀를 기울여라』에서 자세히 설명하였으므로, 자세한 설명은 생략하고 여기서는 문제로 바로 확인해 보고자 한다.

 기술공략

유형 맛보기   🎧 32

A 不想说出来　　　　　　　　　B 觉得女的应该去
C 很想参加生日晚会　　　　　　D 他一点儿也不想去

女：我真不想参加他的生日晚会，可又不好意思说出来。
男：既然已经跟他说好了，就去吧。
问：男的是什么意思？

여: 나는 정말 그의 생일 파티에 참가하고 싶지 않지만, 말을 꺼내자니 또 미안해.
남: 기왕 그와 이미 다 말한 바에야, 그냥 가자.
질문: 남자의 말은 무슨 의미인가?

A 말을 꺼내고 싶지 않다　　　　　　　B 여자가 마땅히 가야 한다고 생각한다
C 생일 파티에 매우 참가하고 싶어 한다　D 그는 조금도 가고 싶어 하지 않는다

단어 　不好意思 bù hǎoyìsi 형 (체면 때문에) ~하기 계면쩍다, 미안하다 ｜ 既然 jìrán 접 ~된 바에야, ~인(된) 이상, ~만큼

功夫 풀이 　질문에서 남자가 한 말의 의미를 물어보고 있으므로, 대화의 두 번째 말을 떠올려 분석하면 된다. 남자는 접속사 '既然 A 就 B'를 이용하여 자신의 뜻을 전하고 있는데, 이 인과관계를 나타내는 접속사의 뜻은 '기왕 A한 바에 B 해라'의 의미가 된다. 따라서 '남자가 이미 그와 이야기를 다 했기 때문에, 가야 한다'라는 뜻을 전달하고 있으므로 답은 B가 된다.

답 　B

2 비교문 이해하기

 기술전수

1 개념 이해

비교문은 듣기에서 가장 빈번하게 출현하는 특수 어법 구문 중의 하나이다. 비교문의 가장 기본은 '주어'와 '비교 대상'이 무엇인지를 우선적으로 파악하는 것이다. 간혹 주어와 비교 대상의 관계를 혼동하여 답을 잘못 선택하는 경우가 있는데, 예를 들어 '男的人数比女的多'의 주어는 '男的人数'이고, 이것과 비교하는 대상은 '女的人数'가 되어, 의미는 '남자의 수가 여자보다 많다'가 된다. 그러나 종종 '남자 수보다 여자가 많다'라고 해석하는 경우가 있는데, 이는 무엇이 주어이고 무엇이 비교 대상인지 확실히 구분하지 못하기 때문이라고 볼 수 있다. 그 다음으로 중요한 점은 비교문의 긍정과 부정을 나타내는 다양한 비교문 형식을 꼼꼼히 정리해 두어야 한다. 긍정이냐 부정이냐에 따라 그 의미가 완전히 달라지며, 긍정을 부정으로, 다시 부정을 긍정으로 전환하며 표현할 수 있어야 한다.

2 比비교문

1. A 比 B + 술어(동사/ 형용사) : A가 B보다 ~하다. (A 〉 B)

　예　我比他大。 나는 그보다 나이가 많다.

2. A 比 B + 술어 + 一点/ 一些 : A가 B보다 조금(약간) ~하다.

　예　我比他大一点。 나는 그보다 조금 나이가 많다.

3. A 比 B + 술어 + 多了/ 得多 : A가 B보다 훨씬 ~하다.

　예　我比他大得多。 나는 그보다 훨씬 나이가 많다.

4. A 比 B + 술어 + 구체적 수치(수량사) : A가 B보다 얼마(수치) ~하다.

　예　我比他大三岁。 나는 그보다 세 살 나이가 많다.

5. A 比 B + 부사(更, 还, 都) + 술어 : A가 B보다 훨씬(더) ~하다.

　예　我比他更(还/都)大。 나는 그보다 훨씬 (더) 나이가 많다.

3 有비교문

A 有 B (+ 这么/那么) + 술어 : A가 B만큼 ~하다. (A≒B, '差不多' 의미)

예) 他有我妹妹那么高。 그는 내 여동생만큼 키가 크다.

4 비교문의 부정 형식

1. A 不比 B + 술어 : A가 B보다 ~하지 않다. (A < B)

   예) 我不比妹妹高。 나는 여동생보다 키가 크지 않다.

2. A 不如 B + 술어 : A가 B보다 ~하지 않다. (A < B)

   예) 我不如妹妹高。 나는 여동생보다 키가 크지 않다.

3. A 没有 B (+ 这么/那么) + 술어: A가 B만큼 ~하지는 않다. (A < B)

   예) 我没有妹妹(那么)高。 나는 여동생만큼 (그렇게) 키가 크지는 않다.

5 차이가 없음을 표현

A 跟 B 一样 (+ 술어) : A와 B는 같다.

예) 我的衣服跟你的一样。 내 옷은 네 옷과 똑같다.

6 차이가 있음을 표현

A 跟 B + 不一样 (+ 술어) : A와 B는 같지 않다.

예) 我的衣服跟你的不一样。 내 옷은 네 옷과 다르다.

7 비교급이 최상급 표현

1. 再 + 술어 + 不过了 : 再好不过了。
2. 再 + 술어 + 没有了 : 再好没有了。
3. 술어 + 得 + 不能再 + 술어 + 了 : 好得不能再好了。

= 最好 (이보다 더 좋을 수는 없다.)

 기술공략

유형 맛보기　🎧 33

A 这儿的环境和那儿的都好　　B 这儿的环境比那儿的好
C 那儿的环境比这儿的更好　　D 这儿一点儿也不好

女：这儿的环境不如那儿的好。
男：谁说的？
问：男的是什么意思？

여: 이곳의 환경은 그곳보다 좋지 않아.
남: 누가 그래?
질문: 남자의 말은 무슨 의미인가?

A 이곳의 환경과 그곳은 모두 좋다　　B 이곳의 환경이 그곳보다 좋다
C 그곳의 환경이 이곳보다 훨씬 좋다　　D 이곳은 조금도 좋지 않다

단어　环境 huánjìng 명 환경

功夫 풀이　이 문제를 해결하기 위해서는 우선 여자가 말한 내용 중 출현하는 비교문의 형식을 이해하고 그 뜻을 명백히 해야 한다. 'A 不如 B 술어'는 'A가 B보다 ~하지 못하다'의 의미로서, 여기서는 결국 '이곳의 환경은 그곳보다 좋지 못하다' 즉 '그곳의 환경이 더 좋다'라는 의미가 된다. 그런데 질문은 남자가 한 말의 뜻을 묻고 있으므로, 다시 남자의 말을 살펴 보아야 한다. 남자는 '谁说的'라고 한마디를 했는데, 이것은 상대방의 의견에 동의하지 않을 때 사용하는 표현이다. 그러므로 답을 고를 때는 여자의 말과 반대되는 것으로 골라야 하므로, 답은 B가 된다.

답　B

실력 다지기

第1-10题：请选出正确答案。

1. A 男的已经出院了
   B 女的还在医院
   C 女的正在鼓励男的
   D 女的担心男的赶不上别人

2. A 女的想坐地铁去
   B 男的同意女的意见
   C 现在是上班时间
   D 男的认为坐地铁去快

3. A 要坚持反对
   B 不得不同意
   C 大家都同意，只有她一个人反对
   D 不能不反对

4. A 明天下雨不去看球赛
   B 无论下雨还是不下雨都不去
   C 不管天气怎么样一定去
   D 明天肯定不下雨

5. A 女的英语不如小赵
   B 女的英语比小赵好
   C 女的不会英语
   D 女的现在能帮助男的

6. A 不用车费
   B 不挤
   C 骑车不累
   D 可以准时到

7. A 只要便宜就行
   B 什么纪念品都可以
   C 只有质量好的
   D 不但质量好，价格也要便宜的

8. A 感冒也是一种大病
   B 吃药也没用
   C 感冒了，吃药或不吃药都麻烦
   D 感冒一般不影响学习

9. A 男的很帅
   B 没看见男的
   C 男的长得不帅
   D 看不清楚男的

10. A 变胖了
    B 变黑了
    C 更好看了
    D 更爱开玩笑了

Ⅳ 내용별 맞춤식 전략을 세워라

듣기 시험에는 전통적으로 자주 출현하는 문제 유형이 있다. 대표적인 문제 유형들을 주제별로 분류하여, 거기에 따른 접근 방식과 필요한 단어들, 대표되는 질문 형태 등을 이해하여 맞춤식 훈련을 한다면 듣기 시험 성적을 향상시키는데 에 도움이 될 것이다.

1 장소 및 방향 관련 문제

 기술전수

1 자주 출현하는 질문유형

- 在哪儿?　　　　　　　　　[장소]　　　　　　어디서?
- 什么地方?　　　　　　　　[장소]　　　　　　어느 곳에서?
- 怎么走?　　　　　　　　　[방향]　　　　　　어떻게 가는가?
- 离这儿远吗?　　　　　　　[거리]　　　　　　여기서 멀어요?
- 从……到……　　　　　　[출발 및 도착]　　~부터 ~까지

2 장소 명사들과 그 장소를 상징하는 단어들

饭馆 fànguǎn / **食堂** shítáng 식당
　　点菜 diǎncài 음식을 주문하다 | **菜单** càidān 메뉴, 차림표 | **请客** qǐngkè 접대하다 | **烤鸭** kǎoyā 통오리구이 | **味道** wèidao 맛 | **筷子** kuàizi 젓가락 | **付钱** fùqián 돈을 지불하다 | **打包** dǎbāo 포장하다

医院 yīyuàn / **诊所** zhěnsuǒ 병원
　　大夫 dàifu 의사 | **医生** yīshēng 의사 | **护士** hùshi 간호사 | **打针** dǎzhēn 주사를 맞다(놓다) | **药** yào 약 | **住院** zhùyuàn 입원하다 | **出院** chūyuàn 퇴원하다 | **外科** wàikē 외과 | **内科** nèikē 내과 | **手术** shǒushù 수술(하다) | **检查** jiǎnchá 검사하다

邮局 yóujú 우체국
　　寄 jì 우편으로 부치다 | **信** xìn 편지 | **包裹** bāoguǒ 소포 | **邮票** yóupiào 우표 | **信封** xìnfēng 편지봉투 | **回信** huíxìn 답장 | **信箱** xìnxiāng 우체통

火车站 huǒchēzhàn / 飞机场 fēijīchǎng / 汽车站 qìchēzhàn 기차역/ 공항/ 버스정류장
车票 chēpiào 승차권 ǀ 乘客 chéngkè 승객 ǀ 旅客 lǚkè 여행객 ǀ 订票 dìngpiào 표를 예매하다 ǀ 列车 lièchē 열차 ǀ 开车 kāichē 운전하다 ǀ 车站 chēzhàn 정류장 ǀ 护照 hùzhào 여권 ǀ 飞机 fēijī 비행기 ǀ 起飞 qǐfēi 이륙하다 ǀ 机票 jīpiào 항공권 ǀ 出国 chūguó 출국하다

商店 shāngdiàn / 商场 shāngchǎng / 百货商店 bǎihuòshāngdiàn 상점/ 백화점
柜台 guìtái 계산대 ǀ 付钱 fùqián 돈을 지불하다 ǀ 打折 dǎzhé 할인하다 ǀ 逛街 guàngjiē 쇼핑하다 ǀ 购物 gòuwù 물건을 사다

书店 shūdiàn / 图书馆 túshūguǎn 서점/ 도서관
看书 kànshū 책을 보다 ǀ 买书 mǎishū 책을 사다 ǀ 借书 jièshū 책을 빌려 주다(빌리다) ǀ 还书 huánshū 책을 반납하다 ǀ 查资料 chá zīliào 자료를 찾다 ǀ 写论文 xiě lùnwén 논문을 쓰다

银行 yínháng 은행
交钱 jiāoqián 돈을 내다 ǀ 换钱 huànqián 환전하다 ǀ 信用卡 xìnyòngkǎ 신용카드 ǀ 存钱 cúnqián 저축하다 ǀ 贷款 dàikuǎn 대출하다

公司 gōngsī 회사
经理 jīnglǐ 사장 ǀ 领导 lǐngdǎo 지도자 ǀ 同事 tóngshì 동료 ǀ 开会 kāihuì 회의를 열다 ǀ 上班 shàngbān 출근하다 ǀ 下班 xiàbān 퇴근하다 ǀ 传真 chuánzhēn 팩스 ǀ 复印机 fùyìnjī 복사기 ǀ 工资 gōngzī 임금 ǀ 出差 chūchāi 출장가다

3 방향을 표현하는 방식

주로 '~를 향하여'의 의미를 가지는 방향전치사 '往, 向, 朝' 등을 이용하여 '전치사 + 방위사'의 형식으로 사용된다. 방위사에는 '前边, 后边, 左边, 右边, 南边, 北边, 上边, 下边' 등이 있다.

예) 往前走。 앞으로 가다. 往东走有一个银行。 동쪽으로 가면 은행이 하나 있다.
往左拐。 좌회전 하다. 请往右站一站。 오른쪽으로 좀 서주세요.

 기술공략

유형 맛보기 1 🎧 35

| A 北京 | B 西安 | C 上海 | D 南京 |

男：快要放假了，我打算留在北京写论文，你有什么打算？
女：本来我想去上海旅行，可听说最近那儿的天气不好，所以要回西安去看看父母。
问：女的的家乡可能在哪儿？

남: 곧 방학이야. 나는 베이징에 남아서 논문을 쓸 계획이야. 너는 무슨 계획이 있니?
여: 원래 상하이로 여행 가려고 했어. 그러나 듣기에 그곳 날씨 상황이 좋지 않다고 해서, 부모님을 뵈러 시안에 갈 생각이야.
질문: 여자의 고향은 아마도 어디겠는가?

A 베이징   B 시안   C 상하이   D 난징

단어 放假 fàngjià 동 방학하다 | 论文 lùnwén 명 논문 | 家乡 jiāxiāng 명 고향

功夫 풀이 이 문제에서 질문하고자 하는 핵심은 '家乡在哪儿'이다. '家乡'은 '고향'이라는 의미이다. 대화의 내용을 살펴보면 두 사람의 대화가 이루어지고 있는 지역은 남자가 '베이징에 남아서'라는 말에 근거하여 베이징임을 알 수 있다. 상하이는 여자가 본래 방학 때 여행하고자 계획한 지역일 뿐 고향임을 유추할 다른 설명의 말이 없다. 결국 여자는 '부모님을 뵈러 시안에 간다'고 했으니, 그녀의 본집은 시안임을 알 수 있다.

답 B

유형 맛보기 2

A 北京机场旁边   B 到了第一个路口往右拐
C 到了第二个路口往左拐   D 中国银行旁边

女：请问，北京剧场怎么走？
男：哦，北京剧场？你看，顺着这条路往前走，到了第二个路口往右拐，中国银行旁边就是。
问：北京剧场在哪儿？

여: 실례합니다, 베이징 극장을 어떻게 갑니까?
남: 아, 베이징 극장이요? 보세요, 이 길을 따라 직진해서 가다가, 두 번째 길목에서 우회전해서, 중국은행 바로 옆입니다.
질문: 베이징 극장은 어디에 있습니까?

A 베이징공항 옆   B 첫 번째 길목에서 우회전
C 두 번째 길목에서 좌회전   D 중국은행 옆

함정조심! A의 경우 '剧场(극장)'과 '机场(공항)'의 발음 상의 유사점을 이용한 함정이라고 할 수 있다. B의 경우는 본래의 '第二个路口'를 '第一个路口'로, C의 경우는 본래의 '往右拐'를 '往左拐'로 바꿔놓은 함정이다.

단어 剧场 jùchǎng 명 극장 | 顺着 shùnzhe 동 따라가다 | 拐 guǎi 동 꺾어 돌다

功夫 풀이 길을 묻고 안내하는 문제이다. 이러한 유형의 문제는 두 번째 화자가 길을 안내하는 설명을 들을 때 가장 마지막 부분의 최종 경로에 주의를 기울이도록 한다. 마지막 부분에 '中国银行旁边'이라고 하였으므로 이 문제의 답은 D가 된다. A의 경우 '剧场(극장)'과 '机场(공항)'의 발음 상의 유사점을 이용한 함정이라고 할 수 있다. B의 경우는 본래의 '第二个路口'를 '第一个路口'로, C의 경우는 본래의 '往右拐'를 '往左拐'로 바꿔놓은 함정이다.

답 D

유형 맛보기 3   🎧 37

| A 家里 | B 广州 | C 香港 | D 西藏 |

📢 男：你们老李在吗？我有一件事情要跟他商量商量。
女：他呀，去广州去了两个星期，又去了香港两天，**刚回来一天，又要准备去西藏**。
问：老李现在在哪儿？

남: 라오리 계세요? 제가 그와 좀 상의할 일이 하나 있어서요.
여: 그는 2주 동안 광저우에 갔다가, 또 홍콩에 이틀 가서, 막 돌아온 지 하루 만에 또 시짱으로 갈 준비를 하고 있어요.
질문: 라오리는 지금 어디 있는가?

| A 집안 | B 광저우 | C 홍콩 | D 시짱 |

단어 商量 shāngliang 통 상의하다

功夫 풀이 여자가 언급한 여러 지명들 중에서 '广州'와 '香港'은 이미 다녀온 곳이기 때문에, 보기 B와 C는 답에서 제외시킨다. 마지막 '又准备去西藏'을 통해 라오리가 시짱으로 떠날 준비를 할 뿐이지 아직 떠난 것은 아니므로 현재 라오리는 집에 있음을 유추할 수 있다.

답 A

유형 맛보기 4   🎧 38

| A 百货大楼 | B 家旁边的服装店 |
| C 单位附近的商店 | D 单位旁边的服装店 |

📢 女：你看，**这是我在我家旁边的服装店买的衬衫，要90块**。昨天我到百货大楼一看才卖60块，气死人了！
男：哦，是这个样子啊，我们单位附近的一家商店也有卖的，50块钱一件。
问：什么地方衣服最贵？

여: 봐봐, 이건 내가 집 옆 의류상점에서 산 셔츠인데, 90위안 줬어. 어제 내가 백화점에서 봤을 땐 겨우 60위안이었는데, 정말 화가 나!
남: 아, 그랬구나. 이런 스타일은 우리 회사 근처의 한 상점도 파는데 한 벌에 50위안이야.
질문: 어떤 곳의 옷이 가장 비싼가?

| A 백화점 | B 집 옆의 의류상점 | C 회사 근처의 상점 | D 회사 옆의 의류상점 |

단어 衬衫 chènshān 명 와이셔츠 | 服装店 fúzhuāngdiàn 명 의류상점 | 单位 dānwèi 명 직장

功夫 풀이 두 사람의 대화에서 총 세 번의 가격이 언급되는데, 질문에서 원하는 것은 '가장 비싼 곳'이다. 그러므로 90위안에 해당하는 곳인 '我家旁边的服装店'이 답이 된다.

답 B

 실력 다지기

第1-5题：请选出正确答案。

1. A 书店
   B 图书馆
   C 商店
   D 学校

2. A 友谊宾馆对面
   B 到了友谊宾馆往右拐
   C 邮局旁边
   D 邮局对面

3. A 小桥的左边
   B 马路的左边
   C 过桥往右拐就到
   D 一座大楼的旁边

4. A 四川
   B 湖南
   C 江苏
   D 北京

5. A 银行旁边
   B 邮局旁边
   C 水果店附近
   D 水果店东边

2 시간 및 수치 관련 문제

 기술전수

1 자주 출현하는 질문 유형

- 什么时候?   [때]   언제?
- 哪天?   [시점]   어느 날?
- 几点?   [시간]   몇 시?
- 什么日子?   [특정일]   무슨 날?
- 多少?   [양]   얼마나?

2 수치, 특정 기념일 및 때와 관계되는 단어들

❶ 숫자를 읽을 때 주의점

숫자를 읽는 방법			
	1000	一千	
	10000	一万	
	100000	十万	'一'를 생략한다.
	1000000	一百万	
	10000000	一千万	
	206	二百零六	10단위에 '0'이 올 때는 반드시 '零'을 쓴다.
	600019	六十万零十九	천 단위 수의 중간에 '0'이 몇 개가 있어도 '零'은 하나로 족하다.
	43000	四万三(千)	백 단위 수의 끝에 오는 '0'은 정식의 경우를 제외하고는 '百, 千' 등은 생략할 수 있다.
	22222	两万两千二百二十二	'千, 万' 등의 앞에서는 보통 '两'을 쓴다.

❷ 분수

1/5   五分之一

❸ 백분율

25%   百分之二十五

❹ 소수점

32.9   三十二点九

❺ 배수

五的七倍是三十五。 5의 7배는 35이다.

他的工资比我多一倍。 / 他的工资是我的两倍。 그의 월급은 내 2배이다.

특정 절기	新年 xīnnián 새해 ǀ 除夕 chúxī 그믐날 ǀ 春节 Chūn Jié 설날 ǀ 中秋节 Zhōngqiū Jié 중추절 ǀ 母亲节 Mǔqīn Jié 어머니날 ǀ 劳动节 Láodòng Jié 노동절 ǀ 儿童节 Értóng Jié 어린이날 ǀ 国庆节 Guóqìng Jié 국경절 ǀ 生日 shēngrì 생일 ǀ 结婚纪念日 jiéhūn jìniànrì 결혼기념일
때(时)와 관계되는 단어	大前天 dàqiántiān 그끄저께 ǀ 前天 qiántiān 그저께 ǀ 昨天 zuótiān 어제 ǀ 今天 jīntiān 오늘 ǀ 明天 míngtiān 내일 ǀ 后天 hòutiān 모레 ǀ 大后天 dàhòutiān 글피 ǀ 早上 zǎoshang 아침 ǀ 晚上 wǎnshang 저녁 ǀ 上午 shàngwǔ 오전 ǀ 中午 zhōngwǔ 정오 ǀ 下午 xiàwǔ 오후 ǀ 上星期 shàngxīngqī 지난주 ǀ 这(个)星期 zhè(ge)xīngqī 이번 주 ǀ 下星期 xiàxīngqī 다음 주 ǀ 前年 qiánnián 재작년 ǀ 去年 qùnián 작년 ǀ 今年 jīnnián 금년 ǀ 明年 míngnián 내년 ǀ 后年 hòunián 후년 ǀ 大后年 dàhòunián 내후년

 기술공략

유형 맛보기 1 🎧 40

```
A 半个小时        B 一个小时
C 一个半小时      D 都不一样
```

女：到机场大概要多长时间？
男：不堵车，半个小时就能到。不过现在是上班时间，恐怕得一个小时。
问：现在到机场要多长时间？

여: 공항까지는 대략 얼마의 시간이 필요해요?
남: 차가 막히지 않으면 30분이면 도착할 수 있어요. 하지만 지금은 출근 시간이니 아마도 1시간은 걸릴 거예요.
질문: 현재 공항까지 도착하는데 얼마의 시간이 필요합니까?

A 30분   B 1시간
C 1시간 30분   D 언제나 다르다

단어 堵车 dǔchē 통 교통이 꽉 막히다 ǀ 恐怕 kǒngpà 부 아마도 ~일 것이다

功夫 풀이 제시된 4개의 보기를 통해서도 시간의 양을 묻는 질문임을 추측할 수 있다. 이 대화에서 질문의 핵심은 '现在'라고 볼 수 있는데, 남자의 대답에서 시간과 관련된 내용이 두 곳 출현하다 하나는 '不堵车' 곧 '차가 막히지 않을 때' 와 '上班时间' 곧 '출근 시간'으로 나누어 설명하고 있다. 질문에서는 출근 시간인 '现在'를 묻고 있으므로 답은 B가 된다.

답 B

유형 맛보기 2 🔊 41

A 星期六晚上　　　　　　B 星期六早上
C 星期天晚上　　　　　　D 星期六和星期天都有

男：学校组织了游泳比赛，我也报名了。周末在学校附近的游泳馆比赛，你来看吧。周六晚上6点，你别忘了。
女：忘不了，你放心吧。那天我一定去给你加油！
问：什么时候有游泳比赛？

남: 학교에서 수영 경기를 개최하는데, 나도 신청을 했어. 주말에 학교 근처 수영장에서 시합을 하는데, 보러와 줘. 토요일 저녁 6시니까, 잊지마.
여: 잊지 않을 테니까, 안심해. 그날 반드시 너 응원하러 갈게!
질문: 수영 경기는 언제 있는가?

A 토요일 저녁　　　　　　B 토요일 오전
C 일요일 저녁　　　　　　D 토요일과 일요일 모두 있다

단어 组织 zǔzhī 图 조직하다 | 报名 bàomíng 图 신청하다

功夫 풀이 제시된 4개의 보기를 통해서 요일을 포함한 구체적인 시점을 묻고 있음을 알 수 있다. 하지만 보기 4개 모두 매우 세밀한 시간까지 나타내지 않고 요일 및 오전인지 오후인지만 판별하여 들으면 답을 해결할 수 있으므로, 대화를 들을 때, 세세한 수치에 집착할 필요는 없다. 남자는 대화의 서두에는 '周末'에 시합이 있다고 했지만, 후반부에 구체적으로 '周六晚上6点'이라고 언급을 하고 있으므로, 답은 A가 된다.

답 A

유형 맛보기 3 🔊 42

A 六个月　　　B 一年　　　C 不到一年　　　D 一年半

女：我听说你的汉语水平很高，想问问你关于学习汉语的事儿。
男：哪里哪里，你过奖了。不过我倒是学过差不多一年半的汉语，对汉语学习有一些了解。
问：男的学汉语学了多长时间？

여: 나는 네 중국어 수준이 높다고 들어서, 너한테 중국어 공부에 대한 정황을 물어보고 싶었어.
남: 무슨, 네가 과찬하는 거야. 단지 나는 거의 1년 반 중국어 공부를 해서 중국어 공부에 대해 약간 이해했어.
질문: 남자는 중국어를 얼마나 공부했나?

A 6개월　　　B 1년　　　C 1년이 되지 않았다　　　D 1년 반

단어 过奖 guòjiǎng 图 과찬이십니다 | 了解 liǎojiě 图 이해하다, 자세히 알다

功夫 풀이 질문은 남자가 중국어 공부를 얼마 동안 했는가를 묻고 있으므로, 남자의 대답 중 '我倒是学过差不多一年半的汉语'를 통해 1년 반이 되었음을 쉽게 알 수 있다. 따라서, 정확히 1년 반이라고 말한 D가 답이다.

답 D

유형 맛보기 4

| A 80 | B 85 | C 90 | D 95 |

男：小红，你这次考试得了多少分？
女：我得了九十五分，比上次多了十五分。
问：女的上次考试得了多少分？

남: 샤오훙, 이번 시험 점수는 얼마야?
여: 나는 95점을 받았어. 지난번보다 15점이 나 올랐어.
질문: 여자는 지난 번 시험에 몇 점을 받았는가?

| A 80 | B 85 | C 90 | D 95 |

단어 考试 kǎoshì 명 시험

풀이 여자의 말 중 '我得了九十五分'을 통해 이번 시험에서 95점을 받았고, '比上次多了十五分'을 통해 지난번 시험보다 15점이 더 올랐음을 알 수 있다. 질문은 지난 번 시험의 점수를 묻고 있으므로 '95 − 15 = 80'이 되므로 답은 A가 된다.

답 A

실력 다지기

第1-5题：请选出正确答案。

1. A 从他自己结婚到现在
   B 从他儿子出生到现在
   C 从他儿子结婚到现在
   D 从他自己出生到现在

2. A 四十五块
   B 四十四块
   C 五块
   D 四块

3. A 五十公斤
   B 五十三公斤
   C 四十三公斤
   D 四十七公斤

4. A 明天
   B 后天
   C 10月1号
   D 10月5号

5. A 八点半
   B 八点十五分
   C 八点三刻
   D 九点

3 반어문 관련 문제

 기술전수

1 개념 이해

중국어의 반어문은 형식상으로는 의문문의 문장 형식이지만, 실제로는 상대방의 대답을 결코 바라지 않는다. 단지 의문문의 형식을 빌려 긍정 혹은 부정을 표현하고자 할 뿐이다. 일반적으로 긍정의 형식은 결국 화자의 부정의 의미를 전달하기 위함이고, 부정의 형식으로 말하는 것은 화자의 긍정적인 의미를 전달하기 위함이다. 반어법 형태는 듣기 문제에 빈번하게 출현되며, 문제에서는 주로 화자의 태도 관련 문제로 연결된다.

2 자주 출현하는 질문 유형

- 男(女)的话是什么意思?   남자(여자)가 한 말은 무슨 의미인가?
- 女(男)的是什么意思?   여자(남자)는 무슨 의미인가?

3 상용되는 반어문의 형식

不是……吗? búshì……ma	• 이 형식은 특정 사실을 강조하기 위한 반어문 용법이다. 예 我这不是来了吗? 내가 온 거 아니야? (→ 나는 이미 왔다) 你们不是知道他的手机号码吗? 너희들 그의 핸드폰 번호 알지 않아? (→ 너희들은 그의 핸드폰 번호를 안다)
还 hái	• 부사 '还'는 보통 '不会, 不应该, 不算'의 의미를 나타낸다. 예 这还多呀? 이게 많다고? (→ 많은 편은 아니다) 住这么好的房子，你还不满意? 이렇게 좋은 집에 살면서, 넌 그래도 불만이야? (→ 만족해야 한다)
哪儿 nǎr	• 반어문에서 '哪儿'은 장소를 표시하지 않고, 다만 부정의 어기만을 나타낸다. 예 我哪儿有时间啊? 내가 시간이 어디 있어? (→ 시간이 없다) 哪儿啊，我不认识他。 어디. 난 그를 몰라. (→ 그렇지 않다)
怎么 zěnme	• 반어문에서 '怎么'는 방식이나 원인을 표현하지 않고, 다만 부정의 어기만을 나타낸다. 예 我怎么知道? 내가 어떻게 알아? (→ 난 모른다) 你怎么能这样做呢。 너는 어떻게 이렇게 하니. (→ 이렇게 하면 안 된다)
什么 shénme	• 반어문에서 '什么'는 보통 형용사 혹은 동사 뒤에 놓여, 의문을 표현하지 않고, '不……', '不要……', '不用……'의 의미를 나타낸다.

	예 咱们是老朋友，谢什么呀！ 우리는 오랜 친군데, 뭐가 고마워! (→ 고마워할 필요 없다) 漂亮什么呀，这衣服太一般了。 뭐가 예뻐, 이 옷은 너무 평범해. (→ 이 옷은 안 예쁘다)
有什么 yǒu shénme	• 반어문에서 '有什么'는 단독으로도 술어가 될 수 있고, 형용사 앞에 놓여 '不……', '没有……'의 의미를 나타낸다. 만약 형식이나 의미가 긍정이라면, 전체가 부정의 의미를 나타내고, 형식이나 의미가 부정이라면, 전체가 긍정의 의미를 나타낸다. 예 夫妻没有感情，住在一起有什么意思呢？ 부부가 감정이 없으면, 함께 사는 게 무슨 의미야? (→ 함께 사는 게 의미가 없다) 这事有什么难过的！ 이게 뭐 슬퍼할 일이야? (→ 이 일은 슬프지 않다)
干什么 gàn shénme	• 반어문에서 '干什么'는 대부분 문장의 끝에 사용되어, '不必……', '不该……'의 의미를 나타낸다. 예 来我家玩儿，还带礼物干什么！ 우리 집에 와서 노는데, 무슨 선물을 갖고 오니! (→ 선물을 갖고 올 필요 없다) 你有那么多衣服，还买衣服干什么！ 넌 이렇게 옷이 많은데, 또 무슨 옷을 사니? (→ 옷을 더 살 필요 없다)
谁 shéi	• 반어문에서 '谁'는 부정의 의미로 쓰여, '没有人……' 혹은 '我不……'의 의미를 나타낸다. 예 谁喜欢他呀！ 누가 그를 좋아한대! (→ 나는 그를 좋아하지 않는다) 谁知道他是怎么想的！ 그가 어떻게 생각하는지 누가 알겠어? (→ 그의 생각을 아는 사람이 없다)

 기술공략

유형 맛보기 1 🔊 45

A 问女的是不是真的 　　　B 问女的听谁说的
C 他已经听说了　　　　　　D 小红不会出国

女：小红说她要出国了，你知道吗？
男：你就听她说吧，哪会真出国啊？
问：男的是什么意思？

여: 샤오홍이 자신이 곧 출국할거라고 말했어, 너 알고 있니?
남: 너는 그녀가 하는 말을 들어봐, 어디 정말로 출국하겠어?
질문: 남자는 무슨 의미인가？

A 여자에게 정말인지 아닌지를 묻는다　　B 여자에게 누가 말한 것을 들었는지 묻는다
C 그는 이미 들었다　　　　　　　　　　D 샤오홍은 출국하지 않을 것이다

功夫 풀이 이 문제를 해결하기 위해서는 남자의 마지막 말의 의미를 정확히 파악해야 한다. 남자는 '哪会真出国啊'라고 말하고 있는데, 의문대명사 '哪'를 활용하고 있지만, 여기서는 무슨 대답을 바라고 물어보는 것이 아닌 형식상의 의문문으로서 반어법을 이용하고 있다. '哪'는 반어문에서 부정의 의미를 나타내기 때문에, 결국 '不会出国'를 말하고자 함이다. 그러므로 답은 D가 된다.

답 D

유형 맛보기 2　　　　　　　　　　　　　　　　　　　　🔊 46

A 他不会打网球　　　　　　　　B 他没打过网球
C 他打得没有小李好　　　　　　D 他打得比谁都好

女：小王，同学们都说你很会打网球。
男：谁说的? 小李打得比我更好。
问：男的网球打得怎么样?

여: 샤오왕, 학우들에게 네가 테니스를 잘 친다고 들었어.
남: 누가 그래? 샤오리가 나보다 더 잘 쳐.
질문: 남자가 테니스 치는 것은 어떤가?

A 그는 테니스를 치지 못한다　　　　B 그는 테니스를 쳐 본 적이 없다
C 그는 샤오리보다 잘 치지 못한다　　D 그는 누구보다도 잘 친다

功夫 풀이　남자의 대답 중 '谁说的'는 부정의 의미를 나타내는 관용적 표현으로서 직역하면 '누가 (그렇게) 말해'의 의미지만, 정말 말한 사람이 누구인지 알고 싶어서 묻는 의문문이 아닌 의문사의 반어적 용법으로서, 상대방의 말에 동의하지 않거나 부인할 때 사용되는 표현이다. 그러므로 '테니스를 잘 친다고 들었다'는 여자의 말을 부정하고, 후반부 '小李打得比我更好'의 말을 보충하여 설명하고 있다. 보기 C는 '没有'를 이용한 비교문으로서 '샤오리보다 못친다'의 의미를 나타내므로 답이 된다.

답　C

유형 맛보기 3　　　　　　　　　　　　　　　　　　　　🔊 47

A 买礼物可不容易　　　　　　　B 去商场买东西绝不容易
C 商场里没什么可买的　　　　　D 去商场买礼物不难

男：我快要回国了，该买什么礼物呢?
女：这有什么不容易的? 你明天到商场看看，要什么有什么。
问：女的是什么意思?

남: 나는 곧 귀국해, 무슨 선물을 사지?
여: 이게 무슨 어려운 거라고? 내일 쇼핑센터에 가서 봐봐, 뭐든지 다 있으니까.
질문: 여자는 무슨 의미인가?

A 선물 사는 것은 쉽지 않다　　　　B 쇼핑센터에 가서 물건을 사는 것은 결코 쉽지 않다
C 쇼핑센터에는 살만한 것이 없다　　D 쇼핑센터에 가서 선물 사는 것은 어렵지 않다

功夫 풀이　여자의 대답 '这有什么不容易的'는 반어문으로서 실제로 나타내는 의미는 '没有不容易的'가 되며 결국 '很容易'의 의미가 된다. 보기 A의 '可不容易'에서 '可'는 강조의 용법으로서 '정말 어렵다'의 의미가 되므로 답과 거리가 멀다. 보기 B의 '绝不容易'에서 '绝不'는 '결코 ~하지 않다'의 의미가 되므로 이것은 곧 '결코 쉽지 않다'를 나타내므로 역시 답과 거리가 멀다. C는 내용과 직접적으로 상관없고, D의 '不难'은 결국 '容易'의 의미가 되므로 답으로 적합하다.

답　D

 실력 다지기

第1-5题：请选出正确答案。

1. A 还可以
   B 一点儿也不好看
   C 有的地方好看，有的地方不好看
   D 非常好看

2. A 对现在的工作很满意
   B 不想当记者了
   C 原来的工作也不错
   D 要换工作

3. A 她也想知道
   B 她没有兴趣
   C 她也不知道
   D 让男的猜结果

4. A 昨天男的跟小红去看电影
   B 跟男的一起看电影的不是小红，是别的朋友
   C 昨天男的根本没出去
   D 男的问女的听谁说的

5. A 没有那样的事
   B 当然
   C 他没去参加
   D 不想说

4 분석 및 추론/유추 관련 문제

 기술전수

1 개념 이해

이 부분은 듣기 문제 중 비교적 난이도가 높고 문제 출제 빈도도 높은 유형 중 하나이다. 분석 및 유추를 통해 해결해야 할 문제들은 특정 부분의 단어나 어느 한 부분의 내용만으로는 해결하기가 어렵고 전체적인 대화의 흐름이나 내용에 근거하여 종합적으로 판단을 내려야 한다. 대부분 화자의 태도, 감정 및 사건의 목적 혹은 이유 등을 질문하는 경우가 많다.

2 자주 출현하는 질문 유형

- 根据对话我们可以知道什么?   대화를 통해 우리는 무엇을 알 수 있는가?
- 男的(女的)是什么态度?   남자(여자)는 태도가 어떠한가?
- 男的(女的)是什么意思?   남자(여자)는 무슨 의미인가?
- 这句话告诉我们什么?   이 말은 우리에게 무엇을 알려주고 있는가?
- 男的(女的)为什么这样做(决定)?   남자(여자)는 왜 이렇게 (결정)하였는가?

3 감정 및 태도와 관련된 단어들

긍정적 태도 및 감정	同意 tóngyì 동의하다 | 肯定 kěndìng 긍정하다 | 感动 gǎndòng 감동하다 | 认真 rènzhēn 진지하다 | 自信 zìxìn 자신있다 | 大方 dàfang 대범하다 | 热情 rèqíng 친절하다 | 尊重 zūnzhòng 존중하다 | 鼓励 gǔlì 격려하다 | 羡慕 xiànmù 부러워하다 | 抱歉 bàoqiàn 미안해하다 | 感谢 gǎnxiè 감사하다 | 关心 guānxīn 관심이 있다 | 客气 kèqi 공손하다 | 支持 zhīchí 지지하다 | 表扬 biǎoyáng 칭찬하다 | 周到 zhōudào 세심하다 | 相信 xiāngxìn 믿다 | 诚实 chéngshí 성실하다
부정적 태도 및 감정	反对 fǎnduì 반대하다 | 否定 fǒudìng 부정하다 | 伤心 shāngxīn 상심하다 | 难过 nánguò 견디기 힘들어하다 | 骄傲 jiāo'ào 교만하다 | 怀疑 huáiyí 의심하다 | 不满 bùmǎn 불만스럽다 | 粗心 cūxīn 꼼꼼하지 못하다 | 害怕 hàipà 겁내다 | 失望 shīwàng 실망하다 | 批评 pīpíng 비평하다 | 拒绝 jùjué 거절하다 | 放弃 fàngqì 포기하다
중립적 태도 및 감정	不在乎 bú zàihu 개의치 않다 | 无所谓 wúsuǒwèi 상관없다 | 吃惊 chījīng 놀라다 | 好奇 hàoqí 호기심이 많다 | 可惜 kěxī 안타깝다 | 害羞 hàixiū 부끄럽다 | 担心 dānxīn 걱정하다

 기술공략

유형 맛보기 1　🔊 49

| A 女的复习好了 | B 女的能参加考试 |
| C 女的已经取得了好成绩 | D 希望女的考得好 |

女：复习了一年，明天就要考试了，我心里很紧张。
男：紧张什么呀，要相信自己。来，先干一杯，我们都希望你取得好成绩。
问：男的为什么要干杯?

여: 1년을 공부해서 내일이 바로 시험이야. 나 너무 긴장돼.
남: 긴장할게 뭐가 있어, 자기 자신을 믿어. 자, 먼저 건배하자, 우리는 모두 네가 좋은 성적을 거두기를 희망해.
질문: 남자는 왜 건배를 하려고 하는가?

| A 여자가 복습을 다 해서 | B 여자가 시험에 참가할 수 있어서 |
| C 여자가 이미 좋은 성적을 얻어서 | D 여자가 시험 잘 보기를 희망해서 |

단어 紧张 jǐnzhāng 형 긴장해 있다, 불안하다 | 取得 qǔdé 통 얻다, 취득하다 | 成绩 chéngjì 명 성적

功夫 풀이 이 문제를 해결할 때, 우선 질문의 핵심은 '为什么', 즉 이유를 물어보고 있는데, 보다 구체적으로는 '干杯(건배)' 하는 이유를 묻고 있다. 남자는 대화 중 자신의 생각을 '相信'이나 '希望' 등 긍정적인 단어들을 이용하여 간접적으로 전달하고 있는데, 대화 중 남자가 건배를 제안하는 부분에서 '我们都希望你取得好成绩'라고 말하고 있으므로, 여자가 좋은 성적을 거두기를 기원하기 위해서 임을 알 수 있다. 보기 4개 중 녹음 내용과 일치하는 것은 D가 된다.

답　D

유형 맛보기 2　🔊 50

| A 什么都不想吃 | B 什么都想吃 |
| C 我想吃的这儿没有 | D 我现在不想吃 |

女：今天晚上你想吃点儿什么?
男：没有我不想吃的。
问：男的是什么意思?

여: 오늘 저녁에 너는 무엇을 먹고 싶니?
남: 나는 먹고 싶지 않은 것이 없어.
질문: 남자는 무슨 뜻인가?

| A 무엇이든 먹고 싶지 않다 | B 무엇이든 다 먹고 싶다 |
| C 내가 먹고 싶은 것은 여기 없다 | D 나는 지금 먹고 싶지 않다 |

功夫 풀이 남자가 말한 바의 의미를 유추하는 문제로서, 여기서 남자는 이중부정의 형식을 이용하여 자신의 뜻을 전달하고 있다. '没有……不……'는 '~하지 않은 것이 없다'의 의미로서, 결국 '모든 것이 ~하다'의 의미를 나타내게 된다. 그러므로 남자의 '没有我不想吃的'는 '무엇이든 다 먹고 싶다'로 풀이가 가능하며, 이러한 뜻을 가진 보기는 B가 된다.

답 B

유형 맛보기 3 🔴 51

A 支持她　　　B 鼓励她　　　C 认为不可能　　　D 批评她

女：这次考试我无论如何都要超过你。
男：你别做梦了。
问：男的是什么态度？

여: 이번 시험에서 나는 어떠한 일이 있어도 너보다 시험을 잘 볼 거.
남: 꿈도 꾸지마.
질문: 남자는 무슨 태도인가?

A 그녀를 지지한다　　B 그녀를 격려한다　　C 불가능하다고 생각한다　　D 그녀를 꾸짖는다

함정조심! 남자가 여자의 말에 부정적 반응을 보이기는 하지만 '批评' 즉, '비평하다', '꾸짖다'의 태도는 없으므로 D를 선택해서는 안된다.

단어 超过 chāoguò 동 따라잡다, 추월하다 | 做梦 zuòmèng 동 꿈을 꾸다 | 支持 zhīchí 동 버티다, 지지하다 | 鼓励 gǔlì 동 격려하다, 북돋우다 | 批评 pīpíng 동 평가하다, 비평하다

功夫 풀이 여자의 말에 남자는 '你别做梦了'로 일축하고 있는데, 그대로 직역하면 '꿈꾸지 말아라'가 된다. 이것은 진짜 수면 중의 꿈을 가리키는 것이 아니고, 우리말로 하면 '꿈도 꾸지 말아라', '김칫국 마시지 말아라'의 의미로 불가능한 일임을 나타낸다. 그러므로 답은 C가 된다.

답 C

유형 맛보기 4 🔴 52

A 她有急事　　　　　　B 不想去看电影
C 很累　　　　　　　　D 不敢一个人去

男：你不是去看电影了吗？怎么这么早就回来了？
女：本来要跟小王一起去看电影，但是他突然说有急事不能去，时间这么晚了，我又不敢一个人去，只好回来了。
问：女的为什么那么早回来？

남: 너 영화 보러 간다고 하지 않았어? 어떻게 이렇게 일찍 돌아왔어?
여: 원래는 샤오왕과 영화를 보러 가려고 했지만, 갑자기 그가 급한 일이 생겨서 갈 수 없다고 했어. 시간이 이렇게 늦었는데 나도 감히 혼자 가지는 못 하고, 할 수 없이 돌아왔어.
질문: 여자는 왜 일찍 돌아왔는가?

A 그녀가 급한 일이 생겨서 B 영화 보러 가기 싫어서
C 매우 피곤해서 D 혼자서는 감히 갈 수 없어서

단어 突然 tūrán 형부 갑작스럽다, 돌연히, 갑자기 | 急事 jíshì 명 급한 일 | 不敢 bùgǎn 동 감히 ~하지 못하다

功夫 풀이 여자가 일찍 집에 돌아온 이유에 대해서 묻고 있다. 전반부 '本来'이하는 본래의 계획을 말하는 것이고, '但是'를 통해서 전환이 일어나므로 여자가 정말 말하고자 하는 내용은 '但是' 이하가 된다. 이유는 크게 샤오왕과 관련된 이유와 여자 본인과 관련된 이유 두 가지로 나눌 수 있는데, 보기 A는 여자의 이유가 아닌 샤오왕과 관련된 이유가 되므로 답이 아니다. B와 C는 전혀 언급되지 않았고, 보기 D는 여자의 말 '时间这么晚了，我又不敢一个人去'에 나타나 있으므로 답이 된다.

답 D

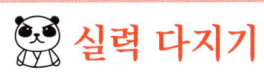 실력 다지기

🔊 53

第1-5题：请选出正确答案。

1. A 他不认识小王
   B 他跟小王很亲密
   C 没有不认识小王的
   D 他根本不关心小王

2. A 很感谢男的
   B 不好意思收礼物
   C 不愿意收礼物
   D 非常高兴

3. A 没有时间
   B 不想告诉
   C 当时男的也不知道
   D 忘了

4. A 不喜欢上课
   B 身体不好
   C 很难过
   D 睡懒觉

5. A 同意男的话
   B 她不想管
   C 这事跟她没关系
   D 她要管

▶ 풀이는 해설집 36p에서 확인하세요.

5 대화의 화제 및 중심 내용 파악 문제

 기술전수

1 개념 이해

대화의 중심 화제와 관련한 문제는 대화 중 빈번하게 출현하는 단어 혹은 관련 단어들을 통해서 파악할 수 있다. 중심 내용을 묻는 질문은 크게 보면 대화 및 이야기의 주제를 묻는 것이고, 작게 보면 전체 중 특정 부분에 대한 내용만을 물어볼 수도 있다. 주제를 찾으려면 대화 혹은 이야기의 전체적인 내용을 이해하고, 그 모든 이야기를 감쌀 수 있는 것을 답으로 선택해야 하며, 때로는 화자의 의견이나 목적까지도 세심히 파악할 수 있어야 정확하게 찾을 수 있다. 화제나 주제의 범위는 매우 광범위하므로 특정 단어군에 제한하지 말고 폭넓게 공부해야 한다.

2 자주 출현하는 질문 유형

□ 他们在谈论什么?	[소재]	그들은 무엇을 이야기하고 있는가?
□ 这段对话主要讲什么?	[주제]	이 대화는 주로 무엇을 이야기하고 있는가?
□ 告诉我们什么?	[주제]	우리에게 무엇을 알려주는가?
□ 主要观点是什么?	[관점]	주요한 관점은 무엇인가?

 기술공략

유형 맛보기 1 🎧 54

A 旅行　　　　B 照相　　　　C 自然风景　　　　D 爱好

男: 我觉得还是照人有意思, 可以看出一个人的变化。
女: 我觉得照风景照片好, 几年后再拿出来看, 就像又回到了那个地方一样。
问: 他们在谈论什么?

남: 내 생각엔 그래도 사람을 찍는 것이 재미있어, 한 사람의 변화를 볼 수 있잖아.
여: 나는 풍경 사진 찍는 것이 좋아, 몇 년 후에 다시 꺼내 봐도 마치 또 그곳에 있는 것 같아.
질문: 그들은 무엇을 이야기하고 있는가?

A 여행　　　　　　B 사진 촬영　　　　　　C 자연 풍경　　　　　　D 취미

단어　照 zhào 동 찍다, 비추다 ｜ 风景 fēngjǐng 명 풍경, 경치

功夫 풀이　이 문제는 대화의 화제를 묻고 있는 것이다. 일반적으로 화제 혹은 소재를 파악하는 문제는 빈번하게 출현하는 단어들을 통해서도 쉽게 답을 찾을 수가 있다. 여자와 남자의 대화에 공통적으로 출현하는 단어는 '照(照片)'로서 '사진을 찍다'가 된다. 그러므로 공통의 화제는 사진 촬영인 B가 답이 된다. 유의할 점은 D의 '취미'는 너무 넓은 개념으로 접근한 것으로서, 사진 이야기를 하고 있다고 해서 그것이 꼭 그들의 취미인지는 확인할 수 없다.

답　B

유형 맛보기 2　　　　　　　　　　　　　　　　　　　　　　　　　　　　🔊 55

A 儿子谈恋爱　　　　　　　　　B 儿子没有女朋友
C 儿子的女朋友　　　　　　　　D 儿子偷偷恋爱

男：妈，你这几天怎么总是对我发脾气？是不是为我谈恋爱的事儿？
女：不是为你谈恋爱的事儿，而是为你跟谁谈恋爱的事儿。
问：女的主要想说什么？

남: 엄마, 요 며칠 어째서 계속 나에게 화를 내세요? 제가 연애하는 일 때문에 그러세요?
여: 네가 연애하는 것 때문이 아니고, 네가 누구와 연애하는지의 문제 때문이야.
질문: 여자가 주로 하고 싶은 말은 무엇인가?

A 아들이 연애하는 것　　　　　　B 아들이 여자친구가 없는 것
C 아들의 여자친구　　　　　　　　D 아들이 몰래 연애하는 것

단어　发脾气 fā píqi 동 화내다, 성내다, 성질부리다 ｜ 谈恋爱 tán liàn'ài 동 연애하다 ｜ 偷偷 tōutōu 부 남몰래, 살짝

功夫 풀이　이 문제는 대화 속 여자의 말의 중심 내용을 묻고 있으므로, 두 번째 여자의 말에 집중해야 한다. 여자의 말은 '不是……而是……'의 접속사를 이용한 복문 형태로서, '~가 아니라 ~이다'의 뜻을 나타낸다. 이는 '不是'절의 내용은 배제시키고, 진짜 하고 싶은 말은 '而是'절에 있는 구조이다. 그러므로 여자의 중심 생각은 '而是为你跟谁谈恋爱的事儿'이 되며, 그 중 '跟谁谈恋爱'가 핵심이 되므로, 여자는 남자가 '누구와 연애하고 있는가'를 논하고 싶은 것이다. 그러므로 답은 남자의 연애 대상인 C가 된다.

답　C

유형 맛보기 3 🎧 56

| A 报纸 | B 杂志 | C 电视 | D 书 |

🔊 女：小军，今天电视上没有你说的那条消息啊？
男：往下看，大概还在后边呢。
问：他们在看什么？

여: 샤오쥔, 오늘 텔레비전에 네가 말한 그 소식은 없는 거야?
남: 계속 봐봐, 아마 후반에 있을 거야.
질문: 그들은 무엇을 보고 있는가?

| A 신문 | B 잡지 | C 텔레비전 | D 책 |

단어 消息 xiāoxi 명 보도, 뉴스 | 大概 dàgài 부 아마, 대개

功夫 풀이 이 문제의 핵심은 '무엇을 보고 있는가'로서 대화의 소재를 묻고 있다. 두 사람의 대화의 핵심 화제는 '消息'이다. 게다가 여자가 '电视'라고 이미 그 범위를 제한하고 있으므로 답은 C가 된다.

답 C

 실력 다지기

第1-5题：请选出正确答案。

1. A 汽车
   B 自行车
   C 工资
   D 购物

2. A 张先生很有钱，儿子乱花钱
   B 张先生没有爸爸
   C 张先生的儿子有钱
   D 其实张先生没有钱

3. A 年轻人就业问题
   B 毕业生还没找到工作
   C 人口问题
   D 经济不景气

4. A 离婚率问题
   B 家庭问题
   C 房价问题
   D 找工作的问题

5. A 不吃早饭可以减肥
   B 该改掉不吃早饭的习惯
   C 吃早饭对女性不好
   D 吃早饭不容易

第1-15题：请选出正确答案。

1. A 女的猜得很准确
   B 男的听不出来
   C 女的猜错了
   D 不同意女的意见

2. A 家里
   B 学生食堂
   C 宿舍
   D 没有时间吃饭

3. A 突然来女的家，很抱歉
   B 老朋友之间不必客气
   C 应该表示感谢
   D 女的准备得很多

4. A 还没找到
   B 丢了
   C 已经找到了
   D 不知道在哪儿

5. A 考试已经结束了
   B 喜欢开夜车
   C 最近几天没休息
   D 考得不太好

6. A 女的全家都要搬家
   B 女的一个人去中国
   C 男的不知道女的要搬家
   D 女的很想去中国

7. A 交通和住宿
   B 吃饭和住宿
   C 吃饭、住宿和交通
   D 吃饭和交通

8. A 饺子
   B 包子
   C 米饭
   D 没吃

9. A 考得不好
   B 自行车骑得非常好
   C 他的腿快要好了
   D 不能去学校，很着急

10. A 男的不该发火
    B 工作上有了问题谁都着急
    C 女的也常常发火
    D 女的不能理解男的

11. A 生气
    B 高兴
    C 冷静
    D 伤心

12. A 女的不满意男的态度
    B 女的没告诉男的
    C 女的不想再告诉男的
    D 男的不想做这种事

13. A 女的应该洗衣服
    B 男的要洗衣服
    C 男的也想休息
    D 跟女的一起洗衣服

14. A 女的不喜欢王大夫
    B 男的没去过王大夫的医院
    C 女的根本不知道王大夫是谁
    D 男的经常去医院

15. A 已经给完了
    B 马上就给
    C 孩子们不着急
    D 再等一等

第三部分

이 부분은 총 20문항으로 구성되어 있으며, 다시 크게 두 부분으로 나눌 수 있다. 하나는 듣기 2부분과 유사한 '양자대화'형태이지만, 그것과의 차이는 다소 긴 대화로 이루어져 있다는 점이다. 대화가 길어지기 때문에, 듣기 2부분에 비해 더 많은 집중력과 문제와의 관련성에 더 주목하여 내용을 파악해야 하는 능력이 요구된다. 대게 20문항 중 10문항이 이러한 형태로 출제된다. 또 다른 형태는 4~5 문장으로 구성된 스토리가 있는 단락문을 듣고 질문에 답하는 유형이다. 하나의 단문에 보통 2개의 문제를 함께 풀어야 하기 때문에, 글의 전체 문맥과 주제 및 핵심요지를 정확히 파악해서 각 문항별로 원하는 답을 신속하게 골라낼 수 있어야 한다. 이 부분 역시 10문항 정도가 출제된다.

I 장문 대화 형식

이 부분은 양자 대화 형식으로서 대화의 내용이나 질문의 유형이 모두 듣기 2부분과 거의 유사하다고 볼 수 있다. 다만 대화의 길이가 2부분에 비해 다소 길어진다는 차이가 있다. 이 부분을 해결할 대부분의 공부기술은 듣기 2부분과 유사하므로, 수험생들은 2부분의 내용을 다시 적극 활용하여 문제를 푼다면 어렵지 않게 접근이 가능하다. 따라서 여기서는 특별히 유의할 몇 개의 비법만 언급하고 바로 유형맛보기와 실력 다지기로 적응 훈련을 하고자 한다.

1 대화 속 남녀를 확실히 구별하라

 기술전수

1 개념 이해

듣기 3영역의 양자 대화 형태는 남녀 두 사람의 비교적 긴 대화로 구성되어 있다. 문제의 많은 부분이 남녀를 구분하여, 특정 대상에 대한 심리, 태도, 의도 혹은 행동을 질문하기 때문에, 대화가 길어짐에 따라 도중에 남자 혹은 여자의 대화를 놓치거나 혼동하게 되면, 정작 마지막에 가서 질문에 대한 정확한 답을 찾을 수가 없다. 그러므로 대화의 흐름을 연결하되, 중간중간 핵심 단어나 문장의 남녀를 구분하여 메모하는 습관을 길러야 이러한 혼동을 방지할 수 있다.

2 자주 출현하는 질문 유형

- 男(女)的是什么意思？　　　　　　[판단]　　남자(여자)는 무슨 의미인가?
- 女(男)的认为……怎么样？　　　　　[분석]　　여자(남자)는 ~을 어떻게 생각하는가?
- 男(女)的对……什么态度？　　　　　[어기]　　남자(여자)는 ~에 대해 어떠한 태도인가?
- 女(男)的可能在哪儿？　　　　　　　[장소]　　여자(남자)는 아마도 어디에 있겠는가?
- 男(女)的为什么……？　　　　　　　[이유]　　남자(여자)는 왜 ~한가?
- 关于女(男)的可以知道什么？　　　　[유추]　　여자(남자)에 관하여 알 수 있는 것은 무엇인가?

 기술공략

유형 맛보기　　　　　　　　　　　　　　　　　　　🎧 59

A 女的让他一起去北京　　　　　　B 他的亲戚都来看他
C 他应该赶紧写论文　　　　　　　D 他不喜欢热闹

男：今年十一你准备去哪儿？
女：我想去北京爬香山，你呢？
男：我想待在学校，准备写论文。
女：你原来不是打算去亲戚家吗，怎么又改变主意了？
男：是啊，可我们老师让我赶紧写论文。
问：男的为什么改变主意了？

남: 올해 국경절에 너는 어디를 갈 계획이야?
여: 나는 베이징에 가서 향산을 등산하고 싶어, 너는?
남: 나는 학교에 머물면서 논문 쓸 준비를 할 생각이야.
여: 너는 원래 친척집에 가려고 하지 않니? 어떻게 또 생각이 바뀌었어?
남: 맞아, 그런데 선생님께서 나더러 서둘러 논문을 쓰라고 하셨어.
질문: 남자는 왜 생각이 바뀌었는가?

A 여자가 그더러 함께 베이징에 가자고 해서　　　B 그의 친척들이 그를 보러 와서
C 그는 서둘러 논문을 써야 해서　　　　　　　　D 그는 시끌벅적한 것을 싫어해서

단어　待 dāi 동 머무르다, 체류하다 ｜ 论文 lùnwén 명 논문 ｜ 亲戚 qīnqi 명 친척 ｜ 赶紧 gǎnjǐn 부 서둘러, 급히, 어서

功夫 풀이　질문은 남자가 원래의 계획을 바꾼 이유에 대해 묻고 있다. 여자의 대화 부분은 사실 이 문제를 해결하는데 그다지 중요하지 않고, 남자의 말 중 이유나 목적 등이 담겨진 내용을 밝히면 되는데, 남자의 두 번째 대화 '我想待在学校，准备写论文'의 후반부가 학교에 머무는 이유가 된다. 이와 같은 내용을 남자의 세 번째 대화 '我们老师让我赶紧写论文'에서 보다 구체적으로 다시 언급하고 있다. 따라서 이를 근거로 답은 C가 된다.

답　C

2 화자의 태도와 어기를 판별하라

 기술전수

1 개념 이해

대화의 형태가 길어질수록 대화를 이끄는 두 사람간의 감정색채도 더욱 뚜렷하게 드러나는 경우가 많다. 화자의 태도와 어기를 판단하기 위해서는 핵심이 되는 한마디 말을 정확히 이해하는 것도 중요하지만, 전체적인 맥락 안에서 판별해야 하는 경우도 있다. 화자의 태도와 어기에 관한 구체적 설명은 듣기 2부분의 『Ⅱ. 상용되는 단어 및 관용어 표현을 외워라』에서 자세히 설명하였으므로, 수험생분들은 다시 그 페이지에서 정리하기를 바란다.

2 자주 출현하는 질문 유형

- 男(女)的是什么态度?　　　　　[태도]　　남자(여자)는 어떠한 태도인가?
- 女(男)的是什么意思?　　　　　[어기]　　여자(남자)는 무슨 의미인가?
- 男(女)的对……怎么认为?　　　[감정]　　남자(여자)는 ~에 대해 어떻게 생각하는가?

 기술공략

유형 맛보기　　　　　　　　　　　　　　　　　　　🔊 60

A 每个人的想法都不一样　　　　B 女的想法很有道理
C 请女的再说一遍　　　　　　　D 他不那样认为

女: 真想不到在中国寄一封信这么麻烦!
男: 你怕麻烦就别写了, 打个电话或者发电子邮件不就行了?
女: 可我觉得这样写信, 更有意义, 也更容易把自己要说的话说清楚。

여: 중국에서 편지 한 통 부치는 것이 이렇게 번거로울 줄 정말 생각도 못 했어!
남: 너 번거로운 게 싫으면 쓰지 말고, 전화를 하거나 이메일을 보내면 되잖아?
여: 그렇지만 나는 이렇게 손으로 편지를 쓰는 것이 더 의미가 있고, 또한 자기가 하고 싶은 말을 명확하게 말하기 더 쉽다고 생각해.

男：那倒也是。　　　　　　　　　　　　　　남: 그건 그렇지.

问：男的是什么意思?　　　　　　　　　　　질문: 남자는 무슨 의미인가?

A 매 사람마다 생각이 모두 다르다　　　　　B 여자의 생각은 매우 일리가 있다

C 여자에게 다시 한 번 말해 달라고 청한다　D 그는 그렇게 생각하지 않는다

단어　怕 pà 동 무서워하다, 두려워하다

功夫 풀이　이 문제의 해결을 위해서는 남자의 마지막 말을 이해해야 한다. '那倒也是'는 '그건 그래', '그것도 그렇긴 하다'의 의미를 지니는 동의 및 찬성의 뜻이 담긴 관용어이다. 그렇다면 남자의 말은 결국 여자의 말에 동의한다는 뜻을 나타내며, 이러한 내용을 지닌 보기는 B 밖에 없다. '道理'는 '일리, 이치'의 뜻으로 '有道理'는 '일리가 있다', '도리에 맞다'의 의미가 된다.

답　B

실력 다지기

第1-10题：请选出正确答案。

1. A 上大学学习
   B 打算从事因特网工作
   C 准备考大学
   D 现在做电脑买卖

2. A 买书
   B 收传真
   C 寄信
   D 写地址

3. A 车费很贵
   B 在路上要花很多时间
   C 不能回老家
   D 难买车票

4. A 不适合她
   B 觉得不好看
   C 很贵
   D 要别的颜色

5. A 怕冷
   B 感冒了
   C 出汗了
   D 喜欢冬天

6. A 对男的意见很满意
   B 不同意男的意见
   C 让男的决定
   D 去哪儿买都没关系

7. A 很晚才回家
   B 昨天他整天在家里
   C 下课以后就回家了
   D 无法知道

8. A 没有时间去看
   B 不喜欢看比赛
   C 跟男的一起去
   D 想多睡一会儿

9. A 很便宜
   B 可以省钱
   C 质量特别好
   D 很方便

10. A 朋友之间也该客气
    B 男的应该谢她
    C 朋友之间不必客气
    D 很感动

▶ 풀이는 해설집 40p에서 확인하세요.

3 보기를 통하여 질문을 유추하라

 기술전수

1 개념 이해

이 비법 역시 듣기 2부분에서 이미 언급된 내용이다. 어느 영역의 듣기문제를 접하든 보기를 통하여 질문을 유추하는 공부 기술의 적용은 매우 효과적인 방법이다. 특히 짧은 양자의 대화에 비해 듣기 3부분 장문의 대화를 들을 때는 더욱 그러한데, 이는 더 많은 내용을 판별해야 하고 이해해야 하기 때문에 많은 집중력이 요구된다. 하지만, 질문의 형태 자체가 2부분과 다른 것은 아니기 때문에 보기를 통해서 대강 질문을 유추할 수만 있다면, 긴 대화라 할지라도 어렵지 않게 답을 찾을 수 있을 것이다.

2 해결 전략

이 유형은 듣기 2부분의 『Ⅰ. 문제의 보기 안에 힌트가 있다』에서 자세히 설명하였으므로, 중복되는 부분은 피하고 새로운 내용만 추가적으로 설명하고자 한다.

 기술공략

유형 맛보기 1　　　　　　　　　　　　　　　　　　　　　　　　　　🎧 62

A 家庭主妇　　　　　　　　B 学生
C 公司职员　　　　　　　　D 警卫

▶ 직업과 관련한 보기 유형

女：最近亚洲各国特别流行买中国工艺品。
男：是呀！听说欧洲、美洲也是这样。
女：我也打算利用这次去中国出差的机会买一些回来。
男：那你给我也买　个吧。
问：女的可能做什么工作？

여: 최근 아시아 각국에 중국 공예품을 사는 것이 정말 유행이야.
남: 맞아, 듣자하니 유럽, 미주도 그렇다고 해.
여: 나도 이번에 중국으로 출장 가는 기회를 이용해서 좀 사가지고 올 생각이야.
남: 그럼 나에게도 하나 사다 줘.
질문: 여자는 아마도 무슨 일을 하겠는가?

A 가정주부   B 학생
C 회사 직원   D 경비

단어 亚洲 Yàzhōu 명 아시아주 | 工艺品 gōngyìpǐn 명 공예품 | 欧洲 Ōuzhōu 명 유럽 | 美洲 Měizhōu 명 미주 | 出差 chūchāi 동 출장 가다 | 职员 zhíyuán 명 (회사) 직원 | 警卫 jǐngwèi 명 경비

功夫 풀이 질문은 여자가 하는 일, 즉 여자의 직업을 묻고 있다. 이 문제를 해결하기 위해서는 여자의 말 중 직업을 추측할 수 있는 핵심 단어를 판별해야 한다. 여기서는 여자의 '这次去中国出差的机会'를 통하여 중국으로 출장 가는 특징의 직업을 고르면 된다. 따라서 보기 4개 중 일반적인 상식 수준에서는 C만이 답이 된다.

답 C

유형 맛보기 2   🎧 63

A 三门课   B 四门课
C 五门课   D 六门课

▶ 숫자 및 수치와 관련한 보기 유형

男 : 听说你明年想参加我们学校的研究生入学考试。
女 : 是啊，我最近正忙着准备呢。
男 : 都考什么啊？
女 : 留学生一般要考三门专业课，一门外语，也就是汉语。
问 : 为了参加考试，女的一共要准备几门课？

남 : 듣자 하니 너 내년에 우리 학교 대학원 시험에 참가하고 싶어 한다며.
여 : 맞아, 나는 최근에 준비하느라 바빠.
남 : 무슨 과목을 시험보는데?
여 : 유학생들은 일반적으로 전공 세 과목과 외국어 한 과목, 즉 중국어를 시험 봐야 해.
질문: 시험에 참가하기 위해서 여자는 모두 몇 과목을 준비해야 하는가?

A 세 과목   B 네 과목
C 다섯 과목   D 여섯 과목

단어 研究生 yánjiūshēng 명 대학원생 | 门 mén 양 과목, 가지

功夫 풀이 보기에 제시된 단어들을 토대로 질문이 '특정 과목의 수'를 묻고 있음을 알 수 있다. 대화 중 여자의 말 '要考三门专业课，一门外语'를 통해 시험 준비를 위한 과목이 전공 세 과목, 외국어 한 과목임을 알 수 있다. 여기서 주의할 점은 '汉语'는 외국어 시험의 동격으로 봐야지, 또 다른 하나의 과목으로 생각하면 안 된다. 문제는 총 과목수를 묻고 있으므로, 전공과 외국어를 더한 네 과목이 답이 된다.

답 B

유형 맛보기 3 🔊 64

---

1.   A 汽车站   B 停车场   C 大商场   D 机场

2.   A 一层   B 二层   C 三层   D 地下一层

▶ 장소와 관련한 보기 유형

🔊 女：请问，卖车的在几层？
　　男：什么车？自行车在一层，**玩具车在三层**，摩托车在地下一层。
　　女：我想给五岁的儿子买一辆**玩具自行车**。
　　男：好的，请跟我来吧。

여: 실례지만, 차는 몇 층에서 파나요?
남: 무슨 차요? 자전거는 1층에 있고, 장난감 차는 3층에 있고, 오토바이는 지하 1층에 있어요.
여: 저는 다섯 살 된 아들에게 장난감 자전거 하나를 사주고 싶어요.
남: 좋아요, 저를 따라 오세요.

단어   玩具 wánjù 몡 장난감, 완구 | 停车场 tíngchēchǎng 몡 주차장

---

1. 🔊 问：这段对话可能发生在什么地方?
　　　　이 대화는 아마도 어디에서 발생한 것이겠는가?

　　　A 버스 역   B 주차장   C 대형 상점   D 공항

功夫 풀이   보기에 제시된 단어를 보아 장소를 묻는 문제임을 추측할 수 있다. 대화에서 몇 종류의 교통수단이 등장하지만, 결정적으로 여자가 아이에게 줄 선물로서 '玩具'를 찾고 있으므로 백화점과 같은 '대형 상점'이 답이 된다.

답   C

---

2. 🔊 问：女的该去几层?
　　　　여자는 몇 층으로 가야 하는가?

　　　A 1층   B 2층   C 3층   D 지하 1층

功夫 풀이   보기는 모두 층을 나타내고 있으므로, 여자가 가야 할 층을 알기 위해선 우선 녹음에서 제시되는 물건과 각 층을 연결하여 메모를 해 두어야 한다. 여자는 아들에게 줄 '玩具自行车'를 원하므로 결국 여자가 가야 할 층은 '玩具'를 파는 3층으로 가야 옳지, 이것을 '自行车'를 파는 층인 1층을 선택해서는 안 된다.

답   C

一、听力

유형 맛보기 4 🎧 65

| A 明天早上 | B 后天早上 | C 明天晚上 | D 后天晚上 |

▶ 시간 및 시점과 관련한 보기 유형

📢 男：你好，请问是航空公司订票处吗？我想订飞机票。
女：您要订哪天的机票？
男：我想订两张后天到上海的机票，有早上的机票吗？
女：有，是八点半的。
男：好的，就订这个吧。
问：男的什么时候去上海？

남: 안녕하세요, 실례지만 항공회사의 티켓에 매처인가요? 저는 항공권을 예매하고 싶어요.
여: 어느 날짜의 표를 예약하려고 하세요?
남: 저는 내일 모레 상하이로 가는 비행기표 두 장을 예약하고 싶어요. 아침표는 있나요?
여: 있습니다. 8시 30분 거예요.
남: 좋아요, 이걸로 예약할게요.
질문: 남자는 언제 상하이로 가는가?

| A 내일 아침 | B 모레 아침 | C 내일 저녁 | D 모레 저녁 |

단어 航空 hángkōng 형 항공의 | 订票 dìngpiào 동 표를 예매하다

功夫 풀이 남자의 두 번째 대화 '我想订两张后天到上海的机票，有早上的机票吗'를 통해서 남자는 모레 오전에 상하이에 가고자 함을 알 수 있다. 그러므로 답은 B가 된다.

답 B

유형 맛보기 5 🎧 66

| A 同学 | B 同事 | C 夫妻 | D 朋友 |

▶ 인물 관계와 관련한 보기 유형

📢 女：我以为李老师还没结婚呢，原来她已经结婚了啊！
男：对啊，她儿子都快上小学了。听说她丈夫也是中学教师呢。
女：真的？她在我们学校里打扮得最时髦，跟我们这些不关心流行的不一样！
男：所以我们都看不出她已经结婚了。
问：说话的两个人可能是什么关系？

여: 나는 이 선생님이 아직 결혼하지 않았다고 생각했어요. 알고 보니 이미 결혼했군요.
남: 맞아요, 그녀의 아들이 곧 초등학교에 입학해요. 듣자 하니 그녀의 남편도 중학교 선생님이래요.
여: 정말이요? 그녀는 우리 학교에서 가장 세련된 스타일로 꾸미고 다녀서, 우리처럼 유행에 관심이 없는 사람들과는 달라요.
남: 그래서 우리 모두 그녀가 이미 결혼한 사람인 줄 알아보지 못했잖아요.
질문: 대화를 나누는 두 사람은 아마도 무슨 관계겠는가?

| A 학우 | B 직장 동료 | C 부부 | D 친구 |

단어 **打扮** dǎban 통 화장하다, 치장하다, 단장하다 | **时髦** shímáo 형 유행이다, 최신식이다 | **关心** guānxīn 통 관심을 갖다, 관심을 기울이다 | **流行** liúxíng 통 유행하다, 성행하다

功夫 풀이 우선 이 선생님은 남편과 마찬가지로 중학교 교사라는 것을 '她丈夫也是中学教师'의 내용에 근거하여 알 수 있고, 여자의 두 번째 대화 속 '她在我们学校里'라는 부분을 보아 대화를 하는 사람은 이 선생님과 같이 학교에서 일하는 것을 알 수 있다. 그러므로 이 두 사람의 관계도 같은 직장에서 일하는 사이인 '同事'임을 쉽게 추측할 수 있다.

답 B

실력 다지기

第1-10题：请选出正确答案。

1. A 900块
   B 180块
   C 720块
   D 800块

2. A 手提包是白色的
   B 他是学生
   C 已经找到手提包了
   D 手提包里没有钱

3. A 女的英语说得很好
   B 男的找汉语辅导老师
   C 女的想练习英语
   D 女的找英语辅导老师

4. A. 百货商店
   B. 美术馆
   C. 电影馆
   D. 哪儿都不去

5. A 半个小时
   B 半天
   C 一个小时
   D 一个半小时

6. A 男的喜欢夏天
   B 女的喜欢出去活动
   C 北京的夏天不那么热
   D 男的很怕热

7. A 窗边
   B 教室
   C 地下室
   D 书架旁边

8. A 参加比赛
   B 看京剧
   C 去国外旅游
   D 参观颐和园

9. A 朋友
   B 同学
   C 同事
   D 夫妻

10. A 练发音
    B 信心
    C 听广播
    D 背句子

▶ 풀이는 해설집 45p에서 확인하세요.

Ⅱ 단문 낭독 형식

이 영역은 한 사람이 4~5개의 문장으로 구성된 짧은 지문을 낭독하는 형식으로서, 일반적으로 대부분의 수험생들이 가장 어려워하는 유형에 속한다. 일반적인 대화의 형식이 아니고, 한 사람이 특정 상황이나 사건, 또는 인물이나 경험 등을 설명하거나 묘사하는 형식이기 때문에, 보통은 스토리 구성이 있다. 그러므로 이 영역을 들을 때는 지나치게 세심하게 들으려고 애쓰기 보다는 전체적인 내용과 줄거리를 이해하면서, 내용의 핵심이 되는 단어 및 구절만 잘 파악하여 자신의 방식으로 메모만 하면 된다. 특히 내용 파악에 그다지 영향을 미치지 않는 부사나 중요하지 않은 단어에 집착하다 보면, 정작 들어야 할 중요한 내용을 놓칠 우려가 있으므로 주의를 기울여야 한다.

1 내용의 중심 소재 및 주제를 파악하라

 기술전수

1 개념 이해

한 사람이 다소 긴 지문을 낭독하여 들려주는 경우, 일반적으로 특정 사건 및 경험, 내지는 특정 소재에 대하여 화자가 설명하거나 소개하는 형식이 많이 등장한다. 특히 긴 지문을 쉼없이 낭독하는 내용을 들을 때는, 과연 화자가 무엇을 말하고 있는지, 또는 말하고자 하는 바가 무엇인지를 파악하는 것이 가장 우선이다. 그것이 직접적으로 문제와 연결되는 경우도 있고, 설령 직접적으로 질문으로 연결되지 않더라도, 중심 소재와 주제를 파악하는 것이 우선 선행되어야 어떠한 문제를 직면하더라도 보다 명백하게, 확신을 가지고 해결할 수가 있다. 일반적으로 소재나 주제는 녹음의 가장 처음 혹은 가장 마지막에 등장하는 경우가 많으므로, 처음부터 집중력이 흐트러지지 않도록 유의해야 한다.

2 자주 출현하는 질문 유형

□ 他在谈论什么?	[소재]	그는 무엇을 이야기하고 있는가?
□ 说话人主要想说什么?	[주제]	화자가 주로 하고자 하는 말은 무엇인가?
□ 这段话主要讲什么?	[주제]	이 단락의 말은 주로 무엇을 이야기하고 있는가?
□ 这段话告诉我们什么?	[주제]	이 단락의 말은 우리에게 무엇을 알려주는가?
□ 主要观点是什么?	[관점]	주요한 관점은 무엇인가?

 기술공략

유형 맛보기 🎧 68

A 准备婚礼　　　　　B 结婚的日子
C 结婚要很多钱　　　D 布置新房

🔊 **说到举行婚礼的事儿**, 我最近正忙着布置新房呢。哪一天举行婚礼，还没有决定下来，可能是新年。家里人都希望我在节日结婚，又过节又结婚，亲戚、朋友都能来参加婚礼，该有多好啊！结婚要花不少钱，这钱不都是我自己的，我父母还帮助了一些。
问: 说话人主要说什么?

결혼식을 올리는 일에 대해 말하자면, 나는 최근 신혼 집을 꾸미느라 바쁘다. 언제 결혼식을 올릴 지 아직 정하지 않았는데, 아마도 새해가 될 것이다. 집안 식구들이 모두 내가 명절에 결혼하기를 바란다. 설도 지내고, 결혼식도 하고, 친척, 친구들이 모두 결혼식에 참가할 수 있으니 얼마나 좋겠는가! 결혼을 하려면 적지 않은 돈을 써야 하는데, 이 돈은 모두 내 자신의 돈만은 아니고, 부모님께서도 좀 도와주신다.

질문: 화자는 주로 무엇을 말하고 있는가?

A 결혼 준비
B 결혼 날짜
C 결혼은 많은 돈이 필요하다
D 신혼집 꾸미기

단어 举行 jǔxíng 통 거행하다 | 婚礼 hūnlǐ 명 결혼식 | 布置 bùzhì 통 배치하다, 진열하다 | 过节 guòjié 통 명절을 쇠다

功夫 풀이 이 문제는 내용의 주제를 묻고 있는 유형이다. 일반적으로 주제는 글 전체의 내용을 모두 포함할 수 있어야 하고, 대개는 전반부 혹은 마지막에 요약하여 언급되는 경우가 많이 있다. 이 문제를 해결하기 위해서는 화자가 가장 처음 한 말 '说到举行婚礼的事儿'만 명확히 듣고 이해해도 해결할 수 있다. 후반부의 모든 내용은 결국 결혼 준비에 대한 구체적인 예시들로서 보기 B, C, D가 모두 녹음 내용에서 언급되기는 하였으나, 각각 구체적인 예시가 될 뿐 주제가 될 수는 없다. 따라서 이 모든 것을 포함하는 내용이 바로 보기 A이다.

답 A

2 사건의 배경과 원인에 주목하라

 기술전수

1 개념 이해

모든 사건과 경험에는 배경이 있다. 배경에 해당하는 내용이 여러가지가 있을 수 있겠으나, 가장 쉽게 떠오르는 것은 바로 시간과 장소이다. 일반적인 사건의 설명과 경험의 묘사를 위해서는 보통 '언제, 어디서'를 시작으로 서술이 이어지게 된다. 장문의 듣기는 일반적으로 스토리가 있기 때문에 이러한 배경이 자주 언급되고, 또 직접 문제화되어 출제되기도 한다. 또한 특정 사건의 원인에 대해서도 유심히 들어볼 필요가 있는데, 원인은 때때로 동작의 목적으로 볼 수 있는 경우도 있으므로 질문의 의도를 잘 파악하여 답을 선택하여야 한다.

2 자주 출현하는 질문 유형

□ 这件事情可能发生在哪儿?	[장소]	이 일은 아마도 어디서 발생했는가?
□ 这场(交通)事故怎么发生的?	[배경]	이 (교통)사고는 어떻게 발생했는가?
□ 说话人为什么没跟老师说?	[원인]	화자는 왜 선생님에게 말하지 않았는가?
□ 哪个城市受灾最严重?	[장소]	어느 도시가 재해를 가장 심하게 입었는가?

 기술공략

유형 맛보기   69

A 不努力工作   B 公司的情况不好
C 老板骗他了   D 他的工资比别人更多

今年我的工资不但没有增加，反而减少了。不是我工作不努力，是公司的情况不太好。看来明年不找别的工作不行了。
问: 工资为什么减少了?

올해 내 월급은 증가하지 않았을 뿐만 아니라, 오히려 감소했다. 내가 일을 열심히 하지 않아서가 아니라, 회사의 상황이 좋지 않기 때문이다. 보아하니 내년에 다른 일을 찾지 않으면 안 되겠다.

질문: 월급이 왜 줄었는가?

A 열심히 일하지 않아서

B 회사 상황이 좋지 않아서

C 사장이 그를 속여서

D 그의 월급이 다른 사람보다 훨씬 많아서

단어 工资 gōngzī 명 월급, 임금 | 增加 zēngjiā 동 증가하다, 더하다 | 情况 qíngkuàng 명 상황

功夫 풀이 이 문제는 사건의 원인을 묻고 있다. 화자는 전반부에 임금이 줄었다는 이야기를 꺼내면서 바로 그 원인으로 '不是我工作不努力，是公司的情况不太好'라고 말하였는데, 즉, '일을 열심히 하지 않아서가 아니다'고 분명히 말하였으므로, '일을 열심히 하지 않아서'라고 말한 보기 A는 답이 아니다. 그 뒤에 이어 '公司的情况不太好'가 직접적인 원인이 되므로, 이와 똑같이 언급한 보기 B가 답이 된다.

답 B

3 보기를 통하여 문제를 추측하라

 기술전수

1 개념 이해

이와 관련한 설명은 이미 듣기 2부분과 듣기 3부분의 『Ⅰ. 장문 대화 형식』에서 거듭 언급하였으므로, 여기서 자세한 설명은 하지 않겠다. 다만, 이 부분은 녹음 내용이 가장 길고, 마지막에 들려주는 질문에 도달할 때까지 그 내용들을 상기시켜야 하는 부담이 있기 때문에, 정확한 답을 고르기 위해서는 보기를 통한 질문 유추를 바탕으로 적절히 메모를 하면서 해결하는 것이 가장 빠른 지름길이다.

2 해결 전략

1. 먼저 보기를 통해 질문의 유형을 유추해 본다.

2. 녹음 내용을 들으면서 보기에서 제시된 단어와 관련된 내용을 파악하여 알아보기 쉽게 표시해 둔다.

3. 마지막 질문을 듣고, 표시한 내용과 대입하여 정답을 찾는다.

 기술공략

유형 맛보기 1 🎧 70

| A 公司领导 | B 老师 | C 学生 | D 编辑 |

▶ 직업과 관련한 보기 유형

🔊 我的星期天一般这样度过：上午打扫房间，洗衣服；下午带孩子出去玩儿；晚上修改学生的作业，还要准备星期一的课。
问：说话人是做什么工作的？

나의 일요일은 일반적으로 이렇게 보낸다. 오전에는 방을 청소하고 옷을 빤다. 오후에는 아이를 데리고 나가서 논다. 저녁에는 학생의 숙제를 고치고, 월요일의 수업을 준비해야 한다.
질문: 말하는 사람은 무슨 일을 하는가?

| A 회사 사장 | B 선생님 | C 학생 | D 편집자 |

단어 度 dù 图 (시간을) 보내다, 지내다 | 修改 xiūgǎi 图 고치다, 수정하다

功夫 풀이 보기를 살펴보면 모두 직업과 관련된 단어임을 쉽게 알 수 있다. 이와 같이 화자의 직업을 묻는 질문을 해결하기 위해서는 녹음을 듣고 핵심 단어 혹은 문장을 파악해야 한다. 녹음에서 직업을 유추할 수 있는 핵심 문장은 '晚上修改学生的作业，还要准备星期一的课'이다. 따라서 제시된 보기에서 '학생들의 숙제를 고치고, 수업 준비를 하는 직업'은 선생님 밖에 없으므로, B가 답이 된다.

답 B

유형 맛보기 2 🎧 71

| A 西藏 | B 四川 | C 重庆 | D 印度 |

▶ 장소와 관련한 보기 유형

🔊 小熊猫主要生长在中国西藏、四川以及重庆等凉爽温润的森林里。刚出生的小熊猫形体很小，但三天后体重就可以达到184克左右。满月时，体重就到了400多克。一个半月时，小熊猫差不多和成年小熊猫一样了，只是小些。
问：关于小熊猫生长的地点，没有提到的是哪个地方？

너구리 판다는 주로 중국의 시장, 쓰촨 및 충칭 등 서늘하고 온난한 숲 속에서 자란다. 막 태어난 어린 판다는 신체가 매우 작지만, 3일 후면 체중은 약184그램 정도에 이를 수 있다. 만 한 달이 되었을 때, 체중은 400여 그램에 달한다. 출생한 지 한 달 반정도 될 때, 너구리 판다는 거의 성인 너구리 판다와 같아지는데, 단지 약간만 작을 뿐이다.
질문: 너구리 판다가 사는 지역에 대해 언급하지 않은 곳은 어느 곳인가?

A 시장　　　　B 쓰촨　　　　C 충칭　　　　D 인도

단어 小熊猫 xiǎoxióngmāo 명 너구리 판다, 레서 판다 | 重庆 Chóngqìng 명 충칭 | 凉爽 liángshuǎng 형 서늘하다, 시원하고 상쾌하다 | 温润 wēnrùn 형 온화하다, 온난하고 습윤하다 | 森林 sēnlín 명 숲, 삼림 | 形体 xíngtǐ 명 신체의 외형, 외관 | 体重 tǐzhòng 명 체중, 몸무게 | 成年 chéngnián 명 성인 | 克 kè 양 그램(g)

功夫 풀이 보기에 제시된 단어를 보아 장소를 묻는 문제임을 추측할 수 있다. 문제는 '너구리 판다가 사는 곳으로 언급되지 않은 곳'을 묻고 있는데, 이것은 지문의 가장 앞부분 '小熊猫主要生长在中国西藏、四川以及重庆'에서 언급하고 있다. 따라서 이 세 곳을 제외한 D가 답이 된다.

답 D

유형 맛보기 3　　🎧 72

A 胎儿期　　　B 三岁以前　　　C 2~4岁　　　D 6岁以上

▶ 시간 및 시점과 관련한 보기 유형

理论上说，**0~3岁是培养孩子色彩的最重要时期**；2~4岁，重点培养孩子的平衡感；4~6岁，锻炼孩子的协调性；6岁以上就要锻炼孩子的综合能力了。
问：培养孩子色彩的重要时期是？

이론적으로 말해서, 0~3세는 아이가 색채감을 기르는 가장 중요한 시기이다. 2~4세는 아이의 평형감각을 중점적으로 기른다. 4~6세는 아이의 협동심을 단련하고, 6세 이상은 아이의 종합능력을 단련해야 한다.

질문: 아이가 색채감을 기르는 중요 시기는?

A 태아기　　　B 3세 이전　　　C 2~4세　　　D 6세 이상

단어 理论 lǐlùn 명 이론 | 培养 péiyǎng 동 배양하다, 양성하다 | 色彩 sècǎi 명 색채, 빛깔 | 平衡感 pínghénggǎn 명 평행감각 | 协调性 xiétiáoxìng 명 조화성, 협동심 | 综合 zōnghé 동 종합하다

功夫 풀이 아이들에게 색채감을 배양시켜야 할 중요 시기를 묻고 있는데, 이와 관련해서는 녹음 내용의 처음 부분에 '0~3岁是培养孩子色彩的最重要时期'라고 언급하였다. 0~3세는 곧 3세 이전으로 봐도 무방하므로 답은 B가 된다. 이처럼 제시된 보기를 통해서도 충분히 질문을 예측할 수 있으므로, 녹음 내용을 들으면서 특정 시기가 언급될 때마다 핵심 단어와 연결지어 간단히 메모를 해둔다면 쉽게 해결할 수 있다.

답 B

실력 다지기

🎧 73

第1-10题：请选出正确答案。

1. A 总是跟小李在一起
   B 经常坐出租车去学校
   C 喜欢一个人生活
   D 常常生病

2. A 毕业后没再联系
   B 经常打电话
   C 上同一个大学
   D 关系不太亲密

3. A 药
   B 饮料
   C 食品
   D 文化

4. A 是酸的
   B 怕阳光
   C 历史很长
   D 绿茶最流行

5. A 小军一个人唱歌
   B 大家一起唱歌
   C 让玛丽和安娜唱歌
   D 大家一起表演话剧

6. A 小军
   B 玛丽
   C 都同意
   D 没有人同意

7. A 作家
   B 大学生
   C 律师
   D 教师

8. A 从小就喜欢
   B 别人都选择，他也选择了
   C 老师让他选择
   D 别人都不选择，只好选择了

9. A 不太忙
   B 可以准时下班
   C 天天要加班
   D 比较轻松

10. A 要更加认真地工作
    B 不愿意在这家公司工作
    C 还没决定要不要工作下去
    D 不满意加班费太少

▶ 풀이는 해설집 50p에서 확인하세요.

 실전 테스트

第 1-20 题：请选出正确答案。

1. A 周末晚上
   B 每星期二、四晚上
   C 星期二、四早上
   D 晚上七点到八点

2. A 男的帮他同学搬家了
   B 女的打算搬家
   C 女的帮助男的搬家
   D 昨天男的搬家了

3. A 办公室
   B 地铁里
   C 停车场
   D 汽车站

4. A 睡得还不算晚，不应该这么困
   B 不能理解男的为什么这么困
   C 睡得那么晚，当然会困的
   D 女的从来没困过

5. A 他认为女朋友不是真正地爱他
   B 他没有钱
   C 他爱上了别人
   D 他的女朋友很浪费钱

6. A 女的家
   B 医院
   C 水果店
   D 百货商店

7. A 男的也不知道怎么走
   B 可以走着去
   C 女的要去电影院
   D 男的让女的坐车去

8. A 很健康
   B 工作很忙
   C 很早起来
   D 生活没有规律

9. A 八号的技术很不错
   B 根本不关心足球比赛
   C 不同意女的意见
   D 不满意女的经常开玩笑

10. A 经常迟到
    B 她家不太远
    C 非吃早饭不可
    D 不愿意工作

11. A 天气变冷了
    B 小红感冒了
    C 小红弄脏衣服
    D 小红胖了

12. A 显得更胖
    B 不冷
    C 自己的衣服不好看
    D 不想听妈妈的话

13. A 人活到80岁是很难的
    B 很多老人常常生病
    C 现在老人长寿不是那么难的事
    D 应该关心老人

14. A 锻炼身体
    B 不抽烟
    C 经常活动
    D 少吃

15. A 长得帅的
    B 工资高的
    C 性格温和的
    D 比女的更强的

16. A 妻子必须比丈夫强
    B 很多女人不愿意结婚
    C 很难找到适合自己的对象
    D 社会进步了，人们的思想也该进步了

17. A 应该等到渴了以后喝水
    B 主动地喝水
    C 多喝水
    D 不喝凉的

18. A 多喝水很重要
    B 喝水时间
    C 不喝水的结果
    D 喝水的好处

19. A 可以省钱
    B 可以随便买东西
    C 可以吃很多菜
    D 可以住五星级饭店

20. A 七个以上的菜
    B 各地的名菜
    C 很干净的菜
    D 有地方风味的菜

Note

二、阅读

공부기술로 푸는 新HSK

新HSK 4급 독해 경향

HSK한국사무국에서 新HSK 4급은 구HSK 기초3급 ~ 초중등4~5급 수준으로 비교하였으나, 본 교재에서는 독해의 경우 현장에서 다년간 강의한 경험에 비추어 실질적인 시험형식과 수준의 비교대상을 구 기초 HSK시험으로 삼았다.

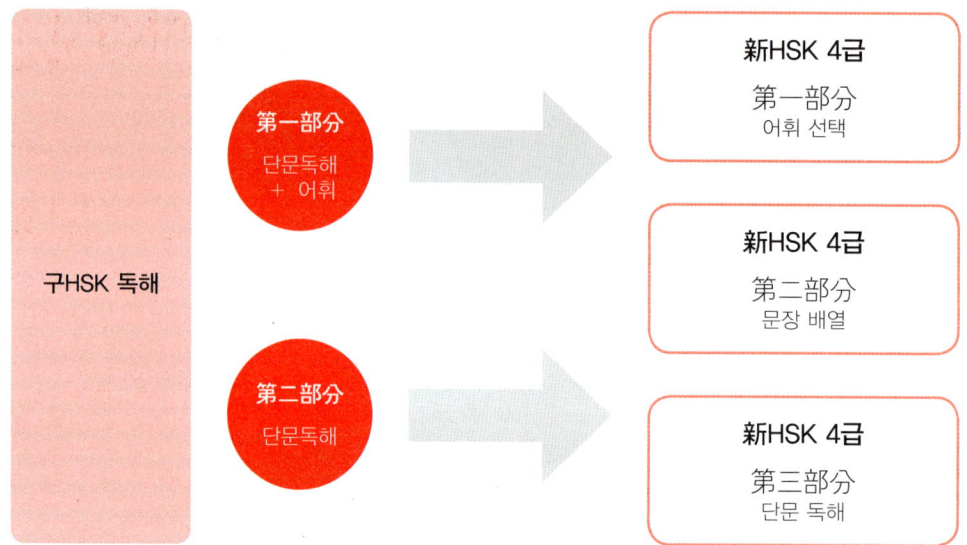

新HSK 4급 독해 문제유형 소개

	시험 내용	문항 수	총 문항수	시험시간
독해(阅读)	第一部分	10문항	40문항	40분
	第二部分	10문항		
	第三部分	20문항		

1. 第一部分

이 영역은 총 10문제로 구성되며, 5개의 문제마다 6개의 단어가 보기로 주어진다. 이때 예시로 나오는 문제가 하나 있어, 보기 단어 하나가 사용되기 때문에, 결국 그것을 제외한 5개 단어 중에서 정답을 고르면 된다. 매 문제마다 하나의 문장이 주어지고, 문장 중간에 빈칸을 제시하여, 전체 문장의 뜻에 부합하도록 빈칸에 들어갈 적당한 단어를 보기 중에서 선택하면 된다.

2. 第二部分

이 영역은 총 10문제로 구성 되며, A, B, C 세 개의 문장을 주고 전체 맥락에 맞게 순서대로 배열하는 문제이다. 단어를 배열하는 것이 아닌, 문장이나 구를 배열하는 문제이므로 기본적인 독해력 뿐만 아니라 전체적으로 내용을 파악할 수 있는 넓은 시야가 요구된다.

3. 第三部分

이 영역은 총 20문제로 구성되어 있으며, 짧은 지문을 독해한 후 주어지는 문제에 적합한 답을 찾는 문제이다. 전형적인 기존의 독해 문제라고 볼 수 있다. 문제는 한 지문에 적게는 1개, 많게는 2개가 함께 주어진다.

新 HSK 4급 독해 변화 분석

1. 문제 유형이 다양화되고 세분화되었다.

구 기초 HSK의 독해는 전체 2개 영역으로만 분류되며, 1부분은 짧은 지문을 주고 중간중간 문맥에 맞도록 어휘를 선택하도록 하는 유형이었다.

하지만 크게 보면, 1, 2부분 모두 짧은 지문독해로 분류할 수가 있다. 그러나 새롭게 개편된 新HSK의 4급 독해영역은 기존의 단순한 형식을 탈피하여, 총 세 가지 영역으로 세분화되었고, 문제도 어휘 선택, 배열 선택, 단문 독해 등으로 다양화되어, 전에 비하여 수험생들의 독해력을 더욱 날카롭게 평가하고 있음을 주목할 필요가 있다.

유형의 다양화와 세분화!

2. 어휘의 양은 ↓, 어휘의 중요성은 ↑

어휘양의 확보는 독해문제 해결의 가장 기본적인 요소가 된다.

이전 구HSK는 기초 수준에서 습득해야 할 어휘의 양이 2500개 이상이었기 때문에, 어휘가 수험생들에게 적지 않은 부담으로 작용하였다. 하지만 新HSK 4급의 필수 어휘양은 1200개에 불과하기 때문에 최소한 어휘에 대한 부담은 상대적으로 많이 줄었다고 할 수 있다. 다만, 어휘양이 줄었다고 해서, 어휘파트의 문제가 쉽다는 것으로 오해해서는 안 된다.
특히 독해 1부분 같은 경우 독해문제라기 보다는 어휘문제라고 보는 것이 더 정확할 정도로 어휘의 의미와 쓰임, 나아가 품사나 문법적인 특성까지 완벽히 이해해야만 해결할 수 있기 때문에, 확실한 어휘공부가 이전보다 더 강조된다고 볼 수 있다.

단어량은 절반으로! 중요성은 두배로!

3. 독해 지문은 전반적으로 짧고 평이해졌다.

구HSK의 지문독해는 난이도가 특별히 높지는 않았지만, 짧게는 2~3줄 정도의 지문과 길게는 4~5줄 정도의 지문이 골고루 출제되었다.

지문이 길면 아무래도 독해문제 풀이 속도에 영향을 끼치고, 전체내용을 파악하는 것도 더 어려워지기 때문에 다소 긴 지문독해는 수험생들에게 부담이 되었다. 그러나 新HSK 4급은 주어지는 지문의 양이 대부분이 2~3줄에 그치기 때문에 전체내용을 이해하거나 문제의 요지를 파악하는 데에 이전에 비해 훨씬 용이해졌다. 또한 지문이 짧고 어휘양도 줄었기 때문에 문제나 내용도 이전에 비해 까다롭지 않아 조금만 노력한다면 높은 점수를 기대해 볼 수 있다.

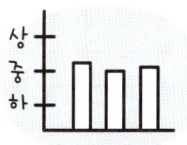

짧고 평이한 독해지문!

新HSK 4급 독해 功夫전략

新HSK 독해, 어떻게 접근할 것인가? 이것만은 꼭 기억하자!!

1. '정독(精读)'과 '속독(速读)'을 병행하라.

新HSK 독해는 '정독(精读)'과 '속독(速读)'을 병행해야만 높은 점수를 취득할 수 있는데, '정독'이란 정확히 독해하는 것을 말하며, '속독'이란 빠른 시간 내에 독해를 해내는 것을 의미한다.

문장 하나하나를 정확히 살피고 독해해낼 수 있다 하더라도 정해진 시간 내에 마치지 못한다면, 결과적으로는 좋은 점수를 얻을 수 없게 된다. 또한 속도면에서는 빠르게 독해할 수 있지만, 중요한 문장이나 내용을 정확히 이해하지 못한다면, 결국 정확한 답을 선택할 수 없어 마찬가지로 좋은 점수를 얻을 수 없다. 정독과 속독, 이 두 가지 기능 중 어느 하나가 아닌, 이 두 가지의 능력을 고루 갖추고 있어야만 HSK 독해 점수를 향상시킬 수 있다.

2. 평소 짧은 글을 읽고 1-2줄의 문장으로 요약하는 연습을 많이 하라.

빠르고 또 정확하게 독해하는 것도 그렇게 단기간에 완성되는 것은 아니다.

꾸준한 연습과 훈련이 뒷받침되어야 한다. 4급 수준의 독해는 그다지 복잡하거나 긴 지문을 제시하지는 않기 때문에, 처음에는 짧은 글들을 선택하여 많이 읽어보고, 또 그것을 다시 1~2문장으로 요약 정리하는 습관을 길러보자. 이렇게 하면 독해력의 향상뿐 아니라 글을 이해하고 그 주제를 찾는 훈련까지 병행할 수 있어 실제 HSK시험에서 당황하지 않고 침착하게 풀 수 있을 것이다.

3. 문제의 유형별로 독해 기술을 익혀라.

대부분의 수험생들은 독해 능력 향상에는 전문적인 기술이 따로 필요치 않고, 단지 다량의 어휘만 습득하면 충분하다고 생각한다. 하지만 이것은 잘못된 생각이다.

만약 독해 기술을 훈련하는 일을 소홀히 한다면, 설령 문장을 여러 번 읽고, 또 많은 문제들을 풀어본다고 하더라도 나타나는 효과는 절반에도 미치지 못하고, 실질적인 독해수준도 향상되지 못한다. HSK 독해기술은 마치 의사선생님이 약을 처방하는 것과 같다. 즉, 약은 각 사람의 증상에 따라 다르게 처방해야 하듯, 독해기술도 각 문제 유형별로 다르게 적용해야 높은 효과를 거둘 수 있다.

4. 어휘력 향상에 힘쓰며, 각 어휘의 품사를 꼭 확인하라.

독해는 어느 영역보다도 어휘의 중요성이 강조되는 영역이다.

독해를 해야 할 내용이 많든 적든 상관없이, 어휘량만 충분히 뒷받침이 된다면, 설령 문장 하나하나를 완벽하게 분석하고 해석하지 못 할지라도, 답을 찾아낼 수는 있다. 하지만 문장 내에서 결정적인 역할을 하거나, 중심주제와 관련된 어휘를 모른다면, 문장을 모두 분석할 수 있을지라도 정답을 고를 확률이 낮아지게 된다. 또한 어휘를 외울 때, 단순히 뜻만 암기하는 단순한 방식은 버려야 한다. 어휘의 품사를 확인하고 그 쓰임을 유심히 살펴봐야만, 新HSK 독해 문제에 확실히 대처할 수 있다.

5. 중국어 표점부호(标点符号)를 확실히 이해하라.

중국어의 '표점부호'란 '구두점(句读点)' 혹은 '문장 부호'를 일컫는다.

중국어의 구두점으로는 '句号(。)', '叹号(!)', '问号(?)', '逗号(,)', '分号(;)', '顿号(、)', '冒号(:)' 등이 있는데, 어떤 구두점들은 우리나라의 문장부호와 용법이 거의 일치하기 때문에 그다지 크게 신경 쓰지 않아도 된다. 하지만 어떤 구두점들은 우리나라에 없거나 있다 해도 그 용법이 낯설어 반드시 숙지해야 하는 것도 있다. 구두점을 잘못 파악하게 되면, 문장의 끊어 읽기를 잘못하게 되는 경우가 생긴다. 반면에 단지 표점부호의 올바른 이해를 통해 글 전체에서 무엇이 주제이고 무엇이 예시인지를 파악하기도 한다.

6. 시간을 절약할 수 있는 방법을 연구하라.

실제 HSK시험에서 독해의 가장 큰 걸림돌이라고 할 수 있는 것은 바로 시간이 부족해서 주어진 문제를 다 해결하지 못하는 것이다.

4급 독해 문제는 총 40문제로서 주어지는 시간은 40분에 불과하다. 특히 제 3부분에 속하는 지문독해는 전체 독해 문제의 절반을 차지하는 20문제가 출제된다. 짧은 시간 안에 주어진 모든 문제를 해결하고자 할 때, 모든 단어와 구절을 낱낱이 다 살피기는 현실적으로 어렵다. 그렇다고 모든 부분을 대강대강 독해를 할 수도 없는 일이다. 이 고민을 해결하기 위해서는 핵심만 자세히 살피고 그 외의 부분은 간략히 독해하는 '약독(略读)' 즉 '범독(泛读)'의 기술을 터득해야 한다.

第一部分

독해 1부분은 총 10문제로 구성되며, 5개의 문제마다 6개의 단어가 보기로 주어진다. 이때 예시로 나오는 문제가 하나 있어, 여기에서 단어 하나가 사용되기 때문에, 결국 그것을 제외한 5개 단어 중에서 답을 고르면 된다. 매 문제마다 하나의 문장이 주어지고, 문장 중간에 빈 칸을 제시하여, 전체 문장의 뜻에 부합하도록 빈 칸에 들어갈 적당한 단어를 보기 중에서 고르는 문제이다.

이 영역에서 문제를 해결하기 위한 방법은 첫째, 빈 칸에 들어갈 단어가 문장 안에서 어떤 역할을 해야 할 지 즉, 문장성분 간의 관계를 우선 파악하여 단어 선택의 폭을 좁히는 것이다. 둘째, 단어의 의미를 정확하게 파악해야 하는데, 특히 비슷한 의미의 단어 구별이 중요하다. 셋째, 전체적인 문맥의 흐름에 맞고 의미 전달이 매끄럽게 될 수 있는 단어를 골라야 한다.

I 단어 선택의 폭을 좁혀라

주어진 단어 6개를 모두 각각의 문제에 대입하다 보면, 시간이 많이 소모되고, 자칫 우리말 해석으로만 접근하게 되어 문법적으로 어울리지 않는 단어를 선택하게 될 확률도 높아진다. 빈칸에 들어갈 단어가 어떤 역할을 해야 할지 여부를 판단하고, 그에 해당되는 단어들만 꼼꼼히 살펴본다면, 답을 고를 확률이 높아지게 된다.

1 명사가 주로 놓일 위치

 기술전수

1 동사 뒤에서 목적어 역할

예 我学习汉语。 나는 중국어를 공부한다.
　 我看过这本小说。 나는 이 소설을 본 적이 있다.

2 전치사 뒤에서 전치사구를 형성할 목적어 역할

예 他从中国回来了。 그는 중국에서 돌아왔다.
　 我们都对汉语很感兴趣。 우리는 모두 중국어에 매우 흥미가 있다.

3 관형어가 되는 구조조사 的 뒤

예) 小王是一个聪明的孩子。 샤오왕은 매우 똑똑한 아이다.
他手里拿着一个大大的苹果。 그의 손에는 큰 사과가 하나 있다.

 기술공략

유형 맛보기 1

| A 才 | B 应该 | C 可是 | D 外貌 | E 感情 | F 同意 |

1. 他和他父母的(　　)不是很好，因为他不是跟着父母长大的。

2. A：你以前不是喜欢个子高、长得帅的男孩子吗?
   B：那是过去。现在我不再重视(　　)，而更看重他的内心。

| 보기 | A 부 비로소, 겨우, 고작 | B 조동 ~해야 한다 | C 접 그러나, 하지만 |
| | D 명 외모, 용모 | E 명 감정 | F 동 동의하다, 찬성하다 |

---

1. 그는 부모님과의 감정이 아주 좋은 것은 아니다. 왜냐하면 그는 부모님 곁에서 성장하지 않았기 때문이다.

   단어 感情 gǎnqíng 명 감정 │ 长大 zhǎngdà 동 성장하다, 자라다
   功夫 공식 관형어(的) + 명사
   功夫 풀이 위의 문장에서 빈칸의 위치는 구조조사 '的' 바로 뒤에 있다. '的'는 관형어를 결정짓는 조사로서 관형어는 명사를 수식해주는 성분이므로, '他和他父母的' 뒤에는 명사가 와야 한다. 보기 중 명사는 '外貌'와 '感情' 밖에 없는데, 의미상 '感情'이 답임을 알 수 있다.
   답 E

2. A：너는 이전에 키가 크고 잘생긴 남자를 좋아하지 않았니?
   B：그건 옛날이지. 지금은 더 이상 외모를 중시하지 않고, 그 사람의 마음을 더 중시해.

단어	帅 shuài 형 잘생기다, 멋지다	看重 kànzhòng 동 중시하다	内心 nèixīn 명 마음, 속내
功夫 공식	동사 + 명사(목적어)
功夫 풀이	위의 문장에서 빈칸의 위치는 동사 '重视' 뒤인데, 동사는 일반적으로 목적어를 취할 수 있다. 목적어는 보통 명사가 주로 오는데, 명사 '外貌'와 '感情' 중에서 의미상으로 '内心'과 상반되는 명사인 '外貌'를 선택하면 된다.
답	D

유형 맛보기 2

A 只好   B 缺点   C 可是   D 会   E 校长   F 同意

1. 我的(　　)就是做什么都太粗心了。

2. 他们经常在教室里抽烟，我们要向(　　)反映这一情况。

| 보기 | A 부 어쩔 수 없이, 부득불 | B 명 결점, 단점 | C 접 그러나, 하지만 |
| | D 조동 ~할 수 있다, ~할 줄 안다 | E 명 교장 | F 동 동의하다, 찬성하다 |

1. 나의 단점은 바로 무엇을 하든 너무 꼼꼼하지 못하다는 점이다.

단어	缺点 quēdiǎn 명 결점, 단점	粗心 cūxīn 형 부주의하다, 세심하지 못하다
功夫 공식	관형어(的) + 명사
功夫 풀이	위의 문장에서 빈칸의 위치 역시 앞에서 언급했듯이 구조조사 '的' 바로 뒤에 있다. 그러므로 '的'의 수식을 받을 명사에서 답을 선택해야 하는데, 명사는 '缺点'과 '校长' 밖에 없으므로 대입해보면 답이 곧 '缺点'라는 것을 알 수 있다.
답	B

2. 그들은 자주 교실에서 담배를 피운다. 우리는 교장선생님께 이러한 상황을 전달해야 한다.

단어	抽烟 chōuyān 동 담배 피우다, 흡연하다	反映 fǎnyìng 동 반영하다, 보고하다, 전달하다
功夫 공식	전치사 + 명사
功夫 풀이	빈칸의 위치는 전치사 '向' 뒤인데, 보통 전치사 뒤엔 명사가 와서 함께 전치사구를 이룬다. 특히 '向'은 방향전치사로서 뒤에 직접적인 방향을 나타내는 의미의 명사가 오거나 간접적으로 대상을 나타내는 명사가 오게 되므로, 여기서는 대상의 의미인 명사 '校长'이 와야 한다.
답	E

실력 다지기

第1-5题：选词填空。

A 距离　　B 一直　　C 录用　　D 不管　　E 麻烦　　F 态度

例如：(D) 什么人都不能进去。

1. 今年我们公司一共（　　）了十个大学生。

2. 这儿离火车站还有一段（　　），你还是坐出租车去吧。

3. 这样做太（　　），我有个简单的办法。

4. 一般来说，（　　）积极的人更容易接受别人的批评。

5. 张先生回国以后（　　）住在上海。

2 부사가 주로 놓일 위치

功夫 기술전수

1 동사나 형용사 앞에서 술어를 수식해 준다

예) 你到底去不去长城? 너는 도대체 만리장성에 가니 안 가니?
　　她到四十岁才生孩子。 그녀는 마흔이 되서야 아이를 낳았다.

2 때때로 문장의 맨 앞에 올 수 있는 부사(어기부사) 및 부사어(시간사)가 있다.

예) 刚才他来过了。 방금 그가 왔었다.
　　原来你在这儿哪, 我找你半天了。 너 여기 있었구나. 내가 한나절 너를 찾았는데.

3 종종 접속사와 호응하여 사용된다

예) 只有你才能解决这个问题。 오직 너만이 이 문제를 해결할 수 있다.
　　无论男的还是女的, 都能参加这次比赛。 남녀 상관없이, 모두 이번 시합에 참가할 수 있다.

접속사와 호응하여 사용되는 부사의 용례	
就 jiù	· 如果 A 就 B / 要是 A 就 B : 만약 A하면 B하겠다 [가정관계] 　예) 如果明天下雨, 我就不去了。 만약 내일 비가 오면, 나는 가지 않겠다. · 只要 A 就 B : A하기만하면 B할 수 있다 [조건관계] 　예) 只要努力学习, 就能考上大学。 열심히 공부하기만 하면, 대학에 합격할 수 있다. · 既然 A 就 B : 기왕 A하게 되었으니, B해라 [인과관계] 　예) 既然已经开始了, 就努力吧。 기왕 이미 시작했으니, 열심히 해라.
才 cái	· 只有 A 才 B : 오직 A해야만 비로소 B한다 [조건관계] 　예) 只有你来, 才能解决这个问题。 네가 와야만 이 문제를 해결할 수 있다.
也 yě	· 既 A 也 B / 也 A 也 B : A하기도하고 B하기도 하다 [병렬관계] 　예) 她既聪明, 也漂亮。 그녀는 똑똑하고, 예쁘기도 하다. · 连 A 也 B : A조차도 B하다 [강조] 　예) 连妈妈也忘了我的生日。 내 생일을 엄마조차도 잊어버렸다. · 即使 A 也 B : 설령 A하더라도 B하다 [가정관계] 　예) 即使不吃, 我们也要准备。 먹지 않아도 우리는 준비할 것이다.

	· 无论 / 不管 A 也 B : A를 막론하고(상관없이) B하다 [조건관계] 예 他觉得无论怎么努力也无法完成现在的工作。 그는 아무리 노력해도 지금의 업무를 완성시킬 수 없다고 느꼈다.	
都 dōu	· 无论 / 不管 A 都 B : A를 막론하고(상관없이) B하다 [조건관계] 예 不管忙还是不忙，我每天都学习汉语。 바쁘던 안 바쁘던 관계없이, 나는 매일 중국어 공부를 한다.	
又 yòu	· 又 A 又 B : A하기도하고 B하기도 하다 [병렬관계] 예 你的新房子又大又漂亮。네 새집이 크고 예쁘다.	
还 hái	· 不仅 / 不但 A 还 B : A할뿐 아니라 또한 B하다 [점층관계] 예 他不仅会说英语，还会说汉语。 그는 영어를 할 수 있을 뿐 아니라, 또한 중국어도 할 수 있다. · 除了 A 还 B : A 이외에 또한 B하다 [점층관계] 예 除了韩国人以外，还有中国人。한국인 이외에, 중국인도 있다.	

 기술공략

유형 맛보기 1

A 恐怕　　B 以为　　C 不过　　D 而且　　E 颜色　　F 还

1. 这么进行，效果（　　）不会很好。

2. A：我去邮局寄两封信。
   B：你（　　）去邮局寄信？连电子邮件都不知道啊！

보기	A 뷔 아마 ~일 것이다	B 통 여기다, 생각하다, 간주하다	C 접 그러나, 하지만
	D 접 게다가, 뿐만 아니라, 또한	E 명 색, 색깔	F 뷔 여전히, 아직도, 아직

二、阅读　121

1. 이렇게 진행하면, 효과가 아마도 좋지 않을 것이다.

   단어 恐怕 kǒngpà 뷔 아마 ~일 것이다(추측 및 짐작의 표현. 주로 바라지 않거나 좋지 않은 것에 대한 추측) | 效果 xiàoguǒ 몡 효과

   功夫 공식 주어 + 부사 + 술어

   功夫 풀이 위 문장에서 빈칸의 위치는 주어인 '效果'와 술어인 '不会很好' 사이이다. 주어와 술어 사이에는 일반적으로 부사가 들어가야 한다. 단어 중 부사에 해당하는 것은 '恐怕'와 '还' 밖에 없는데, 술어의 내용이 좋지 않은 결과에 대한 내용이므로 '恐怕'가 들어가는 것이 의미에 합당하다.

   답 A

2. A: 나는 편지 두 통을 부치러 우체국 가.
   B: 너는 아직도 우체국에 편지 부치러 가니? 이메일도 모르니?

   단어 寄 jì 동 우편으로 부치다, 보내다 | 还 hái 뷔 여전히, 아직도, 아직 | 连 lián 전 ~조차도, ~마저도('也, 都' 등과 호응하여 쓰임) | 电子邮件 diànzǐ yóujiàn 몡 전자우편, 이메일

   功夫 공식 주어 + 부사 + 술어

   功夫 풀이 위 문장에서 빈칸의 위치 역시 주어인 '你'와 술어 '去' 사이에 존재하므로, 빈칸은 부사가 적당하다. 뒷문장의 내용을 보아 시대에 뒤떨어짐을 표현하므로, '여전히, 아직도'의 의미를 가지는 '还'가 적당하다.

   답 F

유형 맛보기 2

A 以为   B 才   C 不过   D 正好   E 节日   F 应该

1. 你只有吃了这药, 再好好睡一觉, 病(　　)能好。

2. A: 听说那部电影挺好的, 真想去看看。
   B: 我这儿(　　)有两张票, 一起去吧。

보기	A 동 여기다, 생각하다, 간주하다	B 뷔 비로소	C 접 그러나, 하지만
	D 뷔 마침	E 몡 명절	F 조동 ~해야 한다, ~하는 것이 마땅하다

1. 너는 이 약을 먹고 한숨 자야지만, 병이 비로소 좋아질 것이다.

   단어 只有 zhǐyǒu 접 ~해야만 ~이다 (필요 조건을 나타내며 흔히 '才, 方' 등과 함께 쓰임) | 才 cái 부 오직 ~해야만, 비로소 (보통 앞에 '只有, 必须' 등이 쓰여 어떠한 조건·원인·목적 아래에서만 일이나 동작이 행해짐을 나타냄)

   功夫 공식 只有 A 才 B

   功夫 풀이 빈칸의 위치는 주어인 '你的病'과 술어 '能好' 사이에 존재하는데, 이 자리는 부사만이 들어갈 수 있다. 부사에 해당하는 단어로는 '才'와 '正好'가 있는데, 정답을 선택하기 위해선 단지 빈칸의 위치 하나만 보고 파악해서는 안 된다. 문장 전체를 봐야 하는데, 앞부분 '只有'는 조건을 나타내며, 흔히 뒤에 부사 '才'와 호응하여 '오직 ~해야만 비로소 ~하다'의 의미를 나타낸다. 따라서 '只有'의 용법을 정확히 이해하면 답이 '才'라는 것을 쉽게 찾을 수 있다.

   답 B

2. A: 듣기에 저 영화 정말 재미있다고 하던데, 정말 보러 가고 싶어.

   B: 나에게 마침 표가 두 장 있어, 같이 가자.

   단어 正好 zhènghǎo 부 마침

   功夫 공식 부사 + 동사

   功夫 풀이 빈칸의 위치는 주어 '我这儿'과 술어 '有' 사이에 있으므로, 부사를 놓는 것이 가장 적당하다. 따라서 제시된 보기 중 부사 '才'와 '正好' 중에서 '우연'과 '공교로움'을 표현하는 '正好'가 놓이는 것이 적당하다.

   답 D

실력 다지기

第1-5题：选词填空。

　　A 果然　　B 流利　　C 整整　　D 亲自　　E 趟　　F 赢

例如：想不到你的外语这么（ B ）。

1. 只听别人说，还是不明白的话，你就应该（　　）去看看。

2. 老王（　　）是一个特别准时的人，我从来没见他迟到过。

3. 上午的考试，我（　　）花了两个半小时才做完。

4. A: 明天上午有个招聘会，你去吗?
   B: 我得先去（　　）银行办事儿。招聘会几点开始?

5. A: 体育新闻说，这次国际羽毛球大赛，他已经（　　）了好几场了。
   B: 这证明他还没老。

▶ 풀이는 해설집 77p에서 확인하세요.

3 동사/형용사가 주로 놓일 위치

 기술전수

1 문장에서 술어 위치에 온다

예 我们马上就动手。 우리는 바로 착수했다.
   他的性格很内向。 그의 성격은 매우 내향적이다.

2 동사는 주로 목적어를 가질 수 있으므로 목적어(주로 명사) 앞에 온다

예 你应该表明自己的态度。 너는 자신의 태도를 분명히 밝혀야 한다.
   我们一起研究这些问题吧。 우리 함께 이 문제들을 생각해 봅시다.

3 형용사는 주로 정도부사의 수식을 받는다

'很, 非常, 最, 十分, 比较, 太' 등의 정도부사 뒤에는 주로 형용사가 놓인다.
예 这间屋子很干净。 이 집은 매우 깨끗하다.
   我最近比较忙。 나는 요즘 좀 바쁘다.

4 동사는 부사나 조동사 뒤에 온다

예 你应该吃这种药。 너는 이런 종류의 약을 먹어야 한다.
   我曾经学过法语。 나는 일찍이 프랑스어를 배운 적이 있다.

정도부사를 제외하고 일반부사와 조동사 뒤에도 형용사가 놓일 수 있다.
예 他的病会好起来的。 그의 병은 좋아질 거야.
   我的房间总是干干净净的。 내 방은 늘 깨끗하다.

5 대부분의 동사는 동태조사(了, 着, 过) 앞에 온다

예 我吃了两个面包。 나는 빵 두 개를 먹었다.
   妈妈做着饭呢。 어머니는 밥을 하고 계신다.

 기술공략

유형 맛보기 1

A 尊重   B 能   C 不管   D 脸   E 干净   F 出生

1. 听我爷爷说，他是1970年搬到北京的，那时我还没（　　）呢。

2. A : 听我的，我说得对。
   B : 虽然你的话有一定的道理，但是也请你(　　)我的意见。

보기	A 동 존중하다	B 조동 ~할 수 있다, ~할 줄 안다	C 접 ~를 막론하고, ~에 관계없이
	D 명 얼굴	E 형 깨끗하다, 청결하다	F 동 출생하다

1. 우리 할아버지가 말씀하시길, 그는 1970년에 북경으로 이사오셨대, 그때 나는 아직 태어나지 않았어.

    단어 搬 bān 동 옮기다, 이사하다
    功夫 공식 부정부사 + 동사
    功夫 풀이 위의 문장에서 빈칸의 위치는 부정부사 '没' 뒤가 되므로 술어 즉, 동사를 선택해야 한다. 목적어를 갖지 않는 '出生'을 선택하는 것이 옳다.
    답 F

2. A : 내 말을 들어, 내가 말하는 것이 옳아.
   B : 비록 네 말에 어느 정도의 일리가 있지만, 너도 내 의견을 존중해줘.

    단어 虽然 suīrán 접 비록 ~하지만, 설령 ~일지라도 | 尊重 zūnzhòng 동 존중하다 | 意见 yìjiàn 명 의견, 견해 | 道理 dàolǐ 명 도리, 이치, 일리
    功夫 공식 주어 + 술어 + 목적어(주어) + 술어 + 목적어
    功夫 풀이 '请你(　　)我的意见'에서 '你'는 '请'의 목적어이나, 동시에 '我的意见'의 주어이기도 하다. 이러한 구조를 '겸어문'이라고 하는데, '你'는 앞동사의 목적어이자 뒷동사의 주어가 되는, 즉 목적어와 주어를 겸하는 '겸어'가 된다. 겸어문의 문장 구조가 '주어 + 술어 + 목적어(주어) + 술어 + 목적어'이므로 빈칸에는 술어가 될 수 있는 단어가 들어가야 한다. 술어 뒤에 목적어가 있으므로 동사를 선택해야 하는데, '意见'을 목적어로 갖기 적당한 동사는 '尊重'이다.
    답 A

유형 맛보기 2

A 可是　　B 接　　C 吵　　D 干净　　E 手　　F 杂志

1. 他刚刚(　　)了好几个电话，但都不是找他的。

2. A：冰箱太(　　)了，应该换一台新的了。
   B：修一修应该还能用。

보기

A 접 그러나, 하지만, 그렇지만　　B 동 받다, 잡다, 연결하다　　C 형 시끄럽다, 떠들썩하다
D 형 깨끗하다, 청결하다　　E 명 손　　F 명 잡지

---

1. 그가 방금 몇 통의 전화를 받았지만, 모두 그를 찾는 전화가 아니었다.

단어　接 jiē 동 받다, 잡다, 연결하다

功夫 공식　동사 + 목적어

功夫 풀이　위 문장에서 주어 '他'와 목적어 '好几个电话'는 있지만, 술어가 없다. 그런데 빈칸 뒤에 바로 동태조사 '了'가 있는 것으로 보아, 빈칸에는 동사가 들어가는 것이 옳다. 제시된 단어 중 '电话'의 동사로 적당한 단어는 '接' 밖에 없다.

답　B

---

2. A: 냉장고가 너무 시끄러워. 새로 한 대 바꿔야 해.
B: 수리하면 더 사용할 수 있어.

단어　冰箱 bīngxiāng 명 냉장고 | 吵 chǎo 형 시끄럽다, 떠들썩하다

功夫 공식　정도부사 + 형용사

功夫 풀이　빈칸은 정도부사 '太' 뒤가 된다. 정도부사는 일반적으로 형용사를 수식하게 되므로, 의미상 냉장고의 문제점으로 볼 수 있는 '吵'를 선택해야 한다.

답　C

실력 다지기

第1-5题：选词填空。

    A 骄傲   B 同意   C 吸引   D 浪漫   E 剩   F 从来

例如：妈妈（ B ）我和同学们一起去旅行，我太高兴了。

1. 买东西的时候，最能（　　　）我的是商品的质量。

2. 他总是说自己毕业于北京大学，是个很（　　　）的人。

3. 他是一个很（　　　）的人，经常送我一些花和巧克力什么的。

4. 我（　　　）没学过汉语，怎么能会说呢？

5. A: 我钱包里只（　　　）100多块钱，好像不够。
   B: 没关系，我这儿有，还不够的话，可以刷我的信用卡。

Ⅱ 유사한 의미의 단어들에 주의하라

중국어에는 많은 유의어들이 있다. 유의어에는 의미뿐 아니라 사용상의 조건도 완전히 일치하여 교체해서 사용해도 문제가 되지 않는 단어들이 있기도 하지만, 뜻은 비슷하나 어법상 혹은 의미상 사용하는 경우가 다른 단어들도 있다. 이러한 유의어가 보기 단어로 함께 제시될 경우 의미 차이를 분명하게 파악하고 있지 않으면, 답을 찾을 수가 없다.

유사한 단어의 차이 비교

 기술전수

유의어 차이 설명과 예시
抱歉 bàoqiàn 道歉 dào qiàn	모두 '미안하다'의 뜻이지만, '抱歉'은 마음 속의 느낌으로 품사는 형용사·동사이고, '道歉'은 잘못을 인정하는 것으로 실제적인 행동을 의미하는 동사이다. 주의할 점은 '道歉'은 이합사이기 때문에 뒤에 동사나 목적어가 올 수 없다. 예 我怀着抱歉的心情来到他家。 나는 미안한 마음을 품고서 그의 집에 왔다. 我想向他道歉。 나는 그에게 사과하고 싶다.
避免 bìmiǎn 免得 miǎnde	모두 어떤 일이 발생하지 않게끔 방법을 취하는 것을 가리킨다. '避免'은 동사로서 뒤에 목적어를 취한다. 반면에 '免得'는 부사 및 접속사로서 동사나 형용사 앞에서 부사어 역할을 하거나 문장 앞에 위치하여 절을 이끌 수도 있다. 예 他们避免了一场事故。 그들은 사고를 모면하였다. 请仔细听清楚，免得引起误会。 오해가 생기지 않도록 자세히 들어주세요.
道理 dàolǐ 原因 yuányīn	'道理'는 일이 어떻게, 왜 성립되는가의 이치나 도리, 일리를 나타낸다. 반면에 '原因'은 어떠한 결과를 만들어 낸 조건을 뜻한다. 예 你的话有道理，我听你的。 네 말에 일리가 있으니 네 말을 듣겠다. 是什么原因造成了现在这种情况？ 지금의 이런 상황을 만든 원인이 무엇입니까?
后果 hòuguǒ 结果 jiéguǒ	'后果'는 좋지 못한 최종적인 결과를 가리키는 부정적인 단어이며, '结果'는 객관적인 성격을 지닌다. 예 后果很严重。 결과가 매우 심각하다. 事情还没有结果。 일에 아직 결과가 없다.
忽然 hūrán 突然 tūrán	모두 뜻밖이라는 의미를 가지는데, '忽然'은 부사로 서술어 앞에 놓여서 부사어 역할만 한다. 반면에 '突然'은 형용사이자 부사로서 부사어로도 쓰일 수 있고, 단독으로 술어가 되기도 한다.

	예 大家正要出门，忽然下起雨来。 모두 문을 나서려는 참에 갑자기 비가 내리기 시작했다. 这件事我感到有点突然。 이 일은 나에게 조금 갑작스럽게 느껴졌다.
认识 rènshi 知道 zhīdao	모두 사람이나 사물을 알고 있다는 뜻이지만 약간의 차이가 있다. 사람을 예로 들면, '认识'는 사람의 얼굴을 알거나 그 사람과 왕래가 있다는 뜻을 포함하지만, '知道'는 단편적인 측면이나 이름만을 아는 것이다. 목적어는 구체적일 수도 있고 추상적일 수도 있는데, '认识'는 한층 깊은 이해를 의미하며 아울러 '승인하다. 인정하다'의 뜻을 가지고 있기도 하다.
	예 我们认识多年了。 우리가 안지는 여러 해가 되었다. 我只知道他的名字，可是不认识他。 나는 그의 이름만 알 뿐, 그를 알지는 못한다.
认为 rènwéi 以为 yǐwéi	모두 '~라고 여기다'라는 뜻으로 어떤 사물이나 사실에 대한 판단을 나타낸다. 그러나 '认为'가 객관적인 결론이나 사실을 나타내는 반면, '以为'는 주로 사실과 다른 판단을 나타낸다.
	예 我也曾经这样认为。 나도 이전에 이렇게 생각한 적이 있다. 我以为你是中国人，原来是韩国人啊！ 나는 네가 중국인이라고 생각했는데, 알고 보니 한국인이구나!
合适 héshì 适合 shìhé	모두 '적합하다. 어울리다'의 의미를 나타내지만, '合适'는 형용사로서 술어로 쓰일 수 있으나 목적어를 취할 수 없고, '适合'는 동사로서 목적어를 취해 '~에 적합하다'의 의미를 나타낼 수 있다.
	예 这件衣服你穿很合适。 이 옷은 너에게 매우 잘 어울린다. 你这种性格不太适合我们的工作。 당신의 이런 성격은 우리 일에 그다지 적합하지 않다.
经历 jīnglì 经验 jīngyàn	'经历'는 명사뿐 아니라 동사로도 쓰이며, '겪다, 경험하다'의 의미와 직접 보았거나 겪었거나 해본 사람의 경력을 가리킨다. 반면에 '经验'은 명사로서 자신이나 타인이 실천해서 얻어낸 지식이나 경험을 가리킨다.
	예 每个人都经历过痛苦与快乐。 사람들은 누구나 고통과 즐거움을 겪은 적이 있다. 他的经验非常丰富。 그는 경험이 대단히 풍부하다.
普通 pǔtōng 普及 pǔjí	'普通'은 '평범한, 보통, 일반적인'이라는 뜻의 형용사로서 특수성이 없음을 의미한다. '普及'는 동사로서 인위적인 선전과 작업을 통해 사물이나 문화지식 등을 널리 전파시키는 것을 뜻한다.
	예 这个现象很普通。 이런 현상은 매우 일반적이다. 普及法律知识。 법률지식을 보급하다.
青年 qīngnián 年轻 niánqīng	'青年'은 '청년'의 뜻을 가진 명사로서 상대적인 단어는 '少年'과 '老年'이다. 반면에 '年轻'은 '젊다'라는 의미의 형용사로서 서술어 역할을 할 수 있다.
	예 青年是国家的未来。 청년은 국가의 미래이다. 你还年轻，不要对将来失去信心。 너는 아직 젊으니, 장래에 대해 자신감을 잃지 마라.
严格 yángé 严重 yánzhòng	모두 형용사이며, '严格'는 '엄격하다'의 의미로서, 태도에 중점을 두며, 대상은 자신이나 다른 사람 모두 가능하다. 반면에 '严重'은 어떤 사태나 문제가 '심각함'을 표현하고, 사람의 성품이나 인품을 묘사하는 데에는 쓰지 않는다. '严格'는 '엄하게 하다'의 동사로도 쓰일 수 있다.
	예 父亲很严格。 아버지는 매우 엄격하시다. 病情很严重。 병세가 매우 심각하다.

 기술공략

유형 맛보기 1

A 道歉　　B 粗心　　C 结果　　D 抱歉　　E 出差　　F 后果

1. 弄坏了别人的东西，不但要赔偿，还要向人家（　　　）。

2. A：大夫，他的病怎么样？要不要紧？
   B：检查的（　　　）出来了，他的身体没什么问题。

보기　A 동 사과하다, 사죄하다　　B 형 세심하지 못하다, 소홀하다, 부주의하다　　C 명 결과
　　　D 형동 미안하다, 미안하게 생각하다　E 동 (외지로) 출장 가다　F 명 (주로 안 좋은) 결과, 뒷일, 뒤탈

---

1. 다른 사람의 물건을 망가뜨렸으면, 배상을 해야 할 뿐 아니라, 또한 그 사람에게 사과해야 한다.

단어　弄 nòng 동 하다, 행하다, 만들다 | 赔偿 péicháng 동 배상하다, 변상하다, 보상하다, 물어주다, 갚아 주다 | 道歉 dàoqiàn 동 사과하다, 사죄하다

功夫 공식　전치사구 + 술어

功夫 풀이　이 문장에서 빈칸의 위치는 '向人家', 즉 전치사구 뒤이다. 전치사구는 문장에서 부사어가 되므로 여기서는 술어에 들어갈 단어를 골라야 한다. 의미상 '사과하다'의 뜻을 가지고 있는 '道歉'과 '抱歉'이 가능하나, 여기서는 '속으로 미안해하는 마음'만을 가지는 것이 아닌, 직접 '사과하는 행동'을 나타내는 것을 의미하므로 동사 '道歉'이 적합하다.

답　A

---

2. A: 의사선생님, 그의 병이 어떤가요? 심각한가요?
B: 검사 결과가 나왔는데, 그의 몸에는 아무 문제가 없습니다.

단어　紧 jǐn 형 (형세가) 긴급하다, 긴박하다, 절박하다 | 检查 jiǎnchá 동 검사하다, 점검하다 | 结果 jiéguǒ 명 결과

功夫 공식　관형어 + 명사

功夫 풀이　이 문장에서 빈칸의 위치는 '检查的', 즉 관형어 뒤이므로 명사가 와야 한다. 제시된 단어 중 명사는 '结果'와 '后果'인데, 두 단어 모두 명사이자 의미가 비슷하기 때문에 주의를 기울여야 한다. 그런데 '后果'는 안 좋거나 바라지 않은 결과를 나타내고, '结果'는 객관적이고 중성적인 결과를 나타낸다. 이 문장에서는 '몸에 아무 문제가 없다'는 오히려 좋은 결과이므로 부정적인 의미의 '后果'는 쓸 수 없다.

답　C

유형 맛보기 2

A 调查   B 合适   C 突然   D 忽然   E 适合   F 态度

1. 他不是说明天来吗？怎么今天来了呢？来的太（　　）了。

2. A：你看这条裙子多漂亮，你穿着肯定（　　）。
   B：漂亮是漂亮，就是贵了点儿。

보기　A 동 (현장에서) 조사하다　　B 형 적당(적합)하다, 알맞다　　C 형 (상황이) 갑작스럽다, 느닷없다
　　　D 부 갑자기, 홀연, 별안간　　E 동 적합하다, 알맞다, 어울리다　　F 명 태도

---

1. 그는 내일 온다고 말하지 않았니? 어떻게 오늘 왔지? 정말 갑작스럽다.

단어 突然 tūrán 형 (상황이) 갑작스럽다, 난데없다, 느닷없다, 의외이다, 뜻밖이다

功夫 공식 太 + 형용사 + 了

功夫 풀이 이 문장에서 빈칸의 위치에는 술어가 들어가야 한다. 의미상 갑작스러움을 표현하는 단어를 넣어야 하는데, '突然'과 '忽然'은 모두 부사로서 '갑작스럽게'라는 의미를 가진다. 그러나 부사는 술어가 될 수 없으므로 형용사의 기능도 가지고 있는 '突然'을 넣어줘야 한다.

답 C

---

2. A: 봐봐, 이 치마 정말 예쁘다. 네가 입으면 분명히 어울릴 거야.
　　B: 예쁘긴 예쁜데, 단지 좀 비싸.

단어 裙子 qúnzi 명 치마, 스커트 | 肯定 kěndìng 부 확실히, 틀림없이, 의심할 여지없이 | 合适 héshì 형 적당(적합)하다, 알맞다, 어울리다

功夫 공식 适合 + 목적어(O)　合适 + 목적어(X)

功夫 풀이 이 문장에서 빈칸의 위치는 부사 뒤로서, 술어를 담당할 단어가 비어 있다. 술어는 대개 동사 혹은 형용사가 담당하는데, 의미상 '옷'과 관련되어 어울리는 의미는 '적합하다'의 뜻을 가지는 '合适'와 '适合'로 좁혀진다. 이 둘은 품사가 다르기 때문에 우리말 해석에 의존하지 말고 어법 용법에 맞게 사용해야 한다. '适合'는 동사로서 목적어를 취하여 '~에 어울리다, ~에 적합하다' 의 형태로 쓰이는데, 이 문장에서는 빈칸 뒤에 목적어 자리가 없으므로 여기엔 형용사 '合适'를 사용하는 것이 적합하다.

답 B

실력 다지기

第1-5题：选词填空。

A 经历   B 免得   C 无聊   D 抱歉   E 认为   F 普及

例如：我（ E ）应该这样看问题才对。

1. 你多穿点衣服，（　　）感冒。

2. 香港现在开始（　　）普通话。

3. 来中国以后，我（　　）了不少事。

4. A：总结大会是不是让人很失望？
   B：太（　　）了，我真后悔去参加。

5. A：真（　　），我迟到了。
   B：没关系，表演还有5分钟才开始。

▶ 풀이는 해설집 80p에서 확인하세요.

실전 테스트 1회

第1-5题：选词填空。

A 无论　　B 经验　　C 由　　D 大概　　E 熟悉　　F 往往

例如：今天参观展览的人（ D ）有三千人。

1. 我没来过这儿，对这儿的情况不（　　）。

2. 他有很丰富的（　　），知道很多事情。

3. （　　）你打不打算去西藏旅行，都告诉我一声。

4. 这个工作（　　）我负责，你有什么问题问我就行了。

5. 人们经常说："最危险的地方（　　）也是最安全的地方。"

第6-10题：选词填空。

A 随便　　B 口音　　C 而且　　D 不得不　　E 光　　F 搬家

例如：A：今天请我们吃饭，是有什么好事吗？
　　　B：不是。我今天要（ F ）了，是来向你们告别的。

6. A：虽然他今年才二十六岁，但已经在这家工厂工作了十年了。
　　B：他从小失去父母，（　　）很早工作。

7. A：张先生，我一听你的（　　）就知道你是南方人。
　　B：是啊，我的老家是上海。

8. A：你看咱们什么时候去好？
　　B：（　　），什么时候都行。

9. A：你为什么总是要用e-mail?
　　B：因为又快又方便，（　　）省钱。

10. A：这种毛衣卖得怎么样？
　　 B：特别受欢迎，才几天，就卖（　　）了。

第1-5题：选词填空。

A 为了　　B 关键　　C 所有　　D 再　　E 然后　　F 出差

例如：这件事不太着急，过两天（ D ）说也行。

1. 这次比赛能否成功，（　　）是得提前做好准备。

2. 他学习汉语是（　　）了解中国的历史和文化。

3. 我刚接到公司的通知，这星期六得去上海（　　），我们改天再见吧。

4. 我先回宿舍拿件衣服，（　　）我们一起去吃饭。

5. 你应该学会拒绝，而不是（　　）的要求都接受。

第6-10题：选词填空。

A 来得及　　B 可能　　C 提高　　D 来不及　　E 千万　　F 推迟

例如：A：你汉语说得太好了，以后我也得向你学习。
　　　B：只要能坚持下去，就能（ C ）。

6. A：会议马上就开始了，快走吧。
　 B：还有半个小时，时间还（　　）。

7. A：你不是打算今天去北京吗？
　 B：本来想今天去，可今天天气不好，只好（　　）一天再去。

8. A：他怎么还没来呢？
　 B：今天是星期六，（　　）会堵车，咱们再等一会儿吧。

9. A：我让你买点菜回来，怎么今天又忘了呢？
　 B：今天公司开会，（　　）买了。

10. A：什么时候举行婚礼？到时候（　　）别忘了告诉我。
　　 B：当然，忘不了。

실전 테스트 3회

第1-5题：选词填空。

A 小心   B 只好   C 饺子   D 必须   E 根据   F 并且

例如：在公共汽车上，他不（ A ）踩了别人的脚。

1. 今天我没有时间，（   ）明天也没有时间。

2. 无论天气好不好，我们都（   ）准时出发。

3. 我最喜欢过春节，全家人在一起包（   ），很热闹。

4. 他没有买到回家的火车票，（   ）在这儿过年了。

5. （   ）大家的要求，我们决定下个星期放假。

第6-10题：选词填空。

A 竟然　　B 考虑　　C 表示　　D 普通　　E 才　　F 几乎

例如：A：感冒一般要一个星期（ E ）能好，吃药也没用。
　　　B：你怎么这么说？不想让我好哇。

6. A：我希望早点儿跟他结婚。
　　B：结婚是人生的一件大事，应该好好儿（　　）一下。

7. A：你有什么意见，就跟他说。
　　B：我不太愿意把我对他的看法（　　）出来。

8. A：他才学了一年，（　　）能说这么漂亮的汉语。
　　B：确实值得表扬。

9. A：这件衣服怎么样？你看我穿合适不合适？
　　B：这件衣服的样子非常（　　），一点儿也不时髦。

10. A：中国菜很有名，每个国家（　　）都能看到中国饭馆儿。
　　 B：对呀，以前我去欧洲出差的时候，也去过几次。

第二部分

독해 2부분은 총 10문제로 구성되며, A, B, C 세 개의 문장을 주고 전체 맥락에 맞게 순서대로 배열하는 문제이다. 단어를 배열하는 것이 아닌, '문장'이나 '구'를 배열하는 문제이므로 전체적으로 내용을 파악할 수 있는 능력이 요구되며, 문장과 문장, 단락과 단락을 연결해 주는 '접속사'나 '부사' 등에 특히 주의를 기울여야 한다. 또한 우리말 해석에만 의존해서는 안 되고, 논리적으로 문장 간의 관계를 파악할 수 있는 이해력과 어법 능력도 요구되는 종합 사고력을 필요로 하는 부분이다.

I 접속사들의 의미와 관계를 파악하라

접속사는 단어, 단어결합, 혹은 문장을 연결하여 일정한 논리 관계를 맺어주는 단어이다. 접속사는 본래 단독으로는 사용할 수 없고, 연결작용만 할 뿐 수식이나 보충작용을 하지 않는다. 하나의 접속사가 단독적으로 사용될 수도 있고, 때로는 두 개가 서로 어울려 사용되기도 하는데, 이렇게 호응하는 접속사들은 고정된 순서대로 사용해야 하므로, 접속사의 논리관계를 이해하는 것이 문장의 순서를 밝히는데 결정적 역할을 할 수 있다. 서로 같이 쓰이는 접속사는 어떤 때는 그 가운데 하나만을 쓸 수 있고, 또 어떤 접속사는 부사와 어울려 쓰기도 한다.

접속사들의 의미와 관계 비교

 기술전수

인과관계
- 因为yīnwèi A 所以suǒyǐ B : A때문에 (그래서) B하다
  예) **因为**这种小说看得多了，**所以**我没兴趣。
  나는 이러한 종류의 소설을 많이 봐서 재미가 없다.

- 由于yóuyú A 因此yīncǐ / 因而yīn'ér / 所以suǒyǐ B : A로 말미암아(때문에) 그러므로 B하다
  예) **由于**跟他相处多年了，**因此**我很了解他。
  그와 몇 년을 지냈기 때문에, 나는 그를 잘 이해한다.

- 既然jìrán A 就jiù B : 기왕 A한 바에야, B하다
  예) **既然**病好了，你**就**去上学吧。 기왕 병이 다 나았으니, 학교에 가라.

전환관계	· 虽然suīrán A 但是dànshì / 却què B : 비록 A하지만 B하다	
	예 这篇文章虽然很短，但是写得很好。이 문장은 비록 짧지만, 매우 잘 썼다.	
	· 尽管jǐnguǎn A 可是kěshì B : 비록 A하지만 B하다	
	예 这个公司的条件尽管很好，可是我不愿意留下来。	
	이 회사의 조건이 비록 매우 좋지만, 나는 남아있고 싶지 않다.	
	· 可是kěshì / 但是dànshì / 不过búguò / 然而rán'ér : 그러나	
	예 这种花很美，可是没有花香。이런 꽃은 매우 아름답지만, 꽃 향기가 없다.	
	· 否则fǒuzé : 그렇지 않으면, 아니면	
	예 你应该努力学习，否则考不上大学。	
	너는 열심히 공부해야 해. 그렇지 않으면 대학에 합격할 수 없어.	
가설관계	· 如果rúguǒ / 要是yàoshi A 就jiù / 那么nàme B : 만약 A라면 곧 B하다	
	예 如果大家都同意，明天就不休息了。만약 모두들 동의한다면, 내일 쉬지 않겠다.	
	· 即使jíshǐ / 就算jiùsuàn A 也yě B : 설령 A라 할지라도 B하다	
	예 即使你不去，我也一定要去。설령 네가 가지 않더라도, 나는 반드시 가겠다.	
조건관계	· 只要zhǐyào A 就jiù B : A하기만 하면 곧 B하다	
	예 只要努力学习，就能取得好成绩。열심히 공부하기만 하면, 좋은 성적을 얻을 수 있다.	
	· 只有zhǐyǒu A 才cái B : 오직 A해야만 비로소 B하다	
	예 只有全心全意地接待客人，才能让他们满意。	
	성의껏 손님을 대해야만, 비로소 그들을 만족시킬 수 있다.	
	· 无论wúlùn / 不管bùguǎn A 也yě / 都dōu B : A를 막론하고(A든지 상관없이) B하다	
	예 不管有多少困难，你都要坚持学习。아무리 어려움이 있더라도, 너는 꾸준히 공부해야 한다.	
점층관계	· 不但búdàn / 不仅bùjǐn A 而且érqiě / 也yě / 还hái B :	
	A할 뿐만 아니라 게다가 B하다.	
	예 他不但努力学习，而且还积极参加社会活动。	
	그는 열심히 공부할 뿐만 아니라, 사회활동에도 적극적으로 참여한다.	
	· 不止bùzhǐ / 不只bùzhǐ A 还hái / 而且érqiě / 也yě / 又yòu B :	
	다만 A할 뿐 아니라 또한 B한다.	
	예 这里不只是我工作的地方，也是我的家。이곳은 내가 작업하는 곳일 뿐만 아니라, 내 집이다.	
	· 而且érqiě / 并且bìngqiě : 게다가, 또한	
	예 他会说英语，并且也会说汉语。그는 영어를 할 수 있고, 게다가 중국어도 할 수 있다.	
	· 甚至shènzhì : 심지어(~조차도)	
	예 他工作的时候很专心，甚至连吃饭都忘了。	
	그는 일할 때 매우 집중하여, 심지어 밥 먹는 것 조차 잊어버린다.	
병렬관계	· 又yòu / 既jì A 又yòu / 也yě B : A하고 또 B하다	
	예 这台机器又便宜又好用。이 기계는 싸고 쓰기도 간편하다.	
	· 不是búshì A 而是érshì B : A가 아니라 B다	
	예 我不是老师，而是学生。나는 선생님이 아니라 학생이다.	

선택관계	· A 或者 huòzhě / 或 huò B : A 혹은 B
	예 英语或汉语都可以。 영어나 중국어 모두 괜찮다.
	· A 还是 háishi B : A아니면 B (의문문)
	예 咱们明天去长城还是后天去长城？ 우리 내일 만리장성에 가니 아니면 모레 만리장성에 가니?
	· 不是 búshì A 就是 jiùshì B : A가 아니면 B다
	예 他不是老师，就是医生。 그는 선생님이 아니면 의사다.

 기술공략

유형 맛보기 1

A 适合农业发展
B 北方干旱少雨，冬天冷，夏天热
C 可是南方气候温暖，雨水充足   (   )

단어 适合 shìhé 동 적합하다, 부합하다 | 农业 nóngyè 명 농업 | 干旱 gānhàn 형 가물다, 가뭄 | 气候 qìhòu 명 기후 | 充足 chōngzú 형 충분하다, 충족되다

功夫 공식 A，可是 B

功夫 풀이 문장 C의 시작이 '可是'로 되는 것을 보아, 상반관계를 표현함을 알 수 있다. 그렇다면 C 앞에는 그것과 대비되는 내용이 나와야 하는데, C에서 말하고자 하는 내용이 '南方气候'인 것을 미루어보아 '北方' 기후에 대하여 말하고 있는 B가 C 앞에 오는 것이 옳다. 그럼 남은 A는 '농업발전에 적합한' 기후인 남방 기후를 주어로 가져야 의미가 자연스러우므로 A는 C 뒤에 위치해야 한다.

답 BCA

北方干旱少雨，冬天冷，夏天热。可是南方气候温暖，雨水充足适合农业发展。
북방은 가물고 비가 적게 오며, 겨울엔 춥고, 여름엔 덥다. 그러나 남방의 기후는 온난하고 비가 충분하여 농업발전에 적합하다.

유형 맛보기 2

A 而且它还破坏人和自然的平衡
B 这不仅因为人口的增加使地球更加拥挤
C 人口问题使人担心   (   )

단어 破坏 pòhuài 동 파괴하다, 훼손시키다 | 自然 zìrán 명 자연 | 平衡 pínghéng 형 균형이 맞다 | 不仅 bùjǐn 접 ~뿐만 아니라 | 地球 dìqiú 명 지구 | 拥挤 yōngjǐ 형 붐비다, 혼잡하다 | 担心 dānxīn 동 걱정하다, 근심하다

| 功夫 공식 | 不仅 A, 而且 B |

功夫 풀이 '不仅 A 而且 B'는 점층관계를 표현해주는 접속사이다. 호응하는 접속사들은 함께 사용될 때 그 순서를 바꾸지 않는 것이 일반적이므로 B가 A앞에 와야 한다. 그렇다면 남은 C의 위치를 정하면 되는데, B의 시작에 나오는 지시대명사 '这'가 가리키는 것이 바로 C의 '人口问题'이므로 C가 문장의 가장 앞에 와야 한다.

| 답 | CBA |

人口问题使人担心。这不仅因为人口的增加使地球更加拥挤, 而且它还破坏人和自然的平衡。

인구문제는 사람들을 걱정하게 한다. 이는 단지 인구 증가가 지구를 더욱 비좁게 할 뿐만 아니라, 또한 그것은 인간과 자연의 균형을 파괴하기 때문이다.

유형 맛보기 3

A 即使遇到了麻烦和困难
B 心情也不会有太大变化
C 有的人每天总是高高兴兴，轻松愉快   (   )

단어 即使 jíshǐ 접 설령 ~하더라도(할지라도·일지라도) | 遇到 yùdào 동 만나다. 마주치다. 부딪치다. 부닥치다. 맞닥뜨리다. 봉착하다 | 麻烦 máfan 명 말썽, 골칫거리 | 困难 kùnnan 명 빈곤, 곤란, 애로, 어려움 | 心情 xīnqíng 명 심정, 마음, 기분, 정서 | 变化 biànhuà 명 변화 | 轻松 qīngsōng 형 수월하다, 가볍다, 부담이 없다 | 愉快 yúkuài 형 기쁘다, 유쾌하다, 즐겁다, 기분이 상쾌하다

| 功夫 공식 | 即使 A 也 B |

功夫 풀이 접속사 '即使'는 가정관계를 나타내는 접속사로서 보통 '也'와 호응하여 '설령 ~하더라도 ~한다'의 의미를 나타낸다. 보기 A의 '即使'는 결국 B의 '也'와 호응이 되는 것이므로 AB의 순서는 쉽게 밝힐 수 있다. 문장 전체의 주어는 C에 있는 '有的人'이 되므로 C가 문장의 가장 앞에 와야 한다.

| 답 | CAB |

有的人每天总是高高兴兴，轻松愉快。即使遇到了麻烦和困难, 心情也不会有太大变化。

어떤 사람들은 매일 항상 즐겁고 기분이 가볍고 유쾌하다. 설사 골칫거리나 어려움을 만나더라도, 마음에 큰 변화가 없다.

실력 다지기

第1-5题：排列顺序。

1. A：带什么礼物合适
   B：那么你应该了解怎么称呼朋友的家人
   C：如果你打算去中国朋友家里做客

2. A：不管是家里的狗猫还是森林的狮子
   B：永远不会为昨天后悔和为明天担心
   C：它们都有一个共同特点

3. A：但我还是觉得它能带给我很多快乐
   B：虽然有时候整理东西让人很麻烦
   C：因为在整理过程中，会回忆起过去许多美好的事情

4. A：因此后来就交给我来做了
   B：由于他突然生病住院了
   C：这次招聘会本来是由小王负责的

5. A：而且中国人想问题和做事情的方法
   B：也跟美国人有很多不同
   C：不仅生活习惯不同

▶ 풀이는 해설집 82p에서 확인하세요.

II 대명사를 유심히 살펴라

대명사는 인칭대명사, 지시대명사, 의문대명사로 나뉜다. 문장이나 구의 순서를 밝히는 영역에서 대명사의 관계만 잘 파악해도 답에 접근하기가 훨씬 쉬워진다. 예를 들어, 문장 중 실제 인명(人名)을 제시할 경우, 보통 처음엔 인명을 그대로 쓰나, 두 번째부터는 인칭대명사 '他/她' 등의 대명사를 이용하여 나타내게 되는데, 만약 문장 중 '小王'이 들어있는 문장과 '他'가 들어있는 문장을 배열코자 한다면, '小王'이 들어있는 문장이 더 앞에 놓여야만 한다. 지시대명사 '这'와 '那'도 대개 그것이 지시하고 가리키는 것이 먼저 위치해야 대명사로 받을 수 있기 때문에, 이 영역의 문제를 풀 때 대명사들을 유심히 살펴볼 필요가 있다.

인칭대명사/지시대명사/의문대명사

 기술전수

1 인칭대명사

사람 이름이나 명칭을 대신 칭하는 명사를 '인칭대명사'라고 한다. 인칭대명사는 다음과 같다.

인칭	단 수	복 수
1인칭	我 나 自己(=自个儿, 自家) 자기, 자신	我们, 咱们 우리, 우리들
2인칭	你 너 您 당신	你们 너희들, 당신들
3인칭	他 그 她 그녀 它 그것 人家 그, 다른 사람, 나	他们 그들 她们 그녀들 它们 그것들
기 타	大家 모두	

2 지시대명사

가까운 것을 나타내는 '这'와 멀리 있는 것을 나타내는 '那'처럼 앞의 낱말이나 문장을 지칭하거나 가리키는 낱말을 '지시대명사'라고 한다. 대표적인 지시 대명사는 다음과 같다.

용법	가까이 있는 것을 가리킴	멀리 있는 것을 가리킴
사람, 사물, 다른 것을 가리킴	这 이, 이것	那 저, 저것, 그, 그것
둘 이상의 사람, 사물	这些 이들, 이러한 这些个 이런 것들	那些 저런, 저러한, 그런, 그러한 那些个 저런 것들, 그런 것들
장소를 가리킴	这里, 这儿 여기, 이곳	那里, 那儿 저기, 저곳, 거기, 그곳
시간을 가리킴	这会儿, 这时 이때	那会儿, 那时 그때, 그때 당시
방식, 정도, 다른것을 가리킴	这么, 这么样, 这样 이런, 이렇게	那么, 那么样, 那样 저런, 저렇게, 그런, 그렇게
기 타	如此 이러하다 彼此 피차, 상호, 양측	

3 의문대명사

의문문을 만들어 주는 대명사를 '의문대명사'라고 한다. 대표적인 의문대명사는 다음과 같다.

묻는 방면	의문 대명사
사람/사물	谁 누구 什么 무엇
시간	什么时候 언제
장소	哪儿, 哪里 어디, 어느곳
어떤 사람, 사물, 시간	哪 어느, 어떤, 어디
원인, 이유	为什么 왜, 어째서
방식	怎么, 怎样, 怎么样, 如何 어떻게
의견을 구함	怎么样, 如何 어때, 어떠니
수량	几, 多少 몇, 얼마

 기술공략

유형 맛보기 1

A 她平时没什么特殊的爱好
B 小红在一家电脑公司工作
C 就爱听流行歌曲   (   )

단어 特殊 tèshū 형 특수하다, 특별하다 | 爱好 àihào 동명 애호하다, ~하기를 즐기다, 취미 | 电脑 diànnǎo 명 컴퓨터 | 流行 liúxíng 동형 유행하다, 유행하는 | 歌曲 gēqǔ 명 노래, 가곡

공부 공식 小红(인명) → 她(인칭대명사)

공부 풀이 문장 A가 '她'로 시작하는데, 이처럼 대명사가 있을 때는 다른 문장 속에서 그것이 지칭하는 본래의 단어가 있는지 반드시 확인해야 한다. B의 '小红'을 A에서 '她'로 지칭하고 있으므로 B가 A보다 앞에 와야 한다. C문장 처음의 부사 '就'는 '단지, 다만'의 의미를 나타내는 범위부사로서, 여기서는 A의 '爱好'를 제한하므로 C는 A 뒤에 놓여야 한다.

답 BAC

小红在一家电脑公司工作。她平时没什么特殊的爱好，就爱听流行歌曲。
샤오홍은 컴퓨터회사에서 일한다. 그녀는 평소 특별한 취미가 없고, 단지 유행가를 듣는 것을 좋아한다.

유형 맛보기 2

A 这都是为了多学知识和培养自己的兴趣与爱好
B 今年他选修了好多课程，而且还参加了许多课外活动
C 小张是大学二年级的学生   (   )

단어 知识 zhīshi 명 지식 | 培养 péiyǎng 동 배양하다, 양성하다 | 与 yǔ 접 ~와(과) | 选修 xuǎnxiū 동 선택과목으로 수강하다, 선택해서 이수하다 | 课程 kèchéng 명 교과목, 교육 과정 | 课外活动 kèwài huódòng 과외활동, 수업 외 활동

공부 공식 小张 → 他(인칭대명사), B문장 전체 → 这(지시대명사)

공부 풀이 위 문장에서 대명사에 해당되는 것은 A문장의 '这'와 B문장의 '他'가 있는데, 인칭대명사 '他'가 가리키는 것은 C문장의 '小张'으로 쉽게 확인이 되므로, B는 C의 뒤에 놓여야 한다. 그렇다면 A문장의 '这'가 지시하는 바가 무엇인지만 밝히면 되는데, 뒤이은 내용이 '为了'절로서 목적을 이끌기 때문에 '这'가 가리키는 것은 결과에 관한 내용인 B문장 전체로 볼 수 있다. 그러므로 A는 B 뒤에 놓이게 된다.

답 CBA

小张是大学二年级的学生，今年他选修了好多课程，而且还参加了许多课外活动。这都是为了多学知识和培养自己的兴趣与爱好。
샤오장은 대학교 2학년의 학생으로, 올해 그는 많은 과목을 선택하여 수강했고, 게다가 많은 과외 활동에도 참가했다. 이것은 모두 지식을 많이 배우고, 자신의 흥미와 취미를 배양하기 위해서이다.

유형 맛보기 3

A 他们都认识到，外语就像打开不同世界大门的钥匙
B 现在学习外语的人越来越多了
C 有了这把钥匙，就可以看到一个新的世界。   (   )

단어 认识 rènshi 동 알다, 인식하다 | 外语 wàiyǔ 명 외국어 | 像 xiàng 동 ~와(과) 같다 | 不同 bùtóng 형 같지 않다, 다르다 | 钥匙 yàoshi 명 열쇠 | 越来越 yuèláiyuè 점점 ~해진다, 갈수록 ~하다

功夫 공식 学习外语的人 → 他们, 打开不同世界大门的钥匙 → 这把钥匙

功夫 풀이 위 문장에서 대명사에 해당되는 것은 A문장의 '他们'과 C문장에서 '这把钥匙'의 '这'이다. 각각이 무엇을 대표하고 지시하는지를 밝혀야 한다. '他们'은 복수를 나타내는 3인칭 대명사로서, 여기서는 B의 '学习外语的人'을 가리키게 되므로 A는 B뒤에 놓여야 한다. 그리고 '这把钥匙'가 가리키는 것은 바로 A문장의 '打开不同世界大门의 钥匙'이므로, C는 또한 A 뒤에 놓여야 한다.

답 BAC

现在学习外语的人越来越多了，他们都认识到，外语就像打开不同世界大门的钥匙。有了这把钥匙，就可以看到一个新的世界。

현재 외국어를 공부하고 있는 사람은 점점 많아지고 있다. 그들은 모두 외국어가 바로 다른 세계의 대문을 여는 열쇠와 같아서, 이 열쇠가 있으면, 새로운 세계를 볼 수 있다고 인식한다.

실력 다지기

第1-5题：排列顺序。

1. A：这个中国北方最大的城市就面临着两个严重的问题
   B：每个大城市都有自己的问题，北京也不例外
   C：缺水和空气污染　　　　　　　　　　　　　　_____

2. A：所以现在她使用英语的时候有很多困难
   B：但是她只注意语法，不注意练习听、说、读、写
   C：小李在上学的时候，英语考试总是考得比别人好　_____

3. A：中国人口增加得太快会有很多问题
   B：也是全世界的问题
   C：当然这不只是中国的问题　　　　　　　　　　_____

4. A：这两种学习对我们都很重要
   B：有些知识不是在学校里学到的
   C：而是从社会、生活中学到的　　　　　　　　　_____

5. A：借钱还钱也是如此
   B：朋友之间不好意思分得太清楚
   C：吃饭后付钱时　　　　　　　　　　　　　　_____

▶ 풀이는 해설집 84p에서 확인하세요.

Ⅲ 문장 전체의 논리적 맥락에 주의를 기울여라

문장의 논리적 맥락 파악하기

 기술전수

개념 이해

독해 2부분은 주어지는 3개의 문장 또는 구를 전체적인 맥락에 맞게 배열하는 영역이다. 각각을 훌륭하게 이해하고 해석할 수 있을지라도 전체적인 구조가 논리에 맞지 않으면 답이 될 수 없다. 전체적인 문맥이 논리에 타당하기 위해서는 가장 기본적인 흐름이 '포괄 → 구체'로 진행되어야 하는 것이다. 즉, 큰 개념을 먼저 제시하고 그에 따르는 작은 개념들을 상세히 나열해야 하고, 추상적인 내용이 먼저 나오고 구체적인 내용이 나중에 나오게 된다. 또한 사건의 배경이 되는 내용이 먼저 나와야 하는데, 우리나라 문장에서 육하원칙(六何原則)을 따지는 것이 그 예이다. 육하원칙 중 '언제, 어디서'가 가장 앞에 위치하게 되는데, 중국어 문장 배열에서도 '언제, 어디서' 즉, 사건이 발생된 배경이 문장의 가장 앞에 위치하는 것이 일반적이다.

 기술공략

유형 맛보기 1

A 下午上班之前
B 他们总要休息一个来小时
C 每天午饭之后   (   )

단어 上班 shàngbān 동 출근하다, 근무하다 │ 总 zǒng 부 늘, 줄곧, 언제나, 내내

功夫 공식 시간의 큰 개념 → 작은 개념

功夫 풀이 A와 C는 모두 시간부사이다. 시간부사는 일반적으로 문장의 가장 앞에 위치하는데, A와 C 중 무엇이 먼저 와야 하는지만 밝히면 쉽게 해결된다. 따라서 C에 있는 '每天'이 시간을 표현하는 단어 중 가장 큰 개념이므로 C가 문장의 가장 앞에 위치하는 것이 적당하다.

답 CAB

每天午饭之后, 下午上班之前, 他们总要休息一个来小时。
매일 점심식사 후, 오후 근무 전 그들은 늘 한 시간 정도 쉬어야 한다.

유형 맛보기 2

A 中国的面积约占地球总面积的十五分之一
B 亚洲面积的四分之一
C 相当于韩半岛总面积的43倍左右   (   )

단어 面积 miànjī 명 면적 | 约 yuē 부 대개, 대략 | 占 zhàn 동 (토지나 장소를) 차지하다, 점령(점거)하다 | 亚洲 Yàzhōu 명 아시아 | 相当于 xiāngdāngyú 동 ~에 상당하다, ~에 맞먹다, ~와(과) 대등하다

功夫 공식 地球 → 亚洲 → 韩半岛

功夫 풀이 문장 전체의 주어는 '中国的面积'이므로 A가 문장의 가장 앞에 위치해야 한다. 그 다음 배열 순서는 '큰 것 → 작은 것'의 논리배열을 따르면 된다. 즉, '地球 → 亚洲 → 韩半岛'의 순서로 나열하면 된다.

답 ABC

中国的面积约占地球总面积的十五分之一, 亚洲面积的四分之一, 相当于韩半岛总面积的43倍左右。
중국의 면적은 지구 총 면적의 약 15분의 1, 아시아 면적의 4분의 1을 차지하는데, 이는 한반도 면적의 43배정도에 상당한다.

유형 맛보기 3

A 中华民族共由56个民族组成
B 占全国总人口的90%以上
C 其中汉族人口最多   (   )

단어 民族 mínzú 명 민족 | 组成 zǔchéng 동 조성하다, 구성하다, 조직하다 | 占 zhàn 동 (토지나 장소를) 차지하다, 점령(점거)하다 | 其中 qízhōng 대 그 중에, 그 안에 | 汉族 Hànzú 명 한족

功夫 공식 中华民族 → 汉族

功夫 풀이 C문장의 가장 앞에 나오는 '其中'이라는 단어는 전체 중 일부를 가리킬 때 사용하는 단어로서 '그 중(에서)' 혹은 '그 가운데서'라는 뜻을 나타낸다. 그렇다면 C문장 앞에는 그보다 더 큰 개념, 즉 전체를 나타내는 말이 나와야 한다. '汉族'보다 더 큰 개념은 바로 A에 나오는 '中华民族'가 된다. 그러므로 A가 C문장의 앞에 놓여야 하고, B문장은 시작을 '占'이라는 동사로 하고 있는데, 그렇다면 그 술어의 주체, 즉 주어가 무엇인지를 밝혀야 한다. '占'의 주어는 '汉族'가 되므로 B는 C 뒤에 놓여야 한다.

답 ACB

中华民族共由56个民族组成, 其中汉族人口最多, 占全国总人口的90%以上。
중화민족은 모두 56개 민족으로 구성되어 있고, 그 중 한족 인구가 가장 많은데, 전국 총 인구의 90%이상을 차지하고 있다.

실력 다지기

第1-5题：排列顺序。

1. A：另一方面也是为了聊天儿
   B：以前，在各地有很多茶馆，人们经常去那里
   C：一方面是为了喝茶   _____

2. A：一边喝茶一边看小说
   B：我喜欢找个安静的地方
   C：当我心情不好或者觉得累的时候   _____

3. A：几乎数百名的职员被派到别的国家
   B：每年十月份我们公司都有人事调动
   C：在那里体验不同的文化   _____

4. A：飞往这个城市的好几趟航班
   B：昨晚19时北京市突然下起了大雨
   C：都不得不推迟起飞   _____

5. A：北京的四个季节各有自己的特色
   B：中国大部分地方一年有四个季节
   C：就是春季、夏季、秋季和冬季   _____

▶ 풀이는 해설집 86p에서 확인하세요.

실전 테스트 1회

第1-10题：排列顺序。

1. A：而且还能节约能源
   B：主要是可以避免环境污染
   C：自行车的优点很多   _____

2. A：结婚以后
   B：才发现家务事不那么简单
   C：我有了自己的家庭   _____

3. A：有时甚至连他自己也不清楚要去什么地方
   B：星期天他常常一个人骑自行车出去
   C：谁也不知道他去哪儿   _____

4. A：除了能穿新衣服、吃好吃的以外
   B：孩子们一般来说都喜欢过年
   C：还有一个重要原因就是能得到好多压岁钱   _____

5. A：小学中的男、女生的比例已经超过了二比一
   B：政府的最新调查表明
   C：即一百万男孩比四十万女孩   _____

6. A : 还要听话
   B : 不只是说话
   C : 人们靠语言交际　　　　　　　　　　＿＿＿＿＿＿

7. A : 更没参加过中国人的婚礼
   B : 来中国三年了
   C : 我还从来没去过中国朋友家做客　　　＿＿＿＿＿＿

8. A : 还要有极其丰富的演出经验
   B : 不仅要经过多年的努力练习
   C : 要成为一名优秀的演员　　　　　　　＿＿＿＿＿＿

9. A : 最好学生们放寒假的时候再请假回家
   B : 但机票打折，会便宜很多
   C : 虽然那时候天气稍微冷了点儿　　　　＿＿＿＿＿＿

10. A : 又热情
    B : 而且服务既周到
    C : 有些个人开的私人医院不仅医疗条件不错　＿＿＿＿＿＿

실전 테스트 2회

第1-10题：排列顺序。

1. A：骑自行车的最大好处是时间比较自由
   B：一般就不会迟到
   C：上班、上学只要算好时间　　　　　　　　_____

2. A：咖啡不仅西方人喜爱
   B：很多中国人也开始每天要喝一杯
   C：虽然这还没成为所有中国人的习惯　　　_____

3. A：你也不能这么说话
   B：我已经不是小孩子了
   C：并且即使我是孩子　　　　　　　　　　　_____

4. A：也很清楚抽烟的其他危害
   B：尽管人人都知道抽烟会引起各种疾病
   C：但是抽烟的人数还是不断增加　　　　　　_____

5. A：但是为了个人的名誉、孩子等等
   B：虽然不少人对自己的婚姻并不满意
   C：总是希望能把婚姻关系维持下去　　　　　_____

6. A：反而比以前还差
   B：她每天都开夜车准备考试，太累了
   C：结果成绩不但没有提高　　　　　　　＿＿＿＿＿＿

7. A：中国古代确实有过许多历史上重大的科学发明
   B：因此也没有得到进一步的发展
   C：但由于没有受到人们的重视　　　　　＿＿＿＿＿＿

8. A：人的一生中要作出许多决定
   B：并没有经过仔细考虑
   C：其中有的决定只是偶然作出的　　　　＿＿＿＿＿＿

9. A：虽然我很少说话
   B：也很少社交
   C：但和每个人都相处得很好　　　　　　＿＿＿＿＿＿

10. A：在屋里只穿一件毛衣就够了
    B：有了暖气
    C：尽管外面非常寒冷　　　　　　　　　＿＿＿＿＿＿

실전 테스트 3회

第1-10题：排列顺序。

1. A：因为他们看见他买的书比谁的都多
   B：去过他家的人都说他一定非常喜欢看书
   C：他的书架也比谁的都大   _____

2. A：表示退休后不打算跟自己的子女一起生活
   B：有一个大学的一项调查研究表明
   C：在一千个年龄在五十九岁到八十岁的男人和女人中大多数人
                                              _____

3. A：89.3%的人认为中国传统节日更重要
   B：就是中国的传统节日重要还是西方的节日重要
   C：调查当中有这么一个问题   _____

4. A：北京的服务行业这些年发展很快
   B：竞争也很厉害
   C：不过老百姓的生活确实方便多了   _____

5. A：尽管每一位老师都希望他的学生优秀
   B：但我们还是要客观一些，不可能所有的人都上北大
   C：每一位家长也都希望自己的孩子比别的孩子聪明
                                              _____

6. A：调查的结果表明，中国的青年不读书的主要原因是"没有时间"
   B：其次是"不习惯读书"
   C：最近中国出版研究所做了一项调查　　　　　　　　　　

7. A：通过他们了解中国人的文化和生活方式
   B：我有一位美国朋友，他对中国传统文化非常感兴趣
   C：因此，他经常到公园等公共场所去交一些中国朋友　　　　　

8. A：只能一个人呆在家里了
   B：现在的城市生活越来越忙，人们越来越没有时间
   C：所以现在有很多城市里的年轻人下班以后找不到朋友
   　　　　　　　　　　

9. A：也有的人只是为了到一个自己不熟悉的地方去玩儿玩儿
   B：有的人是为了要到别的地方学习，有的人是为了到外地工作
   C：现在因为各种原因出门旅行的人越来越多　　　　　

10. A：由于平时的工作学习都比较累
    B：比如跟朋友们一起去逛街，去咖啡馆喝咖啡等等
    C：因此周末人们一般都要找个地方休息一下

第三部分

독해 3부분은 총 20문제로 구성 되어 있으며, 짧은 지문을 독해한 후 주어지는 문제에 적합한 답을 찾는 문제이다. 전형적인 기존의 독해 문제라고 볼 수 있다. 문제는 한 지문에 적게는 1개, 많게는 2개가 함께 주어지기도 한다. 이 영역의 핵심은 전체적인 내용파악 및 문제를 정확하게 이해하는 것이다.

I 독해의 기초 기술 습득하기

『Ⅰ. 독해의 기초 기술 습득하기』에서는 여러 종류의 단문을 유형맛보기를 통해 접하면서 독해 능력을 늘리고자 한다.

1 전체 내용의 중심 주제를 먼저 밝혀라

 기술전수

개념 이해

지문 독해를 할 때 가장 핵심이 되는 능력은 주어진 글이 '과연 무슨 주제에 대하여 말하고 있는가'를 빨리 파악하는 것이다. 중심 주제를 파악하면, 반드시 꼼꼼히 독해해야 할 부분과 굳이 꼼꼼히 독해를 하지 않아도 될 부분, 반드시 알아야 할 단어와 몰라도 되는 단어들이 파악되어 결정적으로 시간절약에 도움이 된다. 게다가 출제되는 문제에서도 주제를 묻는 유형의 빈도가 높기 때문에 글의 중심 주제를 찾는 것이 가장 선행되어야 할 능력이다. 그렇다면 중심 주제를 어떻게 쉽고 빠르게 찾을 수 있는가? 대부분 주제는 전체 문장의 서두 혹은 말미에 나오는 경우가 많으므로, 처음과 마지막을 특히 신중히 살펴볼 필요가 있다.

 기술공략

유형 맛보기 1

职业的好坏常常会有所变化，有些行业在一段时间可能很好，但在另一段时间可能不太好。比如IT行业，在几年前非常好，很多年轻人都希望在IT行业工作。可是后来世界经济出现了一些问题，IT行业有很多人失业了。

직업의 좋고 나쁨은 종종 변하는데, 일부 직종은 일정 시간 동안은 매우 좋았다가, 또 다른 일정 시간 동안은 그다지 좋지 않을 수가 있다. 예를 들어 IT업종은 몇 년 전에는 매우 좋아서, 많은 젊은이들이 IT업종에서 일하기를 희망했었다. 그러나 그 후 세계경제에 몇몇 문제가 발생하자, IT업종에는 많은 실업자들이 생겨났다.

단어 职业 zhíyè 명 직업 | 行业 hángyè 명 직업, 직종, 업종 | 另 lìng 대 다른, 그 밖의, 이외의 | 希望 xīwàng 동 (생각하는 것이 실현되기를) 희망하다, 바라다 | 经济 jīngjì 명 경제 | 失业 shīyè 동 일을 잃다, 실업하다, 직업을 잃다

功夫 풀이 글 전체의 주제는 일반적으로 서두 혹은 말미에 오는 경우가 많다. 만약 한편의 글에 여러 단락이 포함되어 있다면, 매 단락의 첫 번째 문장이 그 단락의 주제 문장이 될 가능성이 높다. 첫 번째 문장의 뒤에 이어진 내용은 일반적으로 주제를 감싸면서 전개된다. 위에 제시된 글도 첫 번째 문장이 주제 문장이 되는데, 바로 뒤의 두 번째 문장이 '比如'로 시작하고 있음을 통하여서도 뒷문장의 내용이 첫 번째 문장의 구체적인 예임을 알 수 있다.

유형 맛보기 2

世界卫生组织在一份报告中指出：人类1/3的疾病通过预防保健是可以避免的，1/3的疾病通过早期发现可以有效治疗，1/3的疾病通过医疗信息可以提高治疗效果。总而言之，定期健康检查十分重要。

세계보건기구(WHO)는 보고에서 인류의 1/3의 질병은 예방을 통하여 피할 수 있고, 1/3의 질병은 조기발견으로 치료가 가능하며, 1/3의 질병은 의료정보를 통하여 치료효과를 높일 수 있다고 지적하고 있다. 결론적으로 말하자면, 정기 건강 검진이 매우 중요하다.

단어 世界卫生组织 Shìjiè Wèishēng Zǔzhī 명 세계보건기구 (World Health Organization) | 指出 zhǐchū 동 제출하다, 제의하다, 신청하다, 제기하다 | 人类 rénlèi 명 인류 | 疾病 jíbìng 명 병, 질병, 고질병 | 预防 yùfáng 동 예방하다, 미리 방비하다 | 避免 bìmiǎn 동 피하다, (모)면하다, (나쁜 상황을) 방지하다 | 治疗 zhìliáo 동 치료하다 | 信息 xìnxī 명 정보 | 检查 jiǎnchá 동 검사하다, 점검하다, 조사하다

功夫 풀이 전반부는 비슷한 형태의 문장이 연속해서 출현하고 있다. '人类1/3的疾病……, 1/3的疾病……, 1/3的疾病……' 내용은 구체적인 열거의 방식을 취하고 있기 때문에 주제문장이 될 수 없다. 이 내용을 모두 총괄할 수 있는 문장이 주제문장이 되는데, 마지막 문장에 나오는 '总而言之'는 모든 내용을 한마디로 일축하여 결론을 내리고자 할 때 사용하는 구절이므로 여기서는 마지막 문장이 주제 문장이 된다.

2 주요 표점부호(标点符号)의 용법을 확실히 이해하라

 기술전수

1 개념 이해

중국어에서 말하는 '표점부호'란 '구두점(句读点)' 혹은 '문장 부호'를 가리키는 것이다. 중국어의 구두점으로는 '句号(。)', '叹号(！)', '问号(？)', '逗号(，)', '分号(；)', '顿号(、)', '冒号(：)' 등이 있는데, 대부분의 구두점들은 우리나라의 문장부호와 흡사하기 때문에 특별히 이해하는데 어려움이 없다. 그러나 '열거'나 '예시'를 나타내는 '分号(；)'와 '顿号(、)'는 특히 주의가 필요하다.

2 주요 표점부호 정리

标点符号	특징 및 예문
句号(。) jùhào 마침표, 고리점	· 중국어의 마침표는 그 용법에 있어서 한국어의 그것과 별로 차이가 없다. 다만 주의해야 할 점이 있다면 한국어의 마침표는 온점(.)인데 반해, 중국어의 마침표는 고리점(。)임에 유의해야 한다. 예 北京是中华人民共和国的首都。 베이징은 중화인민공화국의 수도이다.
逗号(，) dòuhào 쉼표, 반점	· 반점은 문장 안에서의 짧은 휴지를 나타낸다. 반점은 단문 내에서의 휴지를 나타내기도 하고, 복문 내에서 절 사이의 휴지를 나타내기도 한다. 예 对于这个城市的情况，他并不了解。 이 도시의 정황에 대해서, 그는 전혀 이해를 못 한다. 如果大家都同意，我们就这样决定。 모두 동의한다면, 우리는 이렇게 결정한다.
问号(？) wènhào 물음표	· 물음표는 의문문 문미의 휴지를 나타낸다. 반어법도 일종의 특수한 의문문으로서 문미에 일반적으로 물음표를 쓴다. 예 你叫什么名字？ 당신은 이름이 무엇입니까? 他怎么能这么说呢？ 그는 어떻게 이렇게 말하는 거지?
叹号(！) tànhào 느낌표	· 느낌표는 감탄문 문미의 휴지를 표시한다. 그리고 어기가 강한 기원문 등의 문미에도 느낌표를 사용하며, 어떤 경우에는 어기가 강한 반어문에도 사용한다. 예 我多么想看看你妈妈呀！ 얼마나 당신 어머니를 만나 뵙고 싶었는데요! 你哪里比得上他呀！ 당신을 어디 그와 비교해요!

冒号(:) màohào 쌍점	• 쌍점은 제시적 성격의 구절 뒤에서 휴지를 나타내며, 그 다음의 문장을 이끌어내는데 쓰인다. 그리고 총괄적 성격의 말 앞에 사용할 수 있으며, 이 경우 앞 문장을 구체적으로 설명하는데 쓰인다.
	예) 北京故宫有四座城门：午门、神武门、东华门和西华门。 베이징 고궁은 4개의 성문이 있는데, 우문, 신무문, 동화문 그리고 서화문이다.
	小王考上了北京大学；小李进了高等专业技术学校；我在百货公司当售货员：我们都有光明的前途。 샤오왕은 북경대학에 합격했고, 샤오리는 전문대학교에 입학했고, 나는 백화점에서 판매원으로 일하니, 우리 모두 밝은 미래가 있다.
分号(；) fēnhào 머무름표, 쌍반점	• 머무름표는 복문 내부의 병렬된 절 사이의 휴지를 나타낸다. 머무름표가 나타내는 휴지는 '顿号(、)'보다 큰 것으로 주로 절을 갈라 구분하는 데 쓰인다.
	예) 语言，人们用来表达心意；文字，人们用来记言记事。 언어는 사람들이 생각을 표현하고, 문자는 사람들이 말과 사건을 기록한다.
顿号(、) dùnhào 쉼표, 모점	• 모점은 문장 안에서 병렬된 단어 사이의 휴지를 나타낸다. 모점이 나타내는 휴지는 반점에 비해 짧은 것으로 병렬된 단어나 구를 갈라 구분하는 데 쓰인다.
	예) 亚马孙河、尼罗河、密西西比河和长江是世界四大河流。 아마존강, 나일강, 미시시피강과 장강이 세계 4대 강이다.
	她是一个美丽、健康、活泼的姑娘。 그녀는 아름답고 건강하고 밝은 아가씨다.

 기술공략

유형 맛보기 1

中国是世界上12个缺水国家之一，全国600个城市一半以上缺水。因此，中国老百姓应该养成节约用水的好习惯：洗菜、洗米水可以给家养的狗猫喝；洗衣服的水可以用来扫地；洗脸水可以用来洗脚等等。只要有了注意节水的意识，还能想出更多的办法。

중국은 세계에서 물이 부족한 12국가 중 하나이며, 전국 600개 도시의 절반 이상이 물이 부족하다. 그로 인하여 중국의 국민들은 야채를 씻고 쌀을 씻은 물은 집에서 키우는 개나 고양이에게 줄 수 있고, 옷을 빤 물로는 바닥을 청소할 수 있고, 세안한 물로는 발을 씻는 등등 마땅히 물을 절약하는 좋은 습관을 길러야 한다. 물 절약 의식을 갖는데 신경만 쓰면, 더 많은 방법들을 생각할 수 있다.

단어　缺水 quēshuǐ 동 물 부족 현상을 빚다, 물이 부족하다 | 因此 yīncǐ 접 이로 인하여, 그래서, 이 때문에 | 老百姓 lǎobǎixìng 명 국민, 일반 국민 | 养成 yǎngchéng 동 습관이 되다, 길러지다

功夫 풀이 위 글의 중심 구절은 두 번째 줄의 '中国老百姓应该养成节约用水的好习惯'이라고 할 수 있다. 특히 이 문장의 바로 뒤에 '쌍점 冒号(:)'를 씀으로서 이 문장이 중심 내용을 총괄하고 있고, 그 뒤에 이어진 내용은 이를 뒷받침해 줄 내용임을 파악할 수 있다. 이어지는 구절은 모두 중심 내용의 구체적인 예시 역할을 해주는데 다시 표점부호를 기준으로 3부분으로 분리가 가능하다.

洗菜、洗米水可以给家养的狗猫喝；洗衣服的水可以用来扫地；洗脸水可以用来洗脚等等
　　　　　A　　　　　　　　　　　　B　　　　　　　　　　　C

A, B, C 각각의 사이에는 '머무름표 分号(;)'가 사용되고 있으므로 이 각각의 관계는 병렬임을 알 수 있다. 결국 이 부분은 모두 중심 문장의 동일한 예시이므로 굳이 자세히 살펴보지 않고도 전체 내용을 이해하는 데에는 문제가 없다.

유형 맛보기 2

　　　　　最近，研究人员进行了一项试验：先向受试者展示一组和睡眠相关的词，
包括"床"、"梦"、"打盹"、"鼾声"等，然后，请受试者回忆所看到的词语。
结果许多人想起来的共同的词语就是"睡觉"。

최근 연구원들은 한 가지 실험을 진행하였다. 먼저 피실험자들에게 한 묶음의 '침대, 꿈, 졸다, 코고는 소리' 등 수면과 관련된 단어를 제시하고. 그런 다음 피실험자들에게 보았던 단어를 떠올려보라고 했다. 그 결과 많은 사람들이 떠올린 공통 단어는 바로 '잠을 자다'였다.

단어 试验 shìyàn 통 시험하다. 실험하다. 테스트하다 | 受试者 shòushìzhě 명 피실험자 | 睡眠 shuìmián 통 수면하다. 잠자다 | 包括 bāokuò 통 포함하다. 포괄하다 | 打盹 dǎdǔn 통 졸다. 잠깐 눈을 붙이다 | 鼾声 hānshēng 명 코고는 소리

功夫 풀이 문장의 첫 줄에 나오는 '쌍점 冒号(:)'는 전체 글에서 중요한 역할을 하는 주요 문장의 뒤에 놓이고, '쌍점 冒号(:)' 뒤에 이어지는 내용은 그 문장에 대한 구체적 설명을 덧붙이는 것이다. 즉, '쌍점 冒号(:)' 뒤에 이어지는 내용은 중심 의미를 뒷받침하기 위해 존재하는 것이라고 할 수 있다. 문장 중반부에 여러 번 출현하는 '모점 顿号(、)'는 병렬관계의 단어나 구를 열거하고자 할 때 사용하는 표점부호이다. 이러한 병렬부분의 내용은 간단히 읽고 지나가도 무관한 경우가 많다.

3　연결작용을 하거나 분위기를 바꾸는 역할을 하는 단어에 주목하라

 기술전수

개념 이해

독해를 하다 보면, 중간중간 문장을 이어갈 수 있도록 도와주는 단어들이 있다. 대게는 접속사들이 이러한 역할을 하지만, 접속사 외에 부사 등을 통해서도 가능하다. 이러한 단어들을 주목하면, 글쓴이가 전체 내용을 이끌어가는 사고의 맥

락과 방향을 파악하는데 도움이 된다. 또한 분위기 전환이 일어나는 단어들이 있는데, 예를 들어 '可是, 然而, 相反, 却' 등의 단어들이 이에 속한다. 이러한 경우 일반적으로 글쓴이가 결국 하고자 하는 말은 전환의 단어 후반부에 놓일 가능성이 높으므로 특별히 더 주목할 필요가 있다.

 기술공략

유형 맛보기 1

咖啡所含的咖啡因，具有消除疲劳，提高智力与增强体力的作用。但是一天咖啡因的总量不得超过250克，即相当于2~3杯咖啡的含量。

커피에 포함된 카페인은 피로를 없애주고, 지능을 높이며 체력을 강화시키는 작용을 한다. 그러나 1일 카페인의 총량이 250g, 즉 커피 2~3잔에 상당하는 양을 초과해서는 안 된다.

단어 含 hán 통 함유하다, 포함하다 | 咖啡因 kāfēiyīn 몡 카페인(caffeine) | 消除 xiāochú 통 없애다, 해소하다, 풀다, 제거하다 | 疲劳 píláo 혱 피곤(피로·노곤)하다, 지치다 | 智力 zhìlì 몡 지력, 지능 | 增强 zēngqiáng 통 증강하다, 강화하다, 높이다 | 体力 tǐlì 몡 체력, 힘 | 超过 chāoguò 통 초과하다, 넘다 | 相当于 xiāngdāngyú 통 …와(과) 같다, ~에 상당하다, ~에 맞먹다

功夫 풀이 첫 번째 문장은 카페인의 장점을 소개하고 있다. 두 번째 문장의 시작이 '但是'임을 통해 전환이 발생했음을 알 수 있다. 이와 같이 일반적으로 접속사로 전환이 발생하면, 글쓴이가 정말 하고자 하는 내용은 후반부일 가능성이 높다.

유형 맛보기 2

人的胃的容积是有限的，因此，饭前吃水果一定要"限量"，否则会影响正常的饮食。饭后马上吃水果，会对食物的消化起不好的作用。

사람 위의 수용면적은 제한적이기 때문에, 식사 전 과일을 먹을 때는 반드시 양을 제한해야 한다. 그렇지 않으면 정상적인 식사에 영향을 미치게 된다. 식사 후 바로 과일을 먹는 것도 음식물을 소화하는 데에 좋지 않은 작용을 하게 된다.

단어 胃 wèi 몡 (사람이나 고등동물의) 위(장) | 容积 róngjī 몡 용적, 체적 | 有限 yǒuxiàn 혱 유한하다, 한계가 있다 | 因此 yīncǐ 접 이로 인하여, 그래서, 이 때문에 | 否则 fǒuzé 접 만약 그렇지 않으면 | 饮食 yǐnshí 몡 음식 | 消化 xiāohuà 통 소화하다

功夫 풀이 첫 번째 문장에는 두 개의 접속사가 출현하는데, 이를 통해 문장 전체의 논리관계 및 앞으로 진행될 논리관계까지 추론이 가능하다. '因此'는 '그러므로, 그리하여'의 의미를 나타내는 접속사로서 앞에는 결과에 대한 원인이나 조건이 등장하게 된다. '否则'는 '그렇지 않으면'이라는 의미의 '가정'을 나타내는 접속사인데, 앞에서 언급한 내용과 반대되는 상황을 가설한다.

4 시간을 절약할 수 있는 방법들을 익혀라

 기술전수

개념 이해

실제 HSK시험에서 독해의 가장 큰 걸림돌이라고 할 수 있는 것은 바로 시간이 부족해서 주어진 문제를 다 해결하지 못하는 것이다. 4급 독해문제는 총 40문제로서 주어지는 시간은 35분에 불과하다. 특히 이 지문독해는 전체 독해문제의 절반을 차지하는 20문제가 출제된다. 짧은 시간 안에 주어진 모든 문제를 해결하고자 할 때, 모든 단어와 구절을 낱낱이 다 살피기는 현실적으로 어렵다. 그렇다고 모든 부분을 대강대강 독해를 할 수도 없는 일이다. 이 고민을 해결하기 위해서는 핵심만 자세히 살피고 그 외의 부분은 간략히 독해하는 '약독(略读)' 즉 '범독(泛读)'의 기술을 터득해야 한다. '약독(略读)'을 적용시키기 위해서는 어떠한 부분을 대강 살펴도 되는지 혹은 아예 독해하지 않고 넘어가도 되는지를 파악해야 한다. 대부분 중복되거나, 앞서 언급한 내용을 한 걸음 더 나아가 풀이하는 부분들, 혹은 설득력을 증가시키기 위해서 사용되는 예시 등은 간단히 읽거나 때론 독해하지 않고 지나가도 무관한 경우가 많다.

 기술공략

유형 맛보기 1

中国对环保这件事不能说完全不理不睬，有时候也会高度重视。可是现在中国要解决的问题太多了，比如教育体制、科技体制，比如经济改革、住房养老，比如人口增加问题等等。问题越来越多，都不太容易解决。

중국은 환경보호 이 문제에 대해 완전히 신경 쓰지 않고 있다고 말할 수 없고, 때로는 상당히 중시한다. 그러나 현재 중국은 해결해야 할 문제가 너무 많다. 예를 들면 교육제도, 과학기술제도, 경제개혁, 주택 및 양로, 인구 증가문제 등등이 있다. 문제는 나날이 많아지고 있는데, 모두 그다지 쉽게 해결되지 않는다.

단어 环保 huánbǎo 명 환경 보호의 약칭 | 不理不睬 bùlǐ bùcǎi 성 본체만체하다, 상대하지 않다, 거들떠보지 않다. | 体制 tǐzhì 명 체제, 제도, 체계 | 改革 gǎigé 명 개혁 | 养老 yǎnglǎo 동 노인을 봉양하다(모시다)

功夫 풀이 단지 앞 내용의 중복 혹은 앞에 언급한 내용에 대한 예시부분에 불과한 내용을 빨리 밝혀야 한다. 흔히 '即……', '意思是……', '比如说……', '也就是说……' 등으로 시작하는 구절은 자세히 독해하지 않고 앞선 내용의 중복 혹은 예시임을 파악하고만 지나가도 무관한 경우가 많다. 위의 글을 간단히 정리하면 다음과 같다.

中国对环保这件事不能说完全不理不睬……。可是现在中国要解决的问题太多了，比如……，……等等。问题越来越多，都不太容易解决。

중국어에서 '比如' 혹은 '比如说'는 '예를 들면, 예를 들어 말하자면'의 의미로서 바로 앞에 언급한 내용에 대한 구체적인 예시를 들기 위해 사용한다. 위 문장에서는 '比如'의 예시는 바로 앞에 나와있는 '中国要解决的问题太多了'에 대한 구체적 열거이다. 지금처럼 '比如'에 이어지는 내용이 여러 개일 경우 모두다 독해하지 않고 한두 개만 보고 지나가거나 때론 독해하지 않고 지나가도 무관하다.

유형 맛보기 2

　　中国已经成为一次性筷子生产大国。早在2001年，中国一次性筷子生产企业就达到300多家，从业人员6万人左右。根据资料表明，自2000年以来，中国一次性筷子年出口量一直在14万吨至16万吨之间。

중국은 벌써 일회용 젓가락 생산의 대국이 되었다. 일찍이 2001년에 중국의 일회용 젓가락 생산 기업은 300여 개에 이르렀고, 종사자의 숫자도 6만여 명 정도에 이르렀다. 자료에 근거하여 밝히면, 2000년 이래 중국의 일회용 젓가락 수출량은 줄곧 14만 톤에서 16만 톤 사이이다.

단어 一次性 yícìxìng 혱 일회용인 | 从业人员 cóngyèrényuán 명 종사자, 종업원 | 根据 gēnjù 젠 ~에 의거하여 | 资料 zīliào 명 자료

功夫 풀이 우선은 중심문장을 판단해야 하고, 그 다음으로는 약독(略读)을 해도 무관한 부분을 판단한다. 그렇게 하면 위의 문장은 다음과 같이 간단히 정리가 된다.

中国已经成为一次性筷子生产大国。早在2001年，……，自2000年以来，……。

글 전체의 첫 번째 나오는 문장이 주제 문장이 되고, 뒤에 이어지는 내용은 중심 관점을 전개하기 위한 예시이다. 즉, '早在2001年', '自2000年以来'처럼 시간의 순서로 전개하고 있고, 수치를 이용하여 이 주제 문장의 내용을 구체화시키고 있다. 그러므로 예시에 해당하는 부분은 간단히 읽고 넘어가도 무관하다.

Ⅱ 문제 유형에 따른 독해 기술

독해를 할 때, 일단 처음부터 지문을 독해하고 그 다음 해당하는 문제를 푸는 경우가 많은데, 이 경우 자칫 잘못하면 문제에서 요구하는 대답을 찾기 위해 다시 또 지문을 독해해야 하는 경우가 발생할 수 있다. 그런 경우를 방지하고 보다 핵심을 꿰뚫는 맞춤식 독해를 하기 위해서는 먼저 묻고자 하는 바가 무엇인지를 먼저 파악하고 독해를 하는 것이 보다 효과적이다. 이렇게 하면 때때로 문제를 푸는데 그다지 관계가 없는 부분은 굳이 자세히 살펴보지 않아도 되기 때문에 시간절약 면에서도 경제적이다. 따라서 자주 출현하는 문제 유형들을 정리하여 각각에 맞는 독해기술을 습득하고, 또한 각각의 유형별로 접근요령을 습득하는 것이 중요하다.

1 글의 주제를 묻는 문제 유형

 기술전수

1 개념 이해

글의 주제는 글쓴이가 전체 글 가운데서 나타내고자 하는 중심 내용으로서, 전체 내용의 핵심이다. 주제를 확실히 이해하는 것은 글 전체를 파악하는 데에 중요한 역할을 한다. 주제를 묻는 유형은 수험생들로 하여금 전체 글을 이해하는지, 작가의 중심사상을 파악하고 있는지의 여부를 확인하는 문제이다.

2 자주 출현하는 질문유형

▫ 本文主要谈论什么?	본문에서 주로 무엇에 대해 이야기하는가?
▫ 上文的主要观点是:	윗글의 주요 관점은?
▫ 本文谈论的主题是:	본문에서 다룬 주제는?
▫ 这篇文章的中心意思是:	이 문장의 중심 의미는?
▫ 这段短文说明了什么?	이 단문에서는 무엇을 설명했는가?
▫ 下面哪一句话最接近文章的主题?	다음 어느 것이 문장의 주제와 가장 근접한가?
▫ 这段话主要介绍了什么?	이 글은 주로 무엇에 대해 소개하였는가?
▫ 通过本文作者想告诉人们:	본문을 통해 글쓴이가 말하고 싶은 것은?

3 해결 전략

1. 글 전체의 가장 처음과 가장 마지막에 주제가 있을 확률이 높으므로 주의 깊게 살펴본다.

2. 접속사는 글 전체 구조의 실마리가 되므로 접속사를 중심으로 논리관계를 잘 따져본다.

3. 특별한 주제가 드러나 있지 않은 경우는 중복되는 말 혹은 글 전체를 포괄하는 내용을 답으로 선택한다.

 기술공략

유형 맛보기 1

保护地球环境，并不是离我们很远、很难做到的事情。其实我们只要注意一下身边的小事就可以。例如，出门时记得关空调和电脑，节约用电；买菜时准备购物袋，少用塑料袋，减少白色污染；少开车，多骑车或者坐公共汽车，降低空气污染……这些虽然都是小事，却有很大的效果。

★ 这段文章主要谈什么？

A 交通工具
B 社会责任
C 环境保护
D 节约能源

지구의 환경을 보호하는 것은 결코 우리와 멀고, 하기 어려운 일이 아니다. 사실 우리가 단지 주변의 작은 일에 주의를 좀 기울이기만 하면 된다. 예를 들어, 외출할 때 에어컨과 컴퓨터를 끄는 것을 기억하여 전기를 절약하고, 음식을 살 때 장바구니를 준비하여 비닐봉투 사용을 줄여 백색오염을 감소한다. 자가용을 적게 타고, 자전거나 버스를 많이 이용하여 공기오염을 낮춘다. 이러한 것들은 비록 작은 일이지만 오히려 아주 큰 효과가 있다.

★ 이 글은 주로 무엇을 말하고 있는가？

A 교통수단
B 사회적 책임
C 환경보호
D 에너지절약

 자칫 오해하면 정답을 D로 착각할 수 있다. 에너지 즉, 본문에서는 전기를 절약하는 내용이 에어컨과 컴퓨터 전원을 끄는 내용에서 언급이 되긴 하지만 그것은 주제와 관련된 한가지 예일 뿐이므로 정답이 될 수 없다. 주제는 본문에서 언급된 모든 예시를 포괄할 수 있는 것으로 선택해야 한다.

단어 环境 huánjìng 명 환경 | 其实 qíshí 부 사실 | 例如 lìrú 동 예를 들다 | 节约 jiéyuē 동 절약하다, 줄이다 | 购物 gòuwù 동 물건을 사다 | 塑料袋 sùliàodài 명 비닐봉지 | 减少 jiǎnshǎo 동 감소하다, 줄이다 | 污染 wūrǎn 동 오염시키다 | 降低 jiàngdī 동 내리다, 낮추다 | 工具 gōngjù 명 도구, 수단 | 责任 zérèn 명 책임 | 能源 néngyuán 명 에너지

功夫 풀이 독해를 시작하기 전 먼저 문제를 확인한다. 질문이 '主要谈'을 물어보는 것이므로 주제 관련 문제임을 알 수 있다. 이런 경우 정답은 대개 글의 가장 앞 혹은 마지막에 오는 경우가 많은데, 여기서는 문장의 가장 앞에 핵심이 있고, 그 후반의 내용은 모두 주제 내용에 관련된 구체적인 예시일 뿐이다. 따라서 제시된 보기 중 첫 번째 문장의 내용과 상응하는 것은 C가 된다.

답 C

유형 맛보기 2

中国人使用筷子吃饭是从古代流传下来的，日常生活当中对筷子的使用是非常有讲究的。在使用过程当中，吃饭前筷子一定要整齐地放在饭碗的右边，吃饭后把筷子放在饭碗的正中。

★ 这段文章的主要介绍了：

A 如何使用筷子　　　　　　　B 筷子的历史
C 筷子中的文化色彩　　　　　D 使用筷子的讲究

중국인이 젓가락을 사용해 밥을 먹는 것은 고대에서부터 전해 내려온 것으로, 일상생활 속에서 젓가락 사용에 대하여 매우 주의해야 할 것이 있다. 사용 과정 중, 밥을 먹기 전에 젓가락은 반드시 밥그릇의 오른쪽에 가지런하게 놓아야 하고, 밥을 먹은 후에는 젓가락을 밥그릇의 정가운데에 놓아야 한다.

★ 이 문장의 주요한 내용은?

A 젓가락을 어떻게 사용하는가　　　　B 젓가락의 역사
C 젓가락의 문화적 색채　　　　　　　D 젓가락을 사용하는 법칙

 보기에서 D를 제외한 나머지 A, B, C의 내용도 본문과 전혀 무관한 내용은 아니다. 그러나 본문에 언급이 된 사실이라고 해서 모두 답일 수는 없다. 주제는 전체를 총괄할 수 있는 내용이어야 하므로 내용의 일부만을 언급한 보기는 답이 될 수 없다.

단어 筷子 kuàizi 명 젓가락 | 流传 liúchuán 동 대대로 전해 내려오다, 세상에 널리 퍼지다 | 讲究 jiǎngjiu 명 유의(연구)할 만한 법칙(방법) | 过程 guòchéng 명 과정 | 整齐 zhěngqí 동 가지런히 하다, 규칙적으로 하다, 동일하게 하다

功夫 풀이 물어보는 질문의 핵심이 '主要介绍'이므로 주제관련 문제임을 알 수 있다. 전체 글은 크게 두 부분으로 나눌 수 있는데, 하나는 첫 번째 문장 '中国人使用筷子……, 日常生活当中对筷子的使用是非常有讲究的'와 이후의 모든 내용이다. 첫 문장을 제외하고 모두 구체적인 예시를 들어 설명하고 있는데, 결국 첫 번째 문장이 후반부의 내용을 총체적으로 요약한 중심 문장임을 알 수 있다.

답 D

二、阅读　169

실력 다지기

第1-2题：请选择正确的答案。

1. 选择越多越好吗？有个大学做了一个研究：让前30名学生在6种蛋糕中选择一种，后30名学生在20种蛋糕中选择。结果发现，后30名学生中有更多的人觉得所选的蛋糕不好吃，后悔自己的选择。太多的东西容易让人无法选择，同样，对管理者来说，太多的意见也会让他们很难做出决定。

   ★ 这段文章主要想告诉我们什么？

   A 过程很重要
   B 重要的是管理
   C 不要后悔自己的选择
   D 选择多不一定好

2. 《美国医药杂志》最近介绍的一份研究报告显示，开车的时候打手机，即使用耳机通话，也不一定比手拿着手机通话安全。研究人员发现，无论是使用耳机还是手拿着手机通话，开车的人在通话后十多分钟内发生交通事故的危险，比不打电话时高3.1倍。

   ★ 本文的主要内容是什么？

   A 开车时用耳机比手拿着手机通话更安全
   B 开车时打电话和安全无关
   C 开车时用耳机或是手拿着手机通话都不安全
   D 开车时用耳机不如手拿着手机通话更安全

▶ 풀이는 해설집 88p에서 확인하세요.

2 숫자 관련 문제 유형

 기술전수

1 개념 이해

독해에서 숫자와 관련해서 질문하는 문제 유형도 종종 출현한다. 일반적으로 본문에 그대로 드러나는 시간, 거리, 횟수, 수량 등을 물어보는 문제가 있는가 하면, 때로는 요구하는 질문에 따라 그 내용을 근거로 직접 수치를 산출해서 답을 골라야 하는 경우도 있다. 우선 질문 중 원하는 수치와 관련한 핵심단어를 파악하여 본문 중에 똑같거나 동의어로 표현한 부분을 살펴서 수치를 찾아내면 된다. 이 경우도 핵심 부분만 잘 살피면 기타 다른 부분의 지문 내용은 굳이 자세히 살펴보지 않아도 문제를 해결할 수 있다.

2 자주 출현하는 질문 유형

- 故宫前后一共修建了几次? 　　고궁은 지금까지 모두 몇 번 보수 공사를 했는가?
- 人体消化一个鸡蛋需要多长时间? 　　인체가 계란 한 개를 소화시키는 데 시간이 얼마나 걸리는가?
- 电脑的发明是在哪一年? 　　컴퓨터는 몇 년도에 발명되었는가?
- 飞机的一般速度是多少? 　　비행기의 일반속도는 얼마나 되는가?
- 中国除了汉族以外还有多少民族? 　　중국은 한족 외에 몇 개의 민족이 더 있는가?
- 如果你想学好汉语，本文提出了几种不同的建议?
  만일 당신이 중국어를 잘 배우고 싶다면, 본문에서 몇 가지 다른 의견을 내놓았는가?

3 해결 전략

1. 먼저 질문을 관찰하고 질문의 핵심단어를 가려내라. 예를 들어 '电脑的发明是在哪一年？'에서 핵심단어는 '发明'과 '年'이라고 할 수 있다.

2. 빠른 독해를 거쳐 질문의 핵심단어와 관련된 부분을 찾아라.

3. 문제를 해결하는데 관건이 되는 지문은 보다 꼼꼼히 살펴보고, 질문과 관련된 수치를 찾아내거나 산출해낸다.

 기술공략

유형 맛보기 1

从2005年的调查结果看，把互联网看做信息中心的人最多，占被访者的79%，其次是新闻媒体，占55.1%。据统计，2003年认为互联网是图书馆的比例最高，达到了52%，而今年却只占29.5%。

★ 近两年来，认为互联网是图书馆的人：

A 已经没有了　　　　　　　　B 跟以前一样
C 比以前增加了　　　　　　　D 比以前减少了

★ 2005年，大部分的人把互联网看做什么？

A 图书馆　　　　　　　　　　B 社交场所
C 信息中心　　　　　　　　　D 新闻媒体

2005년 조사결과에서 보면, 인터넷을 정보 센터로 보는 사람들이 가장 많았는데 응답자의 79%를 차지했다. 그 다음은 뉴스 매체로 55.1%를 차지했다. 통계에 따르면, 2003년에는 인터넷을 도서관으로 여긴 비율이 가장 높아 52%에 다 달았는데, 올해에는 오히려 29.5%만 차지했다.

★ 근래 2년 동안 인터넷을 도서관으로 생각하는 사람은?

A 이미 없어졌다　　　　　　　B 이전과 똑같다
C 이전보다 증가했다　　　　　D 이전보다 감소했다

★ 2005년, 대부분의 사람들은 인터넷을 무엇으로 생각하는가?

A 도서관　　　　　　　　　　B 사교장소
C 정보의 중심센터　　　　　　D 뉴스매체

단어 调查 diàochá 통 (현장에서) 조사하다 | 互联网 hùliánwǎng 명 인터넷 | 信息 xìnxī 명 정보 | 被访者 bèifǎngzhě 명 응답자 | 媒体 méitǐ 명 매체, 매스 미디어(mass media) | 却 què 부 ~지만, ~하지만 | 社交 shèjiāo 명 사교

功夫 풀이 ❶ 첫 번째 질문의 핵심어는 '两年'과 '互联网是图书馆'이다. '近两年来'에 비추어 단순히 보이는 수치를 보고 문제를 풀 수 있는 것이 아닌 비교를 통해 결론을 내려야 함을 알려주고 있다. 결국 핵심은 '图书馆'이 언급된 부분을 자세히 살펴보면 되는데, 수치가 52%에서 29.5%로 변화된 부분에 초점을 맞추면 답이 D임을 쉽게 알 수 있다.

❷ 두 번째 질문도 핵심어 '2005年'과 '大部分的人'에 초점을 맞추면 수치가 가장 높이 제시되어 있는 부분을 답으로 고르면 된다. 따라서 글의 서두에서 언급한 '把互联网看做信息中心的人最多'를 착안하여 답을 고를 수 있다.

답 D, C

유형 맛보기 2

　　最早期的月饼只是家庭式的传统糕点，并没有特别的包装。上世纪40年代至上世纪50年代初期，人们仍然以纸包装月饼。到上世纪五六十年代就开始使用纸盒包装，上世纪70年代至今以铁盒为主。

★ 在70年代，人们主要用来包装月饼的是：

A 纸盒　　　　　B 铁盒　　　　　C 塑料袋　　　　D 没有特别的包装

가장 초기의 월병은 가정식의 전통떡이었을 뿐, 결코 특별한 포장이 있었던 것은 아니다. 20세기 40년대부터 50년대 초기에 이를 때까지도, 사람들은 변함없이 종이로 월병을 포장했다. 20세기 5,60년대에 이르자 종이함을 사용해 포장하기 시작했고, 70년대에서 지금에 이르기까지는 철제함을 위주로 하고 있다.

★ 70년대에 사람들이 월병을 주로 포장한 것은?

A 종이함　　　　B 철제함　　　　C 비닐봉지　　　　D 특별한 포장이 없다

단어 月饼 yuèbing 명 위에빙(중국에서 중추절에 먹는 소를 넣어 만든 음식) | 传统 chuántǒng 형 전통적이다 | 糕点 gāodiǎn 명 케이크·과자·빵·떡 등의 총칭 | 包装 bāozhuāng 동 (물건을) 포장하다 | 仍然 réngrán 부 변함없이, 여전히, 아직도, 원래대로

功夫 풀이 질문의 핵심어는 '在70年代'이다. 글 전체의 내용이 월병을 포장한 방식을 시대별로 열거한 것에 착안한다면, 핵심어인 '70年代'를 본문에서 찾아 그 부분에 해당하는 월병의 포장방식을 찾으면 된다. 마지막 문장 '上世纪70年代至今以铁盒为主'에서 원하는 답을 찾을 수 있다.

답 B

🐼 실력 다지기

第1-2题：请选择正确的答案。

1. 　　根据调查，目前新疆、西藏仍然有70%的农民不能使用普通话，贵州和云南有70% ～ 80%的人口不能使用普通话进行交流，新疆仍然有30%以上的少数民族县、乡镇干部不会说普通话。

    ★ 在新疆，少数民族县、乡镇不会说普通话的干部约占：

    A 80%
    B 70%
    C 30%以上
    D 不到30%

2. 　　据调查，全国660多个城市中，缺水城市有400多个，其中严重缺水城市为114个。严重缺水城市中北方城市占71个，南方城市有43个。甚至在多水的长江附近的城市中也有缺水城市59个。

    ★ 中国严重缺水城市在全国所有的城市内所占比例是：

    A 约67%
    B 约17%
    C 约42%
    D 约10%

▶ 풀이는 해설집 89p에서 확인하세요.

3 '最'와 관련된 문제 유형

 기술전수

1 개념 이해

독해 질문유형 중에서 가장 자주 출현하는 단어 중 하나가 바로 '最'일 것이다. '最'는 정도의 최상을 표현하는 부사로서, 이러한 질문의 유형은 '最'와 그 바로 뒤에 나와 있는 술어를 핵심 키워드로 삼으면 된다. 그 핵심단어를 토대로 지문에서 해당되는 부분을 찾아 꼼꼼히 살핀 후 답을 찾으면 된다. '最'와 상관없는 지문의 내용은 대강 읽고 지나가도 무관하다.

2 자주 출현하는 질문 유형

▫ 世界上最高的山是：	세계에서 가장 높은 산은?
▫ 这项研究工作遇到的最大困难是：	이 연구 업무 중 만난 가장 큰 어려움은?
▫ 一天中人的注意力最好的时候是：	하루 중 사람의 주의력이 가장 좋은 때는?
▫ 世界上个子最矮的人生活在哪里?	세계에서 키가 가장 작은 사람은 어디에서 생활하는가?
▫ 最近什么工作最受欢迎?	최근 어떤 일이 가장 인기가 많은가?

3 해결 전략

1. 먼저 질문을 관찰하고 질문의 핵심단어를 가려내라. 핵심단어는 보통 '最'와 그 뒤에 바로 이어지는 술어일 경우가 많다.

2. 빠른 독해를 거쳐 질문의 핵심단어와 관련된 부분을 찾아라.

3. 문제를 해결하는데 관건이 되는 지문은 보다 꼼꼼히 살펴본 후, 질문과 관련하여 설명하고 있는 부분을 보기와 비교, 대조하여 답을 찾아낸다.

 기술공략

유형 맛보기 1

　　一份统计数据显示，英国、法国、瑞典、瑞士等欧洲发达国家的男性都有产休假。其中瑞典是产假最长的国家，父母可以共同享有96个星期的产假。

★ 世界上产假最长的国家是：

A 英国　　　　　　B 法国　　　　　　C 瑞典　　　　　　D 瑞士

한 통계수치에 따르면 영국, 프랑스, 스웨덴, 스위스 등 유럽 선진국의 남성들은 모두 출산휴가가 있다고 한다. 그 중 스웨덴은 출산휴가가 가장 긴 국가로 부모는 96주의 출산휴가를 함께 할 수 있다.

★ 세계에서 출산휴가가 가장 긴 국가는?

A 영국　　　　　　B 프랑스　　　　　C 스웨덴　　　　　D 스위스

단어 统计 tǒngjì 명 통계 | 显示 xiǎnshì 동 뚜렷하게 나타내 보이다. 분명하게 표현하다. 내보이다 | 瑞典 Ruìdiǎn 명 스웨덴 | 瑞士 Ruìshì 명 스위스 | 欧洲 Ōuzhōu 명 유럽 | 发达国家 fādá guójiā 명 선진국 | 产假 chǎnjià 명 출산휴가 | 享有 xiǎngyǒu 동 (권리·명예 등을) 향유하다. 누리다. 지니다. 얻다

功夫 풀이 질문의 핵심은 '最'와 그 뒤에 오는 단어가 된다. 그렇다면 '最长'이 되고, 이 내용의 중심어는 '产假'가 되므로, 이를 토대로 본문을 살펴보면, 두 번째 문장 시작에 나오는 '其中瑞典是产假最长的国家'가 문제를 해결할 핵심 구절이 된다. 그러므로 답은 '瑞典' 즉, 스웨덴이 된다.

답 C

유형 맛보기 2

　　中国青少年研究所所长孙英认为，人体的"生物钟"晚上10~11时将出现一次低潮，这时，人的体温、呼吸等全身状态都处于一天的最低点。因此，睡眠的最好时间应该固定在晚上9时到10时之间。

★ 人体的全身状态处在最低点是在几点：

A 上午9~11时　　　　　　　　　B 晚上10~11时
C 晚上9~11时　　　　　　　　　D 晚上9~10时

중국 청소년 연구소 소장 쑨잉은 인체의 '생체 시계'는 저녁 10~11시에 한 차례 침체상태가 나타나는데, 이 때 사람의 체온, 호흡 등 전신의 상태가 모두 하루 중 가장 저조하다고 한다. 이 때문에 수면의 가장 좋은 시간은 마땅히 저녁 9시에서 10시 사이에 고정되어야 한다.

★ 인체의 몸 상태가 가장 저점에 놓일 때는 몇 시인가?

A 오전9~11시　　　　　　　　　B 저녁10~11시
C 저녁9~11시　　　　　　　　　D 저녁9~10시

단어 **所长** suǒzhǎng 몡 소장 | **生物钟** shēngwùzhōng 몡 생물 시계, 생물학적 시계, 생체 시계 | **低潮** dīcháo 몡 저조, 부진, 침체 상태 | **呼吸** hūxī 동 호흡하다, 숨을 쉬다 | **状态** zhuàngtài 몡 상태 | **固定** gùdìng 동 고정하다(고정시키다), 정착하다(정착시키다)

공부 풀이 질문의 핵심단어는 '最低点是在几点'이 된다. 시간으로 질문하고 있기 때문에 시간이 제시된 부분을 살펴보면 되는데, 본문에는 시간을 총 두 번 직접적으로 언급하고 있다. 그 첫 번째는 '人体的"生物钟"晚上10~11时……状态都处于一天的最低点'이고, 두 번째는 '睡眠的最好时间……9时到10时之间'이 된다. 두 번째 언급한 시간은 최적의 수면시간을 제시한 것이므로 답과는 상관이 없다. 그러므로 답은 저녁10~11시가 된다.

답 B

실력 다지기

第1-2题：请选择正确的答案。

1. 　　做事情，不要一开始就考虑过多：会不会很难，结果会怎么样……这些其实都不重要，关键是要勇敢地去做，只有去做，一切才有可能。

   ★ 根据这段话，做事情最重要的是：

   A 敢于开始
   B 提前准备
   C 有责任心
   D 不要考虑

2. 　　夏天天气炎热，许多人从外面一回到家就喝冰冻的饮料，觉得既凉爽又解渴。但是其实白开水是最解渴的，而且喝10℃左右的凉开水最好。另外，果汁和蔬菜汁既有营养，又能补充水分，可以适当多喝一些。

   ★ 根据文章内容，最解渴的是：

   A 冰冻的饮料
   B 白开水
   C 果汁
   D 蔬菜汁

4 배제형의 문제 유형

 기술전수

1 개념 이해

이 유형의 문제는 대부분 '根据文章内容，下面哪一项(不)正确？'의 형태이다. 이러한 형태는 오히려 앞에서 소개한 유형들보다 답을 고르기가 상대적으로 더 어렵다. 왜냐하면 이러한 유형을 해결할 때, 문제에는 핵심 키워드가 제시되어있지 않은 경우가 많기 때문이다. 그래서 오히려 보기 4개에서 각각의 핵심단어를 찾아내 하나하나 본문과 비교하고 대조한 후, 답과 거리가 먼 것을 배제하면서 답을 찾아야 한다. 그렇기 때문에 다른 유형의 문제들보다 답을 찾을 확률이 떨어지고, 문제를 푸는 시간도 많이 소요된다.

2 자주 출현하는 질문 유형

▫ 下列关于…(什么)…的说法不正确的是：	다음 ~에 관한 내용 중 옳지 않은 것은?
▫ 根据文章内容，下面哪一项正确？	본문 내용에 근거하여, 다음 중 어느 것이 옳은가?
▫ 下面哪种说法不正确？	다음 중 어느 것이 옳지 않은가?
▫ 苹果所含的维生素不包括：	사과가 함유한 비타민이 포함하지 않는 것은?

3 해결 전략

1. 먼저 질문을 관찰하고, 질문에 특별히 드러나는 핵심단어가 없을 때는 보기의 A, B, C, D를 관찰해야 한다.

2. 본문 전체를 대강 독해하고, 비교적 접근이 쉬운 보기의 핵심단어부터 본문과 대조해본다.

3. 주의해야 할 점은 본문에서 사용한 단어를 보기에서 그대로 사용하지 않고, 유사한 의미의 동의어를 사용하거나 의미는 같으나 다른 표현방식으로 나타낸 문장들을 판단할 수 있어야 한다.

 기술공략

유형 맛보기 1

目前有科学家表示，胎儿出生前营养不良可能会改变他们大脑的结构。研究人员对老鼠进行了试验，结果显示，胎儿期营养不良对以后的生命有较大的影响，他们将来可能成为肥胖者。

★ 根据文章内容，下面哪一项不正确？

A 对老鼠进行的试验不可靠
B 胎儿的大脑结构可能会因为出生以前营养不良而改变
C 营养不良的胎儿长大后可能成为肥胖者
D 胎儿期的营养状态会影响将来的一生

최근 과학자는 태아가 출생 전에 영양이 불량하면 태아의 대뇌 구조가 변할 수 있을 것이라고 말했다. 연구원은 쥐에게 실험을 진행하였는데, 결과는 태아기 때의 영양불량은 이후의 생명에 비교적 큰 영향을 끼쳐, 그들이 장래에 비만인이 될 수도 있을 것이라는 것을 보여 주었다.

★ 본문 내용을 근거로 할 때, 다음 중 정확하지 않은 것은?

A 쥐에게 진행한 실험은 믿을 만하지 못하다
B 태아의 대뇌구조는 출생 전 영양불량으로 변할 수 있다
C 영양불량의 태아는 자란 후 아마도 비만이 될 것이다
D 태아기 때의 영양상태는 장래의 일생에 영향을 미칠 수 있다

단어 胎儿 tāi'ér 명 태아 | 营养 yíngyǎng 명 영양 | 不良 bùliáng 형 좋지 않다, 불량하다 | 结构 jiégòu 명 구성, 구조, 조직 | 试验 shìyàn 동 시험하다, 실험하다 | 将来 jiānglái 명 장래, 미래 | 肥胖者 féipàngzhě 명 비만인

功夫 풀이 주어진 유형의 질문에는 어떠한 핵심 키워드가 제시되어 있지 않으므로, 보기의 내용을 토대로 하나하나 제거하면서 답을 골라내야 한다. 보기 A의 핵심단어는 '试验不可靠'가 되는데, 본문에서 제시된 실험은 쥐에게 행한 실험밖에 언급되지 않았고, '结果显示……'를 통해 알 수 있듯이 그 실험을 바탕으로 출생 전 태아의 영양불량이 생명에 비교적 큰 영향을 끼칠 수 있다는 결과를 얻었다. 이는 쥐에게 진행한 실험이 믿을 만하다는 것을 전제로 해야 한다. 따라서 그 실험이 믿을 만하지 못하다고 말하는 A가 옳지 않은 내용이다.

답 A

유형 맛보기 2

虽然多吃肉类食品对健康不太好，但并不是说我们一点肉都不能吃。欧洲科学家前不久就得出了结论：人们经常食用的红肉（牛肉、猪肉、羊肉等）对身体健康不好，让人体容易得病，所以最好以白肉如鱼肉、鸡肉、鸭肉等代替红肉。

★ 有关红肉和白肉的说法正确的是；

A 无论红肉还是白肉，都对身体不太好
B 白肉就是肥肉
C 红肉对人的身体健康最好
D 经常吃红肉容易发生疾病

비록 육류 식품을 많이 먹는 것이 건강에 그다지 좋지 않지만, 우리가 고기를 조금도 먹어선 안 된다고 말하는 것은 결코 아니다. 유럽 과학자들은 얼마 전 사람들이 자주 먹는 붉은 고기류(소고기, 돼지고기, 양고기 등)는 신체건강에 좋지 않고, 인체로 하여금 쉽게 질병을 얻게 하므로, 생선, 닭고기, 오리고기 등과 같은 흰 고기류로 붉은 고기류를 대체하는 것이 가장 좋다고 결론을 얻었다.

★ 붉은 고기와 흰 고기에 관한 설명 중 옳은 것은?

A 붉은 고기든 흰 고기든 모두 건강에 그다지 좋지 않다

B 흰 고기는 비계를 뜻한다

C 붉은 고기가 인체의 건강에 가장 좋다

D 자주 붉은 고기를 먹으면 병이 발병하기 쉽다

단어 食用 shíyòng 동 식용하다, 먹다 | 代替 dàitì 동 대체하다, 대신하다 | 肥肉 féiròu 명 비계, 비곗살

공부 풀이 질문에서 핵심 단어는 '红肉和白肉'와 '正确的'라고 할 수 있는데, 핵심 단어가 다소 드러나긴 하였지만, 이와 같은 유형도 결국 보기를 하나하나 다 살펴봐야 하는 까다로운 문제이다. 보기 A는 본문의 '所以最好以白肉如……等代替红肉'의 내용에 위배되므로 답이 될 수 없다. 보기 B는 핵심단어 '肥肉'가 본문에서 전혀 언급되지 않았으므로 고려 대상이 되지 못한다. 보기 C는 본문 중 '人们经常食用的红肉(……)对身体健康不好'의 의미와 위배되므로 답이 될 수 없다. 마지막으로 보기 D는 본문 내용 중 '让人体容易得病'과 상통하기 때문에 답이 된다.

답 D

실력 다지기

第1-2题：请选择正确的答案。

1. 我们两口子都很忙。我丈夫从早上六点半离开家，到晚上七八点钟才能回来。我不上班，白天接待来访的朋友和客人，晚上写文章写到半夜。我和我丈夫每年大约都有半年的时间要到外地出差。虽然我们常常不在一起，但是我们的生活还是很幸福。

    ★ 关于他们两口子，哪句话不正确？

    A 妻子可能是作家
    B 他们两个常常去外地出差
    C 妻子不喜欢丈夫常常不在家
    D 丈夫工作很忙

2. 一般来说，性格外向的人开朗、幽默，脾气好，比较容易交新朋友。他们跟什么人都很容易说上话，别人也愿意跟他们在一起，因为有他们的地方就有笑声。

    ★ 关于外向的人不正确的是：

    A 比较喜欢社交
    B 喜欢开玩笑
    C 跟别人容易说话
    D 不愿意跟不认识的人打交道

5 원인 및 목적 추측의 문제 유형

 기술전수

1 개념 이해

이 유형의 문제는 대부분 예리한 분석과 추리능력을 바탕으로 문장의 구체적 내용에 대한 정확한 판단이 요구된다. 곧 문장에서 나타내고 있는 글자 하나하나의 표면적인 의미를 파악해야 할 뿐만 아니라, 문장의 배후에 있는 숨겨진 의미까지 이해하고 추리할 수 있는 논리능력이 필요하다. 이 부분은 종종 난이도가 높고 오답의 확률이 높은 부분으로 여겨지므로, 충분한 문제풀이 연습이 필요하다.

2 자주 출현하는 질문 유형

□ 经常喝牛奶的人容易变胖是因为：	자주 우유를 마시는 사람이 쉽게 살이 찌는 원인은?
□ 他选择这份工作的重要原因是：	그가 이 일을 선택한 중요한 원인은?
□ 他们离婚的理由可能是：	그들의 이혼 이유는 아마도 무엇 때문인가?
□ 他放弃了留学的机会是由于：	그가 유학 기회를 포기한 이유는?
□ 为什么经常吃肉对身体不好？	자주 고기를 먹는 것이 왜 신체에 좋지 않은가?
□ 他进入这家公司的目的是：	그가 이 회사에 들어간 목적은?
□ 他们提供的服务是为了：	그들이 제공한 서비스는 무엇을 위해서인가?

3 해결 전략

1. 먼저 질문을 관찰하고, 원인 및 목적을 질문하는 유형의 문제인지 판별하고, 핵심 단어를 확정지어 본문을 탐색한다.

2. 본문에서 핵심단어를 포함하고 있는 구절 주위를 관찰하여, 인과관계 및 목적관계 등을 나타내는 단어나 구절이 있는지 살펴본다.

3. 전체적인 내용과의 논리관계를 고려한 후 판단 및 추리를 통하여 답을 고른다.

4 인과관계를 표현할 때 상용하는 고정 격식 및 표현

고정 격식 및 표현	예시
因为、由于……, …… yīnwèi, yóuyú	因为(由于)天气不好，旅行计划推迟了。 날씨가 안 좋아서, 여행 계획이 미뤄졌다.
……, 所以/因此/因而…… suǒyǐ / yīncǐ / yīn'ér	路上堵车，所以来晚了。 길에 차가 막혀서 늦게 왔다.
……是由……引起的 shìyóu yǐnqǐ de	人生病是由压力引起的。 사람이 병에 걸리는 것은 스트레스로 야기된 것이다.
……是由……引发的 shìyóu yǐnfā de	这场争论是由一篇论文引发的。 이 논쟁은 한 편의 논문 때문에 일어난 것이다.
……是由……造成的 shìyóu zàochéng de	这场交通事故是由司机不注意造成的。 이 교통사고는 운전기사의 부주의로 말미암은 것이다.
……之所以……是因为 zhīsuǒyǐ shì yīnwèi	之所以不让你去，是因为担心你的健康。 너를 못 가게 한 것은 네 건강이 걱정되었기 때문이다.
……是主要(重要、直接)原因 shì zhǔyào(zhòngyào, zhíjiē)yuányīn	没有认真学习，是不打算上大学的主要原因。 열심히 공부하지 않았던 것이 대학에 진학하지 않으려는 주요 원인이다.
为/为了…… wèi / wèile	大家都在为取得好成绩而努力学习着。 모두 좋은 성적을 얻기 위해 열심히 공부한다.
……, 以免…… yǐmiǎn	咱们早点出发，以免迟到。 우리는 지각하지 않으려고 일찍 출발한다.
以…… yǐ	我们要努力生产，以满足人们的生活需要。 사람들 생활의 수요를 만족시키기 위해서, 우리는 열심히 생산해야 한다.

 기술공략

유형 맛보기 1

　　我们公司有规定，有小孩儿的职工可以提前半个小时下班，所以我可以在下午五点钟准时去接孩子。只是有一次，下班前我突然有急事，浪费了半个多小时。当我急急忙忙赶到幼儿园的时候，我的小女儿正在那里哭呢，别提多可怜了。

★ 她每天都能五点钟准时去接孩子，是因为：

A 她下午没有事　　　　　　B 她可以请假
C 她们公司有规定　　　　　D 她骑车骑得很快

우리 회사에는 아이가 있는 직원은 30분을 앞당겨서 퇴근할 수 있는 규정이 있어서, 나는 오후 5시 정시에 아이를 데리러 갈 수 있다. 단지 한 번은 퇴근 전에 내가 갑자기 급한 일이 생겨서 30여분을 허비했다. 내가 황급히 유치원에 도착했을 때, 내 어린 딸아이는 마침 그 곳에서 울고 있었는데, 얼마나 가련했는지는 말할 필요도 없다.

★ 그녀가 매일 5시에 시간 맞춰 아이를 데리러 갈 수 있는 이유는?

A 그녀는 오후에 일이 없다　　　　B 그녀는 휴가를 낼 수 있다
C 그녀가 다니는 회사에 규정이 있다　D 그녀는 자전거를 매우 빨리 탄다

단어　规定 guīdìng 명 규정, 규칙 | 职工 zhígōng 명 직원, 직공 | 提前 tíqián 동 (예정된 시간·위치를) 앞당기다 | 准时 zhǔnshí 부 정시에, 제때에 | 浪费 làngfèi 동 낭비하다, 허비하다, 헛되이쓰다 | 急忙 jímáng 부 급히, 황급히, 바삐

功夫 풀이　질문의 핵심단어는 '准时去接孩子'이고, 바로 그 이유를 물어보고 있다. 핵심단어가 있는 부분을 본문에서 찾아 살펴보면, 본문 첫 째줄에 '所以我可以……准时去接孩子'의 내용과 관련이 있음을 알 수 있다. 여기서 '所以'는 결과를 이끄는 접속사이므로, '所以' 앞이 대부분 원인이나 이유가 된다. 그러므로 바로 앞의 '有小孩儿的职工可以提前半个小时下班'의 내용을 근거로 하여 답이 C임을 알 수 있다.

답　C

유형 맛보기 2

　　据报道，山西一对农民夫妻为了让孩子能够接受较好的教育，带着孩子从农村搬到城市。然而结果却是：孩子不愿意上学了。孩子在作业本上写道："城市里的学生们总是看不起我，我觉得自己就像个什么动物一样"。

★ 文中提到的这对山西夫妇搬到城市的目的是：

A 对学校的教学质量很满意
B 为了方便他们的工作
C 让孩子适应不同的学习环境
D 让孩子能够接受较好的教育

보도에 따르면, **산시의 한 농민 부부는 아이가 더 좋은 교육을 받을 수 있도록 하기 위해서**, 아이를 데리로 농촌에서 도시로 이사왔다. 그러나 그 결과 오히려 아이는 학교를 가고 싶어하지 않게 되었다. 아이의 숙제공책에는 "도시의 학생들은 언제나 나를 무시한다. 나는 내 자신이 마치 무슨 동물처럼 느껴진다."라고 쓰여져 있다.

★ 본문에서 등장하는 산시의 이 부부가 도시로 이사간 목적은?

A 학교 교육의 질에 대해 매우 만족해서

B 그들의 일을 더 편리하게 하기 위해

C 아이로 하여금 다른 학습환경에 적응하도록 하기 위해

D 아이로 하여금 더 좋은 교육을 받을 수 있도록 하기 위해

단어 报道 bàodào 명 보도 | 山西 Shānxī 명 산시(山西)성 | 然而 rán'ér 접 그러나, 하지만 | 看不起 kànbuqǐ 동 경시하다, 얕보다, 깔보다

功夫 풀이 질문의 핵심단어는 '山西夫妇搬到城市的目的'로서 목적을 물어보고 있다. 목적을 물어보는 질문은 본문에서 핵심단어가 언급된 부분을 찾고, 그 주변에서 목적을 나타내는 표현 등이 있는지 살펴본다. 여기서는 본문의 첫 줄 '为了让孩子能够接受较好的教育' 문장을 자세히 살펴보면 '为了'는 목적을 이끄는 대표적인 전치사이므로 '为了' 뒤의 내용이 직접적인 목적이 된다. 따라서 그 내용을 그대로 옮긴 보기 D가 바로 답이 된다.

답 D

실력 다지기

第1-2题：请选择正确的答案。

1. 今年寒假，很多大学生不回家，留在学校过春节。他们是为考硕士、考博士做准备，有的是为写毕业论文查资料。他们觉得寒假留在学校可以利用图书馆的资料，也可以读很多书。

   ★ 下面哪一个不是大学生留在学校过寒假的原因：
   A 写论文
   B 准备考试
   C 打工
   D 利用图书馆

2. 鸟类学家指出，鸟类不会进入"深度睡眠"阶段，它们大多只是进入一种"安静的状态"，这是为了随时准备着可能出现的危险，以便及时逃走。

   ★ 鸟类不会进入"深度睡眠"阶段的原因是：
   A 和睡觉的样子有关系
   B 如果遇到危险，可以及时逃走
   C 它们不困
   D 是鸟类的一种生活习惯

6 단어 및 문장의 의미 유추 문제 유형

 기술전수

1 개념 이해

이 유형의 문제는 수험생들이 문장 내에서 단어 및 짧은 구문, 더 나아가서 구절을 정확히 이해하고 있는지, 때때로 모르는 단어가 출현하더라도 그 뜻을 정확히 추측해낼 수 있는지의 여부를 평가하는 유형이다. 특히 중국어에는 많은 다의어(多义词)가 존재하여, 같은 단어임에도 불구하고 문장 내에서 나타내는 뜻이 다른 경우가 많이 있다. 이를 구별하려면 평소 단어를 습득할 때 특정 언어환경 속에서 그 쓰임을 유심히 관찰해야만 확실히 구별하고 이해할 수 있다. 독해지문에서 그 능력을 요구할 때 일반적으로 특정 단어를 정확히 알지 못하더라도 전체 문장의 내용을 정확히 이해하면 추측이 가능한 형태가 많으므로, 결국 이 유형 역시 단어 문제가 아닌 전체적인 독해 능력을 평가하는 것이라고 할 수 있다.

2 자주 출현하는 질문 유형

- 文中的"绿色食品"指的是什么？ 문장에서 '绿色食品'이 가리키는 것은 무엇인가?
- 文章中的"黑马"是指什么？ 문장에서 '黑马'가 가리키는 것은 무엇인가?
- "酸儿辣女"的意思是： '酸儿辣女'의 뜻은?
- 文中的"鸡毛蒜皮"是什么意思？ 문장에서 '鸡毛蒜皮'뜻은 무엇인가?
- 文中"他人生鲜红的春天终于来到了"的意思是：
  문장에서 '他人生鲜红的春天终于来到了'라는 말의 의미는?

3 해결 전략

1. 의미를 파악해야 하는 핵심 단어나 구절은 단독으로 존재하지 않고, 주위 단어들과 밀접한 상관관계를 맺고 있다. 그러므로 상관관계에 있는 단어나 구절끼리의 논리관계를 분석하고 판단한 후, 원하는 단어나 문장의 의미를 추측해야 한다.

2. 보통 의미를 추측해야 할 어려운 단어나 구절 및 사자성어 뒤에는 다시 그것을 쉬운 말로 풀이하여 설명하는 형태로 문장이 진행되는 경우가 많다. 그러므로 이와 같이 보충설명을 하고 있는 구절에서 힌트를 얻어 단어의 의미를 추측할 수 있다. 주로 아래와 같은 표현들이 해결해야 할 단어 뒤에 나온다면 부연설명으로 보면 된다.

   ……也就是说……, ……比如……, ……换句话说……, ……其实就是……

3. 구체적인 관련 예시들을 독해한 후 종합하면 원하는 단어나 문장의 의미를 추측할 수 있다.

4. 본문 중 제시된 유의어나 반의어를 통해서 원하는 단어나 문장의 의미를 추측할 수 있다.

 기술공략

유형 맛보기 1

　　了解自己的人就是朋友，所以汉语中"知己"的意思也就是朋友。我们喜欢跟和我们性格、爱好差不多的人交朋友，因为性格、爱好相同的人会有很多共同语言。当然，跟性格、爱好不同的人也可以成为好朋友，有人反而更喜欢跟和自己性格不一样的人交朋友。

★ 在中国"知己"的意思是：

A 了解　　　　B 朋友　　　　C 交朋友　　　　D 知道自己

★ 上文的"共同语言"中"语言"的意思可能是：

A 看法　　　　B 方言　　　　C 汉语　　　　D 口语

자기를 이해하는 사람이 바로 친구라서 중국어 중 '지기'의 뜻도 바로 친구이다. 우리는 우리와 성격, 취미가 비슷한 사람과 친구가 되는 것을 좋아한다. 왜냐하면 성격, 취미가 비슷한 사람은 많은 공통 언어가 있을 수 있기 때문이다. 당연히 성격, 취미가 다른 사람도 좋은 친구가 될 수 있다. 어떤 사람은 반대로 자기 성격과 다른 사람과 친구가 되는 것을 좋아한다.

★ 중국에서 '知己'는 무슨 의미인가?

A 이해하다　　　B 친구　　　C 친구를 사귀다　　　D. 자기를 알다

★ 본문 중 '共同语言'의 '语言'의 의미는 아마도 무엇이겠는가?

A 견해　　　　B 방언　　　　C 중국어　　　　D 구어

단어　反而 fǎn'ér 🔹 반대로, 도리어, 거꾸로, 오히려

功夫 풀이　❶ 첫 번째 질문에서 알고자 하는 '知己'는 한자 그대로 해석하면 '자신을 알다'이다. 단순히 보여지는 뜻 그대로를 통해 답을 선택한다면 답은 D가 되어야 한다. 하지만 여기서는 한자 본연의 뜻이 아닌 그 단어가 특정 언어 환경 속에서 어떤 뜻을 지니는가를 묻고 있는 것이다. 글의 첫 줄에 '知己的意思也就是朋友'라는 문장이 있는데, '……就是……'는 '~는 곧 ~이다'라는 의미로서, 이를 통해 '知己'의 의미를 곧장 '朋友'로 알려주고 있음을 발견할 수 있다.

❷ 두 번째 질문도 역시 특정 단어가 본문 속에서 어떤 의미를 나타내는가를 유추하는 문제이다. 우선 글에서 '共同语言'이 등장한 부분을 유심히 관찰해 보면, 바로 앞에 '因为性格、爱好相同'이라는 표현이 있는데, 곧 성격과 취미가 같은 것이 공통 언어를 가지는 유리한 조건임을 설명해주고 있다. 그러므로 보기에서 제시된 것 중 '공통 언어'에 가까운 것은 '看法'가 된다.

답　B, A

유형 맛보기 2

　　他和她是大学同学，他从农村来，她家却在大城市。他的父亲是农民，她的父亲是经理。虽然她的家人反对他们结婚，但是他们最后还是走到了一起。

★ 文中的"走到了一起"意思可能是：

A 结婚了

B 见面了

C 一起走了

D 在一起工作

그와 그녀는 대학교 동창인데, 그는 농촌에서 왔고, 그녀의 집은 대도시에 있다. 그의 아버지는 농부이고, 그녀의 아버지는 사장이다. 비록 그녀의 가족들이 그들의 결혼을 반대했지만, 그들은 마침내 함께 가게 되었다.

★ 본문에서 '走到了一起'의 의미는?

A 결혼했다

B 만났다

C 함께 걸어갔다

D 함께 일한다

단어 却 què 🔹 ~지만, ~하지만 | 农民 nóngmín 🔹 농민, 농부 | 经理 jīnglǐ 🔹 (기업의) 경영 관리 책임자, 지배인, 사장 | 反对 fǎnduì 🔹 반대하다

功夫 풀이 이 문제를 해결하기 위해서는 '走到了一起'가 속해 있는 문장의 논리관계를 잘 파악해야 한다. '走到了一起'는 앞 문장과 '但是'를 통해 상반관계를 이루고 있음을 알 수 있는데, 앞의 내용이 '反对结婚'이므로 '走到了一起'는 결국 그것과 반대인 '结婚'의 뜻을 전달하고 있음을 알 수 있다.

답 A

실력 다지기

第1-2题：请选择正确的答案。

1. 虽说美女的标准国际上有定论，然而由于不同国家、不同民族有着各自的特点，更有着对美的不同理解。因此，所谓"萝卜青菜各有所爱"，不同国家的男人判断美女的标准自然会不同。

   ★ 文中的"萝卜青菜各有所爱"的含义是什么：

   A 有的人喜欢青菜
   B 自己喜欢青菜萝卜
   C 最喜欢吃的是青菜萝卜
   D 不同国家的男人眼中的美女是不一样的

2. 我是一名英国记者，在北京工作已经五年多了。很多朋友问我，为什么一到北京就把自己的名字改了？因为中国人常常叫外国人"老外"，我觉得挺新鲜，就把自己的名字改成了"老外"。

   ★ "老外"的意思是：

   A 外国人对中国的事什么都懂
   B 只要是外国人都是"老外"
   C 外国人对中国的事一点也不懂
   D 中国人不懂外国的事

▶ 풀이는 해설집 93p에서 확인하세요.

실전 테스트

第1-20题：请选择正确的答案。

1. 英国最新公布的一项研究结果显示，在大多数英国人眼中，49岁才是青春的终点，而60多岁才是老年期的开始。

    ★ "49岁才是青春的终点" 中的 "终点" 是什么意思：
    A 重点　　　　　B 起点　　　　　C 结束　　　　　D 晚点

2. 一提到多喝饮料的坏处，很多人首先想到过多的热量会造成体重的增加。而最新的研究认为，饮料还有一般人不知道的危害，那就是饮料会损害牙齿。

    ★ 文中提到了多喝饮料的几种害处：
    A 1　　　　　　B 2　　　　　　C 3　　　　　　D 4

3. 三月十五号下午，在天安门广场，走失了一个叫东东的小男孩。东东今年六岁，身高一米左右，大大的眼睛。不会说普通话，只会说广东话。穿一身咖啡色衣服，白色的童鞋。

    ★ 这段文章的主要目的是：
    A 商品广告　　　B 寻人广告　　　C 人物介绍　　　D 求婚广告

4. 最近韩国大学毕业生大多去美国、欧洲和中国留学。特别是去中国留学的人数不断增加。在中国的许多大学里，韩国留学生的人数已经接近或超过了日本留学生。

    ★ 根据文章内容，下面哪一项是正确的？
    A 在中国，韩国留学生的人数最多
    B 韩国大学生毕业后一定要去国外留学
    C 去中国留学的人数越来越多
    D 在中国韩国留学生的人数超过了日本留学生

5. 春节是旧年的结束，新年的开始，所以中国人首先重视"新"。春节前，全家一起把房子打扫干净，还要买新衣服。其次重视"吃"，家家户户都要做很多菜。

★ 根据文章内容，下面哪一项是不正确的？

A 过春节中国人打扫房子
B 中国人很重视过年
C 过春节又累又麻烦
D 春节时，中国人准备新衣服

6. 在日本，人们一直认为同时使用左右手，能够提高思考能力，因为这使左右脑都处于灵活状态。因此，在日本没有人不让孩子使用左手，而是进一步让他们学会自由地使用双手。

★ 在日本，人们为什么不让孩子改正使用左手的习惯？

A 人们觉得用哪只手都可以
B 孩子用左手并没有给生活带来不方便
C 日本人本来都使用左手
D 左右手都得到训练，可以使大脑更灵活

7. 来自苏州大学城市学院英文专业的林风正在复习考研究生。直到现在她毕业了，父母还是不让她出去找工作，他们总觉得她还小，一个人在外面不安全，希望留在他们身边。

★ 林风毕业了，父母为什么还不让她出去工作？

A 林风还没找到合适的工作
B 父母担心林风出去工作不安全
C 林风家里很有钱
D 父母希望林风考上研究生

8. 现在的父母，只要孩子肯学，无论学费多贵，做父母的都愿意出。这对多子女的父母恐怕是不可想象的，既没这个精力，经济上也不行。

    ★ 根据上文，可以知道：

    A 为了教育孩子，父母也应该学习
    B 独生子女的父母羡慕多子女的父母
    C 只要孩子肯学习，父母就肯花钱
    D 多子女的家庭经济条件比独生子女的经济条件好

9. 最近一本名为《未来世界的100种变化》的书由科学出版社出版发行。据出版社的负责人介绍，2004年是德国的科学技术年。作为科学技术大国，德国的科学家们总结了信息和通信技术、交通和运输以及新材料等6个方面最新的技术进展，并选出了其中最有代表性的100种结集出版。

    ★《未来世界的100种变化》这本书不包括：

    A 德国科学的历史
    B 信息和通信技术
    C 交通和运输
    D 新材料

10. 耳朵每天都被人使用，可它却不像眼睛、鼻子和嘴那样受到人们的重视，很多时候人们都感觉不到它，忘记了它。可是，仔细看看耳朵吧，有研究发现，通过它可以看出一个人是不是健康，甚至是什么样的性格。

    ★ 这段话主要说：

    A 有趣的人体
    B 重新认识耳朵
    C 怎样选择眼镜
    D 耳朵最重要

11. 中国南北气候相当不同，当南方已经是春天的时候，北方的哈尔滨还很冷。夏天南方非常热，一般气温在三十七八度左右，而且热的时间也比较长。但是北方夏天比较短。

★ 这段文章主要说什么？

A 北方的夏天很短
B 冬天南方不太冷
C 中国南方的气候和北方的相当不一样
D 中国南北方的气候差不多

12. 现在中国职工平均工资最高的行业是房地产业，每个月平均工资为1400元人民币，其次为银行、电信等行业。工资增长比较快的行业是房地产、教育、卫生、电器制造、电力等。

★ 工资最多的行业是：

A 教育　　　　B 房地产业　　C 卫生　　　　D 银行

13-14.
中国人结婚一般不去教堂，更有意思的是男方可以自己开车去女方家，把女方接到自己家里。中午，新人的亲戚朋友都聚集在餐馆吃饭，那时新人的朋友还可以尽情地逗新人。另外新人还要给亲戚朋友敬酒。新娘的衣服口袋里有桂圆莲子，这是中国人的习俗，意思就是早生贵子。

★ 中国人结婚时，什么比较有意思？

A 男方亲自开车接新娘
B 中国人喜欢热闹
C 中国人喜欢敬酒
D 新娘的衣服口袋里有桂圆莲子

★ 桂圆莲子代表什么意思？

A 很好吃　　　　B 圆满　　　C 早生孩子　　D 富贵

15-16.

　　按照教育部规定，小学1~3年级学生每天作业量应在30分钟之内，4~6年级在60分钟内，初中生在90分钟内。这次调查中，小学1~3年级学生平时作业时间超过比例城市和农村分别为69.2%和61.2%；小学4~6年级超过比例城市和农村分别为63.0%和52.5%；初中生超过比例城市和农村分别为55.0%和41.3%。

★ 按照教育部规定，小学4到6年级的作业量应该在：

A 30分钟之内　　　　　　　　B 60分钟之内
C 90分钟之内　　　　　　　　D 120分钟之内

★ 调查发现，在农村作业时间超过的初中生的比例有多少？

A 55.0%　　　　B 41.3%　　　　C 61.2%　　　　D 52.5%

17-18.

　　近几年来，在中国，出租汽车有了很大的发展，特别是"小公共汽车"和"面的"给人们提供了很大的方便。但是车辆的增加在另一方面又引起了很严重的问题：使已经很拥挤的交通变得更加拥挤，出门的人们更会受到挤车之苦。尤其环境污染也会成为城市发展中的新问题。

★ 根据上文内容，以下说法正确的是：

A 近年来小公共汽车和面包车的出现完全解决了交通问题
B 出租汽车的发展对人们的生活没有好处
C 交通工具的发展引起了严重的环境污染问题
D 交通问题，只有增加车辆才能解决好

★ 上文的主要内容是：

A 坐出租汽车的好处多　　　　B 中国城市的交通情况
C 中国公共交通的未来　　　　D 交通会成为新社会问题

19-20.
　　林林养了两只母鸡，一只白的，一只黑的。两只母鸡每天给他下两个蛋，林林别提有多高兴了，整天围着两只母鸡转。别看林林今年才六岁，可是他常常提出一些大人也回答不出来的问题。比如："爸爸，妈妈，白母鸡和黑母鸡哪个聪明？"对于这些问题，爸爸妈妈总是觉得不知道怎么回答才好。可是，小林林却能找到他自己独特的答案。他认真地说："黑母鸡比白母鸡聪明，因为黑母鸡下白色的蛋，可是白母鸡不能下黑色的蛋。"听到这些话，爸爸妈妈大笑起来。

★ 根据这段文章，林林是什么样的孩子？

A 他不喜欢养鸟　　　　　　B 他自己的答案很独特
C 他不喜欢问爸爸、妈妈　　D 他对母鸡不满意

★ 根据上文内容，以下说法正确的是：

A 林林养了一只白鸡和一只花鸡
B 两只鸡整天围着林林身边转
C 两只鸡每天下蛋，林林特别高兴
D 对于林林的问题，爸爸妈妈知道怎么回答，但是不说

Note

三、书写

공부기술로 푸는 新HSK

新HSK 4급 쓰기 경향

전체적으로 볼 때, 新HSK 4급의 가장 큰 변화가 바로 쓰기영역의 추가로 볼 수 있다. 기존의 구HSK에서 쓰기능력의 평가는 기초와 초·중등, 즉 1급~8급까지 시험에서는 배제된 영역이었고, 단지 고등HSK(9~11급)에서만 평가하던 영역이었다. 그것은 곧 많은 수험생들이 쓰기는 중국어 고등실력을 평가하기 위한 잣대로만 여기도록 만들었다. 하지만 새롭게 개편된 新HSK는 3급~6급까지 모두 쓰기영역이 포함된다. 많은 수험생들이 쓰기만 대하면 먼저 겁을 먹거나 자신 없어하는 모습을 쉽게 볼 수 있다. 하지만 4급에서 원하는 쓰기실력은 결코 높은 수준이 아닌, 중국어로 하나의 문장을 온전히 완성할 수 있느냐를 평가하고 있으므로, 수험생들은 약간의 훈련과 연습을 통해서도 좋은 점수를 기대할 수 있다.

구HSK
고등9~11급에만 쓰기영역 존재
→ 자신의 생각이나 의견을 서술

新HSK 3~6급 모두 쓰기영역 존재

新HSK 4급

第一部分
주어진 단어들을 어순에 맞게 배열

第二部分
그림을 보고 주어진 단어를 이용해 하나의 문장 만들기

新HSK 4급 쓰기 문제유형 소개

시험 내용		문항 수		시험 시간
쓰기(书写)	第一部分	10문항	15문항	25분
	第二部分	5문항		

1. 第一部分

이 영역은 총 10문제로 구성되어있으며, 몇 개의 단어 혹은 구(句)가 주어지며, 그것을 다시 어순에 맞게 배열하여 하나의 문장을 완성하는 문제이다.

2. 第二部分

이 부분은 총 5문제로 구성되어 있으며, 그림 하나와 단어 하나가 함께 제시된다. 제시된 단어를 이용하여 그림의 상황에 비추어 하나의 문장을 작문하면 된다.

新HSK 4급 쓰기 功夫전략

新HSK 쓰기, 어떻게 접근할 것인가? 이것만은 꼭 기억하자!!

1. 중국어의 기본 어순 구조를 정확히 이해하라.

우리도 우리나라 말을 하고 글을 쓸 때, 언제나 어법에 맞게 어순을 정확하게 지켜서 하지는 않는다.

어느 나라의 말이라도 먼저 언어, 즉 말이 먼저 출현하고 한참 후에 그것을 공통된 규칙에 따라 법칙으로 밝혀 정리한 것이 어법이기 때문에, 때때로 말을 할 때 어법에 맞게 표현하지 않는 경우도 많이 있다. 하지만 HSK의 영역은 최소한 어법의 규칙에 맞게 주어진 단어를 배열하여 문장을 만들 수 있어야 한다. 이를 위해 가장 우선적으로는 중국어의 기본 문장성분의 개념을 이해하고 그 성분들의 정확한 어순을 밝혀내는 것이 선행되어야 한다.

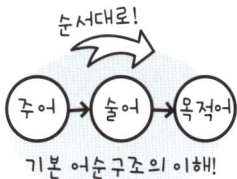

2. 자주 출현하는 주요어법을 공식화하여 확실히 정리하라.

쓰기 1부분은 사실 '어법'영역으로 봐도 무관할 정도로, 기초적인 어법 지식에 근거해야만 정확한 어순으로 단어들을 배열하여 문장을 완성할 수 있다.

특히 HSK에 자주 출현하는 어법 유형들이 있는데, 예를 들어 처치문, 피동문, 연동문, 겸어문, 비교문 등이 있다. 수험생들이 이러한 특수어법과 관련된 문형을 대하게 될 때, 그에 대한 개념을 모른 채 단순히 기본 문장어순으로만 접근하려 하면 쉽게 답이 보이지 않는다. 그러므로 몇몇 특수 어법들은 개념화하고 도식화하여, 공식화시켜 정리해 둘 필요가 있다.

3. 4급 기본 어휘의 암기와 각각 어휘들의 품사까지 확인하라.

쓰기영역 역시 기본 어휘양의 확보를 소홀히 할 수 없다.

특히 1부분의 어순배열의 경우 각각의 어휘들의 품사까지도 정확하게 이해하고 있어야 정확한 자리에 배치를 할 수 있다. 주어진 단어가 명사인지 형용사인지, 혹은 동사인지 조차 헷갈리게 된다면, 정확한 어순대로 문장을 배열하기가 쉽지 않다. 쉬운 예로, 동사와 형용사는 문장에서 모두 술어가 되지만, 동사는 목적어를 가질 수 있고, 형용사는 목적어를 가지지 못한다. 수험생들이 이러한 기본 사항을 숙지하고 있더라도, 결정적으로 주어진 단어가 형용사인지 동사인지를 파악하지 못한다면 이러한 어법 지식을 활용하여 배열을 할 수 없게 된다. 이것은 쓰기 2부분 역시 마찬가지이다. 제시되는 단어를 정확히 모른다면, 문장을 만들기란 매우 어렵고 난감한 상황에 부딪히게 될 것이다. 따라서 수험색들은 어휘를 암기할 뿐만 아니라, 그 품사와 용법까지 정확히 확인해야 한다.

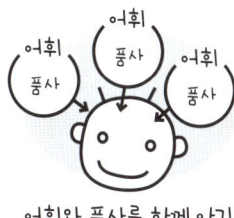

4. 평소 한자를 정확하게 쓰는 연습에 힘써라.

평소 쉬운 단어라고 당연하게 여겼던 한자들이 막상 쓰려고 하면 정확히 써지지 않는 이유가 무엇일까?

많은 학생들이 영어 등의 외국어 어휘를 외우는 습관으로 중국어 어휘 역시 눈으로만 외우는 경우가 종종 있다. 그러나 한자는 소리 글자가 아니고 뜻 글자이기 때문에 보는 것만으로는 어휘를 암기하고 다시 상기시켜 정확히 쓰기가 쉽지 않다. 게다가 한자는 필획 하나 잘못 그어도 전혀 다른 글씨가 되므로, 평소 단어를 정확하게 쓰면서 외우는 습관을 길러야 한다. 특히 그림을 보고 주어진 단어로 작문을 해야 하는 쓰기 2부분에서는 글자를 자칫 잘못 쓰게 되면 감점의 요소가 되기 때문에 더욱 주의를 기울여야 한다.

5. 일상 생활 속에서 작문 훈련을 꾸준히 향상시켜라.

많은 수험생들이 작문에 대한 어려움과 두려움을 나타낸다.

이는 평소에 작문 훈련을 충분히 할 기회가 없고, 또한 상대적으로 독해나 듣기 및 어법 중심의 공부를 위주로 하기 때문이다. 하지만 작문, 그 중에서도 글짓기 형태의 작문은 평소 꾸준한 연습 없이는 향상되기가 쉽지 않은 부분이다. 초보적인 작문 실력에서 차츰 고급 작문까지 자신의 실력을 이끌어내기 위해서는 일상 생활 속에서 틈틈이 작문을 연습하고 훈련하는 것이 필요하다. 처음부터 어려운 어휘를 이용한 고급 표현들을 쓰려고 애쓰기 보다는 자신의 일상의 소소한 것들을 짤막하게 적어보는 연습부터 해보자. 가장 좋은 방법은 중국어로 꾸준히 일기를 쓰는 것이다. 처음에는 아주 짧고 간단하게 쓸 수 밖에 없지만, 시간이 지날수록 자신의 작문 실력 향상을 눈으로 직접 확인할 수 있게 될 것이다.

6. 평소 짧은 문장을 많이 외워라.

4급 수준의 작문은 결코 높고 어려운 수준을 요구하는 것이 아니다

단지 문장 하나를 완성하는 것일 뿐이다. 평소 짤막한 문장들을 많이 외워두면 이럴 때 유용하게 활용할 수 있다. 특히 듣기 연습과 병행하여 반복적으로 들으면서 외운다면 듣기 실력도 향상! 작문 실력도 향상! 일석이조(一石二鳥)의 효과를 거둘 수 있다.

第一部分

쓰기 1부분은 총 10문제로 구성되어 있으며, 주어진 단어들을 문장의 내용과 어순에 맞게 배열하는 문제이다. 이 영역의 중요한 해법은 중국어의 정확한 어순의 이해와 각종 주요 어법 특징들을 명확하게 습득하는 것이다. 본 교재에서는 쓰기를 확실히 정복할 수 있도록 기초 수준의 중국어 어법을 주제별로 정리하여 제시하고 있다. 각 주제별 내용에 해당하는 어법을 어순배열에 중심을 두고 일목요연하게 정리하고 있어, 학습자들로 하여금 체계적으로 중국어 어순을 이해하고 문제를 해결할 수 있도록 해줄 것이다.

I 중국어의 문장 구조만 잡아도 쓰기가 보인다

우선 중국어 문장 어순을 밝히기 위해선 '문장성분'의 개념을 이해해야 한다. 문장을 이루는 요소는 크게 품사와 성분으로 나눌 수 있는데, 품사는 단어(词)의 개념으로서 모든 단어를 특징별로 품목화시킨 것이라고 할 수 있다. '~사(词)'로 끝나며, 명사, 대명사, 동사, 조동사, 형용사, 수사, 양사, 부사, 조사, 접속사 등이 이에 속한다. 반면, 문장성분은 하나의 단어 혹은 두 개 이상의 단어가 결합하여 문장 안에서 어떤 역할을 하느냐의 개념이다. '~어(语)'로 끝나며, 주어, 술어, 목적어, 관형어, 부사어, 보어 등이 이에 해당한다. 쉬운 예로, '书'를 사전 검색해보면, 품사가 '명사'라고 나오나 문장성분이 무엇인지에 대하여는 설명하지 않는다. 이는 같은 '书'라고 하나, '我买一本书'에서 '书'는 목적어가 되지만, '这本书很有意思'의 '书'는 주어에 해당한다. 이처럼 같은 품사의 단어이지만 문장 안에서 담당하는 역할, 즉 문장성분은 다를 수 있다.

중국어 문장의 6大 성분 및 기본 어순 공식

 기술전수

1 중국어 문장의 6大 문장 성분

1. 주어(主语)

동작이나 행동을 하는 사람이나 사물로 동작의 주체를 의미한다. '누가, 무엇이'에 해당하는 말로 주로 명사나 대명사가 담당한다.

예 我买词典。나는 사전을 산다.

中文书放在桌子上。중국어 책이 탁자 위에 놓여 있다.

2. 술어(谓语)

주어가 하는 동작이나 행동을 나타내는 말로 대부분 동사나 형용사가 담당한다.

예) 我买词典。 [동사] 나는 사전을 산다.

这本小说很有意思。 [형용사] 이 소설은 정말 재미있다.

3. 목적어(宾语)

동작의 대상이 되는 말로 보통 객체를 가리킨다. 동사는 목적어를 취할 수 있으나, 형용사는 일반적으로 불가능하다. 주로 명사나 대명사가 담당한다.

예) 我买词典。 나는 사전을 산다.

我在等地铁。 나는 지하철을 기다리고 있다.

4. 관형어(한정어/ 定语)

명사나 대명사의 범위를 한정하는 말로 주어나 목적어를 수식해주는 성분이다. 주로 구조조사 '的'를 이용한다.

예) 我买一本中文书。 나는 중국어 책을 한 권 산다.

这是我买的书。 이것은 내가 산 책이다.

5. 부사어(상황어/ 状语)

술어 혹은 문장 앞에서 동작 혹은 문장의 전체의 상황을 설명하는 말로 술어를 수식해주는 성분이다. 부사어 중 시간과 장소를 나타내는 말은 문장의 맨 앞, 즉 주어 앞으로도 갈 수 있다.

예) 我在书店买词典。 나는 서점에서 사전을 산다.

我们也都是学生。 우리도 모두 학생이다.

6. 보어(补语)

술어 뒤에서 술어를 보충하는 말로서, 총 6가지 보어가 있다.

❶ **결과보어** : 동작 후 나타난 결과를 보충하는 말이다.
  예) 买到了。 샀다.

❷ **방향보어** : 동작의 방향성을 보충하는 말이다.
  예) 买来了。 사왔다.

❸ **가능보어** : 동작의 가능성 여부를 보충하는 말이다.
  예) 买得到。 살 수 있다.

❹ **정도보어** : 동작이나 상태의 정도를 보충하는 말이다.
  예) 说得很好。 말을 아주 잘한다.

❺ **동량보어** : 동작의 진행횟수를 보충하는 말이다.
  예) 去过一次。 한 번 가보았다.

❻ **시량보어** : 동작의 지속시간을 보충하는 말이다.
  예) 说了一个小时。 한 시간 말했다.

2 중국어의 기본 어순 공식

1. 주어 + 술어 + 목적어
   我   买   词典

2. 주어 + 술어 + 보어
   我   买   到了

3. 주어 + 술어 + 보어 + 목적어
   我   买   到了   词典

4. 관형어 + 주어 + 술어 + 보어 + 관형어 + 목적어
   我的   朋友   买   到了   一本汉语   词典

5. 관형어 + 주어 + 부사어 + 술어 + 보어 + 관형어 + 목적어
   我的   朋友   也   买   到了   一本汉语   词典

6. 부사어 + 관형어 + 주어 + 부사어 + 술어 + 보어 + 관형어 + 목적어
   昨天   我的   朋友   也   买   到了   一本汉语   词典

 기술공략

유형 맛보기 1

在中国   交了   朋友   安娜   新   一个
⇒ _____

단어 交 jiāo 동 사귀다

功夫 공식 주어 + 부사어 + 술어 + 관형어 + 목적어, 전치사구 → 부사어

功夫 풀이 이 문제는 가장 전형적인 중국어 어순의 기본 문제라고 할 수 있다. 이러한 문제를 풀 때는 우선 주어와 술어를 구분하는 것이 가장 중요하다. 주어는 주로 명사성분이 담당하게 되므로 '安娜' 혹은 '朋友' 중에 선택하면 되는데, 보통 주어가 목적어보다 구체적이어야 하므로 '安娜'가 주어가 된다. 술어는 보통 동사 혹은 형용사가 되는데, 다만, 목적어를 취할 수 있는 술어는 동사 밖에 될 수 없으므로 여기서는 '交'가 술어가 된다. 주어와 술어가 정해졌으니 이제 목적어를 정하면 되는데, '安娜'을 제외한 명사인 '朋友'가 목적어로 갈 수 있다. '주어 + 술어 + 목적어'가 일단 정해지면 나머지 성분을 각각의 위치에 알맞게 배열하면 된다. '在中国'는 장소를 나타내는 전치사구로서 부사어가 되므로 술어 앞에 오고, '一个'는 수량사로서 명사 '朋友'를 세어주는 관형어가 된다. 여기서 주의할 점은 형용사 '新'인데, 1음절 형용사는 구조조사 '的'나 '地'의 필요 없이 바로 명사 혹은 동사 등을 수식하는 관형어와 부사어가 될 수 있으므로 '新'은 명사 '朋友' 앞에도, 동사 '交' 앞에도 모두 놓일 수 있다.

모범답안 安娜在中国交了一个新朋友。 안나는 중국에서 새로운 친구 한 명을 사귀었다.

安娜在中国新交了一个朋友。 안나는 중국에서 친구 한 명을 새로 사귀었다.

유형 맛보기 2

请问　二班　谁是　老师　的
⇒ _____

단어　请问 qǐngwèn 통 말씀 좀 여쭙겠습니다 ｜ 班 bān 명 조, 그룹, 반

功夫 공식　(관형어+)주어 + 술어 + 관형어 + 목적어

功夫 풀이　이 문장은 이미 '주어 + 술어' 구조를 이룬 '谁是'를 통해 접근하는 것이 빠르다. '是'는 판단을 나타내는 동사로서, 주로 'A 是 B'의 형태로 쓰여 'A(주어)는 B(목적어)이다'의 의미를 나타낸다. 주어는 이미 '谁'로 정해졌으므로, 남아있는 명사 '二班'과 '老师' 중에서 목적어를 선택한다. 그런데 또 다른 제시된 단어 '的'는 관형어를 결정짓는 조사이므로 이를 근거로 두 명사와 함께 소유나 소속관계가 성립되는 형태로 만들자면, '二班的老师'가 적당하다. '请问'은 상대방에게 질문을 하고자 할 때 처음 꺼내는 말로서 문장 맨 앞에 써주면 된다.

모범답안　请问，谁是二班的老师? 실례합니다. 누가 2반의 선생님입니까?

유형 맛보기 3

告诉　那个　我　他们　好消息
⇒ _____

단어　告诉 gàosu 통 말하다, 알리다 ｜ 消息 xiāoxi 명 뉴스, 정보, 소식

功夫 공식　이중목적어: 중국어에서 일부 동사는 목적어를 두 개 갖는다.

주어	술어	목적어
	동사	간접목적어 + 직접목적어 {사람}　　{사물}

이중목적어를 취하는 대표적인 동사들: 给, 送, 问, 教, 告诉, 通知, 报告 등

功夫 풀이　이 문제는 기본 문장어순을 적용하는 기초 위에, '이중목적어'를 갖는 동사에 대한 이해가 필요하다. 일반적으로 동사는 목적어를 취할 수 있는데, 몇몇 동사들은 목적어 두 개를 동시에 취할 수 있다. 이때 어순은 '주어 + 술어(동사) + 간접목적어(대상) + 직접목적어(사물)'이다. 이때 주의할 점은 이러한 동사들을 사용할 때는 대상을 표현하기 위해서 일반적인 방식인 전치사구를 이용할 필요가 없다는 점이다. 예를 들어 '他告诉我这件事情'을 '他给我告诉这件事情'이라고 해서는 안 된다. 위의 단어들 중 '告诉'만이 술어로 쓸 수 있는데, 이것은 이중목적어를 가질 수 있는 동사이므로 두 개의 목적어를 나란히 배열하면 쉽게 해결된다.

모범답안　我告诉他们那个好消息。나는 그들에게 그 좋은 소식을 알린다.

他们告诉我那个好消息。그들은 나에게 그 좋은 소식을 알린다.

실력 다지기

第1-8题：完成句子。

1. 取得了　哥哥的　效果　办法　很好的

2. 历史教授　是　这本小说的　位著名的　作者

3. 经验　她　积累了　丰富的　在工作中

4. 常用的　公共汽车　是　交通工具　我　最

5. 妈妈　给我　一件　买了　毛衣

6. 她　看　在家　电影　常常

7. 大家　今天我　明天开会　通知

8. 一个　学校附近　漂亮的　有　非常　公园

II 주요 품사별 접근 공식을 밝혀라

품사는 단어 단위의 개념으로서, 같은 특징을 지니는 단어들을 한 범주 안에 묶어 놓은 것이라고 할 수 있다. 모든 단어는 하나 혹은 하나 이상의 품사를 나타낸다. 중국어는 보통 품사와 문장성분간의 관계가 일대일 대응관계를 이루지 않는다. 예를 들어 명사라고 해서 반드시 주어로만 쓰인다거나, 동사라고 해서 반드시 술어로만 쓰이지 않는다는 의미이다. '我学习汉语'에서 주어는 대명사 '我'가 담당하고 술어는 동사 '学习'가 담당하지만, '去中国不容易'에서 주어는 '去中国'로서 동사구가 담당한다. 이렇듯 일대일 대응관계를 이루지는 않지만, 일반적으로 '어떤 문장성분에는 어떤 품사가 주로 온다'는 원칙은 발견이 가능하다. 따라서 여기서는 그 원칙을 공식화하여 정리함으로써 주어진 단어를 어떤 문장성분으로 연결할 지를 이해하여 쓰기를 효과적으로 해낼 수 있도록 도와줄 것이다.

1 명사/대명사 및 수사/양사 공략하기

 기술전수

1 명사/ 대명사

1. 명사의 특징

❶ 수사, 양사와 만나면 ⇒ **수사 + 양사 + 명사**

　예) 一个人 한 사람　　两本书 책 두 권　　一条路 한 갈래 길

❷ 관형어의 수식을 받는다. ☞ 문장 안에 的가 보이면 **的 뒤엔 명사를 놓을 것!**

　예) 姐姐的书包 언니의 책 가방　　我的衣服 나의 옷　　可爱的孩子 귀여운 아이

❸ 복수 표현 ⇒ **명사 + 们**

　예) 朋友们 친구들　　学生们 학생들

그러나 문장 안에 명사를 수식해 주는 수량사나 기타 복수를 의미하는 다른 단어가 있으면 '们'을 생략한다.

　예) 三个朋友 세 명의 친구들　　很多老师 매우 많은 선생님들

2. 대명사의 특징

❶ 대명사의 종류는 다음과 같다.

인칭대명사 [사람이나 사물]	我, 我们, 你, 你们, 她, 他们	我是公务员。 나는 공무원이다.
지시대명사 [사람이나 장소]	这, 那, 这儿, 那儿	这是苹果。 이것은 사과이다.
의문대명사 [의문문을 만듦]	什么, 谁, 哪儿	他是谁? 그는 누구니?

❷ 지시대명사 '这'와 '那'가 홀로 쓰이면 대명사로서 주어가 주로 되나, 뒤에 명사나 양사가 따르면 관형어가 되어 **지시대명사 + (수)양사 + 명사** 공식이 적용된다.

    예 这个人 이 사람   那本书 저 책

❸ 여기에 다시 인칭대명사가 더해지면 **인칭대명사 + 지시대명사 + (수)양사 + 명사**의 공식을 적용해야 한다.

    예 我们这两个人 우리 두 사람   他们那几个人 그들 몇 사람

3. 명사/대명사와 문장성분과의 주요 대응관계

주어	这是我的书。 이것은 내 책이다. 他们是中国人。 그들은 중국인이다.
목적어	他们都是学生。 그들은 모두 학생이다. 我有一本中文小说。 나는 중국어 소설이 한 권 있다.
관형어(的)	他是我的弟弟。 그는 내 남동생이다. 这本书不是我的。 이 책은 내 것이 아니다.

2 수사/ 양사

수사/ 양사의 특징

❶ 수사와 양사는 일반적으로 문장에서 단독으로 활용되지 않는다. 수사와 양사의 주된 문법기능은 함께 결합하여 '수량사구'를 구성하여 문장에서 주로 관형어, 보어로 쓰인다.

관형어	十个人	两双皮鞋	一本书	五辆汽车
보어	去了两次	看了三遍	说了几回	走了一趟

❷ 양사의 종류

명량사	사람이나 사물을 세는 단위. 주로 관형어로 쓰임.	个 条 本 位 张 등
동량사	동작의 단위나 횟수를 표시. 주로 보어로 쓰임.	次 回 遍 趟 顿 등

❸ 명량사는 반드시 명사 앞에 사용해야 하고, 동량사는 동사 뒤에 사용해야 한다.

❹ 주요 양사 소개

a. 명량사 : 명사를 세는 양사로써 사람이나 사물의 수량을 센다.

양사	쓰임	예시
个 ge	가장 보편적인 명량사	一个人　一个问题　一个月
条 tiáo	길고 구부릴 수 있는 것	一条路　一条裤子　一条毛巾
	개별 사항이나 추상사물	一条新闻　一条消息　一条经验
张 zhāng	평면이거나 펼 수 있는 것	一张桌子　一张床　一张纸
把 bǎ	자루가 있는 기구	一把伞　一把钥匙　一把刀　一把椅子
块 kuài	덩어리, 조각, 화폐단위	一块石头　一块肉　一块玻璃　一块钱
本 běn	(책을 셀 때) 권	一本书　一本杂志　一本词典
间 jiàn	방을 세는 최소 단위	一间房子　一间教室　几间宿舍
件 jiàn	일, 사건, 옷을 세는 단위	一件事　两件衣服
朵 duǒ	꽃이나 꽃송이 모양의 사물을 세는 단위	一朵花　一朵云
只 zhī	동물이나 쌍을 이룬 물건의 한 짝을 세는 단위	一只鸡　两只小狗　一只鞋　一只手套
棵 kē	식물, 채소를 셀 때	一棵树　一棵白菜　一棵草
座 zuò	크고 고정된 것, 건축물	一座山　一座桥　一座城市
家 jiā	기업에 쓰임	一家商店　一家饭店　一家公司
段 duàn	일정한 시간, 공간의 구간	一段时间　一段距离
封 fēng	봉투	一封信
辆 liàng	자전거, 차량	一辆自行车　一辆汽车
篇 piān	글을 세는 단위	一篇文章　一篇论文　两篇小说
台 tái	기계, 기기를 세는 단위	一台电视　一台冰箱　一台录音机

b. 동량사 : 동작의 횟수를 나타내는 양사를 동량사라 한다.

양사	쓰임	예시
次 cì	동작의 중복을 표시하며, 동작의 횟수를 중점적으로 가리킨다.	我看过两次这部电影。
回 huí	次와 같고 회화에 많이 쓰임	我看过两回这部电影。
趟 tàng	사람이나 차의 왕래하는 횟수	他去了两趟北京。
遍 biàn	시작부터 끝까지 전체 과정	再说一遍。
场 chǎng	문화, 체육, 공연에 자주 쓰임 자연현상을 셀 때	我们看了一场戏。 下了一场雨。

❺ 특수한 수사 용법

a. 半

'半'은 1/2을 가리키며, 단독으로 사용하지 않고 반드시 양사와 함께 사용한다. 수사가 없으면 '半 + 양사 + 명사'로, 수사가 있으면 '수사 + 양사 + 半 + 명사'의 형태로 쓴다.

예) 半斤苹果　　半瓶酒

三个半小时　　两斤半水果

b. '两'과 '二'

'两'과 '二'은 모두 '2'를 뜻하지만, 일반양사의 앞에는 '两'을 사용하고, 10이상의 숫자에 있는 '2'는 양사에 상관없이 '二'로 읽는다. 도량단위를 나타내는 양사 앞에는 '两'과 '二' 모두 사용 가능하다.

예) 二本书 (X) → 两本书 (O)　　二张邮票(X) → 两张邮票 (O)

十两个月 (X) → 十二个月 (O)　　五十两个人 (X) → 五十二个人 (O)

2斤大米 → 两斤大米，二斤大米

2公里路 → 两公里路，二公里路

c. 俩

'俩'는 '两个'의 의미로서 그 뒤에는 양사가 올 수 없다.

예) 俩个好朋友 (X) → 俩好朋友 (O)

俩老师　　俩人　　父子俩　　咱们俩

❻ 어림수를 표시하는 '多'는 그 앞에 놓이는 수사보다 큰 어림치를 표시한다. 즉 한국어의 '남짓'에 해당되는 표현이라고 할 수 있으며, '多'의 위치는 앞에 놓이는 수사에 따라 달라진다.

a. 수사가 '1~9' 사이의 정수로 끝날 때 : **수사 + 양사 + 多 + 명사**

예) 一年多时间 1년 여의 시간　　四个多小时 4시간 여

b. 수사의 끝자리가 '0'으로 끝날 때 : **수사 + 多 + 양사 + 명사**

예 二十多个人 20여 명   三十多本书 30여 권의 책

 기술공략

유형 맛보기 1

这个道理　都　明白　谁
⇒ _____

단어 道理 dàolǐ 명 도리, 일리, 이치
功夫 공식 주어 + 부사 + 술어 + 목적어
功夫 풀이 단어 중 술어는 동사 '明白'가 되어야 하므로 주어는 의문대명사 '谁'가 된다. '谁, 什么, 哪, 哪儿, 怎么'등의 의문대명사는 일부 문장에서 의문을 나타내지 않고, '누구든지, 무엇이든지, 어디든지, 어떻게 하든지' 등 임의의 것을 가리키기도 한다. 보통 부사 '都'나 '也'와 호응하여 아무런 예외가 없음을 의미한다.
모범답안 谁都明白这个道理。누구라도 이 이치를 이해한다.

유형 맛보기 2

有　十　学生　名　教室里
⇒ _____

단어 名 míng 양 명
功夫 공식 수사 + 양사 + 명사
功夫 풀이 문장에서 수사와 양사가 보이면 함께 묶어서 명사를 수식해 주는 관형어로 접근해야 한다. '名'은 사람을 세는 양사로 쓰이므로 문장에서 수사 '十'와 함께 명사 '学生'을 수식하여 '十名学生'을 이루게 된다. 술어는 '有'가 되어 존재나 소유의 의미를 나타내게 되므로, 주어는 '教室里'가 되는 것이 타당하다.
모범답안 教室里有十名学生。교실에 열 명의 학생이 있다.

유형 맛보기 3

两个人　都　中国　他们　去过
⇒ _____

功夫 공식 수사 + 양사 + 명사

功夫 풀이 명사는 '他们, 两个人, 中国'가 있는데, '中国'는 술어 '去过' 뒤에 놓여 목적어가 되어야 하므로, 나머지 두 명사 '他们'과 '两个人'을 동격의 의미로 함께 묶어 주어로 보아야 한다. 그리고 '都'는 부사이므로 술어 앞에 와야 한다.

모범답안 他们两个人都去过中国。그들 두 사람 모두 중국에 가본 적이 있다.

유형 맛보기 4

半　喝了　他已经　两瓶　啤酒

⇒ _____

단어 啤酒 píjiǔ 명 맥주

功夫 공식 수사 + 양사 + 半 + 명사

功夫 풀이 '半'은 대게 단독으로 사용하지 않고 양사와 함께 사용하며, 수사가 있을 시 '半'은 양사와 명사 사이에 놓이게 된다. 여기서는 '两瓶'의 '瓶'이 양사고 '啤酒'가 그에 호응하는 명사가 되므로 '半'을 '两瓶'과 '啤酒' 사이에 두면 된다.

모범답안 他已经喝了两瓶半啤酒。그는 이미 맥주 두 병 반을 마셨다.

유형 맛보기 5

她　二十　邮票　买了　张　多

⇒ _____

단어 邮票 yóupiào 명 우표

功夫 공식 수사의 끝자리가 '0'이면 ⇒ 수사 + 多 + 양사 + 명사

功夫 풀이 수사가 등장하면 기본공식 '수사 + 양사 + 명사'를 떠올려야 한다. 그런데 단어 중 '多'가 있으므로 어림수 공식을 대입해야 하는데, 수사가 '二十', 즉 '20'이므로 '0'으로 끝날 경우의 공식에 적용해야 한다. '수사 + 多 + 양사 + 명사'에 대입하면 '二十多张邮票'가 된다. 따라서 주어는 '她'이고, '买了'는 술어가 되며, '二十多张邮票'는 목적어가 된다.

모범답안 她买了二十多张邮票。그녀는 20여 장의 우표를 샀다.

실력 다지기

第1-8题：完成句子。

1. 观众的喜爱   著名的   那位   深受   京剧演员

2. 时间   他在农村   一段   生活过

3. 页   这本小说   500多   一共

4. 俩   许多   他们   共同语言   有

5. 写完   在这   应该   内   两天

6. 多   其实   三百六十五   一年有   天

7. 前后   打算   旅游   国庆节   去北京

8. 这个酒店   一共   房间   有   五十多间

2 전치사 공략하기

 기술전수

1 특징

중국어에서 전치사(介词 개사)는 단독으로 쓸 수 없고, 보통 명사와 결합하여 '**전치사 + 명사**' 형태의 전치사구를 형성하여 문장 안에서 주로 부사어가 된다.

2 전치사구의 활용

1. 부사어

전치사구는 술어 앞에서 술어를 수식하는 부사어로 주로 쓰이는데, 시간·장소·방향·대상·목적·근거 등을 표시한다.

- 예 我给你介绍一下这儿的情况。 내가 너에게 이곳 상황을 소개해 주겠다.

  我们都在学生食堂吃饭。 우리는 모두 학생식당에서 밥을 먹는다.

2. 보어

전치사구는 술어 뒤에 놓여 보어로 쓰이기도 한다. 이러한 전치사구에 사용되는 전치사는 주로 '于', '向', '自', '往', '在' 등이다.

- 예 我们班的同学来自世界各地。 우리 반 친구들은 세계 각지에서 왔다.

  信放在桌子上了。 편지는 책상 위에 두었다.

3. 관형어

전치사구와 피수식어 사이에 구조조사 '的'를 사용하여 명사나 명사성 어구를 수식하는 관형어로 쓰인다.

- 예 请你谈谈对这个问题的看法。 이 문제에 대한 생각을 이야기해 보세요.

  我们正在讨论关于暑假旅行的事。 우리는 여름 방학 여행에 관한 일을 토론하는 중이다.

4. 목적어

'为了……'나 '在……'는 동사 '是' 뒤에 놓여 목적어가 될 수 있다.

- 예 我们这样做完全是为了你。 우리가 이렇게 하는 것은 온전히 너를 위해서이다.

  我们俩第一次见面是在一次会议上。 우리 둘이 처음 만난 것은 어떤 회의에서였다.

3 종류

장소, 시간	~에서, ~로부터	从 cóng　离 lí　自 zì　在 zài　于 yú
화제	~에 대하여, ~에 관해, ~으로 말하자면	对 duì　对于 duìyú　关于 guānyú
방향	~을 향해서	向 xiàng　朝 cháo　往 wǎng
대상	~에 대하여	给 gěi　对 duì　跟 gēn　和 hé
원인, 목적	~때문에, ~를 위하여	由于 yóuyú　为 wèi　为了 wèile
근거, 의거	~에 따라, ~에 근거하여	按 àn　按照 ànzhào　根据 gēnjù　以 yǐ

★ 전치사가 출현하는 문제에서는 제시된 단어 중 전치사의 특성에 어울리는 명사를 선택하는 것이 관건이다. 그런 후 '전치사 + 명사'의 전치사구는 부사어의 위치, 즉 주어와 술어 사이에 두면 된다.

주어 + 전치사구 + 술어

반면에 부사, 조동사와 함께 있을 경우 전치사구의 위치는 다음과 같다.

주어 + 부사 + 전치사구 + 술어

주어 + 부사 + 조동사 + 전치사구 + 술어

 기술공략

유형 맛보기 1

学习　我从去年　汉语　一直　到现在

⇒ _____

단어　一直 yìzhí 囝 계속, 줄곧(동작 혹은 상태가 지속됨을 나타냄)

功夫 공식　从 + 장소/시간명사, 从……到……: ~부터 ~까지

功夫 풀이　'从'은 장소나 시간을 목적어로 취하여, 그 장소나 시간의 출발을 표시한다. 주로 상용되는 형식으로는 '从……到……', '从……起', '从……开始' 등이 있다. 여기서는 '从去年到现在'가 전치사구로서 술어 앞에 놓이는 부사어가 된다. '一直'는 부사로서, '从去年到现在'라는 기간 내에 술어의 동작이 지속됨을 나타내기 때문에 술어 '学习' 바로 앞에 붙여 술어를 수식해 주면 된다.

모범답안　我从去年到现在一直学习汉语。 나는 작년부터 현재까지 줄곧 중국어공부를 한다.

유형 맛보기 2

服务员　热情　这家宾馆的　十分　对旅客
⇒

단어 热情 rèqíng 형 친절하다, 열정적이다 | 十分 shífēn 부 매우, 아주 | 旅客 lǚkè 명 여행객

공부 공식 주어 + 전치사구 + 술어

공부 풀이 위 단어 중 술어는 형용사 '热情'이 된다. 전치사구 '对旅客'는 대상을 표시하며, 술어 앞에서 부사어가 된다. 부사 '十分'은 정도부사이므로 형용사 '热情' 바로 앞에서 정도의 심함을 표시하게 된다.

모범답안 这家宾馆的服务员对旅客十分热情。이 호텔의 종업원들은 여행객들에게 매우 친절하다.

유형 맛보기 3

向　要　李老师　我们　学习
⇒

단어 向 xiàng 전 ~(으)로, ~에게, ~을(를)향하여

공부 공식 조동사 + 전치사구 + 술어

공부 풀이 '向'은 방향을 나타내는 전치사로서, '~을 향하여, ~을 향해'라는 의미를 나타낸다. '向' 뒤에는 방향을 나타내는 명사가 오면 되는데, 여기서는 명사 '我们'과 '李老师' 중에서 우리가 선생님께 배우는 것이 의미상 더욱 합리적이므로 '我们'을 주어로 선택하고 남은 '李老师'를 전치사의 목적어로 선택을 해준다. 술어는 '学习'밖에 될 수 없고, 남아있는 단어 '要'는 조동사로서, 조동사와 전치사구가 함께 있을 때는 조동사를 전치사구 앞에 놓아야 한다.

모범답안 我们要向李老师学习。우리는 이 선생님께 배워야 한다.

실력 다지기

第1-8题：完成句子。

1. 为   都   以自己的孩子   父母   骄傲

2. 一个   导游和旅客的   这是   笑话   关于

3. 中国南方   主要   这种植物   生长在

4. 了   只有   中秋节   离   两天

5. 对   中国文化   我   兴趣   很   感

6. 组成   一百多个人   这个旅游团   由

7. 电脑   带来了   给   很多方便   我们的工作和学习

8. 为他的精彩表演   大家   热烈   都   鼓掌

▶ 풀이는 해설집 128p에서 확인하세요.

3 동사/ 조동사/ 형용사 공략하기

功夫 기술전수

1 동사의 특징

1. 대부분의 동사는 일반적으로 문장 안에서 술어로 사용된다.

예 我们马上就出发。 우리는 바로 출발한다.

하지만, 형태의 변화가 없는 중국어의 특성상 아무런 표지 없이 주어나 목적어가 되기도 하고, 구조조사 '的'를 이용하여 관형어로 사용되기도 한다.

예 爱是观念上的东西。 (주어) 사랑은 관념적인 것이다.
朋友们都表示欢迎。 (목적어) 친구들이 환영을 표했다.
校长给所有学生提供了参加的机会。 (관형어) 교장선생님은 모든 학생들에게 참가할 기회를 제공했다.

2. 대부분의 동사는 목적어를 뒤에 동반할 수 있고, 목적어는 대개 명사나 대명사이다.

예 我吃面包。 나는 빵을 먹는다.
他来找我。 그가 나를 찾아 온다.

하지만, 동사 중 일부는 명사나 대명사를 목적어로 가지지 않으며 동사나 형용사, 동사구 등과 같은 용언 성분을 목적어로 가진다.

예 进行了一次会议 (X)
开始汉语课 (X)
希望好成绩 (X)

용언 성분을 목적어로 취하는 동사는 보통 처리동사, 심리동사, 지각동사이며, '进行, 开始, 决定, 继续, 打算, 觉得, 感到, 认为, 希望' 등의 동사가 이에 해당된다.

예 我希望能再来中国。 나는 다시 중국에 올 수 있길 바래.
寒假我决定去中国。 겨울방학 때 나는 중국에 가기로 결정했다.

또한, 중국어에는 드물지만 목적어를 가지지 못하는 동사들도 있다. (대부분이 이합동사)

旅行, 旅游, 观光, 出发, 休息, 见面, 帮忙, 握手 등

3. 대부분의 동사 뒤에 동태조사 '了, 着, 过'가 올 수 있다.

   예) 他还没去过中国。 그는 아직 중국에 간 적이 없다.

2 조동사의 특징

1. 동사처럼 직접 목적어를 갖지 못하고 동사나 형용사, 즉 술어 앞에만 사용된다.

   예) 我要喝咖啡。 나는 커피를 마시려고 한다.
       我会开汽车。 나는 자동차를 운전할 수 있다.
       我能看这些中文资料。 나는 이 중문자료들을 볼 수 있다.

2. 조동사 뒤에는 동태조사 '了, 着, 过'가 올 수 없다.

   예) 他会着打乒乓球。 (X) → 他会打乒乓球。 (O) 그는 탁구를 칠 수 있다.
       你应该了吃这个药。 (X) → 你应该吃这个药。 (O) 너는 반드시 이 약을 먹어야 한다.

3. 조동사가 사용된 문장에서 부정형은 조동사 앞에 '不'를 사용한다.

   예) 她不会打网球。 그녀는 테니스를 칠 줄 모른다.
       我不想去中国旅游。 나는 중국 여행을 가고 싶지 않다.

4. '跟, 给, 向' 등의 전치사로 구성되는 전치사구가 부사어가 될 때는 조동사가 전치사구 앞에 놓인다.

   예) 我向你可以请教吗? (X) → 我可以向你请教吗? (O) 제가 당신한테 여쭤봐도 될까요?

3 형용사의 특징

1. 문장 안에서 주로 술어가 된다.

   예) 今天很冷。 오늘은 매우 춥다.
       她很内向。 그녀는 매우 내성적이다.

2. 일반적으로 정도부사 '很, 非常, 十分, 最' 등의 수식을 받는다.

   예) 我最近很忙。 나는 요즘 매우 바쁘다.
       这个孩子非常可爱。 이 아이는 매우 귀엽다.

3. 형용사는 일반적으로 목적어를 가질 수 없다.

   예) 他很友好我。 (X) → 他对我很友好。 (O) 그는 내게 매우 우호적이다.

 기술공략

유형 맛보기 1

应该　这种药　你　吃　不
⇒

단어　应该 yīnggāi 〔동〕 ~해야 한다, ~하는 것이 마땅하다 ｜ 药 yào 〔명〕 약, 약물

功夫 공식　不 + 조동사 + 동사

功夫 풀이　'应该'는 조동사로서 '마땅히 ~해야 한다'의 의미를 가진다. 조동사는 일반적으로 술어가 되어 목적어를 가지지 못하고, 동사 앞에서 동사의 바람이나 당위의 의미를 부여하는 기능을 한다. 그리고 부정부사 '不'는 조동사 앞에 두어야 한다.

모범답안　你不应该吃这种药。너는 이런 종류의 약을 먹으면 안 된다.

유형 맛보기 2

能　一名教师　成为　他希望　将来
⇒

단어　成为 chéngwéi 〔동〕 ~이 되다 ｜ 将来 jiānglái 〔명〕 장래, 미래

功夫 공식　조동사 + 술어

功夫 풀이　조동사 '能' 뒤에는 술어가 될 수 있는 동사나 형용사가 와야 하므로 여기서는 동사 '成为'가 '能' 뒤에 와야 한다. '一名教师'는 '成为'의 목적어가 되고, '将来'는 시간명사로서 여기서는 '能成为'의 시간을 나타내므로 '能成为' 앞에 둔다. 그리하여 '将来能成为一名教师'라는 문장이 완성되는데, 이 문장 전체가 바라는 내용이 되므로 다시 '希望'의 목적어가 된다.

모범답안　他希望将来能成为一名教师。그는 장래에 교사가 되기를 희망한다.

유형 맛보기 3

对　很　自己的　满意　他　成绩
⇒

단어　满意 mǎnyì 〔형〕 만족하다, 만족스럽다, 흡족하다 ｜ 成绩 chéngjì 〔명〕 (일·학업상의) 성적, 성과, 수확

功夫 공식　전치사구 + 정도부사 + 형용사

功夫 풀이　'满意'는 '만족하다'라는 뜻의 형용사로서 일반적으로 술어로 사용되며, 정도부사의 수식을 받을 수 있다. 그러므로 '很满意'가 문장전체의 술어라고 할 수 있다. 전치사 '对'는 대상을 이끄는데, 주어가 '他'가 되어야 하므로 '对'에 올 목적어는 '自己的成绩'가 되어야 한다. 이렇게 해서 전치사구 '对自己的成绩'는 문장 안에서 부사어가 되므로 술어 앞에 온다.

모범답안　他对自己的成绩很满意。그는 자신의 성적에 매우 만족한다.

三、书写　221

실력 다지기

第1-8题：完成句子。

1. 沙发　钱包　在　上

2. 对附近的森林　那位　熟悉　出租车师傅　非常

3. 确实　表扬　诚实的人　值得

4. 应该　向　我们　表示　老师　谢意

5. 适合　这里的气候　人们居住　很

6. 想　一名画家　我　从小就　成为

7. 肯定　同意　他们　我的看法　不会

8. 想想　解决　你　这个问题的　办法

4 부사 공략하기

 기술전수

1 부사의 특징

1. 부사는 동사 또는 형용사를 수식하거나 제한하는 역할을 한다.

2. 부사는 동작의 정도, 범위, 빈도, 시간, 부정, 상태, 어기를 나타낸다.

3. 부사는 문장 안에서 술어 또는 문장 전체를 수식하는 역할을 한다.

2 부사의 종류

종류	분류
정도부사	比较 bǐjiào 비교적 │ 非常 fēicháng 매우 │ 更 gèng 더욱 │ 很 hěn 매우 │ 极 jí 극히 │ 稍微 shāowēi 조금 │ 特别 tèbié 특히 │ 太 tài 너무 │ 相当 xiāngdāng 상당히 │ 真 zhēn 정말 │ 最 zuì 가장 │ 挺 tǐng 매우 │ 多么 duōme 얼마나
범위부사	光 guāng 다만 │ 就 jiù ~만 │ 都 dōu 전부 │ 仅仅 jǐnjǐn 단지, 다만 │ 另外 lìngwài 그 밖에 │ 才 cái ~에야 비로소 │ 全 quán 모두 │ 一共 yígòng 합쳐서 │ 一块儿 yíkuàir 함께 │ 一起 yìqǐ 함께 │ 只 zhǐ 단지
빈도부사	常常 chángcháng 늘 │ 往往 wǎngwǎng 가끔, 자주 │ 又 yòu 또 │ 再 zài 또 │ 还 hái 또 한 │ 也 yě ~도 역시 │ 一直 yìzhí 줄곧, 계속 │ 一向 yíxiàng 줄곧, 원래
시간부사	才 cái 겨우 │ 曾经 céngjīng 일찍이, 이미 │ 刚 gāng 막 │ 都 dōu 이미 │ 就 jiù 곧 │ 快 kuài 곧 │ 马上 mǎshàng 즉시 │ 立刻 lìkè 바로 │ 已经 yǐjing 이미 │ 正在 zhèngzài 지금 │ 将 jiāng 장차
부정부사	不 bù 아니다 │ 没 méi (아직) ~하지 않았다 │ 别 bié ~하지 마라 │ 未 wèi 아직 ~하지 않다 │ 无 wú ~하지 않다
상태부사	突然 tūrán 갑자기 │ 忽然 hūrán 갑자기 │ 猛然 měngrán 갑자기 │ 渐渐 jiànjiàn 점점 │ 仍然 réngrán 여전히
어기부사	只好 zhǐhǎo 할 수 없이 │ 差点儿 chàdiǎnr 하마터면 │ 原来 yuánlái 원래 │ 明明 míngmíng 명백히, 확실히 │ 大概 dàgài 아마 │ 大约 dàyuē 대체로 │ 难道 nándào 설마 ~란 말인가 │ 到底 dàodǐ 도대체 │ 究竟 jiūjìng 필경, 도대체 │ 一定 yídìng 반드시, 꼭 │ 竟 jìng 뜻밖에 │ 竟然 jìngrán 의외로, 뜻밖에는

三、书写

3 부사 ≠ 부사어

간혹 부사와 부사어의 개념을 혼동하는 경우가 있다. 그러나 그 개념을 명확히 분별해야 어순의 혼동을 피할 수 있다. 부사는 '품사(词)'의 개념으로서 동사나 형용사를 수식해 주는 기능을 하는 '단어'를 의미한다. 반면에 부사어는 문장 안에서 하나나 두 개 이상의 단어가 무슨 역할을 하는지의 개념으로서 문장에서 술어를 수식해 주는 성분을 의미한다.

  부사 → 부사어 (O) 부사는 문장에서 부사어가 될 수 있다.
  부사어 → 부사 (X) 부사어를 이루는 모든 것이 부사인 것은 아니다.

부사어를 이루는 것에는 '부사' 외에도 '전치사구, 시간/장소를 표현하는 단어(구), ……地자구' 등이 있다.

4 부사어의 종류

문장성분으로 부사어를 이루는 것에는 '일반부사' 외에도 '전치사구', '시간/장소를 표현하는 단어(구)', '…地자구' 등이 있다. 이들 부사어는 다시 크게 '제한성 부사어'와 '묘사성 부사어'로 나눌 수 있다.

1. 제한성 부사어

제한성 부사어로는 시간 및 장소를 나타내는 단어(구)와 각종 부사들이 여기에 속한다.

예) 昨天早上七点我起床了。[시간] 어제 아침 7시에 나는 일어났다.
  我们在餐厅里吃饭。[장소] 우리는 식당에서 밥을 먹는다.
  大家都在找你，你在哪儿？[범위] 모두 너를 찾고 있는데, 너 어디에 있니?
  请你再说一遍，可以吗？[빈도] 한번만 더 말씀해 주시겠어요?
  这座楼房很不错。[정도] 이 집은 꽤 괜찮은데요.
  你到底去不去长城？[어기] 너 도대체 만리장성에 갈거니 안 갈거니?
  我没去过韩国。[부정] 나는 한국에 가본 적이 없다.

2. 묘사성 부사어

묘사성 부사어에는 동작자의 표정, 상태, 심리 혹은 동작의 방식을 묘사하는 것으로서 일반적으로 …地자구가 이에 속한다.

예) 他伤心地哭了。그는 상심하며 울었다.
  他很有礼貌地打招呼。그는 매우 예의 있게 인사를 한다.
  他把玻璃杯子轻轻地放下。그는 유리컵을 가볍게 내려 놓았다.

  ★ 한 문장 내에 여러 개의 부사어와 조동사 등이 모두 출현할 때 그 순서는 :
   주어 + 제한성 부사어 + 조동사 + 전치사구 + 묘사성 부사어 + 술어

 기술공략

유형 맛보기 1

也　参加　我们　都　比赛　去
⇒ _____

단어 参加 cānjiā 동 참가하다, 참여하다, 참석하다 | 比赛 bǐsài 명 경기, 시합
功夫 공식 어기부사 → 빈도부사 → 범위부사
功夫 풀이 주어는 '我们', 술어는 '去参加', 목적어는 '比赛'가 되어 '주어 + 술어 + 목적어'구조만 보면, '我们去参加比赛'가 되는데, 문제는 부사다. 제시된 단어 중 부사가 '也'와 '都' 두 개가 있다. 이렇게 부사가 두 개 이상인 경우는 그 순서를 밝히는 것이 중요하다. 일반적으로 부사가 여러 개 일 때는 '어기 → 빈도 → 범위'의 순서로 배열하는 것이 원칙이다. '也'는 빈도에 속하고, '都'는 범위부사에 속하므로 '也都'로 배열하는 것이 옳다.
모범답안 我们也都去参加比赛。 우리도 모두 시합에 참가한다.

유형 맛보기 2

学习　认真地　他　汉语　正在
⇒ _____

단어 正在 zhèngzài 부 지금 ~하고 있다 | 认真 rènzhēn 형 진지하다
功夫 공식 일반부사 + …地자구
功夫 풀이 부사어는 크게 '제한성 부사어'와 '묘사성 부사어'로 나뉘는데, 제한성 부사어는 단지 술어의 상황이나 범위만을 제한할 뿐 어떤 구체적인 묘사의 기능이 없다. 여기에 해당하는 것은 일반부사, 시간이나 장소 및 전치사구 등이다. 반면 묘사성 부사어는 주로 술어의 특징을 직접적으로 표현해주는 기능을 하는데 주로 '…地자구' 부사어가 여기에 해당된다. 일반부사와 '…地자구' 부사어가 문장 안에 함께 있을 때는 일반부사가 더 앞에 온다. 그러므로 '正在认真地'의 순서로 술어 '学习'를 수식해야 한다.
모범답안 他正在认真地学习汉语。 그는 열심히 중국어를 공부하고 있다.

유형 맛보기 3

中国　我　去　再　想
⇒ _____

단어 再 zài 부 재차, 또
功夫 공식 조동사 + 再 + 술어

三、书写　225

功夫 풀이 일반적으로 문장에서 조동사와 부사가 함께 나올 때 어순은 '부사 + 조동사'를 따른다. 그러나 이 공식을 따르지 않는 부사가 있는데, 그 대표적인 예가 부사 '再'이다. '再'가 조동사와 만나면 기본 어순 공식을 따르지 않고, '조동사 + 再'의 순서로 배열해야 한다. 그러므로 '想再'가 술어 '去' 앞에 위치해야 한다.

모범답안 我想再去中国。 나는 중국에 다시 가고 싶다.

유형 맛보기 4

传真   从来没   他们公司   给我们   发过

⇒ _____

단어 传真 chuánzhēn 몡 팩스 | 从来 cónglái 분 지금까지, 여태껏

功夫 공식 부사 + 전치사구 + 술어

功夫 풀이 위 단어 중 명사 '传真'은 동사 '发'와 호응하여 '发传真(팩스를 보내다)'의 동목구조가 됨을 알 수 있다. 부사 '从来'는 '여태껏, 지금까지' 의미의 부사로서 부정부사 '没'와 호응할 경우 과거 경험을 부정하게 되어 동사 뒤에 동태조사 '过'가 오게 된다. 대상을 나타내는 전치사구 '给我们'은 일반적으로 부사 뒤에 놓아야 하므로, '从来没给我们'은 문장에서 술어 앞에 놓이는 부사어가 된다.

모범답안 他们公司从来没给我们发过传真。 그들 회사는 여태껏 우리에게 팩스를 보낸 적이 없다.

실력 다지기

第1-8题：完成句子。

1. 正在　　发展速度　　提高　　中国经济的　　逐渐

2. 直接　　别人的帮助　　不要　　拒绝　　最好

3. 好像　　酸　　昨天买的　　有点儿　　西红柿

4. 给你们　　这个学校的情况　　我　　介绍一下　　详细地

5. 不想　　见面　　我　　跟他　　了　　再

6. 一定　　你　　穿上　　得　　大衣

7. 给他　　三封信　　我　　写过　　一共

8. 什么　　这儿究竟　　事情　　发生了　　昨天

Ⅲ 쓰기에 자주 출현하는 주요 어법 유형별 공략하기

지금까지는 문장성분과 품사에 대한 개념을 이해하였다. 보다 효과적인 쓰기를 위해서는 이를 바탕으로 하여 특수한 어법 유형들을 따로 익히고 체계적으로 정리하는 것이 필요하다. 특히 新HSK에 자주 출현하는 어법 유형들이 있는데, 그것에 대한 개념을 모른 체 단순히 문장어순으로만 접근하면 쉽게 답이 보이지 않는다. 예를 들어 '把'와 '被'는 본래 전치사로서 전치사의 문법적 특징에 적용하여 풀 수 있지만, 그 의미와 용법이 독특한 구조이므로 따로 공식화시켜 외울 필요가 있다.

1 비교문 분석하기

 기술전수

비교문은 크게 '比'자 비교문과 '有'자 비교문으로 나눌 수 있다.

1 '比'자 비교문

1. 기본 형식

    A 比 B 술어(동사/형용사) : A가 B보다 ~하다.
    예 我比妹妹高。 나는 여동생보다 키가 크다.

2. '比'자 비교문에서 의미의 확장은 보어를 이용해야 한다.

    ❶ A 比 B + 술어 + 一点/一些 : A가 B보다 조금(약간) ~하다.
    예 我比妹妹高一点。 나는 여동생보다 조금 키가 크다.

    ❷ A 比 B + 술어 + 多了/得多 : A가 B보다 훨씬 ~하다.
    예 我比妹妹高得多。 나는 여동생보다 훨씬 키가 크다.

    ❸ A 比 B + 술어 + 구체적 수치(수량사) : A가 B보다 얼마(수치) ~하다.
    예 我比妹妹高三厘米。 나는 여동생보다 3cm 키가 크다.

3. 보어 외에 부사로도 정도를 표시할 수 있다.

    단, 사용할 수 있는 부사가 제한적인데, '更, 还, 都, 再' 등의 부사는 사용할 수 있지만, '很, 非常, 十分, 最' 등의 정도부사는 사용할 수 없는 점에 유의해야 한다.

A 比 B + 부사 + 술어 : A가 B보다 훨씬(더) ~하다.
예) 我比妹妹更大。 나는 여동생보다 훨씬 나이가 많다.

4. '比'자 비교문의 부정

❶ A 不比 B + 술어 : A가 B보다 ~하지 않다.
예) 我不比安娜大。 나는 안나보다 나이가 많지 않다.

❷ A 不如 B + 술어 : A가 B보다 ~하지 않다.
예) 我不如妹妹聪明。 나는 여동생만큼 똑똑하지 않다.

2 '有'자 비교문

❶ A 有 B + (这么/那么) + 술어 : A가 B만큼 ~하다.
예) 我有小王那么高。 나는 샤오왕만큼 키가 크다.

❷ A 没有 B + (这么/那么) + 술어 : A가 B만큼 ~하지는 않다.
예) 我没有姚明那么高。 나는 야오밍만큼 키가 그렇게 크지는 않다.

3 차이가 없음을 표시하는 비교문

❶ A 跟 B + 一样 + (술어) : A와 B는 같다/A와 B는 똑같이 ~하다.
예) 他的性格跟爸爸一样。 그의 성격은 아빠와 같다.

❷ A 跟 B + 不一样 + (술어) : A와 B는 같지 않다/A와 B는 다르게 ~하다.
예) 我的看法跟妻子不一样。 내 생각은 아내와 다르다.

 기술공략

유형 맛보기 1

这辆   更   自行车   比那辆   新
⇒ _____

단어   更 gèng 🖫 더욱, 더, 훨씬
功夫 공식   A 比 B + 부사 + 술어
功夫 풀이 이 문제는 가장 기본형식의 '比'자 비교문이다. 문장 안에서 비교를 표시해 주는 단어, 즉 '比, 不如, 一样' 등의 단어가 보이면 일단 비교문으로 접근하자. 비교문에서 비교의 대상은 비슷한 수준의 것으로 되는 것이 일반적인

데, 이 문장에서 명사는 '自行车' 하나 밖에 없다. 명사는 하나이나 명사 앞에 놓이게 될 '지시대명사 + 수량사' 형태가 보이는 단어는 '这辆, 比那辆' 두 개가 있다. 따라서 문장 앞에 나오게 될 주어 '这辆' 뒤에 '自行车'를 붙여 주고 다음에 나올 비교대상 '那辆' 뒤엔 '自行车'를 생략할 수 있다. 또한 문장에서 술어가 될 수 있는 단어는 '新' 밖에 없으므로 'A 比 B + 술어'의 공식을 떠올려 적용해보면 '这辆自行车比那辆新'이 된다. 그 다음 남아있는 단어 '更'은 비교의 차이를 나타내는 부사이므로 술어 '新' 바로 앞에 넣어주면 문장이 완성된다.

모범답안 这辆自行车比那辆更新。 이 자전거가 저 자전거보다 훨씬 새 것이다.

유형 맛보기 2

房子   这套   贵   比那套   一点儿
⇒

단어 套 tào 형 벌, 조, 세트
功夫 공식 A 比 B + 술어 + 一点/一些
功夫 풀이 이 문장은 'A 比 B + 술어 + 一点/一些' 공식을 적용하면 된다. 이 문제의 핵심은 '一点儿'의 위치를 정확하게 파악할 수 있느냐에 있다. 비교문에서는 부사를 쓰는 경우를 제외하고 대부분 보어를 통하여 의미를 확대시켜야 한다. 보어의 위치는 술어 뒤이므로 '一点儿'은 '贵' 뒤에 오도록 배열해야지, '一点儿贵'로 배열하지 않도록 주의해야 한다.
모범답안 这套房子比那套贵一点儿。 이 집이 저 집보다 조금 비싸다.

유형 맛보기 3

这部   那部   有意思   电影   没有   那么
⇒

단어 部 bù 양 부, 편(서적이나 영화 편수 등을 세는 단위) | 有意思 yǒuyìsi 형 재미있다, 흥미 있다
功夫 공식 A 有/没有 B + (这么/那么) + 술어
功夫 풀이 이 문장은 'A 没有 B (+ 这么/那么) + 술어'의 공식을 적용하면 된다. 흔히 배열된 단어 중 '有' 또는 '没有'가 보이면 동사로서 '있다, 없다'의 의미로만 접근하는 경우가 많다. 그러나 단어 중 '有' 또는 '没有' 외에 또 다른 술어가 될만한 단어, 즉 형용사가 보이면 이 문장은 비교문으로 접근해야 옳다. '那么'는 '比'자 비교문에는 쓸 수 없고, 주로 '有'자 비교문에 사용하여 술어 앞에서 정도를 강조해주는 역할을 한다. 이때 비교대상 B가 '네 쪽, 그 쪽, 먼 쪽'인 경우에는 '这么'가 아닌 '那么'를 사용하는 것이 일반적이다. 따라서 여기서는 주어자리에 '这部'를 비교대상 자리에는 '那部'를 배치하는 것이 옳다.
모범답안 这部电影没有那部那么有意思。 이 영화는 저 영화만큼 재미있지는 않다.

실력 다지기

第1-8题：完成句子。

1. 增加了　考生数量　三分之一　比去年

2. 重要　比条件　更　感情

3. 我也　学习　跟　汉语　你　一样

4. 下班时间　快　比骑自行车　坐公共汽车　不

5. 你一个人　不如我们　一起　大家　去　去

6. 差不多　跟你的　我　看法

7. 难　今天的考试　一些　昨天的　比

8. 一条　我　跟你那条一样的　想买　裙子

▶ 풀이는 해설집 134p에서 확인하세요.

2 把/被 이해하기

 기술전수

1 把字句 (처치문)

1. 기본 형식

주어 + 술어 + 목적어 　　　 예 我做完作业了。 나는 숙제를 다 했다.
⇒ 주어 + 把목적어 + 술어 　 예 我把作业做完了。 나는 숙제를 다 했다.

2. 주요 어법 포인트

❶ 조동사, 부정부사(不/ 没), 시간사 등 대부분의 부사는 ⇒ 把 앞에

　예 我没把作业做完。 나는 숙제를 다하지 못 했다.
　　 我能把作业做完。 나는 숙제를 다 할 수 있다.
　　 我也把作业做完了。 나도 숙제를 다 했다.
　　 我今天才把作业做完了。 나는 오늘에서야 숙제를 다 했다.

❷ 술어가 동사 단독이어서는 안 된다. ⇒ 술어 = 동사 + 기타성분

　예 妈妈把我的衣服洗干净了。 [보어] 어머니께서 내 옷을 깨끗이 빠셨다.
　　 我们把这个问题好好讨论讨论。 [중첩] 우리는 이 문제를 잘 의논합시다.
　　 妹妹把这件事情告诉我。 [목적어] 여동생은 이 일을 내게 말했다.
　　 他把大衣丢了。 [동태조사] 그는 외투를 잃어버렸다.

2 被字句 (피동문)

1. 기본 형식

주어 + 술어 + 목적어 　　 예 小偷偷走了我的自行车。 도둑이 내 자전거를 훔쳐갔다.

⇒ 목적어 + 被주어 + 술어 　 예 我的自行车被小偷偷走了。 내 자전거는 도둑이 훔쳐갔다.
　 (주어)　 (목적어)

2. 주요 어법 포인트

❶ 조동사, 부정부사(不/ 没), 시간사 등 **대부분의 부사는** ⇒ **被 앞에**

예) 我的自行车没被小偷偷走。 내 자전거는 도둑이 훔쳐 가지 않았다.
我的自行车也被小偷偷走了。 내 자전거도 도둑이 훔쳐 갔다.
我的自行车可能被小偷偷走了。 내 자전거는 아마 도둑이 훔쳐 갔다.
我的自行车昨天被小偷偷走了。 내 자전거는 어제 도둑이 훔쳐 갔다.

❷ 술어가 동사 단독이어서는 안 된다. ⇒ **술어 = 동사 + 기타성분**

예) 这本书被弟弟借走了。 [보어] 이 책은 남동생이 빌려 갔다.
这件事被他解决了。 [동태조사] 이 일은 그가 해결했다.

❸ 기타 피동을 만드는 전치사 ⇒ **叫, 让, 给**

예) 这本书让孩子撕破了。 이 책은 아이가 찢어 버렸다.
我的衣服叫雨淋湿了。 내 옷이 비에 젖었다.
电脑给我弟弟弄坏了。 컴퓨터는 내 남동생이 망가뜨렸다.

❹ '被'를 사용할 때는 목적어가 생략될 수 있으나, '叫' 또는 '让'을 사용할 때는 반드시 목적어가 표시되어야 한다.
⇒ **주어 + 被 + 동사 + 기타성분**

예) 啤酒被喝完了。 맥주를 다 마셨다.
我被骗了。 나는 속았다.

 기술공략

유형 맛보기 1

被   秘密   发现了   同学们   他的
⇒ _____

단어 秘密 mìmì 명 비밀

功夫 공식 객체 + 被 + 주체 + 술어(동사 + 기타성분)

功夫 풀이 '被'가 문장 안에 들어있는 경우는 피동으로 접근해야 한다. 피동문의 가장 기본은 주어와 목적어를 구분해야 하는데. 당하는 객체가 주어 자리에 와야 하고, 의미상으로 가하는 수체가 '被'의 목적어로 와야 한다. 위의 단어 중 명사 '同学们'과 '秘密' 가운데 '秘密'가 의미상 객체이므로 문장의 주어가 되어야 하고, 실제 행동의 주체자 '同学们'은 '被'의 목적어가 되어야 한다. '发现'은 술어이고, '他的'는 관형어로서 명사를 수식하는데, 일반적으로 피동문의 주어는 구체적이어야 하므로 '他的'가 주어 '秘密'를 수식하는 것이 적합하다.

모범답안 他的秘密被同学们发现了。 그의 비밀이 학우들에 의해 발견됐다.

유형 맛보기 2

放在　　那个孩子　　自己的书包　　把　　床上了
⇒

단어　放 fàng 동 놓아 두다 ｜ 书包 shūbāo 명 책가방

功夫 공식　주어 + 把 + 목적어 + 술어(동사 + 기타성분)

功夫 풀이　단어 중 '把'가 보이면 특별한 경우(양사로 쓰일 때)를 제외하고는 '把자문'을 원하는 것이다. '把' 뒤에 올 단어는 문장의 목적어가 와야 하므로 여기서는 명사 '自己的书包'가 목적어가 된다. 술어는 동사 '放'인데 뒤에 전치사 '在'가 있으므로 전치사구 보어를 기타성분으로 놓기를 원하는 것임을 알 수 있다. 따라서 '在' 뒤에는 보통 장소가 오게 되므로 '床上了'가 와야 한다.

모범답안　那个孩子把自己的书包放在床上了。 저 아이는 자신의 책가방을 침대 위에 놓았다.

유형 맛보기 3

告诉　　把　　你　　妈妈　　这个消息　　不要
⇒

단어　告诉 gàosu 동 말하다, 알리다 ｜ 消息 xiāoxi 명 기사, 보도, 소식

功夫 공식　주어 + 조동사 + 把 + 직접목적어 + (이중목적어를 취하는) 동사 + 간접목적어

功夫 풀이　이 문제는 '把'에 대한 이해뿐 아니라 이중목적어를 취하는 '告诉'에 대한 특징도 함께 이해해야 해결할 수 있다. '告诉'는 대표적인 이중목적어를 가지는 동사로서 '告诉 + 간접목적어 + 직접목적어'의 어순을 취하며, 이때 간접목적어는 대상을, 직접목적어는 전하고자 하는 내용이나 사물을 의미한다. 그런데 이렇게 이중목적어가 출현하면 '把' 뒤에 둘 중 어떤 것을 두어야 할지 고민하는 경우가 생기게 되는데, 반드시 직접목적어를 '把'의 목적어로 보내야 하고, 간접목적어는 술어의 목적어로 남겨 두어야 한다. 위의 문장에서 '你'가 주어이면, 알려주고자 하는 대상은 '妈妈'이고, 알리고자 하는 내용은 '这个消息'이다. 그러면 일반 '주어 + 술어 + 목적어' 구조의 '你告诉妈妈这个消息'가 완성되는데, 이 문장을 다시 '把자문'으로 바꾸면 '你把这个消息告诉妈妈' 가 된다. 남은 단어 '不要'는 조동사 '要'의 부정형태로서, 조동사의 위치는 '把' 앞이어야 함을 기억해야 한다.

모범답안　你不要把这个消息告诉妈妈。 너는 이 소식을 엄마에게 알리지 말아라.

실력 다지기

第1-8题：完成句子。

1. 把袜子　沙发上　别　扔在

2. 亲戚朋友们　被　很快就　这个消息　知道了

3. 大概　把密码　管理员　已经　忘了

4. 寄　导游　出去了　那份申请　把

5. 哭了　被　我　感动得　大家的热情

6. 把　我　脏了　他的衣服　弄

7. 把　这些句子　能　翻译成　中文　我

8. 被别人　没有　批评过　从来　我

3 정도/가능보어 이해하기

 기술전수

1 정도보어

1. 정도보어란?

술어(동사, 형용사) 뒤에 놓여 동작이나 상태의 정도를 나타내거나 모습을 묘사한다.

[기본공식]

주어	술어 (동사 / 형용사)	得	정도보어
他	跑	得	很快

정도보어를 구성하는 형태로는 형용사(구/중첩), 동사(구/중첩), 사자성어, 주어 + 술어구 등 정도의 의미를 전달하는 어떠한 형태도 보어로 쓰일 수 있다.

예) 那个老头儿走得慢悠悠的。 [형용사중첩] 그 노인은 천천히 걷는다.

他跑得直流汗。 [동사구] 그는 뛰어서 땀을 흠뻑 흘렸다.

他着急得坐立不安。 [성어] 그는 조급해서 좌불안석이었다.

哥哥说得大家笑起来了。 [주술구] 형의 말에 모두 웃기 시작했다.

2. 주요 어법 포인트

❶ 목적어와 정도보어가 함께 사용될 때는 술어를 한번 더 중첩해야 한다.

⇒ 주어 + 술어 + 목적어 + 술어 + 得 + 정도보어

예) 他说汉语说得不错。 그는 중국어를 잘 한다.

你写汉字写得很快。 너는 한자를 매우 빨리 쓴다.

아니면, 목적어를 다음과 같이 앞으로 도치시킬 수도 있다. 이 경우 술어를 중첩할 필요가 없다.

⇒ 주어 + 목적어 + 술어 + 得 + 정도보어

예) 他汉语说得不错。

你汉字写得很快。

❷ 정도보어의 부정형식

정도보어는 보어에 포커스가 있다. 그래서 부정할 때는 '不'로 보어를 부정한다.

a. 긍정형 : **술어** + **得** + 정도보어　　예) 他说得清楚。 그는 명확하게 말한다.
b. 부정형 : **술어** + **得不** + 정도보어　예) 他说得不清楚。 그는 불명확하게 말한다.

❸ '得'가 필요없는 정도보어 ⇒ **极了, 坏了, 死了**

형용사 혹은 심리 활동을 표시하는 동사 뒤에 놓여 정도가 매우 높음을 표시한다.

예) 她听到这个消息，**高兴极了**。 그녀는 이 소식을 듣고 매우 기뻐했다.
　　这件事把我**气坏了**。 이 일은 나를 아주 화나게 했다.
　　大女儿现在还没结婚，妈妈**急死了**。 큰 딸이 현재 아직 결혼하지 않아 엄마는 초조해 죽으려 한다.

2 가능보어

1. 가능보어란?

술어 뒤, 결과보어나 방향보어 앞에 '得, 不'를 써서 동작이 실현 가능한지 불가능한지를 나타낸다.

[기본공식]

주어	술어 (동사 / 형용사)	得 / 不	가능보어 (결과보어 / 방향보어)
我	走	得	进去
我	听	不	懂

2. 주요 어법 포인트

❶ 가능보어의 부정형식 ⇒ '得'를 '不'로 바꾸면 불가능을 나타낸다.

a. 긍정형 : **술어** + **得** + 가능보어　~할 수 있다

예) 这些菜不多，我吃**得**下。 음식이 많지 않아서, 나는 다 먹을 수 있다.

b. 부정형 : **술어** + **不** + 가능보어　~할 수 없다

예) 这些菜太多了，我吃**不**下。 음식이 너무 많아서, 나는 다 먹을 수 없다.

❷ 가능보어와 목적어의 위치 ⇒ **주어 + 술어 + 가능보어 + 목적어**

예) 他们都听不懂**韩语**。 그들은 모두 한국어를 이해하지 못한다.

❸ 가능보어의 기타형식

[가능, 추측]

a. 긍정형 : **술어** + **得了**　~할 수 있다

예) 老师病好了，明天上**得了**课了。 선생님의 병이 나아서, 내일은 수업을 할 수 있을 것이다.

三、书写　237

b. 부정형 : 술어 + 不了 ~할 수 없다

　　예 老师病了，明天上不了课了。 선생님이 아파서 내일 수업할 수 없을 것이다.

[금지, 허락]

a. 긍정형 : 술어 + 得 ~할 수 있다

　　예 这个网吧，小孩儿去得。 이 PC방은 어린아이들이 갈 수 있다.

b. 부정형 : 술어 + 不得 ~할 수 없다

　　예 这个网吧，小孩儿去不得。 이 PC방은 어린아이들이 갈 수 없다.

 기술공략

유형 맛보기 1

干净　　屋子　　打扫　　得　　真

⇒ _____

단어　干净 gānjìng 형 깨끗하다, 청결하다 ｜ 屋子 wūzi 명 방 ｜ 打扫 dǎsǎo 동 청소하다

功夫 공식　목적어 + 술어 + 得 + 정도보어

功夫 풀이　'打扫'는 '청소하다'라는 동사로서 문장에서 술어가 되고, 청소하는 대상, 즉 목적어는 '屋子'가 된다. 그런데 정도보어를 사용하는 문장에서 목적어가 있을 때는 특히 주의를 기울여야 하는데, 핵심은 술어를 한번 더 중첩해야 한다는 것이다. 이 경우 만약 '打扫屋子得真干净'이라고 하면, 목적어 뒤에 바로 보어가 오는 경우가 되므로 어법상 성립할 수 없고, '打扫屋子打扫得真干净'으로 해야 옳다. 그런데 중첩할 '打扫'가 제시된 단어 가운데 하나밖에 없다. 따라서 술어 중첩을 하지 않고, 목적어를 의미상 주어로 도치하는 것을 요구하는 것이므로 목적어인 '屋子'를 주어 자리에 두어야 한다.

모범답안　屋子打扫得真干净。 방이 정말 깨끗이 청소되었다.

유형 맛보기 2

做不完　　恐怕　　他一个人　　这些工作

⇒ _____

단어　恐怕 kǒngpà 부 아마~일 것이다

功夫 공식　술어 + 가능보어 + 목적어

功夫 풀이　여기서 '做不完'은 가능보어의 부정형식임을 파악해야 한다. 가능보어의 부정형식은 '동사 + 不 + 결과보어(방향보어)'의 형식임을 기억하자. 목적어는 가능보어 뒤에 두면 된다. '恐怕'는 부사이므로 술어 '做不完' 앞에 두면 된다.

모범답안　他一个人恐怕做不完这些工作。 그 혼자서는 아마 이 일들을 다 끝내지 못할 것이다.

유형 맛보기 3

变得　　认　　这个村子　　出来了　　不

⇒ _____

단어 　变 biàn 통 변화하다, 바뀌다 ｜ 认 rèn 통 식별하다, 분간하다 ｜ 村子 cūnzi 명 촌락, 마을

功夫 공식 　술어 + 得 + 정도보어, 술어 + 不 + 결과보어/방향보어
　　　　　　　　　　　　　　　　　　　　　　가능보어

功夫 풀이 　이 문제는 정도보어와 가능보어를 모두 물어보는 문제이다. 정도보어와 가능보어는 긍정형식에 모두 구조조사 '得'를 사용하기 때문에 자칫 헷갈릴 수 있다. 그러나 정도보어의 부정형식은 '得'이하, 즉 보어 부분만을 부정하기 때문에 '得'와 '不'가 문장 내에 함께 존재하게 되지만, 가능보어의 부정형식은 '得'를 '不'로 바꾸기 때문에, 한 문장 내에 '得'와 '不'가 함께 존재하지 않게 된다. 그러므로 위의 문제에서는 '变得'의 '得'와 부정부사 '不'가 모두 제시되어 있기 때문에, 큰 형태는 '술어 + 정도보어'구조로 접근해야 옳다. 그러므로 술어는 '变得'가 되고, 보어 부분을 '认(동사) + 出来(방향보어)'형태로 만들 수 있다. 방향보어가 쓰이는 문장의 부정은 일반적으로 '没(有)'로 해야 하나, 여기서는 '不'가 제시되어 있으므로, 여기서는 곧 동사와 방향보어 사이에 '不'를 삽입하는 가능보어의 부정형태로 접근을 해야 옳다. 즉, 문장전체의 보어인 정도보어가 다시 가능보어 형태로 이루어진 형태이다.

모범답안 　这个村子变得认不出来了。 이 마을은 못 알아 볼 정도로 변했다.

실력 다지기

第1-8题：完成句子。

1. 兴奋得　　觉　　弟弟　　睡不着

2. 这场　　赢得　　比赛　　非常精彩

3. 都　　很顺利　　一切　　准备得

4. 跳舞　　好　　跳得　　特别　　她

5. 清楚　　我　　他的脸　　看　　不

6. 极了　　我踢　　足球　　腿疼　　踢得

7. 打篮球　　他　　越来越　　打得　　好

8. 坐得下　　那剧场　　一千人　　坐不下

4 시량/동량보어 이해하기

 기술전수

1 동량보어

1. 동량보어란?

동작의 양적인 표현(동량사)을 이용하여 술어 뒤에서 동작을 진행한 횟수를 표현해 주는 보어이다. 동량보어가 있는 문장에서는 목적어가 대명사인 것과 대명사가 아닌 것으로 구분하여 어순을 분석해야 한다.

2. 주요 어법 포인트

❶ 목적어가 대명사가 아닌 일반 목적어일 때

⇒ 주어 + 술어 + 동량보어 + 목적어

예) 我看了一遍那部电影。 나는 그 영화를 한 번 보았다.
　　我吃过一次中国菜。 나는 중국요리를 한 번 먹어 본 적이 있다.

❷ 목적어가 대명사일 때

⇒ 주어 + 술어 + 목적어 + 동량보어

예) 我看过他一次。 나는 그를 한 번 본 적이 있다.
　　我去过那儿两趟。 나는 그 곳에 두 번 간 적이 있다.

2 시량보어

1. 시량보어란?

시간의 양을 나타내는 양사(시량사)를 이용하여 술어 뒤에서 동작이 얼마 동안 지속되었는지를 표현해 주는 보어이다. 시량보어가 있는 문장에서도 역시 목적어가 대명사인 것과 대명사가 아닌 것으로 구분하여 어순을 분석해야 한다.

2. 주요 어법 포인트

❶ 목적어가 대명사기 이닌 일반목적이일 때

⇒ 주어 + 술어 + 시량보어 + 목적어

예) 我等了一个小时(的)公共汽车。 나는 버스를 1시간 기다렸다.
　　我学两年(的)汉语了。 나는 2년 동안 중국어를 공부했다.

혹은 **주어 + 술어 + 목적어 + 술어 + 시량보어**의 형태도 가능하다.
이때, 술어를 중첩할 때 부사나 동태조사 등은 두 번째 술어를 기준으로 삼아야 한다.

예) 我等了公共汽车等一个小时。(X) → 我等公共汽车等了一个小时。
我学了汉语学两年。(X) → 我学汉语学了两年。
我只学了汉语学两年。(X) → 我学汉语只学了两年。

❷ 목적어가 대명사일 때
⇒ **주어 + 술어 + 목적어 + 시량보어**

예) 我等了他半个小时。 나는 그를 30분 기다렸다.
妈妈找了他半天。 엄마는 그를 한나절 찾았다.

❸ 목적어가 지명일 때
⇒ **주어 + 술어 + 목적어 + 시량보어**

예) 我来中国一年了。 나는 중국에 온지 1년이 되었다.

 기술공략

유형 맛보기 1

汉语课   他们今天   两个小时   上了
⇒ _____

功夫 공식 술어 + 시량보어 + (일반)목적어
功夫 풀이 이 문제에서 '两个小时'를 통해 시간의 양적인 개념, 즉 시량보어를 이용하는 문제임을 파악할 수 있어야 한다. 시량보어를 사용할 때는 우선 목적어가 대명사인지 아닌지를 밝혀야 하는데, 위의 문장에서는 '汉语课'가 목적어로서 대명사가 아니다. 그러므로 어순은 '술어 + 시량보어 + 목적어'가 되어야 한다.
모범답안 他们今天上了两个小时汉语课。 그들은 오늘 두 시간 동안 중국어 수업을 했다.

유형 맛보기 2

三场   这几天   雨   了   下
⇒ _____

단어	场 chǎng 양 번, 차례(공연·경기 혹은 자연현상 등을 세는 동량사)
功夫 공식	술어 + 동량보어 + (일반)목적어
功夫 풀이	위에서 '三场'의 '场'은 공연·경기 혹은 자연현상 등을 세는 동량사이다. '下雨'는 자연현상에 포함되고, '下'가 술어, '雨'가 목적어가 된다. 동량사가 나오면 곧 동량보어의 어순을 떠올려야 하고, 우선 목적어가 대명사인지를 판별해야 한다. 여기서 목적어 '雨'는 대명사가 아니므로 일반목적어의 어순공식인 '주어 + 술어 + 동량보어 + 목적어'에 대입하면 쉽게 풀린다. '了'는 동태조사이므로 동사인 '下' 뒤에 두면 되고, '这几天'은 시간의 개념이므로 문장 맨 앞에 둔다.
모범답안	这几天下了三场雨。 요 며칠 세 차례의 비가 내렸다.

유형 맛보기 3

学习　　跟爷爷　　三个小时　　他每天　　汉语
⇒ _____

단어	爷爷 yéye 명 할아버지, 조부
功夫 공식	술어 + 시량보어 + (일반)목적어
功夫 풀이	위의 단어들 중 '三个小时'를 시량보어로 보아야 한다. '他'를 주어로 삼고, '跟爷爷'는 전치사구가 되어 주어 뒤 술어 앞에 위치한다. 술어 '学习'의 목적어는 '汉语'인데, 이때 '汉语'는 대명사가 아니므로 '주어 + 술어 + 시량보어 + 목적어'의 어순을 따라야 한다.
모범답안	他每天跟爷爷学习三个小时汉语。 그는 매일 할아버지와 세 시간씩 중국어 공부를 한다.

실력 다지기

第1-8题：完成句子。

1. 重新　　一遍　　她　　行李箱　　检查了

2. 一回　　这个人过去　　我　　骗过

3. 坐车　　四十多分钟　　我们　　坐了

4. 看了　　孩子们　　两个小时　　电视　　只

5. 电话　　昨天我　　两回　　给他　　打了

6. 听了　　老李　　一下午　　报告　　听

7. 一会儿　　等了　　办公室　　他　　我在

8. 中国农村　　想参观　　我们　　一下

▶ 풀이는 해설집 140p에서 확인하세요.

5 겸어문 이해하기

 기술전수

1 겸어문이란?

앞 동사 (V₁)의 목적어가 뒷 동사 (V₂)의 주어를 겸하는 문장이다.

예 他请我们吃饭。 그는 우리를 식사에 초청했다.

[기본공식]

주어	동사 (V₁)	목적어		
他	请	我们	吃	饭
		주어	동사 (V₂)	목적어

'我们'은 앞에 오는 동사 '请'의 목적어이자, 뒤에 오는 동사 '吃'의 주어 역할을 하는 겸어임.

2 주요 어법 포인트

1. '사동의 의미'를 가지는 동사가 출현하면 겸어문으로 접근하라.

   ⇒ 请，让，叫，使，派 등

   예 我请他帮我的忙。 나는 그에게 도와달라고 청했다.
   妈妈让孩子学音乐。 엄마가 아이에게 음악을 배우도록 시킨다.
   他叫弟弟打扫房间。 그는 남동생에게 방을 청소하도록 시킨다.
   他的话使我非常生气。 그의 말이 나를 매우 화나게 만들었다.
   公司派我到上海去工作。 회사가 나를 상하이로 가서 일하도록 파견한다.

2. 조동사, 부정부사, 시간부사 등의 위치는 첫 번째 술어 앞이다.

   예 他今天晚上请我吃饭。 그는 오늘 저녁 우리를 식사에 초대했다.
   妈妈不让我们看电视。 엄마는 우리가 TV를 보지 못하게 한다.
   他的话能使我们下决心。 그의 말은 우리로 하여금 결심을 할 수 있게 만들 수 있다.

3. 有/没有를 사용한 겸어문 → 주어 + 술어(有/没有) + 겸어 + 술어

   예 他有一个哥哥上大学。 그는 대학에 다니는 형이 한 명 있다.
   没有人知道他的名字。 그의 이름을 아는 사람이 없다.

 기술공략

유형 맛보기 1

不　　大夫　　这种药　　吃　　让　　我

⇒ _____

단어 大夫 dàifu 명 의사 | 药 yào 명 약, 약물

功夫 공식 주어 + 부정부사 + 술어(사동) + 겸어 + 술어 + 목적어

功夫 풀이 '让'은 '~하게 만들다, ~하도록 시키다'의 의미를 가지는 대표적인 사동을 표현하는 동사이다. 이러한 사동의 의미가 출현하면 겸어문으로 접근해야 한다. 겸어문의 어순은 '주어 + 술어(사동) + 겸어 + 술어 + 목적어'이다. 여기서는 의미상으로 '大夫'가 주어가 되어야 하고, 첫 번째 술어는 사동의 의미를 가지는 '让'이고, 두 번째 술어에는 또 다른 동사 '吃'가 놓이게 된다. '我'는 첫 번째 술어의 목적어이자 두 번째 술어의 주어인 겸어가 된다. 이 문장에서 또한 중요한 핵심은 '不의 위치를 어디에 두어야 하는가'인데, 겸어문에서 부정부사의 위치는 첫 번째 동사 앞이어야 한다

모범답안 大夫不让我吃这种药。 의사는 내가 이런 약을 먹지 못하도록 한다.

유형 맛보기 2

让他　　你　　能　　帮助我　　吗

⇒ _____

단어 帮助 bāngzhù 동 돕다, 원조하다, 보좌하다

功夫 공식 주어 + 조동사 + 술어(사동) + 겸어 + 술어 + 목적어

功夫 풀이 '让'은 사동의 의미를 가지는 대표적인 동사 중 하나이다. 역시 겸어문으로 접근하면 '주어 + 술어 + 겸어 + 술어 + 목적어'의 공식을 떠올릴 수 있다. 여기서 문제의 핵심은 조동사 '能'의 위치이다. 겸어문에서 조동사는 첫 번째 동사 앞에 놓아야 한다

모범답안 你能让他帮助我吗? 너는 그가 나를 도와주도록 할 수 있니?

유형 맛보기 3

意见　　没有人　　他的　　同意

⇒ _____

단어 意见 yìjiàn 명 견해, 의견

功夫 공식 (주어) + 술어(有/没有) + 겸어 + 술어 + 목적어

功夫 풀이 이 문장은 '没有'를 이용한 겸어문의 한 형태이다. 일반적으로 겸어문의 문제유형은 사동의 형태가 대부분지만, 이 문제처럼 '没有' 혹은 '有'를 이용한 겸어문을 물어 볼 수도 있으므로 특별히 주의를 기울일 필요가 있다. 문장 내에서 '没有(有)'를 제외하고 또 다른 동사가 보일 경우 겸어문의 형태일 가능성이 높다. 주어진 어휘들 중에서 '没有'를 제외한 동사 '同意'가 또 있다. 따라서 이 문제를 겸어문의 어순으로 접근한다면, '没有'의 목적어 '人'이 곧 '同意'의 주체가 되어 어순을 배열하면 쉽게 해결된다.

모범답안 没有人同意他的意见。 그의 의견에 동의하는 사람이 없다.

실력 다지기

第1-8题：完成句子。

1. 知道校长　　原因　　没有人　　批评的

2. 让　　吃惊　　这个消息　　非常　　邻居

3. 通知大家　　老师　　明天下午两点集合　　让我

4. 使　　这件事　　我　　一个道理　　明白了

5. 那个饭店　　没有朋友　　我　　住在

6. 不想　　吃蛋糕　　我　　请他

7. 反对这样做　　大概　　三分之一的人　　有

8. 不少人　　想　　自己的孩子　　学习汉语　　让

실전 테스트 1회

第1-10题：完成句子。

1. 最近我   这个   才   知道   消息

2. 比较   北方的冬季   干燥   都

3. 这种冰箱的   我   看不懂   使用说明   实在

4. 一些   公司   学生   招聘了   刚毕业的

5. 妹妹   姐姐   一头   比   矮

6. 希望   他   学好   把   汉语

7. 不信任   都   他   连自己的父母

8. 生活水平   高了   一天比一天   人们的

9. 还有   离上课   半个小时   现在

10. 那部电影   我   愿意   不   看

실전 테스트 2회

第1-10题：完成句子。

1. 都　看　我们　电视　在

2. 去买　鸡蛋　妈妈　我　让

3. 一定　下雪　会　明天

4. 下午我　一封　昨天　信　收到了

5. 不想　我们　这个问题了　讨论　再

6. 同学们　他的电脑密码　猜到了　被

7. 把　他　打碎　玻璃　了

8. 比去年　一倍　今年的大米产量　增加了

9. 球赛　精彩　昨天的　极了

10. 遇到困难时　偶尔　放弃　年轻人　会

실전 테스트 3회

第1-10题：完成句子。

1. 暑假　　都　　旅行　　他每年的　　出去

2. 有　　把　　椅子　　房间里　　一

3. 留学生　　抽烟　　学校　　在教室里　　不让

4. 冬天　　冷　　我们国家的　　一样　　跟北京

5. 能　　那本书　　我明天早上　　买到　　才

6. 访问　　我想　　一个　　家庭　　中国工人的

7. 新闻　　我每天　　一个小时　　看　　看

8. 一起　　我　　跟他　　不想　　去

9. 没有　　我哥哥的身体　　那么　　你哥哥　　健康

10. 一起　　打扫　　同学们　　把教室　　干净了

第二部分

쓰기 2부분은 총 5문제로 구성되어 있으며, 그림 하나와 단어 하나가 함께 제시된다. 제시된 단어를 이용하여 하나의 문장을 작문하면 된다. 이때 주어지는 그림이 제시된 단어만을 나타낼 수도 있고, 혹은 상황이 묘사된 그림일 수도 있다. 후자의 경우 문장을 작문하되 그림의 상황을 반영하여 작문을 해야 한다. 이 영역에서 주의할 점은 작문을 길고 어려운 문장으로 하고자 하면 안 된다. 주어진 단어를 이용하여 최대한 온전한 문장을 만드는 것이 중요한데, 온전한 문장이란, 기본적으로 '주어 + 술어 + 목적어' 구조를 충실히 따르는 문장이라고 할 수 있다. 길고 어렵게 작문하려고 하다 보면 실수가 나올 확률이 그만큼 높아지므로, 간단하지만 정확한 문장을 작문할 수 있도록 연습해야 한다.

작문 비법 및 실전문제 해결 TIP

 기술전수

1 작문 비법

1. 중국어 문장 어순에 맞는 작문을!

중국어 어순의 기본은 '주어 + 술어 + 목적어' 구조임을 잊지 마라! 결코 한국어 어순으로 작문을 해서는 안 된다.

2. 한자를 정확하게 쓰는 연습에 힘쓰라!

평소 쉬운 단어라고 당연하게 여겼던 한자들이 막상 쓰려고 하면 정확히 써지지 않는 이유가 무엇일까? 한자는 필획 하나 잘못 그어도 전혀 다른 글씨가 되므로, 평소 단어를 쓰면서 외우는 습관을 길러야 한다. 절대 눈으로 보면서 외우려고 하지 마라!

3. 단어 정복이 중요하다!

만약 작문 실력이 뛰어나도 제시된 단어의 의미를 모른다면? 이런 경우 결코 작문이 쉽지 않을 것이다. 新HSK 4급의 1200개 단어는 작문을 위해서라도 확실히 암기하자!

4. 평소 짧은 문장들을 많이 외워둬라!

어떠한 작문이든, 무작정 무(無)에서 유(有)를 창조하려고 하면 누구나 막연함을 느껴 쉽게 펜을 움직일 수가 없을 것이다. 특히 작문의 초보자 입장에서는 더욱 그러할 것이다. '모방은 창조의 어머니'라고 했듯이, 다양한 형태와 표현의 문장들을 평소 많이 외워둔다면, 실전에서 주어진 어휘만 바꿔서 얼마든지 새롭게 글짓기를 할 수가 있다. 특히 어렵고 낯선 단어들은 바로 응용하기가 어렵기 때문에 더더욱 이러한 방법이 효과적이다.

2 실전문제 해결 TIP

春节 _____

➡ 만약 위의 그림과 제시이기 주어진다면 어떠한 단계로 작문을 진행할 것인가?

1. 먼저 주어진 그림과 제시 단어를 보고 연상되는 상황이나 단어를 적어본다.

위의 그림은 제시어 '春节 설'을 주고 새해인사를 하는 그림을 제시하고 있다. 이와 관련하여 연상되는 단어에는 '节日 명절, 压岁钱 새뱃돈, 拜年 새해인사, 过年 설을 쇠다, 传统 전통, 回家 집으로 돌아가다, 团圆 한자리에 모이다' 등이 있다.

2. 연상되는 단어들을 이용하여 문장의 가장 기본 형태인 '주어 + 술어 + 목적어' 구조의 문장을 만들어 본다. 처음부터 어렵게 하려고 하지 말고 기본 어순에 충실하도록 한다.

예 每个人都喜欢春节。 모든 사람들은 설날을 좋아한다.
　　春节是中国传统节日之一。 설날은 중국 전통명절 중 하나이다.

3. '주어 + 술어 + 목적어'를 바탕으로 관형어나 부사 등을 첨가하여 문장을 확장시켜 그림과 관련하여 원하는 표현을 만들어 간다.

예 春节是全家团圆的日子。 설날은 온 가족이 모이는 날이다.
　　到了春节，人们都给亲戚朋友拜年。 설날이 되면, 사람들은 친지, 친구들에게 새해인사를 한다.

4. 작문을 다 완성한 후, 마지막으로 글자 하나하나 체크하여 잘못 적은 글자가 없는지 확인한다.

 기술공략

유형 맛보기 1

图书馆

功夫 풀이 제시된 단어는 '도서관'이다. 도서관에서 가능한 일들을 단어로 떠올려 보되, 그림의 상황과 연관 지어서 생각해 본다. 도서관에서 할 수 있는 일로 가장 쉽게 떠오르는 것이 '책을 읽는' 모습을 표현하는 것인데, '看书, 读书, 念书' 등의 단어를 떠올릴 수 있다. 그 밖에 '学习, 做作业, 查资料' 등도 가능하다. 그렇다면 주어진 단어 '图书馆'을 장소로 두고, 앞에서 언급한 단어들을 술어로 두면 간단히 '주어 + 술어 + 목적어' 구조의 기본 문장 하나를 완성할 수 있는데, '她在图书馆看书(그녀는 도서관에서 책을 본다)', '妹妹在图书馆做作业(여동생은 도서관에서 숙제를 한다)' 등이 가능하다. 아니면, 도서관을 '来' 혹은 '去'의 목적어로 사용할 수도 있는데, '她常常去图书馆看书(그녀는 자주 도서관에 가서 책을 본다)', '她去图书馆学习(그녀는 도서관에 가서 공부한다)' 등의 형태로 간단한 문장을 만들 수 있다. '주어 + 술어 + 목적어' 구조의 기초 위에 시간부사 '每天, 下课后, 周末' 등을 주어 앞뒤에 둘 수 있고, 혹은 진행이나 빈도를 표현하는 '在, 正在, 常常' 등과 같은 부사나 동작을 묘사하는 '认真, 好好儿地' 등의 부사어도 활용할 수도 있다.

모범답안 1 她正在图书馆看书呢。 그녀는 도서관에서 책을 보고 있다.
모범답안 2 她每天下课后去图书馆学习。 그녀는 매일 수업이 끝난 후 도서관에 공부하러 간다.

장소관련 단어와 연관 단어

图书馆 túshūguǎn 도서관	借 jiè 빌리다 | 还 huán 반납하다 | 查 chá 검색하다 | 资料 zīliào 자료 | 研究 yánjiū 연구하다 | 论文 lùnwén 논문
学校 xuéxiào 학교	小学 xiǎoxué 초등학교 | 初中 chūzhōng 중학교 | 高中 gāozhōng 고등학교 | 大学 dàxué 대학교 | 高考 gāokǎo 대입시험 | 教室 jiàoshì 교실 | 老师 lǎoshī 선생님 | 课本 kèběn 교과서 | 宿舍 sùshè 기숙사 | 运动场 yùndòngchǎng 운동장 | 同学 tóngxué 급우 | 考试 kǎoshì 시험 | 作业 zuòyè 숙제 | 上学 shàngxué 등교하다 | 放学 fàngxué 하교하다 | 复习 fùxí 복습하다 | 预习 yùxí 예습하다
电影院 diànyǐngyuàn 영화관	电影 diànyǐng 영화 | 电影票 diànyǐngpiào 영화표 | 观众 guānzhòng 관중, 관객 | 售票处 shòupiàochù 매표소 | 角色 juésè 역할, 배역 | 演员 yǎnyuán 배우 | 导演 dǎoyǎn 감독

百货大楼 / 商店 bǎihuòdàlóu / shāngdiàn 백화점 / 상점	逛街 guàngjiē 쇼핑하다 | 包装 bāozhuāng 포장하다 | 大减价 dàjiǎnjià 바겐세일 | 打折 dǎzhé 할인하다 | 购物 gòuwù 물건을 사다 | 收银台 shōuyíntái 계산대 | 顾客 gùkè 고객 | 退货 tuìhuò 반품하다 | 礼物 lǐwù 선물
医院 yīyuàn 병원	医生 yīshēng 의사 | 大夫 dàifu 의사 | 护士 hùshi 간호사 | 看病 kànbìng 진찰하다(받다) | 打针 dǎzhēn 주사를 놓다(맞다) | 病人 bìngrén 환자 | 手术 shǒushù 수술 | 治疗 zhìliáo 치료하다 | 生病 shēngbìng 병이 나다
邮局 yóujú 우체국	信 xìn 편지 | 信封 xìnfēng 편지 봉투 | 邮票 yóupiào 우표 | 包裹 bāoguǒ 소포 | 寄 jì 편지를 부치다 | 收 shōu 받다 | 地址 dìzhǐ 주소 | 邮递员 yóudìyuán 집배원
银行 yínháng 은행	存款 cúnkuǎn 저금, 예금, 입금하다 | 取款 qǔkuǎn 인출금, 돈을 찾다 | 汇款 huìkuǎn 송금한 돈, 송금하다 | 贷款 dàikuǎn 대출금 | 信用卡 xìnyòngkǎ 신용카드 | 换钱 huànqián 환전하다 | 密码 mìmǎ 비밀번호 | 交钱 jiāoqián 돈을 납부하다 | 柜台 guìtái 업무창구 | 签名 qiānmíng 서명하다
餐厅 / 食堂 cāntīng / shítáng 식당	菜 cài 요리 | 点菜 diǎncài 요리를 주문하다 | 发票 fāpiào 영수증 | 味道 wèidao 맛 | 点心 diǎnxin 간식 | 好吃 hǎochī 맛있다 | 饮料 yǐnliào 음료

유형 맛보기

兴奋 _____

功夫 풀이 제시된 단어는 '흥분하다'이다. 감정을 나타내는 형용사 등이 제시어로 주어지면, 일반적으로 형용사를 술어로 보고, 주어 및 감정의 배경이 되는 시간 혹은 장소 등을 부사어로 활용하여 문장을 완성하면 된다. 일반적으로 형용사는 정도부사 '很, 非常, 比较' 등의 수식을 받는다는 점도 유념해 두자. 위에 제시된 그림을 통해 주어는 매우 많은 사람 '很多人, 大家, 人们'이나 배경과 관련되어 '看比赛的人' 등으로 표현하면 된다. 형용사는 본래 목적어를 가질 수 없으므로, 가장 단순하게는 '주어 + 술어' 구조의 문장을 완성하면 된다. 따라서 '大家都很兴奋(모두가 매우 흥분했다), 看足球比赛的人都很兴奋(축구경기를 보는 사람 모두 흥분했다)'으로 작문이 가능하다. 혹은 그림의 배경을 시간이나 장소의 부사어로 취급하여, '看足球比赛的时候……', '在2002年世界杯……' 등의 표현을 활용할 수도 있다.

모범답안 1 看足球比赛的人都很兴奋。 축구 경기를 보는 사람들 모두 매우 흥분했다.

모범답안 2 足球比赛让我觉得很兴奋。 축구 경기는 나를 매우 흥분하게 만든다.

감정을 나타내는 단어와 예시

단어	예문
幸福 xìngfú 행복하다	虽然家里钱不多，但是全家都很幸福。 비록 집에 돈은 많지 않지만, 모든 식구들이 다 매우 행복하다.
伤心 shāngxīn 상심하다	他没考上大学，所以很伤心。 그는 대학에 합격하지 못해서 매우 상심했다.
生气 shēngqì 화가 나다	因为他的话，我非常生气。 그의 말 때문에 나는 매우 화가 났다.
吃惊 chījīng 놀라다	听到这个消息，我很吃惊。 이 소식을 듣고 나는 매우 놀랐다.
不好意思 bù hǎoyìsi 부끄럽다, 미안하다	我不想参加她的生日晚会，可又不好意思说出来。 나는 그녀의 생일파티에 참가하고 싶지 않지만, 말하기가 미안하다.
失望 shīwàng 실망하다	考试成绩不好，让父母很失望。 시험 성적이 좋지 않아, 부모님을 매우 실망시켰다.
高兴 gāoxìng 기쁘다	这次考试我得了第一名，高兴极了。 이번 시험에서 나는 1등을 해서 매우 기쁘다.
害怕 hàipà 무섭다	她很害怕一个人深夜回家。 그녀는 깊은 밤에 혼자 집에 가는 것을 매우 무서워한다.
希望 xīwàng 희망하다	我希望能学好汉语。 나는 중국어를 잘 배우길 희망한다.
担心 dānxīn 걱정하다	父母总是为我们的将来担心。 부모님은 늘 우리의 장래 때문에 걱정하신다.
紧张 jǐnzhāng 긴장하다	明天有重要的考试，紧张得睡不着觉。 내일 중요한 시험이 있는데, 긴장이 되서 잠을 잘 수 없다.
后悔 hòuhuǐ 후회하다	小的时候，我学习不太认真，现在后悔了。 어렸을 때 나는 공부를 열심히 하지 않았다. 지금은 후회된다.

유형 맛보기 3

游泳 _____

功夫 풀이 제시된 단어는 '수영하다'이다. 스포츠 관련 단어가 나올 때에 주의해야 할 점은 각각의 스포츠와 어울리는 동사를 정확하게 사용할 수 있어야 한다는 것이다. 대부분의 구기 종목 '篮球, 排球, 乒乓球' 등은 손을 사용해서 하기 때문에 동사 '打'를 이용하고, '足球'로 대표되는 발로하는 경기는 동사 '踢'를 사용한다. 이 문제에서 제시된 '游泳'은 단어 자체가 동사의 의미를 가지고 있으므로 따로 동사를 써줄 필요는 없지만, 그보다 더 중요한 것은 이 단어가 이합사(离合词)이기 때문에, 보어 등을 이용해 작문을 하고자 할 때는 이합사의 특징에 유의할 필요가 있다. 예를 들어 '그녀는 수영이 나보다 빠르다'라는 문장을 정도보어를 사용하여 나타낼 때, '她游泳得比我快'로 쓰면 틀린 작문이 된다. 따라서 이를 '她游泳游得比我快' 형태로 써야 옳다.

모범답안 1 她每天早上跟丈夫一起去游泳。 그녀는 매일 아침 남편과 수영하러 간다.
모범답안 2 去年游泳比赛她得了第一名。 작년 수영경기에서 그녀는 1등을 했다.

스포츠 관련 단어

体育 tǐyù	체육	运动 yùndòng	운동하다
比赛 bǐsài	경기, 시합	进球 jìnqiú	골
取胜 qǔshèng	승리하다	赢 yíng	이기다
输 shū	지다	赛程 sàichéng	경기일정
奥林匹克运动会 Àolínpǐkè Yùndònghuì	올림픽	世界杯足球赛 Shìjièbēi Zúqiúsài	월드컵 축구대회
赛跑 sàipǎo	경주하다	跑步 pǎobù	조깅하다
游泳 yóuyǒng	수영(하다)	滑冰 huábīng	스케이트(를 타다)
滑雪 huáxuě	스키(를 타다)	足球 zúqiú	축구
棒球 bàngqiú	야구	篮球 lánqiú	농구
排球 páiqiú	배구	网球 wǎngqiú	테니스
乒乓球 pīngpāngqiú	탁구	台球 táiqiú	당구
太极拳 tàijíquán	태극권	体操 tǐcāo	체조

유형 맛보기 4

天气预报 _____

功夫 풀이 제시된 단어는 '일기예보'이고, 그림을 통해서 나타내고 있는 상황은 아마도 '비가 오는 날씨'임을 알 수 있다. 이 두 가지를 연관시키면, '일기예보를 통해 비가 온다는 소식을 들었다' 혹은 '일기예보를 보지 못해서 우산을 가져오지 못했다' 등 다양한 형태의 작문이 가능하다. 이 상황과 연관지어 연상할 수 있는 단어들로는 '下雨, 雨伞, 新闻, 听到, 看到, 带' 등이 있다. 주어진 단어를 이용해 가장 단순한 '주어 + 술어 + 목적어' 구조를 만들면 '天气预报说明天下雨(일기예보에서 내일 비가 온다고 말했다)'가 가능하다. 여기에 부사 '可能, 一定' 등을 삽입할 수도 있다. 혹은 주어를 인칭대명사로 삼을 수도 있는데, '我今天没听到天气预报(나는 오늘 일기예보를 듣지 못했다)', '他每天上班之前必须收听天气预报(그는 매일 출근하기 전 반드시 일기예보를 듣는다)' 등도 가능하다.

모범답안 1 今天早上我没听天气预报，所以忘了带雨伞。
오늘 아침 일기예보를 듣지 않아서, 우산 가져오는 것을 잊었다.

모범답안 2 天气预报说今天下午可能下雨，你记得带雨伞。
일기예보에서 오늘 오후에 아마도 비가 온다고 했으니, 너는 우산 가져가는 것을 기억해라.

날씨 관련 단어

天气 tiānqì	날씨	预报 yùbào	예보(하다)
下雨 xiàyǔ	비가 내리다	下雪 xiàxuě	눈이 내리다
下雾 xiàwù	안개가 끼다	晴天 qíngtiān	맑은 날
阴天 yīntiān	흐린 날	刮风 guāfēng	바람이 불다
多云 duōyún	구름이 많다	干燥 gānzào	건조하다
潮湿 cháoshī	습하다	冷 lěng	춥다
热 rè	덥다	凉快 liángkuai	시원하다

유형 맛보기 5

堵车 _____

功夫 풀이 제시된 단어는 '차가 막히다'이고, 그림을 통해서 나타내고 있는 상황은 '차가 막히지 않는 상황'임을 알 수 있다. 우선 '堵车'는 이합동사로서 이미 목적어를 가지고 있는 동사이기 때문에 굳이 목적어를 사용하려고 할 필요 없으며, 주어와 상황적인 배경만을 설명해도 완벽한 하나의 문장을 쉽게 완성할 수 있다. 주어는 아무래도 '路, 道路, 高速公路' 등과 같은 장소명사로 선택할 수 있는데, 이때 주의할 점은 '길'을 세는 양사가 '条'라는 점이다. 그러므로 '这条路天天堵车(이 길은 매일 막힌다)' 등이 기본형식으로 가능하다. 그림의 내용은 막히지 않는 상황이므로, '除了上下班时间以外，这条路不太堵车(출퇴근시간을 제외하고, 이 길은 그다지 막히지 않는다)'의 형태가 가능하다.

모범답안 1 现在不是下班时间，路上可能不会堵车。
지금은 퇴근시간이 아니어서 아마도 길에 차가 막히지 않을 것이다.

모범답안 2 平时大多数的高速公路不太堵车。
평소 대다수의 고속도로는 차가 그다지 막히지 않는다.

도로와 교통 관련 단어

道路 dàolù	도로	地道 dìdào	지하도
胡同 hútòng	골목	人行道 rénxíngdào	인도, 보도
大街 dàjiē	번화가	马路 mǎlù	큰길
开车 kāichē	운전하다	红绿灯 hónglǜdēng	신호등
右转 yòuzhuǎn	우회전하다	高速公路 gāosùgōnglù	고속도로
左转 zuǒzhuǎn	좌회전하다	汽车站 qìchēzhàn	정류장
火车站 huǒchēzhàn	기차역	机场 jīchǎng	공항
停车场 tíngchēchǎng	주차장	火车 huǒchē	기차
地铁 dìtiě	지하철	汽车 qìchē	자동차
公共汽车 gōnggòngqìchē	버스	自行车 zìxíngchē	자전거
飞机 fēijī	비행기	船 chuán	배

실력 다지기

第1-5题：看图，用词造句。

1.
长城

2.
京剧

3.
生日

4.
联系

5.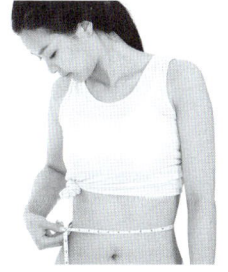
减肥

第1-5题：看图，用词造句。

1.  感动

2.  打折

3.  认真

4.  干燥

5.  取得

第1-5题：看图，用词造句。

1.  保护

2.  咖啡

3.  搬

4.  笔记本

5.  伤心

Note

模拟考试

압!

新汉语水平考试
HSK（四级）
模拟试题

注　意

一、 HSK（四级）分三部分：
　　 1. 听力（45题，约30分钟）
　　 2. 阅读（40题，40分钟）
　　 3. 书写（15题，25分钟）
二、 答案先写在试卷上，最后5分钟再写在答题卡上。
三、 全部考试约105分钟（含考生填写个人信息时间5分钟）。

一、听力

第一部分

第1－10题：判断对错。

例如：我想去办个信用卡，今天下午你有时间吗？陪我去一趟银行？

★ 他打算下午去银行。 (✓)

现在我很少看电视，其中一个原因是，广告太多了，不管什么时间，也不管什么节目，只要你打开电视，总能看到那么多的广告，浪费我的时间。

★ 他喜欢看电视广告。 (✗)

1. ★ 他没有时间锻炼身体。 ( )

2. ★ 他喜欢看电视。 ( )

3. ★ 她唱得非常好。 ( )

4. ★ 图书馆没有人说话。 ( )

5. ★ 他不想浪费电话费。 ( )

6. ★ 这条路很热闹。 ( )

7. ★ 他很准时。 ( )

8. ★ 无论是在欧洲还是在中国，骑自行车都锻炼了身体。 ( )

9. ★ 他的书丢了。 ( )

10. ★ 妈妈忘记往洗衣机里放水了。 ( )

第二部分

第11－25题：请选出正确的答案。

例如：女：该加油了，去机场的路上有加油站吗？

男：有，你放心吧。

问：男的主要是什么意思？

    A 去机场   B 快到了   C 油是满的   D 有加油站 ✓

11. A 不想翻译   B 可以翻译   C 翻译不了   D 翻译得很好

12. A 茶馆   B 银行   C 超市   D 饭馆

13. A 裤子   B 鞋子   C 袜子   D 什么也没买

14. A 写信   B 写电子邮件   C 发短信   D 打电话

15. A 盐   B 烟   C 菜   D 大米

16. A 七点   B 七点十分   C 七点二十   D 七点半

17. A 坐公交车   B 坐地铁   C 坐朋友的车   D 骑自行车

18. A 精彩极了   B 很无聊   C 非常奇怪   D 让人讨厌

19. A 大使馆   B 图书馆   C 美术馆   D 博物馆

20. A 是博士   B 成绩不好   C 准备考试   D 考上了硕士

21. A 在减肥　　　　B 胖了　　　　　C 牙疼　　　　　D 肚子不舒服

22. A 下雨　　　　　B 晴天　　　　　C 阴天　　　　　D 刮风

23. A 高速公路　　　B 剧场　　　　　C 火车站　　　　D 机场

24. A 找不到眼镜　　B 丢了手机　　　C 身体不舒服　　D 想睡觉

25. A 没准备好　　　B 没报上名　　　C 没有信心　　　D 感冒了

第三部分

第26-45题：请选出正确的答案。

例如：男：把这个文件复印五份，一会儿拿到会议室发给大家。
　　　女：好的。会议是下午3点吗？
　　　男：改了。三点半，推迟了半个小时。
　　　女：好，602会议室没变吧？
　　　男：对，没变。
　　　问：会议几点开始？
　　　　A 2点　　　　　　B 3点　　　　　　C 3：30 ✓　　　　D 6点

26.　A 要参加讨论会　　B 要去面试　　　　C 要参加婚礼　　　D 要演节目

27.　A 生意好不好不重要　　　　　　　　　B 多积累经验
　　　C 关键是赚多少钱　　　　　　　　　　D 重视标准

28.　A 不自然　　　　　B 简单易懂　　　　C 让人感动　　　　D 不吸引人

29.　A 剧场前面　　　　B 图书馆里　　　　C 地铁出口　　　　D 大使馆外面

30.　A 很热闹　　　　　B 交通不方便　　　C 很穷　　　　　　D 污染严重

31.　A 常常照相　　　　B 长得像弟弟　　　C 很聪明　　　　　D 比弟弟高

32.　A 要加班　　　　　B 有约会　　　　　C 公司开会　　　　D 要出差

33.　A 屋子里太黑　　　　　　　　　　　　B 屋子里空气不好
　　　C 屋子里太吵　　　　　　　　　　　　D 屋子里有病人

34.　A 把张老师介绍给他　　　　　　　　　B 代替他还书
　　　C 一起去张老师家　　　　　　　　　　D 帮他买张老师的礼物

35. A 女的不关心环保问题　　　　　　　　B 昨天女的跟男的一起听演讲
　　C 男的要把记下来的内容给女的看看　　D 女的对昨晚的演讲没有兴趣

36. A 司机　　　　B 演员　　　　C 导游　　　　D 教授

37. A 从学校出发　　　　　　　　B 能到动物园
　　C 最后一站是体育馆　　　　D 速度很慢

38. A 爱好多的　　B 友好的　　　C 会说话的　　D 性格活泼的

39. A 支持　　　　B 不太同意　　C 后悔　　　　D 非常讨厌

40. A 手机丢了　　B 传真机坏了　C 顾客没接电话　D 电话号码错了

41. A 很诚实　　　B 有点马虎　　C 从不粗心　　D 很幽默

42. A 活泼　　　　B 骄傲　　　　C 懒　　　　　D 认真

43. A 十个　　　　B 十一个　　　C 十二个　　　D 十三个

44. A 从美国买回来的　　　　　　B 弟弟自己买的
　　C 今年在美国买的　　　　　　D 在百货大楼买的

45. A 对那件衣服不熟　　　　　　B 她想起来了那件衣服
　　C 她根本不关心弟弟　　　　　D 她现在在美国

二、阅读

第一部分

第46-50题：选词填空。

A 打印　　B 距离　　C 完全　　D 坚持　　E 重点　　F 饺子

例如：她每天都（ **D** ）走路上下班，所以身体一直很不错。

46. 网络拉近了人与人之间的（　　）。

47. 我最喜欢过春节，全家人在一起包（　　），真热闹。

48. 他（　　）有能力做好这件事，但他没有认真去做。

49. 你能用电脑把那份材料（　　）出来吗？

50. 说话应该先说（　　），这样才能让别人更快地了解你想表达的意思。

第51－55题：选词填空。

A 危险　　B 毕业　　C 温度　　D 熟悉　　E 轻　　F 标准

例如：A：今天真冷啊，好像白天最高（ C ）才2℃。
　　　B：刚才电视里说明天更冷。

51. A：你最近在减肥吗？看起来瘦了不少。
　　 B：真的吗？我只比上个月（　　）了两公斤。

52. A：小姐，这里是停车场的出口，你站在这里很（　　）。
　　 B：不好意思，我没注意到，谢谢你。

53. A：你马上就要（　　）了吧？将来有什么打算？
　　 B：我想出国读博士，正在准备签证的材料呢。

54. A：你的动作还不太（　　），右腿再抬高一点儿。
　　 B：是这样吗，老师？

55. A：你听，广播里的歌真好听，是谁唱的？
　　 B：声音听着挺（　　）的，不过我一下子想不起来了。

第二部分

第 56－65 题：排列顺序。

比如：**A**：可是今天起晚了

　　　B：平时我骑自行车上下班

　　　C：所以就打车来公司　　　　　　　　　　　　　　**B　A　C**

56.　**A**：我特别感谢一直支持和帮助我的朋友们

　　　B：我就不可能取得今天这样的成绩的

　　　C：要是没有他们的关心和鼓励　　　　　　　　　　_____

57.　**A**：这样我就可以及时了解国内外发生的大事了

　　　B：我办了新闻手机报服务

　　　C：每天都能收到经济、社会和国际等各方面的新闻短信　　_____

58.　**A**：而月球只有地球的 1/49

　　　B：太阳比地球大 130 万倍

　　　C：但我们从地球上看却感觉它们大小差不多　　　　　　_____

59.　**A**：现在只卖 350 块

　　　B：这种衬衫今年非常流行，质量很好

　　　C：价格也不贵，我找一件您试试吧　　　　　　　　　　_____

60. A：还能扩展知识

    B：我提高汉语水平的方法就是坚持看中文报纸

    C：这样不仅能学到很多新的词语 _____

61. A：我们先陪客人参观了学校

    B：然后又带他们熟悉了一下周围的环境

    C：并和学校留学生负责人见了面 _____

62. A：请给我们发电子邮件

    B：介绍一下自己的职业、收入并写明地址

    C：就可以免费申请打折卡了 _____

63. A：可以顺便逛逛街

    B：周末会由导游带大家去电影院看场电影

    C：那附近还特别热闹 _____

64. A：她已重新开始阅读汉语

    B：并且已经申请好了去中国的签证

    C：姐姐打算继续学习汉语 _____

65. A：要去医院检查一下身体

    B：因此打算从明天起暂时休息一下

    C：会上他只说自己这几天不舒服 _____

第三部分

第66－85题：请选出正确答案。

例如：她很活泼，说话很有趣，总能给我们带来快乐，我们都很喜欢和她在一起。

★ 她是个什么样的人：

A 幽默 ✓　　　　B 马虎　　　　C 骄傲　　　　D 害羞

66. 骑自行车比较自由，可以不受堵车之苦。只要事先算好时间，一般都能按时到达，但是天气不好就麻烦了。即使穿着雨衣，路远的话，还是常常会被淋湿。

★ 根据文章内容，下面哪项是正确?

A 骑自行车上班的时候，由于堵车，常常迟到

B 更多的人要使用自行车

C 天气不好的时候，骑自行车能早点儿到

D 骑自行车一般能准时到达

67. 在商店买东西以后，如果觉得不合适或发现有问题，可以在一定的时间内到原商店去退换，但是必须证明是在这个商店购买的物品，所以需要像小票、发票什么的，否则就会有许多麻烦，甚至退换不了。

★ 根据上文哪项是正确的?

A 在中国，买东西后不能退换　　　B 只要没弄坏东西，就能退换

C 要退换，必须带发票　　　　　　D 没有发票也可以退换

68. 森林有改变小范围气候的作用。在高温的夏季，森林内的温度会比周围低3到5℃；而在寒冷多风的冬季，森林能起到降低风速、提高气温的作用。

★ 夏季，森林可以：

A 降低气温　　　B 改变风向　　　C 增加雨量　　　D 使皮肤湿润

69. 有些人通过节食的方法来减肥，虽然有效，但是时间长了身体会受不了。真正健康的减肥方法应该是多锻炼，这样做既对身体好，还能让自己看起来更有精神。

    ★ 想要健康减肥，应该：

    A 多运动　　　　B 少吃饭　　　　C 经常站着　　　　D 节食

70. 了解顾客的实际需要十分重要，一样东西，不管它质量多好、多便宜，如果顾客完全不需要它，我们就很难把它卖出去。

    ★ 除了质量和价格，顾客还会考虑：

    A 感情基础　　　　　　　　　　B 自己的需要

    C 售货员的主意　　　　　　　　D 自己的购买能力

71. 最近，北京出版社做了一项调查。调查的结果表明：现在人们不读书的主要原因就是"没有时间"，其次是"不习惯读书"，其中，在20～29岁的年轻人中，"没有时间读书"的人数最多。

    ★ 年轻人不读书的主要原因是什么？

    A 没有时间　　B 没有兴趣　　C 不习惯　　D 不知道读什么书

72. 地球上的气候真有趣：有的地方一年四季都可以见到雪，而有的地方却从来不下雪；同样是3月，有的地方树还没长出新叶子，有的地方却已到处开满鲜花。

    ★ 这段话通过举例来说明地球的气候：

    A 没有区别　　B 很有意思　　C 污染严重　　D 变化不大

73. 老同学刚从国外回来，第一个就来看我，我高兴极了。因为在大学的时候，我们好得就像一个人似的，做什么都得一起做。可是后来朋友出国了，我留在国内，相互联系得就少了。

    ★ 作者为什么那么高兴？

    A 考得好　　　　　　　　　　B 有人请客

    C 老同学回来看他　　　　　　D 他去看老同学

74. 输和赢都只是生活的一部分,没有人会永远输,也没有人会一直赢。生活的关键就是：只要你努力做了,不管是输是赢,都一样精彩、值得表扬。

    ★ 根据这段话,可以知道：

    A 要有耐心　　　B 自信才会赢　　　C 输赢不重要　　　D 要多参加活动

75. 我很喜欢听音乐,只要一有好的音乐CD,我就买。不管是流行的还是古典的我都爱买。因为这个,我爱人常常和我吵架,批评我把钱都花在买音乐CD上了。她说孩子就要上大学了,学费要很多钱。

    ★ 妻子为什么批评我买音乐CD?

    A 她不喜欢听音乐　　　　　　　B 家里已经有很多音乐CD

    C 她觉得我在买音乐CD 上浪费钱　　D 她认为听音乐对子女教育不太好

76. 中国的火车都有号码,叫车次。一般来说,从北京出发的火车都是单号,开往北京的都是双号。例如北京到上海的是13次,上海到北京的火车是14次。火车根据速度可以分为特别快车（特快）,直达快车（直快）和旅游特快等。凡是车次号码小于100的都是特快。

    ★ 如果你坐的车次号码是18次,就意味着是：

    A 开往上海的普快　　　　　　　B 开往北京的特快

    C 开往上海的特快　　　　　　　D 开往北京的直快

77. 我还记得来中国以后第一次看到中国人表演功夫时,当时我兴奋得一夜没睡着。从那时起,我就下决心要学功夫。第二天,我立刻找了一位功夫老师,请他教我。到现在我没有间断过学习功夫。几年下来,现在我的中国功夫已经相当厉害了。

    ★ 作者现在中国功夫怎么样?

    A 很好　　　　B 一般　　　　C 很差　　　　D 会一点儿

78. 选择职业时,我们首先应该对自己有清楚的认识,不仅要知道自己想做什么,还要根据自己的性格、爱好去判断什么样的工作适合自己,这样才能找到满意的工作。

★ 选择职业时,应该:

A 多调查　　　　B 打好基础　　　　C 及时总结　　　　D 先认清自己

79. 语言是人们交流的工具,音乐也是一种语言,人们可以用它来表达自己的感情,而且和其他语言比起来,音乐表达的感情有时更容易让人听懂。

★ 根据这段话,音乐表达的感情:

A 复杂多变　　　B 让人难过　　　C 更容易理解　　　D 让人印象更深

80-81.
别人的批评往往能帮助我们认清楚自己的缺点和错误,所以当我们听到批评时,先不要生气,尤其不要乱发脾气,而是应该冷静地想想他们提出的意见或者建议是否正确,对我们有没有帮助。

★ 根据这段话,别人的批评能让我们:

A 适应社会　　　　　　　　　　B 证明自己
C 增加安全感　　　　　　　　　D 看到自己的错误

★ 受到批评时,我们首先应该:

A 表示抱歉　　　　　　　　　　B 原谅别人
C 冷静下来　　　　　　　　　　D 同情别人

82－83.

我刚来中国时，一句汉语也不会说，经过一年多的努力，现在我已经能够跟中国人简单地交流了。在这一年多中，我学到了不少东西，知道了很多以前不知道的事情。以后回国时，我要把知道的有关中国的所有情况都告诉我的亲戚朋友。如果将来我结了婚，有了孩子，我要让我的妻子和孩子也来中国看看。

★ 现在作者的汉语水平怎么样？

A 能跟任何中国人随便谈话　　　　B 能做简单的交流

C 一句汉语也听不懂　　　　　　　D 只能说简单的句子

★ 关于作者，正确的是什么？

A 已经结婚了　　　　　　　　　　B 已经有孩子了

C 不想结婚　　　　　　　　　　　D 还没结婚

84－85.

有个年轻人觉得自己什么都没有，总是很不开心。一天，他的父亲对他说："孩子,其实你是个富人啊！""为什么？我既没车也没房子,钱也很少。"父亲笑着说："如果有人出100万买你的健康,再出100万买你的年轻,你愿意卖吗？"年轻人这才明白，原来自己一点儿都不穷，相反，自己有很多用钱也买不到的东西。

★ 一开始，年轻人觉得自己：

A 很穷　　　　　　　　　　　　　B 很健康

C 很幸福　　　　　　　　　　　　D 很厉害

★ 这段话主要想告诉我们：

A 要有理想　　　　　　　　　　　B 不要羡慕别人

C 要懂得节约　　　　　　　　　　D 钱不是最重要的

三、书写

第一部分

第86-95题：完成句子。

例如：那座桥   800年的   历史   有   了

　　　那座桥有800年的历史了。

86. 你最好   一个密码   重新   换

87. 不允许   教室   抽烟   里

88. 电脑   使用了   正常   已经可以

89. 吃惊了   这个消息   真是   太让人

90. 他   一个   农村   美丽的   出生在

91. 桌子周围   把   收拾得   姐姐   很整齐

92. 是   负责的   由黄校长   这次调查

93. 增加了   今年的   一倍   比去年   产量

94. 你没有   难道   先   检查一下

95. 大家的   环境保护   共同努力   需要

第二部分

第96-100题：看图，用词造句。

例如：  乒乓球　她很喜欢打乒乓球。

96.  衬衫　　97.  鼓励

98.  台　　99.  危险

100.  果汁

HSK (四级) 答题卡

汉语水平考试 HSK 答题卡

请填写考生信息

按照考试证件上的姓名填写：

姓名

如果有中文姓名，请填写：

姓名

考生序号： [0][1][2][3][4][5][6][7][8][9]
[0][1][2][3][4][5][6][7][8][9]
[0][1][2][3][4][5][6][7][8][9]
[0][1][2][3][4][5][6][7][8][9]
[0][1][2][3][4][5][6][7][8][9]

请填写考生信息

考点代码：
[0][1][2][3][4][5][6][7][8][9]
[0][1][2][3][4][5][6][7][8][9]
[0][1][2][3][4][5][6][7][8][9]
[0][1][2][3][4][5][6][7][8][9]
[0][1][2][3][4][5][6][7][8][9]
[0][1][2][3][4][5][6][7][8][9]
[0][1][2][3][4][5][6][7][8][9]

国籍：
[0][1][2][3][4][5][6][7][8][9]
[0][1][2][3][4][5][6][7][8][9]
[0][1][2][3][4][5][6][7][8][9]

年龄：
[0][1][2][3][4][5][6][7][8][9]
[0][1][2][3][4][5][6][7][8][9]

性别： 男 [1]   女 [2]

注意   请用2B铅笔这样写：■

一、听力

1. [√] [×]   6. [√] [×]   11. [A][B][C][D]   16. [A][B][C][D]   21. [A][B][C][D]
2. [√] [×]   7. [√] [×]   12. [A][B][C][D]   17. [A][B][C][D]   22. [A][B][C][D]
3. [√] [×]   8. [√] [×]   13. [A][B][C][D]   18. [A][B][C][D]   23. [A][B][C][D]
4. [√] [×]   9. [√] [×]   14. [A][B][C][D]   19. [A][B][C][D]   24. [A][B][C][D]
5. [√] [×]   10. [√] [×]   15. [A][B][C][D]   20. [A][B][C][D]   25. [A][B][C][D]

26. [A][B][C][D]   31. [A][B][C][D]   36. [A][B][C][D]   41. [A][B][C][D]
27. [A][B][C][D]   32. [A][B][C][D]   37. [A][B][C][D]   42. [A][B][C][D]
28. [A][B][C][D]   33. [A][B][C][D]   38. [A][B][C][D]   43. [A][B][C][D]
29. [A][B][C][D]   34. [A][B][C][D]   39. [A][B][C][D]   44. [A][B][C][D]
30. [A][B][C][D]   35. [A][B][C][D]   40. [A][B][C][D]   45. [A][B][C][D]

二、阅读

46. [A][B][C][D][E][F]   51. [A][B][C][D][E][F]
47. [A][B][C][D][E][F]   52. [A][B][C][D][E][F]
48. [A][B][C][D][E][F]   53. [A][B][C][D][E][F]
49. [A][B][C][D][E][F]   54. [A][B][C][D][E][F]
50. [A][B][C][D][E][F]   55. [A][B][C][D][E][F]

56. _____   58. _____   60. _____   62. _____   64. _____

57. _____   59. _____   61. _____   63. _____   65. _____

66. [A][B][C][D]   71. [A][B][C][D]   76. [A][B][C][D]   81. [A][B][C][D]
67. [A][B][C][D]   72. [A][B][C][D]   77. [A][B][C][D]   82. [A][B][C][D]
68. [A][B][C][D]   73. [A][B][C][D]   78. [A][B][C][D]   83. [A][B][C][D]
69. [A][B][C][D]   74. [A][B][C][D]   79. [A][B][C][D]   84. [A][B][C][D]
70. [A][B][C][D]   75. [A][B][C][D]   80. [A][B][C][D]   85. [A][B][C][D]

三、书写

86. _____

87. _____

88. _____

89. _____

90. _____

91. _____

92. _____

93. _____

94. _____

95. _____

96. _____

97. _____

98. _____

99. _____

100. _____

新HSK 한권으로 합격하기

4급

해설집

목차

듣기
실력다지기 풀이   3
실전테스트 풀이   55

독해
실력다지기 풀이   75
실전테스트 풀이   94

쓰기
실력다지기 풀이   123
실전테스트 풀이   146

모의고사
녹음 스크립트   157
정답   166

듣기

실력 다지기 풀이
실전 테스트 풀이

🐼 실력 다지기 풀이

第一部分

I. 제시된 문장의 주요 단어를 확인하라

1. 숫자 및 시간 확인하기 / 2. 장소 및 지명 확인하기 / 3. 부사 확인하기 p.25

정답_ 1. √ 2. X 3. X 4. X 5. √ 6. X 7. X 8. √ 9. X 10. √

---

1. 📢 我也记不清楚了，只记得我们第一次见面是两个月前的一个星期六。
   나도 분명하게 기억하지 못하고, 단지 우리가 처음 만난 것이 두 달 전의 어느 토요일인 것만 기억한다.

   ★ 그들은 알게 된 지 이미 두 달이 되었다.

   단어 记得 jìde 통 기억하고 있다

   功夫 풀이 이 문제를 해결할 때 제시된 문장 중 특별히 주의해야 할 단어들을 미리 살펴보아야 한다. 여기서는 시간의 양적인 개념인 '两个月'에 주목하고, 녹음 내용에 주의를 기울일 필요가 있다. 녹음 내용의 핵심 부분은 '我们第一次见面是两个月前的一个星期六'로서, '처음 만난 것이 두 달 전'이라고 했으므로 '알게 된 지 두 달 되었다'는 제시된 문장은 녹음 내용과 일치한다고 볼 수 있다.

---

2. 📢 现在差十分十点，离发车时间还有三十分钟。
   지금은 열 시 십 분 전인데, 차 출발시간까지 아직 30분이 남았다.

   ★ 기차는 10시 30분에 출발한다.

   단어 差 chà 통 부족하다, 모자라다

   功夫 풀이 제시된 문장의 핵심은 시간을 표시하는 '十点半'이다. 녹음에서 특히 시간이 언급된 부분을 주목해서 들을 필요가 있다. 총 두 번 제시되는데, 처음엔 현재 시간인 '差十分十点'라고 하였고, 이어서 기차가 출발하기까지 남은 시간이 '三十分钟'이라고 했다. 따라서 기차가 출발할 시간은 현재 시간 9시 50분에서 남은 시간 30분을 더한 10시 20분이 되므로, 제시된 문장과 녹음 내용은 일치하지 않는다.

---

3. 📢 我刚才算了一下，每个月的房租、交通费、电话费、水费等，至少得一千五百块。
   내가 방금 계산 좀 해봤는데, 매달 방세, 교통비, 전화비, 수도세 등 적어도 천오백위안이 필요해.

★ 방세는 매달 천오백위안이다.

단어 算 suàn 동 계산하다, 셈하다 | 房租 fángzū 명 집세, 임대료

功夫 풀이 질문지에는 '房租'에 관련된 금액으로 제시되고 있지만, 녹음 내용상에는 방세만 따로 언급하지 않았고, 방세와 함께 교통비나 전화비 등도 포함한 금액 즉, 생활비 전체를 언급하는 것이므로 정답은 X가 된다.

---

4. 我总是工作到很晚，**到家时常常已经是夜里十二点多，开电梯的工人已经休息了**，我就只好自己爬楼梯。

   나는 언제나 늦게까지 일을 해서, 집에 도착하면 자주 이미 밤 12시가 넘는다. 엘리베이터를 운행하는 직원도 이미 쉬고 있어서, 나는 할 수 없이 스스로 계단으로 올라간다.

   ★ 건강을 위해서, 그는 자주 계단으로 올라간다.

단어 总是 zǒngshì 부 늘, 줄곧 | 电梯 diàntī 명 엘리베이터 | 爬 pá 동 올라가다 | 楼梯 lóutī 명 계단, 층계

功夫 풀이 제시된 문장은 전반부 '为了身体健康'의 목적 부분과 후반부 '常常爬楼梯'의 결과 부분으로 나눠서 살펴보고, 녹음을 들을 때 이 두 가지를 모두 생각하며 관련 부분에 주의를 기울여야 한다. 화자가 계단으로 올라오는 이유는 '到家时常常已经是夜里十二点多，开电梯的工人已经休息了' 전체라고 볼 수 있다. 즉, '늦게 집에 도착해서 엘리베이터를 운행하는 직원이 쉬고 있기 때문'이므로 제시된 문장은 녹음 내용과 일치하지 않는다.

---

5. 我买东西**主要看质量和价钱是不是合适**，颜色、款式什么的，只要差不多就行。

   나는 물건을 살 때 주로 품질과 가격이 적합한지를 보고, 색깔과 스타일 등은 어느 정도만 되면 괜찮다.

   ★ 물건을 살 때, 그는 상품의 품질을 중시한다.

단어 质量 zhìliàng 명 품질 | 价钱 jiàqián 명 값, 가격 | 合适 héshì 형 적합하다 | 款式 kuǎnshì 명 스타일 | 看重 kànzhòng 동 중시하다

功夫 풀이 제시된 문장의 핵심 단어는 '商品的质量'이고, 이 단어의 술어인 '看重'도 주목할 필요가 있다. 녹음 내용에서 이와 관련된 부분은 '主要看质量和价钱是不是合适'이다. 여기서 품질과 가격을 주로 본다고 했으므로 품질을 중시한다는 의미와 일치한다고 볼 수 있다.

---

6. 昨天我和几个同学一起去长城，**一直到天黑才回来**。

   어제 나는 몇몇 친구들과 함께 만리장성에 가서, 날이 어두워져서야 돌아왔다.

   ★ 어제 그는 만리장성에 가서 일찌감치 돌아왔다.

단어 一直 yìzhí 부 계속, 줄곧

듣기 실력 다지기 풀이　5

功夫 풀이 제시된 문장의 핵심 단어는 '长城'과 '很早就回来了'라고 할 수 있다. 우선 녹음 내용에서 장소에 귀를 기울이고, 그 다음 돌아온 시점에 대해서 주목해야 한다. 녹음 내용에 비추면 만리장성에 간 것은 언급이 되었으므로 이 부분은 일치한다. 반면에 녹음 내용의 후반부에서 '天黑才回来'라고 했는데, 여기서 부사 '才'는 '시간이 늦음'을 의미하고, 제시된 문장의 '就'는 반대로 '시간의 빠름'을 나타낸다. 따라서 이 두 부사의 비교를 통하면 두 문장은 전혀 반대되는 내용임을 알 수 있다.

---

7. 📢 我和弟弟一起来中国学习已经有半年多时间了，我们已经渐渐地习惯了这里的生活。

나와 남동생이 함께 중국에 와서 공부한지 이미 반년이 넘었다. 우리는 점점 이곳의 생활에 익숙해졌다.

★ 그는 혼자 중국에 왔다.

단어 渐渐 jiànjiàn 🔲 점점, 점차

功夫 풀이 제시된 문장의 핵심 단어는 주어인 '我一个人'과 장소인 '中国'라고 할 수 있다. 녹음 내용 서두에서 이미 '我和弟弟'라고 인물 대상을 언급하고 있으므로, 녹음 내용과 제시된 문장은 일치하지 않는다.

---

8. 📢 他醒来一看，都快十点了，比赛都开始半个小时了。

그가 깨어나서 보니, 이미 곧 열 시다. 시합이 시작한지 이미 30분이 되었다.

★ 시합은 대략 9시 반에 시작한다.

단어 醒 xǐng 🔲 (잠에서) 깨다 ｜ 比赛 bǐsài 🔲 시합, 경기

功夫 풀이 깨어난 시간이 대략 10시이고, 경기가 시작한지 30분이 되었다고 했으니 경기는 대략 9시 반에 시작한 것이 맞다.

---

9. 📢 北京有名的地方我差不多都去过了，只有香山和天坛公园还没去。

나는 베이징에서 유명한 곳은 거의 모두 가 보았지만, 단지 향산과 천단공원만 아직 안 갔다.

★ 베이징의 유명한 곳을 그는 모두 가 보았다.

단어 有名 yǒumíng 🔲 유명하다 ｜ 差不多 chàbuduō 🔲 비슷하다, 큰 차이가 없다, 거의 ｜ 香山 Xiāng Shān 🔲 향산 ｜ 天坛公园 Tiāntán Gōngyuán 🔲 천단공원

功夫 풀이 제시된 문장의 핵심 단어는 지명인 '北京有名的地方'과 후반부 술어인 '都去过'로 나누어 살펴볼 수 있다. 녹음내용의 전반부에서 지명은 일치되게 언급이 되고 있지만, 녹음의 후반부 '只有香山和天坛公园还没去'를 통하여 아직 향산과 천단공원 두 곳은 가보지 않았으므로 모두 가 보았다는 제시된 문장의 내용과는 일치하지 않는다.

10. 现在在北京生活越来越方便了，比如买东西吧，有大商场，有超市，有小商店，还有就是各种各样的自由市场了。

현재 베이징에서 생활하는 것은 갈수록 편리해지고 있다. 예를 들어 물건을 산다면, 대형상점, 슈퍼마켓, 소형상점이 있고, 또한 각양각색의 재래시장도 있다.

★ 현재 베이징에서 물건 사는 것은 많이 편리해졌다.

단어 越来越 yuèláiyuè 뜻 점점 ~해지다 | 超市 chāoshì 명 슈퍼마켓의 약칭 | 自由市场 zìyóu shìchǎng 재래시장

功夫 풀이 제시된 문장의 핵심 단어는 '买东西方便多了'라고 할 수 있다. 이 내용은 녹음에서 '现在在北京生活越来越方便了，比如买东西吧'를 통하여 정확히 일치하고 있음을 알 수 있다.

II. 내용의 긍정과 부정 표현에 유의하라

1. 긍정의 의미를 나타내는 부사들 / 2. 부정의 의미를 나타내는 부사들 / 3. 주의해야 할 이중부정   p.31

정답 1. X 2. X 3. √ 4. √ 5. X 6. X 7. √ 8. √ 9. X 10. X

1. 现在买东西的时候真不知道应该相信谁。相信自己吧，自己又不是什么专家；相信广告吧，那么多广告又不知道应该相信哪一个。

현재 물건을 살 때 정말 누구를 믿어야 할지 모르겠다. 자신을 믿자니, 자신이 또 무슨 전문가가 아니고, 광고를 믿자니, 그렇게 많은 광고에서 또 어느 것을 믿어야 할지 모르겠다.

★ 물건을 살 때 그는 그 자신을 믿지 않을 수 없다.

단어 相信 xiāngxìn 동 믿다 | 专家 zhuānjiā 명 전문가 | 广告 guǎnggào 명 광고, 선전

功夫 풀이 제시된 문장은 '不能不'를 이용한 이중부정 형식으로 설명이 되어 있는데, '不能不'는 '~하지 않을 수 없다'의 의미로서 즉, '반드시 ~해야 한다'의 뜻을 나타낸다. 그렇다면 제시된 문장은 '자신을 반드시 믿어야 한다'의 의미를 나타낸다. 녹음의 전반부 '真不知道应该相信谁'를 통해 '누구를 믿어야 할지 모르겠다'고 전제를 한 후, 그 뒤 '相信自己吧，自己又不是什么专家'를 이용해 전제를 뒷받침해 주고 있는데, 결국 '자신이 전문가가 아니기 때문에 자신 역시 믿을 수 없다'는 의미를 나타낸다. 그러므로 이 문제는 녹음과 제시된 문장이 일치하지 않는다.

2. 每个人都会感冒，有的人甚至每个月都感冒，即使这样，感冒也不是不能预防的。

모든 사람들이 감기에 걸릴 수 있는데, 어떤 사람들은 심지어 매달 감기에 걸린다. 설령 이렇다 할지라도, 감기를 예방할 수 없는 것은 아니다.

★ 감기는 예방할 수 없다.

단어 　感冒 gǎnmào 동 감기에 걸리다 ｜ 甚至 shènzhì 부 심지어 ｜ 预防 yùfáng 동 예방하다
功夫 풀이 　제시된 문장은 '不能'을 이용한 부정형의 뜻을 지닌 문장이다. 그런데 녹음의 마지막에서는 '感冒也不是不能预防的'라고 말하고 있다. 여기서 '不是不能'은 이중부정 형식으로서 그 뜻은 '~할 수 없지 않다'이며, 이는 결국 '~할 수 있다'라는 긍정의 의미가 된다. 그렇다면 녹음 내용은 '감기는 예방할 수 있다'의 의미가 되므로 제시된 문장과 일치하지 않는다.

3. 生活中，没有钱就什么事儿都办不成，可有了钱也不一定什么都办得到。
　　생활 속에서 돈이 없으면 무슨 일도 처리할 수가 없다. 하지만 돈이 있다고 반드시 무슨 일도 다 처리할 수 있는 것은 아니다.

★ 돈이 있어도 처리할 수 없는 일이 있다.

단어 　办不成 bànbuchéng 동 일을 처리할 수가 없다
功夫 풀이 　제시된 문장에서 전제는 '有了钱'이고, 그에 따른 핵심 설명은 '办不到的事儿'로서 '办不到'는 '처리할 수 없다'의 부정의 의미를 가지는 동사이다. 녹음의 '有了钱也不一定什么都办得到'에서 '不一定'은 '반드시 ~한 것은 아니다'의 의미로서, 부분부정을 나타내는 표현이다. 이는 결국 '돈으로 처리할 수 있는 일이 있고, 처리할 수 없는 일도 있다'는 의미를 나타내게 되므로, '처리할 수 없는 일도 있다'라는 의미의 제시된 문장과 일치한다고 볼 수 있다.

4. 喂，妈，我乘坐的航班还没起飞呢，机场通知推迟了两个小时。我估计下午六点才能到北京机场。
　　여보세요, 엄마, 제가 탈 항공편이 아직 이륙하지 않았어요. 공항에서 두 시간 미뤄진다고 통보했어요. 제 예상으론 오후 6시 되어서야 베이징공항에 도착할 것 같아요.

★ 비행기는 제때에 이륙하지 않았다.

단어 　乘坐 chéngzuò 동 (자동차, 비행기, 배 등을) 타다. 탑승하다 ｜ 航班 hángbān 명 항공편, 운항편 ｜ 起飞 qǐfēi 동 이륙하다 ｜ 推迟 tuīchí 동 뒤로 미루다, 연기하다 ｜ 估计 gūjì 동 추측하다, 예측하다 ｜ 按时 ànshí 부 제때에, 시간에 맞추어
功夫 풀이 　녹음 처음 부분에 이미 '我乘坐的航班还没起飞呢'라고 언급하고 있으므로, 비행기가 이륙하지 못하고 있음을 바로 알 수 있다. 또한 뒤이어 '推迟了两个小时'를 통해 연착되었음을 알 수 있으므로 비행기가 제시간에 이륙하지 않은 사실은 녹음 내용과 일치한다.

5. 今天上街买衣服去了，但是当时钱包里钱不够，于是我就去银行取钱了。
　　오늘 옷을 사러 시내에 나갔는데, 당시 지갑에 돈이 부족해서, 나는 돈을 찾으러 은행에 갔다.

★ 그의 지갑에 돈이 없다.

단어 　上街 shàngjiē 동 (물건을 사거나 관광을 위해) 거리로 나가다 ｜ 钱包 qiánbāo 명 지갑 ｜ 不够 búgòu 형 부족하다 ｜ 取钱 qǔqián 동 (은행에서) 돈을 찾다

功夫 풀이 　녹음에서 언급된 '钱包里钱不够'의 '不够'는 '충분하지 않다' 즉 '모자라다'는 의미지 '没有钱' 즉, '돈이 없다'는 의미는 아니다. 그러므로 제시된 문장은 녹음 내용과 일치하지 않는다.

6. 　上星期我们去黄山旅游，可半路上汽车坏了。但是我们既没有不高兴，也没有着急。大家推车上黄山，别提多有意思了！

　　지난주에 우리는 황산으로 유람을 갔는데, 도중에 차가 망가졌다. 하지만 우리는 즐겁지 않은 사람이 없었고, 또한 조급한 사람도 없었다. 모두가 차를 밀며 황산에 올랐는데, 말할 필요없이 너무 재미있었다.

★ 지난번 황산으로 여행간 일만 생각하면 기분이 나쁘다.

단어　黄山 Huáng Shān 명 황산 ｜ 既 jì 접 ~할 뿐만 아니라 ｜ 着急 zháojí 동 조급해하다. 안달하다 ｜ 推 tuī 동 밀다

功夫 풀이 　제시된 문장의 '一……就……'는 고정격식으로서 '~하기만 하면, 곧 ~하다'의 의미를 나타내는데, 여기서는 후반부의 '不高兴'을 중심으로 녹음 내용에 주의를 기울여야 한다. 녹음 내용에서 '但是我们既没有不高兴'에서 '高兴'이 언급되었는데, 여기서 '没有不'는 이중부정의 형식으로서 '~하지 않은 (사람이) 없다'로서 곧 '모두가 ~하다'의 의미가 된다. 그렇다면 '모두가 즐겁다'의 의미가 되므로, '不高兴'의 부정 의미와는 대비되므로 제시된 문장은 녹음 내용과 일치하지 않는다.

7. 　爸爸的话我都听够了，说来说去总是那些，没什么新鲜的。

　　아버지의 말을 나는 지겹도록 들었다. 이리저리 말해도 모두 언제나 같은 내용이고, 신선한 내용이 없다.

★ 그는 아버지의 말을 듣고 싶지 않다.

단어　够 gòu 형 질리다. 지겹다 ｜ 新鲜 xīnxiān 형 신선하다. 새롭다

功夫 풀이 　녹음의 '听够了'의 '够了'는 '충분하다, 족하다'의 의미도 있지만, 부정의 의미로서 '싫증나다, 지겹다, 질리다'의 의미로도 쓰인다. 여기서는 전체 문맥상 후자의 뜻으로 쓰였다. 이러한 문제는 화자의 감정 색채를 파악해서 답을 체크해야 하는데, 녹음 내용은 '같은 내용을 되풀이하는 아버지의 말이 지겹다'라는 의미가 되므로 제시된 문장 '듣고 싶지 않다'는 부정적 심리와 일치한다고 볼 수 있다.

8. 　虽然快要期末考试了，可昨天几个朋友来找我喝酒聊天儿。我不好意思赶他们走，一直到十二点多才打开书，现在还没复习完呢！

　　비록 곧 기말시험이지만, 어제 몇몇 친구들이 나와 같이 이야기하고 술을 마시려고 왔다. 나는 그들을 가라고 하기가 미안해서, 12시가 넘어서야 비로소 책을 폈고, 현재 아직 공부를 다 못했다.

★ 기말시험을 그는 아직 준비를 다하지 못했다.

단어　期末 qīmò 명 학기말 ｜ 考试 kǎoshì 동 시험을 보다 ｜ 赶 gǎn 동 서두르다. 다그치다. 재촉하다

功夫 풀이 　제시된 문장의 핵심은 '还没准备好'로서 '준비를 다 하지 못했다'라는 부정의 의미에 초점을 맞추어야 한다. 녹음 내용이 다소 길지만, 이 문제를 해결하기 위해서는 후반부의 결과만 살펴보면 된다. 화자의 마지막 말 '现在还没复习完'에서 '复习'는 '복습하다, 공부하다'의 의미로서 제시된 문장의 '准备'와 동일한 의미로 접근이 가능하며, 역시 부정으로 말하고 있으므로, 녹음 내용과 제시된 문장은 일치한다.

9. 上高中时，我最想学英语，没想到上了中文系，而现在，没有比音乐更能吸引我的了。

고등학교 때 나는 영어를 가장 공부하고 싶었다. 생각지도 못하게 나는 중문과에 입학하게 되었다. 그러나 현재는 음악보다 나를 더 끌어당기는 것은 없다.

★ 그는 어렸을 때부터 음악을 공부하고 싶었다.

단어 吸引 xīyǐn 동 끌어당기다. 유인하다. 매료시키다

功夫 풀이 제시된 문장의 핵심은 시간적 개념인 '从小'와 목적어 '音乐'이다. 이를 바탕으로 녹음을 들으면, 화자가 공부한 과목이 총 세 가지 등장한다. 그 중 영어는 '上高中时'를 근거로 고등학교 시절에 공부하고 싶어 했음을 알 수 있고, 중국어는 '上了中文系'를 근거로 대학 전공임을 유추할 수 있다. 마지막으로 음악은 '现在, 没有比音乐更能吸引我的了'를 근거로 현재 몰두하고 있는 공부임을 추측할 수 있다. 그렇다면 제시된 문장의 '从小'와 '音乐'는 시기와 과목 모두 녹음 내용과 서로 일치하지 않는다.

10. 我就要大学毕业了，现在正在赵教授的指导下写毕业论文。

나는 곧 대학을 졸업하고, 현재 조 교수님의 지도아래 졸업 논문을 쓰고 있다.

★ 그는 이미 졸업 논문을 다 썼다.

단어 教授 jiàoshòu 명 교수 | 指导 zhǐdǎo 동 지도하다. 이끌어주다 | 论文 lùnwén 명 논문

功夫 풀이 제시된 문장에서는 졸업 논문을 이미 다 썼다고 하였으나, 녹음 내용 '正在赵教授的指导下写毕业论文'을 근거로 살펴보면 지금 쓰고 있는 중이 되므로, 아직 다 쓴 것은 아니다. 그러므로 녹음 내용과 제시된 문장은 일치하지 않는다.

III. 문장의 논리 관계에 귀를 기울여라

접속사를 활용한 복문의 이해   p.39

정답 1. X 2. √ 3. √ 4. √ 5. √ 6. X 7. X 8. √ 9. √ 10. X

1. 除了新疆和西藏，中国有名的地方我差不多都去过了。

신장과 시짱을 제외하고, 중국의 유명한 곳을 나는 거의 모두 가 보았다.

★ 그는 이미 신장을 가본 적이 있다.

단어 新疆 Xīnjiāng 명 신장 웨이우얼자치구 | 西藏 Xīzàng 명 시짱, 티벳

功夫 풀이 제시된 문장의 핵심은 '新疆'이 된다. 녹음 내용에서 '除了'는 '~을 제외하고'의 의미가 되므로, '除了新疆和西藏'은 '신장과 시짱을 제외하고'라는 뜻을 나타낸다. 또한 녹음 내용의 후반부에 근거하여 화자는 신장과 시짱을 제외하고 모두 가보았으므로 신장은 아직 가 보지 못한 것이 옳다. 그러므로 녹음 내용과 제시된 문장은 일치하지 않는다.

---

2. 🔊 除了王明，我们班的同学都去动物园了，看到了许多可爱的小动物。

왕밍을 제외하고, 우리 반 친구들은 모두 동물원에 가서 많은 귀여운 동물들을 봤다.

★ 왕밍은 동물원에 가지 않았다.

단어 除了 chúle 젭 ~를 제외하고 | 动物园 dòngwùyuán 몡 동물원 | 许多 xǔduō 휑 매우 많다. 허다하다

功夫 풀이 '除了 A 都~'는 'A를 제외하고 모두~'의 의미로서, A는 완전 배제시키고 그 외의 모든 것이 해당된다는 내용이 된다. 따라서 왕밍은 동물원 가는 것에서 배제시켜야 하므로, 제시된 문장은 녹음 내용과 일치한다.

---

3. 🔊 不管遇到什么困难，发生什么问题，都要好好爱自己。因为只有爱自己的人才知道怎么爱别人。

어떤 어려움에 부딪치든, 무슨 문제가 발생하든 상관없이 자신을 사랑해야 한다. 왜냐하면 오직 자신을 사랑하는 사람만이 비로소 어떻게 다른 사람을 사랑해야 하는지 알기 때문이다.

★ 자신을 사랑해야만 비로소 다른 사람을 사랑할 수 있다.

단어 不管 bùguǎn 젭 ~를 막론하고, ~에 관계없이 | 遇到 yùdào 동 만나다. 부딪치다 | 只有 zhǐyǒu 젭 오직~해야만

功夫 풀이 접속사 '只有'는 '오직 ~해야만 비로소~한다'는 의미로서, 부사 '才'와 호응하여 필요 조건을 나타낸다. 그러므로 녹음 중 '只有爱自己的人'이 반드시 충족되어야 하므로 지문의 내용은 녹음 내용과 일치한다.

---

4. 🔊 这几天天气特别热，热得我吃不好也睡不好。虽然我房间里有空调，可偏偏这两天坏了。

요 며칠 날씨가 너무 더웠다. 더워서 잘 먹지도 못하고, 잘 자지도 못했다. 비록 내 방에 에어컨이 있지만, 하필 요 며칠 고장이 났다.

★ 방 안의 에어컨은 수리해야 한다.

단어 空调 kōngtiáo 몡 에어컨 | 偏偏 piānpiān 부 하필이면 | 修 xiū 동 수리하다

功夫 풀이 제시된 문장의 '该修了'는 '수리해야 한다'의 의미로서 문장의 핵심 단어가 된다. 녹음의 전체 내용 중 후반부에 '虽然……, 可偏偏这两天坏了'에서 접속사 '虽然……, 可(是)……'는 '비록 ~하지만, ~하다'의 의미로서, 여기서는 '비록 에어컨이 있지만, 고장났다'라는 의미가 되므로 '에어컨을 수리해야 하는 상황'과 일치한다고 볼 수 있다.

듣기 실력 다지기 풀이　11

5. 📢 这次学校组织的旅行我不去了，最近太忙，而且我刚买了车，没钱了。

이번에 학교에서 조직한 여행에 나는 가지 않겠다. 최근 너무 바쁘고, 게다가 막 자동차를 사서 돈이 없다.

★ 그는 여행 갈 돈이 없다.

단어 组织 zǔzhī 동 조직하다

功夫 풀이 제시된 문장에서 '여행갈 돈이 없다'는 것은 '돈이 없어서 여행을 가지 못한다'의 의미로도 볼 수 있다. 녹음의 전반부에서 화자는 '旅行我不去了'라고 말함으로써 '여행을 가지 않겠다'의 결론을 먼저 이야기하고, 후반부에서 이유를 설명하고 있다. 이때 '而且我刚买了车，没钱了'에서 '게다가'라는 뜻의 '而且'는 점층의 의미를 나타내는 접속사로서, '而且' 뒤의 내용이 화자가 더 비중을 두고 하고 싶은 말이 된다. 여기서는 '자동차를 사서 돈이 없다'가 핵심 이유가 되므로 '돈이 없어서 여행을 못 간다'라고 제시된 문장과 의미가 일치한다고 볼 수 있다.

6. 📢 很多人认为职业好不好，收入最关键。但是我觉得主要是工作环境，比如跟同事的关系、跟领导的关系等等，当然还有自然环境。

많은 사람들이 직업의 좋고 나쁨은 수입이 가장 관건이라고 생각한다. 하지만 나는 중요한 것은 업무 환경이라고 생각하는데, 예를 들면, 동료들과의 관계, 상사와의 관계 등등으로, 당연히 자연환경도 포함된다.

★ 직업이 이상적이고 이상적이지 않고의 핵심은 임금의 많고 적음이다.

단어 职业 zhíyè 명 직업 | 收入 shōurù 명 수입, 소득 | 关键 guānjiàn 명 관건 | 环境 huánjìng 명 환경 | 领导 lǐngdǎo 명 지도자, 상사 | 工资 gōngzī 명 월급, 임금

功夫 풀이 제시된 문장의 핵심 문장은 '关键是看工资高不高'이다. 이러한 내용은 전반부에 등장은 하지만 화자의 입장이 아니므로 배제시키고, 녹음의 중반부에 '但是'로 분위기의 전환이 일어나고, 비로소 화자의 견해가 드러나고 있다. 화자는 '我觉得主要是工作环境'이라고 말함으로써 직업의 관건이 '업무 환경'이라고 언급하였으므로 제시된 문장의 내용은 일치하지 않는다.

7. 📢 我除了爱看足球比赛以外，没什么别的爱好。要是有钱、有时间的话，我就去世界各地看足球比赛。

나는 축구 경기를 보는 것을 좋아하는 것 외에 무슨 다른 취미가 없다. 만약 돈이 있고 시간이 있다면, 나는 세계각지에 가서 축구 경기를 볼 것이다.

★ 그의 가장 큰 취미는 여행이다.

단어 爱好 àihào 명 취미 | 世界各地 shìjiè gèdì 세계 각지

功夫 풀이 제시된 문장에서 핵심은 '爱好'와 '旅行'이다. 녹음에서 처음에 접속사 '除了'가 나오는데 이것은 '~을 제외하고'의 의미로서, '我除了爱看足球比赛以外，没什么别的爱好'는 결국 '축구 경기를 제외하고는 다른 취미가 없다'라는 의미가 되므로 화자의 유일한 취미는 곧 '축구 경기를 보는 것'이 된다. 따라서 제시된 문장의 '旅行'과 전혀 일치하지 않는다.

듣기

8. 🔊 早起是一个好习惯，然而现在越来越多的人早起不了。**也许是因为工作紧张、夜生活丰富等原因吧。**

일찍 일어나는 것은 좋은 습관이다. 하지만 현재 갈수록 많은 사람들이 일찍 일어나지 못한다. 아마도 일이 바쁘고, 야간 생활이 풍부해진 원인 때문일 것이다.

★ 야간 생활이 풍부해질수록 일찍 일어나기는 더 어렵다.

단어 然而 rán'ér 접 그러나 | 由于 yóuyú 접 ~때문에 | 紧张 jǐnzhāng 형 바쁘다, 긴박하다 | 夜生活 yèshēnghuó 명 밤의 유흥

功夫 풀이 제시된 문장의 '越……越……'는 '~할수록 더 ~하다'의 의미를 나타내며, 결국 이 문장의 뜻은 '야간 생활이 풍부한 것이 일찍 일어나지 못하는 원인'으로 접근할 수 있다. 이를 근거로 녹음 내용을 자세히 들어보면, 녹음의 '由于工作紧张、夜生活丰富等原因'에서 '由于'는 '~때문에'라는 의미의 원인을 이끄는 접속사로서, '由于'절의 '工作紧张'과 '夜生活丰富'가 모두 일찍 일어나지 못하는 원인이 된다. 따라서 제시된 문장은 녹음 내용과 일치한다.

9. 🔊 一般来说，漂亮的孩子大多性格外向、活泼、乐观；而难看的孩子，容易形成悲观、孤独、内向的性格。

일반적으로 말해서, 예쁜 아이들은 대부분 성격이 외향적이고 활발하며, 낙관적이다. 그러나 못생긴 아이들은 비관적이고, 고독하며, 내향적인 성격이 형성되기가 쉽다.

★ 아이들의 성격은 외모와 관계가 있다.

단어 性格 xìnggé 명 성격 | 外向 wàixiàng 형 외향적인 | 活泼 huópo 형 활발하다, 활기차다 | 乐观 lèguān 형 낙관적이다 | 悲观 bēiguān 형 비관적이다 | 孤独 gūdú 형 고독하다, 쓸쓸하다 | 内向 nèixiàng 형 내향적인

功夫 풀이 녹음 내용은 문장 중간 접속사 '而'을 기준으로 전반부와 후반부로 나눌 수 있다. 여기서 '而'은 '그러나'의 의미로서 역접관계를 이루는 접속사이다. 전반부는 예쁜 아이들의 성격을, 후반부는 못생긴 아이들의 성격을 서로 대비하여 말하고 있으므로, 제시된 문장은 녹음 내용의 주제로 봐도 무관하다.

10. 🔊 那出京剧我**又去看了一遍**，可还是不完全明白。

그 경극을 난 또 한 번 보러 갔지만, 아직도 완전히 이해되지는 않는다.

★ 그 경극을 그는 단 한 번 봤다.

단어 出 chū 양 막(중국 전통극에 쓰임) | 京剧 jīngjù 명 경극

功夫 풀이 녹음 내용에서 선반부 '又去看了一遍'의 '又'를 통해서 이번이 처음 보러 간 것이 아님을 유추할 수 있다. 또한 접속사 '可'를 기준으로 한 후반부의 '还是'를 이용한 '아직도 완전히 이해되지 않는다'를 통해서도 이번이 처음이 아님을 유추할 수 있다. 그러므로 녹음과 제시된 문장의 내용은 일치하지 않는다.

듣기 실력 다지기 풀이

Ⅳ. 유사한 단어나 표현에 주의하라

꼭 알아두어야 할 유의어   p.43

정답_ 1. √   2. X   3. X   4. √   5. √   6. √   7. √   8. X   9. X   10. X

---

1. 我喜欢运动，例如打网球、踢足球、打篮球等等，这些运动我都行。当然，也有我不行的，游泳就是我做梦都不敢想的事情。

나는 운동을 좋아한다. 예를 들면 테니스, 축구, 농구 등등인데, 이러한 운동들 모두 할 수 있다. 당연히 내가 못하는 것도 있는데, 수영은 꿈에서도 감히 생각하고 싶지 않은 일이다.

★ 그는 수영을 못한다.

단어 网球 wǎngqiú 명 테니스 | 行 xíng 통 할 수 있다, 좋다, 해도 좋다 | 做梦 zuòmèng 통 꿈을 꾸다

功夫 풀이 중국어에서 '行'은 많은 뜻을 가지고 있는 단어인데, 여기서는 '할 수 있다'의 의미로 파악해야 한다. 후반부에 화자가 못하는 것이 수영임을 '不行'을 통해서 알 수 있고, 뒤에 이어진 '游泳就是我做梦都不敢想的事情'을 통해서도 알 수 있다.

---

2. 通过六年的学习，我的汉语已达到了相当高的水平，当翻译也没问题。

6년간의 공부를 통해, 나의 중국어 실력은 이미 상당히 높은 수준에 이르러서, 통역을 해도 문제 없다.

★ 그는 현재 통역사이다.

단어 通过 tōngguò 전 ~를 거쳐서, ~를 통해서 | 达到 dádào 통 달성하다, 도달하다 | 翻译 fānyì 명 번역, 통역, 통역사

功夫 풀이 제시된 문장은 '현재 통역사'라고 했으나, 녹음 내용에 비추어보면 자신의 중국어 실력이 높은 수준임을 구체적으로 통역을 할 수 있는 정도라고 설명하고 있는 것이므로 화자의 현재 직업이 통역사라고 말하는 것은 옳지 않다.

---

3. 很多外国朋友说，汉语大概是世界上最难掌握的语言了。

많은 외국 친구들이 중국어가 대략 세계에서 가장 정복하기 어려운 언어라고 말한다.

★ 그에게 있어서 중국어가 가장 공부하기 어려운 언어이다.

단어 大概 dàgài 부 아마도, 대략 | 掌握 zhǎngwò 통 숙달하다, 정통하다, 정복하다

功夫 풀이 제시된 문장에서 핵심은 내용의 주체자인 '对我来说'와 핵심 술어인 '难学'이다. 우선 녹음에서 '难掌握'는 '难学'와 같은 의미로 봐도 무방하지만, 내용의 주체자가 녹음에서는 화자 자신이 아닌 '很多外国朋友'가 되므로, 제시된 내용과 일치하지 않는다.

듣기

4. 📢 一个人无法改变自己的过去，但可以改变自己的将来。如果你不满意现在的生活，那么就从现在开始努力吧。

사람이 자신의 과거를 바꿀 방법은 없지만, 자신의 미래는 바꿀 수 있다. 만약 당신이 현재의 생활에 만족 못 한다면, 그럼 지금부터 노력을 시작해라.

★ 미래는 바꿀 수 있다.

단어 无法 wúfǎ 동 방법이 없다, 할 수 없다 | 改变 gǎibiàn 동 바꾸다, 고치다 | 将来 jiānglái 명 장래, 미래

功夫 풀이 전체 내용의 주제이자 지문의 질문과 관련한 내용은 이미 앞에서 언급이 되고 있다. '过去(과거)'와 '将来(미래)'를 비교하고 있는 앞부분에서 이미 '可以改变自己的将来'라고 말하고 있으므로, 제시된 내용과 일치한다.

5. 📢 我是公司派到中国来学习汉语的。我打算先在这儿学习半年，然后在中国工作。

나는 회사에서 중국어 공부를 하도록 중국으로 파견해서 왔다. 나는 먼저 여기서 반년 공부를 하고, 그런 다음 중국에서 일을 할 계획이다.

★ 회사가 그로 하여금 중국어 공부를 하도록 했다.

단어 派 pài 동 파견하다

功夫 풀이 제시된 문장의 '让'은 '시키다'라는 사동의 의미를 지니는 동사로서 문장의 내용이 '회사에 의해서 화자가 중국어 공부를 하게 되었음'을 확실히 이해해야 한다. 녹음에서 이와 관련한 부분은 전반부의 '我是公司派到中国来学习汉语的'로서, 여기서 '派' 역시 '파견하여 보내다'는 의미를 지니는 사동사로, 녹음과 제시된 문장은 일치한다.

6. 📢 以前大学生的生活非常简单。可是，现在越来越丰富了，卡拉OK厅、健身房、网吧都是他们常去的地方。

이전에 대학생들의 생활은 매우 간단했다. 하지만 지금 갈수록 다양해져, 노래방, 헬스장, PC 방 모두 그들이 자주 가는 장소이다.

★ 현재 대학생들의 생활은 풍부하고 다채롭다.

단어 简单 jiǎndān 형 간단하다, 단순하다 | 丰富 fēngfù 형 많다, 풍부하다 | 卡拉OK厅 kǎlā OK tīng 명 노래방 | 健身房 jiànshēnfáng 명 헬스장 | 网吧 wǎngbā 명 PC 방 | 丰富多彩 fēngfù duōcǎi 성 풍부하고 다채롭다

功夫 풀이 제시된 문장의 핵심은 '丰富多彩'이다. 녹음에서 현재의 대학생들의 생활을 한마디로 묘사한 부분은 '现在越来越丰富了'로서, '丰富'는 곧 '丰富多彩'와 동일한 의미가 되므로, 이 문제의 녹음 내용과 제시된 문장은 일치한다.

7. 📢 回国的日期本来定在下个月二十号，可是因为没有买到机票，就改到二十七号了。

귀국 날짜는 본래 다음 달 20일로 정했다. 하지만 비행기표를 사지 못했기 때문에, 27일로 바꿨다.

★ 비행기표를 사지 못했기 때문에, 귀국 날짜를 미뤘다.

단어 本来 běnlái 🖲 본래의, 원래의 | 改 gǎi 🖲 고치다, 바꾸다 | 推迟 tuīchí 🖲 미루다, 연기하다

功夫 풀이 제시된 문장은 전반부는 원인, 후반부는 결과로 나뉜다. 원인은 '买不到机票'이고, 결과는 '推迟了回国的日期'가 된다. 녹음에서는 원인을 '因为没有买到机票'로서 말하고 있는데, 이는 제시된 문장과 동일함을 쉽게 알 수 있다. 결과는 녹음에서는 '改到二十七号了'라고 말하고 있는데, '改'의 의미가 '推迟'와 완전히 일치하는 것은 아니지만, 여기서는 변경한 날짜가 본래의 날짜보다 후반이므로 '推迟'로 말해도 무관하다.

---

8. 📢 我原来一直以为小强会考研究生，所以听说他要去上海工作，觉得有点儿突然。
   나는 원래 줄곧 샤오창이 대학원 진학 시험을 볼 거라고 생각해서, 그가 상하이로 일을 하러 간다는 소식을 듣고 조금 갑작스럽다고 느꼈다.

   ★ 그는 줄곧 샤오창이 상하이로 갈 것이라고 생각했다.

단어 原来 yuánlái 🖲 원래, 당초 | 研究生 yánjiūshēng 🖲 대학원생, 연구원 | 消息 xiāoxi 🖲 소식 | 突然 tūrán 🖲 갑작스럽다

功夫 풀이 제시된 문장의 핵심은 '小强会去上海'이다. 녹음 내용에서 샤오창이 상하이에 가는 것은 '听说他要去上海工作'를 통해 사실임을 알 수 있지만, '原来一直以为小强会考研究生'을 통해 원래 내가 생각한 것은 '샤오창이 대학원 진학하는 것'이므로 녹음 내용과 제시된 문장은 일치하지 않는다.

---

9. 📢 中国的共通语言是普通话。因为普通话的语音以北京音为标准，所以有很多人以为普通话就是北京话。
   중국의 공통 언어는 보통화이다. 보통화의 소리는 베이징음을 표준으로 삼았기 때문에, 그래서 많은 사람들이 보통화가 곧 베이징어라고 생각한다.

   ★ 보통화는 곧 베이징어이다.

단어 普通话 pǔtōnghuà 🖲 현대중국표준어, 보통화 | 标准 biāozhǔn 🖲 표준

功夫 풀이 녹음에서 전반부는 '因为'를 사용하여 원인을 설명하고 있고, 후반부는 '所以'를 이용하여 결과를 설명하고 있다. 제시된 문장은 녹음 내용의 결과 부분만 유심히 들으면 해결할 수 있다. 결과 부분에서 '很多人以为普通话就是北京话'라고 말하고 있는데, 여기서 동사 '以为'를 사용하고 있음을 주목해야 한다. '以为'는 '~라고 여기다, ~라고 생각하다'라는 의미를 나타내며, 이 동사는 이미 '그 생각이 잘못되었음'을 전제하고 있다. 그러므로 여기서 '많은 사람들이 보통화가 곧 베이징어라고 여긴다'는 이미 '많은 사람들이 그렇게 여기는 것이 틀리다'고 전제로 하고 있는 것이다. 따라서 제시된 문장은 화자의 의도와 반대되는 것이므로 답은 X가 된다.

---

10. 📢 昨天，我因为一件很重要的事，要坐八点三十分的火车去上海，但是八点三十二分才到车站，那时火车已经开走了。

16　一、听力

어제 나는 아주 중요한 일 때문에 8시 30분 기차를 타고 상하이에 가야만 했다. 하지만 8시 32분이 되어서야 기차역에 도착했고, 기차는 이미 출발하였다.

★ 어제 그는 제시간에 기차역에 도착했다.

단어 准时 zhǔnshí 🖲 정시의, 제때에

功夫 풀이 제시된 문장의 핵심 단어는 부사 '准时'이다. '准时'는 '제시간에, 제때에'라는 의미로서, 시간이 정확하거나 늦지 않음을 나타내는 단어이다. 하지만 녹음 내용 후반부 '但是八点三十二分才到车站, 火车已经开走了'를 통하여 화자가 기차역에 늦게 도착했음을 알 수 있으므로, 녹음 내용과 제시된 문장은 일치하지 않는다.

第二部分

1. 문제의 보기 안에 힌트가 있다.

다양한 보기 유형들　　　　　　　　　　　　　　　　　　　　　　　p.51

정답 1. C　2. D　3. C　4. C　5. D　6. B　7. C　8. C　9. A　10. C

---

1. 女：请问，还要多长时间才能到中山公园？
男：大概还得半个小时，你先休息一会儿，快到时我会叫你的。
问：他们要去哪儿？

여: 실례지만, 얼마나 더 있어야 중산공원에 도착하나요?
남: 대략 삼십분 정도 더 걸려요. 우선 좀 쉬세요. 거의 도착할 때 불러 드릴게요.
질문: 그들은 어디에 가는가?

A 만리장성　　B 북경대학교　　**C 공원**　　D 동물원

功夫 풀이 처음 여자가 이미 '中山公园'을 언급하였으므로, 정답은 C가 된다.

---

2. 男：你有什么问题吗？
女：您今天在课上讲的内容，我不太明白。
问：他们是什么关系？

남: 너 무슨 질문있니?
여: 오늘 수업에서 강의하신 내용이 잘 이해가 안 돼요.
질문: 그들은 무슨 관계인가?

A 학우　　B 동료　　C 직원과 사장　　**D 선생님과 학생**

단어 讲 jiǎng 통 말하다, 이야기하다, 강의하다

功夫 풀이 여자의 대답 '在课上讲的内容'에서 수업 중의 일임을 언급하였고, 강의 내용을 질문하는 상황을 비추어 볼 때 정답은 D가 된다

---

3. 女：商店里的人怎么这么多啊？
男：今天不是除夕吗？明天就过新年了，当然人多了。
问：今天是什么日子？

여: 상점 안에 사람이 왜 이렇게 많지?
남: 오늘이 섣달 그믐날밤 아니야? 내일이 곧 새해니, 당연히 사람들이 많지.
질문: 오늘은 무슨 날인가?

A 새해 B 일요일 C 일년의 가장 마지막 날 D 설날

단어 除夕 chúxī 명 섣달 그믐날밤, 제야

功夫 풀이 보기 4개를 살펴보면 모두 시점에 관한 단어다. 이러한 경우 대게 대화가 일어나는 시점이나 대화에 등장하는 특정일을 물어보는 경우가 대부분이다. 대화 중 오늘은 '除夕' 즉 '섣달 그믐날'이고, 내일은 '过新年' 즉 '새해'라고 했다. 질문은 '오늘'을 물어보고 있으므로 '除夕'와 동등한 의미인 C를 답으로 선택해야 한다.

---

4. 男：下午去大明书店，坐公共汽车还是坐出租汽车？
女：大明书店离这儿不太远，不过交通不方便，我们坐小公共汽车吧。
问：他们可能坐什么去书店？

남: 오후에 대명서점에 갈 때, 버스 탈까 아니면 택시 탈까?
여: 대명서점은 여기서 그다지 멀지 않아. 하지만 교통이 불편하니 우리 미니버스를 타고 가자.
질문: 그들은 아마도 무엇을 타고 서점에 갔겠는가?

A 택시 B 버스 C 미니버스 D 자전거

단어 交通 jiāotōng 명 교통

功夫 풀이 보기를 살펴보면 모두 교통수단과 관련된 단어임을 알 수 있다. 그러므로 대화 중 해당하는 단어에 집중을 해야 하며, 마지막에 질문이 과연 무엇을 물어보는지 정확히 파악해야 한다. 처음 남자는 버스와 택시 둘 중 하나로 선택의 폭을 좁혔지만, 여자의 마지막 대답 '我们坐小公共汽车吧'를 통해 결국 그들은 '미니버스'를 이용했을 것임을 짐작할 수 있다.

---

5. 男：听说你喜欢打乒乓球，是吗？
女：对呀，除了游泳和滑冰以外，我什么运动都喜欢。特别是网球，我几乎天天打。
问：女的最喜欢哪一种运动？

남: 듣기로 너는 탁구 치는 것을 좋아한다는데, 그러니?
여: 맞아, 수영과 스케이팅을 제외하고, 나는 무슨 운동이든 모두 좋아해. 특히 테니스를 좋아해서 나는 거의 매일 쳐.
질문: 여자가 가장 좋아하는 운동은 무엇인가?

18 一、听力

| A 탁구 | B 수영 | C 스케이팅 | D 테니스 |

단어 滑冰 huábīng 명동 스케이팅, 스케이트를 타다 | 网球 wǎngqiú 명 테니스 | 几乎 jīhū 부 거의

功夫 풀이 보기를 살펴보면 모두 운동 경기와 관련된 단어다. 질문이 여자가 '가장 좋아하는 운동'을 묻고 있으므로, 두 번째 여자의 대답에 주목해야 한다. 여자의 대답 중 등장하는 운동 경기는 모두 '游泳, 滑冰, 网球' 세 가지가 나오고 있지만, 주의해야 할 부분은 '除了游泳和滑冰以外'로서, 수영과 스케이트는 오히려 제외시켜야 한다. 따라서 '特别'로 의미를 강조하고 있는 '网球'가 답이 된다.

---

6. 女: 小王, 咱们明天坐7点的火车去北京, 早上6点50在火车站见面吧。
男: 那我明天5点就得起床, 从我们家到火车站得一个多小时呢。
问: 他们明天早上几点见面?

여: 샤오왕, 우리 내일 7시 기차를 타고 베이징에 가니까, 아침 6시 50분에 기차역에서 만나자.
남: 그럼 나는 내일 5시에 일어나야 해. 우리 집에서 기차역까지 한 시간 정도 걸리거든.
질문: 그들은 내일 아침 몇 시에 만나는가?

| A 5시 | B 6시 50분 | C 7시 | D 6시 |

功夫 풀이 보기를 통해 질문이 시간과 관련된 것임을 알 수 있다. 시간과 관련된 언급은 '기차출발 시간, 만나기로 한 시간, 일어나야 할 시간' 총 세 번 등장한다. 하지만 질문은 '만나기로 한 시간'을 묻고 있으므로 답은 B가 된다.

---

7. 男: 苹果两块一斤, 香蕉五块一斤, 葡萄三块一斤。
女: 除了苹果以外, 每样来两斤吧。
问: 女的花了多少钱?

남: 사과는 한 근에 2위안이고, 바나나는 한 근에 5위안이고, 포도는 한 근에 3위안이에요.
여: 사과를 제외하고 모두 두 근씩 주세요.
질문: 여자는 얼마를 썼는가?

| A 10위안 | B 13위안 | C 16위안 | D 20위안 |

단어 香蕉 xiāngjiāo 명 바나나 | 葡萄 pútao 명 포도

功夫 풀이 보기를 통해서 '가격'을 묻고 있음을 짐작할 수 있다. 처음 남자의 말에 총 세 가지의 과일이 등장하는데, 이렇게 종류가 많을 시에는 각각의 가격을 모두 따로 메모해야 한다. 사실 보기의 숫자가 모두 10을 넘기 때문에, 특정 과일의 가격을 묻는 단순한 문제가 아닌, 결국 계산을 하는 문제라는 것을 판단할 수 있어야 한다. 질문은 '여자가 사용한 금액'을 묻고 있으므로, 여자가 원하는 것이 무엇인지 기억해내야 한다. '除了苹果以外'를 통해서 여자는 사과는 사지 않을 것이며, 후반부 '每样来两斤'을 통해 사과를 제외한 바나나와 포도를 각각 2근씩 살 것임을 알 수 있다. 그렇다면 총 금액은 '(5 X 2) + (3 X 2)'가 되므로 총 16이 된다.

8. 🔊 女：这就是你新买的手表啊，真漂亮呀，而且才120块。
男：这块手表哪儿都好，就是每天快七八分钟。
问：这块手表怎么样？

여: 이것이 바로 네가 새로 산 손목시계구나. 정말 예쁘다. 게다가 겨우 120위안이라니.
남: 이 손목시계는 다 좋은데, 단지 매일 7, 8분이 빨라.
질문: 이 손목시계는 어떠한가?

A 흠이 없다　　　　　　　　B 너무 비싸다
C 정확하지 않다　　　　　　D 느리게 간다

단어 手表 shǒubiǎo 명 손목시계 | 毛病 máobìng 명 고장, 흠 | 准 zhǔn 형 정확하다, 틀림없다

功夫 풀이 보기에 제시된 단어들이 일반적으로 주관적인 견해나 의견 및 사실까지 포함하는 것으로 보아 질문이 포괄적일 가능성이 높음을 짐작할 수 있다. 보기의 질문은 '손목시계가 어떠한가' 즉 견해든 사실이든 모두 포함하여 질문하고 있다. 여자의 말을 통해 시계의 '가격이 120위안으로 저렴하다'는 것을 알 수 있으므로, 보기 B는 답이 아니다. 남자 말의 전반부는 시계에 대한 전체적인 견해로서 '这块手表哪儿都好' 즉, '모든 부분이 좋다'라는 의견을 내놓고 있지만, 후반부에서 '就是'는 '단지, 다만'의 의미로 견해의 반전이 생기고 있음을 알 수 있다. '走得快七八分钟'을 통해 '시계가 7, 8분 정도 빠르다'는 것을 알 수 있으므로, A의 '흠이 없다'는 옳지 않고, '走得慢' 역시 '走得快'와 반대의 의미이므로 옳지 않다. 따라서 답은 C로서, 결국 '시계의 시간이 정확하지 않다'가 답이 된다.

9. 🔊 男：快看，这幅山水画多漂亮啊，我得照张相。
女：别照了，你看，那下面写着什么？"馆内禁止拍照。"
问：他们可能在哪儿谈话？

남: 빨리 봐, 이 산수화는 정말 예뻐, 나는 사진을 찍어야만 해.
여: 찍지마, 너 봐봐, 그 아래에 뭐라고 씌여 있니? "관내에서는 사진 촬영금지."
질문: 그들은 아마도 어디에서 이야기를 하고 있는가?

A 미술관　　　B 극장　　　C 공원　　　D 산 정상

단어 禁止 jìnzhǐ 동 금지하다, 불허하다 | 美术馆 měishùguǎn 명 미술관, 화랑 | 山顶 shāndǐng 명 산 꼭대기

功夫 풀이 보기는 모두 장소와 관련된 단어들이다. 질문에서 두 사람이 대화를 나누고 있는 장소를 묻고 있으므로, 대화의 소재를 빨리 파악하는 것이 관건이다. 여기서는 남자의 말 중 '山水画'를 통해 그림을 보는 곳임을 유추할 수 있고, 여자의 말 '馆内禁止拍照'를 통하여 사진 촬영이 금지되는 특정 '관내'임을 알 수 있다. 그러므로 답은 A미술관이 된다. 단순히 '照相' 단어에 혼동해서 사진을 찍는 장소를 연상하여 C 혹은 D를 선택하지 않도록 주의해야 한다.

10. 🔊 女：我排了半天队才买到票，座位是最后边的。
男：有就不错了。
问：男的对女的买到的票怎么想？

여: 나는 반나절을 줄 서서야 겨우 표를 샀어. 좌석은 가장 뒷자리야.
남: 있으면 된 거지.
질문: 남자는 여자가 표를 산 것을 어떻게 생각하는가?

A 불만스럽다	B 좌석이 좋다	C 표를 샀으면 됐다	D 자리를 바꾸고 싶어한다

단어 排队 páiduì 동 줄을 서다

功夫 풀이 보기의 내용을 살펴보아 전반적인 의견 및 사실에 대한 화자의 태도나 감정을 찾는 문제일 가능성이 높다. 질문은 과연 '여자가 산 표에 대한 남자의 생각'을 묻고 있다. 남자의 말 '有就不错了'를 통해 비록 좌석의 위치는 좋지 않지만, 표를 산 걸로 만족하고 있음을 알 수 있다. 그러므로 답은 C가 된다.

II. 상용되는 단어 및 관용어 표현을 외워라

1. 칭찬을 나타내는 표현 ~ 6. 기타 관용어 표현   p.59

정답 1. D 2. C 3. B 4. A 5. B 6. A 7. C 8. B 9. A 10. D

---

1. 女：比赛快要结束了，中国队一点儿希望都没有了。
男：可不是！中国队的技术不如美国队。
问：这一场比赛的结果会怎么样？

여: 시합이 곧 끝나려고 하는데 중국팀은 조금의 희망도 없구나.
남: 그러게! 중국팀의 실력은 미국팀보다 못하네.
질문: 이 경기의 결과는 어떠하겠는가?

A 중국팀이 이긴다	B 두 팀의 실력이 비슷하다
C 시합은 아직 끝나지 않았다	D 중국팀이 진다

단어 结束 jiéshù 동 끝나다, 종결하다 | 希望 xīwàng 명 희망, 소망 | 技术 jìshù 명 기술, 기교, 재량, 능력

功夫 풀이 질문에서는 시합의 결과에 대하여 묻고 있다. 시합에 대한 언급은 처음 여자의 '中国队一点儿希望都没有了'를 통해 '중국팀은 조금의 희망도 없다'로 그 뜻은 '(이길) 가능성/ 희망이 없다'의 의미로서 1차적으로 결과 추측이 가능하다. 이어서 남자의 '可不是'는 '왜 안 그래'의 뜻으로서 상대방의 말을 부정하는 것이 아니라 오히려 상대방의 말에 전적으로 동의하는 표현이다. 이를 통해 2차 결과추측이 가능하고, 마지막으로 '中国队的技术不如美国队'를 통해 중국팀의 실력이 미국팀보다 못하다는 것을 최종적으로 알 수 있다. 결론적으로 '실력이 안 좋은 중국팀은 경기에 희망이 없다'는 것은 곧 '경기에서 지겠다'는 것을 나타내므로 답은 D가 된다.

---

2. 男：小红，我们都以为你不会去，所以就没来叫你。
女：真是的，我怎么可能不去呢？
问：女的去不去？

남: 샤오홍, 우리는 모두 네가 안 갈 거라고 여겨서, 너를 부르러 가지 않았어.
여: 정말이지, 내가 어떻게 안 갈 수 있겠어?
질문: 여자는 가는가 안 가는가?

A 아마도 안 갈 것이다	B 갈 수 없다	C 매우 가고 싶다	D 가고 싶지 않다

> 보기 A에도 '可能'이 언급되고 있으나, 여기서의 의미는 '아마도'로서 추측의 의미를 나타내주므로 '可能不去'는 '아마도 안 갈 것이다'의 뜻이 되어 반어법적인 의미와 전혀 상관이 없다.

단어 以为 yǐwéi 동 여기다, 생각하다, 간주하다

功夫 풀이 여자의 말 중 '真是的'는 그대로 직역하면 '정말이지'의 의미로서, 상대방이나 상황에 대한 불만의 감정을 나타내는 관용적 표현이다. 이에 비추어 보면 여자는 남자의 말 '네가 안 갈거라 생각해서 부르지 않았다'에 뭔가 불만, 부정적 태도를 나타내고 있는데, 그 구체적인 내용은 '我怎么可能不去呢'에 나타나 있다. '怎么可能'은 '어떻게 ~하는 것이 가능한가'의 반어적 의미로서 결국 '불가능하다'를 표현한다. 따라서 '不去'하는 것은 불가능하다, 즉 '어떻게 안 갈 수가 있겠는가'의 의미로서 결국 여자도 '매우 가고 싶어 한다'의 뜻을 전하고 있는 것이다.

3.

女：小军，这个假期咱们去哪儿？你看去香港好还是去昆明好？
男：随便，你去哪儿我就去哪儿，你看着办吧。
问：男的是什么意思？

여: 샤오쥔, 이번 휴가에 우리 어디 갈까? 네가 보기에 홍콩에 가는 게 좋니 아니면 쿤밍에 가는 게 좋니?
남: 마음대로 해. 네가 가는 곳으로 갈 테니까, 네가 잘 보고 결정해.
질문: 남자는 무슨 의미인가?

A 어디도 가고 싶지 않다
B 어디를 가든 다 괜찮다
C 홍콩과 쿤밍 모두 만족스럽지 않다
D 아직 결정하지 못했다

> 보기 A의 '哪儿都不想去'는 '어느 곳이든 (모두) 가고 싶지 않다'는 모든 선택을 거절하고 부정하는 의미이므로, 자유 선택 의미를 지니는 '随便'과는 전혀 맞지 않는다.

단어 假期 jiàqī 명 휴가, 휴일 | 香港 Xiānggǎng 명 홍콩 | 昆明 Kūnmíng 명 쿤밍, 곤명 [윈난(云南)성의 성도]

功夫 풀이 남자의 말 '随便'은 '마음대로, 편할대로'의 뜻으로서 자유 의사 표현의 관용어이다. 이 말이 나타내고자 하는 말은 '어떤 선택이나 결정이든 모두 괜찮다'의 의미가 되므로, 남자는 여자가 제시한 두 가지 선택 '去香港好还是去昆明好'에서 어떠한 결정이 나와도 모두 괜찮다는 생각을 전달하고 있다. 그러므로 B가 답이 된다.

4.

男：晚上有什么安排吗？去打网球，怎么样？好久没去运动了。
女：行，我下班后给你打电话。
问：他们晚上有什么安排？

남: 저녁에 무슨 계획 있어? 테니스 치러 가는 거 어때? 운동하러 안 간지 오래됐어.
여: 좋아, 퇴근 후에 너한테 전화할게.
질문: 그들은 저녁에 무슨 계획이 있는가?

A 운동　　B 영화 보기　　C 쇼핑　　D 게임

단어 安排 ānpái 동 안배하다, 처리하다, 계획하다 | 购物 gòuwù 동 물건을 사다 | 游戏 yóuxì 명 게임

功夫 풀이 남자가 테니스 치러 가자는 제안에 여자가 '行'이라고 대답을 했는데, 이때 '行'은 '좋다'라는 의미이므로 여자도 남자의 의견에 동의한 것이다. 그러므로 그들은 저녁에 테니스, 즉 운동을 하러 갈 계획이다.

5. 女：小王，我看你差不多每天上网要上两三个小时，你上网做什么呢？
男：我觉得网上什么都有，想做什么就可以做什么，但是我主要看新闻、聊天儿、打游戏什么的。说实话，我真离不开网络。
问：根据对话可以知道什么？

여: 샤오왕, 내가 보기에 너는 거의 매일 2,3시간씩 인터넷을 하는데, 인터넷으로 무엇을 하는 거야?
남: 나는 인터넷에는 무엇이든 다 있다고 생각해. 무엇인가를 하고 싶으면 바로 할 수 있어. 하지만 난 주로 뉴스를 보고, 채팅을 하고, 게임 등을 해. 사실대로 말해서, 나는 정말 인터넷이 없어서는 안돼.
질문: 대화를 통해 무엇을 알 수 있는가?

A 여자는 인터넷하는 것을 좋아하지 않는다
B 남자는 인터넷 하기를 즐긴다
C 남자는 주로 인터넷을 이용해 일을 한다
D 여자는 남자가 매일 인터넷하는 것에 대해 불만이다

단어 上网 shàngwǎng 동 인터넷을 하다 | 新闻 xīnwén 명 뉴스 | 游戏 yóuxì 명 게임 | 离不开 lí bu kāi 동 떠날 수 없다

功夫 풀이 대화 중 여자의 말을 통해서 여자의 인터넷에 대한 자신의 의견이나 남자가 인터넷을 하는 것에 대한 태도 등이 전혀 나타나 있지 않으므로 보기 A와 D는 정답이 될 수 없다. 또한 남자의 '我主要看新闻、聊天儿、打游戏什么的'를 통해 그가 인터넷을 이용하여 주로 하는 동작을 파악할 수 있는데, 여기서 '工作'에 관한 언급은 없으므로 보기 C도 정답이 될 수 없다. 남자의 마지막 대화 부분의 '我真离不开网络'에서 '离不开'는 본래 '떨어질 수 없다. 떠날 수 없다'의 의미지만, 비유적으로 '벗어날 수 없다. 없어서는 안 된다'를 나타내는 관용적인 표현이므로 이를 근거로 그가 생활 속에서 인터넷을 무척 즐기는 것을 알 수 있으므로 답은 B가 된다.

6. 男：小赵，你的家乡是桂林，听说那儿的自然风景挺漂亮的，是这样吗？
女：可不是！"桂林山水甲天下"你没听说过吗？
问：根据女的的话，桂林的风景怎么样？

남: 샤오자오, 네 고향은 구이린이지, 그 곳의 자연 풍경이 매우 아름답다고 들었는데, 그래?
여: 그럼! "구이린의 풍경은 천하 제일이다"란 말을 못 들어봤어?
질문: 여자의 말에 근거하면 구이린의 풍경은 어떠한가?

A 매우 좋다
B 괜찮다
C 그다지 좋지 않다
D 그저 그렇다

단어 家乡 jiāxiāng 명 고향 | 桂林 Guìlín 명 구이린 [광시(广西)성에 있으며, 중국의 유명한 명승지 중 하나임] | 桂林山水甲天下 Guìlín shānshuǐ jiǎ tiānxià 구이린의 풍경은 천하 제일이다

功夫 풀이 대화를 통해 구이린이 어떠한지를 판단하는 문제이다. 처음 남자가 '听说那儿的自然风景挺漂亮的'를 통해 여자에게 자신이 들은 바를 확인하며 묻고 있다. 이에 대해 여자가 '可不是'라며 남자의 말에 전적으로 동의하고 있으므로, 구이린이 아름다운 곳이 사실로서 밝혀지게 된다. 여자의 말 후반부는 그에 대한 보충 설명으로서 널리 알려진 유명한 말을 인용하여 전달하고 있다. 따라서 구이린에 대한 강한 긍정적 표현은 A 밖에 없다.

7.
女：小军，你打太极拳打得很好，我也想跟你学学。
男：没问题。我每天下午在操场上练，你也来吧，我教你。
问：男的是什么意思？

여: 샤오쥔, 너 태극권 정말 잘 한다. 나도 너에게 배우고 싶어.
남: 문제없어. 나는 매일 오후에 운동장에서 연습하니까 너도 와. 내가 가르쳐 줄게.
질문: 남자는 무슨 의미인가?

A 남자는 태극권을 못한다
B 여자는 매우 잘 한다
C 남자는 여자에게 태극권을 가르쳐 줄 수 있다
D 여자는 태극권을 배우고 싶어 하지 않는다

단어 太极拳 tàijíquán 명 태극권

功夫 풀이 남자는 여자가 '태극권을 배우고 싶다'의 말에 '没问题'로 대답을 하고 있는데, '没问题'는 '문제가 없다'라는 의미로서, 주로 '동의, 승낙, 허락, 가능'의 의미로 쓰인다. 여기서는 '배우고 싶다'라는 말에 가능하다로 응하는 것이므로, 곧 가르쳐 주겠다는 의미가 된다. 그러므로 답은 C가 된다.

8.
男：今天的表演真的很精彩，祝贺你们！
女：谢谢您能来看我们的演出。
问：根据对话，下列哪个正确？

남: 오늘 연기 정말 훌륭했어요. 축하해요!
여: 우리 공연을 보러 와 주셔서 감사합니다.
질문: 대화를 근거로 아래에서 정확한 것은 어느 것인가?

A 공연이 늦춰졌다
B 공연이 매우 성공적이다
C 여자는 불만족스럽다
D 관중들이 열정적이지 않다

단어 表演 biǎoyǎn 동 공연하다, 연기하다 | 精彩 jīngcǎi 형 뛰어나다, 훌륭하다 | 演出 yǎnchū 명 공연 | 推迟 tuīchí 동 늦추다, 연기하다

功夫 풀이 남자의 말 중 '精彩'라는 단어와 '祝贺'를 통하여 여자에게 축하를 건네고 있는 정황으로 볼 때 공연은 이미 끝이 났고, 매우 성공적이었음을 알 수 있다. 그러므로 답은 B가 된다.

9.
女：明天咱们先别给小李打电话，直接去她家，她一定非常高兴。
男：好主意！
问：根据对话可以知道什么？

여: 내일 우리 먼저 샤오리에게 전화하지 말고, 바로 그녀의 집으로 가자. 그녀는 틀림없이 매우 기뻐할 거야.
남: 좋은 생각이야!
질문: 대화를 통해 알 수 있는 것은 무엇인가?

A 남자는 여자의 의견에 동의한다
B 남자는 여자가 주의해야만 한다고 여긴다
C 샤오리는 이미 알고 있다
D 남자는 샤오리가 기뻐하지 않을 거라 의심한다

 보기 B의 '注意'를 '主意'와 혼동하지 말자. '注意'는 '주의하다, 조심하다'의 의미로서 보기 B는 실제 내용과 전혀 상관이 없다.

단어 主意 zhǔyi 몡 방법, 생각 | 注意 zhùyì 통 주의하다 | 怀疑 huáiyí 통 의심하다, 의심을 품다

功夫 풀이 대화 중 남자는 여자가 제시한 의견에 대하여 '好主意' 단 한마디를 하고 있다. 그 의미는 '좋은 생각, 좋은 아이디어'라는 의미로서 상대방의 의견에 동의, 찬성하는 표현이다. 그러므로 '남자는 여자의 의견에 동의한다'는 A가 답이 된다.

10.
男：我查过图书馆的资料了，可是还没找到我需要的。看来，现在国内还没有这方面的研究。
女：说不定国外有，你外语好，再去查查吧。
问：女的有什么建议？

남: 나는 도서관의 자료를 조사해 봤지만, 아직도 내가 필요한 것을 찾지 못했어. 보아하니 지금 국내에는 아직 이 방면의 연구가 없는 것 같아.
여: 아마 외국에는 있을 거야. 너는 외국어를 잘 하니까 다시 가서 찾아봐.
질문: 여자는 무슨 의견을 가지고 있나?

A 해외에 가서 자료를 찾아라
B 자료를 찾지 마라
C 방법이 없으니까 그만둬라
D 외국 자료를 찾아봐라

단어 资料 zīliào 몡 자료 | 需要 xūyào 통 필요하다, 요구하다

功夫 풀이 여자의 대답 중 '说不定'은 '아마도'의 의미를 지니며, 추측 및 확신이 없음을 나타내는 관용어이다. '说不定国外有'는 '아마 해외에는 있을 거야'의 의미로서 중요한 점은 그 자료가 해외에 있으니 해외로 가서 찾으라는 의미가 아닌, 후반부 '你外语好'를 바탕으로, 도서관에서 외국 자료를 찾아보라는 의미가 된다. 그러므로 답은 D가 된다.

III. 기초 어법 지식은 듣기에서도 통한다

1. 접속사 이해하기 / 2. 비교문 이해하기   p.64

정답_ 1. C 2. D 3. B 4. C 5. A 6. D 7. D 8. C 9. C 10. C

1.
男：这一个月呆在医院不能去上课，很担心赶不上别的同学。
女：我想只要你更加努力，就一定没有问题。
问：根据对话可以知道什么？

남: 이번 한 달 동안 병원에 있는 바람에 수업을 못 가서, 다른 친구들을 쫓아가지 못할까봐 너무 걱정돼.
여: 나는 네가 더욱 더 노력하면 틀림없이 아무 문제없을 거라고 생각해.
질문: 대화를 통해 알 수 있는 것은 무엇인가?

A 남자는 이미 퇴원했다
B 여자는 아직 병원에 있다
C 여자는 지금 남자를 격려하고 있다
D 여자는 남자가 다른 사람을 쫓아가지 못할까봐 걱정한다

단어 呆 dāi 동 머물다 | 赶不上 gǎn bu shàng 동 따라잡지 못하다, 쫓아가지 못하다 | 鼓励 gǔlì 동 격려하다

功夫 풀이 대화에서 남자가 학교에 가지 못해 친구들을 쫓아가지 못할 것을 걱정하자, 여자는 '只要你更加努力，就一定没有问题'라고 위로해 주고 있다. 이때 '只要……就……'용법은 '~하기만 하면 ~한다'의 결과를 강조한 조건문이며, 여기서는 '조금 더 노력하기만 하면 분명 문제없다'의 뜻으로서, 여자는 남자를 격려하고 있다고 볼 수 있다. 그러므로 답은 C가 된다. 대화를 통해서는 아직 남자가 퇴원한 사실은 알 수 없으므로 A는 옳지 않고, 여자는 입원을 하지 않았으므로 B도 옳지 않다. 또한 학생들을 쫓아가지 못할 것을 걱정하는 것은 남자고 여자는 오히려 격려하고 있으므로 D도 옳지 않다.

---

2. 女：你为什么不同意坐出租汽车去？
   男：你想啊，现在是下班时间，坐出租汽车不如坐地铁快。
   问：根据对话可以知道什么？

   여: 너는 왜 택시 타고 가는 걸 동의하지 않니?
   남: 생각해 봐, 지금은 퇴근 시간이라서 택시 타는 것이 지하철 타는 것보다 빠르지 못해.
   질문: 대화를 통해 무엇을 알 수 있는가?

   A 여자는 지하철을 타고 가고 싶어 한다
   B 남자는 여자의 의견에 동의한다
   C 지금은 출근 시간이다
   D 남자는 지하철 타고 가는 것이 빠르다고 생각한다

단어 下班 xiàbān 동 퇴근하다

功夫 풀이 남자는 여자의 '택시를 타고 가자'는 의견에 동의하지 않는 이유로 지금이 퇴근 시간이어서 '坐出租汽车不如坐地铁快'라고 설명하고 있다. '不如'는 비교문의 부정을 표현하는 단어로서 '~만 못하다'의 뜻이다. 결국 택시를 타는 것이 지하철을 타는 것보다 빠르지 않다'라는 뜻으로, 지하철이 더 빠르다는 의미가 되며, 그 의미를 표현한 것은 D가 된다. 지하철을 타고 싶은 것은 남자이므로 A는 옳지 않고, 남자는 여자의 의견에 반대했으므로 B도 옳지 않다. 또한 지금은 퇴근 시간이라고 언급했으므로 C 역시 답이 아니다.

---

3. 男：你怎么能同意他的意见呢？
   女：既然大家都不反对，我也只好同意。
   问：女的是什么意思？

   남: 너는 어떻게 그의 의견에 동의할 수 있니?
   여: 기왕 사람들이 모두 반대하지 않는 바에야, 나도 동의할 수밖에.
   질문: 여자는 무슨 의미인가?

   A 반대를 고수해야 한다
   B 하는 수 없이 동의한다
   C 사람들이 모두 동의하지만, 오직 그녀 혼자서만 반대한다
   D 반대하지 않을 수 없다

보기 D의 '不能不'를 '不得不'와 혼동해서는 안 된다. '不得不'는 '부득불, 어쩔수 없이'의 의미를 지니는 부사이고, '不能不'는 '~하지 않을 수 없다'의 이중부정 형식이므로 결국 그 의미는 '반드시 ~해야만 한다'의 의미를 전달한다. 그러므로 '不能不反对'의 의미는 '반대하지 않을 수 없다' 곧 '반드시 반대해야 한다'의 의미가 되므로 본문의 내용과 맞지 않다.

단어 既然 jìrán 웹 ~된 바에야, ~인(된) 이상, ~만큼 | 坚持 jiānchí 통 단호히 지키다, 견지하다, 유지하다

功夫 풀이 여자의 말 중 '既然'은 '기왕 ~한 이상, 이미 ~한 바에야'의 의미를 나타내며 보통은 뒤에 '就'와 호응하여 인과 관계를 나타낸다. 여자가 '只好同意' 즉 '어쩔 수 없이 동의'한 원인이 바로 '大家都不反对' 즉 '모두가 반대하지 않았다'가 된다. 결국 여자의 말은 '모두가 동의하였기 때문에 어쩔 수 없이 동의했다'의 뜻이 된다. 따라서 보기 B의 '不得不'는 '只好'와 동일한 의미이므로 B가 답이 된다.

---

4. 女: 要是明天下雨，你们也要去看足球赛吗?
    男: 明天是中国队和韩国队的比赛，不管下不下雨，我们都去。
    问: 男的是什么意思?

    여: 만약 내일 비가 와도 너희는 축구 경기를 보러 갈 거니?
    남: 내일은 중국팀과 한국팀의 경기가 있어. 비가 오든 오지 않든 우리는 갈 거야.
    질문: 남자는 무슨 의미인가?

    A 내일 비가 오면 경기를 보러 가지 않는다   B 비가 오든 오지 않든 가지 않는다
    C 날씨가 어떻든 반드시 간다   D 내일은 분명히 비가 오지 않을 것이다

단어 不管 bùguǎn 웹 ~을 막론하고 | 无论 wúlùn 웹 ~을 막론하고

功夫 풀이 접속사 '不管'은 주로 뒤에 '都'와 호응하여 '~에 상관없이 ~하다'의 조건을 나타내는데, 그 조건에 예외가 없음을 전달한다. 녹음 내용의 '不管下不下雨，我们都去'는 '축구 경기를 보러 가는데 비가 오든지 안 오든지 예외가 없다'라는 뜻이 된다. 이는 결국 '날씨에 상관없이 축구 경기를 보러 간다'는 의미가 되므로 답은 C가 된다.

---

5. 男: 小红，听说你的英语非常好，你能不能帮我翻译这些句子?
    女: 非常抱歉，我现在实在没有时间帮你，你可以去找小赵，他的英语比我强。
    问: 根据对话可以知道什么?

    남: 샤오훙, 너의 영어 실력이 매우 좋다고 들었는데, 내가 이 문장들을 번역하는 거 도와줄 수 있어?
    여: 정말 미안해. 내가 지금은 정말로 너를 도울 시간이 없어. 샤오자오를 찾아가봐, 그가 나보다 영어를 더 잘해.
    질문: 대화를 통해 무엇을 알 수 있는가?

    A 여자의 영어는 샤오자오만 못하다   B 여자의 영어는 샤오자오보다 좋다
    C 여자는 영어를 못한다   D 여자는 지금 남자를 도울 수 있다

단어 抱歉 bàoqiàn 형 미안해하다, 미안하게 여기다

功夫 풀이 이 문제를 해결하기 위해서는 비교문을 완벽하게 이해해야 한다. 주체자와 비교의 대상을 혼동해서는 안 되며, 긍정 표현과 부정 표현도 유의하여 판단할 수 있어야 한다. 대화에서 여자는 '他的英语比我强'을 통해 '샤오자오가 여자보다 영어를 더 잘 한다'라는 사실을 알 수 있다. 보기 A와 B가 비교문의 형태로 이루어져 있는데, 긍정과 부정 형태이므로 의미를 잘 파악해야 한다. 보기 A는 '여자는 샤오자오보다 영어를 못한다'의 의미로서 그것은 '샤오자오가 여자보다 영어를 잘한다'와 동일한 개념이므로 A가 답이 된다. B는 '여자가 샤오자오보다 영어를 잘한다'의 의미로서 내화 내용과 반대이므로 답이 될 수 없다. '남자가 여자에게 영어 번역을 부탁하는 것 자체가 여자의 영어 수준이 어느 정도 높음을 의미하므로 C는 옳지 않다. 여자는 '非常抱歉'에서 도와줄 수 없음을 사과하고 있으므로 D도 답과 거리가 멀다.

6. 女：咱们公司离你家不太远，你试试骑自行车怎么样？
   男：我也在考虑呢，骑自行车既不会迟到，还可以锻炼身体。
   问：男的提到的骑自行车的优点是什么？

   여: 우리 회사에서 네 집은 그다지 멀지 않아. 너는 자전거를 타보는 게 어때?
   남: 나도 고려하고 있는 중이야. 자전거를 타면 지각하지도 않고, 몸을 단련할 수도 있잖아.
   질문: 남자가 언급한 자전거를 타는 장점은 무엇인가?

   A 차비가 필요없다
   B 붐비지 않는다
   C 자전거 타는 것은 피곤하지 않다
   D 제시간에 도착할 수 있다

   단어 试 shì 图 시험 삼아 해 보다 ｜ 考虑 kǎolǜ 图 고려하다 ｜ 迟到 chídào 图 지각하다 ｜ 锻炼 duànliàn 图 (몸을) 단련하다 ｜ 挤 jǐ 图 붐비다 ｜ 准时 zhǔnshí 图 정시에, 제때에

   功夫 풀이 남자는 자전거의 장점을 설명하기 위해 접속사 '既 A 还 B'의 형태를 사용하고 있는데, 그 뜻은 'A 하고 또한 B 하다'의 병렬관계를 나타낸다. 즉, '骑自行车既不会迟到，还可以锻炼身体'에서 밑줄 친 두 부분처럼 '지각하지 않고, 신체단련이 가능하다'가 자전거를 타고 출근하는 장점이 된다. 따라서 A, B, C는 모두 언급되지 않은 내용이고, 보기 D '제시간에 도착할 수 있다'는 '不会迟到'와 같은 의미가 되므로 답이 된다.

7. 男：放心吧，我一定帮你买价格又便宜，质量又好的纪念品。
   女：我不会说汉语，那就全靠你了！
   问：女的要的纪念品可能是？

   남: 안심해, 내가 반드시 네가 가격도 싸고, 품질 또한 좋은 기념품을 사는 것을 도와줄게.
   여: 나는 중국어를 못하니까 너만 믿을게!
   질문: 여자가 원하는 기념품은 아마도?

   A 싸기만 하면 된다
   B 어떤 기념품이든 다 괜찮다
   C 품질만 좋으면 된다
   D 품질이 좋을 뿐 아니라, 가격도 싸야 한다

   단어 质量 zhìliàng 图 질, 품질 ｜ 纪念品 jìniànpǐn 图 기념품 ｜ 靠 kào 图 의지하다, 기대다

   功夫 풀이 질문은 여자가 원하는 기념품을 묻고 있는데, 대화에서 여자는 구체적으로 어떠한 기념품을 사고 싶다고 언급을 하지 않고 있다. 그 내용은 남자가 말한 '价格又便宜质量又好'에 구체적으로 나타나있다. '(又) A 又 B'는 'A하고 또한 B하다'의 병렬관계를 나타낸다. 보기 중 병렬관계를 나타내고 있는 표현은 없지만, 보기 D의 '不但 A 也 B(A 할 뿐만 아니라 또한 B 하다)'의 점층관계 의미가 병렬과 유사하기 때문에 여기서는 D가 정답이 된다.

8. 女：昨天晚上雨停了以后出去跑步了，今天早上起来就有点儿发烧。
   男：那你一定是感冒了，感冒虽然不是什么大病，但也挺麻烦的。不吃药吧，不容易好；吃药吧，又容易困，比较影响学习。
   问：男的是什么意思？

   여: 어젯밤 비가 그친 후에 나가서 달렸는데, 오늘 아침에 일어나니까 약간 열이 나.
   남: 그럼 너는 분명히 감기에 걸린 거야. 감기는 비록 무슨 큰 병은 아니지만, 매우 번거로워. 약을 먹지 않으면 쉽게 좋아지지 않고, 약을 먹으면 또 쉽게 졸려서 공부하는데 영향을 주잖아.
   질문: 남자는 무슨 의미인가?

A 감기도 일종의 큰 병이다 　　　　　　　B 약을 먹어도 소용없다
C 감기에 걸리면, 약을 먹든 먹지 않든 모두 번거롭다　　D 감기는 일반적으로 공부에 영향을 주지 않는다

단어 跑步 pǎobù 동 달리다 ｜ 发烧 fāshāo 동 열이 나다 ｜ 困 kùn 형 피곤하다 ｜ 影响 yǐngxiǎng 동 영향을 주다

功夫 풀이 남자는 마지막 말에서 감기에 대한 자신의 견해를 정리하여 말하고 있는데, 접속사 '虽然 A 但是 B'를 활용하여 설명하고 있다. 그 의미는 '비록 A할지라도 그러나 B한다'로서 화자가 정말 하고 싶은 말은 B에 있다. '感冒虽然 不是什么大病，但也挺麻烦的'는 '감기는 비록 큰 병은 아니지만, 매우 번거롭다'의 의미이며, 후반부에서 구 체적으로 부연 설명을 하고 있다. 보기 A는 이미 '감기는 무슨 큰 병은 아니다'라고 언급했으므로 답이 될 수 없 고, '약을 먹어도 소용없다'의 내용은 전혀 언급되지 않았으므로 B도 답이 될 수 없다. 남자의 말 마지막 부분 '不 吃药吧，不容易好；吃药吧，又容易困'에서 약을 먹고 안 먹고 모두 애로사항이 있다는 것을 말하고 있으므 로 C의 내용이 답과 일치한다. 또한 마지막에 '比较影响学习'라고 말했으므로 D도 답이 될 수 없다.

---

9. 男：我觉得自己很帅，眼睛大大的，鼻子高 高的，没人比我更好看了。
　　女：真的吗？我怎么没看出来。
　　问：女的是什么意思？

남: 난 내가 잘생겼다고 생각해. 눈은 크고 코 는 높고, 누구도 나보다 더 잘생긴 사람은 없어.
여: 진짜? 난 어째서 못 알아봤지.
질문: 여자는 무슨 의미인가?

A 남자는 잘생겼다 　　　　　　　　　B 남자를 보지 않았다
C 남자는 잘생기지 않았다 　　　　　　D 남자가 선명히 보이지 않는다

단어 帅 shuài 형 잘생기다, 멋지다 ｜ 鼻子 bízi 명 코

功夫 풀이 남자의 말 중 '没人比我更好看了'에서 '没人比~'는 '비교할 사람이 없다'는 즉, 최상급의 표현이 된다. 이를 통 해 남자는 스스로 가장 잘 생겼다고 생각한다. 하지만 여자의 마지막 말 '我怎么没看出来'는 일종의 반어적인 표현으로서 남자의 생각에 반대하는 입장임을 알 수 있다. 그러므로 C가 정답이 된다.

---

10. 女：好久没见，你还是这么爱开玩笑。
　　男：没有，我说的是真的，你确实比以前更 年轻、更漂亮了。
　　问：男的觉得女的怎么样？

여: 오랜만이에요, 여전히 이렇게 농담하는걸 좋아하네요.
남: 아니에요, 내가 하는 말은 진짜예요. 당신 은 정말 이전보다 훨씬 젊어지고, 훨씬 예 뻐졌어요.
질문: 남자는 여자가 어떻다고 생각하는가?

A 뚱뚱해졌다 　　　　　　　　　　　B 까매졌다
C 더 예뻐졌다 　　　　　　　　　　　D 농담하는 것을 더 좋아하게 됐다

단어 开玩笑 kāi wánxiào 농담하다, 웃기다 ｜ 确实 quèshí 부 정말로, 확실히

功夫 풀이 남자의 생각을 질문에서 묻고 있으므로, 남자가 한 말 중 비교문을 활용한 '比以前更年轻、更漂亮了'를 통해 서 그의 생각을 확실히 알 수 있다.

Ⅳ. 내용별 맞춤식 전략을 세워라

1. 장소 및 방향 관련 문제　　　　　　　　　　　　　　　　　　　p.69

정답_ 1. A　2. D　3. B　4. D　5. C

1.　男：咱们呆在这里已经半天了，你到底要买什么书呀？
　　　女：这本书解释得很具体，练习题量也大，还有题解，我就买这本吧。
　　　问：他们两个人可能在哪儿？

　　　남: 우리가 여기에 머문지 벌써 반나절이 됐어. 너는 도대체 무슨 책을 사려고 하니?
　　　여: 이 책은 풀이가 구체적이고 연습문제량도 많아. 그리고 문제풀이도 있으니까, 난 이 책을 살래.
　　　질문: 그들 두 사람은 어디에 있는가?

　　　A 서점　　　B 도서관　　　C 상점　　　D 학교

단어　呆 dāi 통 머물다, 기다리다 | 到底 dàodǐ 부 도대체 | 解释 jiěshì 통 풀이하다, 해석하다 | 具体 jùtǐ 형 구체적이다

공부 풀이　이 문제와 같이 대화가 일어나고 있는 장소를 묻는 질문을 해결하려면 대화의 핵심 소재 및 단어를 파악하면 쉽게 답을 찾을 수 있다. 여기서는 처음 남자의 질문 '你到底要买什么书'에서 '书'라는 단어가 출현하였고, 여자의 대답도 모두 책의 내용과 관련되며 마지막에 '我就买这本'이라는 말을 통해 최종적으로 책을 사러 갔음을 알 수 있으므로, 답은 A가 된다.

2.　女：请问，您知道去展览中心怎么走吗？
　　　男：从这儿一直向西走，到了友谊宾馆往右拐，邮局对面就是。
　　　问：展览中心在哪儿？

　　　여: 실례합니다. 전람센터에 어떻게 가는지 아세요?
　　　남: 여기서 줄곧 서쪽으로 가다가, 우정호텔에 도착해 우회전해서, 우체국 맞은편 바로예요.
　　　질문: 전람센터는 어디에 있는가?

　　　A 우정호텔 맞은편　　　B 우정호텔에서 우회전
　　　C 우체국 옆　　　　　　D 우체국 맞은편

 보기 4개를 살펴보면, 크게 '友谊宾馆'과 '邮局'로 나누어 장소를 표현하고 있으므로, 이 두 어휘를 중심으로 녹음에 집중하면 된다. 하지만 이 두 어휘의 발음이 다소 비슷하기 때문에, 혼동을 초래하기 쉬우므로 주의해야 한다.

단어　展览 zhǎnlǎn 통 전람하다

공부 풀이　길을 묻고 안내하는 문제이다. 이러한 유형의 문제는 두 번째 화자가 길을 안내하는 설명을 들을 때 가장 마지막 부분의 최종 경로에 주의를 기울이도록 한다. 마지막 부분에 '邮局对面就是'라고 하였으므로, 답은 D가 된다.

3.

女：请问，你知道北京饭店怎么走吗？
男：北京饭店离这儿不太远，往前走，大概走五分钟，有一座小桥，过桥往右拐，马路的左边就是。
问：北京饭店在哪儿？

여: 실례지만, 베이징호텔은 어떻게 가는지 아세요?
남: 베이징호텔은 여기서 그다지 멀지 않아요. 앞으로 가다가 대략 5분을 걸으면, 작은 다리가 있는데, 다리를 지나 우회전해서, 바로 큰길 왼쪽이에요.
질문: 베이징호텔은 어디에 있는가?

A 작은 다리 왼쪽
B 큰길 왼쪽
C 다리를 건너 우회전해서 바로
D 큰 빌딩 옆

 길을 안내하는 설명의 중간에 '过桥往右拐'가 언급이 되고는 있으나, 이는 최종 목적지를 향해가는 중간 거점이므로 보기 C 처럼 '다리를 건너 우회전하면 바로다'라고 말하는 것은 옳지 않다.

단어 大概 dàgài 부 아마도, 대략 | 桥 qiáo 명 다리

功夫 풀이 이 문제 역시 길을 묻고 안내하는 문제이다. 목적지를 찾아가는 경로의 핵심은 대부분 마지막 말에 귀를 기울이면 된다. 즉, '马路的左边'이 바로 '베이징호텔'이라고 했으므로 답은 B가 된다.

4.

男：听说中国人特别喜欢吃辣的，是这样吗？
女：你说的是四川、湖南那边的，江苏人爱吃甜的，做什么菜都放糖，北京人离不开盐，他们喜欢吃咸的。
问：哪个地方的人喜欢吃咸的？

남: 중국인들이 특히 매운 음식 먹는 걸 좋아한다고 들었는데, 그래?
여: 네가 말하는 것은 쓰촨, 후난 그쪽이야. 장쑤인들은 단 음식 먹는 걸 좋아해서 무슨 요리를 하든지 모두 설탕을 넣고, 베이징인은 소금이 없으면 안 될 정도로, 그들은 짠 음식 먹는 걸 좋아해.
질문: 어떤 지방의 사람들이 짠 음식 먹는 걸 좋아하는가?

A 쓰촨　　B 후난　　C 장쑤　　D 베이징

단어 辣 là 형 맵다 | 甜 tián 형 달콤하다 | 糖 táng 명 설탕 | 盐 yán 명 소금 | 咸 xián 형 짜다

功夫 풀이 여러 지역별 음식 맛의 특징을 간단히 소개하고 있다. 이러한 문제를 풀 때는 녹음 내용을 들을 때 보기 하나하나에 해당되는 특징을 간략히 메모를 해 두어야 어떤 지역을 묻던지 당황하지 않고 답을 찾을 수 있다. 여기서는 마지막 '北京人离不开盐，他们喜欢吃咸的'를 통해 답이 D임을 알 수 있다.

5.

女：师傅，请问这儿附近有修车的吗？
男：前边银行旁边就有，不过修得特别慢，东边邮局旁边也有一家，但技术不好，

여: 아저씨, 실례지만 여기 근처에 자전거를 수리하는 곳이 있나요?
남: 앞 은행의 옆에 있지만, 너무 느리게 고쳐요. 동쪽 우체국 옆에도 하나가 있지만, 기술이 좋지 않아요.

那个水果店附近的那家，又快又好。

问：女的可能去哪儿修车？

저 과일가게 근처의 집이 빠르고 기술도 좋아요.

질문: 여자는 어디를 가서 자전거를 수리하겠는가?

A 은행 옆   B 우체국 옆
C 과일가게 근처   D 과일가게 동쪽

단어 师傅 shīfu 명 선생님, 아저씨(일반적인 호칭) | 技术 jìshù 명 기술

功夫 풀이 남자는 여자에게 몇 군데 자전거를 수리하는 곳을 알려주고 있지만, 전반부에 소개된 곳은 단점을 이야기하고 있으므로 여자가 가지 않을 것임을 추측할 수 있다. 그러므로 전반부에 소개된 두 곳, 즉 보기 A와 B는 답에서 제외시켜야 한다. 마지막으로 남자는 '과일가게 부근'의 자전거 수리가게를 소개하면서 장점을 덧붙여 이야기했으므로 여자는 그곳에 갔을 것임을 추측할 수 있다. 그러므로 답은 C가 된다.

2. 시간 및 수치 관련 문제 p.74

정답 1. B   2. C   3. D   4. D   5. C

1.

男：小李，你爷爷每天早上都去公园锻炼身体呀？
女：对，听我爸说，从爸爸出生到现在，爷爷一直是这样。
问：小李的爷爷坚持每天早上锻炼，已经多久了？

남: 샤오리, 네 할아버지는 매일 아침 공원에 가셔서 몸을 단련하시니?
여: 맞아, 우리 아빠가 그러시는데 아빠가 태어날 때부터 지금까지 할아버지는 줄곧 이렇게 하셨다고 말씀하셨어.
질문: 샤오리의 할아버지가 매일 아침 단련하는 것을 계속 해 온 것이 이미 얼마나 되었나?

A 그가 결혼해서 지금까지
B 그의 아들이 태어날 때부터 지금까지
C 그의 아들이 결혼해서 지금까지
D 그가 태어나서 지금까지

단어 锻炼 duànliàn 동 (몸을) 단련하다

功夫 풀이 이 문제는 시점을 물어보는 문제이기는 하지만, 가족관계를 정확히 이해하면서 문제의 요구에 맞게 답을 할 수 있느냐가 관건이다. 여자가 한 말 중 '从爸爸出生到现在'에 비추어 보면 할아버지는 그녀의 아버지가 태어난 이후 줄곧 운동을 했음을 알 수 있다. 질문에서는 할아버지의 입장에서 운동을 한 기간을 묻고 있으므로 '他'는 곧 여자의 할아버지를 지칭하는 대명사임에 주의해야 한다. 할아버지의 입장에서 여자의 아버지는 '儿子'가 되기 때문에 답으로 B를 선택해야 한다.

2. 女：先生，您有零钱吗？您的是五十，我这儿只有四十五块钱，找不开。
   男：你说一支铅笔一块钱，那我再买一支就正好，对不对？
   问：男的最后一共买了多少钱的东西？

   여: 선생님, 잔돈 있으세요? 손님 것은 50위안인데, 제가 오직 45위안 밖에 없어서, 거슬러 드리지 못 해요.
   남: 연필 한 자루에 1위안이라고 하셨으니까, 그럼 제가 한 자루를 더 사면 딱 맞죠, 그렇죠?
   질문: 남자는 결국 합해서 얼마치의 물건을 샀는가?

   A 45위안   B 44위안   C 5위안   D 4위안

   단어 零钱 língqián 명 잔돈 | 找不开 zhǎo bu kāi 거슬러 주지 못 하다 | 铅笔 qiānbǐ 명 연필

   功夫 풀이 사실 이 문제를 해결하기 위해 여자의 말에만 세심히 귀를 기울여도 답을 해결할 수 있다. 여자는 남자가 '50块'를 냈지만, 자신에게 현재 '45块' 밖에 없어서 돈을 다 거슬러 줄 수 없다고 말하고 있다. 이때 주의할 점은 '找'가 '찾다'의 뜻 이외에 '거슬러 주다'의 의미도 있음을 기억해야 한다. 뒤이어 남자의 말에 비추어보면 '我再买一个就正好'를 통해 연필 한 자루를 추가로 사면서 금액을 정확히 맞추고 있음을 알 수 있다. 그러므로 남자가 '45块'를 거슬러 받으려면 결국 남자는 '5块'를 사용했음(50 − 45 = 5)을 알 수 있다. 그러므로 답은 C가 된다.

3. 男：小李，你今天怎么有空来运动呢？
   女：我最近胖了很多，我的体重已经增加到了50公斤，比上个月胖了整整三公斤。
   问：一个月以前女的的体重是多少公斤？

   남: 샤오리, 너 오늘 어떻게 시간이 있어서 운동하러 온 거야?
   여: 나는 최근에 살이 많이 쪘어. 몸무게가 이미 50kg까지 늘어서, 지난 달 보다 정확히 3kg이나 쪘어.
   질문: 한 달 전 여자의 몸무게는 얼마였나?

   A 50kg   B 53kg   C 43kg   D 47kg

   단어 空 kòng 명 짬, 겨를 | 体重 tǐzhòng 명 몸무게 | 整整 zhěngzhěng 부 꼬박

   功夫 풀이 여자의 말 중 '我的体重已经增加到了50公斤'을 통하여 현재 그녀의 몸무게가 50kg임을 짐작할 수 있다. 여기서 주의할 점은 '增加到50公斤'은 50kg이 증가한 것이 아니라 증가하여 최종적으로 50kg이 되었음을 의미한다. 뒤이어 여자의 '比上个月胖了整整三公斤'을 통해 살이 지난달보다 3kg 쪘음을 알 수 있다. 질문에서는 지난달 여자의 체중을 묻고 있으므로 계산하면 '50 − 3 = 47'이므로 답은 D가 된다.

4. 女：你不是去报名了吗？怎么这么早就回来了？
   男：真倒霉，我去的时候负责人不在，我明天又去不了，后天就是国庆节了，只好等到五号了。
   问：男的打算哪天去？

   여: 너 등록하러 가지 않았니? 어떻게 이렇게 빨리 돌아왔어?
   남: 정말 재수가 없어. 내가 갔을 때 책임자가 없는 거야. 나는 내일 또 못 가고, 모레는 국경절이고, 하는 수 없이 5일까지 기다려야 해.
   질문: 남자는 언제 갈 계획인가?

듣기 실력 다지기 풀이 33

A 내일	B 모레
C 10월 1일	**D 10월 5일**

단어 倒霉 dǎoméi 형 재수없다 | 负责人 fùzérén 명 책임자 | 国庆节 Guóqìng Jié 명 국경절

功夫 풀이 남자의 대답 중 많은 날짜가 등장하지만 우선 '明天又去不了'라고 분명하게 말하고 있으므로 '明天'은 답이 아니고, 또한 '后天就是国庆节'라고 했으므로 보기 B와 C는 같은 날이다. 중요한 핵심은 마지막 '只好等到五号了'의 '어쩔 수 없이 5일까지 기다려야 한다'라는 말을 통해 남자는 5일, 즉 국경절(10월 1일)이 지난 5일(10월 5일)에 가겠다는 의미가 되므로 답은 D가 된다.

---

5. 男：你快点儿吃，咱们上午九点有课。
女：啊？再有十五分钟就上课了。
问：现在几点？

남: 너 빨리 먹어, 우리는 오전 아홉 시에 수업이 있어.
여: 어? 15분 더 있으면 바로 수업 시작하구나.
질문: 지금은 몇 시인가?

A 8시 30분	B 8시 15분
C 8시 45분	D 9시

功夫 풀이 이 문제는 현재 시간을 계산하는 문제이다. 남자의 '咱们上午九点有课'를 통해 9시에 수업이 있음을 알 수 있고, 여자의 '再有十五分钟就上课了'를 통해 아직 15분이 남아있음을 알 수 있다. 그러므로 현재는 9시에서 15분이 모자라는 8시 45분이 된다. 따라서 15분을 표시하는 시간 단위로 '刻'를 기억한다면 답이 C임을 쉽게 찾을 수 있다.

---

3. 반어문 관련 문제   p.78

정답_ 1. B   2. C   3. B   4. C   5. B

1. 女：昨天的球赛怎么样？挺好看的吧？
男：好看什么呀！
问：男的是什么意思？

여: 어제 경기는 어땠어? 정말 재미있었지?
남: 재미있기는 무슨!
질문: 남자는 무슨 의미인가?

A 괜찮았다	**B 조금도 재미있지 않았다**
C 어떤 건 재미있었고 어떤 건 재미없었다	D 매우 재미있었다

단어 球赛 qiúsài 명 구기시합

功夫 풀이 남자의 대답 '好看什么'는 '什么'를 이용한 반어문이다. 즉, '형용사 + 什么'는 '不 + 형용사'의 의미를 나타내게 되므로 결국 '不好看'의 의미가 된다. 이러한 의미는 보기 B의 '一点儿也不好看'이 되는데, '一点儿也不……'는 '조금도 ~하지 않다'는 부정의 의미를 강조하는 용법이다. 그러므로 답은 B가 된다.

2. 男：你终于当上了记者，现在满意了吧？
   女：**哪儿呀**，我一直想当记者，但是真的当上了也不过如此。现在想想，**原来的工作也没什么不好的。**
   问：女的是什么意思？

   남: 너 마침내 기자가 됐구나, 지금은 만족하지?
   여: 무슨, 난 줄곧 기자가 되고 싶었어. 근데 진짜 기자가 되니까 특별한 게 없네. 지금 생각해보면, 원래의 일도 별로 나쁘지 않았어.
   질문: 여자는 무슨 뜻인가?

   A 현재의 일에 대해 만족한다 B 기자가 되고 싶지 않아졌다
   C 원래의 일도 괜찮다 D 일을 바꾸고 싶다

   단어 记者 jìzhě 명 기자 | 不过如此 búguò rúcǐ 성 특별한 게 없다

   공부 풀이 여자는 먼저 남자의 '现在满意了吧'라는 말에 대해 '哪儿呀'로 대답하고 있다. 여기서 '哪儿'은 장소를 나타내지 않고, '不是'의 의미로서 부정을 나타낸다. 이를 통해 현재의 직업인 기자에 만족하지는 않음을 알 수 있다. 후반부 '原来的工作也没什么不好的'의 '没什么不好'는 이중부정을 통해 의미를 전달하고 있는데, 이중부정은 결국 긍정의 의미를 나타내므로 이는 '好'의 의미가 된다. 이를 토대로 답은 '원래 직업도 좋았다'는 C가 된다. 보기 D의 경우 현재의 직업에 그다지 만족하지는 않지만 직업을 바꾸겠다는 말은 전혀 언급되지 않았으므로 답이 될 수 없다.

3. 男：你知不知道昨天排球比赛的结果？
   女：你干吗问这个？**谁赢谁输还不是一样吗？**
   问：女的是什么意思？

   남: 너 어제 배구 경기의 결과 아니?
   여: 왜 물어? 누가 이기든 지든 똑같은 거 아니야?
   질문: 여자는 무슨 의미인가?

   A 그녀도 알고 싶다 **B 그녀는 흥미가 없다**
   C 그녀도 모른다 D 남자로 하여금 결과를 맞춰보도록 한다

   단어 排球 páiqiú 명 배구 | 赢 yíng 동 이기다 | 输 shū 동 패하다

   공부 풀이 여자가 후반부에 한 말 '谁赢谁输还不是一样吗'에서 '不是……吗'는 반어문의 부정 형식으로 결국 긍정의 의미를 강조하는 용법으로 사용된다. 그러므로 그 의미는 '谁赢谁输都一样'으로 즉, '누가 이기든 지든 다 똑같다'는 뜻으로 결국 여자는 경기에 관심이 없다는 것을 추측할 수 있다. 따라서 답은 B가 된다.

4. 女：听说昨天你跟小红一起去看电影了，看来你们俩处得不错嘛。
   男：**谁和她去看电影了！我昨天就没出门！**
   问：根据对话可以知道什么？

   여: 듣기에 어제 너와 샤오훙이 함께 영화를 보러 갔다던데, 보아하니 너희들 잘 지내는구나.
   남: 누가 그녀랑 영화를 보러 갔다는 거야! 난 어제 밖에 나가지 않았어.
   질문: 대화를 근거해 무엇을 알 수 있는가?

A 어제 남자와 샤오홍은 영화를 보러 갔다

B 남자와 함께 영화를 보러 간 것은 샤오홍이 아니고 다른 친구다

C 어제 남자는 전혀 나가지 않았다

D 남자는 여자에게 누구의 말을 들은 것이냐고 묻고 있다

단어 处 chǔ 통 교제하다, 다른 사람과 함께 지내다

功夫 풀이 여자의 말에 남자는 '谁和她去看电影了'로 대답하고 있는데, 여기서 '谁'는 특정 인물을 말하는 것이 아니라, '没有人' 혹은 '我不(没)'의 의미를 나타내는 반어문이다. 결국 '我没和她去看电影'라는 의미를 나타내서, '그녀와 영화를 보러 가지 않았음'을 강조하고 있다. 더불어 뒷부분의 내용 '我昨天就没出门'을 통해 아예 외출조차 하지 않았음을 짐작할 수 있다. 그러므로 답은 C가 된다.

---

5. 女：小军，昨晚你们班的聚会一定很热闹，吃了不少好吃的吧？
男：那还用说！
问：男的是什么意思？

여: 샤오쥔, 어젯밤 너희 반의 모임은 틀림없이 시끌벅적 했겠지, 맛있는 것도 많이 먹고?
남: 말할 것도 없지!
질문: 남자는 무슨 의미인가?

A 그런 일은 없다   B 당연하다   C 그는 참가하지 않았다   D 말하고 싶지 않다

단어 聚会 jùhuì 명 집회, 모임 | 热闹 rènao 형 시끌벅적하다

功夫 풀이 남자가 말한 '那还用说'는 부사 '还'를 이용한 반어법으로서, 여기서는 '不用'의 의미를 나타내며, 결국 '那不用说'는 상대방의 말에 말할 필요없이 당연함을 의미하게 된다. 그러므로 답은 B가 된다.

---

4. 분석 및 추론/유추 관련 문제   p.83

정답_ 1. C   2. B   3. C   4. C   5. D

---

1. 女：小王在我们年级很有名，大家都认识他。
男：不只你们年级的认识他，连别的年级的也都认识他。
问：男的是什么意思？

여: 샤오왕은 우리 학년에서 아주 유명해, 모두 그를 알아.
남: 단지 너희 학년만 그를 아는 것이 아니고, 다른 학년조차도 모두 그를 알아.
질문: 남자는 무슨 의미인가?

A 그는 샤오왕을 모른다   B 그는 샤오왕과 친하다
C 샤오왕을 모르는 사람이 없다   D 그는 샤오왕에게 전혀 관심이 없다

단어 年级 niánjí 명 학년 | 连 lián 전 ~조차도

功夫 풀이   질문에서 남자가 한 말이 의미하는 바를 묻고 있다. 남자는 '连别的年级的都认识他'라고 말하고 있는데, 여기서 '连'은 강조의 의미를 나타내는 부사로서 '~조차도'의 뜻이다. 즉, '다른 학년 조차도 모두 그를 안다'는 곧 '모두 그를 안다', '그를 모르는 사람이 없다'라는 의미임을 추측할 수 있다. 그러므로 답은 C가 된다.

듣기

2. 男：这是我送给你的小礼物，希望你喜欢。
    女：我怎么好意思要你的礼物呢?
    问：女的是什么意思?

남: 이것은 너에게 주는 작은 선물이야. 네가 좋아하길 바라.
여: 내가 무슨 면목으로 너의 선물을 받겠어?
질문: 여자는 무슨 의미인가?

A 남자에게 매우 감사하다   B 선물을 받기가 쑥스럽다
C 선물을 받고 싶지 않다   D 매우 기쁘다

단어   希望 xīwàng 동 바라다, 기대하다

功夫 풀이   이 문제는 반어문을 활용한 어기유추 문제라고 볼 수 있다. 여자는 남자의 선물에 대해 '我怎么好意思……'라고 대답하고 있는데, 이는 곧 '不好意思'의 의미로서 '사양' 혹은 '겸손'의 표현이라고 할 수 있다. 그러므로 B가 답이 된다.

3. 女：这么大的事，你怎么才告诉我呢?
    男：怎么说呢，这件事我也是刚知道。
    问：男的为什么没早点儿告诉女的?

여: 이렇게 큰 일을, 너는 어떻게 이제야 나에게 알리는 거야?
남: 어떻게 말해, 이 일은 나도 방금 알게 되었어.
질문: 남자는 왜 일찍 여자에게 알리지 않았는가?

A 시간이 없어서   B 알고 싶지 않아서   C 당시에는 남자도 몰라서   D 잊어버려서

功夫 풀이   질문을 통해 남자가 일찍 알려 주지 않은 이유를 유추하는 문제이다. 남자는 대답에서 '这件事我也是刚知道'라고 말하고 있는데, 이를 통해 그도 방금 이 사실을 알게 되었고, '당시에는 몰랐기 때문에 알려 주지 못했다'로 추측이 가능하다. 그러므로 답은 C가 된다.

4. 女：小李怎么了? 连学都不来上?
    男：她上星期跟男朋友分手了，伤心得吃不下饭，睡不着觉。
    问：小李怎么了?

여: 샤오리는 어떻게 된 거야? 학교조차 오지 않고?
남: 그녀는 지난주에 남자친구와 헤어졌어. 상심해서 밥도 못 먹고, 잠도 자지 못해.
질문: 샤오리는 무슨 일인가?

A 수업에 가기 싫어한다   B 몸이 좋지 않다   C 매우 슬프다   D 늦잠을 잔다

단어   分手 fēnshǒu 동 헤어지다, 갈라서다 | 伤心 shāngxīn 동 상심하다, 슬퍼하다 | 睡懒觉 shuì lǎnjiào 늦잠을 자다

功夫 풀이   대화를 통해 샤오리가 어떠한지를 추측하는 문제이다. 남자의 말 후반부에 '伤心得吃不下饭, 睡不着觉'는 정도보어 '得'를 활용하여 그녀가 상심한 정도를 묘사하고 있다. 결국 '伤心'과 유사한 의미를 보기에서 찾으면 되는데, 바로 C가 된다.

---

5. 男：妈，这是我自己的事，您最好不要管。
    女：我跟你说，要真只是你自己的事，你就是让我管我也不管。
    问：女的是什么意思?

    남: 어머니, 이것은 제 일이에요, 어머니는 상관하지 않는 것이 좋아요.
    여: 내가 말하는데, 만약 정말 너만의 일이라면, 네가 나더러 상관하라고 해도 상관하지 않겠어.
    질문: 여자는 무슨 의미인가?

    A 남자의 말에 동의한다   B 그녀는 상관하고 싶지 않다
    C 이 일은 그녀와 상관이 없다   D 그녀는 상관하려 한다

단어   管 guǎn 통 관여하다, 담당하다

功夫 풀이   '자기의 일에 상관하지 말라'는 남자의 말에 여자는 '要真只是你自己的事, 你就是让我管我也不管'이라고 말하고 있다. 이는 '정말 너만의 일이라면, 네가 나더러 상관하라고 해도 안 한다'는 의미로서, 이것은 '지금 이 일이 남자 혼자만의 일이 아니기 때문에 결국 상관할 일이라는 것'을 우회적으로 말하고 있는 것이다. 그러므로 답은 D가 된다.

---

5. 대화의 화제 및 중심 내용 파악 문제   p.87

정답 1. B   2. A   3. A   4. B   5. B

---

1. 男：你又在修车呢? 都用了几年了, 买辆新的吧, 三百块钱就够了。
    女：一点儿小毛病, 骑着还没问题, 买什么呀。
    问：他们在谈论什么?

    남: 너 또 차를 수리하니? 사용한지 벌써 몇 년이야, 새로 한 대 사. 3백 원이면 충분해.
    여: 작은 고장이야, 타는 데에는 아직 문제 없어, 사긴 뭘 사.
    질문: 그들은 무엇을 이야기하고 있는가?

    A 자동차   B 자전거   C 월급   D 쇼핑

처음 '车'가 나왔다고 해서 답을 A로 골라서는 안 된다. 중국에서는 '自行车'도 '车'라고 말한다. 중요한 것은 사용하는 동사가 다르다. 일반적으로 자동차는 '坐'를 사용하지만, 자전거나 오토바이처럼 다리를 벌려 걸터 앉아야 하는 것에는 '骑'를 사용한다.

단어 够 gòu 동 충분하다, 넉넉하다 | 毛病 máobìng 명 손상, 고장, 결점, 약점

功夫 풀이 대화의 소재를 묻는 문제이다. 대화의 소재를 밝히려면 그와 관련된 핵심 단어를 빨리 파악해야 한다. 처음 남자의 말 중 등장하는 '修车, 买辆新的' 등은 모두 자전거 혹은 자동차와 관련된 단어들인데, 결정적으로 여자가 한 말 중 '骑着'를 통해 보기 중 동사 '骑'를 이용하는 '自行车'가 답임을 알 수 있다.

---

2. 女：张先生，您那么有钱，总买最便宜的东西，可您儿子每次来都买最贵的东西。
男：那是因为他有一个有钱的爸爸，而我没有。
问：这段对话告诉我们什么？

여: 장 선생님, 당신은 돈이 그렇게 많은데도 언제나 가장 싼 물건을 사고, 당신 아들은 매번 와서 가장 비싼 물건을 사네요.
남: 그것은 아들에게는 돈이 많은 아버지가 있지만, 나는 없기 때문이죠.
질문: 이 대화는 무엇을 말하고 있는가?

A 장 선생은 돈이 매우 많고, 아들은 함부로 쓴다   B 장 선생에겐 아버지가 없다
C 장 선생의 아들은 돈이 있다   D 사실 장 선생은 돈이 없다

함정조심! '而我没有' 부분이 장 선생에게 아버지가 없다는 의미로 이해해서는 안 되며, 단지 '돈이 많은 아버지가 없다'는 의미라는 것을 판단할 수 있어야 한다.

단어 总是 zǒngshì 부 늘, 만날, 변함없이 | 乱 luàn 형 어지럽다, 난잡하다

功夫 풀이 질문은 대화의 중심 내용을 밝히는 문제이다. 우선 여자의 말을 통해 장 선생과 그의 아들의 소비 태도가 반대인 것을 쉽게 파악할 수 있다. 그 이유에 대해서 남자는 '因为他有一个有钱的爸爸，而我没有'라고 대답하고 있듯이, 아들이 돈 있는 아버지를 믿고 돈을 함부로 쓰는 것임을 우회적으로 말하고 있다고 볼 수 있다.

---

3. 女：现在大学毕业生找工作可不像以前那么容易了，今年的毕业生大部分都没找到工作。
男：是呀！年轻人面临的就业问题，不只是个人的问题，也是社会问题。
问：他们主要讲什么？

여: 지금 대학 졸업생들이 일을 찾는 것은 예전처럼 그렇게 쉽지는 않아. 올해 졸업생 대부분이 직업을 못 찾았어.
남: 맞아! 젊은이들이 직면해 있는 취업 문제는 단지 개인의 문제일 뿐만 아니라, 또한 사회문제이기도 해.
질문: 그들은 주로 무엇을 말하고 있는가?

A 젊은이들의 취업 문제   B 졸업생들이 아직 직업을 찾지 못 했다
C 인구문제   D 경제 불경기

단어 面临 miànlín 동 직면하다 | 就业 jiùyè 동 얻다, 취업하다, 취직하다 | 不景气 bù jǐngqì 형 불경기이다, 경기가 나쁘다

功夫 풀이 대화의 주제를 묻는 문제이다. 처음 여자는 대화의 화두에 '毕业生大部分都没找到工作'를 언급하고 있다. 남자는 이 소재를 좀 더 확대하여 젊은이들의 취업난과 곧 그것을 사회문제로까지 연결시키고 있는데, 여자가 말한 내용은 결국 남자의 말에 포함되므로 남자의 말을 근거로 주제를 찾아야 한다. 그러므로 B보다는 A가 답으로 적합하고, C는 전혀 관련이 없는 내용이며, D는 추론할 수는 있지만, 두 사람의 대화에서는 여기까지 확대되지 않았기 때문에 답이 될 수 없다.

4. 📢 男：现在独生子女越来越多，这种现象已经变成一种社会问题了。
女：是啊，将来可能兄弟姐妹这些词就没有了。
问：他们在谈论什么问题？

남: 현재 외동아들, 외동딸이 갈수록 많아지고 있어. 이러한 현상은 이미 일종의 사회 문제로 변했어.
여: 맞아, 장래에는 아마도 형제자매라는 이런 말도 없어질지 몰라.
질문: 그들은 무슨 문제를 이야기하고 있는가?

A 이혼율 문제　　B 가정 문제　　C 집값 문제　　D 직업을 찾는 문제

단어 独生子女 dúshēng zǐnǚ 명 외동아들, 딸 | 现象 xiànxiàng 명 현상 | 将来 jiānglái 명 장래, 앞날, 미래

功夫 풀이 대화의 화제를 묻고 있는 문제이다. 보기를 살펴보면 아주 세심한 수준까지 원하는 것이 아닌 다만 포괄적인 수준으로만 이해해도 풀 수 있는 문제이다. 대화에서 출현하는 핵심 단어들을 살펴보면 '独生子女, 兄弟姐妹' 등 모두 가족 혹은 가정과 관련된 단어들을 제시하고 있다. 그러므로 답은 B가 된다.

5. 📢 女：听说不吃早饭更容易胖。
男：对，尤其是女性，所以你得改掉这个习惯。
问：这段对话主要说什么？

여: 듣자 하니 아침을 안 먹으면 훨씬 뚱뚱해지기 쉽대.
남: 맞아, 특히 여자에게 그러니, 너는 이 습관을 고쳐야 해.
질문: 이 대화가 주로 말하고 있는 것은 무엇인가？

A 아침을 안 먹으면 다이어트를 할 수 있다
B 아침을 안 먹는 습관을 고쳐야 한다
C 아침을 먹는 것은 여성에게 안 좋다
D 아침을 먹는 것은 쉽지 않다

단어 尤其 yóuqí 부 특히, 더욱, 더군다나 | 改掉 gǎidiào 동 고쳐 버리다 | 减肥 jiǎnféi 동 체중을 줄이다, 살을 빼다

功夫 풀이 대화의 중심 내용을 밝히는 문제이다. 중심 화제는 '아침식사'지만, 정말 하고자 하는 말은 남자의 말 마지막의 '你得改掉这个习惯'이라고 볼 수 있다. 또한 보기 A, C, D는 모두 대화의 내용과 전혀 일치하지 않기 때문에, 답과 거리가 먼 보기를 소거하면 결국 이 문제에서 원하는 답은 B가 된다.

第三部分

I. 장문 대화 형식

| 1. 대화 속 남녀를 확실히 구별하라 / 2. 화자의 태도와 어기를 판별하라 | p.94 |

정답_ 1. B　2. C　3. B　4. A　5. A　6. B　7. C　8. D　9. D　10. C

1. 女：小军，你毕业以后有什么打算？
   男：我不打算考大学了，我想早点儿去工作。
   女：想做什么工作？
   男：现在最受欢迎的不是因特网行业吗？
   问：关于男的我们可以知道什么？

   여: 샤오쥔, 너 졸업한 후에 무슨 계획이 있니?
   남: 난 대학 시험은 볼 계획이 없고, 좀 일찍 일을 하고 싶어.
   여: 무슨 일을 하고 싶은데?
   남: 지금 가장 각광 받는 일이 인터넷 분야 아니야?
   질문: 남자에 관해서 우리는 무엇을 알 수 있는가?

   A 대학에 진학해 공부한다
   B 인터넷 분야에 종사할 계획이다
   C 대학 시험을 준비한다
   D 지금 컴퓨터 판매를 하고 있다

   功夫 풀이 이 문제는 남자에 관한 사실을 묻고 있으므로, 남자가 말한 부분에 초점을 두고 문제를 해결해야 한다. 남자는 처음 대화에서 '我不打算考大学了'라고 말했으므로, 대학진학 및 재학과 관련한 보기인 A와 C는 답에서 제외시켜야 한다. 남자의 마지막 말 '现在最受欢迎的不是因特网行业吗？'를 통하여 남자는 결국 인터넷 관련 일을 할 계획임을 알 수 있으므로 답은 B가 된다. 보기 D는 남자가 현재 일을 하고 있지 않을 뿐 아니라, 하고자 하는 일도 컴퓨터 매매가 아니므로 답이 될 수 없다.

2. 男：你来得正好，我正想找你呢。
   女：有什么事吗？
   男：你今天帮我把这两封信寄出去，这是地址。
   女：好的，我马上就去。
   问：男的让女的做什么？

   남: 마침 잘 왔어, 막 너를 찾으려고 했는데.
   여: 무슨 일 있어요?
   남: 이 두 통의 편지를 오늘 부쳐야 하는걸 도와줘, 이것이 주소야.
   여: 알겠습니다, 제가 바로 갈게요.
   질문: 남자는 여자에게 무엇을 시키는가?

   A 책을 산다
   B 팩스를 받는다
   C 편지를 부친다
   D 주소를 쓴다

   단어 寄 jì 통 부치다, 보내다 | 地址 dìzhǐ 명 주소 | 传真 chuánzhēn 명 팩스
   功夫 풀이 남자의 두 번째 대화 중 '你今天帮我把这两封信寄出去'를 통하여 편지를 대신 부쳐줄 것을 부탁하고 있음을 알 수 있다. 그러므로 정답은 C가 된다.

3. 女：春节过得怎么样？
   男：累死了！回一趟老家可真不容易。
   女：就是。我小时候很喜欢过春节，可现在一说春节回老家，我就头疼。花在路上的时间太多了。

   여: 설날 어떻게 지냈어요?
   남: 너무 피곤해요. 고향에 한번 다녀오는 것은 정말 쉽지 않아요.
   여: 맞아요. 어렸을 때는 설을 지내는 것이 너무 좋았는데, 지금은 설날 때 고향 가는 이야기만 해도 머리가 아파요. 길 위에서 소모하는 시간이 너무 많아요.

男：要是能解决交通问题，回老家还是挺有意思的。
问：一到春节让女的最头疼的是？

남: 만약 교통문제를 해결할 수 있다면, 고향에 가는 것이 정말 재미있을 텐데요.
질문: 설날이 되면 여자의 골치를 아프게 만드는 것은?

A 차비가 너무 비싸다
B 길 위에서 많은 시간을 소모해야 한다
C 고향에 돌아갈 수 없다
D 차표를 사기가 어렵다

단어 老家 lǎojiā 명 고향, 고향집 ｜ 头疼 tóuténg 동 머리가 아프다 ｜ 解决 jiějué 동 해결하다 ｜ 交通 jiāotōng 명 교통

功夫 풀이 질문의 핵심은 '여자를 골치 아프게 만드는 것'이다. 대화 중 여자가 한 말 중 '头疼'이 언급된 전후 부분을 잘 듣고 판단하면 해결할 수 있다. 여자는 '一说春节回老家，我就头疼。花在路上的时间太多了'라고 말하고 있다. 즉, 전반부에서 '설날 때 고향 가는 이야기만 하면 머리가 아프다'라고 언급하고, 후반부에 그에 대한 구체적 이유인 '길 위에서 소모하는 시간이 너무 많다'라고 말하고 있다. 그러므로 답은 B가 된다.

4. 男：这件衣服挺好看的，你穿一定很漂亮。
女：嗯。这件好像肥了一点儿。
男：换一件吧，你看看这件。
女：好，就要这件吧。
问：女的为什么换衣服了？

남: 이 옷은 매우 예뻐요. 당신이 입으면 틀림없이 예쁠 거예요.
여: 음. 이것은 조금 헐렁한 것 같은데요.
남: 바꿔요. 이 옷을 좀 봐요.
여: 좋아요. 이 옷으로 주세요.
질문: 여자는 왜 옷을 바꿨는가?

A 그녀에게 맞지 않다
B 예쁘지 않다고 생각한다
C 매우 비싸다
D 다른 색깔을 원한다

단어 肥 féi 형 (옷 등이) 크다, 헐렁헐렁하다

功夫 풀이 문제는 여자가 옷을 교환한 이유에 대하여 묻고 있는데, 이와 관련한 내용은 여자의 첫 번째 대화 '这件好像肥了一点儿'의 의미만 이해하면 쉽게 해결할 수 있다. '肥'는 명사로 '비계, 지방'이라는 뜻이지만, 형용사로는 '(옷 등이) 크다, 헐렁하다'의 의미로도 쓰인다. 여기서는 상황상 후자의 뜻으로 사용되었고, 결국 여자는 옷이 자신에게 커서 교환을 한 것이므로, 보기 중 A가 답이 된다.

5. 女：你来北京这么久了，还没适应这里的气候？
男：没办法，我以前就比较怕冷。
女：那你要注意身体，最近冷得厉害。
男：我已经穿得厚厚的，戴上帽子了。
问：关于男的，下列哪个正确？

여: 너는 북경에 온지 이렇게 오래 됐는데, 아직도 이곳의 기후를 적응 못했어?
남: 어쩔 수 없어, 나는 예전부터 추위를 탔어.
여: 그럼 건강에 주의해, 요즘 너무 추워.
남: 벌써 옷을 두껍게 입고, 모자 썼어.
질문: 남자에 관해서 아래에서 정확한 것은?

A 추위를 탄다 B 감기에 걸렸다
C 땀을 흘렸다 D 겨울을 좋아한다

단어 适应 shìyìng 图 적응하다 | 气候 qìhòu 图 기후 | 厉害 lìhai 圈 사납다, 심하다, 굉장하다 | 戴 dài 图 (머리, 얼굴, 손 등에) 차다, 착용하다, 쓰다 | 出汗 chūhàn 图 땀이 나다

功夫 풀이 남자의 첫 번째 대화 '比较怕冷'를 통하여 남자는 추위를 비교적 타는 것을 알 수 있다. '怕冷'은 우리말로 직역하면 '추위를 두려워한다' 라는 뜻인데, 이는 곧 '추위를 탄다'는 의미가 된다.

---

6. 男：你看这台空调怎么样？要不，咱们再到别的商店看看？
女：我看这台就挺好的，不用去别的商店了。
男：可价钱呢？如果别的商店比这儿卖得便宜，那怎么办？
女：你说的不是没有道理。可是，这么热的天儿，为了省几块钱跑那么多道儿，不值得！
问：女的是什么态度？

남: 봐봐, 이 에어컨 어때? 아니면, 우리 다시 다른 상점에 가서 볼까?
여: 내가 보기엔 이것이 좋아. 다른 상점에 갈 필요 없어.
남: 가격은? 만약 다른 상점이 이곳보다 싸게 판다면 어떡해?
여: 네 말이 일리는 있어. 그렇지만 이렇게 더운 날에 돈 몇 푼 아끼자고 그렇게 많은 곳을 다니는 것은 가치가 없어.
질문: 여자는 어떠한 태도인가?

A 남자의 의견에 매우 만족한다 B 남자의 의견에 동의하지 않는다
C 남자로 하여금 결정하게 한다 D 어딜 가서 사든 상관없다

단어 要不 yàobu 图 그렇지 않으면 | 价钱 jiàqián 图 값, 가격 | 省 shěng 图 아끼다, 절약하다 | 不值得 bù zhídé 图 ~할 만한 가치나 의의가 없다

功夫 풀이 질문은 여자의 태도를 묻고 있는데, 이러한 질문 역시 여자의 대화 중 어기 등을 통하여 판단을 내려야 한다. 여자의 마지막 말 '为了省几块钱跑那么多道儿, 不值得'에서 '不值得'는 '~할 만한 가치가 없다', '~할 만한 것이 못 된다'라는 의미로서, 여자는 남자의 의견에 대하여 그럴 만한 가치가 없다고 대답하고 있다. 이는 남자의 의견을 따르지 않겠다는 뜻으로, 그러므로 답은 '남자의 의견에 동의하지 않는다'는 B가 된다.

---

7. 女：昨天你是不是很晚才回家？我晚上给你打了好几次电话，都没人接。
男：不可能吧，我一下课就回家了。你打的号码对吗？
女：你家的电话号码不是321-9621吗？
男：你记错了，是321-9627。
问：男的昨天什么时候回家的？

여: 어제 너 아주 늦게야 집에 돌아왔지? 내가 저녁에 너한테 여러 번 전화했는데, 받는 사람이 없더라.
남: 그럴 리가, 나는 수업이 끝나자마자 집으로 돌아갔어. 네가 건 번호가 맞니?
여: 너네 집 전화번호가 321-9621아니야?
남: 너 잘못 기억했구나. 321-9627이야.
질문: 남자는 어제 언제 집에 돌아왔는가?

A 매우 늦게야 집에 돌아왔다   B 어제 그는 하루 종일 집에 있었다

C 수업이 끝난 후 바로 집으로 돌아왔다   D 알 방법이 없다

단어 记 jì 통 기억하다 | 整天 zhěngtiān 명 온종일, 하루 종일 | 无法 wúfǎ 통 방법이 없다, 할 수가 없다

功夫 풀이 질문은 남자가 어제 언제 들어왔는지에 대하여 묻고 있다. 이 문제 해결을 위해서 후반부 전화번호에 관한 내용은 사실 그다지 중요하지 않다. 대화의 전반부 남자의 '我一下课就回家了'를 통해서 그가 수업 후 바로 집으로 돌아왔음을 쉽게 알 수 있다. 그러므로 답은 C가 된다.

8.

男：小李，明天学校有排球比赛，咱们一起去看吧。
女：是吗？几点开始？
男：早上8点，在体育馆。
女：那么早，我不去。明天是星期天，我要多睡几个小时。
问：女的是什么意思？

남: 샤오리, 내일 학교에서 배구 시합이 있는데 우리 함께 가서 보자.
여: 그래? 몇 시에 시작하는데?
남: 아침 8시, 체육관에서.
여: 그렇게 일찍, 난 안 갈래. 내일은 일요일인데, 난 몇 시간을 더 자고 싶어.
질문: 여자는 무슨 뜻인가?

A 가서 볼 시간이 없다   B 경기 보는 것을 좋아하지 않는다

C 남자와 함께 간다   D 좀 더 자고 싶다

단어 排球 páiqiú 명 배구 | 体育馆 tǐyùguǎn 명 체육관

功夫 풀이 여자의 마지막 말 '明天是星期天，我要多睡几个小时'를 통해 여자는 일요일에 남자와 시합을 보러 가는 대신 늦잠을 자고 싶어 하는 것을 알 수 있다. 그러므로 답은 D가 된다.

9.

女：小军，你新买了一台笔记本啊？真不错，在哪儿买的？
男：从电视购物上买的。我觉得这种节目挺方便的，买东西不必去商店，打个电话就会给送来，可以省很多时间。
女：我有时候也看那种节目，可我觉得东西太贵了。
男：你主要买衣服和鞋，那些东西可能亲自去买比较好。
问：男的为什么喜欢从电视商场买东西？

여: 샤오쥔, 너 노트북 컴퓨터 새로 샀어? 정말 좋다. 어디서 샀어?
남: 난 홈쇼핑에서 산 거야. 난 이런 프로그램이 정말 편리하다고 생각해, 물건을 살 때 상점에 갈 필요없이, 전화만 하면 바로 보내주니, 많은 시간을 절약할 수 있어.
여: 나도 가끔 그런 프로그램을 보지만, 거기 물건은 너무 비싸다고 생각해.
남: 네가 주로 사는 것은 옷과 신발인데, 그런 물건들은 네가 스스로 직접 가서 사는 것이 비교적 좋아.
질문: 남자는 왜 홈쇼핑에서 물건을 사는 것을 좋아하는가?

A 매우 싸다   B 돈을 아낄 수 있다   C 품질이 특별히 좋다   D 매우 편리하다

단어 笔记本 bǐjìběn 명 노트북 컴퓨터 | 电视购物 diànshì gòuwù 명 홈쇼핑 | 亲自 qīnzì 부 직접 ~하다, 친히 |
质量 zhìliàng 명 질, 품질

功夫 풀이 질문은 남자가 홈쇼핑을 통해 물건을 사는 것을 좋아하는 이유를 묻고 있으므로, 대화의 후반부 여자와 관련된 내용은 그다지 신경을 쓸 필요가 없다. 남자의 처음 대화 중 '我觉得这种节目挺方便的'를 통하여 그 이유가 D 임을 쉽게 판단할 수 있다.

10.

男：小李，明天我就要回国了。今天晚上你有没有时间？我想请你吃顿饭。
女：你客气什么呀！
男：我在这儿留学的这段时间，你帮了我那么多，我该好好谢你。
女：咱们不是朋友吗？你不必这么客气，就算了吧。
问：女的是什么意思？

남: 샤오리, 내일 난 귀국해. 오늘 저녁에 너 시간 있니? 난 너에게 밥을 사고 싶어.
여: 너 무슨 예의를 차려!
남: 내가 여기서 유학하는 동안에 네가 나를 정말 많이 도와줬잖아. 정말 너에게 많이 고마워해야 해.
여: 우리 친구 아니야? 너 이렇게 예의 차릴 필요 없어, 됐어.
질문: 여자는 무슨 뜻인가?

A 친구 사이에도 예의를 차려야만 한다   B 남자는 마땅히 그녀에게 감사해야 한다
C 친구 사이에 예의 차릴 필요 없다   D 매우 감동했다

단어 不必 búbì 부 ~할 필요없다 | 算了 suànle 동 됐어, 필요 없어

功夫 풀이 여자의 마지막 말 '咱们不是朋友吗？你不必这么客气'를 통하여 여자는 남자에게 친구 사이에는 예의를 차리지 말 것을 이야기하고 있다. 따라서 답은 C가 된다.

---

3. 보기를 통하여 질문을 유추하라   p.100

정답 1. C 2. B 3. A 4. B 5. A 6. D 7. A 8. D 9. C 10. B

1.

女：这双白皮鞋多少钱？
男：900块。
女：打折吗？
男：今天正好是周末，周末我们可以给您打8折。
问：女的得花多少钱？

여: 이 흰색 가죽구두는 얼마죠?
남: 900위안이에요.
여: 할인하나요?
남: 오늘은 마침 주말인데, 주말에 우리는 20%를 할인해 드릴 수 있어요.
질문: 여자는 얼마를 써야 하는가?

A 900위안   B 180위안
C 720위안   D 800위안

단어 皮鞋 píxié 몡 가죽구두 | 打折 dǎzhé 동 할인하다

功夫 풀이 여자가 사고자 하는 신발의 원래 가격은 900위안이지만, 마지막 남자의 말을 통해 '打8折'세일이 가능함을 알 수 있다. 중국어에서 '8折'는 80%세일을 의미하는 것이 아니고, 20%의 세일을 의미하므로, 여자가 지불해야 할 금액은 '900 X 0.8 = 720'이 된다. 따라서 답은 C가 된다.

---

2. 男：小姐，我的手提包丢了，您能帮我找找吗？
女：包有什么特点？
男：是黑色的，上面写着白色的"长江"两个字。里面有一点儿钱，还有护照和学生证。
女：请把您的手机号码写在这儿，以后找到了，我给你打电话。
问：关于男的我们可以知道什么？

남: 아가씨, 내 손가방을 잃어버렸는데, 찾는 것을 도와주실 수 있나요?
여: 가방에 무슨 특징이 있나요?
남: 검은색이고, 위에 흰색의 '장강'이라는 두 글자가 쓰여져 있어요. 안에는 약간의 돈이 있고, 또 여권과 학생증이 있어요.
여: 당신의 휴대폰 번호를 여기에 적어 주세요. 나중에 찾게 되면 제가 전화할게요.
질문: 남자에 관해 우리는 무엇을 알 수 있는가?

A 손가방은 흰색이다   **B 그는 학생이다**   C 이미 손가방을 찾았다   D 손가방 안에 돈은 없다

단어 手提包 shǒutíbāo 몡 핸드백, 손가방 | 丢 diū 동 잃다, 분실하다 | 护照 hùzhào 몡 여권 | 学生证 xuéshēngzhèng 몡 학생증

功夫 풀이 남자에 관한 질문을 하고 있는데, 전체적으로는 남자가 현재 손가방을 잃어버려 찾고 있는 상황임을 알 수 있으므로, '이미 찾았다'는 보기 C는 바로 답에서 배제시킬 수 있다. 그 외의 보기들이 모두 손가방 및 남자에 대한 특징을 나타내고 있는데, 남자의 두 번째 대화를 통해 모두 확인이 가능하다. 처음에 남자는 '我的手提包是黑色的'라고 색깔에 대하여 언급한 것처럼 그의 가방은 검정색이므로 보기 A는 답에서 제외시킨다. 뒤이어 '里面有一点儿钱'이라고 말했으므로 '돈이 없다'고 말한 보기 D역시 답이 아니다. 마지막에 '还有护照和学生证'을 통하여 남자가 학생증을 가지고 다닌 것으로 보아 그가 학생임을 미루어 짐작할 수 있다. 그러므로 답은 B가 된다.

---

3. 女：你现在忙不忙？能不能帮我找一个辅导老师？
男：你想找个什么样的辅导老师？
女：最好是他教我汉语，我教他英语。
男：正好我想练习英语口语，咱们互相帮助，怎么样？
女：那当然好了！
问：根据对话我们可以知道什么？

여: 너 지금 바빠? 내가 과외선생님 구하는 것을 도와줄 수 있어?
남: 어떤 과외선생님을 찾고 싶은데?
여: 가장 좋은 것은 그가 나에게 중국어를 가르쳐 주고, 내가 그에게 영어를 가르쳐 주는 거야.
남: 내가 마침 영어 회화 연습을 하고 싶었는데, 우리 서로 도우면 어떨까?
여: 그럼 당연히 좋지!
질문: 대화를 근거하여 우리는 무엇을 알 수 있는가?

A 여자는 영어를 아주 잘한다   B 남자는 중국어 과외선생님을 구한다
C 여자는 영어 연습을 하고 싶어 한다   D 여자는 영어 과외선생님을 구한다

단어 辅导 fǔdǎo 동 학습을 도우며 지도하다 | 互相 hùxiāng 부 서로, 상호

功夫 풀이 이 문제를 해결하기 위해서는 대화의 전체적인 내용을 바탕으로 분석해야 한다. 여자의 두 번째 대화 '他教我汉语, 我教他英语'를 통해서 여자는 중국어 과외선생님을 원하고, 또한 여자가 영어를 가르치고 싶어하는 것을 알 수 있고, 또한 그녀의 영어 실력이 비교적 좋음을 추측할 수 있다. 뒤이어 남자의 '咱们互相帮助'를 통해서 남자가 여자에게 중국어를 가르쳐 줄 수 있고, 영어를 배우고자 함을 유추할 수 있다. 이를 근거로 접근하면 답은 A가 된다. 보기 B는 '汉语'가 아닌 '英语'로 고쳐야 하고, 보기 C와 D는 모두 '英语'를 '汉语'로 고쳐야 녹음 내용과 부합한다.

---

4. 🔊

男：小明，星期天咱们一起去百货商店转转，好吗？现在东西都在打折。
女：哎呀，星期天商场里人太多，别提有多挤了。咱们还不如去美术馆看看画展，你说怎么样？
男：好，看完了以后咱们再去世界饭店吃饭，我请客!
女：太好了!
问：星期天他们打算去哪儿？

남: 샤오밍, 일요일에 우리 함께 백화점 좀 돌자, 어때? 물건이 모두 할인 중이야.
여: 아이고, 일요일에는 상점 안에 사람들이 너무 많아, 얼마나 붐빌지 말할 필요도 없어. 미술관에 가서 그림 전람회를 보는 것만 못해, 어때?
남: 좋아. 본 후에 우리 다시 세계호텔에 가서 밥 먹자, 내가 낼게.
여: 아주 좋아!
질문: 일요일에 그들은 어디를 갈 계획인가?

A 백화점   **B 미술관**   C 영화관   D 아무 곳도 가지 않는다

단어 转 zhuàn 동 돌다, 한가하게 돌아다니다 | 别提 biétí 동 말하지도 말아라 | 挤 jǐ 동 빽빽하게 들어차다, 붐비다 | 美术馆 měishùguǎn 명 미술관, 화랑 | 画展 huàzhǎn 명 그림 전람회

功夫 풀이 보기를 통하여 장소를 묻고 있는 질문임을 쉽게 알 수 있다. 대화 중 장소는 '百货商店, 美术馆, 世界饭店' 등 총 세 곳이 등장한다. 이 중 그들이 갈 계획인 곳을 확인해야 하는데, 여자는 '咱们还不如去美术馆看看画展'에서 '(백화점 가는 것이) 미술관가는 것보다 못하다'고 말하였고, 이에 남자도 동의하였으므로 그들은 백화점이 아닌 미술관에 갈 것임을 알 수 있다. 마지막에 언급한 '世界饭店'도 계획한 장소에 포함되지만, 보기 중에는 없으므로 답은 미술관만 해당된다.

---

5. 🔊

女：是小李吗？你怎么一直不接我的电话呢？
男：对不起，我刚才在网上聊天儿，没听见电话响。
女：聊这么长时间!
男：不长，只聊了半个小时。我每天只上半个小时的网。

여: 샤오리니? 너 왜 계속 내 전화를 받지 않니?
남: 미안해, 난 방금 인터넷에서 채팅하느라 전화벨 소리를 듣지 못했어.
여: 이렇게 긴 시간을 이야기하다니!
남: 길지 않아. 겨우 30분 얘기했어. 나는 매일 30분씩만 인터넷을 해.

| 问：小李每天上网上多长时间？ | 질문: 샤오리는 매일 몇 시간을 인터넷을 하는가? |

A 30분　　　　B 반나절　　　　C 1시간　　　　D 1시간 30분

단어 一直 yìzhí 🅑 계속, 줄곧 ｜ 上网 shàngwǎng 🅓 인터넷을 하다

功夫 풀이 보기를 통하여 시간의 양을 묻는 질문임을 유추할 수 있다. 대화 중 시간에 대하여는 단 한 차례 언급했는데, 남자의 마지막 말 '我每天只上半个小时的网'을 통해 매일 30분씩 인터넷을 사용함을 알 수 있다.

---

6. 🔊
男：你昨天看天气预报了吗？
女：看了，今天最高气温34℃，而且没有风。
男：怪不得这么热，我都快受不了了。
女：北京夏天常常这么热，走到哪儿都得用空调，出去活动不太合适。
问：根据对话我们可以知道什么？

남: 너 어제 일기예보 봤니?
여: 봤어, 오늘 최고 기온은 34℃이고, 바람은 없어.
남: 어쩐지 이렇게 덥더라니, 난 못 견디겠어.
여: 베이징의 여름은 자주 이렇게 더워, 어딜 가든 모두 에어컨을 이용해야만 해, 나가서 활동하는 것은 그다지 적합하지 않아.
질문: 대화에 근거해서 우리는 무엇을 알 수 있는가?

A 남자는 여름을 좋아한다　　　　B 여자는 나가서 활동하는 것을 좋아한다
C 베이징의 여름은 그렇게 덥지 않다　　　　D 남자는 더위를 많이 탄다

단어 天气预报 tiānqì yùbào 🅝 일기예보 ｜ 温度 wēndù 🅝 온도 ｜ 受不了 shòubuliǎo 🅓 견딜 수 없다, 참을 수 없다 ｜ 怕热 pà rè 🅗 더위를 타다, 더위에 약하다

功夫 풀이 보기의 내용을 살펴보면 각각 모두 다양한, 하나의 주제를 묻고 있는 것이 아닌, 전체적인 내용을 모두 파악하여 하나씩 배제시키며 답을 찾아야 하는 유형이다. 보기 B와 관련하여 여자는 다만 '出去活动不太合适'라고만 했을 뿐 좋고 싫음에 대한 언급은 없으므로, 답이 될 수 없다. 보기 C는 이미 베이징의 여름이 매우 덥다고 앞에서 언급을 했으므로 답이 아니다. 남자의 말 '怪不得这么热，我都快受不了了'를 통하여 '남자가 베이징의 더운 날씨를 견딜 수 없음'을 알 수 있다. 보기 A는 오히려 더운 여름을 좋아한다고 했으므로 답이 아니고, 보기 D의 '怕热'는 우리나라 말의 '더위를 탄다'에 해당하는 의미로서, '남자가 더위를 많이 탄다'는 것은 곧 '더위를 견딜 수 없다'는 뜻이므로, 답은 D가 된다.

---

7. 🔊
女：小王，你可以帮我个忙吗？
男：当然可以，什么事？
女：我想把桌子搬到窗户那边，你帮我抬一下吧？
男：没问题。
问：女的想把桌子搬到哪儿？

여: 샤오왕, 나를 도와 줄 수 있어요?
남: 당연하죠, 무슨 일이에요?
여: 나는 책상을 창가 쪽으로 옮기고 싶은데, 당신이 좀 들어줄 수 있어요?
남: 문제없어요.
질문: 여자는 책상을 어디로 옮기고 싶어 하는가?

48　一、听力

A 창가	B 교실	C 지하실	D 책장 옆

단어 桌子 zhuōzi 명 책상 | 抬 tái 동 들어올리다, 들다 | 书架 shūjià 명 책장

功夫 풀이 여자의 두 번째 대화 중 '我想把桌子搬到窗户那边'을 통하여 여자는 책상을 창가 쪽으로 옮기고 싶어함을 알 수 있다.

---

8. 男：这次一共有多少学生去参观颐和园？
女：一共有三十个。
男：好的，这次谁带着去？
女：我和国际部的王老师一块儿去。
问：他们准备什么活动？

남: 이번에 모두 몇 명의 학생이 이화원 견학을 가죠?
여: 모두 30명입니다.
남: 네, 이번에 누가 데려가죠?
여: 저랑 국제부의 왕 선생님이 함께 갑니다.
질문: 그들은 무슨 활동을 준비하는가?

A 시합 참가	B 경극 보기	C 해외 여행	D 이화원 견학

단어 参观 cānguān 동 참관하다, 견학하다 | 颐和园 Yíhéyuán 명 이화원 | 活动 huódòng 명 활동

功夫 풀이 질문의 핵심은 어떤 활동을 준비하는지에 초점을 맞추고 있으므로, 남자의 첫 번째 대화의 '参观颐和园'을 통하여 이화원 견학을 준비 중임을 쉽게 알 수 있다.

---

9. 女：现在几点了？
男：差一刻就四点了。我有点儿饿了。咱们赶快出去简单吃点儿东西吧。
女：不行，现在出去吃来不及了，四点半单位开会。
男：那没有办法了，开完会再出去吧。
问：根据对话，他们两个人可能是什么关系？

여: 지금 몇 시예요?
남: 4시 15분 전이에요. 난 조금 배가 고파요. 우리 서둘러 나가서 간단히 뭐 좀 먹어요.
여: 안 돼요. 지금 나가서 먹기엔 시간이 늦어요. 4시 반에 부서 회의예요.
남: 그럼 어쩔 수 없죠. 회의 끝나고 다시 나가요.
질문: 대화를 근거로 그들 두 사람은 아마도 무슨 관계인가?

A 친구	B 학우	C 동료	D 부부

단어 赶快 gǎnkuài 부 재빨리, 서둘러, 속히 | 来不及 láibují 동 ~할 틈이 없다, 제시간에 댈 수 없다 | 单位 dānwèi 명 회사, 기관, 부처

功夫 풀이 질문과 같이 대화하는 두 사람의 관계를 물어보는 질문은 정답의 열쇠가 되는 핵심어휘를 찾는 데에 집중할 필요가 있다. 여기서는 여자의 두 번째 대화 중 '单位开会' 즉, '부서 회의'를 통하여서 이 두 사람의 관계가 같은 부서에 소속되어 있는 동료임을 알 수 있다.

듣기 실력 다지기 풀이

10. 男：听说你英语说得很好，练习口语时，你觉得要注意哪些方面？
    女：我觉得发音一定要标准，同时背一些常用的句子也很重要。但我认为最重要的是信心，和别人说话的时候，不要怕错误，你想说什么就说什么。
    男：你说得太好了，以后我也得向你学习。
    女：只要能坚持下去，就能有较大的进步。
    问：女的认为练习口语时最重要的是什么？

남: 듣자 하니 네가 영어를 아주 잘 한다던데, 회화 연습 할 때 어느 방면이 중요하다고 생각해?
여: 나는 발음은 반드시 정확해야 하고, 동시에 자주 사용하는 문장들을 암기하는 것 또한 중요하다고 생각해. 하지만 나는 가장 중요한 것은 자신감이라고 생각해. 다른 사람과 대화할 때, 실수를 두려워하지 말고, 하고 싶은 말은 하는 거야.
남: 네 말이 정말 맞아. 나중에 나도 너한테서 배워야겠어.
여: 꾸준히 하기만 하면 비교적 큰 발전이 있을 거야.
질문: 여자는 회화를 연습할 때 무엇이 가장 중요하다고 생각하는가?

A 발음 연습   B 자신감   C 방송 듣기   D 문장 외우기

단어 背 bèi 동 암기하다, 외우다 | 信心 xìnxīn 명 자신감 | 错误 cuòwù 명 잘못, 실수 | 坚持 jiānchí 동 견지하다, 단호히 지키다 | 进步 jìnbù 동 진보하다, 발전하다

功夫 풀이 질문의 핵심은 '最重要的'라고 볼 수 있는데, 대화 속에서 여자는 이미 '但我认为最重要的是信心'를 통하여 최상급의 표현을 그대로 사용하고 있으므로 답은 B가 된다.

II. 단문 낭독 형식

1. 내용의 중심 소재 및 주제를 파악하라 ~ 3. 보기를 통하여 문제를 추측하라   p.107

정답_ 1. A 2. B 3. A 4. C 5. C 6. D 7. D 8. B 9. C 10. B

1-2. 我和小李是中学同学，¹在相当长的一段时间里，我们同吃同住同学习，感情越来越深。有一天，我起得特别早，早晨又没吃早饭，上课时感到很不舒服，小李马上叫了一辆出租车把我送回了家。虽然中学毕业许多年了，但是²我们还是经常打电话联系。

나와 샤오리는 중학교 동창이다. 상당히 긴 시간 동안 우리는 함께 먹고, 함께 지내고, 함께 공부하여, 사이가 갈수록 돈독해졌다. 하루는 아침에 너무 일찍 일어난데다, 아침밥도 먹지 못해서 수업 중 몸이 많이 불편했는데, 샤오리는 바로 택시를 불러 나를 집으로 바래다 주었다. 비록 졸업한지 여러 해가 되었지만, 우리는 여전히 자주 전화로 연락을 한다.

단어　**相当** xiāngdāng 〔부〕상당히 ｜ **感情** gǎnqíng 〔명〕감정 ｜ **深** shēn 〔형〕깊다 ｜ **联系** liánxì 〔동〕연락하다, 연결하다

1. 问：根据这段话，上中学时说话人怎么样?
   대화를 근거로 하여, 중학교에 다닐 때 화자는 어떠했는가?

   A 항상 샤오리와 함께 했다　　　　　B 자주 택시를 타고 학교를 갔다
   C 혼자 생활하는 것을 좋아했다　　　D 자주 아팠다

   功夫 풀이　이 문제를 해결하기 위해서는 전반부의 '我们同吃同住同学习'를 유심히 듣고 그 의미를 명확히 이해해야 한다. 여기서 '同'은 '함께, 같이'의 의미로 접근하면 되는데, 그 뜻은 '우리는 함께 먹고, 함께 지내고, 함께 공부했다'이다. 따라서 그는 중학교 시절 언제나 샤오리와 함께였음을 알 수 있다.

2. 问：现在他们怎么样?
   현재 그들은 어떠한가?

   A 졸업 후 다시 연락하지 않았다　　　B 자주 전화한다
   C 같은 대학에 다닌다　　　　　　　 D 관계가 그다지 친밀하지 않다

   功夫 풀이　이 질문은 중학교 시절이 아닌 현재 그들에 관하여 물어보는 것이므로 후반부의 내용에 초점을 맞추어 해결하면 된다. 마지막에 언급한 '我们还是经常打电话联系'를 통해 '여전히 자주 전화하는 사이'임을 쉽게 알 수 있다.

3-4. ⁴茶在中国有几千年的历史，是中国最常见的饮料。³最早的时候茶只是被当做一种药而不是饮料。后来随着人们对茶的认识的加深，慢慢开始将它当做解渴的饮料，这才逐渐有了中国的茶文化。

차는 중국에서 몇 천 년의 역사를 가지고, 중국에서 가장 자주 보는 음료이다. 초기에 차는 단지 일종의 약으로 여겨졌지 음료가 아니었다. 나중에 사람들이 차에 대한 인식이 깊어짐에 따라 천천히 차를 갈증을 해소하는 음료로 여기기 시작했다. 이때 비로서 중국의 차문화가 생겼다.

단어　**饮料** yǐnliào 〔명〕음료, 음료수 ｜ **随着** suízhe 〔전〕~에 따라, ~에 따라서 ｜ **加深** jiāshēn 〔동〕심화되다, 깊어지다 ｜ **解渴** jiěkě 〔동〕갈증을 해소하다 ｜ **逐渐** zhújiàn 〔부〕점점, 점차

3. 问：茶最早被当做什么?
   차는 초기에 무엇으로 여겨졌는가?

   A 약　　　　　B 음료　　　　　C 식품　　　　　D 문화

功夫 풀이 질문에서는 '最早' 즉, 차에 대한 가장 초기의 인식에 대한 질문이므로, '最早的时候茶只是被当做一种药而不是饮料'를 통하여 차는 초기에 '약'으로 간주되었음을 알 수 있다.

4. 问：关于茶可以知道什么?
차에 관하여서 무엇을 알 수 있는가?

A 시다   B 햇빛을 두려워한다   **C 역사가 아주 길다**   D 녹차가 가장 유행한다

功夫 풀이 글의 초반에 '茶在中国有几千年的历史'를 통하여 차가 중국에서 몇 천 년의 역사를 가지고 있다고 언급하고 있으므로 정답은 C가 된다.

5-6.
快要毕业了，所以周末我们要开联欢会。我们班得表演一个节目。⁵小军说让玛丽和安娜唱歌，安娜说让我和小军表演跳舞。我说还是我们大家一起表演一个小话剧。可是小军和安娜他们，⁶谁都不同意我的意见。

곧 졸업이니까, 주말에 우리는 모임을 열려고 한다. 우리 반은 프로그램 하나를 공연해야 한다. 샤오쥔은 마리와 안나더러 노래하라고 말했고, 안나는 나와 샤오쥔에게 춤을 공연 하라고 말했다. 나는 우리 모두가 함께 작은 연극을 공연하는 게 낫다고 말했다. 그러나 샤오쥔과 안나, 누구도 내 의견에 동의하지 않았다.

단어 联欢会 liánhuānhuì 명 사교회, 친목회, 모임 | 表演 biǎoyǎn 동 공연하다 | 话剧 huàjù 명 연극

5. 问：小军有什么意见?
샤오쥔은 무슨 의견이 있는가?

A 샤오쥔 혼자 노래를 부른다   B 모두 함께 노래를 부른다
C 마리와 안나를 노래 부르게 한다   D 모두 함께 연극 공연을 한다

功夫 풀이 녹음 내용은 각각의 인물들이 언급되면서 그들의 의견이 같이 제시되고 있으므로, 인물별로 의견들을 연결지어 메모를 해두어야 한다. 여기서 질문은 '샤오쥔'의 의견을 묻고 있으므로, 녹음 내용 중 '小军说让玛丽和安娜唱歌'라는 언급에 근거하여 답은 C가 된다.

6. 问：到底谁同意说话人的意见?
도대체 누가 화자의 의견에 동의하였는가?

A 샤오쥔   B 마리   C 모두 동의했다   **D 동의한 사람이 없다**

功夫 풀이 화자 즉, '我'의 의견에 동의한 사람을 묻고 있다. 화자의 가장 마지막 말 '谁都不同意我的意见'은 '누구도 나의 의견에 동의하지 않았다'라는 뜻으로 즉, '동의한 사람이 아무도 없었다'라는 의미가 된다. 그러므로 답은 D가 된다.

7-8.

中学时我特别喜欢看小说，所以一直想当一名作家。上大学以后又想当律师；我觉得律师代表着公正，这比当作家更为理想。大学毕业前该决定工作时，我突然不知道自己到底想做什么，⁸看见别人都选择学校，⁷我也报了学校，这样就当上了老师。

중학교 때 나는 소설 보는 것을 특히 좋아해서, 줄곧 작가가 되고 싶었다. 대학에 진학한 후에는 또 변호사가 되고 싶었다. 나는 변호사가 공정함을 대표해서, 이것이 작가가 되는 것보다 더 이상적이라고 생각했다. 대학 졸업 전에 일을 결정해야만 할 때, 나는 갑자기 스스로 도대체 무엇을 하고 싶은 건지 몰라서, 다른 사람들이 모두 학교에 지원하는 것을 보고, 나도 학교에 지원을 했고, 이렇게 해서 선생님이 되었다.

단어 作家 zuòjiā 몡 작가 | 律师 lǜshī 몡 변호사 | 公正 gōngzhèng 형 공정하다 | 理想 lǐxiǎng 형 이상적이다 | 突然 tūrán 튀 갑자기, 문득 | 选择 xuǎnzé 동 선택하다

---

7. 问：说话人现在做什么工作?

화자는 현재 무슨 일을 하고 있는가?

A 작가　　　　B 대학생　　　　C 변호사　　　　**D 교사**

功夫 풀이 질문의 핵심은 화자의 '현재 직업' 이다. 전반부에 언급된 '作家'와 '律师'는 과거에 하고 싶었던 직업일 뿐, 현재의 직업은 아니다. 녹음 내용의 후반부 '我也报了学校, 这样就当上了老师'를 통하여 현재의 직업이 '老师'임을 추측할 수 있다. 따라서, '老师'와 보기의 '教师'는 같은 의미이기 때문에 답은 D가 된다.

---

8. 问：说话人为什么选择了现在的职业?

화자는 왜 현재의 이 직업을 선택하였는가?

A 어렸을 때부터 좋아했다　　　　**B 다른 사람들이 선택해서, 그도 선택했다**
C 선생님이 그에게 선택하라고 했다　　　　D 다른 사람들이 선택하지 않아서, 할 수 없이 선택했다

功夫 풀이 화자가 현재의 직업을 택한 이유를 묻고 있다. 현재의 직업인 '老师'가 언급된 부분을 유심히 들어보면, '看见别人都选择学校, 我也报了学校'라고 말하고 있는데, 이 문장의 전반부가 선택한 이유가 된다. 곧 '다른 사람이 신청하는 것을 보고 그도 신청을 했다'고 했으므로, 결국 화자가 현재의 직업을 선택한 것은 다른 사람들을 따라 선택을 한 것이지 특별한 이유가 있었던 것은 아니다. 그러므로 답은 D가 된다.

9-10.

我在一家贸易公司工作。⁹这家公司忙得要命，常常要加班。虽然给我的加班费不算少，可是一整天干下来简直累坏了。要不要再干下去呢？我决定不下来。我以前曾经说我不怕累，真是说起来容易，做起来难。¹⁰算了，我不去那儿干了。

나는 한 무역회사에서 근무한다. 이 회사는 몹시 바빠서 자주 야근을 해야 한다. 비록 나에게 야근수당을 적지 않게 주지만, 하루 종일 일을 하면 정말로 너무 피곤하다. 계속 일을 해나갈 수 있을까? 나는 계속하지 않기로 결정했다. 나는 이전에는 피곤한 것은 겁이 안 난다고 말하곤 했었는데, 정말 말하기는 쉽지만, 하기는 어려운 것이다. 됐다, 나는 그곳에 일하러 가지 않을 것이다.

단어 贸易 màoyì 몡 무역 | 要命 yàomìng 됭 엄청, 몹시 | 加班 jiābān 됭 초과근무하다, 잔업하다 | 整天 zhěngtiān 몡 온종일, 하루 종일 | 简直 jiǎnzhí 뷔 그야말로, 완전히 | 曾经 céngjīng 뷔 일찍이, 이전에

9. 问：说话人最近工作怎么样?
화자는 최근 일이 어떠한가?

A 그다지 바쁘지 않다　　　　B 정시에 퇴근할 수 있다
C 매일 야근해야 한다　　　　D 비교적 부담이 없다

功夫 풀이 질문은 화자의 최근 일에 관한 내용을 묻고 있다. 이 내용은 녹음의 전반부 '这家公司忙得要命，常常要加班'를 통하여 충분히 추측이 가능한데, '……得要命'은 '지나치게 ~하다'의 의미로서 정도가 아주 심함을 표현한다. 따라서, 매우 바쁜 것을 알 수 있고, 또한 '加班'은 '초과근무를 하다'의 의미로서, 이는 결국 '자주 야근을 해야 한다'의 뜻을 나타내므로, 현재 화자의 일은 '야근을 할 정도로 매우 바쁘다'로 정리할 수 있다. 이러한 내용을 표현한 보기는 B밖에 없다.

10. 问：说话人对工作有什么态度?
화자는 일에 대하여 어떠한 태도인가?

A 더욱 열심히 일해야 한다　　　　B 이 회사에서 일하고 싶지 않다
C 계속 일을 해야 할지 아직 결정하지 않았다　　D 야근수당이 적은 것에 불만이다

 보기 C의 내용은 이미 일을 안하기로 결정했기 때문에, 녹음의 중반부에 '我决定不下来'라고 말한 것을 토대로 '아직 결정하지 않았다'는 옳지 않다.

功夫 풀이 화자의 일에 대한 태도를 묻는 질문으로서, 화자의 감정이나 생각을 바탕으로 유추해야 한다. 녹음 내용의 마지막 부분에 '算了，我不去那儿干了'라고 말한 부분을 근거로 하여 화자는 더 이상 이 회사에서 일할 생각이 없음을 알 수 있다.

실전 테스트 풀이

第一部分

p.44

정답_ 1. X 2. √ 3. √ 4. √ 5. √ 6. X 7. X 8. √ 9. X 10. √

---

1. 赵大爷的身体非常好, 每天早上都到公园活动, 认识他的人都说他不像快70岁的人。

조 씨 할아버지는 매우 건강하다. 매일 아침 공원에 가서 운동을 하는데, 그를 아는 사람들은 모두 그가 곧 70세가 되는 사람 같지 않다고 말한다.

★ 조 씨 할아버지는 현재 70여 세이다.

단어 活动 huódòng 동 움직이다, 운동하다 | 像 xiàng 동 같다, 닮다

功夫 풀이 이 문제를 해결할 핵심 부분은 '快70岁的人'이다. '快(……了)'의 의미는 '곧 (~이다)'의 의미로서 여기서는 '곧 70세가 되는 사람'을 의미한다. 이는 곧 아직은 70세가 되지 않았다는 의미가 된다. 그런데 제시된 문장에서 '七十多岁'는 '70여 세'의 의미로 70세 이상을 나타낸다. 그러므로 답은 X이다.

---

2. 我的汉语到北京以后有了很大的进步, 现在跟中国人说话可以不用翻译。

내 중국어 실력은 베이징에 온 후로 큰 발전이 있었다. 현재 중국인과 대화하는데 통역이 없어도 괜찮다.

★ 그는 중국인과 자유로이 대화할 수 있다.

단어 进步 jìnbù 명동 진보(하다) | 翻译 fānyì 동 번역하다, 통역하다 | 随意 suíyì 부 마음대로, 뜻대로, 자유로이

功夫 풀이 이 문제를 해결할 핵심 부분은 '跟中国人说话可以不用翻译'이다. '翻译'의 의미는 '통역하다, 번역하다'의 의미로서 여기서는 '중국인과 대화하는데 통역이 없어도 괜찮다'라는 뜻이 된다. 이는 곧 중국인과 대화를 할 때 특별한 어려움이 없이 자유로이 중국어를 구사할 수 있다는 의미가 되므로 '随意地……谈话'의 뜻과 일치한다.

---

3. 最近几年来, 很多人谈论绿色食品。但是, 许多人对绿色食品到底包括哪些东西还不太清楚。

최근 몇 년 동안 많은 사람들이 녹색 식품에 대해 이야기하고 있다. 그러나 대다수 사람들은 녹색 식품이 도대체 어떠한 것들을 포함하고 있는지에 대해서는 아직 잘 모른다.

★ 최근 녹색 식품은 사람들의 관심을 받고 있다.

단어 谈论 tánlùn 동 논의하다, 담론하다 | 绿色食品 lǜsè shípǐn 명 녹색 식품, 무공해 식품 | 许多 xǔduō 형 매우 많다, 허다하다 | 包括 bāokuò 동 포함하다, 포괄하다 | 关注 guānzhù 동 주시하다, 관심을 가지다

功夫 풀이 이 문제는 앞부분의 내용만을 통해서도 옳고 그름의 판별이 충분히 가능하다. 앞부분에 나오는 '很多人谈论绿色食品'에 비추어 보면, '많은 사람들이 녹색 식품을 논의하고 있다'는 의미 자체가 녹색 식품이 사람들의 관심 대상임을 말해 주고 있으므로, 녹음과 제시 내용은 일치한다.

듣기 실전 테스트 풀이 55

4. 小公共汽车是中国大城市里的主要交通工具之一。它一般没有固定的车站，只要乘客招手它就停，随便上下车，所以很方便，不过票价比一般公共汽车贵。

미니 버스는 중국 대도시의 주요 교통수단의 하나이다. 그것은 보통 고정된 정류장이 없고, 승객이 손만 흔들면 정지해서 편하게 차를 타고 내릴 수 있다. 그래서 매우 편리하지만, 표 값이 일반 버스보다 비싸다.

★ 미니 버스의 차비가 일반 버스보다 비싸다.

단어 交通工具 jiāotōng gōngjù 명 교통수단 | 固定 gùdìng 형 고정되다, 불변하다 | 乘客 chéngkè 명 승객 | 招手 zhāoshǒu 동 손짓하다, 손을 흔들다

功夫 풀이 이 문제의 옳고 그름을 판별하기 위해서는 뒷부분의 내용만 잘 파악해도 충분하다. 문장의 마지막에 '不过票价比一般公共汽车贵'를 통하여 미니 버스의 차비가 일반 버스보다 더 비싸다는 것을 알 수 있다. 듣기 문제를 풀다 보면 비교문 형식으로 내용을 설명하거나 질문을 하는 경우가 많이 있다. 비교문의 가장 기본 형식은 'A 比 B + 술어'로서 'A가 B보다 ~하다'의 의미를 나타낸다. 이때 주어와 비교 대상을 혼동하지 않도록 주의해야 한다.

5. 据统计，中国城市里的每一个家庭几乎都有自行车，很多家庭还不止一辆。

통계에 따르면, 중국 도시 안에 모든 가정들은 거의 모두 자전거를 가지고 있는데, 많은 가정들이 한 대에 그치지 않는다.

★ 중국 도시의 많은 가정들이 한 대 이상의 자전거를 가지고 있다.

단어 几乎 jīhū 부 거의 | 不止 bùzhǐ 동 ~에 그치지 않다, ~에 지나지 않다

功夫 풀이 이 문제를 해결하기 위해서는 '不止'가 나타내는 의미를 정확히 이해해야 한다. '不止'는 '~에 그치지 않는다'의 의미로서 일정한 수량이나 범위가 초과됨을 표현한다. 그렇다면 문장의 후반부 '很多家庭还不止一辆'는 '많은 가정이 한 대에 그치지 않는다'는 뜻으로서 '한 대 이상의 자전거를 가지고 있다'는 의미가 된다. 그러므로 제시된 문장의 '一辆以上的自行车'와 정확히 부합되므로 이 내용은 옳다.

6. 去年我坐火车去北京的时候，有个小伙子想和我换座位，因为他的女朋友晕车，我就和他换了。

작년에 내가 기차를 타고 베이징에 갔을 때, 어떤 젊은이가 나와 좌석을 바꾸기를 원했다. 왜냐하면 그의 여자 친구가 멀미를 했기 때문에, 나는 그와 좌석을 바꾸어 주었다.

★ 당시 그는 좌석을 바꾸고 싶지 않았다.

단어 小伙子 xiǎohuǒzi 명 젊은이, 총각 | 座位 zuòwèi 명 좌석 | 晕车 yùnchē 동 차멀미하다

功夫 풀이 제시된 문장에서 핵심은 화자의 심리적인 부분인 '不想'을 중심으로 판단해야 한다. 녹음 내용에서 좌석을 바꾸게 된 원인으로 다만 '因为他的女朋友晕车'만이 제시되었을 뿐, 화자가 당시에 자리를 바꿔 주기를 원했는지 원하지 않았는지에 대해서는 전혀 언급되어 있지 않으므로 답은 X가 된다.

7. 快要毕业考试了，这次考试对我来说非常重要，成绩的好坏关系到我的未来。
   곧 졸업 시험이다. 이번 시험은 나에게 있어서 매우 중요하고, 성적의 좋고 나쁨이 나의 미래와 관계된다.

   ★ 이번 시험은 잘 못 봐도 상관없다.

   단어 未来 wèilái 명 미래
   功夫 풀이 제시된 문장의 핵심은 '考得不好也没关系'라고 할 수 있다. 녹음에서 성적과 관련하여 언급된 부분은 '成绩的好坏关系到我的未来'인데, 여기서 화자는 '성적의 좋고 나쁨이 나의 미래와 관계된다'고 했다. 이를 통해 성적의 결과가 매우 중요한 것을 구체적으로 설명하고 있음을 유추할 수 있다. 그러므로 녹음 내용이 제시된 문장과 상반되므로 답은 X가 된다.

8. 我们酒店对面是一家银行，银行旁边有一家小咖啡店，中午吃饭后我常去那儿喝咖啡。
   우리 호텔 맞은 편은 은행이고, 은행 옆에는 작은 커피숍이 있다. 점심 때 식사 후 나는 자주 그곳에 가서 커피를 마신다.

   ★ 그는 호텔에서 일한다.

   단어 咖啡店 kāfēidiàn 명 커피숍, 카페
   功夫 풀이 제시된 문장의 핵심은 장소명사인 '酒店'이다. 이 장소는 화자의 직장으로서 제시되고 있는데, 녹음에서는 장소가 '酒店, 银行, 咖啡馆' 등 총 세 곳이 등장하지만, 제시된 내용과 관련된 부분은 녹음 내용 서두에 출현한 '我们酒店' 밖에 없다. 화자가 호텔을 '우리 호텔'이라고 한 것은 그곳이 화자의 직장이기 때문인 것으로 유추가 가능하다.

9. 我家旁边的那家饭馆，最多时一天也就十几个顾客，有时一天一个顾客也没有。
   우리 집 옆의 그 식당은 가장 많을 때도 하루에 겨우 십여 명의 손님이 있고, 어느 때는 하루에 한 명의 손님도 없다.

   ★ 그 식당에는 십여 명의 종업원이 있다.

   단어 顾客 gùkè 명 고객, 손님
   功夫 풀이 제시된 문장의 핵심 단어는 수치와 관련된 '十几个'와 목적어인 '服务员'이다. 녹음 내용에서 동일한 수치가 언급되지만, 목적어가 다르다. 녹음 내용에서는 '十几个顾客'라고 했을 뿐, '服务员'에 대한 언급은 전혀 없다. 그러므로 녹음 내용과 제시된 문장은 일치하지 않는다.

10. 小明跑步时要穿运动鞋，散步或旅游时要穿旅游鞋，上街或约会时要穿时装鞋，甚至中午出去吃饭时穿的鞋都是不同的。

듣기 실전 테스트 풀이 57

샤오밍은 조깅할 때 운동화를 신어야 하고, 산책하거나 여행할 때는 여행용 신발을 신어야 한다. 길을 걷거나 약속이 있을 때는 패션화를 신어야 하고, 심지어 점심 때 나가서 밥 먹을 때 조차 신는 신발이 다르다.

★ 샤오밍은 신발 신는 것을 매우 신경 쓴다.

단어 甚至 shènzhì 🖺 심지어, ~까지도 | 讲究 jiǎngjiu 🖺 중요시하다, 신경 쓰다

功夫 풀이 제시된 문장의 핵심 단어는 '讲究'로서, 이 단어는 '중요시하다, 따지다'의 의미를 나타낸다. 녹음 내용에서 샤오밍에 대하여 구체적으로 설명하고 있는데, 모두가 신발과 관련된 내용으로서 그가 때와 장소에 따라 신발을 바꿔 신어야 하는 성격임을 알 수 있다. 그러므로 샤오밍이 신발 신는 것을 매우 신경 쓰는 사실은 옳다고 볼 수 있다.

第二部分

p.88

정답_ 1. A 2. C 3. B 4. C 5. C 6. A 7. B 8. C 9. D 10. B
11. A 12. A 13. B 14. C 15. D

---

1. 女：我一听他的发音就知道他是北方人。
男：你说得一点儿也没错。
问：男的是什么意思？

여: 나는 그의 발음을 듣자마자 그가 북방인이라는 것을 알았어.
남: 네가 말한 것이 조금도 틀리지 않았어.
질문: 남자는 무슨 뜻인가?

A 여자가 아주 정확히 알아 맞추었다
B 남자는 알아차리지 못했다
C 여자는 잘못 맞추었다
D 여자의 의견에 동의하지 않는다

단어 发音 fāyīn 🖺 발음 | 准确 zhǔnquè 🖺 확실하다, 정확하다

功夫 풀이 질문에서 남자가 한 말의 의미를 묻고 있으므로, 남자의 대답만 잘 듣고 판단하면 된다. 여기서 남자는 '一点儿也没错'라고 대답했는데, '一点儿也'는 직역하면, '조금도'의 의미로서 주로 뒤에 '不'나 '没' 등의 부정부사와 호응하여 '조금도 ~하지 않다'라는 부정의 의미를 강조하는 표현이다. 결국 '错' 즉, '틀리다'를 강조하여 부정하는 것으로서, 그 의미는 '틀리지 않다'가 된다. 남자의 이 말은 '여자의 생각(추측)이 옳다'라는 뜻으로서 A가 답이 된다.

---

2. 男：我怎么从来没有见过你到学生食堂来吃早饭哪？
女：早上那么早上课，哪儿有时间到这儿来吃饭哪！我早饭平时在宿舍里吃，喝杯牛奶，吃块面包，就算一顿早饭。

남: 나는 어떻게 여태껏 네가 학생식당에 와서 아침밥을 먹는 것을 본 적이 없지?
여: 아침에 그렇게 일찍 수업이 있는데, 어디 여기에 와서 밥 먹을 시간이 있어! 나는 아침밥은 평소에 기숙사에서 먹어. 우유 한 잔 마시고, 식빵 한 쪽 먹는 게, 곧 한 끼 아침 식사인 셈이지.

问 : 女的一般在哪儿吃早饭?   质문: 여자는 일반적으로 어디에서 아침을 먹는가?

A 집   B 학생식당   C 기숙사   D 밥 먹을 시간이 없다

功夫 풀이 질문의 핵심은 '一般'으로서 여자가 지금 아침을 먹고 있는 장소가 아닌 평소에 아침을 먹는 곳을 묻고 있음에 주의해야 한다. 여자의 말 후반부에 '我早饭平时在宿舍里吃'라고 했으므로 평소에는 기숙사에서 아침을 먹는 것을 알 수 있다. 그러므로 답은 C가 된다.

---

3. 女 : 真没想到今天你会来我家,我一点儿准备都没有,随便吃点儿吧。
   男 : 咱们是老朋友,你跟我还客气什么!
   问 : 男的是什么意思?

   여: 오늘 네가 우리 집에 올 거라고는 생각지도 못해서, 아무 준비도 못 했는데, 대강 먹어.
   남: 우리는 오래된 친구잖아, 너랑 나 사이에 무슨 예의야!
   질문: 남자는 무슨 의미인가?

A 갑자기 여자 집에 와서 너무 미안하다   B 오래된 친구 사이에 격식을 차릴 필요없다
C 마땅히 감사를 표현해야 한다   D 여자는 아주 많이 준비했다

단어 随便 suíbiàn 튀 마음대로 | 客气 kèqi 동 예의를 차리다 | 抱歉 bàoqiàn 형 미안해하다 | 表示 biǎoshì 동 의미하다, 표현하다

功夫 풀이 여자의 말에 남자는 '你跟我还客气什么'라고 대답하는데, '还客气什么'는 반어문으로서 그 의미는 '不用客气'가 된다. 여기서 '不用'은 '不必'과 기본적으로 같은 의미를 나타내므로 답은 B가 된다.

---

4. 男 : 听说你的钱包丢了?
   女 : 是啊,不过遇到了好人,又给我送回来了。
   问 : 现在女的的钱包:

   남: 듣자 하니 네 돈지갑을 잃어버렸다며?
   여: 맞아, 그렇지만 좋은 사람을 만나서 다시 나에게 돌아왔어.
   질문: 지금 여자의 돈지갑은?

A 아직 찾지 못했다   B 잃어버렸다   C 이미 찾았다   D 어디에 있는지 모른다

단어 钱包 qiánbāo 명 돈지갑 | 丢 diū 동 잃다, 잃어버리다 | 遇到 yùdào 동 만나다, 마주치다

功夫 풀이 질문의 핵심은 '현재' 여자의 지갑 위치이다. 대화 중 여자의 마지막 말 '又给我送回来了'에 비추어 여자의 지갑이 다시 본인에게 돌아왔음을 알 수 있으므로, 현재 지갑의 상황은 '이미 찾았다'는 C가 답이 된다.

---

5. 女 : 昨天晚上你又开夜车了吧? 你应该注意休息。

   여: 어젯밤에 너 또 밤 샜지? 너는 휴식에 신경을 써야 해.

듣기 실전 테스트 풀이

男：可后天有数学考试呢，这几天没有时间休息。
问：关于男的可以知道什么?

남: 하지만 모레 수학 시험이 있어서, 요며칠은 쉴 시간이 없어.
질문: 남자에 관해서 무엇을 알 수 있습니까?

A 시험이 이미 끝났다
B 밤을 새우는 것을 좋아한다
C 최근 며칠 동안 쉬지 못했다
D 시험을 그다지 잘 못 봤다

단어 开夜车 kāi yèchē 동 밤을 새다 | 数学 shùxué 명 수학

功夫 풀이 양자 대화 가운데서 여자의 질문 중 '又开夜车'의 부사 '又'를 통하여 밤을 새우는 것이 이번이 처음이 아님을 알 수 있고, 후반부 남자의 대답 '这几天没有时间休息'의 '这几天'은 곧 '最近'의 의미와 일치하므로 답은 C가 된다. 위의 내용만을 가지고 그가 밤을 새우는 것을 좋아하는지의 여부는 알 수 없으므로 보기 B는 답이 아니고, 수학시험은 '后天'이라고 언급했으므로 '시험이 이미 끝났다'는 보기 A도 답이 아니다. 또한 시험을 보지도 않았으므로 보기 D와 같이 그 결과를 말해줄 수는 없다.

6.
男：听说你要搬家，搬到哪儿去?
女：我爸爸的公司搬到中国去了，我们全家都跟着去。
问：根据对话可以知道什么?

남: 너 이사한다고 들었는데 어디로 가니?
여: 우리 아빠의 회사가 중국으로 옮겨 가서, 우리 온가족이 모두 따라 가.
질문: 대화를 근거해 무엇을 알 수 있는가?

A 여자의 온 가족들이 모두 이사할 것이다
B 여자 혼자서 중국에 간다
C 남자는 여자가 이사하려는 것을 모른다
D 여자는 중국에 매우 가고 싶어 한다

단어 搬家 bānjiā 동 이사하다, 집을 옮기다

功夫 풀이 대화 중 여자의 말을 살펴보면, 전반부엔 '아버지의 회사가 중국으로 옮긴다'는 사실을 먼저 말한 후, 그 후반부에 그에 따른 결과를 '我们全家都跟着去'라고 말하고 있다. 여기서 '跟着'는 '~을 따라서'의 의미로서 '아버지의 회사를 따라서 온 식구들이 간다'는 의미가 되므로, 결국 여자를 비롯한 모든 식구들이 중국으로 이사간다는 사실을 유추할 수 있다. 그러므로 답은 A가 된다.

7.
女：你们饭店交通方便吗?
男：我们这儿除了交通方便以外，吃的、住的都很方便。
问：男的说的那家饭店什么很方便?

여: 너희 호텔은 교통이 편리하니?
남: 우리 호텔은 교통 편리함만 제외하고, 먹는 것과 자는 것 모두 매우 편리해.
질문: 남자가 말하는 그 호텔은 무엇이 매우 편리합니까?

A 교통과 숙박
B 식사와 숙박
C 식사, 숙박과 교통
D 식사와 교통

단어 除了 chúle 전 ~을 제외하고, ~외에 | 方便 fāngbiàn 형 편리하다 | 住宿 zhùsù 동 묵다, 숙박하다

功夫 풀이   질문에서 '남자가 말한 호텔'로 제한하고 있으므로, 양자 대화 중 남자가 말한 부분만 정확하게 듣고 이해했다면 답을 찾기는 어렵지 않다. 남자는 대화에서 '除了交通方便以外, 吃的、住的都很方便'의 표현을 통해 교통의 편리함은 제외하고, 먹는 것과 자는 것은 모두 편리하다고 말하고 있으므로, 정답은 B가 된다.

---

8. 男：中午你出去吃饭，吃的什么？
   女：我本来想吃饺子，他们说要等一个小时，想吃包子也没有。**最后不得不点了米饭和一个菜。**
   问：女的中午吃的什么？

   남: 점심에 너는 나가서 밥을 먹었는데 뭐 먹었니?
   여: 나는 본래 만두를 먹고 싶었지만, 그들이 1시간을 기다려야 된다고 했고, 찐빵을 먹으려고 했는데 그것도 없었어. 결국은 할 수 없이 밥과 요리 한 가지를 주문했지.
   질문: 여자가 점심에 먹은 것은 무엇인가?

   A 만두   B 찐빵   **C 쌀밥**   D 못 먹었다

   단어   饺子 jiǎozi 명 만두, 교자 | 包子 bāozi 명 (소가 든) 찐빵, 빠오즈

   功夫 풀이   여자가 점심 때 먹은 것이 무엇인가에 대한 답을 찾기 위해, 여자의 말 중 가장 마지막 부분만 이해하면 해결할 수 있다. '最后不得不点了米饭和一个菜'를 통해 여자는 결국 밥과 요리 하나를 먹은 것을 알 수 있다. 보통 '最后'를 사용하여 말하면 최종 결과에 대한 정보를 전달하고, '不得不'는 '어쩔 수 없이'의 의미를 지니는 부사로서 원한 바는 아니지만, 불가피한 상황 또는 능력 밖의 경우의 수 때문에 하게 된다는 의미를 내포한다. 결국 여자가 먹은 음식은 C가 된다.

---

9. 女：小李，怎么会把腿摔伤了呢？
   男：咳，别提了，我被自行车撞倒了，真倒霉！快考试了，**可我又不能去上课，真急死人了。**
   问：关于男的可以知道什么？

   여: 샤오리, 왜 다리를 다쳤니?
   남: 아, 말도 마. 자전거에 부딪쳐서 넘어졌어. 정말 재수가 없어! 곧 시험인데, 나는 수업에도 갈 수 없고, 정말 초조해 죽겠어.
   질문: 남자에 관해 무엇을 알 수 있는가?

   A 시험을 잘 못 봤다   B 자전거를 매우 잘 탄다
   C 그의 다리는 곧 좋아질 것이다   **D 학교에 갈 수 없어서 매우 초조하다**

   단어   腿 tuǐ 명 다리 | 摔 shuāi 동 떨어져 부서지다 | 撞 zhuàng 동 돌진하다, 부딪치다 | 倒霉 dǎoméi 형 재수없다

   功夫 풀이   질문에서 남자에 관한 사실을 묻고 있으므로, 남자가 말한 부분을 중점적으로 들을 필요가 있다. 여기서 남자는 우선 '我被自行车撞倒了'를 통해 사건의 발생을 설명하고 있는데, 이것을 근거하여 보기 B와 C는 옳지 않음을 알 수 있다. 후반부의 내용은 그 결과 남자의 심리상태를 설명하고 있는데, '快考试了, 可我又不能去上课, 真急死人了'를 근거로 볼 때, 곧 시험이라는 것은 아직 시험을 본 것은 아니라는 것을 나타낸다. 따라서 시험의 결과를 말하고 있는 보기 A는 오답이 된다. 또한 '수업에 참석하지 못해 매우 조급하다'고 말했으므로, 보기 D가 이 내용과 정확히 일치하여 답이 된다.

10. 男：今天上午都是我的错，不该对你发那么大的火。
    女：我也有不对的地方，工作中有了问题谁不急呀？
    问：女的是什么意思？

    남: 오늘 오전에 모두 내 잘못이야. 너한테 그렇게 화를 내면 안 됐어.
    여: 나도 잘못한 게 있어. 일하는 데 문제가 생기면 누가 급하지 않겠어?
    질문: 여자는 무슨 의미인가?

    A 남자는 화내지 말아야 한다
    B 일하는 중에 문제가 생기면 누구라도 조급하다
    C 여자도 자주 화를 낸다
    D 여자는 남자를 이해할 수 없다

    단어 错误 cuòwù 명 잘못 | 理解 lǐjiě 동 알다, 이해하다

    功夫 풀이 여자의 마지막 말 '谁不急'는 '谁'를 이용한 반어문으로서 그 의미는 '谁都急'가 된다. 여기서 '谁'는 불특정의 모든 사람을 지칭하는 의미로서 결국 '모든 사람'을 나타내므로 답은 B가 된다.

11. 女：怎么了，老张，怎么一点儿精神也没有？遇到什么麻烦了？
    男：别提了，提起来就让我生气。昨天楼上新搬来一家，一直热闹到半夜，吵得我没睡好觉。
    问：说话的男人情绪怎么样？

    여: 왜 그래, 라오장, 왜 정신이 조금도 없어? 무슨 골치 아픈 일이 있니?
    남: 말도 마, 말을 꺼내면 화가 나. 어제 위층에 새로 한 집이 이사 왔는데, 한밤중까지 계속 시끌벅적해서, 시끄러워 잠을 잘 못 잤어.
    질문: 말하는 남자의 기분은 어떠한가?

    A 화나다   B 기쁘다   C 침착하다   D 상심하다

    단어 精神 jīngshén 명 정신 | 遇到 yùdào 동 만나다, 마주치다 | 热闹 rènao 형 시끌벅적하다, 떠들썩하다 | 半夜 bànyè 명 한밤중, 심야

    功夫 풀이 이 문제의 보기를 살펴보면, 모두 감정과 관련된 단어들이다. 그렇다면 대화를 나누고 있는 누군가의 기분이나 감정 상태를 물어볼 가능성이 높다. 물어보는 것은 남자의 감정이므로 남자가 말한 부분에서 관건이 되는 부분을 찾아야 한다. '提起来就让我生气'에서 명확히 화가 난 것을 언급하고 있으므로 답은 A가 된다.

12. 男：这种事情我真不知道该怎么做才好。
    女：我上次不是告诉你了吗？你为什么说不知道？
    问：根据对话我们可以知道什么？

    남: 이런 일을 나는 정말 어떻게 처리하면 좋을 지 모르겠어.
    여: 내가 지난번에 너한테 말하지 않았니? 너는 왜 모른다고 말해?
    질문: 대화를 통해 우리는 무엇을 알 수 있는가?

    A 여자는 남자의 태도에 불만이다
    B 여자는 남자에게 말해 주지 않았다
    C 여자는 더 이상 남자에게 말해 주고 싶지 않다
    D 남자는 이런 일을 하고 싶지 않다

功夫 풀이   여자는 남자의 말에 '我上次不是告诉你了吗'로 반문하고 있는데, 이것은 '不是……吗？'를 이용한 반어문이다. 그 궁극적인 의미는 '已经告诉了'가 되며, 후반부 '你为什么说不知道'를 통해 여자가 남자의 태도에 대해 '불만족스러움'을 유추할 수 있다. 그러므로 답은 A가 되며, C와 D는 구체적으로 언급되지 않아 녹음 내용만으로는 정확히 알 수 없다.

13.

女：这几天每天都开夜车，真想休息休息，可是衣服还没洗完。
男：你休息吧，**剩下的衣服包在我身上**！
问：男的是什么意思？

여: 요 며칠 매일 밤을 샜어. 정말 쉬고 싶지만, 빨래를 다 못했어.
남: 넌 쉬어, 남은 빨래는 내가 책임질게.
질문: 남자는 무슨 의미인가?

A 여자가 빨래를 해야 한다
B 남자가 빨래를 하려 한다
C 남자도 쉬고 싶다
D 여자와 함께 빨래를 한다

단어   剩下 shèngxià 통 남다, 남기다 | 包在我身上 bāo zài wǒ shēnshang 내가 책임질게! 나한테 맡겨!

功夫 풀이   남자의 말과 관련하여 질문하고 있으므로, 남자가 한 말에서 핵심 단어를 찾아야 한다. 그것은 곧 '包在我身上'이 되는데, 이것은 '내가 책임지겠다'라는 의미의 관용어 표현이다. '남은 빨래를 남자가 책임지겠다'는 것은 '남자가 빨래를 하겠다'는 의미가 되므로 답은 B가 된다.

14.

男：他就是王大夫，你怎么不跟人家打招呼啊？
女：**我从来没去过他们医院，哪里知道他是王大夫。**
问：这段对话告诉我们什么？

남: 그가 바로 왕 의사선생님이야. 너는 왜 그분과 인사를 안 했니?
여: 나는 지금까지 그의 병원에 가본 적이 없는데, 어디 그가 왕 의사선생님인 줄 알겠어.
질문: 이 대화가 우리에게 알려주는 것은 무엇인가?

A 여자는 왕 의사선생님을 좋아하지 않는다
B 남자는 왕 의사선생님의 병원에 가본 적이 없다
C 여자는 근본적으로 왕 의사선생님이 누구인지 모른다
D 남자는 자주 병원에 간다

단어   打招呼 dǎ zhāohu 통 인사하다

功夫 풀이   두 사람 대화의 중심 화제는 '王大夫'를 아는가 모르는가이다. 남자는 처음에 바로 '他就是王大夫'라고 말했으므로, 그는 '王大夫'를 알지만, 반대로 여자는 '哪里知道他是王大夫'라는 반어문의 형식을 통하여 실제로 '王大夫'를 전혀 알지 못함을 알 수 있다. 이를 근거로 답은 C가 된다.

15. 女：咱们现在就把过年的礼物给孩子们吧，
你看，他们正盼着呢。
男：急什么，现在还没到时候。
问：男的是什么意思？

여: 우리 지금 새해 선물을 아이들에게 줘요, 애들이 지금 바라고 있는 걸 봐요.
남: 뭐가 급해요, 지금은 아직 시간이 안 됐어요.
질문: 남자는 무슨 의미인가?

A 이미 주었다　　B 곧 줄 것이다　　C 아이들은 조급하지 않다　　D 좀 더 기다려라

단어 过年 guònián 통 설을 쇠다 ｜ 盼 pàn 통 바라다, 희망하다

功夫 풀이 여자의 말에 대한 남자의 대답 중 '急什么'는 '什么'를 이용한 반어문으로서, 그 의미는 '不' 혹은 '不用'이 된다. 결국 '不急' 혹은 '不用急'으로서 '급할 것이 없다'가 되며, 후반부의 '现在还没到时候'를 통해 '아직 시간이 되지 않았으니 좀 더 기다려보자'라는 의미를 유추할 수 있다. 그러므로 답은 D가 된다.

第三部分

p.108

정답_ 1. B　2. D　3. C　4. C　5. A　6. B　7. B　8. D　9. C　10. A
11. B　12. A　13. C　14. B　15. D　16. D　17. B　18. B　19. A　20. D

1. 女：你看咱们什么时间辅导合适？
男：晚上可以吗？我每天晚上都有空儿，没有什么特别的事情。
女：好吧。咱们一个星期辅导两次怎么样？每次两个小时。
男：好的。那就每星期二、四晚上七点到九点吧。
问：根据对话他们打算在什么时间辅导？

여: 당신이 보기엔 우리가 언제 과외하는 게 알맞아요?
남: 저녁에 괜찮아요? 전 매일 저녁에 시간이 있어요, 무슨 특별한 일이 없거든요.
여: 좋아요. 우리 일주일에 두 번 과외하는 게 어때요? 매번 두 시간씩이요.
남: 좋아요. 그럼 매주 화요일, 목요일 저녁 7시에서 9시까지 합시다.
질문: 대화에 근거해 그들은 언제 과외를 하기로 했는가?

A 주말 저녁　　　　　　　　　　　B 매주 화요일, 목요일 저녁
C 화요일, 목요일 아침　　　　　　D 저녁 7시에서 8시까지

단어 辅导 fǔdǎo 통 학습을 도우며 지도하다 ｜ 合适 héshì 형 알맞다

功夫 풀이 남자의 마지막 말 '那就每星期二、四晚上七点到九点'을 통해 그들이 과외 공부를 화요일과 목요일 저녁 7시에서 9시까지 하기로 정했음을 알 수 있다. 그러므로 보기 A는 요일이 잘못되었고, 보기 C는 오전이라고 했기 때문에 정답이 아니며, 보기 D는 시간이 잘못되었다. 그러므로 정답은 B가 된다.

듣기

2. 男：昨天我们班的几个同学来帮我搬家了。
   女：怎么样？
   男：都搬完了，可是，人也差不多累坏了。
   女：你的东西是够多的。
   问：根据对话可以知道什么？

   남: 어제 우리반 몇 명의 급우가 와서 내가 이사하는 것을 도와줬어.
   여: 어땠어?
   남: 이미 다 옮겼어. 그런데 사람들도 모두 피곤해서 거의 죽을 뻔 했어.
   여: 네 물건이 꽤 많았구나.
   질문: 대화에 근거해 무엇을 알 수 있는가?

   A 남자는 그의 급우가 이사하는 것을 도왔다
   B 여자는 이사 갈 계획이다
   C 여자는 남자가 이사하는 걸 도와줬다
   D 어제 남자는 이사했다

   단어 坏 huài 형 ~하여 죽겠다[동사나 형용사 뒤에서 심한 정도를 나타냄] | 够 gòu 부 제법, 비교적

   功夫 풀이 남자의 첫 번째 대화 '昨天我们班的几个同学来帮我搬家了'를 통하여 남자는 어제 이사를 했고, 반 친구들 몇 명이 와서 이사를 도왔음을 알 수 있다. 이를 바탕으로 보기를 살펴보면, 보기 A는 남자가 이사를 도운 것이 아니라 친구들이 남자의 이사를 도왔으므로 정답이 아니다. 보기 B의 내용은 전혀 언급된 내용이 아니며, 여자는 남자의 이사를 도와주지 않았으므로 보기 C도 정답이 아니다. 그러므로 보기 D만이 대화의 내용과 완전히 일치한다.

3. 女：老王，我刚才看见你了，在找地方停车吗？
   男：是啊，每天都会遇到这个问题，来得晚一点儿就没有地方停车了。
   女：我看还是坐地铁比较方便，而且便宜。
   男：可是地铁里人太多，特别是上下班时间太挤了。
   问：他们可能在哪儿谈话？

   여: 라오왕, 저 방금 당신을 봤어요, 자동차 주차할 곳을 찾고 있어요?
   남: 맞아요, 매일 이 문제에 부딪혀요, 조금만 늦게 오면 차를 세울 곳이 없어요.
   여: 제가 보기에 아무래도 지하철을 타는 것이 비교적 편리하고, 싸요.
   남: 그렇지만 지하철 안에 사람들이 너무 많아요, 특히 출퇴근시간에는 너무 붐벼요.
   질문: 그들은 어디에서 대화를 하고 있는가?

   A 사무실   B 지하철 안   C 주차장   D 버스정류장

   단어 停车 tíngchē 동 차를 주차하다 | 地铁 dìtiě 명 지하철

   功夫 풀이 보기를 통하여 장소를 묻는 질문임을 유추할 수 있다. 질문은 대화가 일어난 장소를 묻고 있는데, 여자의 첫 번째 질문 '在找地方停车吗'를 통하여 남자가 현재 주차할 장소를 찾고 있는 중임을 유추할 수 있다. 그러므로 현재 대화가 일어나고 있는 장소는 주차장으로서 보기 C가 답이 된다.

4. 男：困死了，上课的时候也没有精神，总想睡觉。
   女：你昨晚干什么了？几点睡的？
   男：昨晚我一个同学突然来了，我们一直聊到凌晨两点多钟。
   女：那还不困？
   问：女的是什么意思？

   남: 졸려 죽겠어. 수업할 때도 정신이 없었어, 줄곧 자고 싶었어.
   여: 너 어젯밤에 뭘 한 거야? 몇 시에 잤어?
   남: 어젯밤에 내 급우 한 명이 갑자기 와서, 우리는 새벽 두 시까지 계속 이야기를 했어.
   여: 그러니 안 졸려!
   질문: 여자는 무슨 의미인가?

   A 늦게 잔 셈이 아니니, 마땅히 이렇게 졸려선 안 된다
   B 남자가 왜 이렇게 졸려하는지 이해할 수 없다
   C 그렇게 늦게 잤으니, 당연히 졸릴 것이다
   D 여자는 여태껏 졸린 적이 없다

   단어 困 kùn 图 졸리다 | 凌晨 língchén 명 새벽녘, 이른 아침

   공부 풀이 여자가 한 말의 의미를 묻는 질문으로서, 여자는 마지막 '那还不困'은 부사 '还'를 이용한 반어문이다. 반어문은 일반적으로 표면적인 뜻과 반대의 의미를 보다 더 강조하여 나타내게 되는데, 결국 '还不困'은 '当然困'의 의미가 된다. 그러므로 답은 C가 된다.

5. 女：小军，你跟你女朋友相处那么多年了，还不结婚吗？
   男：别提了，我们早就分手了。
   女：为什么？
   男：嗐，我跟她本来一直都挺好的，可一提结婚，什么要求都来了，什么家具、电视机、洗衣机、穿的、戴的。你说，她到底是爱我，还是爱这些东西呀。
   问：男的为什么跟女朋友分手了？

   여: 샤오쥔, 너랑 네 여자친구가 사귄 지 그렇게 오래 됐는데, 결혼 안 하니?
   남: 말도 꺼내지 마, 우리 일찍이 헤어졌어.
   여: 왜?
   남: 휴, 나랑 그녀는 본래 줄곧 너무 좋았다가, 결혼 얘기를 꺼내자마자 무슨 가구, 텔레비전, 세탁기, 입는 것, 쓰는 것 별의별 요구가 다 나오더라고. 네 생각에 그녀가 도대체 나를 사랑한 거니 아니면 이런 물건들을 사랑하는 거니?
   질문: 남자는 왜 여자친구와 헤어졌는가?

   A 그는 여자친구가 진정으로 그를 사랑하지 않았다고 여긴다
   B 그는 돈이 없다
   C 그는 다른 사람을 사랑한다
   D 그의 여자친구는 돈을 매우 낭비한다

   단어 相处 xiāngchǔ 图 함께 지내다 | 分手 fēnshǒu 图 헤어지다, 이별하다 | 要求 yāoqiú 명 요구 | 家具 jiājù 명 가구 | 洗衣机 xǐyījī 명 세탁기 | 浪费 làngfèi 图 낭비하다

   공부 풀이 질문은 남자가 여자친구와 헤어진 이유를 묻고 있다. 남자의 마지막 말 '可一提结婚, ……她到底是爱我, 还是爱这些东西呀'를 근거로 그 이유를 파악할 수 있는데, 앞 부분은 구체적인 예시의 열거이며, 이를 종합하여 남자가 정말 하고 싶은 말은 후반부의 '她到底是爱我, 还是爱这些东西呀'가 된다. 이는 여자친구가 남자 자신을 사랑하는지에 대한 의심이 담겨있는 내용으로서, 그러한 의미를 나타내는 보기 A가 답이 된다.

6. 男：你感觉怎么样了？好多了吧？我给你买了点儿水果。
    女：你太客气了。
    男：没什么。如果需要什么你就告诉我。
    女：谢谢你，不需要什么了。医生昨天检查的时候说，过两天我就可以出院了。
    问：他们可能在哪儿谈话？

    남: 좀 어때요? 많이 좋아졌어요? 내가 당신에게 줄 과일을 좀 사왔어요.
    여: 뭘 이런 걸 다요.
    남: 아니에요. 만약 뭐가 필요하다면 나에게 말해요.
    여: 고마워요. 아무것도 필요 없어요. 의사가 어제 검사할 때 이틀 지나면 퇴원할 수 있을 거라고 말했어요.
    질문: 그들은 아마도 어디에서 대화하는가?

    A 여자의 집 B 병원
    C 과일 가게 D 백화점

    단어 感觉 gǎnjué 명 감각, 느낌 | 检查 jiǎnchá 통 조사하다, 검사하다 | 出院 chūyuàn 통 퇴원하다

    功夫 풀이 대화가 일어나고 있는 장소를 묻는 질문으로서, 장소를 파악할 수 있는 핵심 단어만 찾으면 된다. 여자의 마지막 말 '过两天我就可以出院了'에서 '出院'은 '퇴원하다'의 의미이므로, 현재 여자는 병원에 있으며, 남자가 병문안을 온 상황임을 미루어 짐작할 수 있다. 따라서 대화가 일어나는 장소는 병원이 된다.

7. 女：请问，你知道去世界百货大楼怎么走吗？
    男：哦，我知道。你从这儿往前走，到十字路口往右拐，路西边世界电影院旁边的大楼就是。
    女：远不远？
    男：不太远，走的话，大概得七八分钟吧，坐车就一站。
    女：谢谢你!
    问：根据对话可以知道什么？

    여: 실례지만, 세계백화점을 어떻게 가는지 아세요?
    남: 네, 알아요. 이곳에서 앞으로 가시다가 사거리가 나오면 우회전해서, 길 서쪽의 세계영화관 옆 건물이 바로 그 곳이에요.
    여: 먼가요?
    남: 그다지 멀지 않아요. 걸어가면 아마 7, 8분 정도 걸릴 거예요. 차를 타면 한 정거장이고요.
    여: 고맙습니다.
    질문: 대화를 근거해 무엇을 알 수 있는가?

    A 남자도 어떻게 가는지 모른다
    B 걸어서 갈 수 있다
    C 여자는 영화관에 가려고 한다
    D 남자는 여자에게 차를 타고 가라고 한다

    단어 十字路口 shízì lùkǒu 명 사거리 | 拐 guǎi 통 방향을 바꾸다, 돌다 | 大概 dàgài 부 아마도, 대개

    功夫 풀이 대화의 처음에 여자는 '你知道去世界百货大楼怎么走吗'라고 묻고 있으므로 여자가 가고자 하는 곳이 영화관이라고 말한 보기 C는 답이 아니다. 남자의 두 번째 대화는 모두 길을 안내하는 내용이므로 '남자도 어떻게 가는

지 모른다'라는 보기 A는 답이 아니다. 남자의 두 번째 대화 '走的话, 大概得七八分钟吧, 坐车就一站'을 통하여 걸어서도 갈 수 있는 곳임을 짐작할 수 있어 보기 B는 답에 해당되고, 차를 타고 갈 경우 한 정거장이라고만 했을 뿐 차를 타고 갈 것을 권하지는 않았으므로 보기 D는 답이 아니다.

---

8. 男：以前你不是经常生病吗？怎么一下子就变得这么健康了？
    女：是啊，工作以后，我就很少生病了。
    男：工作以后到底有什么变化呀？
    女：没什么特别的。就是生活有规律了。以前我爱睡懒觉，现在每天六点钟就起床了，晚上十点半准时睡觉。
    问：以前女的怎么样？

    남: 이전에 너는 자주 병에 걸리지 않았니? 어떻게 갑자기 이렇게 건강해졌지?
    여: 맞아, 일을 한 후에 나는 병에 덜 걸리던 걸.
    남: 일을 한 후에 도대체 무슨 변화가 있는 거야?
    여: 뭐 별로 특별한 것은 없어. 바로 생활에 규칙이 생겼어. 이전에 나는 늦잠 자는 것을 좋아했는데, 지금은 매일 6시면 일어나고, 저녁 10시 반 제때에 자.
    질문: 이전에 여자는 어땠는가?

    A 매우 건강했다   B 일이 매우 바빴다
    C 매우 일찍 일어났다   D 생활에 규칙이 없다

단어 规律 guīlǜ 명 규율, 법칙 │ 准时 zhǔnshí 부 정시에, 제때에

功夫 풀이 질문은 여자의 현재가 아닌 이전의 상황을 묻고 있다. 남자의 첫 번째 말 '以前你不是经常生病吗'를 통하여 여자가 전에 자주 병에 걸렸음을 유추할 수 있으므로 '이전에 건강했다'는 보기 A는 답이 아니다. 이어서 여자의 마지막 말 '以前我爱睡懒觉……'를 통하여 이전에는 늦잠 자는 것을 좋아했으므로 '일찍 일어났다'는 보기 C는 답이 아니다. 또한 현재는 '生活有规律了'로 이전과 비교해 생활에 규칙이 생겼음을 강조하고 있으므로, 이를 바탕으로 이전에는 이와 반대인 '生活没有规律'임을 유추할 수 있으므로, 보기 D가 답이 된다. 나머지 보기 B에 대한 내용은 전혀 언급되지 않았다.

---

9. 女：我觉得我们班足球队的实力全校第一。
    男：你开什么玩笑！就你们班那几个人，还能全校数一数二？
    女：我们队的八号可是全市中学足球队中技术最好的队员。
    男：可我从来没见过八号上场比赛！
    问：男的是什么意思？

    여: 나는 우리 반 축구팀 실력이 전교에서 1등이라고 생각해.
    남: 무슨 농담을! 너희 반의 그 몇 명이 전교에서 일이등을 다툴 수 있겠어?
    여: 우리 팀의 8번은 전국 시 중학교 축구팀 중에서 기량이 가장 높은 선수야.
    남: 그렇지만 난 여태껏 8번이 경기에 나서는 것을 본 적이 없는데!
    질문: 남자는 무슨 뜻인가?

    A 8번의 기량은 매우 괜찮다   B 아예 축구경기에 관심이 없다
    C 여자의 의견에 동의하지 않는다   D 여자가 자주 농담하는 것에 불만이다

함정조심! 남자도 여자와 같이 축구경기에 대한 자신의 의견이 있으므로 '관심이 전혀 없다'는 보기 B는 답으로 보기 어렵다.

단어 实力 shílì 몡 실력 | 数一数二 shǔyī shǔ'èr 솅 일이등을 다투다 | 技术 jìshù 몡 기술, 기량 | 上场 shàngchǎng 툉 출장하다, 등장하다

功夫 풀이 여자의 의견에 대한 남자의 첫 번째 반응은 '你开什么玩笑'로 표현되는데, 이는 상대방의 생각을 농담 취급하면서 동의하지 않음을 나타낸다. 이어서 여자의 두 번째 의견인 '我们队的八号……技术最好'에 대해서도 남자는 '可我从来没见过八号上场比赛!'라고 말하였다. 이것 역시 8번 선수의 기술이 좋다는 여자의 의견에 대하여 '시합에 출전하는 것을 본 적이 없다'라고 대답하면서 반대를 표시하는 것이라고 볼 수 있다. 이 두 가지 모두 여자의 의견에 동의하지 않는 것이므로 답은 C가 된다.

10.

男 : 小红, 怎么回事? 你又来晚了!
女 : 领导, 我家挺远的, 您又不是不知道。
男 : 家远, 你就不能早一点出来吗?
女 : 早一点? 您不知道, 我每天早上六点钟起来, 收拾一下儿, 早饭都来不及吃, 六点半就跑出来了。
问 : 关于女的可以知道什么?

남: 샤오훙, 무슨 일이야? 너 또 늦게 왔구나!
여: 사장님, 우리 집은 매우 멀어요. 사장님께서도 모르시지 않잖아요.
남: 집이 멀면, 자네가 좀 일찍 나올 수 없어?
여: 좀 일찍이요? 사장님은 몰라요. 저는 매일 아침 6시에 일어나서 정리 좀 하면 아침 밥도 먹을 시간도 없이 여섯 시 반에 뛰어 나온다고요.
질문: 여자에 관해 무엇을 알 수 있는가?

A 자주 지각한다
B 그녀의 집은 그다지 멀지 않다
C 반드시 아침을 먹어야만 한다
D 일하기를 원하지 않는다

단어 收拾 shōushi 툉 거두다, 정리하다 | 来不及 láibují 툉 (시간이 부족하여) 돌볼(손쓸) 틈이 없다, 겨를이 없다, 따라가지 못하다

功夫 풀이 여자의 첫 번째 대화에서 '我家挺远的'라고 말하고 있으므로 그녀의 집이 멀지 않다는 보기 B는 답이 아니다. 또한 여자의 두 번째 대화 '早饭都来不及吃'를 통하여 그녀가 '아침 먹을 시간도 없음'을 파악할 수 있으므로, 보기 C의 '아침을 먹지 않으면 안된다', 즉 '반드시 아침을 먹어야 한다'는 내용은 본문과 일치하지 않으므로 답이 아니다. 여자가 상사와 출근시간에 대하여 언쟁을 벌이고는 있지만, 어디에도 그녀가 일 자체를 하고 싶어하지 않는다는 내용은 없으므로 보기 D도 답이 안다. 처음 남자의 '你又来晚了'라는 말에서 빈도부사 '又'를 사용하고 있다는 점에 비추어 그녀가 늦는 일이 이번이 처음이 아님을 알 수 있으므로, 답은 A가 된다.

11-12. 天气冷了，¹¹妈妈担心小红感冒，让她多穿一点儿衣服，可是小红并没有多穿衣服。¹²因为衣服穿得太多看起来很胖，样子很难看，她觉得还是少穿点儿衣服好看。

날씨가 추워졌다. 엄마는 샤오홍이 감기에 걸릴까 걱정하셔서, 그녀로 하여금 옷을 좀 더 많이 입게 하셨다. 그러나 샤오홍은 결코 옷을 많이 입지 않았다. 왜냐하면 옷을 너무 많이 입으면 보기에 너무 뚱뚱해 보이고, 모양도 아주 보기 싫기 때문이다. 그녀는 그래도 옷을 좀 적게 입는 것이 보기 좋아 보인다고 생각한다.

단어 弄脏 nòngzāng 동 더럽히다 | 显得 xiǎnde 동 (어떤 상황이) 드러나다

---

11. 问：妈妈担心什么?
엄마는 무엇을 걱정하는가?

A 날씨가 추워진 것　　　　　　　B 샤오홍이 감기에 걸릴까봐
C 샤오홍이 옷을 더럽힐까봐　　　D 샤오홍이 살이 찐 것

功夫 풀이 엄마의 생각과 행동은 주로 녹음 내용의 전반부에 드러나 있다. 전반부에서 '担心'이라는 말이 언급된 부분 '妈妈担心小红感冒'를 근거로 엄마가 염려하는 것이 '小红感冒'임을 쉽게 알 수 있다.

---

12. 问：小红为什么不想多穿衣服?
샤오홍은 왜 옷을 많이 입기 싫어하는가?

A 더 뚱뚱해 보여서　　　　　　　B 춥지 않아서
C 자신의 옷이 예쁘지 않아서　　　D 엄마의 말을 듣기가 싫어서

함정조심!! '因为'가 포함되는 절의 후반부 '样子很难看'의 '모양이 아주 예쁘지 않다'가 의미하는 바가 '옷의 모양'이 아니라, '옷을 입었을 때의 모양'을 말하는 것임에 유의하자. 해석을 잘못하여 전자의 뜻으로 파악할 경우 자칫 답을 C로 선택하는 오류를 범할 수 있다.

功夫 풀이 질문은 샤오홍이 옷을 많이 입지 않으려는 이유를 묻고 있다. 녹음 내용에서 이유 내지는 원인을 표현하기 위해 접속사 '因为'를 활용하고 있는데, '因为衣服穿得太多看起来很胖'이라고 말한 부분이 직접적인 이유를 나타내는 문장이다. 핵심은 '看起来很胖'으로서 '보기에 너무 뚱뚱하다'라는 뜻이 되므로, 이와 같은 의미를 나타내는 것으로는 보기 A가 정확하다.

13-14.

一个人活到80岁没有什么问题，¹³现在哪儿都能看到80多岁的老人。很多老人身体很好，什么病都没有。所以说，长寿不怎么难，根本没有什么秘诀，只要生活有规律就行。当然，¹⁴不能抽烟，抽烟对身体没有什么好处。

한 사람이 80세까지 사는 것은 아무 문제가 없다. 지금은 어디에서든 80세 이상의 노인을 볼 수 있다. 많은 노인들은 아주 건강하고 어떤 병도 없다. 그래서 장수하는 것은 그다지 어렵지 않고, 무슨 비결도 전혀 없으며, 오직 생활에 규율만 있으면 된다고 말할 수 있다. 당연히 담배를 피워선 안 되는데, 흡연은 건강에 어떤 좋은 점도 없기 때문이다.

단어 长寿 chángshòu 혱 장수하다, 오래 살다 | 根本 gēnběn 튀 시종, 전혀, 도무지 | 秘诀 mìjué 몡 비결 | 规律 guīlǜ 몡 규율, 법칙 | 抽烟 chōuyān 담배를 피우다

---

13. 问：说话人的主要观点是?
화자의 주요 관점은?

A 사람이 80세까지 사는 것은 매우 어렵다
B 많은 노인들이 자주 병에 걸린다
C 현재 노인들이 장수하는 것은 그렇게 어려운 일이 아니다
D 노인들에게 관심을 가져야 한다

功夫 풀이 녹음 내용을 듣고 화자의 생각에 해당하는 부분을 고르는 문제이다. 녹음 내용 전반부의 '现在哪儿都能看到80多岁的老人'과 중반부의 '所以说，长寿不怎么难'을 근거로 볼 때, 화자는 '오래 사는 것이 어려운 일은 아니다'라는 기본적인 견해를 가지고 있음을 알 수 있다.

---

14. 问：为了健康长寿，说话人提到的是什么?
건강과 장수를 위해서 화자가 제기한 것은 무엇인가?

A 신체를 단련한다   B 담배를 피지 않는다
C 자주 활동을 한다   D 적게 먹는다

功夫 풀이 건강과 장수의 비결에 대해 화자는 기본적으로 '根本没有什么秘诀' 즉, '특별한 비결은 없다'라는 관점을 제기하였다. 그러나 이에 해당하는 내용이 보기에 없고, 후반부 '不能抽烟' 역시 화자의 견해로 볼 수 있으므로, 이와 관련한 보기 B를 답으로 선택하는 것이 옳다.

15-16.

¹⁵人们总是认为在一个家庭中，丈夫应该比妻子强。所以很多女人找对象的时候，如果男的学历、收入、社会地位等条件不如自己，那么她们一定不满意。其实很多女人在很多方面已经超过了多数男人，这就是一种社会进步。¹⁶社会进步了，但是人们的思想并没有进步。我要问一个问题，为什么丈夫必须比妻子强，妻子不能比丈夫强呢？

사람들은 항상 가정에서 남편이 아내보다 강해야만 한다고 여긴다. 그래서 많은 여자들이 상대를 찾을 때, 만약 남자의 학력, 수입, 사회적 지위 등의 조건이 자기보다 못하면 틀림없이 만족하지 않는다. 사실 많은 여자들이 매우 많은 방면에서 이미 다수의 남자들을 초월했는데, 이것이 바로 일종의 사회적 진보이다. 사회는 진보했지만, 사람들의 생각은 결코 진보하지 않았다. 난 한 가지 문제를 묻고 싶다. 왜 남편은 반드시 아내보다 강해야 하고, 아내는 남편보다 강하면 안되는 걸까?

단어 对象 duìxiàng 명 (연애, 결혼의) 상대 | 学历 xuélì 명 학력 | 收入 shōurù 명 수입, 소득 | 地位 dìwèi 명 (사회적) 지위, 위치 | 超过 chāoguò 동 초과하다, 넘다 | 进步 jìnbù 동 진보하다 | 必须 bìxū 부 반드시 ~해야 한다

---

15. 问：大部分女人要找什么样的对象？

대부분의 여성들은 어떠한 결혼 상대를 찾고자 하는가？

A 잘생긴 상대
B 월급이 높은 상대
C 성격이 온화한 상대
D 여성보다 더 강한 상대

 자칫 잘못 생각하면 B를 답으로 선택할 수도 있다. 하지만 월급, 즉 수입은 학력이나 사회적 지위 등과 함께 '더 강한 상대'에 대한 조건의 일부이므로 이것만으로는 결혼 상대에 대한 전제 조건으로 일반화시킬 수는 없다.

功夫 풀이 이 문제를 해결하기 위해서는 녹음 내용의 가장 처음 부분을 듣고 판단할 수 있다. 화자는 자신의 본격적인 견해를 펼치기 전 글의 화제로서 '人们总是认为在一个家庭中，丈夫应该比妻子强'이라고 말하였는데, 여기서 '丈夫'와 '妻子'로 말하였지만, 후반부의 내용을 근거로 볼 때 이는 결국 남자와 여자로 대비시켜 봐도 무방하다. 그러므로 이것을 바탕으로 결혼 조건과 연결시키면, 여자는 '자신보다 강한 남자'를 결혼 상대로 원하는 것을 추측할 수 있다.

---

16. 问：说话人主要说什么？

화자가 주로 말하고자 하는 바는 무엇인가？

A 아내는 반드시 남편보다 강해야 한다
B 많은 여성들이 결혼을 원하지 않는다
C 자신에게 어울리는 결혼 상대를 찾는 것은 매우 어렵다
D 사회가 진보했으니, 사람들의 사고도 진보해야 한다

功夫 풀이 이 문제는 최종적으로 화자가 말하고자 하는 주장 및 견해를 판단하는 문제이다. 화자는 마지막에 '为什么丈夫必须比妻子强，妻子不能比丈夫强呢？'라는 반문형식을 통하여 자신의 견해를 표현하고 있다. 이는 결국 글의 전반부에서 제시한 '丈夫应该比妻子强'의 일반적인 견해에 반대한다는 것이다. 이때 주의할 점은 화자가 일반적인 견해에 반대한다고 해서 보기 A와 같이 '丈夫'와 '妻子'의 위치를 바꿔서는 안 된다. 화자가 진정으로 말하고 싶은 것은 '社会进步了，但是人们的思想并没有进步'를 통하여 현재 사람들의 사고를 비판하고 있다. 결국 화자는 '사회가 진보하였으니, 사람들의 사고도 진보해야 한다'가 진정으로 하고 싶은 말이라고 할 수 있다.

17-18.

大家都知道喝水对身体很重要，¹⁸但什么时候要喝水呢？¹⁷最重要的一点是：要主动喝水，千万不要等到渴了以后才喝水，那时喝水已经晚了。早晨起床以后，要赶快补充足够的水，最好是凉开水。到了晚上，睡觉前喝点水也是很有好处的，可以帮助第二天的排便。

사람들은 모두 물 마시는 것이 신체에 매우 중요하다는 것을 알고 있지만, 언제 물을 마셔야 하는 걸까? 가장 중요한 것은 자발적으로 물을 마셔야 하지, 절대 갈증이 나길 기다렸다가 물을 마셔서는 안 된다. 그때는 물을 마시는 것이 이미 늦은 것이다. 이른 아침에 일어난 후에 재빨리 충분한 물을 보충해야 하는데, 가장 좋은 것은 차가운 끓인 물이다. 저녁이 되면 잠자기 전에 약간의 물을 마시는 것도 좋은 점이 있는데, 이튿날의 배변에 도움을 줄 수 있다.

단어 主动 zhǔdòng 형 주동적인, 자발적인 | 千万 qiānwàn 부 부디, 제발 | 渴 kě 형 목이 타다, 갈증 나다 | 早晨 zǎochen 명 이른 아침, 새벽 | 赶快 gǎnkuài 부 재빨리, 황급히, 다급히 | 补充 bǔchōng 동 보충하다, 추가하다 | 排便 páibiàn 동 (사람이) 배변하다

17. 问：喝水时最重要的是什么？
물을 마실 때 가장 중요한 것은 무엇인가?

A 목이 마를 때까지 기다린 후 마셔야 한다
B 자발적으로 물을 마신다
C 물을 많이 마신다
D 차가운 것을 마시지 않는다

功夫 풀이 '最'를 이용하여 질문하고 있는데, 본문에서 '最重要'를 사용하여 언급하고 있는 부분은 바로 '最重要的一点是：要主动喝水'가 된다. 그러므로 답은 B가 된다.

18. 问：这段话主要说什么？
이 글이 주로 말하는 바는 무엇인가?

A 물을 많이 마시는 것은 아주 중요하다
B 물 마시는 시간
C 물을 마시지 않는 결과
D 물을 마시는 것의 장점

| 功夫 풀이 | 내용 전체를 포괄할 수 있는 주제를 찾는 문제라고 볼 수 있다. 녹음 내용의 중·후반부는 크게 아침과 저녁으로 나누어서 물을 마시는 중요성과 방식을 소개하고 있다. 이 모든 내용을 포함하는 내용은 글의 서두의 '但什么时候要喝水呢'라고 볼 수 있다. 의문문 형태를 이용하여 청취자들에게 질문하는 것처럼 보이지만, 정작 화자가 말하고자 하는 내용이 곧 이에 대한 구체적 해법이라고 볼 수 있다. 그러므로 우리에게 알려주고자 하는 내용은 '什么时候' 즉, '물을 마시는 때'라고 말할 수 있다. |

19-20.

跟旅行社安排的行程比较起来，¹⁹自助旅行又省钱又自由，再加上可以让你自己深深地体会到旅行的快乐。到时候，你不必住四五星级饭店，只要选择既便宜又干净的宾馆就行。²⁰而且也不必每顿吃七八个菜，尝尝地方风味儿的菜也挺好。

여행사에서 안배한 여정과 비교하자면, 자유 여행은 돈도 아낄 수 있고 자유로울 뿐만 아니라, 게다가 당신 자신으로 하여금 여행의 즐거움을 깊게 체득할 수 있게 한다. 그때 당신은 4, 5성급 호텔에서 묵을 필요 없이, 싸고 깨끗한 모텔을 선택하기만 하면 된다. 게다가 매끼 7, 8가지의 요리를 먹을 필요가 없고, 지역 풍미가 있는 요리를 맛보는 것도 매우 좋다.

단어 旅行社 lǚxíngshè 몡 여행사 | 安排 ānpái 동 안배하다, 준비하다 | 行程 xíngchéng 몡 노정, 길 | 自助旅行 zìzhù lǚxíng 몡 자유 여행 | 体会 tǐhuì 동 체득하다, 이해하다 | 地方风味儿 dìfāng fēngwèir 지역 풍미

19.

问：根据这段话自助旅行有什么好处?
이 단문을 근거로 자유 여행은 무슨 장점이 있는가?

A 돈을 절약할 수 있다　　B 자유롭게 물건을 살 수 있다
C 아주 많은 음식을 먹을 수 있다　　D 5성급 호텔에서 묵을 수 있다

| 功夫 풀이 | 질문은 자유 여행의 장점을 묻고 있는데, 녹음 내용 중 전반부 '自助旅行又省钱又自由，再加上可以让你自己深深地体会到旅行的快乐'가 모두 자유 여행에 대한 구체적인 장점을 언급한 부분이다. 이를 다시 크게 세 가지, 즉 '省钱, 自由, 体会到旅行的快乐'로 분류하여 살펴볼 수 있다. 따라서 보기 네 개 중에서 이 세 가지에 해당하는 항목은 A밖에 없다. |

20.

问：自助旅行的时候，你可以享受哪一种菜?
자유 여행을 할 때, 당신은 어떠한 음식을 즐길 수 있습니까?

A 7가지 이상의 요리　　B 각 지역의 유명요리
C 매우 깨끗한 요리　　**D 지역 풍미가 있는 요리**

| 功夫 풀이 | 질문의 핵심은 '哪一种菜' 즉, 여행 때 즐길 수 있는 음식을 묻고 있다. 음식에 관하여 언급된 부분은 녹음 내용의 가장 후반부인 '而且也不必每顿吃七八个菜，尝尝地方风味儿的菜也挺好'이다. 여기서 전반부의 '七八个菜'에 관해 화자는 '不必' 즉, '~할 필요가 없다'고 했으니, 보기 A는 답과 거리가 멀다. 따라서 후반부가 바로 화자가 말하고자 하는 부분으로서 '地方风味儿的菜'를 맛보기를 권하고 있다. 그러므로 답은 D가 된다. |

독해

실력 다지기 풀이
실전 테스트 풀이

 **실력 다지기 풀이**

第一部分

I. 단어 선택의 폭을 좁혀라

1. 명사가 주로 놓일 위치 p.119

정답_ 1. C 2. A 3. E 4. F 5. B

보기	A 명 거리	B 부 계속, 줄곧	C 동 채용하다
	D 접 ~을 막론하고, ~에 관계없이	E 형 번거롭다, 귀찮다, 성가시다	F 명 태도

1. 올해 우리 회사는 모두 10명의 대학생을 채용하였다.

단어 公司 gōngsī 명 회사, 직장 | 录用 lùyòng 동 채용하다
功夫 공식 동사 + 목적어, 동사 + 동태조사
功夫 풀이 이 문장에서 빈칸의 위치는 주어 '我们公司'와 목적어 '十个大学生' 사이에 놓여져 있어, 술어가 누락되어 있음을 알 수 있다. 술어는 보통 동사 혹은 형용사가 이루게 되나, 여기서는 목적어가 있고, 결정적으로 동태조사 '了' 앞에 놓여야 하므로 동사를 골라야 한다. 따라서 제시된 단어 중 동사 '录用'이 답이 된다.

2. 여기서 기차역까지는 약간의 거리가 있어. 너는 택시를 타고 가는 것이 좋겠어.

단어 火车站 huǒchēzhàn 명 기차역 | 距离 jùlí 명 거리, 간격
功夫 공식 수사 + 양사 + 명사
功夫 풀이 이 문장에서 빈칸의 위치는 수량사 '一段' 뒤이다. '段'은 거리나 시간을 짤막한 단락으로 세는 양사로서 양사 뒤에는 명사가 오게 된다. 여기서는 전치사 '离'를 이용하여 두 장소간의 거리의 격차를 표현하고 있으므로, 빈칸은 명사 '距离'가 와야 한다.

3. 이렇게 하는 것은 너무 번거로워, 나에게 간단한 방법이 있어.

단어 麻烦 máfan 형 번거롭다, 귀찮다, 성가시다 | 简单 jiǎndān 형 간단하다, 단순하다 | 办法 bànfǎ 명 방법, 수단

76 二、阅读

功夫 공식 부사 + 술어(형용사/동사)
功夫 풀이 이 문장에서 빈칸의 위치는 부사 '太' 뒤인 술어 자리이다. 술어 자리는 주로 동사나 형용사가 오는데, 정도부사 '太'의 수식을 받는 것은 주로 형용사가 된다. 또한 문맥상 '简单'과 상반되는 의미의 단어를 선택해야 하므로 여기서는 '麻烦'이 답이 된다.

4. 일반적으로 말해서, 태도가 적극적인 사람이 더 쉽게 다른 사람의 비판을 받아들인다.

단어 态度 tàidù 명 태도 | 积极 jījí 형 적극적이다, 열성적이다 | 批评 pīpíng 동 비판하다, 지적하다

功夫 공식 주어(명사) + 술어
功夫 풀이 이 문장에서 주어는 '( )积极的人'이지만, 여기서 다시 '( )积极'는 '주술구조'임을 파악할 수 있다. 빈칸은 주어 역할을 할 단어를 선택하는데, 주어는 보통 명사가 주로 되고, 형용사 '积极'의 의미가 태도나 성격에 대한 묘사로 주로 쓰이므로 빈칸은 '态度'가 답이 된다.

5. 장 선생은 귀국 후 줄곧 상하이에서 살고 있다.

단어 一直 yìzhí 부 계속, 줄곧
功夫 공식 부사 + 동사
功夫 풀이 이 문장에서 빈칸의 위치는 주어 '张先生'과 술어 '住' 사이인 부사어의 위치이다. 이미 '回国以后'라는 시간부사가 있으므로, 일반부사 '一直'만이 적당하다.

2. 부사가 주로 놓일 위치   p.124

정답_ 1.D 2. A 3. C 4. E 5. F

보기			
A 부 과연, 아니나 다를까		B 형 (말·문장이) 유창하다, 막힘이 없다	
C 부 온전히, 꼬박		D 부 직접, 손수, 친히	
E 양 번		F 동 이기다, 승리하다	

1. 다른 사람이 하는 말만 듣고 이해가 되지 않으면, 네가 직접 가서 봐야 한다.

단어 亲自 qīnzì 부 직접, 손수, 친히

功夫 공식 부사 + 동사

功夫 풀이 이 문장에서 빈칸의 위치는 조동사 '应该'와 술어 '去' 사이이다. 이 위치는 술어를 묘사적으로 수식해주는 부사가 와야 한다. 제시된 단어 중 부사는 '果然, 整整, 亲自'가 있지만, 의미상 주체자가 직접 나서서 하는 행위를 가리키는 '亲自'가 적당하다.

2. 라오왕은 과연 매우 시간을 잘 지키는 사람이다. 여태껏 그가 지각한 것을 본 적이 없다.

단어 果然 guǒrán 부 과연, 아니나 다를까 | 准时 zhǔnshí 부 정시에, 제때에 | 迟到 chídào 동 지각하다

功夫 공식 부사 + 술어

功夫 풀이 이 문장에서 빈칸의 위치는 술어 '是' 앞이 된다. 술어 앞에는 주로 부사어가 오는데, 그 대표적인 품사가 바로 부사이다. 뒷절의 내용이 앞절의 생각에 대한 뒷받침이 되므로, 빈칸에는 '생각한 바와 같다'라는 의미를 전달할 부사 '果然'을 넣어야 한다.

3. 오전 시험을 나는 꼬박 두 시간 반 만에 다 풀었다.

단어 整整 zhěngzhěng 부 온전히, 꼬박

功夫 공식 주어 + 부사 + 술어

功夫 풀이 이 문장에서 빈칸의 위치가 주어 뒤, 술어 앞이다. 문장에서 '花'는 '~를 소비하다, 쓰다, 소모하다'라는 의미의 동사로 보아야 한다. 그렇다면 동사 '花'가 문장의 술어가 되므로 주어 뒤, 술어 앞엔 부사가 위치해야 한다. 시간의 양적인 개념을 강조하고 있으므로 부사 '整整'이 답으로 적합하다.

4. A: 내일 오전에 채용박람회가 있는데, 너는 갈거니?

B: 나는 우선 일을 처리하러 은행을 한번 가야 해. 채용박람회 몇 시에 시작하지?

단어 招聘会 zhāopìnhuì 명 채용박람회 | 趟 tàng 양 번, 차례 (왕래한 횟수를 세는 데 쓰임)

功夫 공식 술어 + 보어 + 목적어

功夫 풀이 이 문장에서 빈칸의 위치는 술어 '去'와 목적어 '银行' 사이이다. 술어와 목적어 사이엔 보어가 놓일 수 있는데, 특히 '去' 혹은 '来' 등과 같은 오고 가는 동작을 세는 대표적인 양사가 '趟'이다. 이러한 동작을 세는 양사를 동량사라고하고, 문장에서 동량보어 역할을 한다.

5. A: 스포츠 뉴스에서 이번 국제 배드민턴경기에서 그가 이미 여러 번 이겼다고 말해.

B: 이건 그가 아직 늙지 않았다는 것을 증명하는 거야.

단어 新闻 xīnwén 명 뉴스 | 羽毛球 yǔmáoqiú 명 배드민턴 | 赢 yíng 동 이기다, 승리하다 | 证明 zhèngmíng 동 증명하다

功夫 공식 동사 + 동태조사

功夫 풀이 이 문장에서 빈칸은 동태조사 '了' 앞이 된다. 동태조사는 동사 뒤에 놓이므로 빈칸은 동사 '赢'이 된다.

3. 동사/형용사가 주로 놓일 위치
p.128

정답_ 1. C   2. A   3. D   4. F   5. E

보기			
	A 형 오만하다, 거만하다, 자부심이 강하다		B 동 동의하다, 찬성하다
	C 동 끌어당기다, 유인하다, 매료(매혹)시키다		D 형 낭만적이다, 로맨틱하다
	E 동 남다		F 부 (과거부터) 지금까지, 여태껏

1. 물건을 살 때, 가장 나를 끌어당기는 것은 상품의 품질이다.

단어 吸引 xīyǐn 동 끌어당기다, 유인하다, 매료(매혹)시키다 | 质量 zhìliàng 명 (생산품이나 일의) 질, 품질

功夫 공식 동사 + 목적어(명사)

功夫 풀이 '最能(　)我的'가 문장의 주어인데, 여기서 '的'는 '~것'의 의미를 나타내는 조사로서 관형어가 아닌 성분을 명사화시켜주는 역할을 한다. 그러므로 '的'를 제외하고 보면, '能'은 조동사이고, '我'가 목적어가 되므로 빈칸에는 동사를 넣어야 한다. 동사는 '同意, 吸引, 剩'이 있는데, 문장 내용상 상품의 품질이 나를 매료시키는 것이므로 '끌어당기다, 매료시키다'의 의미를 가진 동사 '吸引'이 적합하다.

2. 그는 늘 자신이 베이징대학교를 졸업했다고 말하는, 매우 자부심이 강한 사람이다.

단어 总是 zǒngshì 부 늘, 줄곧, 언제나 | 骄傲 jiāo'ào 형 오만하다, 거만하다, 자부심이 강하다

功夫 공식 정도부사 + 형용사

功夫 풀이 빈칸의 위치는 '的' 앞에 있으므로 '的'와 함께 '人'을 수식해 줄 관형어를 만들어 줄 단어를 선택해야 한다. 그런데 빈칸은 정도부사 '很' 뒤에 놓이므로, 일반적으로 정도부사의 수식을 받는 형용사를 선택해야 한다. 보기 중 형용사는 '骄傲, 浪漫' 밖에 없는데, 의미상 '骄傲'가 정답임을 알 수 있다.

3. 그는 매우 로맨틱한 사람이다. 자주 꽃과 초콜릿 등을 나에게 보낸다.

단어 浪漫 làngmàn 형 낭만적이다, 로맨틱하다

功夫 공식 정도부사 + 형용사

功夫 풀이   빈칸 역시 위의 2번 문제와 마찬가지로 정도부사 '很' 뒤에 있으므로 형용사를 선택해야 한다.

---

4.   나는 지금까지 중국어를 배워본 적이 없는데, 어떻게 말을 할 수 있겠니?

단어   从来 cónglái 부 (과거부터) 지금까지, 여태껏, 이제까지 [주로 부정형으로 쓰임]

功夫 공식   从来 + 没 + 술어

功夫 풀이   '从来'는 부사로서 과거의 어떤 동작을 경험해 본 적이 없음을 의미하여 보통 부정부사 '不'나 '没'와 호응하고, 특히 '没'일 경우 동사 뒤에 동태조사 '过'가 오는 것이 일반적이다. 여기서도 이미 '学过'를 통해서 경험을 나타내고 있음을 짐작할 수 있고, 어순의 위치상 주어와 술어 사이이므로 부사를 넣어야 함을 짐작할 수 있다.

---

5.   A: 내 지갑에 겨우 100원정도 남았어. 부족할 것 같아.
      B: 괜찮아, 나에게 있어, 그래도 부족하면 내 신용카드 긁으면 돼.

단어   剩 shèng 동 남다, 남기다 | 够 gòu 형 충분하다 | 刷 shuā 동 (솔로) 닦다, (카드를) 긁다

功夫 공식   동사 + 목적어

功夫 풀이   빈칸은 부사 '只' 뒤이면서 동시에 목적어 '100多块钱' 앞이다. 그러므로 동사를 선택해야 한다.

II. 유사한 의미의 단어들에 주의하라

유사한 단어의 차이 비교   p.133

정답_ 1. B   2. F   3. A   4. C   5. D

보기		
A 동 몸소 겪다, 경험하다, 경과하다	B 접부 ~하지 않도록, ~않기 위해서	
C 형 지루하다, 무료하다	D 동형 미안해하다, 미안하게 생각하다	
E 동 여기다, 생각하다	F 동 보급되다, 확산되다	

---

1.   감기에 걸리지 않으려면, 너는 옷을 더 입어야 한다.

단어   免得 miǎnde 접부 ~하지 않도록, ~않기 위해서 | 感冒 gǎnmào 동 감기에 걸리다

功夫 공식   免得 + 술어

功夫 풀이 문장에서 빈칸의 위치는 술어 '感冒' 앞이다. 그러므로 보통 주어 혹은 부사가 위치하게 되는데, 주어는 앞에 '你'가 이미 있으므로, 여기서는 부사를 선택해야 한다. 주어진 보기 중 부사는 '免得'가 있는데, 이 문장처럼 원하지 않거나 피하고자 하는 내용의 동사나 형용사 앞에 쓰이는 부사는 '免得'이므로, 정답은 B가 된다.

---

2. 홍콩에서는 현재 보통화를 보급하기 시작했다.

단어 香港 Xiānggǎng 명 홍콩 | 普通话 pǔtōnghuà 명 현대 중국 표준어 | 普及 pǔjí 동 보급하다, 확산되다

功夫 공식 동사 + 목적어

功夫 풀이 문장에서 빈칸의 위치는 목적어 '普通话' 앞이다. 목적어를 취할 수 있는 술어는 동사로서 주어진 단어 중 동사는 '认为'를 제외한 '经历'와 '普及'가 있다. 의미상 '보통화를 보급하다'가 적합하므로 '普及'가 답이 된다. 또한 여기서 동사 '开始'가 목적어를 가질 경우, 명사형태의 목적어가 아닌 동사 혹은 동사구를 목적어로 갖는 특징이 있다는 점에 주의해야 한다.

---

3. 중국에 온 이후 나는 적지 않은 일들을 경험했다.

단어 经历 jīnglì 동 몸소 겪다, 체험하다, 경험하다, 경과하다

功夫 공식 동사 + 了

功夫 풀이 문장에서 빈칸의 위치는 목적어 '不少事'와 동태조사 '了' 앞이므로 동사를 선택해야 한다. 따라서 여기서는 '경험하다, 겪다'의 의미를 가지는 '经历'가 답이 된다.

---

4. A : 총회가 너무 실망스럽지 않아요?

B : 정말 지루했어요. 난 참가한 것을 정말 후회해요.

단어 总结 zǒngjié 동 총괄하다, 결산하다 | 失望 shīwàng 동 실망하다 | 无聊 wúliáo 형 지루하다, 무료하다 | 后悔 hòuhuǐ 동 후회하다

功夫 공식 정도부사 + 형용사

功夫 풀이 문장에서 빈칸의 위치는 정도부사 '太' 뒤가 되므로 정답은 형용사 C가 된다.

---

5. A : 정말 미안해요, 제가 늦었네요.

B : 괜찮아요, 공연은 아직 5분 더 있다가 시작해요.

단어 抱歉 bàoqiàn 동/형 미안해하다, 미안하게 생각하다 | 迟到 chídào 동 지각하다 | 表演 biǎoyǎn 동 공연하다, 연기하다

功夫 공식 부사 + 술어

功夫 풀이 빈칸은 술어가 들어가야 한다. 술어는 동사나 형용사가 보통 담당하는데, 부사 '真'은 정도부사로서 뒤에 형용사 혹은 동작과 관계없는 심리동사 등이 오게 되어있다.

第二部分

Ⅰ. 접속사들의 의미와 관계를 파악하라

접속사들의 의미와 관계 비교   p.144

정답_ 1. CBA   2. ACB   3. BAC   4. CBA   5. CAB

---

1. 如果你打算去中国朋友家里做客，那么你应该了解怎么称呼朋友的家人、带什么礼物合适。

만약 당신이 중국 친구집을 방문할 계획이라면, 반드시 친구의 가족들을 어떻게 불러야 하는지, 무슨 선물을 가지고 가는 게 적합한지 알아야만 한다.

단어 打算 dǎsuàn 통 ~할 생각이다(작정이다), ~하려고 하다 | 做客 zuòkè 통 손님이 되다 | 称呼 chēnghu 통 ~(이)라고 부르다(일컫다) | 礼物 lǐwù 명 선물, 예물 | 合适 héshì 형 적당(적합)하다, 알맞다

功夫 공식 如果 A 就/那么 B

功夫 풀이 '如果'는 가정관계를 나타내는 접속사로서 일반적으로 '就, 那么'와 호응하여 '만약 A하면 B하다'의 의미를 나타낸다. 이 논리관계를 파악하면 CB의 순서를 쉽게 밝힐 수 있다. A의 내용은 문맥상 B의 '应该了解'에 이어지는 내용이므로 A는 B 뒤에 놓아야 한다.

---

2. 不管是家里的狗猫还是森林的狮子，它们都有一个共同特点，永远不会为昨天后悔和为明天担心。

집 안의 개 고양이 혹은 숲의 사자를 막론하고, 그들은 모두 한 가지 공통된 특징이 있는데, 영원히 어제 때문에 후회하고 내일 때문에 걱정하지 않는다는 것이다.

단어 不管 bùguǎn 접 ~을 막론하고, ~에 관계없이 | 狗 gǒu 명 개 | 猫 māo 명 고양이 | 森林 sēnlín 명 삼림, 숲, 산림 | 狮子 shīzi 명 사자 | 共同 gòngtóng 형 공동의, 공통의 | 特点 tèdiǎn 명 특징, 특색, 특성 | 永远 yǒngyuǎn 부 영원히, 길이길이, 언제까지나 | 后悔 hòuhuǐ 통 후회하다, 뉘우치다 | 担心 dānxīn 통 염려하다, 걱정하다

功夫 공식 不管 A 都 B

功夫 풀이 '不管'은 접속사로서 '~에 상관없이'의 의미를 나타내며 보통 '都'와 호응하여 예외가 없는 조건의 의미를 나타낸다. '不管'에 걸리는 절은 보통 의문대명사 또는 선택의문문 형태로 많이 사용한다. A 문장의 '不管' 뒤에서 호응할 문장은 C문장이다. C의 주어가 '它们'인데, '它们'이 받는 것은 A의 '家里的狗猫'과 '森林的狮子'이며, '不管'과 호응하는 부사 '都'가 있으므로 AC의 배열로 가야 한다. B의 내용은 C의 '共同特点'에 대한 구체적인 내용이므로 B는 C 뒤에 배열해야 한다.

---

3. 虽然有时候整理东西让人很麻烦，但我还是觉得它能带给我很多快乐。 因为在整理过程中，会回忆起过去许多美好的事情。

비록 때때로 물건을 정리하는 것이 매우 귀찮지만, 나는 그래도 정리가 나에게 많은 즐거움을 준다고 생각한다. 왜냐하면 정리하는 도중에 과거의 많은 아름다운 일들을 추억할 수 있기 때문이다.

단어 整理 zhěnglǐ 통 정리하다 | 麻烦 máfan 형 귀찮다, 번거롭다 | 过程 guòchéng 명 과정 | 回忆 huíyì 통 회상하다, 추억하다

功夫 공식 虽然 A 但是 B

功夫 풀이 '虽然'은 '비록 ~할지라도'의 뜻을 가지는 접속사로서 일반적으로 뒤에 전환의 의미를 가지는 접속사 '但是' 혹은 '可是' 등과 호응을 하게 된다. 그러므로 BA의 순서를 우선 밝힐 수 있고, A에 대한 구체적인 근거를 접속사 '因为'를 활용하여 설명하고 있으므로, 마지막에 C를 배열해야 한다.

---

4. 这次招聘会本来是由小王负责的， 由于他突然生病住院了， 因此后来就交给我来做了。

이번 채용박람회는 본래 샤오왕이 책임지는 것이었는데, 그가 갑자기 아파서 입원했기 때문에, 그래서 후에 나에게 넘겨 와서 하게 되었다.

단어 招聘 zhāopìn 통 채용하다, 초청하다 | 负责 fùzé 통 책임지다 | 突然 tūrán 부 갑자기 | 住院 zhùyuàn 통 입원하다

功夫 공식 由于 A 因此 B

功夫 풀이 '由于'는 원인으로서 뒤에 결과 '因此' 혹은 '所以' 등과 호응을 하는데, '由于'는 항상 결과보다 앞에 놓이게 된다. 그러므로 A는 B뒤에 놓여야 하고, 또한 '由于' 뒤의 '他'는 C의 '小王'을 가리키고 있으므로 다시 B는 C 뒤에 놓여야 한다.

---

5. 不仅生活习惯不同，而且中国人想问题和做事情的方法也跟美国人有很多不同。

생활 습관이 다를 뿐 아니라, 중국인이 문제를 생각하고 일을 하는 방법 또한 미국인과 많은 다른 점이 있다.

단어	习惯 xíguàn 명 버릇, 습관	方法 fāngfǎ 명 방법, 수단, 방식
功夫 공식	不仅 A 而且 B : 점층관계
功夫 풀이	이 문제를 해결하기 위한 해법은 접속사 '不仅'의 용법을 이해하는 것이다. '不仅'은 '~할 뿐만 아니라'의 의미로서 보통 뒤에 '而且, 还' 등과 호응하여 사용된다. 주어진 세 개의 문장을 살펴보면 A와 C 각각에 해당되는 접속사가 있으므로 '不仅 A 而且 B'공식에 적용시켜 CA의 순서는 밝혀진다. 그런데 '而且'가 이끄는 A의 문장을 살펴보면 '게다가 중국인이 문제를 생각하고 일을 하는 방법'으로만 이루어져 문장이 주어만 있고 술어가 없는 형태가 되므로 B를 A 뒤에 배열해야 온전한 의미전달이 가능하다.

II. 대명사를 유심히 살펴라

인칭대명사/ 지시대명사/ 의문대명사   p.149

정답_ 1. BAC   2. CBA   3. ACB   4. BCA   5. CBA

1.   每个大城市都有自己的问题，北京也不例外。这个中国北方最大的城市就面临着两个严重的问题，缺水和空气污染。

모든 대도시는 모두 제각기 문제를 가지고 있는데, 베이징도 예외가 아니다. 이 중국 북방의 가장 큰 도시는 물 부족과 공기오염이라는 두 개의 심각한 문제에 직면하고 있다.

단어	例外 lìwài 통 예외로 하다, 예외(가 되)다	面临 miànlín 통 (문제·상황에) 직면하다, 당면하다, 앞에 놓여 있다	严重 yánzhòng 형 (정세·추세·정황 등이) 위급하다, 심각하다	缺 quē 통 결핍되다, 결여되다, 부족하다	空气 kōngqì 명 공기	污染 wūrǎn 통 오염되다
功夫 공식	北京 → 这个城市
功夫 풀이	A문장이 '这个……的城市'로 시작하는데, 여기서 지시대명사 '这'가 가리키는 것이 무엇인지 밝히는 것이 중요하다. 문장에서 말하는 '이 도시'는 B문장 후반에 있는 '北京'을 의미한다. 그러므로 A는 B뒤에 배열해야 한다. 또한 C문장의 내용은 A의 '两个严重的问题'의 구체적인 설명이므로 C는 A 뒤에 배열해야 한다.

2.   小李在上学的时候，英语考试总是考得比别人好。但是她只注意语法，不注意练习听、说、读、写。所以现在她使用英语的时候有很多困难。

샤오리는 학교 다닐 때, 영어시험을 항상 다른 사람보다 잘 봤다. 그러나 그녀는 오직 문법만 주의하고, 듣고, 말하고, 읽고, 쓰는 연습은 주의하지 않았다. 그래서 지금 그녀는 영어를 사용할 때 많은 어려움이 있다.

| 단어 | 总是 zǒngshì 부 늘, 줄곧, 언제나 | 注意 zhùyì 통 주의하다, 조심하다 | 语法 yǔfǎ 명 어법, 문법 | 使用 shǐyòng 통 사용하다, 쓰다 | 困难 kùnnan 명 빈곤, 곤란, 애로, 어려움 |
| 功夫 공식 | 小李 → 她, 원인, 所以 + 결과 |

功夫 풀이 문장 A, B 모두 대명사 '她'가 등장하는데, 인칭대명사가 가리키는 사람이 누구인지 밝혀야 한다. 대명사 '她'가 지칭하는 것은 곧 C문장에 나오는 '小李'임을 쉽게 알 수 있다. 그러므로 C를 전체 문장의 가장 앞에 배열해야 한다. A와 B는 모두 접속사로 시작하고 있는데, 접속사의 논리 관계를 파악하여 두 문장의 순서를 정해야 한다. A가 '所以'로 시작하는데, '所以'는 결과에 대한 정보를 이끌기 때문에, 그 앞에는 결과의 원인이나 배경이 되는 내용이 등장해야 한다. C와 A는 인과관계를 나타내기 보다는 전혀 반대되는 내용이기 때문에 A는 C 뒤에 놓을 수가 없고, B의 내용이 A의 원인으로 적당하므로, B는 A 앞에 배열해야 한다.

3. 中国人口增加得太快会有很多问题。当然这不只是中国的问题，也是全世界的问题。

중국 인구가 너무 빠르게 증가하면 매우 많은 문제가 있을 것이다. 당연히 이것은 중국의 문제일 뿐만 아니라, 전 세계의 문제이기도 하다.

단어 增加 zēngjiā 동 증가하다, 더하다, 늘리다 | 不只 bùzhǐ 접 ~뿐만이 아니라 | 世界 shìjiè 명 세계

功夫 공식 中国人口增加得太快 → 这, 不只 A 也(而且/还) B

功夫 풀이 C문장의 주어는 '这'인데, 이 지시대명사가 가리키는 것이 무엇인지 밝혀야 한다. '이것'은 바로 A에 등장하는 '中国人口增加得太快'가 된다. 그러므로 A가 전체 내용의 가장 앞에 배열되어야 한다. 또한 B와 C는 모두 '~的 问题'를 공통으로 가지고 있는데, C에 나오는 '不只'는 '단지 ~일 뿐 아니라'의 의미로서 보통 '而且, 还, 也' 등과 호응한다. 그러므로 B의 내용은 C와 호응하는 내용임을 알 수 있다.

4. 有些知识不是在学校里学到的，而是从社会、生活中学到的，这两种学习对我们都很重要 。

어떤 지식들은 학교에서 배우는 것이 아니고, 사회와 생활 속에서부터 배우는 것이다. 이 두 가지의 학습은 모두 우리에게 매우 중요하다.

단어 知识 zhīshi 명 지식 | 社会 shèhuì 명 사회 | 重要 zhòngyào 형 중요하다

功夫 공식 不是 A 而是 B

功夫 풀이 '不是A 而是B'는 'A가 아니고 B이다'라는 뜻의 접속사 구조이므로 BC의 순서를 밝힐 수 있다. 문장 A에는 지시대명사를 활용한 '这两种学习'가 보이는데, 이것이 지시하는 것은 바로 B와 C문장에서 언급한 내용이 되므로 마지막에 A문장을 두어야 한다.

5. 吃饭后付钱时，朋友之间不好意思分得太清楚，借钱还钱也是如此。

밥을 먹은 후 돈을 지불할 때, 친구 사이에 너무 분명하게 나누는 것은 민망한데, 돈을 빌리고 돌려주는 것도 이와 같다.

단어 付钱 fùqián 동 돈을 지급(지불)하다 | 不好意思 bù hǎoyìsi 부끄럽다, 쑥스럽다, 창피하다 | 清楚 qīngchu 형 분명하다, 명백하다, 뚜렷하다 | 借 jiè 동 빌리다 | 还 huán 동 돌려주다, 반납하다, 상환하다

功夫 공식 不好意思 → 如此

功夫 풀이 A에 나오는 '如此'의 '此'의 의미는 '이것'이라는 의미로서 '这'와 같은 의미의 지시대명사이다. 따라서 '如此'의 뜻이 '이와 같다'가 된다. 그렇다면 '此'가 가리키는 바가 무엇인지 밝혀야 한다. 여기서는 '此'가 B의 '不好意思'를 가리키므로 A가 B 뒤에 배치되어야 한다. C문장은 상황의 배경이 되는 시간부사이므로, 이 상황은 곧 B의 배경이 된다. 그러므로 C가 전체 문장의 가장 앞에 배열되어야 한다.

Ⅲ. 문장 전체의 논리적 맥락에 주의를 기울여라

문장의 논리적 맥락 파악하기   **p.152**

정답_ 1. BCA   2. CBA   3. BAC   4. BAC   5. BCA

---

1. 以前，在各地有很多茶馆，人们经常去那里。一方面是为了喝茶，另一方面也是为了聊天儿。

이전에 각지에 매우 많은 찻집이 있어, 사람들이 종종 그 곳에 갔다. 한편으로는 차를 마시기 위해서였고, 또 한편으로는 한담을 나누기 위해서였다.

단어 茶馆 cháguǎn 몡 (옛날 중국의) 찻집, 다관(茶館), 다루(茶樓), 다방 | 一方面 yìfāngmiàn 몡 일면, 한 방면, 한 면 | 另 lìng 대 다른, 그 밖의, 이외의 | 聊天 liáotiān 동 잡담하다, 한담하다

功夫 공식 一方面~, 另一方面~

功夫 풀이 A문장과 C문장의 서두에 각각 등장하는 '一方面'은 '일방면, 한편으로는'의 의미를 나타내어 비슷한 수준의 내용을 열거하는데 주로 사용한다. 그렇다면 A와 C는 모두 같은 수준의 내용인데, 그 두 문장의 순서는 A에 있는 '另'이 밝혀준다. '另'은 '다른, 또 다른'의 의미로서 앞에 이미 언급한 내용과 비슷한 수준의 또 다른 내용을 전개하고 싶을 때 사용하므로 A문장을 C 뒤에 배열해야 한다. 그런데 이 두 문장은 목적만을 언급할 뿐, 목적의 전제가 되는 주제 내용이 없다. 즉, 문장전체의 주제 내용은 B에 있으므로, B를 가장 앞에 배열해야 한다.

---

2. 当我心情不好或者觉得累的时候，我喜欢找个安静的地方，一边喝茶一边看小说。

나는 기분이 안 좋거나 피곤하다고 느낄 때, 조용한 곳을 찾아 차를 마시면서 소설책 읽는 것을 좋아한다.

단어 心情 xīnqíng 몡 감정, 마음 | 安静 ānjìng 혱 조용하다

功夫 공식 시간부사어 + 주어

功夫 풀이 C문장은 '~时候'로 끝나는 시간을 나타내는 정보로서, 문장에서 부사어가 되며 주로 가장 앞에 놓이게 된다. A문장은 주어인 '我'에 대한 이어지는 동작 설명이므로 B문장 뒤에 놓여야 한다.

3.

每年十月份我们公司都有人事调动，几乎数百名的职员被派到别的国家，在那里体验不同的文化。

매년 10월경에 우리 회사는 인사 조정이 있어서, 거의 수백 명의 직원이 다른 나라로 파견되어, 그 곳에서 다른 문화를 체험한다.

단어 人事 rénshì 명 인사, 직원의 임용·해임·평가 따위와 관계되는 행정적인 일 | 调动 diàodòng 통 옮기다, 이동하다 | 几乎 jīhū 부 거의, 거의 모두, 거진 다 | 职员 zhíyuán 명 직원, 사무원 | 派 pài 통 파견하다 | 体验 tǐyàn 통 체험하다 | 文化 wénhuà 명 문화

功夫 공식 시간 혹은 장소 + ~, 别的国家 → 那里
　　　　　　　사건의 배경

功夫 풀이 일반적으로 시간 혹은 장소가 되는 단어가 문장의 배경이 되므로 가장 앞에 오는 경우가 많다. 여기서 B문장의 '每年十月份'이 전체내용의 시간적 배경이 되므로 B를 가장 앞에 배열해야 한다. C문장의 '那里'는 장소를 가리키는 지시대명사로서, 여기서는 A문장의 '别的国家'를 가리키고 있다. 그러므로 C는 A문장 뒤에 배열해야 한다.

4.

昨晚19时北京市突然下起了大雨，飞往这个城市的好几趟航班都不得不推迟起飞。

어제 저녁 19시 북경시에 갑자기 큰비가 내려서, 이 도시로 비행하는 여러 편의 항공들이 어쩔 수 없이 이륙이 미뤄졌다.

단어 飞往 fēiwǎng 통 비행기를 타고 ~로 가다 | 航班 hángbān 명 운항편, 항공편 | 推迟 tuīchí 통 늦추다, 연기하다 | 起飞 qǐfēi 통 이륙하다

功夫 공식 주어 + 부사 + 술어

功夫 풀이 C문장은 주어가 생략된 채 부사부터 시작되고 있다. 이 문장의 주어는 A문장 전체가 되므로 A는 C앞에 놓여야 한다. 또한 B문장은 전체 사건의 발생 시점이 나타나있고, 사건의 배경이 나오고 있으므로 글의 가장 앞에 놓여야 한다.

5.

中国大部分地方一年有四个季节，就是春季、夏季、秋季和冬季，北京的四个季节各有自己的特色。

중국의 대부분 지역은 일년 사계절이 있는데, 바로 봄, 여름, 가을, 겨울이다. 베이징의 사계절은 각각 자기만의 특색이 있다.

단어 季节 jìjié 명 계절, 철, 절기 | 特色 tèsè 명 특색, 특징

功夫 공식 큰 것 → 작은 것

功夫 풀이 A문장과 B문장은 모두 계절에 대한 개괄적인 이야기를 하고 있다. 그런데 이 두 문장의 앞뒤 관계는 '큰 것 → 작은 것'으로 진행되고 있음을 파악해야 한다. 그러므로 '中国'가 '北京'보다 더 큰 개념이므로 B를 A 앞에 배열해야 한다. C의 내용은 B에 대한 구체적인 내용이며, 결코 A에 대한 구체적인 특징의 설명이 아니다. 그러므로 C는 B 뒤에 두어야 한다.

第三部分

Ⅱ. 문제 유형에 따른 독해 기술

1. 글의 주제를 묻는 문제 유형   p.170

정답_ 1. D   2. C

1. 선택할 것이 많을수록 좋을까? 어떤 대학에서 한가지 연구를 했다. 앞의 30명의 학생들로 하여금 6종류의 케이크 중 한 종류를 선택하게 했고, 뒤의 30명의 학생들은 20종류의 케이크 중에서 선택을 하게 했다. 결과가 밝혀주길, 뒤의 30명의 학생 중 훨씬 많은 사람들이 선택한 케이크가 맛이 없다고 느꼈고, 자신의 선택을 후회했다. 너무 많은 물건은 선택을 할 수 없게 만들기 쉽다. 마찬가지로, 관리자 입장에서도 너무 많은 의견은 그들로 하여금 결정하기 어렵게 만들 수 있다.

★ 이 글이 우리에게 중요하게 알리고 싶은 것은 무엇인가?

A 과정은 아주 중요하다   B 관리를 중시해야 한다
C 자신의 선택을 후회하지 말아라   D 선택이 많은 것이 반드시 좋은 것은 아니다

단어 选择 xuǎnzé 동 고르다, 선택하다 | 研究 yánjiū 동 연구하다, 연구 | 后悔 hòuhuǐ 동 후회하다 | 无法 wúfǎ 동 방법이 없다, 할 수가 없다 | 管理 guǎnlǐ 동 관리하다, 관할하다 | 过程 guòchéng 명 과정 | 重视 zhòngshì 동 중시하다

功夫 풀이 물어보는 질문의 핵심이 '主要'이므로 주제와 관련된 문제임을 알 수 있다. 글의 가장 서두의 '选择越多越好吗?'는 정말로 우리에게 묻고 있는 것이 아니라 글쓴이가 자신의 생각을 반어적으로 표현하고 있는 것이다. 즉, 선택할 것이 많은 것은 좋은 것은 아니라는 생각을 의문의 형식으로 표현했다고 할 수 있다. 그 뒤의 내용들은 모두 자신의 생각을 뒷받침해 줄 구체적인 예시일 뿐이다. 그러므로 정답은 D가 된다.

2. 《미국의약잡지》에 최근 소개된 연구보고에서 운전할 때 휴대폰으로 통화하는 것은 설사 이어폰으로 통화를 한다 하더라도, 손으로 휴대폰을 들고 통화하는 것보다 꼭 안전한 것은 아니라는 것을 보여주었다. 연구원은 이어폰을 사용하든 손으로 휴대폰을 들고 통화를 하든 운전하는 사람은 통화 후 10여 분 내로 교통사고가 발생할 위험이 전화를 하지 않을 때보다 3.1배 높다는 것을 발견했다.

★ 이 글의 주요 내용은 무엇인가?

A 운전할 때 이어폰을 사용하는 것이 손에 핸드폰을 들고 통화하는 것보다 안전하다
B 운전할 때 통화하는 것과 안전과는 상관이 없다
C 운전할 때 이어폰을 사용하든 손에 핸드폰을 들고 통화하든 모두 안전하지 않다
D 운전할 때 이어폰을 사용하는 것이 손에 핸드폰을 들고 통화하는 것보다 안전하지 않다

단어 报告 bàogào 명 보고, 보고서, 리포트 | 显示 xiǎnshì 동 뚜렷하게 나타내 보이다, 분명하게 표현하다, 내보이다, 보여주다 | 即使 jíshǐ 접 설령 ~하더라도(할지라도·일지라도) | 耳机 ěrjī 명 이어폰, 리시버 | 无论 wúlùn 접 ~을 막론하고, ~이든 간에, ~든지 | 危险 wēixiǎn 명 위험

功夫 풀이 물어보는 질문의 핵심이 '主要内容'이므로 주제관련 문제임을 알 수 있다. 주제관련 문제는 일반적으로 처음과 마지막을 유심히 살펴봐야 한다. 이 문장은 서두에서 전체 글 내용의 출처인 《美国医药杂志》를 소개하면서 그 핵심내용을 요약하고 있으므로, 첫 문장의 '开车的时候打手机, 即使用耳机通话, 也不一定比手拿着手机通话安全'이 중심내용임을 파악할 수 있다.

2. 숫자 관련 문제 유형   p.174

정답_ 1. C   2. B

1. 조사에 따르면, 현재 신장, 시짱은 아직도 보통화를 구사할 수 없는 70%의 농민들이 있고, 구이저우와 윈난에는 보통화로 교류를 할 수 없는 70~80%의 인구가 있다. 신장은 아직도 보통화를 구사하지 못하는 소수민족 현, 향의 간부가 30% 이상이 있다.

★ 신장에서 현과 향의 보통화를 구사하지 못하는 소수민족 간부는 약 얼마나 차지하는가?

A 80%   B 70%   C 30% 이상   D 30%에 못 미친다

질문에서 언급된 핵심단어를 가지고 지문독해를 접근하는 방식이 효과적이나, 지금과 같이 '新疆' 하나만 가지고 찾다 보면 자칫 처음에 언급된 수치 70%를 선택할 수도 있다. 여기서의 70%는 '新疆'의 '농민'에 한해서임을 주의해야 한다.

단어 调查 diàochá 동 (현장에서) 조사하다 | 新疆 Xīnjiāng 명 신장 | 西藏 Xīzàng 명 시짱 | 贵州 Guìzhōu 명 구이저우성 | 云南 Yúnnán 명 윈난성 | 仍然 réngrán 부 변함없이, 여전히, 아직도, 원래대로 | 县 xiàn 명 현(중국 행정 구획 단위의 하나) | 乡镇 xiāngzhèn 명 향(鄕)과 진(鎭) | 干部 gànbù 명 간부

功夫 풀이 이 문제의 핵심 포인트는 '新疆'과 '不会说普通话的干部'이다. 우선 전체 글의 내용이 지역별로 보통화를 구사하지 못하는 비율을 설명하고 있으므로 '新疆'이 언급된 부분을 유심히 살펴보아야 한다. 위의 글에서는 두 군데에서 '新疆'이 언급되고 있는데, 둘 중 어느 부분인가를 판별하는 기준이 바로 '干部'이다. 그러므로 글의 마지막 부분에 언급된 수치 30% 이상이 답이 된다.

2. 조사에 따르면, 전국 660여 개의 도시 중 물 부족 도시는 400여 개가 있고, 그 중 물 부족이 심각한 도시는 114개가 된다. 물 부족이 심각한 도시 중, 북방도시가 71개를 차지하고 있고, 남방 도시는 43개가 있다. 심지어 물이 많은 장강 부근의 도시 중에도 물이 부족한 도시가 59개가 있다.

★ 중국의 심각한 물 부족 도시는 전국 모든 도시 가운데 얼마를 차지하는가?

A 약67%   B 약17%   C 약42%   D 약10%

질문의 핵심은 '严重缺水城市'이다. 본문에서는 일반 '缺水城市'와 '严重缺水城市'를 구분하고 있음을 확인해야 한다.

| 단어 | 据 jù 젠 ~에 따르면, ~에 의거(근거)하여 | 缺水 quēshuǐ 동 물 부족 현상을 빚다, 물이 부족하다 | 严重 yánzhòng 형 (정세·추세·정황 등이) 위급하다, 심각하다 | 甚至 shènzhì 부 심지어, ~까지도, ~조차도

| 功夫 풀이 | 문제의 핵심은 '严重缺水城市'와 '在全国所有的城市内'이다. 주의할 점은 전체 글에서 수치는 실제 도시의 숫자로 표현하고 있으나, 문제의 보기는 그것을 퍼센트로 변환시켜서 나타내고 있으므로 간단한 계산이 필요하다. 문장의 첫 줄 '全国660多个城市中'에서 전국의 도시가 총 660개임을 알 수 있고, 그 후반부 '其中严重缺水城市为114个'를 통해 심각한 물 부족 도시가 114개임을 알 수 있다. 그러므로 이 두 수치를 가지고 백분율로 환산하면 약 17%가 나온다.

3. '最'와 관련한 문제 유형   p.178

정답_ 1. A   2. B

1. 일을 처리할 때, 시작하자마자 너무 많이 생각하지 말아라. 어려울지 안 어려울지, 결과가 어떻게 될까…이러한 것들은 사실 모두 중요하지 않다. 관건은 용감하게 하는 것이다. 오직 행해야만 모든 것이 비로소 가능해진다.

★ 이 글을 근거로 할 때, 일을 처리할 때 가장 중요한 것은?

A 담대하게 시작한다   B 사전에 미리 준비한다

C 책임감을 갖는다   D 생각을 하지 말아라

| 단어 | 考虑 kǎolǜ 동 고려하다, 생각하다 | 关键 guānjiàn 명 관건, 포인트 | 勇敢 yǒnggǎn 형 용감하다 | 一切 yíqiè 명 일체, 전부 | 敢于 gǎnyú 동 용감하게 ~하다 | 提前 tíqián 동 앞당기다 | 责任心 zérènxīn 명 책임감

| 功夫 풀이 | 질문의 핵심은 '最重要'로서 가장 중요하고 핵심이 되는 것을 골라야 한다. 본문의 내용에서 '最重要'를 대신할 수 있는 단어가 바로 '关键'임을 알 수 있다. '关键'은 결정적인 작용을 하는 가장 핵심이 되는 것을 의미하는 단어이므로 본문에서 '关键是要勇敢地去做'가 정답과 관련된 내용임을 알 수 있다.

2. 여름 날씨가 무더워지면, 많은 사람들이 밖에서 집으로 돌아오자마자 차가운 음료수를 마시는데, 시원하고 갈증을 풀 수 있다고 생각한다. 그러나 사실 끓인 맹물이 갈증을 가장 잘 해소하는데, 10℃정도로 식힌 맹물이 가장 좋다. 이 밖에, 과일주스와 야채주스는 영양도 풍부하고 수분을 보충해 줄 수 있어, 적당히 많이 마셔도 괜찮다.

★ 본문의 내용을 근거로 할 때, 갈증 해소에 가장 좋은 것은?

A 차가운 음료   B 끓인 맹물

C 과일주스   D 야채주스

| 단어 | 炎热 yánrè 형 (날씨가) 무덥다, 찌는 듯하다 | 凉爽 liángshuǎng 형 서늘하다, 시원하고 상쾌하다 | 解渴 jiěkě 동 갈증을 풀다, 갈증을 해소하다 | 其实 qíshí 부 사실, 기실 | 另外 lìngwài 접 이 외에, 이 밖에 | 适当 shìdàng 형 적당하다, 알맞다

| 功夫 풀이 | 질문의 핵심 키워드는 '最解渴的'가 된다. 이 단어를 본문에서 찾으면 단 한군데에서 언급이 되고 있음을 발견할 수 있다. '其实白开水是最解渴的'를 통해서 볼 때 답은 '白开水'가 된다.

4. 배제형의 문제 유형   p.182

정답_ 1. C   2. D

1. 우리 부부는 모두 매우 바쁘다. 내 남편은 아침 여섯 시 반에 집을 나가서, 저녁 7, 8시가 되어서야 집으로 돌아온다. 나는 출근하지 않고 낮에는 방문하는 친구와 손님을 접대하고, 저녁에는 한밤중까지 글을 쓴다. 나와 남편은 매년 대략 반년의 시간을 외지로 출장을 가야만 한다. 비록 우리는 자주 함께 있지는 않지만, 우리의 생활은 여전히 행복하다.

★ 그들 부부에 관하여 옳지 않은 내용은?

A 아내는 아마도 작가일 것이다　　　　　　B 두 부부는 자주 외지로 출장을 간다

C 아내는 남편이 자주 집에 없는 것을 싫어한다　　D 남편은 일이 매우 바쁘다.

단어 接待 jiēdài 통 접대하다, 응접하다 | 来访 láifǎng 통 내방(방문)하다 | 大约 dàyuē 부 대략, 대강 | 幸福 xìngfú 형 행복하다

功夫 풀이 보기 A의 핵심은 '作家'인데, 아내 부분에 해당하는 내용에서 살펴보면, '晚上写文章写到半夜'를 통하여 작가임을 추측할 수 있다. 보기 B는 '出差'를 핵심단어로 선택하고, 본문 중 '出差'가 나온 부분을 살펴보면 '半年的时间要到外地出差'가 되는데, 여기서 말한 반년을 보기 B처럼 '常常'이라는 표현으로 바꿔도 의미에는 변화가 없으므로 B도 옳다. C는 '常常不在'를 핵심으로 선택하여 관찰하면 글의 가장 마지막 부분에 '虽然我们常常不在一起'를 통해 '늘 집에 없는 것'은 사실이지만, 핵심은 그 뒤 전환부분 '但是我们的生活还是很幸福'가 정말 하고 싶은 말이다. 즉, '여전히 행복하다'라는 말을 통해서 남편이 자주 집에 없는 것을 '아내가 싫어한다'는 것은 사실이 아님을 알 수 있다. 보기 D의 내용은 본문의 첫 줄 '我们两口子都很忙'을 통해 쉽게 판단할 수 있다.

2. 일반적으로 말해서, 성격이 외향적인 사람은 명랑하고 유머러스하고, 성격이 좋아 비교적 쉽게 새로운 친구를 사귄다. 그들은 누구와도 쉽게 말을 하고, 다른 사람들도 그들과 함께 있기를 바란다. 왜냐하면 그들이 있는 곳에는 웃음소리가 있기 때문이다.

★ 외향적인 사람에 관하여 옳지 않은 것은?

A 비교적 사교를 좋아한다

B 농담하기를 좋아한다

C 다른 사람과 쉽게 이야기 할 수 있다

D 모르는 사람과 교제하기를 원하지 않는다

단어 外向 wàixiàng 형 (성격이) 외향적이다 | 开朗 kāilǎng 형 (성격이) 명랑하다, 활달하다, 쾌활하다 | 幽默 yōumò 형 유머러스한 | 脾气 píqi 명 성격, 성질 | 愿意 yuànyì 통 (무엇을 하기를) 바라다, 희망하다 | 笑声 xiàoshēng 명 웃음소리 | 社交 shèjiāo 명 사교

功夫 풀이 질문에서 원하는 것은 '외향적인 사람'에 관련한 특징에 해당되지 않는 것인데, 보기에 해당하는 내용 하나하나를 본문에서 찾아, 일치하는 것을 제거하며 답을 찾아야 한다. 하지만 그보다 더 쉽게 접근할 수 있는 요령은 보기 네 개 중 극명하게 대비되는 두 개의 보기가 있는데, 그것은 곧 C와 D이다. 이 두 보기의 내용은 서로 대비되기 때문에, 둘 중 하나가 분명 답이 된다. 이에 해당하는 내용은 본문의 '他们跟什么人都很容易说上话'인데, 이를 통하여 C는 옳고, D는 옳지 않음을 알 수 있다.

5. 원인 및 목적추측의 문제 유형   p.187

정답_ 1. C   2. B

1. 올 겨울방학 때, 많은 대학생들이 집에 돌아가지 않고 학교에 남아 설을 쇤다. 그들은 석사시험, 박사시험 준비를 위해서, 어떤 이들은 졸업 논문을 쓰기 위해 자료를 조사한다. 그들은 겨울 방학에 학교에 남으면 도서관의 자료를 이용할 수 있고, 또 많은 책을 읽을 수 있다고 생각한다.

★ 다음 중 대학생들이 학교에 남아 겨울방학을 보내는 이유가 아닌 것은?

A 논문을 쓰기 위해

B 시험을 준비하기 위해

C 아르바이트를 하기 위해

D 도서관을 이용하기 위해

단어 硕士 shuòshì 몡 석사 | 博士 bóshì 몡 박사 | 论文 lùnwén 몡 논문 | 查资料 chá zīliào 자료를 조사하다 | 家乡 jiāxiāng 몡 고향 | 打工 dǎgōng 동 아르바이트하다

功夫 풀이 문제에서 핵심단어는 '留在学校过寒假'이고, 그러한 이유가 아닌 것을 물어보고 있다. 원인이 아닌 것을 찾는 문제는 제시된 보기 4개를 모두 본문과 대조해 보고, 이유로서 언급된 것을 제거하며 찾아야 한다. 흔히 이유에 대한 목적의 표현으로 '为' 혹은 '为了'를 많이 사용하는데, 본문에서 직접적으로 이러한 단어를 쓴 부분은 '他们是为考硕士、考博士做准备, 有的是为写毕业论文查资料'이며, 이 문장을 통해 보기 A와 B는 타당한 이유임을 알 수 있으므로 답이 아니다. 또한 마지막의 '可以利用图书馆……'를 통하여 D 역시 타당한 이유임을 알 수 있다. 그러므로 답은 C이다.

2. 조류학자는 조류는 '깊은 수면' 단계에 들어가지 않고, 대부분이 다만 '안정된 상태'로 들어간다고 밝혔다. 이것은 언제나 발생할 수 있는 위험에 대비하고 있다가 언제든지 도피할 수 있도록 하기 위함이라고 한다.

★ 조류가 '깊은 수면' 단계로 진입하지 않는 이유는?

A 잠을 자는 모습과 관계가 있다

B 만약 위험을 만나면, 제때에 도망갈 수 있다

C 조류는 졸리지 않는다

D 조류의 일종의 생활습관이다

단어 鸟类 niǎolèi 몡 조류 | 指出 zhǐchū 동 밝히다, 지적하다, 가리키다 | 睡眠 shuìmián 몡동 수면, 잠, 수면하다 | 状态 zhuàngtài 몡 상태 | 随时 suíshí 부 수시로, 언제나, 아무 때나 | 及时 jíshí 부 즉시, 곧바로, 신속히 | 逃走 táozǒu 동 달아나다, 도망치다

功夫 풀이 문제에서 핵심단어는 '鸟类不会进入深度睡眠'이고, 그 이유에 대하여 물어보고 있다. 이 핵심단어가 제시된 부분을 문장에서 관찰하고, 앞뒤로 원인을 제시하고 있는 표현이 있는지 살펴본다. 후반에 '这是为了……'는 바로 그 목적을 나타내고 있으므로 이것을 근거로 할 때 답은 B가 된다.

6. 단어 및 문장의 의미 유추 문제 유형   p.191

정답_ 1. D   2. B

1.   비록 미녀의 기준이 국제적으로 정론이 있다 하더라도 서로 다른 국가, 다른 민족에게는 각자의 특징이 있고, 더욱이 미에 대한 서로 다른 이해가 있다. 이 때문에 소위 '무와 야채도 각기 좋아하는 바가 있다'고 하듯, 서로 다른 국가의 남자들이 미녀를 판단하는 기준은 자연히 다를 것이다.

★ '萝卜青菜各有所爱'가 내포하는 의미는?

A 어떤 사람은 야채를 좋아한다

B 자기 자신은 무와 야채를 좋아한다

C 가장 좋아하는 것이 무와 야채이다

D 서로 다른 국가의 남자들 눈에 미녀는 똑같지 않다

단어   标准 biāozhǔn 명 표준, 기준 | 定论 dìnglùn 명 정설, 정론 | 所谓 suǒwèi 형 소위, 이른바 | 萝卜 luóbo 명 무 | 判断 pànduàn 동 판단하다, 판정하다

功夫 풀이   '萝卜青菜各有所爱'를 한자 그대로 해석하면 '무와 야채도 각기 좋아하는 바가 있다'의 의미지만, 그것이 가리키는 것은 '사람마다 좋아하는 것(취미·기호)이 다르다'라는 뜻의 속담이다. 반드시 속담이나 관용어 표현까지도 모두 이해해야만 독해문제를 풀 수 있는 것은 아니다. 본문 중에 그 의미를 유추할 수 있는 힌트가 들어있기 마련이다. 이 문제를 해결하기 위해서는 '萝卜青菜各有所爱' 앞에 제시된 접속사 '因此'를 주목할 필요가 있는데, '因此'는 '그러므로'의 의미를 나타내며, 원인이나 배경에 따른 결론을 내릴 때 주로 사용한다. 즉, 앞의 내용을 '萝卜青菜各有所爱'로 일축하여 결론을 내리고 있는 것이다. 따라서 본문의 내용을 근거로 표현하고자 하는 바는 D가 된다.

2.   나는 영국 기자이다. 베이징에서 일한지 이미 5년이 넘었다. 많은 친구들이 나에게 왜 베이징에 도착하자마자 이름을 바꾸었냐고 묻는다. 왜냐하면 중국인들이 자주 외국인을 '라오와이'라고 부르는데, 나는 매우 신선하다고 생각해서 내 이름을 '라오와이'라고 바꾸었다.

★ '老外'의 의미는?

A 외국인이 중국의 일에 대하여 매우 잘 알고 있다

B 외국인이기만 하면 모두 '老外'이다

C 외국인이 중국의 일에 대하여 아무것도 이해하지 못한다

D 중국인이 외국의 일을 모른다

단어   记者 jìzhě 명 기자 | 新鲜 xīnxiān 형 새롭다, 참신하다

功夫 풀이   '老外'는 '문외한, 비전문가'라는 의미도 있지만, 여기서는 본문 중 '因为中国人常常叫外国人老外'를 통해 중국인이 외국인을 부르는 호칭이 '老外'임을 알 수 있다.

 실전 테스트 풀이

第一部分

1회　　　　　　　　　　　　　　　　　　　　　　　　　　　　　　p.134

정답_ 1. E　2. B　3. A　4. C　5. F　6. D　7. B　8. A　9. C　10. E

[1-5]

보기	A 접 ~를 막론하고, ~에 상관없이	B 명 경험
	C 전 ~이(가) (동작의 주체를 이끌어 냄)	D 부 대체적으로, 대략
	E 형동 잘 알다. 익숙하다. 자세히 이해하다(파악하다)	F 부 종종, 때때로, 왕왕

1. 나는 이곳에 와본 적이 없어서, 이곳 상황에 대해 잘 알지 못 한다.

단어 情况 qíngkuàng 명 상황, 정황, 형편 | 熟悉 shúxī 형동 잘 알다. 익숙하다. 자세히 이해하다(파악하다)

功夫 공식 전치사구 + 술어

功夫 풀이 문장의 후반부의 '对这儿的情况'은 전치사구로서 부사어이며, '不'는 부정부사이다. 그렇다면 문장에 술어가 없다는 것이다. 괄호 안에는 술어를 담당할 단어가 들어가야 하는데, 술어는 주로 동사나 형용사가 담당한다. 그러므로 정답은 '熟悉'가 된다.

2. 그는 매우 풍부한 경험을 가지고 있어서, 아는 것이 매우 많다.

단어 丰富 fēngfù 형 많다, 풍부하다 | 经验 jīngyàn 명 경험

功夫 공식 관형어 的 + 명사

功夫 풀이 이 문장은 독해력뿐 아니라 어법적으로 접근하면 쉽게 해결된다. 빈칸의 뒤지는 '丰富的' 뒤인데, '的'는 관형어를 이끄는 구조조사로서 뒤에 명사가 와야 한다. 보기에 제시된 단어 중 명사는 '经验' 밖에 없다.

3. 네가 티벳으로 여행을 갈 계획이든 아니든 상관없이 나에게 한번 알려줘.

단어 无论 wúlùn 접 ~를 막론하고, ~에 상관없이 | 打算 dǎsuàn 동 ~할 생각이다, ~할 계획이다 | 西藏 Xīzàng 명 시짱, 티벳

功夫 공식 无论 A 都/也 B

94　　二、阅读

功夫 풀이 접속사 '无论'의 특징을 알아야 문제가 해결된다. '无论'은 보통 '无论 A 都(也) B'의 형태로 주로 사용하는데, 의미는 'A를 막론하고(상관없이) B하다'이다. 접속사는 주로 문장이나 구를 연결해주는 역할을 하는 것으로, 위의 문장처럼 문장의 가장 앞이 비어있다면 접속사가 놓여야 할 확률이 높다. 게다가 '无论'이 이끄는 A의 형태는 의문문 형태로 와야 하는데, 즉 의문대명사를 이용하거나 'A 还是 B'의 선택의문형, 아니면 정반의문문 형태를 사용해야 한다. 예를 들어 '无论是谁, 都不能进来(누구를 막론하고 모두 들어올 수 없다)', '无论男的还是女的, 都能做(남자든 여자든지 모두 할 수 있다)'와 같은 형태이다. 여기서는 '打不打算'이라는 정반의문문 형태를 취하고 있다.

독해

4. 이 일은 내가 책임지니, 네게 무슨 문제가 생기면 나에게 물어보면 된다.

단어 由 yóu 전 ~이(가)[동작의 주체를 이끌어 냄] | 负责 fùzé 동 책임지다

功夫 공식 由 + 주체자

功夫 풀이 전치사 '由'는 뜻이 여러 개다. 우선 시간이나 장소가 '由' 뒤에 오면 '~로부터'의 의미로서 '출발점'을 표현한다. 또 '由' 뒤에 동작의 주체자(대부분 주어)가 와서 주체자를 강조하기 위해서 사용되는 용법이 있다. 우선 빈칸의 위치를 통하여 사용 가능한 단어의 범위를 축소해야 한다. '这个工作( )我负责'에서 주어는 '这个工作'이고 술어는 '负责'이다. 주어와 술어 사이에 놓일 수 있는 것은 부사어인데, 이미 빈칸 뒤에 명사가 주어져 있으므로 명사를 목적어로 가지는 전치사를 사용해야 한다. 주어진 단어들 중 전치사는 '由' 하나 밖에 없다. 또한 '这个工作'가 주어이긴 하지만, 이는 사실 '负责'의 대상이 되는 목적어로서 의미상의 주어일 뿐이다. 실제 '负责'의 주체는 '我'이므로 '由'가 주체자를 강조하는 의미로 사용된 것임을 알 수 있다.

5. 사람들은 자주 "가장 위험한 곳이 때때로 가장 안전한 곳이기도 하다"라고 말한다.

단어 危险 wēixiǎn 형 위험하다 | 往往 wǎngwǎng 부 종종, 때때로, 왕왕 | 安全 ānquán 형 안전하다

功夫 공식 부사 + 술어

功夫 풀이 빈칸의 위치는 주어와 술어 사이가 된다. 주어와 술어 사이에는 대개 부사가 놓이게 된다.

[6-10]

보기	A 동부 마음대로 하다, 편할 대로 하다, 마음대로	B 명 발음, 말투
	C 접 게다가, 뿐만 아니라, 또한	D 부 어쩔 수 없이, 부득불, 반드시
	E 명형 빚, 아무것도 없이 텅 비다, 하나도 남아 있지 않다	F 동 이사하다

6. A : 비록 그는 올해 겨우 26세이지만, 이 공장에서 일 한지 이미 10년이 되었어.

B : 그는 어릴 때 부모를 잃어서, 어쩔 수 없이 매우 일찍부터 일을 해야만 했어.

단어 不得不 bùdébù 부 어쩔 수 없이, 부득불, 반드시

功夫 공식　不得不 + 술어

功夫 풀이　문장에서 빈칸의 위치는 '부사어 + 술어'형태인 '很早工作' 앞이다. 주어가 이미 앞에서 '他'로 언급되었으므로, 여기서는 주어를 제외한 부사가 놓여야 하는데, 의미상 '~하지 않으면 안 된다. 반드시 ~해야만 한다'의 의미를 가지는 '不得不'가 적당하다.

7.　A : 장 선생님, 저는 당신의 말투를 듣자마자 당신이 남방인이라는 것을 알았습니다.

B : 맞아요, 제 고향이 상하이입니다.

단어　口音 kǒuyīn 명 발음, 말투 ｜ 老家 lǎojiā 명 고향, 집

功夫 공식　관형어(的) + 명사

功夫 풀이　문장에서 빈칸의 위치는 '你的' 뒤인데, '的'는 관형어를 만드는 조사로서 뒤에 명사가 와야 한다. 주어진 단어 중 명사이면서 의미적으로도 적당한 단어는 '口音' 밖에 없다.

8.　A : 네가 보기에 우리가 언제 가는 것이 좋겠니?

B : 편할 대로해, 언제 가도 다 괜찮아.

단어　随便 suíbiàn 동부 마음대로 하다. 편할 대로 하다. 마음대로

功夫 풀이　문장에서 빈칸은 좌우로 다른 어떤 단어도 없으므로, '什么时候都行'의 의미로 유추해 보아야 한다. 본래 '随便'의 의미는 '편할대로(하다)'로서, 그 의미가 곧 '什么时候都行'이라고 할 수 있다.

9.　A : 너는 왜 항상 e-mail만을 사용하려고 하니?

B : 왜냐하면 빠르고, 편리하고, 게다가 돈도 절약되잖아.

단어　而且 érqiě 접 게다가, 뿐만 아니라, 또한 ｜ 省钱 shěngqián 동 돈을 아끼다, 돈을 절약하다

功夫 공식　A, 而且 B 점층관계

功夫 풀이　'又 A 又 B'는 병렬관계를 표현하는 대표적인 접속사로서 'A하고 또 B하다'의 의미이다. A와 B에는 서로 모두 비슷한 내용이나 수준의 말을 넣어야 한다. '而且'는 앞의 말과 비슷한 내용을 쓰되, 의미상 한층 더 강조되는 내용이 '而且' 뒤에 오게 된다. 이러한 관계를 '점층관계'라고 한다. 문장에서 '快, 方便, 省钱'은 모두 e-mail의 장점인데, 결국 같은 맥락에서 봐야 하므로 '而且'를 써주는 것이 적당하다.

10.　A : 이런 종류의 스웨터는 잘 팔리나요?

B : 특히 인기가 많아서, 단 며칠 만에 다 팔렸어요.

단어 光 guāng 명형 빛, 아무것도 없이 텅 비다, 하나도 남아 있지 않다
功夫 공식 술어 + 결과보어
功夫 풀이 빈칸의 위치는 '卖'와 '了' 사이에 존재하므로, 들어갈 수 있는 문장성분은 목적어 아니면 보어가 들어가야 한다. 주어진 단어에 명사가 없으므로 목적어가 아닌 보어로서 의미를 완성해야 한다. '才几天'에서 알 수 있듯이 '겨우 며칠'이란 짧은 시간을 의미하고 '就'는 동작의 순조로움을 표현하므로, 보어 '光'을 이용해 '다 팔렸다'로 만들어야 정확하다. 이처럼 '光'은 보통 동사 뒤에 놓여 보어로 많이 사용되어 '하나도 남지 않음'을 표시한다.

독해

2회 p.136

정답_ 1. B 2. A 3. F 4. E 5. C 6. A 7. F 8. B 9. D 10. E

[1-5]

보기	A 전 ~을(를) 하기 위하여	B 명 관건, 열쇠, 키포인트	C 형 모든, 전부의, 일체의
	D 부 다시	E 접 그런 후에, 연후에, 그 다음에	F 동 출장가다

---

1. 이번 시합의 성공여부의 관건은 사전 준비를 잘 하는 것이다.

단어 比赛 bǐsài 명 경기, 시합 | 成功 chénggōng 동 성공하다, 이루다 | 关键 guānjiàn 명 관건, 열쇠, 키포인트
功夫 공식 주어(명사/대명사) + 술어
功夫 풀이 문장에서 빈칸의 위치는 술어 '是' 앞인데, 주어가 비어있다. 주어는 보통 명사나 대명사가 주로 이루는데, 주어진 단어 중 명사는 '关键' 밖에 없다. '关键'은 우리말로 '키, 열쇠, 관건'의 의미로서 중요한 핵심이나 해결책을 말할 때 쓰는 단어다. 따라서 여기서는 '성공의 비결이나 핵심'이 '사전준비'라는 의미로 접근하면 쉽게 풀린다.

---

2. 그는 중국의 역사와 문화를 이해하기 위해서 중국어를 공부한다.

단어 为了 wèile 전 ~을(를) 하기 위하여 | 了解 liǎojiě 동 자세하게 알다, 이해하다 | 历史 lìshǐ 명 역사
功夫 공식 为了 + 목적
功夫 풀이 '为了'는 목적을 나타내는 전치사로서 '~하기 위해서'로 해석된다. 문장에서 빈칸을 기준으로 앞뒤의 내용을 살펴보면, 중국어를 공부하는 목적이 '是' 뒤에 나오고 있음을 쉽게 알 수 있다.

독해 실전 테스트 풀이 97

3. 방금 회사의 통보를 받았는데, 이번 토요일에 상해로 출장가야 해. 우리 나중에 다시 보자.

단어 通知 tōngzhī 몡 통지, 통보, 통지서 | 改天 gǎitiān 몡 후일, 다른 날, 다음 | 出差 chūchāi 통 출장가다

功夫 공식 去 장소 出差

功夫 풀이 '出差'는 이합동사로서 장소 등을 목적어로 갖지 못한다. 그래서 대개 '去장소出差'의 형식으로 표현을 해야 한다.

---

4. 내가 먼저 기숙사로 돌아가서 옷을 가져온 후, 우리 함께 밥을 먹으러 가자.

단어 拿 ná 통 잡다, 가지다 | 然后 ránhòu 접 그런 후에, 연후에, 그 다음에

功夫 공식 先 A 然后 B

功夫 풀이 이 문장에서 빈칸의 위치가 주어 '我们' 앞이므로 일반적으로 접속사가 오게 된다. 접속사는 논리관계를 파악하여 사용해야 하는데, 여기서는 앞에 '先'이 있으므로 선후관계를 표현하고자 함을 알 수 있다. '先 A 然后 B'의 형식을 적용할 수 있는데, 의미는 '먼저 A하고, 그런 후 B한다'이다.

---

5. 너는 거절하는 것을 배워야 한다. 모든 요구를 다 받아들이는 것은 아니다.

단어 拒绝 jùjué 통 거절하다, 거부하다 | 接受 jiēshòu 통 받아들이다, 수락하다 | 所有 suǒyǒu 형 모든, 전부의, 일체의

功夫 공식 所有(的) + 명사

功夫 풀이 '所有'는 동사로 '소유하다'의 의미도 있지만, 형용사 '모든'의 의미도 가지고 있다. 이때 보통 구조조사 '的'와 호응하여 명사를 수식하는 관형어가 된다.

[6-10]

보기	A 통 늦지 않다, 시간 안에 이를 수 있다	B 부 아마도, 아마
	C 통 제고하다, 향상시키다	D 통 시간 안에 이를 수 없다, 미처 ~(하지) 못하다
	E 부 부디, 제발, 절대로	F 통 뒤로 미루다, 늦추다, 연기하다

---

6. A : 회의가 곧 시작해요, 빨리 가죠.

B : 아직 삼십 분 남았어요, 시간이 아직 늦지 않아요.

단어 会议 huìyì 몡 회의 | 马上 mǎshàng 부 곧, 즉시, 바로 | 来得及 láidejí 통 늦지 않다, 시간 안에 이를 수 있다

功夫 공식 부사 + 술어

功夫 풀이 문장에서 빈칸의 위치는 부사 뒤로서 문장의 술어를 찾아야 한다. 술어가 될 수 있는 단어는 '来得及, 来不及, 推迟'가 있는데 모두 시간과 관련된 의미이므로 확실한 구분과 이해가 필요하다. 여기서 '推迟'는 시간을 미룬다는 의미로서 '미룰 시간'이 대게 목적어로 오므로 여기서는 어울리지 않는다. '来得及'와 '来不及'는 서로 상반된 의미를 가지는 단어로서 본래 '술어 + 가능보어'의 형태를 이루고 있는 단어이다. 이런 형태를 취하는 단어들의 예는 다음과 같다.

想得到 생각이 미치다 | 受得了 견딜 수 있다 | 来得及 시간에 맞출 수 있다 | 禁得住 참을 수 있다 | 想不到 생각지도 못했다 | 受不了 견딜 수 없다 | 来不及 시간에 못 대다(늦겠다) | 禁不住 참을 수 없다

이 문장에서는 시간이 아직 남아 있음을 의미하므로 '来得及'가 적당하다.

---

7. A : 너는 오늘 베이징에 갈 계획 아니었어?

B : 원래는 오늘 가려고 했지만, 날씨가 좋지 않아서 어쩔 수 없이 하루 미뤄서 가.

단어 打算 dǎsuàn 동 ~할 생각이다(작정이다), ~하려고 하다 | 只好 zhǐhǎo 부 할 수 없이, 어쩔 수 없이 | 推迟 tuīchí 동 뒤로 미루다, 늦추다, 연기하다

功夫 공식 동사 + 목적어

功夫 풀이 빈칸의 위치는 부사 '只好'와 목적어 '一天' 사이이므로 동사를 선택해야 한다. 문장에서 시간을 목적어로 갖기 적당한 단어는 '推迟'이다.

---

8. A : 그는 왜 아직 안 오니?

B : 오늘 토요일이잖아, 아마도 차가 막힐 거야. 우리 좀더 기다려 보자.

단어 堵车 dǔchē 동 교통이 꽉 막히다, 교통이 체증되다 | 可能 kěnéng 부 아마도, 아마

功夫 공식 可能 + 추측

功夫 풀이 문장에서 빈칸의 위치는 술어 '会堵车' 앞이므로 부사가 적당하다. 문맥상 추측의 의미를 나타내는 부사를 선택해야 하므로 '可能'이 답이 된다.

---

9. A : 제가 당신한테 음식을 좀 사오라고 했잖아요, 어떻게 오늘 또 잊었어요?

B : 오늘 회사 회의가 있어서, 살 시간이 없었어.

단어 开会 kāihuì 동 회의를 열다(하다) | 来不及 láibují 동 시간 안에 이를 수 없다, 미처 ~(하지) 못하다

功夫 공식 동사 + 不 + 결과보어
　　　　　　　　가능보어

功夫 풀이 앞뒤 문장의 문맥에 근거하여 살펴보면, 결과적으로 음식을 사오지 못했으므로, '买了' 앞에는 '사지 못했다'는 의미를 뒷받침해 줄 단어가 들어가야 한다. 여기서는 '来不及'를 사용해야 그 의미를 전달할 수 있게 된다. '来不及'는 '시간 안에 이를 수 없다, 늦다'의 의미를 가지는데, 반대 단어 '来得及'와 혼동하지 않도록 주의를 기울여야 한다.

---

10. A : 결혼식은 언제 올리니? 그때가 되면 나에게 알려주는 것 절대로 잊지마.
B : 당연하지, 잊을 수가 없지.

단어 举行 jǔxíng 동 거행하다 | 婚礼 hūnlǐ 명 결혼식, 혼례 | 千万 qiānwàn 부 부디, 제발, 절대로

功夫 공식 千万 + 要/不要/别 + 술어

功夫 풀이 문장에서 빈칸의 위치는 술어 '别忘了' 앞이므로 부사가 적당하다. '千万'은 간곡하게 부탁함을 나타내며 주로 명령문에 쓰이는 부사이다. 대게 '要, 不要, 别' 등과 함께 쓰여 '절대 ~하지 마라, 제발 ~해라'의 의미를 나타낸다.

3회 p.138

정답 1. F   2. D   3. C   4. B   5. E   6. B   7. C   8. A   9. D   10. F

[1-5]

보기	A 동 조심하다	B 부 어쩔 수 없이, 부득이 하게	C 명 교자, 만두
	D 부 반드시 ~해야 한다	E 전 ~에 근거하여	F 접 게다가, 동시에, 아울러

---

1. 나는 오늘 시간이 없고, 게다가 내일도 시간이 없다.

단어 并且 bìngqiě 접 게다가, 동시에, 아울러

功夫 공식 A, 并且 B : A하고 게다가 B하다

功夫 풀이 문장에서 빈칸에는 앞뒤 문장을 연결해 줄 접속사를 넣어줘야 한다. 접속사는 논리관계를 밝혀 선택해야 하는데, 위의 앞뒤 두 문장의 내용이 비슷한 수준이되 후반으로 갈수록 강도가 강해지는 '점층관계'임을 파악할 수 있어야 한다. '并且'는 '게다가, 또한'의 의미를 가지는 접속사로서 '점층관계'를 나타내고, 이와 같은 의미를 가지는 접속사로는 '而且'가 있다.

2. 날씨가 좋던지 안 좋던지 상관없이, 우리는 반드시 제시간에 출발해야 한다.

단어 无论 wúlùn 젭 ~을(를) 막론하고, ~을(를) 따지지 않고 | 必须 bìxū 뷔 반드시 ~해야한다 | 准时 zhǔnshí 뷔 정시에, 제때에

功夫 공식 주어 + 부사 + 술어

功夫 풀이 문장에서 주어는 '我们'이고, 술어는 '出发'이다. 그 사이에 제시된 '都'와 '准时' 모두 부사인데, 빈칸의 위치 또한 부사들 사이에 있으므로 부사를 선택해야 옳다. 제시된 단어 중 부사는 '只好, 必须'가 있는데, 내용의 의미상 당위의 뜻을 나타내는 '必须'가 적당하다.

3. 나는 설날이 제일 좋다, 온 가족이 함께 만두를 빚으니, 정말 시끌벅적하다.

단어 包 bāo 동 싸다, 싸매다, 빚다 | 饺子 jiǎozi 명 교자, 만두 | 热闹 rènao 형 떠들썩하다, 시끌벅적하다

功夫 공식 동사 + 목적어(명사)

功夫 풀이 빈칸의 위치는 동사 '包' 뒤로서, 동사 뒤에는 목적어가 놓이게 되는데, 목적어는 보통 명사의 형태이므로 정답은 C가 된다.

4. 그는 집에 가는 기차표를 사지 못해서, 어쩔 수 없이 이곳에서 설을 보내게 되었다.

단어 只好 zhǐhǎo 뷔 어쩔 수 없이, 부득이 ~하게 | 过年 guònián 동 설을 쇠다, 새해를 맞다

功夫 공식 부사 + 전치사구

功夫 풀이 문장에서 전치사구 앞에 놓일 수 있는 단어는 주어 혹은 부사이다. 제시된 단어 중 '饺子' 외에 다른 명사가 없으므로 주어는 선택할 수 없고, 여기서는 부사를 선택해야 한다. 따라서 의미상 '집에 가길 원하지만 갈 수 없음'을 표현해야 하므로 '只好'가 적합하다.

5. 모두의 요구에 근거하여, 우리는 다음 주에 쉬기로 결정했다.

단어 根据 gēnjù 전 ~에 근거하여 | 要求 yāoqiú 명 요구, 요망 | 决定 juédìng 동 결정하다

功夫 공식 根据 + 명사(구)

功夫 풀이 문장의 빈칸 뒤에는 '大家的要求'라는 명사구이다. 명사 혹은 명사구를 가질 수 있는 단어는 동사 또는 전치사이다. 그런데 제시된 단어 중 목적어를 취할 수 있는 동사가 없다. 그러므로 전치사를 선택해서 전치사구를 이루어야 한다. 전치사 '根据'는 '~에 근거하여, ~을 따라서'의 의미를 나타내는 전치사로서 근거나 방식을 이끈다.

독해

[6-10]

보기	A 뜻밖에도, 의외로	B 고려하다, 생각하다
	C (언행으로 사상·감정 등을) 나타내다, 표시하다, 표명하다	D 평범하다, 일반적이다
	E 비로소(대개 '只有'와 호응하여 사용됨)	F 거의, 거의 모두

6.
A : 나는 그와 일찍 결혼하고 싶어.
B : 결혼은 일생의 중대한 일이야, 잘 생각해 봐야 해.

단어 希望 xīwàng 희망하다, 바라다 | 考虑 kǎolǜ 고려하다, 생각하다
功夫 공식 동사 + 동량보어
功夫 풀이 문장에서 빈칸의 위치는 부사 '好好儿'과 보어 '一下' 사이이다. 부사는 술어를 수식해주는 성분이고 보어는 술어를 보충해주는 성분이므로 빈칸에는 술어가 들어가야 한다. 더욱이 '一下'는 짧은 동작을 세는 '동량사'이므로 빈칸에는 동사가 들어가야 하는데, 제시된 단어 중 동사는 '表示'와 '考虑'가 있다. 그 중 '表示'는 말이나 행동으로 표현하는 동작이므로 여기서는 적합하지 않고 '考虑'가 답으로 적합하다.

7.
A : 네가 무슨 의견이 있거든 그와 이야기해라.
B : 나는 그에 대한 나의 생각을 표현하고 싶지 않아.

단어 表示 biǎoshì (언행으로 사상·감정 등을) 나타내다, 표시하다, 표명하다
功夫 공식 把 + 목적어 + 동사
功夫 풀이 문장에서 빈칸의 위치는 조동사 '愿意'와 '把'가 이끄는 목적어 '我对他的看法'와 방향보어 '出来' 사이에 위치하므로 동사를 넣어야 적당하다. 이미 A의 대화 중 '说'가 언급되어 있으므로 말이나 행동으로 의견 등을 표현하는 단어 '表示'가 적당하다.

8.
A : 그는 겨우 1년 공부했는데, 뜻밖에도 이렇게 훌륭한 중국어를 구사하는군요.
B : 정말 칭찬할 만하네요.

단어 竟然 jìngrán 뜻밖에도, 의외로 | 确实 quèshí 확실히, 정말로 | 值得 zhídé ~할 가치가 있다, ~할만 하다 | 表扬 biǎoyáng 칭찬하다, 표창하다
功夫 공식 부사 + 술어
功夫 풀이 빈칸은 술어 '能说' 앞이 되므로 술어를 수식하는 부사 '竟然'이 들어가야 한다.

9.

A : 이 옷 어떠니? 네가 보기엔 나한테 어울려 안 어울려?

B : 이 옷의 모양은 너무 평범하고 조금도 세련되지 않아.

단어 普通 pǔtōng 형 평범하다, 일반적이다 | 时髦 shímáo 형 유행이다, 최신식이다

功夫 공식 정도부사 + 형용사

功夫 풀이 문장에서 빈칸의 위치는 정도부사 '非常'의 수식을 받는 술어, 곧 형용사가 된다. 여기서는 '时髦'와 대비되는 의미가 되어야 하므로 '普通'이 적합하다.

10.

A : 중국음식은 매우 유명해서, 거의 모든 국가에서 중국 음식점을 볼 수 있어.

B : 맞아, 이전에 내가 유럽 출장 갔을 때도 몇 번 가봤어.

단어 几乎 jīhū 부 거의, 거의 모두 | 饭馆儿 fànguǎnr 명 식당

功夫 공식 부사 + 술어

功夫 풀이 문장에서 빈칸의 위치는 주어 '每个国家'와 술어 '能看到' 사이에 위치하고, 또한 부사 '都' 앞이므로 부사가 위치해야 한다. 부사 중 '几乎'는 범위부사로서 대부분이라는 의미를 나타내며 보통 '都'와 호응한다.

第二部分

1회   p.153

정답_ 1. CBA   2. ACB   3. BCA   4. BAC   5. BAC
        6. CBA   7. BCA   8. CBA   9. ACB   10. CBA

1.

自行车的优点很多。主要是可以避免环境污染，而且还能节约能源。

자전거의 장점은 매우 많다. 우선 환경 오염을 피할 수 있고, 게다가 에너지도 절약할 수 있다.

단어 优点 yōudiǎn 명 장점 | 主要 zhǔyào 부 주로, 대부분 | 避免 bìmiǎn 동 피하다, (모)면하다 | 环境 huánjìng 명 환경 | 污染 wūrǎn 동 오염되다 | 节约 jiéyuē 동 절약하다, 줄이다, 아끼다 | 能源 néngyuán 명 에너지원, 에너지

功夫 풀이 A문장과 B문장의 내용은 모두 C문장의 내용인 '자전거의 장점'에 대한 구체적인 언급임을 알 수 있으므로, 문장의 가장 앞에는 주제 문장인 C가 와야 한다. 그렇다면 A와 B 가운데 무엇이 더 먼저 나와야 하는지를 밝히면 된다. A문장의 가장 앞에 있는 접속사 '而且'는 '게다가, 또한'의 의미로서 '점층관계'를 표현한다. 그러므로 '而且'가 이끄는 절 앞에는 비슷한 주제의 내용이 먼저 언급이 되어야 '而且'절로 그보다 한 층 더 강도가 있는 내용을 이끌어 낼 수가 있다. 그러므로 B를 A의 앞에 두어야 한다.

2. 结婚以后，我有了自己的家庭，才发现家务事不那么简单。

결혼 후, 나는 나만의 가정이 생긴 후에야, 비로소 집안일이 그렇게 간단하지 않다는 것을 알아차렸다.

단어 家庭 jiātíng 명 가정 | 才 cái 부 이제서야, ~이(가) 되어서야 비로소 | 发现 fāxiàn 동 발견하다, 알아차리다 | 家务 jiāwù 명 가사, 집안일 | 简单 jiǎndān 형 간단하다, 단순하다

功夫 풀이 B문장의 가장 앞에 있는 '才'는 '비로소'의 의미를 가지는 부사로서, 화자의 입장에서 '시간이 늦음'을 표현한다. 그러므로 B문장 앞에는 시간의 늦음을 표현해 줄 배경이 되는 말이 먼저 등장해야 하는데, 여기서는 A와 C문장 각각이 모두 B문장 앞에 놓여도 문맥이 자연스럽게 연결되기 때문에 주의를 기울여야 한다. A와 C 두 문장의 선후관계는 '결혼을 하고 가정이 생기는 것'이 '가정이 생기고 결혼을 하는 것'보다 일반적이므로, A문장이 C문장의 앞에 놓여야 자연스럽다.

3. 星期天他常常一个人骑自行车出去，谁也不知道他去哪儿。有时甚至连他自己也不清楚要去什么地方。

일요일에 그는 자주 혼자서 자전거를 타고 나가는데, 누구도 그가 어디를 가는지 모른다. 때로는 심지어 그 자신조차도 어디를 가려고 하는지 알지 못한다.

단어 连 lián 전 ~조차도, ~마저도 | 清楚 qīngchu 동 알다, 이해하다

功夫 풀이 문장 전체를 비추어 보면, 문장의 앞에는 주로 사건의 배경이 되는 시간 혹은 장소의 개념이 나오는 것이 일반적이다. 여기서는 B문장의 '星期天'이라는 시간과 '常常'이라는 '습관 및 규칙성'을 나타내는 부사를 통해 이 문장이 가장 큰 배경임을 알 수 있다. 그렇다면 이제 남아있는 A와 C의 관계를 밝혀야 한다. A에 나와있는 접속사 '甚至'는 '심지어 ~까지도, ~조차도'의 의미를 나타내며, 복문에서 뒤에 오는 단문 앞에 쓰여 뒤의 상황을 강조해주는 점층관계를 표현한다. 일반적으로 앞에 오는 단문에는 주로 '不但'을 사용하여, '不但 A, 甚至 B'의 형태로 많이 쓰인다. 여기서는 '不但'이 나와있지는 않지만, '甚至'가 이끄는 문장 앞에는 전혀 다른 수준의 내용이 오면 안 되고, 마치 병렬관계처럼 비슷한 수준의 내용이 오게 된다. 즉, 단지 강조하고 싶은 중점이 '甚至'에 있을 뿐이다. 그러므로 A문장 앞에는 비슷한 내용을 말하고 있는 C가 먼저 나와야 점층관계를 형성할 수 있다.

4. 孩子们一般来说都喜欢过年。除了能穿新衣服、吃好吃的以外，还有一个重要原因就是能得到好多压岁钱。

아이들은 일반적으로 설 쇠는 것을 좋아한다. 새 옷을 입고, 맛있는 것을 먹을 수 있는 것 외에, 또 하나 중요한 원인은 바로 세뱃돈을 많이 받을 수 있기 때문이다.

단어 一般 yìbān 형 보통이다, 일반적이다, 평범하다 | 过年 guònián 동 설을 쇠다, 새해를 맞다 | 除了 chúle 접 ~외에 또, ~외에 ~도('还, 也, 只'등과 호응하여 사용함) | 重要 zhòngyào 형 중요하다 | 原因 yuányīn 명 원인 | 得到 dédào 동 얻다, 받다, 획득하다 | 压岁钱 yāsuìqián 명 세뱃돈

功夫 풀이 A문장을 이끄는 접속사 '除了'는 '~를 제외하고'의 의미로서, 보통 뒤에 '还, 也' 등과 호응하여 '~를 제외하고 그리고 (또한) ~'의 의미를 나타낸다. 그러므로 A문장 뒤에는 C가 연결되어야 한다. 그런데 이 두 문장에서는 문장 전체를 이끄는 주체자와 배경이 되는 상황이 언급되지 않았다. 전체 문장에서 '새 옷을 입고, 맛있는 음식을 먹

고, 세배돈을 받는' 주체자는 B문장의 '孩子们'이고, '过年'은 A문장과 C문장의 시간적 배경이 되므로 B문장이 가장 앞에 위치해야 한다.

---

5. 政府的最新调查表明，小学中的男、女生的比例已经超过了二比一，即一百万男孩比四十万女孩。

    정부의 최신 조사에서 초등학생 남녀의 비율이 이미 2대 1을 초과했다고 밝혔다. 즉, 남학생 백만 명 대 여학생 사십만 명이다.

    단어 政府 zhèngfǔ 명 정부 | 调查 diàochá 동 (현장에서) 조사하다 | 表明 biǎomíng 동 분명하게 밝히다, 표명하다 | 比例 bǐlì 명 비율 | 超过 chāoguò 동 초과하다, 넘다 | 即 jí 부 곧, 즉, 바로

    功夫 풀이 문장 전체의 주어는 B문장의 '政府的最新调查'가 되고 술어는 '表明'이 되는데, '表明'의 목적어에 해당하는 구체적인 내용이 B문장의 뒤에 와야 한다. 그것은 A와 C문장 중 A가 되어야 하는데, 왜냐하면 C문장의 앞에 있는 '即'는 '즉'이라는 의미로서, 주로 앞에서 이미 언급한 내용을 다시 다른 말로 바꾸어, 구체적으로 풀이하며 부연설명을 하기 위해 사용된다. 따라서 C의 내용이 무엇에 대한 보충설명인지를 이해하면 어렵지 않게 해결된다. C의 내용은 A문장의 '二比一'를 다시 구체적인 수치로 예를 들어 다시 설명하고 있으므로 C문장은 A문장 뒤에 놓여야 한다.

---

6. 人们靠语言交际，不只是说话，还要听话。

    사람들은 언어에 의지해서 교제를 하는데, 말하는 것 뿐만 아니라, 또한 들어야 한다.

    단어 靠 kào 동 기대다, 의지하다 | 语言 yǔyán 명 말, 언어

    功夫 공식 不只 + A + 还/而且/也 + B

    功夫 풀이 이 문제를 해결하기 위해서는 접속사 '不只 + A + 还/而且/也 + B'의 공식 적용이 필요하다. 이 공식은 점층관계를 나타내며, '다만 A할 뿐만 아니라 또한 B하다'의 의미를 나타낸다. 이 관계를 이해하면 BA의 순서는 쉽게 밝혀진다. C문장은 문장 전체의 전제가 되는 내용이며, A문장과 C문장의 '听话, 说话'가 모두 '靠语言交际'의 구체적인 방식을 표현하고 있으므로, C문장이 가장 앞에 와야 한다.

---

7. 来中国三年了，我还从来没去过中国朋友家做客，更没参加过中国人的婚礼。

    중국에 온지 삼 년이 되었지만, 나는 아직 중국 친구 집에 방문해 본 적이 없을 뿐 아니라, 더욱이 중국인의 결혼식에 참가한 적도 없다.

    단어 参加 cānjiā 동 (어떤 조직이나 활동에) 참가하다, 가입하다, 참여하다 | 婚礼 hūnlǐ 명 결혼식, 혼례

    功夫 풀이 A문장과 C문장은 모두 '(从来)没……'의 형태로서, 과거 경험의 부정을 나타내고 있다. 두 문장의 구조와 내용이 모두 비슷한 수준이나, A문장의 앞에 있는 '更'을 통해 A가 C 뒤에 놓여야 함을 알 수 있다. '更'은 본래 부사로서 '더욱, 훨씬'의 의미를 나타내지만, 접속사 '而且'처럼 앞의 내용보다 강도가 한걸음 더 나아가는 '점층'의 의미를 나타내기도 한다. A와 C문장의 내용이 모두 중국에서 발생하고 있으므로, 그 전제가 되는 B문장이 가장 앞에 나와야 한다.

8. 要成为一名优秀的演员，不仅要经过多年的努力练习，还要有极其丰富的演出经验。

뛰어난 배우가 되고자 한다면, 다년간의 연습을 거쳐야 할 뿐만 아니라, 또한 아주 풍부한 공연 경험도 있어야 한다.

단어 优秀 yōuxiù 형 뛰어나다, 우수하다 ｜ 极其 jíqí 부 아주, 매우 ｜ 演出 yǎnchū 명 공연

功夫 공식 不仅~ 还~

功夫 풀이 접속사 '不仅'은 '~할 뿐만 아니라'의 의미로서, 뒤에 보통 '还', '也', '而且' 등과 호응하여 점층구조를 만든다. 여기서 B와 A문장이 배우가 되기 위한 조건에 대하여 점층구조로서 설명해주고 있다.

9. 最好学生们放寒假的时候再请假回家，虽然那时候天气稍微冷了点儿，但机票打折会便宜很多。

학생들은 겨울방학 때 다시 신청해서 집에 가는 편이 좋다. 비록 그때 날씨가 좀 춥기는 하지만, 비행기표가 세일하니 많이 저렴할 거다.

단어 寒假 hánjià 명 겨울방학 ｜ 请假 qǐngjià 동 (휴가 등을) 신청하다 ｜ 稍微 shāowēi 부 약간, 조금

功夫 공식 虽然~ 但~

功夫 풀이 C와 B는 '虽然~ 但~'의 전환구조이므로 순서를 쉽게 파악할 수 있다. 또한, C문장의 '那时候'가 가리키는 때가 바로 A문장의 '寒假'가 되므로 A는 C 앞에 놓여야 한다.

10. 有些个人开的私人医院不仅医疗条件不错，而且服务既周到，又热情。

일부 개인이 하는 개인 병원은 의료조건이 좋을 뿐 아니라, 서비스가 세심하고 친절하다.

단어 私人 sīrén 형 개인의, 사적인, 민간의 ｜ 医疗 yīliáo 명 의료 ｜ 条件 tiáojiàn 명 조건 ｜ 服务 fúwù 동 복무하다, 일하다, 봉사하다, 서비스하다 ｜ 周到 zhōudào 형 세심하다, 치밀하다, 꼼꼼하다, 빈틈없다 ｜ 热情 rèqíng 형 열정적이다, 친절하다, 다정하다

功夫 공식 既~ 又~

功夫 풀이 문장 전체의 주어는 C문장의 '有些个人开的私人医院'이 되기 때문에, 문장의 가장 앞에 와야 한다. B문장의 '既'는 보통 '又, 也' 등과 호응하여 '既 A 又/也 B'처럼 병렬관계를 형성하여, 'A하고 또한 B한다'의 의미를 나타낸다. 그러므로 B문장의 '既'는 A문장의 '又'와 호응을 이루므로, BA의 순서가 결정된다.

2회
p.155

정답_ 1. ACB 2. ABC 3. BCA 4. BAC 5. BAC
6. BCA 7. ACB 8. ACB 9. ABC 10. CBA

---

1. 骑自行车的最大好处是时间比较自由。上班、上学只要算好时间，一般就不会迟到。

자전거를 타는 가장 큰 장점은 시간이 비교적 자유롭다는 것이다. 출근하고, 학교 가는데 시간 계산만 잘 하면 보통 지각하지 않을 것이다.

단어 好处 hǎochu 명 이로운 점, 이점, 장점 | 自由 zìyóu 형 자유롭다 | 只要 zhǐyào 접 ~하기만 하면 | 算 suàn 동 계획하다, 계산하다 | 一般 yìbān 형 보통이다, 일반적이다, 평범하다 | 迟到 chídào 동 지각하다

功夫 공식 只要 A 就 B

功夫 풀이 문장 전체의 주어는 A문장의 '骑自行车的最大好处'가 되고, 그 구체적인 설명이 B와 C문장이다. B와 C문장은 각각 '결과'와 '조건'을 나타내고 있는데, 이 역시 공식화시켜 외워두자. 일반적으로 '只要'는 '就'와 호응하여 '只要 A 就 B'의 형식으로 'A하기만 하면 B한다'의 의미를 나타낸다. 그러므로 조건인 C문장이 결과를 나타내는 B문장 앞에 와야 한다.

---

2. 咖啡不仅西方人喜爱，很多中国人也开始每天要喝一杯，虽然这还没成为所有中国人的习惯。

커피는 서양 사람들이 좋아할 뿐만 아니라, 많은 중국인들도 매일 한 잔씩 마시기 시작했다. 비록 이것이 아직 모든 중국인들의 습관이 되지는 않았지만.

단어 成为 chéngwéi 동 ~이 되다

功夫 공식 不仅~ 也~

功夫 풀이 A와 B는 접속사 '不仅~也~'로 호응되는 점층구조이다. 또한 C문장의 '这'가 가리키는 내용은 B문장의 '每天要喝一杯'가 된다.

---

3. 我已经不是小孩子了，并且即使我是孩子，你也不能这么说话。

난 이미 어린아이가 아니에요. 게다가 설령 내가 아이라 하더라도, 당신은 이렇게 말해선 안 돼요.

단어 并且 bìngqiě 접 게다가, 나아가, 그리고 | 即使 jíshǐ 접 설령 ~하더라도(할지라도 · 일지라도)

功夫 공식 即使 A 也 B

功夫 풀이 이 문장을 해결하기 위해서는 C문장의 분석이 관건이다. C문장에는 접속사가 두 개 있는데, '并且'와 '即使'이다. '并且'는 '게다가, 또한'의 의미로서 접속사 '而且'와 마찬가지로 점층관계를 이끌어내기 위해 사용한다. 이것만

독해 실전 테스트 풀이 107

이해해도 C문장은 결코 문장의 가장 앞에 올 수가 없음을 알 수 있다. 다음으로 접속사 '即使'는 보통 부사 '也'와 호응하여 '即使 A 也 B'의 형태로 쓰여 '설령 A하더라도 B한다'라는 가설관계를 나타낸다. 그렇게 볼 때 C문장은 A문장과 호응하는 관계임을 알 수 있다. 따라서 가장 앞에 와야 할 문장은 B임이 밝혀진다.

---

4. 尽管人人都知道抽烟会引起各种疾病，也很清楚抽烟的其他危害，但是抽烟的人数还是不断增加。

비록 사람들은 모두 흡연이 각종 질병을 불러일으키고 또 흡연의 그외 위험을 안다고 할지라도, 흡연 하는 사람 수는 여전히 끊임없이 증가하고 있다.

단어 尽管 jǐnguǎn 접 비록(설령) ~라 하더라도 | 抽烟 chōuyān 동 담배(를) 피우다, 흡연하다 | 引起 yǐnqǐ 동 (주의를) 끌다, 야기하다, 불러 일으키다, (사건 등을) 일으키다 | 疾病 jíbìng 명 병, 질병 | 清楚 qīngchu 동 알다, 이해하다 | 危害 wēihài 명 손상, 훼손, 손해 | 不断 búduàn 부 부단히, 끊임없이 | 增加 zēngjiā 동 증가하다

功夫 풀이 이 문제를 해결하기 위해서는 접속사 '尽管'을 알고 있어야 한다. '尽管'은 보통 '但是'나 '可是' 등 상반의 의미를 지니는 접속사와 호응하여 '尽管 A 但是/可是 B'의 형태를 이루며, '비록 A할지라도 그러나 B 하다'의 의미를 나타낸다. 이 관계를 이해하면, 'BC'의 배열은 쉽게 해결이 된다. A문장의 시작에 빈도부사 '也'를 사용하고 있는 것을 미루어 보아 B문장에서 '人人都知道'의 주어 '人人'을 공유하고 있음을 알 수 있다. 그러므로 A문장은 B문장 뒤에 배열해야 한다.

---

5. 虽然不少人对自己的婚姻并不满意，但是为了个人的名誉、孩子等等，总是希望能把婚姻关系维持下去。

비록 적지 않은 사람들이 자신의 결혼에 대해 결코 만족하지 않는다 하더라도, 개인의 명예, 아이 등을 위해 항상 결혼관계를 유지해 나갈 수 있기를 희망한다.

단어 虽然 suīrán 접 비록 ~하지만(일지라도), 설령 ~일지라도 | 婚姻 hūnyīn 명 혼인, 결혼 | 满意 mǎnyì 동 만족하다, 만족스럽다, 흡족하다 | 名誉 míngyù 명 명예, 명성 | 总是 zǒngshì 부 늘, 줄곧, 언제나 | 希望 xīwàng 동 희망하다, 바라다 | 关系 guānxi 명 관계 | 维持 wéichí 동 유지하다, 지키다

功夫 풀이 이 문제를 해결하기 위해서는 접속사 '虽然'을 이해할 필요가 있다. '虽然'은 '비록 ~할지라도'의 의미를 나타내며, 보통 상반의 의미를 지니는 접속사 '但是, 可是, 却' 등과 호응하여 사용되며 '비록 ~할지라도 그러나 ~하다'의 의미를 나타낸다. 이처럼 접속사의 용법을 적용해보면, A문장과 B문장이 서로 호응하여 전환관계를 나타내고 있음을 알 수 있다. 그런데 A문장을 살펴보면 접속사 이하의 문장이 '为了'가 이끄는 전치사구 형태임을 알 수 있다. '为了'는 '~하기 위해서'의 뜻으로서 목적을 나타내는데, 그 뒤에는 전치사구에 이어져서 나올 술어구의 연결이 필요하다. 즉, 문장 C가 A에 이어지는 술어구가 되므로, A문장 뒤에 배열해야 한다.

---

6. 她每天都开夜车准备考试，太累了。结果成绩不但没有提高，反而比以前还差。

그녀는 매일 밤을 새워 시험을 준비해서 너무 피곤했다. 결과적으로 성적은 오르지 않았을 뿐만 아니라, 오히려 이전보다 더 나빠졌다.

| 단어 | 开夜车 kāiyèchē 밤을 꼬박 새우다 | 准备 zhǔnbèi 동 준비하다 | 考试 kǎoshì 명 시험, 고사 | 结果 jiéguǒ 명 결과, 결실, 열매, 성과 | 成绩 chéngjì 명 성적, 성과, 수확 | 提高 tígāo 동 (위치·수준·질·수량 등을) 제고하다, 향상시키다, 높이다, 끌어올리다 | 差 chà 형 나쁘다, 표준에 못 미치다, 좋지 않다

| 功夫 풀이 | C문장의 앞에 나오는 '结果'는 '결과'라는 의미로서, 보통 이 단어는 앞에 원인이나 배경적인 상황이 제시된 후 나오기 때문에, C문장의 원인 제공으로 적당한 내용은 B이므로 BC의 순서는 쉽게 밝혀진다. 그런데 C문장 중반에 나오는 '不但'은 접속사로서 '~할 뿐만 아니라'의 의미를 나타내며, 보통 뒤에 '而且, 还, 也, 反而, 更' 등의 접속사나 부사를 동반하여 점층관계를 형성하게 된다. 그러므로 '不但'절과 함께 호응할 내용은 A문장의 '反而' 이하가 되어, A문장은 C문장 뒤에 놓여야 한다.

7.

中国古代确实有过许多历史上重大的科学发明。但由于没有受到人们的重视，因此也没有得到进一步的发展。

중국 고대에는 확실히 역사적으로 중대한 수많은 과학 발명이 있었다. 그러나 사람들의 중시를 받지 못했기 때문에 진일보된 발전을 얻지 못했다.

| 단어 | 古代 gǔdài 명 고대 | 确实 quèshí 부 절대로, 정말로, 확실히 | 历史 lìshǐ 명 역사 | 科学 kēxué 명 과학 | 发明 fāmíng 명 발명 | 由于 yóuyú 접 ~때문에, ~(으)로 인하여 | 重视 zhòngshì 동 중시하다, 중요시하다 | 因此 yīncǐ 접 이로 인하여, 그래서, 이 때문에 | 得到 dédào 동 얻다, 받다, 획득하다, 취득하다 | 进一步 jìnyíbù 부 (한 걸음 더) 나아가, 진일보하여

| 功夫 풀이 | B문장의 가장 앞에 나오는 '因此'는 결과를 이끄는 접속사로서 '그러므로, 그러한 이유로'의 뜻을 나타낸다. 보통 앞에는 원인을 나타내는 문장이 오게 되는데, 보통 '因为' 혹은 '由于'가 이끄는 접속사절이 오는 경우가 많다. 이를 근거로 살펴보면, C문장에 있는 '由于'가 이끄는 내용이 B문장의 원인임을 알 수 있으므로, 결국 C는 B문장 앞에 나와야 한다. 그런데 C문장이 '그러나'라는 상반의 관계를 나타내는 접속사 '但'으로 시작되고 있다. 그러므로 C문장 앞에는 이것과 대비되는 내용이 나와야 한다. 그것은 곧 A이며, 결과적으로 A가 문장의 가장 앞에 나와야 한다.

8.

人的一生中要作出许多决定，其中有的决定只是偶然作出的，并没有经过仔细考虑。

사람의 일생 중 수많은 결정을 내려야만 한다. 그 중 어떤 결정은 단지 우연히 나오게 된 것으로, 결코 세심한 고려를 거친 것이 아니다.

| 단어 | 许多 xǔduō 형 매우 많다, 허다하다 | 决定 juédìng 명 결정, 결정 사항 | 偶然 ǒurán 부 우연히, 뜻밖에, 간혹 | 经过 jīngguò 동 (활동·사건을) 경험하다, 경과하다, 거치다, 겪다 | 仔细 zǐxì 형 세심하다, 꼼꼼하다 | 考虑 kǎolǜ 동 고려하다, 생각하다

| 功夫 풀이 | C문장의 앞에 나오는 '其中'은 '그 중에서'의 의미를 나타내며, 전체에서 다시 그 일부를 언급하고 싶을 때 사용하는 단어다. 그러므로 '其中有的决定'을 포괄할 수 있는 더 큰 개념이 C문장 앞에 나와야 하는데, 그 내용은 바로 A문장의 '许多决定'이 되므로 A문장은 C문장 앞에 놓여야 한다. B문장의 내용 전체가 C문장의 '偶然作出'의 구체적 설명이므로 B문장은 C문장 뒤에 놓이게 된다.

9. 虽然我很少说话, 也很少社交, 但和每个人都相处得很好。

비록 내가 말을 적게 하고, 사교활동도 매우 적게 하지만, 매 사람과는 모두 잘 지낸다.

단어 虽然 suīrán 접 비록 ~하지만(일지라도) | 社交 shèjiāo 명 사교 | 相处 xiāngchǔ 동 함께 살다(지내다)

功夫 풀이 접속사 '虽然'은 보통 '但是, 可是' 등 상반의 의미를 지니는 접속사들과 호응하여 '비록 ~하더라도 그러나 ~하다'의 의미를 나타낸다. 그러므로 A문장의 뒤에서 호응할 내용이 C문장임이 쉽게 밝혀진다. B문장의 빈도부사 '也'는 보통 앞의 내용에 대하여 범위확장을 위하여 사용되는데, 대게 주어를 공유하거나, 주어가 다르다면 술어가 일치하는 경우가 많다. 예를 들어 '我学习汉语, 也学习英语(주어공유)', '我是中国人, 他也是中国人(술어일치)'의 형태이다. B문장은 주어가 없는데, 주어는 바로 A문장의 '我'를 공유하는 것이므로 B는 A문장 뒤에 놓여야 한다.

10. 尽管外面非常寒冷, 有了暖气, 在屋里只穿一件毛衣就够了。

비록 밖은 매우 춥고 차다 하더라도 라디에이터가 있으면, 집 안에서는 스웨터 한 벌만 입고 있어도 충분하다.

단어 寒冷 hánlěng 형 한랭하다, 춥고 차다 | 暖气 nuǎnqì 명 라디에이터(radiator), 방열기 | 够 gòu 동 필요한 수량·기준 등을 만족시키다

功夫 풀이 접속사 '尽管'은 보통 '但是, 可是' 등의 접속사와 호응하여 전환관계를 형성하는데, 여기서는 상반의 의미를 나타내는 접속사로 시작되는 문장이 없다. 그러나 그렇다 할지라도 '尽管'으로 시작되는 문장 뒤에는 이와 상반되는 내용이 연결되는 것이 자연스러운데, C문장의 '밖, 춥다'와 대비되는 내용은 바로 A문장의 '방 안, 스웨터 한 벌로 충분하다'이다. 그러므로 A문장은 C문장 뒤에 놓여야 한다. 그리고 B문장은 A문장의 조건이 되므로 B는 A 바로 앞에 놓여야 한다.

3회   p.157

정답_ 1. BAC   2. BCA   3. CBA   4. ABC   5. ACB
6. CAB   7. BCA   8. BCA   9. CBA   10. ACB

1. 去过他家的人都说他一定非常喜欢看书。因为他们看见他买的书比谁的都多, 他的书架也比谁的都大。

그의 집에 가봤던 사람들은 모두 그가 틀림없이 책보는 것을 매우 좋아한다고 말한다. 왜냐하면 그들은 그가 산 책이 누구보다도 많고, 그의 책장도 누구보다도 큰 것을 보았기 때문이다.

단어 书架 shūjià 명 책꽂이, 책장, 서가

功夫 풀이　ABC를 모두 해석해보면, 우선적으로 A와 C는 원인이고, B의 내용이 결과 및 결론임을 알 수 있다. A와 C의 순서는 접속사 '因为'가 있는 A문장이 더 선행되어야 함은 쉽게 판별이 가능하다. 문제는 일반적으로 우리는 인과관계하면 '因为 + 원인, 所以 + 결과'의 공식에 너무 익숙해져 있어서 '因为'가 이끄는 원인이 무조건 앞에 위치해야 한다고 생각하여 B문장을 가장 마지막에 배열하는 실수를 저지르기 쉽다. 그러나 엄밀히 말해서 전체내용은 인과관계이지만, 따로 결과를 나타내는 접속사가 없으므로 굳이 '원인→결과'의 순서를 따를 필요는 없다. 중요한 것은 A문장의 인칭대명사 '他们'보다 구체적인 표현이 있는지 살펴봐야 하는데, 그것은 곧 B문장 내의 '去过他家的人'이 된다. 그러므로 인칭대명사 '他们'이 더 뒤에 배열되어야 논리적으로 타당하므로 이 문장은 결론을 먼저 내리고 원인을 밝히는 순서가 된다.

2.　有一个大学的一项调查研究表明, 在一千个年龄在五十九岁到八十岁的男人和女人中大多数人表示退休后不打算跟自己的子女一起生活。

　　한 대학의 조사연구에서 59세에서 80세 남녀 천 명 중 대다수의 사람들이 퇴직 후 자신의 자녀와 함께 생활할 계획이 없음을 표명했다고 밝혔다.

단어　项 xiàng 명 항목 | 调查 diàochá 동 (현장에서) 조사하다 | 表明 biǎomíng 동 분명하게 밝히다, 표명하다 | 年龄 niánlíng 명 연령, 나이 | 大多数 dàduōshù 명 대다수의, 대부분의 | 表示 biǎoshì 동 (언행으로 사상·감정 등을) 나타내다, 표시하다, 표명하다 | 退休 tuìxiū 동 퇴직하다, 퇴임하다, 은퇴하다

功夫 풀이　A문장은 주어가 없이 바로 술어 '表示'로 시작하고 있으므로, A문장 바로 앞에는 주어가 있어야 하는데, 그것은 곧 C문장이 된다. C문장은 자세히 살펴보면 전체가 '명사구'로 이루어져 있으므로, 술어 '表示'의 주어가 될 수 있다. 남아있는 B문장은 전체가 '주어 + 술어'구조로 이루어져 있고, 술어 '表明'의 목적어, 즉 조사연구에서 밝힌 내용이 와야 하는데, 그것은 곧 B를 제외한 나머지 CA문장 전체가 된다.

3.　调查当中有这么一个问题, 就是中国的传统节日重要还是西方的节日重要, 89.3%的人认为中国传统节日更重要。

　　조사 중에 중국의 전통 명절이 중요한지 아니면 서양의 명절이 중요한지에 대한 문제가 있었는데, 89.3%의 사람들은 중국의 전통 명절이 더 중요하다고 여겼다.

단어　传统 chuántǒng 형 전통적이다 | 节日 jiérì 명 명절 | 西方 xīfāng 명 서방 선진국 | 认为 rènwéi 동 여기다, 생각하다

功夫 풀이　A문장의 부사 '更'은 보통 비교문에서 비교의 정도를 표시하는 부사로 쓰인다. 그렇다면 A문장의 '传统节日'와 비교하는 대상이 A문장 앞에 언급이 되어야 하는데, 그것은 곧 B문장에 나오는 '西方的节日'가 된다. B문장은 '还是'를 이용해 선택의문문의 형식을 취하고 있어 비교의 조건이 갖추어진 셈이 된다. 그런데 B문장은 부사 '就'로 시작하고 있어 그 앞에는 주어가 나와야 하는데, 이것은 곧 C문장의 후반부에 있는 '这么一个问题'가 되므로 C문장은 다시 B문장 앞에 놓여야 한다.

4. 北京的服务行业这些年发展很快，竞争也很厉害，不过老百姓的生活确实方便多了。

베이징의 서비스업은 근래에 발전이 매우 빠르고, 경쟁도 매우 심하지만, 일반 국민의 생활은 확실히 더 편리해졌다.

단어 服务 fúwù 동 복무하다, 봉사하다, 서비스하다 | 行业 hángyè 명 직업, 직종, 업종 | 发展 fāzhǎn 동 발전하다 | 竞争 jìngzhēng 동 경쟁하다 | 厉害 lìhai 형 대단하다, 굉장하다, 극심하다, 심각하다, 지독하다 | 老百姓 lǎobǎixìng 명 백성, 국민, 일반 국민 | 确实 quèshí 부 정말로, 확실히, 틀림없이

꿍푸 풀이 문장 B에는 부사 '也'를 통한 의미 확장이 일어나고 있고, C문장은 상반된 의미를 나타내는 접속사 '不过'로 시작하고 있기 때문에 문장의 가장 앞에는 놓일 수 없다. 그러므로 문장 A가 가장 앞에 놓여야 하고, A와 B는 모두 '服务行业'에 관한 내용을 설명하고 있으므로, B는 A문장 뒤에 놓이면 된다. 전체적으로 문장 AB와 C문장이 상반된 의미를 나타내고 있음으로, C문장이 가장 마지막에 놓여야 한다.

5. 尽管每一位老师都希望他的学生优秀，每一位家长也都希望自己的孩子比别的孩子聪明。但我们还是要客观一些，不可能所有的人都上北大。

비록 모든 선생님들이 자신의 학생이 우수하기를 희망하고, 모든 학부모들도 자신의 아이가 다른 아이들보다 더 총명하길 희망한다. 하지만 우리는 좀 더 객관적이어야 하는데, 모든 사람이 베이징대에 진학하는 것은 불가능하다.

단어 希望 xīwàng 동 희망하다, 바라다 | 优秀 yōuxiù 형 아주 뛰어나다, 우수하다 | 客观 kèguān 형 객관적이다 | 家长 jiāzhǎng 명 (미성년의) 학부모, 보호자 | 聪明 cōngming 형 똑똑하다, 총명하다, 영리하다

꿍푸 풀이 A문장의 '尽管'은 일반적으로 '但是, 可是' 등과 호응하여 '비록 ~일지라도 ~하다'의 의미를 나타낸다. 이 관계에 비추어 보면 A문장과 B문장의 논리관계와 순서가 쉽게 정해진다. 남은 C문장은 문장 가운데 부사 '也'가 있음을 볼 수 있는데, '也'를 통해서 범위가 확장되고 있으므로, 유사한 의미의 내용을 지니고 있는 A문장 뒤에 연결이 되어야 자연스럽게 범위가 확장될 수 있다.

6. 最近中国出版研究所做了一项调查。调查的结果表明，中国的青年不读书的主要原因是"没有时间"，其次是"不习惯读书"。

최근 중국의 한 출판연구소에서 한 가지 조사를 했다. 조사의 결과는 중국의 청년들이 독서를 하지 않는 주요한 원인이 '시간이 없어서'였고, 그 다음이 '독서가 습관이 되지 않아서'였다고 밝혔다.

단어 出版 chūbǎn 동 출판하다, 발행하다, 출간하다 | 研究所 yánjiūsuǒ 명 연구소 | 表明 biǎomíng 동 분명하게 밝히다, 표명하다 | 其次 qícì 대 (순서상으로) 부차적인 것, 두 번째의 것

꿍푸 풀이 B문장의 서두에 나오는 '其次'는 '그 다음으로'의 의미를 나타내어, 순위관계를 나타낼 때, 처음이나 우선이 되는 것 다음으로 열거하여 설명하고자 할 때 사용된다. 보통 앞에는 '首先' 혹은 '主要' 등 우선되거나 핵심이 되는 내용을 말해주는 단어들이 출현하게 된다. 그러므로 '其次'로 시작하는 B문장 앞에는 '主要'를 가지고 있는 A문장이 나와야 한다. 마지막으로 C문장은 조사의 진행기관과 배경이 되는 시간을 나타내고 있으므로 문장의 가장 앞에 놓여야 한다.

7. 我有一位美国朋友，他对中国传统文化非常感兴趣。因此，他经常到公园等公共场所去交一些中国朋友，通过他们了解中国人的文化和生活方式。

나는 미국 친구 한 명이 있는데, 그는 중국 전통문화에 매우 관심이 있다. 이로 인해, 그는 자주 공원 등 공공장소에 가서 중국 친구들을 사귀고, 그들을 통해 중국인의 문화와 생활방식을 이해한다.

단어 传统 chuántǒng 형 전통적이다 | 感兴趣 gǎnxìngqù 관심이 있다, 흥미가 있다, 좋아하다 | 公共场所 gōnggòng chǎngsuǒ 공공장소 | 通过 tōngguò 전 ~을 거쳐, ~에 의해, ~를 통해

功夫 풀이 C문장의 서두에 나오는 접속사 '因此'는 '그러므로, 그러한 이유로'의 의미를 나타내며 결과에 관한 정보를 이끈다. 보통 앞에는 접속사 '由于(~때문에)' 등이 이끄는 원인을 나타내는 문장이 오게 되는데, 여기서는 C문장의 원인 혹은 조건이 되는 내용을 B문장이 되기 때문에 B는 C문장 앞에 나와야 한다. 남아있는 A문장의 위치를 해결하기 위해서는 문장 안의 대명사 '他们'이 가리키는 대상이 누구인지를 파악해야 하는데, 여기서는 C문장 마지막에 나오는 '一些中国朋友'가 되므로 A문장은 C문장 뒤에 놓여야 한다.

8. 现在的城市生活越来越忙，人们越来越没有时间。所以现在有很多城市里的年轻人下班以后找不到朋友，只能一个人呆在家里了。

현재의 도시 생활은 점점 더 바빠지고, 사람들은 점점 더 시간이 없다. 그래서 지금 많은 도시 속의 젊은이들이 퇴근 후 친구를 찾을 수가 없어서 혼자 집 안에 머물러 있을 수 밖에 없다.

단어 只能 zhǐnéng 동 ~할 수밖에 없다, 다만(단지·겨우) ~할 수 있을 뿐이다 | 呆 dāi 동 머물다, 묵다, 체류하다

功夫 풀이 C문장의 가장 앞에 나오는 접속사 '所以'는 결과를 이끄는 접속사로서, 그 앞에는 원인이나 배경조건이 되는 내용이 나와야 한다. 내용의 의미상 C문장의 원인이 되는 문장은 B문장이 되기 때문에 B는 C문장 앞에 놓여야 한다. 남아있는 A문장의 시작도 '只能'으로 시작하는 것으로 미루어 보아 '어쩔 수 없는' 원인이 나와야 하는데, A문장의 직접적인 원인은 바로 C문장의 후반부 '找不到朋友'가 되므로 A문장은 C문장의 뒤에 놓여야 한다.

9. 现在因为各种原因出门旅行的人越来越多。有的人是为了要到别的地方学习，有的人是为了到外地工作，也有的人只是为了到一个自己不熟悉的地方去玩儿玩儿。

현재 각종 원인으로 집을 떠나 여행하는 사람들이 점점 더 많아지고 있다. 어떤 사람들은 다른 지역에 가서 공부를 하기 위해서이고, 어떤 사람들은 외지에서 일을 하기 위해서이다. 또 어떤 사람들은 단지 자기가 잘 알지 못하는 곳에 가서 놀기 위해서이다.

단어 外地 wàidì 명 외지 | 熟悉 shúxī 형 잘 알다, 익숙하다

功夫 풀이 분상 A와 B를 살펴보면 동일한 형식과 유사한 내용으로 이루어져 있음을 알 수 있다. 모두 '有的人是为了……'의 형식으로서 '어떤 사람은 ~을 위하여'의 형태이다. 문장 A에 부사 '也'가 있으므로 A문장이 B문장의 뒤에 위치해야 한다. 그 다음으로 '有的……, 有的……'의 형식은 전체 가운데서 일부씩 열거하고자 할 때 사용하는 형식으로서, 그렇다면 부분 앞에는 전체를 가리키는 내용이 나와야 하는데, 즉 문장 C의 '出门旅行的人'이 전체의 주어가 되기 때문에, C가 가장 앞에 놓여야 한다.

10. 由于平时的工作学习都比较累，因此周末人们一般都要找个地方休息一下，比如跟朋友们一起去逛街，去咖啡馆喝咖啡等等。

> 평상시 일과 공부 모두 비교적 피곤하기 때문에, 주말에 사람들은 어떤 곳을 찾아 좀 쉬고 싶어한다. 예를 들면, 친구와 함께 아이쇼핑을 가거나 커피숍에 가서 커피를 마시는 것 등이다.

단어 由于 yóuyú 접 ~때문에, ~(으)로 인하여 | 因此 yīncǐ 접 이로 인하여, 그래서, 이 때문에 | 比如 bǐrú 접 예를 들어, 예를 들면, 예컨대 | 逛街 guàngjiē 동 길거리를 한가로이 거닐며 구경하다, 아이쇼핑하다

공부 풀이 A문장의 가장 앞에 나오는 접속사 '由于'는 보통 뒤에 '因此, 因而, 所以' 등 결과를 이끄는 접속사들과 호응하여 '~때문에 그래서 ~하다'의 인과관계를 나타낸다. 그러므로 A문장과 C문장의 관계는 인과관계로서 그 순서는 AC로 쉽게 정해진다. B문장의 앞에 나오는 '比如'는 '예를 들면'의 의미로서 앞에서 언급된 내용을 구체적인 예시를 들어 설명하고자 할 때 사용한다. 그렇다면 B의 내용이 어느 문장의 구체적인 예시인지를 밝히면 되는데, 의미상 B는 C문장의 '找个地方休息'의 구체적인 예임을 알 수 있다. 그러므로 B는 C의 뒤에 놓여야 한다.

第三部分

1회   p.192

정답_ 1. C 2. B 3. B 4. C 5. C 6. D 7. B 8. C 9. A 10. B
11. C 12. B 13. A 14. C 15. B 16. B 17. C 18. D 19. B 20. C

1. 영국에서 최신 공표된 한 연구 결과에서 대다수 영국인들에게는 49세가 비로소 청춘의 종점이고, 60여 세가 비로소 노년기의 시작이라고 했다.

★ '49가 비로소 청춘의 종점이다'에서 '종점'은 무슨 뜻인가?

A 중점 B 기점
C 종결 D 연착하다

단어 公布 gōngbù 동 공포(공표)하다 | 显示 xiǎnshì 동 뚜렷하게 나타내 보이다, 분명하게 표현하다, 내보이다, 보여주다 | 青春 qīngchūn 명 청춘 | 老年期 lǎoniánqī 명 노년기

공부 풀이 이 문제를 해결하기 위해서는 '49岁才是青春的终点, 而60多岁才是老年期的开始'의 논리 관계를 파악해야 한다. 접속사 '而'을 통하여 앞뒤 문장의 관계가 전환관계임을 알 수 있다. 그러므로 '终点'의 의미는 '开始'의 반대 의미를 나타내고 있음을 알 수 있다.

2. 음료를 많이 마시는 것의 해로운 점을 언급하자면, 많은 사람들이 가장 먼저 과다한 열량이 체중의 증가를 불러올 것이라고 생각한다. 그러나 최신 연구에서 음료는 일반인들이 알지 못하는 해로움이 또 있는데, 그것은 바로 음료수가 치아를 손상시킬 수 있다는 것이다.

★ 문장에서 음료를 많이 마시면 나타나는 해로움을 몇 가지 제시하고 있는가?

A 한 가지　　　　　B 두 가지　　　　　C 세 가지　　　　　D 네 가지

단어 饮料 yǐnliào 명 음료 | 坏处 huàichù 명 나쁜 점, 결점, 해로운 점 | 首先 shǒuxiān 부 가장 먼저, 맨 먼저, 우선 | 热量 rèliàng 명 열량, 단위는 칼로리(calorie) | 造成 zàochéng 동 형성하다, 조성하다, 만들다 | 损害 sǔnhài 동 손실을 입다, 손상시키다 | 牙齿 yáchǐ 명 이, 치아

功夫 풀이 이 문제의 답을 찾기 위해서는 '几种害处'가 핵심 단어가 된다. 이를 근거로 문장 전체를 살펴보면, 글 전체의 내용이 모두 '음료수를 마시는 해로움'을 설명하고 있음을 알 수 있다. 전체를 다시 크게 두 부분으로 나눌 수 있는데 그 기준이 되는 단어구조는 '首先……还有……'가 된다. 뜻은 즉 '우선 ~이고, 그리고 ~이다'이므로, 문장에서 언급한 해로움은 총 두가지가 된다.

3. 3월 15일 오후, 천안문 광장에서 동동이라고 불리는 한 남자아이를 잃어버렸다. 동동은 올해 여섯 살이고, 키는 약 1미터이며, 큰 눈을 가지고 있다. 보통화를 하지 못하고, 오직 광둥화만 할 줄 안다. 전신에 커피색인 옷을 입고 있고, 흰 색의 아동화를 신고 있다.

★ 이 글의 주요 목적은 무엇인가?

A 상품광고　　　　　　　　　　B 사람 찾기 광고
C 인물소개　　　　　　　　　　D 구혼광고

단어 失 shī 동 잃다, 잃어버리다, 분실하다 | 广东话 Guǎngdōnghuà 명 광둥어, 월방언 | 童鞋 tóngxié 명 아동화

功夫 풀이 글의 전체적인 목적을 물어보는 질문은 질문이나 문장에서 핵심단어를 찾아 접근하는 것이 용이하나 지금과 같은 문제유형은 글 전체의 성격을 물어보는 것이나 다름없다. 이런 경우 모든 문장 하나하나를 다 세밀히 독해할 필요는 없고, 전체적으로 분위기만 파악하면 된다. 첫 문장에서 '走失了一个叫东东的小男孩'로 누군가를 찾고자 함을 시사하고 있고, 후반부는 모두 '小男孩'에 대한 묘사이므로 답은 B가 된다.

4. 최근 한국 대학 졸업생 중 다수가 미국, 유럽과 중국으로 유학을 간다. 특히 중국으로 유학을 가는 사람들은 끊임없이 증가하고 있다. 중국의 많은 대학에서 한국 유학생의 수는 이미 일본 유학생수에 가깝거나 초과했다.

★ 본문 내용을 근거로 할 때, 다음 중 정확한 것은?

A 중국에서 한국유학생의 수가 가장 많다
B 한국 대학생들은 졸업 후 반드시 해외로 유학 가려고 한다
C 중국으로 유학 가는 사람의 수가 나날이 많아진다
D 중국에서 한국유학생의 수가 일본유학생의 수를 초과했다

단어 接近 jiējìn 동 접근하다, 가까이하다 | 超过 chāoguò 동 넘다, 초과하다

功夫 풀이 문제를 통해서는 뚜렷한 핵심단어가 제시되어 있지 않고, 보기 4개의 내용을 하나씩 본문과 비교하여 답과 거리가 먼 것을 배제하면서 답을 찾아야 한다. 보기 A에서 '最多'의 최상급 표현이 사용되고 있는데, 본문에서는 최상급 표현이 없다. B의 내용은 본문 처음에 언급되고는 있지만, 졸업생들이 해외유학을 가는 몇몇 국가를 소개했을 뿐 다른 내용은 없다. C의 내용은 '特别去中国留学的人不断增加'를 통해 정확히 알 수 있으므로 C가 답이 된다. D는 마지막에 '韩国留学生的人数已经接近或超过了日本留学生'으로 구체적으로 제시되고는 있지만, 여기서 주의할 사항은 '接近或超过'라고 언급했으므로 '초과했다'의 표현만으로는 정확하다고 할 수 없다.

5. 설날은 묵은 해의 종결이자, 새로운 해의 시작이다. 그래서 중국인들은 무엇보다도 '새로운 것'을 중시한다. 설 전에 온 가족이 집을 깨끗이 청소하고, 또한 새 옷을 산다. 그 다음으로 '먹을 것'을 중시하는데, 집집마다 많은 음식을 준비해야 한다.

★ 본문을 근거로 할 때, 다음 중 정확하지 않은 것은?

A 설을 쇨 때 중국인들은 집을 청소한다

B 중국인들은 설날을 매우 중시한다

C 설을 쇠는 것은 매우 피곤하고 번거롭다

D 설날 때 중국인들은 새 옷을 준비한다

단어 结束 jiéshù 동 끝나다, 종결하다 | 首先 shǒuxiān 부 우선, 무엇보다 먼저 | 其次 qícì 명 다음, 그 다음

功夫 풀이 문제를 통해서는 뚜렷한 핵심단어가 제시되어 있지 않고, 보기 네 개의 내용을 하나씩 본문과 비교하여 답과 거리가 먼 것을 배제하면서 답을 찾아야 한다. 보기 A에서 핵심단어는 '打扫房子'이다. 이와 관련한 내용은 본문 전반부 '春节前，全家一起把房子打扫干净'에 정확히 언급되어 있으므로 보기 A는 옳다. B의 내용은 본문의 내용 전체를 포괄하는 의미로서, 위의 내용은 모두 중국인이 설을 쇠는 것을 중요하게 생각하기 때문으로 볼 수 있다. C는 전혀 언급되지 않은 내용이므로, 답은 C가 된다. D의 내용은 문장의 처음에 '还要买新衣服'라고 언급하고 있으므로 옳은 내용이다.

6. 일본에서는 사람들이 줄곧 좌우 손을 동시에 사용하면 사고능력을 높일 수 있다고 생각했는데, 왜냐하면 이렇게 하면 좌우 뇌 모두 활발한 상태가 되기 때문이다. 이로 인해 일본에서는 아이들에게 왼손을 사용하지 못 하게 하는 사람이 없고, 더 나아가서는 그들로 하여금 자유롭게 두 손을 사용하는 것을 배우게 한다.

★ 일본에서 사람들은 왜 아이들이 왼손을 사용하는 습관을 고치도록 하지 않는가?

A 사람들은 어느 손을 사용해도 모두 괜찮다고 생각하기 때문에

B 아이들이 왼손을 사용해도 결코 생활에 불편을 주지 않기 때문에

C 일본인들은 원래 왼손을 사용하기 때문에

D 좌우 손을 모두 훈련하면 대뇌를 더욱 활발하게 할 수 있기 때문에

단어 能够 nénggòu 동 ~할 수 있다 | 提高 tígāo 동 제고하다, 향상시키다, 높이다 | 思考 sīkǎo 동 사고하다, 사색하다, 사유하다 | 灵活 línghuó 형 민첩하다, 날쌔다, 재빠르다 | 状态 zhuàngtài 명 상태

功夫 풀이 문제에서 핵심단어는 '不让孩子改正使用左手'이고, 그 이유에 대하여 물어보고 있다. 이 핵심단어가 제시된 부분을 문장에서 관찰하면, '在日本没有人不让孩子使用左手' 부분을 통해 그 의미를 전달하고 있는데, 좌우의 문장을 살펴 원인을 언급한 부분을 찾아낸다. 바로 앞에 '因为'를 이용하여 원인을 직접 언급하고 있기 때문에 '因为这使左右脑都处于灵活状态'를 근거로 답은 D가 된다.

7. 쑤저우 대학 도시학원에서 영문학을 전공한 린펑은 지금 대학원 시험 공부를 하고 있다. 그녀가 졸업하고 줄곧 지금까지 부모님은 여전히 그녀가 직장을 찾으러 다니지 못하게 한다. 그들은 항상 그녀가 아직 어리고, 혼자 바깥에 있는 것은 안전하지 않다고 생각해서 그들 곁에 남아 있기를 원한다.

    ★ 린펑이 졸업했어도 부모님은 왜 그녀가 나가서 일을 하지 못하게 하는가?

    A 린펑이 아직 적합한 직업을 찾지 못했기 때문에

    B 부모님은 린펑이 일하러 나가는 것이 안전하지 못할까 걱정하기 때문에

    C 린펑 집에 돈이 매우 많기 때문에

    D 부모님은 린펑이 대학원에 진학하기를 바라기 때문에

    단어 直到 zhídào 동 줄곧 ~까지

    功夫 풀이 질문의 핵심단어는 '不让她出去工作'이고, 그 이유에 대하여 물어보고 있다. 이 핵심단어가 제시된 부분을 문장에서 관찰하면, '直到现在……不让她出去找工作'에 나타나 있고, 그 바로 뒤가 그 이유를 자세히 설명하고 있는 부분이다. 원인을 특별히 드러나게 나타내는 단어는 없지만, '他们总觉得她还小, 一个人在外面不安全'의 내용이 직접적으로 원인을 설명하고 있으므로 답은 B가 된다.

8. 현재의 부모님들은 오직 아이들이 기꺼이 배우고자 하면 학비가 얼마나 비싸던 상관없이 부모된 사람들은 모두 쓰기를 원한다. 이것은 다자녀 부모들에게는 아마도 상상도 할 수 없는데, 이런 힘이 없을뿐더러, 경제적으로도 안 되기 때문이다.

    ★ 본문을 통하여 알 수 있는 것은?

    A 아이를 교육하기 위해서 부모도 마땅히 공부해야 한다

    B 외자녀를 둔 부모들은 다자녀를 둔 부모를 부러워 한다

    C 아이가 공부하려고만 하면 부모는 돈을 쓰려고 한다

    D 다자녀를 둔 가정의 경제조건은 외자녀를 둔 가정의 경제조건보다 좋다

    단어 愿意 yuànyì 동 바라다, 희망하다, 원하다 | 想象 xiǎngxiàng 동 상상하다 | 既 jì 접 ~할 뿐만 아니라, ~이며 | 精力 jīnglì 명 정력, 정신과 체력 | 经济 jīngjì 명 경제 | 羡慕 xiànmù 동 부러워하다

    功夫 풀이 이러한 문제를 풀기 위해서는 네 개의 보기를 각각 본문과 대조한 후 답을 찾아야 한다. 이때 주의할 점은 본문의 내용을 근거로만 답을 찾아야지, 자신의 주관적인 판단이나 추론을 보태서는 안 된다. 보기 A는 '父母也应该学习'를 핵심단어로 삼아 본문에서 살펴보아야 하는데, 본문에서는 이 부분에 대한 언급이 전혀 없다. 보기 B의 핵심어휘인 '羡慕'는 본문 중 전혀 언급된 바가 없으므로 판단이 불가능하다. 그러므로 B는 정답이 될 수 없다. C는 '只要孩子肯学, 无论学费多贵, 做父母的都愿意出'에서 정확히 언급하고 있으므로 답이 된다. 다자녀를 둔 가정의 경제상황과 관련한 내용은 '这对多子女的父母……经济上也不行'에 언급되어 있는데, 여기서 '经济上也不行'을 근거로 하여 경제형편이 되지 않음을 짐작할 수 있으므로 D의 내용은 옳지 않다.

9. 최근 《미래 세계의 100가지 변화》라고 명명된 책 한 권이 과학출판사에서 출판 발행되었다. 출판사 책임자의 소개에 따르면 2004년은 독일의 과학 기술의 해이다. 과학기술의 대국으로써, 독일의 과학자들은 정보와 통신 기술, 교통과 운송 및 신재료 등 6개 분야의 최신 기술 발전을 총정리하고, 그 중 가장 대표적인 100가지를 선별해서 모아 출판하였다.

★《미래 세계의 100가지 변화》라는 책에 포함되지 않는 것은?

A 독일 과학의 역사　　　　　　　　B 정보통신기술
C 교통과 운수　　　　　　　　　　D 신재료

단어 未来 wèilái 명 미래, 미래의, 향후 ｜ 出版社 chūbǎnshè 명 출판사 ｜ 发行 fāxíng 동 (화폐·채권·우표·출판물 등을) 발행하다, 발매하다 ｜ 负责人 fùzérén 명 책임자 ｜ 技术 jìshù 명 기술 ｜ 总结 zǒngjié 동 총괄하다, 총화하다, 총결산하다, 총정리하다 ｜ 运输 yùnshū 동 운수하다, 운송하다, 수송하다 ｜ 以及 yǐjí 접 및, 그리고, 아울러

功夫 풀이 문제를 해결하기 위해서는 책의 내용을 열거한 부분을 본문에서 찾아 찾아보면, '德国的科学家们总结了信息和通信技术、交通和运输以及新材料等······'부분이라고 할 수 있다. 여기서 '德国科学的历史'는 전혀 언급되지 않았으므로 답은 A가 된다.

---

10. 귀는 매일 사람들이 사용하지만, 오히려 눈이나 코, 입과 같이 사람들의 중시를 받지는 못한다. 많은 경우 귀를 느끼지 못하고, 그것을 잊어버린다. 하지만, 자세히 귀를 좀 보자. 한 연구가 밝히길, 귀를 통해서 어떤 사람이 건강한지 아닌지, 심지어 어떤 성격인지도 알아낼 수 있다.

★ 이 글이 주로 하고자 하는 말은?

A 재미있는 인체　　　　　　　　　B 새롭게 귀를 인식하라
C 어떻게 안경을 선택할 것인가　　　D 귀가 가장 중요하다

단어 耳朵 ěrduo 명 귀 ｜ 鼻子 bízi 명 코 ｜ 嘴 zuǐ 명 입 ｜ 忘记 wàngjì 동 잊어버리다 ｜ 仔细 zǐxì 형 세심하다, 꼼꼼하다 ｜ 研究 yánjiū 동 연구하다 ｜ 甚至 shènzhì 접 심지어, 더욱이 ｜ 有趣 yǒuqù 형 재미있다 ｜ 重新 chóngxīn 부 다시, 재차

功夫 풀이 질문의 핵심은 '主要说'로서 글의 주제 내지는 화자가 근본적으로 하고자 하는 핵심내용을 보기 중에서 선택해야 한다. 글은 처음부터 끝까지 '耳朵'에 대한 중요성과 역할에 대한 이야기를 하면서, 귀에 대한 새로운 인식의 필요성을 이야기하고 있다.

---

11. 중국의 남북 기후는 상당히 다르다. 남방이 이미 봄일 때 북방의 하얼빈은 여전히 매우 춥다. 여름에 남방은 매우 더워서 보통 기온이 37.8도 정도이고, 더운 기간도 비교적 길다. 하지만, 북방의 여름은 비교적 짧다.

★ 이 글이 주로 말하는 것은 무엇인가?

A 북방의 여름은 매우 짧다　　　　　　B 겨울에 남방은 그다지 춥지 않다
C 중국 남방의 기후와 북방의 기후는 매우 다르다　　D 중국 남북방의 기후는 비슷하다

단어 气候 qìhòu 명 기후 ｜ 哈尔滨 Hā'ěrbīn 명 하얼빈, 헤이룽장(黑龙江)성의 성도(省都)임 ｜ 气温 qìwēn 명 기온

功夫 풀이 이 문제는 글의 전체적인 주제를 묻고 있는 것이다. 보통 주제는 글의 가장 앞이나 가장 마지막에 나타나 있다. 주의할 점은 보기의 내용이 설령 맞다 하더라도 전체 내용을 다 감쌀 수 없다면, 주제라고 할 수 없다. 문제에서도 보기 A와 B는 본문에서 정확히 언급이 되어 있는 사실이지만 전체적인 내용이 아닌 일부의 사실이기 때문에 주제라고 할 수 없다. 이 글의 주제는 글의 가장 앞에 나오는 '中国南北气候相当不同'이라고 할 수 있다. 이는 곧 보기 C의 내용과 일치하므로 답은 C가 된다.

12. 현재 중국에서 직원 평균 월급이 가장 높은 직종은 부동산업인데, 매 달 평균 월급은 1400위안이다. 그 다음은 은행, 통신 등의 직종이다. 임금의 증가가 비교적 빠른 직종은 부동산, 교육, 위생, 전자제품제조, 전력 등이다.

★ 임금이 가장 높은 직업은?

A 교육   B 부동산업   C 위생   D 은행

단어 工资 gōngzī 몡 월급, 임금 | 房地产 fángdìchǎn 몡 부동산 | 其次 qícì 때 (순서상으로) 부차적인 것, 두 번째의 것 | 电信 diànxìn 몡 전신 | 制造 zhìzào 통 제조하다, 만들다

功夫 풀이 문제의 핵심 단어는 '工资最多'이다. 본문에서 이 단어가 언급된 부분을 찾아 살펴보면 '现在中国职工平均工资最高的行业是房地产业'라는 문장이 있다. 여기서 '房地产业'라고 정확히 명시를 하고 있으므로 답은 B로 쉽게 찾을 수 있다.

13-14. 중국인은 결혼할 때 일반적으로 교회에 가지 않고, 더 흥미로운 것은 남자 쪽에서 직접 운전을 해서 여자 쪽으로 가서, 여자를 자기 집으로 데려올 수 있다는 것이다. 정오에는 신혼부부의 친척, 친구들이 모두 식당에 모여 밥을 먹는데, 그때 신혼부부의 친구들은 한껏 신혼부부에게 장난을 친다. 이밖에 신혼부부는 또한 친척 친구들에게 술을 올려야 한다. 신부의 옷 주머니 속에는 용안 열매와 연밥이 들어 있는데, 이것은 중국인들의 풍속으로, 그 뜻은 빨리 귀한 자녀를 낳으라는 것이다.

★ 중국인이 결혼할 때 어떤 점이 비교적 흥미로운가?

A 남자가 직접 운전해서 신부를 데리러 가는 것   B 중국인들이 떠들썩한 것을 좋아하는 것
C 중국인들이 결혼 축하주를 좋아하는 것   D 신부의 옷 주머니 속에 용안 열매와 연밥이 들어있는 것

★ 용안열매와 연밥이 대표하는 의미는?

A 매우 맛있다   B 원만하다   C 일찍 아이를 낳다   D 부귀하다

단어 教堂 jiàotáng 몡 교회당, 예배당 | 接 jiē 통 영접하다, 맞이하다, 마중하다 | 聚集 jùjí 통 합류(회합)하다, 한데 모이다(모으다) | 尽情 jìnqíng 부 하고 싶은 바를 다하여, 한껏(실컷·마음껏) | 逗 dòu 통 놀리다, 골리다, 집적거리다 | 敬酒 jìngjiǔ 통 삼가 술을 올리다(권하다) | 口袋 kǒudai 몡 주머니, 호주머니 | 桂圆 guìyuán 몡 용안 열매 | 莲子 liánzǐ 몡 연밥 | 圆满 yuánmǎn 형 원만하다, 완벽하다, 훌륭하다, 충분하다

功夫 풀이 ❶ 첫 번째 질문의 핵심단어는 '什么比较有意思'이다. 이 부분은 본문에서 '更有意思的是男方可以自己开车去女方家'라고 언급하고 있으므로, 답을 A로 해야 한다.

❷ 두 번째 질문의 핵심은 '桂圆莲子'이다. 굳이 이 단어를 알지 못하더라도 문제를 해결하는 데에는 지장이 없고, 그 의미를 상세히 설명해주는 직접적인 표시로서 '意思就是……'가 있으므로 그 후반의 내용 '早生贵子'의 의미를 나타내는 C가 답이 된다.

15-16. 교육부 규정에 따르면, 초등학생 1~3학년의 매일 과제양은 마땅히 30분 이내여야 하고 4~6학년은 60분 이내, 중학생은 90분 이내여야 한다. 이번 조사 중에 초등학교 1~3학년의 평소 과제 시간 초과 비율은 도시와 농촌이 각각 69.2%와 61.2%이었고, 초등학교 4~6학년의 과제시간 초과 비율은 도시와 농촌이 각각 63.0%와 52.5%였고, 중학생의 초과 비율은 도시와 농촌이 각각 55.0%와 41.3%이었다.

★ 교육부 규정에 따르면, 초등학교 4~6학년의 과제 시간은 마땅히:

A 30분 이내   B 60분 이내   C 90분 이내   D 120분 이내

★ 조사에서 밝히길, 농촌에서 과제 시간이 초과한 중학생의 비율은 얼마인가?

A 55.0%   B 41.3%   C 61.2%   D 52.5%

단어 按照 ànzhào 전 ~에 의해, ~에 따라 | 规定 guīdìng 명 규정, 규칙 | 超过 chāoguò 동 초과하다, 넘다 | 比例 bǐlì 명 비율

功夫 풀이

❶ 첫 번째 질문의 핵심단어는 '小学4到6年级的作业量'이다. 이를 토대로 지문을 살펴보면, 전체 내용을 크게 '按照教育部规定, 小学1~3……'와 '这次调查中, 小学1~3……'의 두 부분으로 나눌 수 있다. 전반부의 내용이 첫 번째 질문을 해결하기 위한 내용임은 수치가 시간 단위로 표시되어 있는 것을 통해서 쉽게 알 수 있다. 따라서 전반부의 내용에서 '4~6年级'로 언급된 부분을 꼼꼼히 찾으면 그 수치는 '60분 이내'로 쉽게 찾을 수 있다.

❷ 두 번째 질문의 핵심단어는 '农村'과 '初中生的比例'이다. 두 번째 문제를 해결하기 위해서는 후반부를 살펴보면 되는데, 이때 주의할 점은 각 학년별로 모두 도시와 농촌의 수치를 각각 언급하고 있다는 점이다. 따라서 문제의 핵심단어 '农村'을 근거로 하여 살펴보면 '41.3%'임을 알 수 있다.

17-18. 최근 몇 년, 중국에서 택시는 큰 발전이 있었다. 특히 '소형버스'와 '승합차택시'는 사람들에게 매우 큰 편리함을 제공했다. 그러나 차량의 증가는 또 다른 방면에서 심각한 문제를 야기했다. 이미 매우 혼잡한 교통이 더욱 붐비게 되어, 밖에 나가는 사람들은 더욱 혼잡한 교통의 고통을 느끼게 될 것이다. 더욱이 환경오염도 도시 발전의 새로운 문제가 될 것이다.

★ 본문의 내용을 근거로 아래에서 옳은 것은?

A 최근 몇 년 미니버스와 승합차의 출현은 교통문제를 완전히 해결하였다

B 택시 발전은 사람들의 생활에 좋은 점이 없다

C 교통수단의 발전이 심각한 환경오염 문제를 야기시켰다

D 교통문제는 오직 자동차를 늘려야만 해결할 수 있다

★ 위 글의 주요한 내용은?

A 택시의 장점은 많다   B 중국 도시의 교통상황

C 중국 대중교통의 미래   D 교통이 새로운 사회문제가 될 수 있다

단어 发展 fāzhǎn 동 발전하다 | 面的 miàndī 명 승합차 택시, 미니 빵차 택시 | 引起 yǐnqǐ 동 (주의를) 끌다. 야기하다. 불러 일으키다. (사건 등을) 일으키다 | 严重 yánzhòng 형 (정세·추세·정황 등이) 위급하다. 심각하다. (영향이) 엄중하다. 막대하다 | 拥挤 yōngjǐ 형 붐비다, 혼잡하다, 빽빽하게 차다. 꽉 차다 | 尤其 yóuqí 부 더욱이, 특히

功夫 풀이

❶ 첫 번째 질문에서 보기 A의 교통문제 해결은 언급되지 않았고, B는 본문 중 '给人们提供了很大的方便'를 통하여 장점도 있음을 알 수 있다. C의 내용은 본문의 마지막 '尤其环境污染也会成为……'를 통해 언급하였으므로 답이 된다. D의 내용은 교통문제를 해결할 방법에 대해서는 전혀 언급하지 않았으므로 답이 될 수 없다.

❷ 두 번째 질문을 해결하기 위해서는 본문 전체의 내용을 개괄하고 있는 내용을 답으로 찾아야 한다. 본문에서 말하고자 하는 핵심은 전반부가 아닌 후반부에서 언급한 대중교통이 야기하는 사회문제이다. 그러므로 답은 D가 된다.

독해

19-20. 린린은 암닭 두 마리를 키우는데, 한 마리는 흰색이고, 다른 한 마리는 검은색이다. 암닭 두 마리는 매일 그에게 알을 두 개씩 낳아주는데, 린린은 얼마나 기쁜지, 온 종일 두 마리 암닭 주위를 맴돈다. 린린이 올해 겨우 여섯 살이라고 얕보면 안 되는데, 그는 늘 어른들도 대답하지 못하는 질문을 한다. 예를 들면, "아빠, 엄마, 흰색 암닭과 검은색 암닭 중 누가 똑똑해요?" 같은 이런 질문에 대해, 아빠와 엄마는 항상 어떻게 대답하는 게 좋을지 모르겠다고 생각한다. 그러나 어린 린린은 오히려 스스로 독특한 답을 찾아낸다. 그는 진지하게 "검은색 닭이 흰 색 닭보다 똑똑해요. 왜냐하면 검은색 닭은 흰색 알을 낳지만, 흰색 닭은 검은 색 알을 낳지 못하니까요." 라고 말했다. 이 말을 듣고 아빠 엄마는 크게 웃기 시작했다.

★ 이 글을 통하여 볼 때, 린린은 어떠한 아이인가?

A 그는 닭을 기르는 것을 좋아하지 않는다

B 그가 스스로 내린 답은 매우 독특하다

C 그는 아빠, 엄마에게 물어보는 것을 좋아하지 않는다

D 그는 암닭이 마음에 들지 않는다

★ 본문의 내용을 근거로 아래에서 옳은 것은?

A 린린은 흰색 닭 한 마리와 얼룩무늬 닭 한 마리를 기른다

B 두 마리 닭은 온종일 린린 주변을 맴돈다

C 두 마리 닭이 매일 알을 낳아서 린린은 매우 즐겁다

D 린린의 질문에 엄마와 아빠는 어떻게 답해야할지 알지만 말해주지 않는다

단어 整天 zhěngtiān 몡 (온)종일, 진(종)일, 하루 종일 | 围 wéi 동 둘러싸다, 에워싸다 | 转 zhuàn 동 한가하게 돌아다니다 | 独特 dútè 혱 독특하다, 특별하다, 특수하다, 특이하다 | 答案 dá'àn 몡 답, 해답 | 下蛋 xiàdàn 동 (조류나 파충류가) 알을 낳다. 산란하다

功夫 풀이

❶ 첫 번째 질문에서는 특별한 핵심단어가 나타나있지 않고, 전체적으로 린린의 특징을 물어보는 것이므로 보기 4개의 내용을 본문과 비교하여 답을 골라야 한다. A는 본문에서 린린이 닭을 키우는 자체에 대해서 싫고 좋고를 정확히 언급하지는 않았으므로 답이 될 수 없다. B는 본문 중 '小林林却能找到他自己独特的答案'에서 정확히 언급을 하고 있으므로 답이 된다. C는 '他常常提出……问题'를 통해 린린이 질문하는 것을 좋아하는 아이임을 알 수 있다. D는 본문과 전혀 상관없는 내용으로 답이 될 수 없다.

❷ 두 번째 질문 역시 정확한 것을 고르라고 했으므로 보기의 내용을 모두 살펴보아야 한다. A의 내용은 '花鸡'를 '黑鸡'로 바꿔야 하고, B는 '围着两只母鸡转'을 근거로 린린이 닭 주위를 맴돈다고 표현해야 옳다. C의 내용은 '两只母鸡每天给他下两个蛋, 林林别提有多高兴了'에서 정확히 언급하고 있으므로 답이 된다. D는 본문의 '对于这些问题, 爸爸妈妈总是觉得不知道怎么回答才好'에 비추어 보아 부모님은 대답을 어떻게 해야 할지를 모르고 있는 것이므로 D는 옳지 않다.

쓰기

실력 다지기 풀이
실전 테스트 풀이

 실력 다지기 풀이

第一部分

I. 중국어의 문장 구조만 잡아도 쓰기가 보인다

중국어 문장의 6大 성분 및 기본 어순 공식　　　　　　　　　p.207

1.
- **단어**　取得 qǔdé 통 취득하다, 얻다 ｜ 效果 xiàoguǒ 명 효과
- **功夫 공식**　관형어(的) + 주어 + 술어 + 관형어(的) + 목적어
- **功夫 풀이**　문장에서 술어가 될 수 있는 단어는 동사 '取得'밖에 없다. 일반적으로 주어와 목적어는 주로 명사가 담당하므로 여기서 '办法'와 '效果'를 의미에 맞게 주어와 목적어 자리에 배치한다. 또한 구조조사 '的'를 근거로 '哥哥的'와 '很好的'는 관형어가 되며 각각 주어와 목적어를 수식하게 된다.
- **모범답안**　哥哥的办法取得了很好的效果。 형의 방법은 아주 좋은 효과를 얻었다.

2.
- **단어**　教授 jiàoshòu 명 교수 ｜ 著名 zhùmíng 형 저명하다, 유명하다
- **功夫 공식**　A(주어) + 是 + B(목적어)
- **功夫 풀이**　문장의 술어는 판단동사 '是'로써, 일반적으로 '是'를 이용한 판단문형은 'A(주어) + 是 + B(목적어)' 구조를 이룬다. 주어는 일반적으로 목적어에 비해 구체적이어야 하므로 관형어 '这本小说的'를 동반한 '作者'가 주어가 된다. '位著名的'의 '位'는 사람을 높여 세는 양사로서 여기서는 '历史教授'를 센다.
- **모범답안**　这本小说的作者是位著名的历史教授。 이 소설의 작가는 유명한 역사교수님이다.

3.
- **단어**　经验 jīngyàn 명 경험 ｜ 积累 jīlěi 통 쌓다, 누적하다, 축적하다
- **功夫 공식**　주어 + 부사어 + 술어 + 관형어(的) + 목적어
- **功夫 풀이**　문장의 술어는 동사 '积累'가 되어 '주술목'의 기본문장은 '她积累了经验'이 된다. 여기서 '在工作中'은 在'를 이용한 전치사구가 되는데, 전치사구는 중국어에서 일반적으로 부사어의 기능을 담당하게 되며, 부사어는 술어 앞에서 술어를 수식하는 기능을 하므로 '在工作中'을 '积累了'앞에 두면 된다. '丰富的'는 관형어로서 여기서는 의미상 명사 '经验'을 수식하게 된다.
- **모범답안**　她在工作中积累了丰富的经验。 그녀는 업무 중에 풍부한 경험을 쌓았다.

4.
단어 常用 chángyòng 형 상용하는, 늘 사용하는 | 交通工具 jiāotōng gōngjù 교통 수단

功夫 공식 주어 + 술어 + 관형어(的) + 목적어

功夫 풀이 주어진 단어 중 '是'는 'A 是 B(A는 B이다)'의 형태를 이루게 하는 판단동사로서 문장 안에서 술어가 된다. 주어 A와 목적어 B는 주로 명사가 담당하여 '交通工具'와 '公共汽车'를 각각에 배열하여 '公共汽车是交通工具'로 '주어 + 술어 + 목적어'를 완성할 수 있다. 단어 중 '的'는 관형어를 결정 짓는 조사로서 관형어는 '我最常用的'가 되며, 관형어는 명사성분을 수식하는데, 여기서는 목적어 '交通工具' 앞에 놓이는 것이 바람직하다.

모범답안 公共汽车是我最常用的交通工具。 버스는 내가 가장 자주 사용하는 교통수단이다.
我最常用的交通工具是公共汽车。 내가 가장 자주 사용하는 교통수단은 버스이다.

5.
단어 毛衣 máoyī 명 털옷, 스웨터

功夫 공식 전치사구 + 술어

功夫 풀이 단어들 중 전치사가 보일 땐 항상 전치사 단독으로 생각하지 말고 '전치사 + 명사'를 함께 묶어 생각해야 한다. 이렇게 형성된 전치사구는 문장 안에서 일반적으로 부사어가 된다. 따라서 '给我'는 문장에서 부사어가 되어 술어 '买了' 앞에 오게 된다. '一件'의 '件'은 옷을 세는 양사로서 '毛衣'를 제한해주는 관형어가 된다.

모범답안 妈妈给我买了一件毛衣。 엄마가 나에게 스웨터 한 벌을 사주셨다.

6.
단어 电影 diànyǐng 명 영화

功夫 공식 부사 + 전치사구 + 술어

功夫 풀이 이 문제는 문장에서 부사와 전치사구가 모두 존재할 때 과연 어떤 순서로 부사어를 결정해야 할 지가 중요한 핵심이다. 이런 경우 '부사 + 전치사구 + 술어'의 공식에 적용하면 쉽게 해결되는데, 즉 '常常'이 '在家' 앞에 놓여야 한다. 주어는 '她'가 되고, '电影'은 '看'의 목적어가 된다.

모범답안 她常常在家看电影。 그녀는 자주 집에서 영화를 본다.

7.
단어 通知 tōngzhī 동 통지하다, 알리다

功夫 공식 주어 + 술어 + 간접목적어 + 직접목적어

功夫 풀이 위 단어 중 '通知'는 '통보하다, 알리다'의 의미를 가지는 동사로서 목적어를 2개 취할 수 있는 동사이다. 이중목적어를 갖는 동사가 출현하면 목적어의 순서가 중요한데, 동사 뒤에 먼저 대상을 나타내는 간접목적어를 쓰고, 그 다음 사물이나 내용에 해당하는 직접목적어를 써야 한다. 단어를 살펴보면, '我'는 시간사 '今天'을 이미 동반하고 있으므로 문장의 가장 앞에서 주어가 되므로 간접목적어는 '大家'가 된다. 통보할 내용은 '明天开会'로 직접목적어가 된다.

모범답안 今天我通知大家明天开会。 오늘 나는 모두에게 내일 회의를 한다고 통보한다.

8. **단어** 附近 fùjìn 명 부근, 근처, 인근 | 公园 gōngyuán 명 공원

  功夫 공식 (지시대명사 +) 수사 + 양사 + 형용사(구) + 명사
               　　　　　　　관형어

  功夫 풀이 문장에서 有가 술어가 되어 'A 有 B' 형태로 'A가 B를 소유하고 있다'의 의미를 나타낸다. 그러면 '주어 + 술어 + 목적어' 구조는 의미상 '学校附近有公园'이 적당하다. 수량사 '一个'와 형용사구 '非常漂亮的'는 모두 목적어를 제한해 주는 관형어로 쓰이는데, 수량사와 형용사(구)가 함께 있을 때는 '(지시대명사 +) 수사 + 양사 + 형용사(구) + 명사'의 어순으로 배열해야 한다. 즉 '一个非常漂亮的公园'이라고 해야지 '非常漂亮的一个公园'이라고 해서는 안 된다.

  모범답안 学校附近有一个非常漂亮的公园。 학교 부근에는 매우 예쁜 공원 하나가 있다.

II. 주요 품사별 접근 공식을 밝혀라

1. 명사/대명사 및 수사/양사 공략하기　　　　　　　　　　p.214

1. **단어** 观众 guānzhòng 명 관중 | 喜爱 xǐ'ài 동명 좋아하다, 사랑하다, 호감, 사랑 | 演员 yǎnyuán 명 배우

  功夫 공식 지시대명사 + 형용사 + 的 + 명사

  功夫 풀이 '那位'의 '位'는 사람을 높여 세는 양사이므로 여기서는 '京剧演员'을 세는 관형어가 되며, '著名的' 역시 '京剧演员'을 수식하는 관형어가 된다. 다만 이 두 관형어를 배치할 때는 묘사성이 높은 형용사를 명사 가까이 두어야 하므로 '那位著名的京剧演员'의 형태로 문장에서 주어가 된다. 술어는 동사 '深受'가 되며 '观众的喜爱'는 목적어가 된다.

  모범답안 那位著名的京剧演员深受观众的喜爱。 그 유명한 경극 배우는 관중들의 사랑을 깊이 받는다.

2. **단어** 农村 nóngcūn 명 농촌 | 生活 shēnghuó 동 생활하다, 살다

  功夫 공식 수사 + 양사 + 명사

  功夫 풀이 위 단어들 중 '一段'은 공간이나 시간을 짧은 단락으로 세는 양사로서 여기서는 명사 '时间'과 호응하여 문장에서 보어의 자리에 놓이게 된다. 술어는 동태조사 '过'를 가지고 있는 '生活过'가 된다.

  모범답안 他在农村生活过一段时间。 그는 농촌에서 얼마간 생활한 적이 있다.

3. **단어** 页 yè 명 양 (책의) 페이지, 면, 쪽, 페이지

  功夫 공식 수사 + 양사

	공부 풀이	위 단어들 중 '页'는 책의 페이지를 세는 양사이므로 수사 '500多' 뒤에 놓으면 된다. 여기서 술어는 일반적인 형태의 동사나 형용사가 아닌 바로 '500多页'가 된다는 점을 주의해야 한다.
	모범답안	这本小说一共500多页。 이 소설은 모두 500여 페이지이다.

4.
단어 许多 xǔduō 형 매우 많다 | 语言 yǔyán 명 언어
공부 공식 인칭대명사 + 수량사
공부 풀이 '俩'는 '两个'의 뜻으로서, 인칭대명사 '他们'과 호응하여 '그들 두 사람'이라는 동격의 의미를 표현할 수 있다. '许多'는 '很多'의 의미로서 명사 '共同语言'을 수식하는 관형어가 된다.
모범답안 他们俩有许多共同语言。 그들 두 사람은 아주 많은 공통언어를 가지고 있다.

5.
단어 写 xiě 동 (문학 작품을) 짓다, 쓰다, 창작하다 | 应该 yīnggāi 동 ~해야 한다, ~하는 것이 마땅하다
공부 공식 지시대명사 + 수사 + 양사 + 명사, 조동사 + 전치사구 + 술어
공부 풀이 '这'는 지시대명사로서 단독으로 주어가 되기도 하지만, 문장 안에 수량사가 있으면 주로 함께 결합한다. '在……内'는 '~이내에'의 의미로서 동작의 범위를 제한하므로 부사어로 사용되어 술어 앞에 놓여야 한다. '应该'는 조동사로서 전치사구와 함께 나올 때는 전치사구 앞에 놓여야 한다.
모범답안 应该在这两天内写完。 이틀 안에 다 써야만 한다.

6.
단어 其实 qíshí 부 사실, 기실
공부 공식 수사(일의 자리가 1~9 사이의 정수) + 양사 + 多
공부 풀이 어림수 '多'의 위치는 수사의 끝자리 숫자가 1~9사이의 정수인지 아니면 0 인지에 따라서 바뀌게 된다. 여기서 수사는 '三百六十五'로서 정수로 끝나게 되므로 수사 뒤에 양사인 天이 먼저 와야 하고, 그 다음 '多'를 배열해야 한다. '天'은 양사이면서 동시에 명사의 기능까지도 가지고 있다는 점에 주의해야 한다. '其实'는 주어 앞뒤에 모두 놓일 수 있는 부사로서 여기서는 주어 '一年'앞에 배열해야 한다.
모범답안 其实一年有三百六十五天多。 사실 일년은 365일이 넘는다.

7.
단어 前后 qiánhòu 명 (특정 시간의) 전후 | 打算 dǎsuan 동 ~할 생각이다, ~하려고 계획하다 | 国庆节 Guóqìng Jié 명 국경절, 매년 10월 1일
공부 공식 시간명사 + 前后
공부 풀이 '前后'는 본래 '앞뒤'의 의미이지만, 시간명사와 결합하여 '특정시점'에 대한 대략적인 어림을 표현한다. 이때 반드시 시간명사 뒤에 놓여야 하며, 시점에 대한 대략적인 표현은 가능하나 시간의 양에 대한 대략적인 표현은 불가능하다. 예를 들면 '春节前后'는 가능하지만, '一个小时前后'는 불가능하다. '打算'은 문장 전체의 술어로서, 동사나 동사구를 목적어로 취할 수 있는 동사이다. 즉, 문장에서는 '去北京旅游'를 목적어로 받고 있다.
모범답안 国庆节前后打算去北京旅游。 국경절 즈음에 베이징으로 여행갈 계획이다.

8. **功夫 공식** 지시대명사 + (수사 +) 양사 + 명사

功夫 풀이 문장의 술어는 '有'로서 'A 有 B'의 형태이다. '间'은 '房间'을 세는 양사이므로, '五十多间' 뒤에 '房间'을 붙이면 된다. '一共'은 부사로서 술어 '有' 앞에 두면 된다.

모범답안 这个酒店一共有五十多间房间。 이 호텔은 총 50여 개의 방이 있다.

2. 전치사 공략하기   p.218

1. **단어** 为 wéi 동 ~로 삼다, ~로 여기다 | 骄傲 jiāo'ào 형 명 거만하다, 자부심이 강하다, 자랑, 긍지

功夫 공식 전치사구 + 술어

功夫 풀이 여기서 주의해야 할 단어는 '为'인데, '为'는 다음다의자로서 발음을 'wèi'로 읽을 때는 전치사의 의미로 쓰이고, 'wéi'로 읽을 때는 동사의 의미로 쓰인다. 여기서는 동사로 쓰여 문장에서 술어가 된다. '以自己的孩子'는 전치사구가 되어 문장에서 부사어로 쓰이게 되므로 술어 '为' 앞에 둔다. '以……为……'는 '~을/를 ~로 삼다'의 의미로 중국어에서 자주 사용되는 표현이므로 외우도록 한다. 의미주체는 '父母'가 되므로 '骄傲'는 '为'의 목적어가 된다.

모범답안 父母都以自己的孩子为骄傲。 부모들은 모두 자신의 자녀를 자랑으로 여긴다.

2. **단어** 导游 dǎoyóu 명 가이드 | 旅客 lǚkè 명 여행객

功夫 공식 전치사구 + 的 + 명사

功夫 풀이 문장의 술어는 판단동사 '是'가 되므로 기본문장구조는 'A 是 B'가 되어 '这是一个笑话'의 문장을 구성할 수 있다. '关于'는 사람이나 사물의 관련된 범위를 나타내는 전치사로서 '关于'가 제한하는 범위는 '导游和旅客'가 된다. 여기에 다시 구조조사 '的'가 있으므로 결국 명사 '笑话'를 수식하는 관형어가 된다.

모범답안 这是一个关于导游和旅客的笑话。 이것은 가이드와 여행객에 관한 우스운 이야기이다.

3. **단어** 主要 zhǔyào 부 주로, 대부분 | 植物 zhíwù 명 식물

功夫 공식 술어 + 전치사구보어

功夫 풀이 문장의 술어는 동사 '生长'이 되고, 뒤에 전치사 '在'를 가지고 있으므로 술어 뒤에 전치사구가 놓이게 되는 보어의 형식으로 문장을 구성하라는 의도의 문제가 된다. 전치사 '在'는 보통 시간이나 장소를 동반하므로 여기서는 장소 '中国南方'과 호응하게 된다. '主要'는 부사이므로 술어 앞에 놓아야 한다.

모범답안 这种植物主要生长在中国南方。 이러한 종류의 식물은 주로 중국남방에서 자란다.

4.
단어 中秋节 Zhōngqiū Jié 몡 중추절, 추석 | 只有 zhǐyǒu 동 ~만 있다, ~밖에 없다

功夫 공식 离 + 장소/시간명사

功夫 풀이 전치사 '离'는 시간이나 장소 명사 앞에서 간격의 차이를 표현하기 위해 사용한다. 여기서는 '中秋节'가 시간을 표현하는 명사로 사용할 수 있으므로 '离中秋节'가 전치사구를 형성한다. 그 밖에 '只有'는 문장의 술어가 되고, '两天'은 목적어가 된다.

모범답안 离中秋节只有两天了。 중추절까지는 겨우 이틀 남았다.

5.
단어 文化 wénhuà 몡 문화 | 感兴趣 gǎn xìngqù 관심이 있다, 흥미가 있다, 좋아하다

功夫 공식 전치사구 + 很 + 술어

功夫 풀이 '对'는 대상을 이끄는 전치사로서 '对中国文化'가 전치사구를 이루게 된다. 문장의 술어는 '感'으로 '~을 느끼다'의 의미를 가지는데, 목적어 '兴趣'와 함께 '술어 + 목적어' 관계를 이루게 된다. '很'은 정도부사로서 일반적인 공식 '부사 + 전치사구'를 따르지 않고, 술어 바로 앞에서 술어를 직접적으로 수식하는 특징이 있다.

모범답안 我对中国文化很感兴趣。 나는 중국문화에 대해 매우 흥미가 있다.

6.
단어 组成 zǔchéng 동 구성하다, 조직하다 | 旅游团 lǚyóutuán 몡 여행단, 관광단

功夫 공식 전치사 + 명사

功夫 풀이 '由'는 여러 가지 의미를 가지는 전치사로서 기본적으로는 장소명사나 시간명사와 결합하여 동작의 시점이나 기점을 나타내 '从'과 같은 의미로 쓰인다. 하지만 여기서는 특정 대상의 근원 내지 구성 요소를 이끌어 내는 의미로 쓰인 용법인데, 많은 경우 동사 '组成'과 호응하여 '~로 구성된다'의 의미를 나타내게 된다. 여기서는 '백 여명의 사람'이 '여행단'을 구성하는 요소 내지 근원이 되므로 '由一百多个人'이 문장에서 술어 앞에 놓이게 된다.

모범답안 这个旅游团由一百多个人组成。 이 여행단은 백 여명의 사람으로 구성된다.

7.
단어 电脑 diànnǎo 몡 컴퓨터

功夫 공식 전치사구 + 술어

功夫 풀이 문장의 술어는 동사 '带来了'가 되므로 '很多方便'이 그에 따른 목적어가 된다. 전치사 '给'는 보통 동작을 받는 대상을 명사로 가져오는데, 이익이나 혜택을 받는 대상, 즉 여기서는 '我们的工作和学习'가 '给'의 대상이 되어 전치사구를 이룬다. 전치사구는 문장에서 술어 앞에 놓이는 부사어가 된다.

모범답안 电脑给我们的工作和学习带来了很多方便。
컴퓨터는 우리의 업무와 학습에 많은 편리함을 가져왔다.

8. 단어   精彩 jīngcǎi 형 뛰어나다, 훌륭하다 | 表演 biǎoyǎn 동 공연하다, 연기하다 | 热烈 rèliè 형 열렬하다 | 鼓掌 gǔzhǎng 동 박수 치다

   공부 공식   전치사구 + 술어

   공부 풀이   문장의 술어는 동사 '鼓掌'이 된다. 전치사 '为'는 '~을 위해, ~에게, ~에 대해'의 의미를 가지는 전치사로서 행위 동작이 서비스하는 대상을 집어낸다. '为他的精彩表演'은 '鼓掌'하는 대상이 되어, 문장에서 부사어가 된다. '都'는 부사로서 부사는 대개 전치사구 앞에 놓이게 된다. '热烈'는 2음절 형용사로서, 2음절 형용사는 이음절 동사를 바로 수식할 수 있다.

   모범답안   大家都为他的精彩表演热烈鼓掌。 모두들 그의 훌륭한 공연에 열렬히 박수를 친다.

3. 동사/ 조동사/ 형용사 공략하기   p.222

1. 단어   钱包 qiánbāo 명 지갑

   공부 공식   在 + 장소목적어

   공부 풀이   여기서 주의해야 할 단어는 '在'인데, '在'는 여러 개의 품사를 가지는 단어로서, 전치사, 동사, 부사 등의 품사를 겸하고 있다. 여기서는 '在'가 동사로 쓰여 문장에서 술어 역할을 담당하고 있음을 잘 파악해야 한다. '在'가 동사일 때는 사람 혹은 사물이 소재 혹은 존재하는 위치를 나타내며, 뒤에 장소를 목적어로 갖는다. 그러므로 여기서 목적어는 '沙发'와 방위명사 '上'이 결합된 장소 '沙发上'이 되고, '钱包'가 주어가 된다.

   모범답안   钱包在沙发上。 지갑은 소파 위에 있다.

2. 단어   森林 sēnlín 명 숲, 삼림 | 熟悉 shúxī 형 잘 알다, 익숙하다 | 师傅 shīfu 명 기사님, 선생님[기예·기능을 가진 사람에 대한 존칭]

   공부 공식   对……熟悉

   공부 풀이   '熟悉'는 '잘 알다', '익숙하다'의 뜻을 가지는 형용사로서 일반적으로 익숙한 대상을 이끌어내기 위해 전치사 '对'와 호응하여 '对~熟悉'의 형태로 쓰이게 된다. 형용사 '熟悉'가 술어가 되며, '对附近的森林'은 문장에서 전치사구로 부사어가 된다.

   모범답안   那位出租车师傅对附近的森林非常熟悉。 그 택시 기사님은 근처 숲에 대해 아주 잘 아신다.

3. 단어   确实 quèshí 부 정말로, 확실히 | 表扬 biǎoyáng 동 칭찬하다, 표창하다 | 值得 zhídé 동 ~할 만하다, ~할 만한 가치가 있다

   공부 공식   值得 + 동사(구)

功夫 풀이 '值得'는 '~할 가치가 있다'는 의미의 동사로서 그 특징은 목적어를 명사로 취하지 않고 동사 혹은 동사구, 주술구 등의 형태로 갖는다는 점이다. 그러므로 여기서 '值得'의 목적어는 '表扬'이 되어 '칭찬할만한 가치가 있다'의 의미를 나타낸다. '确实'는 부사이므로 술어 '值得' 앞에 놓여야 한다.

모범답안 诚实的人确实值得表扬。 성실한 사람은 정말로 칭찬할 만하다.

4.
단어 表示 biǎoshì 동 (언행으로 사상·감정 등을) 나타내다, 표시하다 | 谢意 xièyì 명 사의, 감사의 뜻

功夫 공식 조동사 + 전치사구 + 술어

功夫 풀이 전치사 '向'은 방향전치사로서 '~을 향해'의 의미를 나타낸다. 제시된 단어 중 명사는 '我们, 老师, 谢意' 총 세 개가 있는데, 각각 주어, 전치사구 목적어, 동사의 목적어로 사용된다. '谢意'는 동사 '表示'의 목적어로 적당하고, 주어와 전치사구 목적어의 사용은 의미상 '老师向我们'보다 '我们向老师'가 적당하다. '应该'는 조동사로서 전치사구와 함께 사용될 때 전치사구 앞에 위치하게 된다.

모범답안 我们应该向老师表示谢意。 우리는 선생님께 감사의 뜻을 표현해야 한다.

5.
단어 适合 shìhé 동 적합하다, 알맞다 | 居住 jūzhù 동명 거주하다, 거주

功夫 공식 동사 + 목적어

功夫 풀이 위 단어 중 술어는 동사 '适合'이다. 이때 주의해야 할 점은 '适合'와 뜻이 같은 '合适'와의 구별인데, 이 두 단어는 의미의 차이는 없고, 다만 품사의 차이가 있다. '合适'는 형용사로서 목적어를 가질 수 없는데 반해, '适合'는 동사로서 목적어를 취할 수 있다. 그러므로 이 문장은 기본 '주어 + 술어 + 목적어'의 어순에 근거하여 문제를 해결할 수 있다.

모범답안 这里的气候很适合人们居住。 이곳의 기후는 사람들이 거주하기에 아주 적합하다.

6.
단어 画家 huàjiā 명 화가 | 从小 cóngxiǎo 부 어릴 때부터

功夫 공식 부사 + 조동사

功夫 풀이 문장의 술어는 동사 '成为'가 되고, '想'은 조동사, '从小就'는 부사가 되어, 모두 술어 앞에 놓이게 된다. 이때 조동사와 부사는 기본적으로 '부사 + 조동사'의 어순으로 배열해야 하므로 '从小就'가 '想' 바로 앞에 놓이게 된다.

모범답안 我从小就想成为一名画家。 나는 어렸을 때부터 화가가 되고 싶었다.

7.
단어 肯定 kěndìng 부 확실히, 틀림없이 | 看法 kànfǎ 명 견해

功夫 공식 부사 + 조동사

功夫 풀이 부사와 조동사는 모두 술어 '同意' 앞에 놓이게 되는데, 이때 배열 순서는 일반적으로 부사가 조동사 앞에 놓이게 된다. 그러므로 부사 '肯定'이 조동사 부정형태 '不会' 앞에 놓이면 된다.

모범답안 他们肯定不会同意我的看法。 그들은 분명히 내 의견에 동의하지 않을 것이다.

8. **단어** 解决 jiějué 통 해결하다
   功夫 공식 동사 + 목적어
   功夫 풀이 조동사는 결코 중첩할 수 없으므로, '想想'의 '想'은 조동사가 아니라 동사로 쓰인 것이다. 동사중첩 형식도 일반적인 동사와 마찬가지로 문장에서 술어가 될 수 있고, 목적어도 가질 수 있다. 또 다른 동사 '解决'는 '这个问题'와 호응되되, 구조조사 '的'가 있으므로 그 뒤에 명사 '办法'와 결합하여 결국 '解决这个问题的办法'라는 명사구가 되어 문장에서 목적어가 된다.
   모범답안 你想想解决这个问题的办法。 너는 이 문제를 해결할 방법을 좀 생각해 보아라.
   你想想这个问题的解决办法。 너는 이 문제의 해결 방법을 좀 생각해 보아라.

4. 부사 공략하기   p.227

1. **단어** 速度 sùdù 명 속도 | 提高 tígāo 통 높이다, 향상시키다 | 逐渐 zhújiàn 부 점점, 점차
   功夫 공식 시간부사 + 상태부사
   功夫 풀이 문장의 술어는 동사 '提高'인데, '提高'는 어떤 수준이나 품질 등이 향상된다는 의미이므로, 주어는 '中国经济的发展速度'가 된다. 문제는 부사인데, 부사는 대게 문장에서 술어 앞에 놓여 술어를 수식하게 된다. 하지만 이 문제처럼 부사가 2개 이상일 경우 부사의 순서를 정하는데 있어서 주의를 기울여야 한다. 부사 중 보통 어기부사나 시간부사는 앞쪽에 배열하고 정도부사 및 상태부사는 상대적으로 뒤로 배열해야 한다. 여기서 '正在'는 현재진행의 의미를 나타내는 시간부사이고, '逐渐'은 점진적인 상태의 변화를 묘사하는 상태부사이므로 '正在'를 '逐渐'보다 먼저 배치해야 한다.
   모범답안 中国经济的发展速度正在逐渐提高。 중국 경제의 발전 속도가 점차 향상되고 있다.

2. **단어** 直接 zhíjiē 형 직접적인 | 拒绝 jùjué 통 거절하다, 거부하다 | 最好 zuìhǎo 부 가장 바람직한 것은, ~하는 게 제일 좋다
   功夫 공식 제한성 부사어 + 조동사 + 묘사성 부사어
   功夫 풀이 이 문장에서는 따로 주어는 없고, 동사 '拒绝'가 술어가 되는 기본적으로 '동사 + 목적어'구조를 따라, '拒绝别人的帮助'임을 알 수 있다. '不要'는 조동사 부정형태로 그 뜻은 금지의 의미로서 '~하지 말아라'가 된다. 또 하나 주의해야 할 점은 '最好'인데 보통 형용사 '가장 좋다'의 의미로 많이 알고 있지만, 여기서처럼 '最好'는 부사의 용법을 가지고 있음을 기억해야 한다. 일반적인 부사는 어법적으로 볼 때 제한성부사어에 속한다. '直接'는 형용사이나 여기서는 '拒绝'를 수식하는 부사어로 사용되고 있는데, 형용사나 형용사구 등이 부사어가 될 때는 보통 묘사성 부사어라고 말한다. 부사어가 여러 개 일 경우 배열순서는 기본적으로 제한성 부사어가 먼저 오고 묘사성 부사어가 나중에 오도록 되어 있다.
   모범답안 最好不要直接拒绝别人的帮助。 다른 사람의 도움을 직접적으로 거절하지 않는 것이 좋다.

3.
단어 好像 hǎoxiàng 男 마치~인 것 같다 | 酸 suān 형 시다 | 西红柿 xīhóngshì 명 토마토

功夫 공식 정도부사 + 형용사

功夫 풀이 이 문장은 형용사 '酸'이 술어가 되는 형용사술어문으로서 주어는 '昨天买的西红柿'가 된다. 단지 주의할 점은 '好像'과 '有点儿'이 모두 부사이기 때문에 이 둘의 순서를 밝히는 것이 중요하다. 기본적으로 형용사술어문에서는 정도부사가 형용사와 가장 긴밀하기 때문에 정도부사 '有点儿'을 형용사 가까이 두도록 한다.

모범답안 昨天买的西红柿好像有点儿酸。 어제 산 토마토는 조금 신 것 같다.

4.
단어 情况 qíngkuàng 명 상황, 정황, 형편 | 详细 xiángxì 형 상세하다, 자세하다

功夫 공식 전치사구 + 地자구 + 술어

功夫 풀이 구조조사 '地'는 부사어를 결정짓는다. '地자구'는 묘사성 부사어에 해당되어 술어 가까이 놓이게 되므로, 여기에서는 '给你们' 전치사구 보다 더 뒤에 놓여야 한다.

모범답안 我给你们详细地介绍一下这个学校的情况。
내가 너희들에게 이 학교의 상황을 자세하게 소개하겠다.

5.
功夫 공식 조동사 + 再

功夫 풀이 이 문제의 해결은 부사 '再'의 특징을 별도로 이해하는지의 여부에 달려있다. 일반적으로 조동사와 부사, 전치사가 모두 문장 안에 존재할 때 어순은 '부사 + 조동사 + 전치사구'의 어순으로 배열되지만, '再'는 다른 부사와는 달리 조동사 뒤에 위치하는 특징이 있다. 그러므로 '再'가 '不想' 뒤에 위치해야 한다.

모범답안 我不想再跟他见面了。 나는 다시 그와 만나고 싶지 않다.

6.
단어 一定 yídìng 부 반드시, 필히, 꼭 | 得 děi 동 ~해야 한다 | 大衣 dàyī 명 외투

功夫 공식 일반부사 + 조동사

功夫 풀이 '一定'은 부사이고, '得'는 조동사이므로 '일반부사 + 조동사'의 어순을 따르면 쉽게 해결된다. 그리고 조동사는 다시 술어 '穿上' 앞에 와야 한다.

모범답안 你一定得穿上大衣。 너는 반드시 외투를 입어야 한다.

7.
단어 一共 yígòng 부 모두, 전부, 합계 | 封 fēng 양 통, 꾸러미

功夫 공식 부사 + 전치사구 + 술어

	功夫 풀이	문장에서 주어는 '我'이고, 술어는 '写过', 목적어는 '三封信'으로, '我写过三封信'의 기본적인 '주어 + 술어 + 목적어'의 문장구조를 만들 수 있다. '一共'은 부사이고, '给他'는 대상을 표현하는 전치사구인데, 부사와 전치사구가 함께 있을 때는 '부사 + 전치사구'의 어순으로 술어를 수식한다.
	모범답안	我一共给他写过三封信。 나는 그에게 모두 세 통의 편지를 쓴 적이 있다.

8.	단어	究竟 jiūjìng 🖳 도대체, 대관절
	功夫 공식	부사 + 술어
	功夫 풀이	문장의 술어는 동사 '发生了'가 되고, '究竟'은 부사이므로 술어 앞에 두면 된다. '昨天'은 시간사로서 시간은 문장에서 부사어가 되며, 주어 앞뒤에 모두 놓일 수 있다.
	모범답안	昨天这儿究竟发生了什么事情? 어제 이곳에 도대체 무슨 일이 발생한 것입니까?

Ⅲ. 쓰기에 자주 출현하는 주요 어법 유형별 공략하기

1. 비교문 분석하기   p.231

1.	단어	增加 zēngjiā 🖳 증가하다 ｜ 数量 shùliàng 🖳 수량, 양
	功夫 공식	A 比 B 술어 + 수량사보어
	功夫 풀이	비교문의 기본어순 'A 比 B 술어'에 단어를 대입하면 '考生数量比去年增加了'의 기본 형식이 완성된다. 비교문에서 주의할 점은 비교의 정도를 나타낼 때 많은 경우 구체적인 수량을 활용하는데, 이때 수량사는 문장에서 보어의 역할을 하게 된다. 그러므로 여기서 구체적인 수치 '三分之一'는 문장에서 보어가 되므로 술어 뒤에 놓아야 한다.
	모범답안	考生数量比去年增加了三分之一。 수험생 수가 작년보다 3분의 1 증가했다.

2.	단어	条件 tiáojiàn 🖳 조건 ｜ 感情 gǎnqíng 🖳 감정
	功夫 공식	A 比 B + 更 + 술어
	功夫 풀이	비교문에서 비교의 정도를 표시하기 위해서 부사를 쓸 경우 쓸 수 있는 부사는 '更、还、再、都'로 제한이 된다. 이때 이러한 부사들의 위치는 술어 바로 앞임을 주의해야 한다.
	모범답안	感情比条件更重要。 감정이 조건보다 훨씬 중요하다.

3. **단어** 一样 yíyàng 형 같다, 동일하다
   功夫 공식 A 跟 B + 一样 + 술어
   功夫 풀이 '一样'은 '똑같다'라는 의미로서, 보통 비교문 형식 중 'A 跟 B + 一样'을 따라 'A와 B는 똑같다'라는 의미를 나타낸다. 이때 주의할 것은 구체적으로 무엇이 똑같은지를 표현하고자 할 때는 '一样' 뒤에 술어를 배열해야 한다. 그러므로 '学习汉语'를 '一样' 뒤에 놓아야 한다. '跟'은 전치사로서 '跟你'의 전치사구 형태를 만들어 '我也' 뒤에 배열하면 된다.
   모범답안 我也跟你一样学习汉语。 나도 너와 똑같이 중국어를 공부한다.

4. **단어** 下班 xiàbān 동 퇴근하다
   功夫 공식 A 不比 B + 술어
   功夫 풀이 '比'를 활용한 비교문을 부정할 때 부정부사 '不'의 위치는 전치사 '比' 바로 앞임을 주의해야 한다. '下班时间'은 시간을 나타내므로 문장의 가장 앞에 둔다.
   모범답안 下班时间坐公共汽车不比骑自行车快。
   퇴근시간에는 버스 타는 것이 자전거 타는 것보다 빠르지 않다.

5. **단어** 不如 bùrú 동 ~만 못하다
   功夫 공식 A 不如 B (+ 술어)
   功夫 풀이 '不如'는 '~같지 않다, ~만 못하다'의 의미로 비교문의 부정형태에 많이 사용된다. '不比'와 형식상의 차이는 '不比'는 반드시 'A 不比 B + 술어'형태로서 술어를 생략할 수가 없지만, '不如'는 'A 不如 B + 술어'형태를 기본으로 하되, 술어가 없어도 상관이 없다. 이는 '不如'가 단독으로 술어의 기능을 담당할 수 있기 때문이다. 이 문장에서는 '주어 + 술어'의 형태로서 A와 B를 비교하게 되는데, '大家'는 복수를 표시하는 명사이므로 '我们' 뒤에서 호응한다. '一起'는 부사로서 복수를 주어로 취하므로 '我们大家' 뒤에 놓이는 것이 옳다.
   모범답안 你一个人去不如我们大家一起去。 너 혼자 가는 것이 우리 모두 함께 가는 것보다 못하다.

6. **단어** 看法 kànfǎ 명 견해, 의견
   功夫 공식 A 跟 B 差不多
   功夫 풀이 'A 跟 B 差不多'는 비교하여 비슷하다는 내용을 전달한다. 여기서 술어는 '差不多'가 되고, 명사 '看法'는 구조조사 '的' 뒤에 놓여야 한다.
   모범답안 我跟你的看法差不多。 나는 당신의 견해와 비슷하다.

7.	功夫 공식	A 比 B + 술어 + 一些
	功夫 풀이	'비비교문'에서 비교의 격차가 조금일 때 쓰는 '一点儿'이나 '一些'는 문장에서 보어의 자리에 두어야 한다. 이는 '一点儿'과 '一些' 역시 수량사이기 때문이다.
	모범답안	今天的考试比昨天的难一些。 오늘 시험이 어제 시험보다 조금 더 어렵다.

8.	단어	裙子 qúnzi 명 치마
	功夫 공식	수량사 + 묘사성 관형어 + 명사
	功夫 풀이	'跟……一样'은 동등비교의 형식이다. 하지만 여기서는 '跟你那条一样' 뒤에 구조조사 '的'가 있으므로 결국 명사를 수식하는 관형어가 된다. 명사를 수식하는 관형어가 2개 이상일 경우 보다 더 묘사적인 것이 명사 가까이 가야 하므로 수량사 '一条'를 먼저 배열해야 한다.
	모범답안	我想买一条跟你那条一样的裙子。 나는 너와 똑같은 치마를 하나 사고 싶다.

2. 把/被 이해하기   p.235

1.	단어	袜子 wàzi 명 양말 ｜ 扔 rēng 동 던지다
	功夫 공식	부사 + 把 + 목적어 + 동사 + 기타성분
	功夫 풀이	'把자문'에서는 우선 처치의 의미를 갖는 동사를 먼저 파악하는 것이 중요하다. 여기서 동사는 '扔在'의 '扔'이고, 전치사 '在'는 뒤에 장소나 시간이 동반되어야 하므로 '沙发上'을 붙여야 한다. '在沙发上'은 전치사구보어로서 문장에서 기타성분 역할을 한다. 마지막으로 금지의 의미를 갖는 '别'는 부사이므로 전치사 '把' 앞에 놓여야 한다.
	모범답안	别把袜子扔在沙发上。 양말을 소파 위로 던지지 말아라.

2.	단어	消息 xiāoxi 명 소식
	功夫 공식	부사 + 被 + 주체
	功夫 풀이	피동문에서는 당하는 의미의 객체가 주어 자리에 오게 되고, 일반적인 문장에서 주어의 의미를 갖는 주체가 전치사 '被'의 목적어가 된다. 이 문장에서는 '亲戚朋友们'이 알게 되는 주체이고, '这个消息'가 알게 되어지는 내용, 즉 객체이므로 '这个消息'가 주어 자리에 놓이게 된다. 피동문에서 부사나 조동사 등 수식어들은 일반적으로 '被' 앞에 놓여야 하므로 '很快就'는 '被' 앞에 둔다.
	모범답안	这个消息很快就被亲戚朋友们知道了。 이 소식은 아주 빠르게 친지, 친구들이 알았다.

3. **단어** 大概 dàgài 〖부〗 아마도, 대개 | 密码 mìmǎ 〖명〗 비밀번호 | 管理员 guǎnlǐyuán 〖명〗 관리인, 관리직원
   功夫 공식 주어 + 부사 + 把 + 목적어 + 동사 + 기타성분
   功夫 풀이 이 문장을 기본적인 '把자문' 형식으로 구성하는 것은 어렵지 않다. 주의할 점은 부사는 '把' 앞에 놓이는데, 여기서는 부사가 2개가 출현하므로 그 순서를 밝히는 것이 중요하다. '大概'는 추측의 의미를 갖는 어기부사이고, '已经'은 시간부사인데, 일반적으로 어기부사가 부사들 중 가장 앞에 오는 특징이 있다.
   모범답안 管理员大概已经把密码忘了。 관리인은 아마도 이미 비밀번호를 잊어버렸을 것이다.

4. **단어** 寄 jì 〖동〗 (우편으로) 부치다, 보내다 | 导游 dǎoyóu 〖명〗 가이드 | 申请 shēnqǐng 〖동〗 신청하다
   功夫 공식 把 + 목적어 + 동사 + 기타성분
   功夫 풀이 '把자문'에서 주의할 점은 동사가 단독으로 술어를 구성할 수 없고, 반드시 동사 뒤에 보어나 동태조사 등 기타성분이 동반되어야 한다. 이 문장에서 동사는 '寄'가 되고, 보충할 기타성분은 '出去了'의 '방향보어+동태조사'가 된다.
   모범답안 导游把那份申请寄出去了。 가이드는 그 신청서를 부쳤다.

5. **단어** 哭 kū 〖동〗 울다 | 感动 gǎndòng 〖동〗 감동하다, 감격하다 | 热情 rèqíng 〖형〗 친절하다, 열정, 열의
   功夫 공식 객체 + 被 + 주체 + 동사 得 정도보어
   功夫 풀이 동사 '感动' 뒤에 구조조사 '得'가 동반되고 있으므로 정도보어를 완성하여 피동문의 기타성분을 만들라는 요구이다. 결국 울 정도로 감동했다는 의미로 접근해야 하므로 '感动得哭了'가 술어가 된다. 피동은 당하는 의미의 객체가 주어가 되므로 여기선 감동받는 입장인 '我'가 주어가 된다.
   모범답안 我被大家的热情感动得哭了。 나는 모두의 열의에 울 정도로 감동했다.

6. **단어** 弄 nòng 〖동〗 하다, 행하다, 만들다 | 脏 zāng 〖형〗 더럽다, 불결하다
   功夫 공식 주어 + 把 + 목적어 + 술어(동사 + 기타성분)
   功夫 풀이 '把자문'에서 주어는 동작의 주체자가 그대로 주어 자리에 오게 되므로 '我'가 적당하고, '把'의 목적어는 '他的衣服'가 된다. 문장의 동사는 '弄'이고, '脏了'는 '弄'의 결과보어로서 술어의 기타성분에 해당한다.
   모범답안 我把他的衣服弄脏了。 나는 그의 옷을 더럽혔다.

7. **단어** 句子 jùzi 〖명〗 문장 | 翻译 fānyì 〖동〗 번역하다, 통역하다
   功夫 공식 주어 + 조동사 + 把 + 목적어 + 술어(동사 + 기타성분)

功夫 풀이 '把자문'에서 조동사의 위치는 '把' 앞에 위치해야 하므로, '能'의 위치는 '把' 앞이 된다. '翻译成'의 '成'은 동사 뒤에 사용되어 '~으로'에 해당되는 '변화' 또는 '전환'의 의미를 나타내는 결과보어이다. 즉, 번역한 결과 '중문으로' 바뀜을 의미한다.

모범답안 我能把这些句子翻译成中文。 나는 이 문장들을 중문으로 번역할 수 있다.

8.
단어 批评 pīpíng 동 비판하다, 꾸짖다
功夫 공식 从来没有 + 被 + 주체 + 동사 + 过
功夫 풀이 '从来'는 부사로서 부정부사 '没(有)'와 호응하게 되면 과거경험을 부정하게 되어 동사 뒤에 동태조사 '过'를 동반하게 된다. 이에 대입하면 '从来没有批评过' 즉, '여태껏 비판한적이 없다'의 의미를 나타낸다. 하지만 이 문장은 '被'를 이용한 피동문형이므로, 부사 '从来'와 부정부사 '没有'는 '被别人'이라는 전치사구 앞에 놓여야 한다.
모범답안 我从来没有被别人批评过。 나는 여태껏 다른 사람에게 비판 받아본 적이 없다.

---

3. 정도/가능보어 이해하기   p.240

1.
단어 兴奋 xīngfèn 형 흥분하다, 격동하다
功夫 공식 술어 得 정도보어
功夫 풀이 구조조사 '得'를 가지고 있는 단어는 문장에서 술어가 되므로 '兴奋'이 술어가 된다. '睡不着'는 '동사 + 不 + 결과보어' 구조로서 가능보어의 부정형식이므로 '睡'의 목적어 '觉'는 바로 뒤에 붙이면 된다.
모범답안 弟弟兴奋得睡不着觉。 동생은 잠을 못 이룰 정도로 흥분했다.

2.
단어 赢 yíng 동 이기다, 승리하다 | 精彩 jīngcǎi 형 훌륭하다, 뛰어나다
功夫 공식 술어 得 정도보어
功夫 풀이 술어 '赢得'의 정도보어는 '非常精彩'가 되고, '这场'의 '场'은 시합 및 경기 등을 세는 양사이므로 '这场比赛'가 묶여져 주어가 된다.
모범답안 这场比赛赢得非常精彩。 이번 경기는 아주 훌륭하게 승리했다.

3.
단어 顺利 shùnlì 형 순조롭다 | 一切 yíqiè 대 일체, 전부
功夫 공식 술어 得 정도보어

功夫 풀이 문장의 주어는 대명사 '一切'가 되고, 술어는 '得'를 가지고 있는 '准备'가 된다. 정도보어는 '很顺利'고, '都'는 부사이므로 술어 앞에 놓인다.

모범답안 一切都准备得很顺利。 모든 것이 순조롭게 준비된다.

4.

단어 跳舞 tiàowǔ 동 춤을 추다 | 特别 tèbié 부 특별히, 각별히

功夫 공식 주어 + 이합사의 동사성분 + 이합사의 목적어성분 + 이합사의 동사성분 + 得 + 보어

功夫 풀이 '跳舞'는 이합사(离合词)로서 목적어를 이미 포함하고 있는 동사이다. 정도보어 관련 문제에서 이합사는 특히 주의를 기울일 필요가 있다. 이합사는 이미 목적어를 포함한 '동사 + 목적어'형태로 취급을 해야 하기 때문에, 이합동사 뒤에 바로 정도보어가 올 수 없고, 이합사의 동사 부분을 한 번 더 중첩해야 한다. 그러므로 '跳舞跳得 + 정도보어'의 형태로 만들어야 한다. .

모범답안 她跳舞跳得特别好。 그녀는 춤을 특히 잘 춘다.

5.

단어 清楚 qīngchu 형 분명하다, 명백하다, 뚜렷하다

功夫 공식 술어 + 不 + 결과보어/ 방향보어 + 목적어
　　　　　　　　　　　　가능보어

功夫 풀이 '看清楚'는 본래 '술어 + 결과보어'의 형태이다. 그런데 부정부사 '不'를 제시했다는 것은 가능보어의 부정형태를 만들라는 요구이다. 이것을 결과보어의 부정으로 받아들여 '不看清楚'로 어순을 배열하면 오답이 된다. 왜냐하면 결과보어의 부정형태는 일반적으로 '不'로 하지 않고 '没'로 해야 하므로 '没看清楚(뚜렷하게 보지 않았다)'로 해야 옳다. 가능보어의 부정형태는 '술어 + 不 + 결과보어/방향보어'의 형태이므로 '不'의 위치는 술어와 결과보어의 사이가 된다. 그리고, 가능보어 문장에서 목적어의 위치는 가능보어 뒤에 놓으면 된다.

모범답안 我看不清楚他的脸。 나는 그의 얼굴을 분명하게 볼 수 없다.

6.

단어 腿 tuǐ 명 다리 | 疼 téng 형 아프다

功夫 공식 형용사 + 极了

功夫 풀이 이 문제는 한 문장에 정도보어가 2개 출현하는 유형이다. 하나는 구조조사 '得'를 이용한 형태이고, 다른 하나는 '得' 필요 없이 '极了'를 이용하여 정도의 심함을 표시하는 유형이다. 우선 기본형태인 '술어 + 목적어 + 술어 得 + 보어'를 응용하면 '我踢足球踢得'가 완성되고, '极了'는 형용사 '疼' 뒤에 놓여 '腿疼极了'가 된다. 다시 '腿疼极了'가 축구를 하는 정도를 표시하므로 모두 '得' 뒤에 놓이게 된다.

모범답안 我踢足球踢得腿疼极了。 나는 다리가 몹시 아플 정도로 축구를 한다.

7.

단어 篮球 lánqiú 명 농구 | 越来越 yuèláiyuè 부 점점 ~해지다, 갈수록 ~하다

功夫 공식 주어 + 술어 + 목적어 + 술어 + 得 + 정도보어

쓰기 실력 다지기 풀이　139

	功夫 풀이	'越来越'는 '갈수록 (~하다)'는 부사로서 '好'를 수식하여 함께 문장에서 농구를 하는 정도를 표현하는 정도보어로 쓰인다. '篮球'의 동사는 '打'인데, 목적어가 있을 때는 술어를 한 번 더 중첩한 후 정도보어가 와야 하므로 '打篮球打得'의 형태를 이루어야 한다.
	모범답안	他打篮球打得越来越好。 그는 농구를 갈수록 잘 한다.

8.
- **단어** 剧场 jùchǎng 몡 극장
- **功夫 공식** 술어 + 得 + 결과보어/방향보어 + 술어 + 不 + 결과보어/방향보어
- **功夫 풀이** 가능보어 문장의 '정반의문문' 형태는 술어 혹은 보어만을 정반해서는 안 되고, '술어 + 보어'를 통째로 정반해야 한다. 즉, '술어 + 得 + 결과보어/방향보어 + 술어 + 不 + 결과보어/방향보어'의 어순을 따라야 한다. 자칫 술어만 정반한 '坐不坐得下' 혹은 보어 부분만 정반하는 '坐得下不下'의 형태는 옳지 않다.
- **모범답안** 那剧场坐得下坐不下一千人？ 그 극장은 천 명의 사람이 앉을 수 있니, 앉을 수 없니?

---

4. 시량/동량보어 이해하기   p.244

1.
- **단어** 重新 chóngxīn 분 다시, 재차 | 行李箱 xínglǐxiāng 몡 트렁크, 여행용가방 | 检查 jiǎnchá 동 검사하다, 점검하다
- **功夫 공식** 술어 + 동량보어 + (일반)목적어
- **功夫 풀이** '一遍'의 '遍'은 동작의 횟수를 세는 동량사이므로 이 문제는 동량보어를 활용하는 문제이다. 동량보어의 어순에서 중요한 점은 목적어가 대명사인지 대명사가 아닌지를 확인하는 것이 중요하다. 여기서 동사 '检查'의 목적어는 '行李箱'인 일반목적어가 되므로 보어는 술어 뒤에 놓여야 한다.
- **모범답안** 她重新检查了一遍行李箱。 그녀는 다시 트렁크를 한번 점검했다.

2.
- **단어** 过去 guòqù 몡동 과거, 지나가다 | 骗 piàn 동 속이다, 기만하다
- **功夫 공식** 술어 + 대명사목적어 + 동량보어
- **功夫 풀이** 문장의 술어는 동사 '骗'이 되고, 목적어는 대명사 '我'가 된다. '一回'의 '回'는 동량사로서 동작의 횟수를 알려주고 있다. 동량보어가 들어있는 문장은 목적어가 대명사일 경우, 술어 다음 목적어가 먼저 오고, 그 다음 보어가 놓이게 된다.
- **모범답안** 这个人过去骗过我一回。 이 사람은 과거에 나를 한 번 속인 적이 있다.

3.
- **功夫 공식** 술어 + 목적어 + 술어了 + 보어

	功夫 풀이	이 문제 유형은 '坐'가 2개 있는 것으로 보아 술어를 중첩하는 어순으로 문장을 배열하라는 것이다. 술어가 2개일 경우 문장의 어순은 '주어 + 술어 + 목적어 + 술어 + 보어'가 되는데, 이때 중요한 것은 동태조사나 부사, 조동사 등은 모두 두 번째 술어 앞쪽에 놓아야 한다는 점이다. 그러므로 여기서 동태조사 '了'를 동반하고 있는 '坐了'를 두 번째 술어 위치에 놓아야 한다.
	모범답안	我们坐车坐了四十多分钟。 우리는 40여분 동안 차를 탔다.

4.
- **단어** 只 zhǐ 🔳 단지, 다만, 오직, 겨우
- **功夫 공식** 부사어 + 술어 + 시량보어 + (일반)목적어
- **功夫 풀이** '两个小时'는 시간의 양적인 개념으로서 문장 안에서 시량보어가 된다. 시량보어는 술어 뒤, 목적어 앞에 놓이므로 '看了两个小时电视'의 어순으로 정리가 된다. 그 밖에 '只'는 부사이므로 문장에서 술어 앞에 놓으면 된다.
- **모범답안** 孩子们只看了两个小时电视。 아이들은 겨우 두 시간 동안 텔레비전을 보았다.

5.
- **단어** 回 huí 🔳 회, 번, 차례(동작·행위에 쓰이며, '次[cì]'에 상당함)
- **功夫 공식** 전치사구 + 술어 + 동량보어 + (일반)목적어
- **功夫 풀이** '回'는 우리말 '~회'에 해당하는 단어로서 동작의 양을 세는 동량사이며, 문장에서 동량보어가 되는데, 술어 뒤에 놓인다. '给他'는 대상을 표현하는 전치사구로서 문장에서 부사어가 된다.
- **모범답안** 昨天我给他打了两回电话。 어제 나는 그에게 두 번 전화했다.

6.
- **단어** 报告 bàogào 🔳 보고, 보고서
- **功夫 공식** 술어 + 목적어 + 술어了 + 보어
- **功夫 풀이** 여기서 '一下午'는 시간의 길이를 표현한 시량사이다. 단순한 '下午'는 '오후'라는 특정 시점이 되는 시간명사이지만, '一下午'는 '오후내내', '오후나절'의 의미를 갖는 양적인 개념임을 명확히 하자. 또 주의할 점은 동사 '听'이 두 개이므로 중첩형식으로 배열하되 '了'가 있는 것을 뒤에 배열해야 한다는 점이다. 그러므로 '听了'가 두 번째 자리에 놓이는 술어가 된다.
- **모범답안** 老李听报告听了一下午。 라오리는 오후 내내 보고를 들었다.

7.
- **단어** 一会儿 yíhuìr 🔳 짧은 시간, 잠깐 동안, 잠시 | 办公室 bàngōngshì 🔳 사무실
- **功夫 공식** 술어 + (대명사)목적어 + 시량보어
- **功夫 풀이** '一会儿'은 '잠시, 잠깐'의 의미로서, 짧은 시간을 나타내는 시간의 양적 개념이므로 문장 안에서 시량보어가 된다. 술어는 '等了'인데, 목적어가 대명사 '他'이므로, 기본 어순이 아닌 '주어 + 술어 + (대명사)목적어 + 시량보어'의 어순에 적용시켜야 한다. '办公室'는 장소명사이므로 전치사 '在' 뒤에 두면 된다.
- **모범답안** 我在办公室等了他一会儿。 나는 사무실에서 그를 잠시 기다렸다.

8. **단어** 农村 nóngcūn 명 농촌 | 参观 cānguān 동 참관하다, 견학하다
   공부 공식 술어 + 보어 + 목적어
   공부 풀이 '一下'는 '짧고 가볍게 시험 삼아 하는 동작'을 한차례 세는 동량사임을 기억하자. 동량사를 활용한 동량보어 문제는 목적어 확인이 중요하다. 여기서는 목적어가 '中国农村'이 되고, 대명사가 아니므로 기본 어순인 '주어 + 술어 + 보어 + 목적어'을 따르게 된다. 그러므로 '中国农村'이 '一下' 뒤에 놓여야 한다.
   모범답안 我们想参观一下中国农村。 우리는 중국 농촌을 좀 견학해 보고 싶다.

5. 겸어문 이해하기 p.247

1. **단어** 校长 xiàozhǎng 명 학교장 | 批评 pīpíng 동 비판하다, 지적하다
   공부 공식 술어(有/没有) + 겸어 + 술어 + 목적어
   공부 풀이 이 문제 유형은 '有/没有'를 사용한 겸어문 형태이다. 문장에서 '有/没有'를 제외하고 또 다른 동사가 보인다면 배열순서가 '有/没有 + 목적어 + 동사 + 목적어'로 됨을 기억하자. 여기서 '没有'는 이미 '人'이라는 목적어를 가지고 있으므로 '校长'은 '知道'의 목적어가 된다. 하지만 남아있는 명사 '批评的原因'이 문장 전체의 주어 자리에 가기엔 의미상 부적절 하므로 '校长' 뒤에 붙여 '校长批评的原因'이라는 명사구의 목적어 형태로 만들면 된다.
   모범답안 没有人知道校长批评的原因。 아무도 교장이 비판한 원인을 알지 못한다.

2. **단어** 吃惊 chījīng 동 놀라다 | 消息 xiāoxi 명 소식 | 邻居 línjū 명 이웃집, 이웃사람
   공부 공식 주어 + 술어(사동) + 겸어 + 술어 (+ 목적어)
   공부 풀이 '让'과 같은 사역동사가 문장에 등장하면 겸어문의 형태로 어순을 구성해야 한다. 겸어문에서 첫 번째 술어는 사역동사가 담당하고, 그 다음은 '시킴을 당하면서 하는 자' 곧 '첫 번째 동사의 목적어이자 두 번째 동사의 주어'가 되는 단어를 배열해야 한다. 여기서는 '让'당하면서 '吃惊'할 수 있는 주체가 '邻居' 밖에 없으므로 '邻居'가 겸어가 된다.
   모범답안 这个消息让邻居非常吃惊。 이 소식은 이웃사람을 매우 놀라게 했다.

3. **단어** 通知 tōngzhī 동 통지하다, 통보하다 | 集合 jíhé 동 집합하다
   공부 공식 주어 + 술어(사동) + 겸어 + 술어 + 목적어
   공부 풀이 동사 '让'이 보이므로 사역동사를 활용한 겸어문이 된다. 여기서 주의할 점은 두 번째 동사가 '明天下午两点集合'에서 '老师让我明天下午两点集合'의 문장을 구성하는지 아니면 '通知大家'가 되어 '老师让我通知大家'로 구성되는지 헷갈릴 수 있다. 하지만 기억할 점은 동사 '通知'가 이중목적어를 취하는 동사이므로 결국 '明天下午两点集合'는 '通知'의 직접목적어가 되어야 한다.

모범답안 老师让我通知大家明天下午两点集合。
선생님이 나에게 모두에게 내일 오후 2시에 집합할 것을 알리라고 하셨다.

4.
단어 明白 míngbai 통 알다, 이해하다 | 道理 dàolǐ 명 도리, 이치, 일리
공부 공식 주어 + 술어(使) + 겸어 + 술어 + 목적어
공부 풀이 '使'는 '(~로 하여금) ~하도록 시키다'의 의미를 지니는 대표적인 사동사이다. 사동사가 나오면 문장을 겸어문으로 접근해야 하는데, 주어와 목적어(겸어)를 밝히는 것이 우선시 되어야 한다. 주어는 '시키는 자'이고, 목적어(겸어)는 '시킴을 받는 자'가 되어야 한다. 이 문장에서는 '이 일이 나를 ~하게 만들다'라고 해야지, '내가 이 일로 하여금 ~하게 만들다'로 접근해서는 안 된다. 사동사는 언제나 첫 번째 술어 자리에 놓이므로 '使'가 앞에, '明白'가 뒤에 놓여야 한다.
모범답안 这件事使我明白了一个道理。 이 일은 나로 하여금 하나의 이치를 깨닫게 해주었다.

5.
단어 饭店 fàndiàn 명 호텔
공부 공식 주어 + 술어(有/没有) + 겸어 + 술어 (+ 목적어)
공부 풀이 이 문제 유형은 '有/没有'를 사용한 겸어문 형태이다. 첫 번째 술어는 '没有'가 되고, 두 번째 술어는 '住在'가 된다. '在' 뒤에는 다시 장소가 동반되어야 하므로 '那个饭店'이 가장 뒤로 배열되어야 한다.
모범답안 我没有朋友住在那个饭店。 나는 그 호텔에 머무는 친구가 없다.

6.
단어 蛋糕 dàngāo 명 케이크
공부 공식 주어 + 조동사/부사 + 술어(사동) + 겸어 + 술어 + 목적어
공부 풀이 겸어문에서 조동사나 부사 등은 기본적으로 첫 번째 술어 즉, 사역동사 앞에 놔두어야 한다. 그러므로 여기서 '不想'은 사동의 의미를 가지는 '请' 앞에 놓여야 한다.
모범답안 我不想请他吃蛋糕。 나는 그에게 케이크를 먹으라고 청하고 싶지 않다.

7.
단어 反对 fǎnduì 통 반대하다 | 大概 dàgài 부 대략, 아마도
공부 공식 술어(有/没) + 겸어 + 술어 + 목적어
공부 풀이 첫 번째 술어는 '有'가 되고 목적어는 '三分之一的人'이 된다. 두 번째 술어는 '反对这样做'가 되고, '大概'는 어기부사로서 첫 번째 술어인 '有' 앞에 두어야 한다.
모범답안 大概有三分之一的人反对这样做。 대략 3분의 1의 사람들이 이렇게 하는 것에 반대한다.

8. **功夫 공식** 주어 + 조동사 + 술어 + 겸어 + 술어 + 목적어
   功夫 풀이 이 문장도 기본적인 겸어문 어순 공식에 대입하면 쉽게 '不少人让自己的孩子学习汉语'가 완성된다. 핵심은 조동사 '想'의 위치인데 겸어문에서 조동사는 첫 번째 동사 앞에 놓여야 한다.
   모범답안 不少人想让自己的孩子学习汉语。
   적지 않은 사람들이 자신의 아이로 하여금 중국어를 공부를 시키고 싶어 한다.

第二部分

작문 비법 및 실전문제 해결TIP p.259

1. **功夫 풀이** 제시된 단어는 '만리장성'이다. 우선 만리장성과 관련하여 연상되는 단어들을 떠올려 본다. 보통 '北京, 长, 名胜古迹, 有名, 旅行, 历史' 등이 떠오른다. 주어를 '长城'으로 두게 된다면, 만리장성에 대한 설명이나 묘사를 하게 되는데, '长城是中国人民的骄傲(만리장성은 중국 인민의 자랑거리이다)', '长城的历史很长久(만리장성의 역사는 매우 오래 되었다)' 등이 가능하다. 만리장성을 주어로 두고 문장을 완성하기가 어렵다면, 주어를 인칭대명사 '我' 혹은 '他' 등으로 하고 만리장성을 장소 목적어로 사용할 수도 있다. '我去年去过长城(나는 작년에 만리장성에 가본 적이 있다)', '我想去北京看长城(나는 베이징에 가서 만리장성을 보고 싶다)', '每年很多外国人去中国看长城(매년 많은 외국인들이 중국에 가서 만리장성을 본다)' 등이 가능하다.
   모범답안 1 去年我去北京看了长城。 작년에 나는 베이징에 가서 만리장성을 보았다.
   모범답안 2 如果你去北京旅行，就应该去长城看看。
   만약 네가 베이징에 여행을 간다면, 만리장성은 꼭 가봐야 한다.
   단어 长城 Chángchéng 몡 만리장성

2. **功夫 풀이** 제시된 단어는 '경극'이다. 우선 경극과 관련하여 연상되는 단어들을 떠올려 보면, '传统, 戏剧, 文化, 演出, 演员' 등이 있고, 관련 동사는 '看, 喜欢' 등으로 간단히 범위를 좁힐 수 있다. '주어 + 술어 + 복적어' 구조로 간단히 문장을 만들어 보면, '京剧是中国传统戏剧之一' 혹은 '我喜欢看京剧' 등의 형태로 쉽고 간단하게 작문이 가능하다.
   모범답안 1 我对中国的京剧很感兴趣。 나는 중국의 경극에 매우 흥미가 있다.
   모범답안 2 京剧是中国的传统戏剧。 경극은 중국 전통 희곡이다.
   단어 京剧 jīngjù 몡 경극 | 传统 chuántǒng 혱 전통적이다 | 戏剧 xìjù 몡 희곡, 연극

3. **功夫 풀이** 제시된 단어는 '생일'이다. 생일과 관련되어 연상되는 단어로는 '生日礼物, 生日晚会, 生日蛋糕' 등이 있다. 그런데 그림에서 많은 친구들이 함께 생일을 축하해 주고 즐기고 있는 모습이 등장하므로, '很多朋友' 혹은 '大家' 등의 단어를 주어 혹은 목적어 자리에 배치하고, 즐거운 모습을 표현하기 위해 '热闹' 혹은 '快乐' 등의 단어로 묘사할 수 있다. 예를 들어, '大家都来参加我的生日晚会(모두들 나의 생일 파티에 참석하러 왔다)' 혹은 '在我的生日晚会上, 大家都玩得很高兴(나의 생일 파티에서 모두들 즐겁게 놀았다)' 등으로 작문이 가능하다. 이때 주의할 점은 '생일 축하한다'는 표현은 '祝(谁)生日快乐'의 형식을 고정적으로 사용하고, 우리말처럼 '축하하다'의 '祝贺'를 이용해서 '祝贺你' 등으로 표현하지 않는다.

모범답안 1 今天是我的生日，几个朋友来祝我生日快乐。
오늘은 내 생일이어서, 몇몇 친구들이 와서 (내 생일을) 축하해 주었다.

모범답안 2 昨天我去参加朋友的生日晚会，玩儿得很高兴。
어제 나는 친구 생일파티에 참석해서, 매우 즐겁게 놀았다.

단어 晚会 wǎnhuì 명 파티

4. **功夫 풀이** 제시된 단어는 '연락하다, 연관되다'의 의미를 나타낸다. 그런데 제시된 그림이 '전화(电话)'이므로 '연락하다'의 의미로 접근해야 옳다. '联系'는 동사로서 문장에서 술어로 쓰이며 일반적으로 연락의 대상을 '联系' 바로 뒤 목적어의 자리에 두지 않고 전치사 '跟' 등을 이용하여 전치사구 형태로 사용한다. 예를 들어 '我还跟她联系(나는 아직도 그녀와 연락한다)'이다. 이 문제에서 연락의 도구로 전화를 제시하고 있으므로 '전화로 연락한다' 등의 의미를 살려 '打电话联系'의 구문을 활용할 수 있다.

모범답안 1 毕业后，我们工作都很忙，相互联系的机会就少了。
졸업 후, 우리는 모두 일이 너무 바빠서, 서로 연락할 기회가 적어졌다.

모범답안 2 尽管大学毕业已经多年了，但我们还是经常打电话联系。
비록 졸업한지 이미 몇 년이 되었지만, 우리는 여전히 자주 전화로 연락을 한다.

단어 相互 xiānghù 부 상호간에 | 尽管 jǐnguǎn 접 비록(설령) ~라 하더라도, ~에도 불구하고 | 经常 jīngcháng 명/부 평소, 평상, 보통, 일상, 자주 | 联系 liánxì 동 연락하다, 연결하다, 연관되다

5. **功夫 풀이** 제시된 단어는 '다이어트 하다, 살을 빼다'의 의미를 나타낸다. 제시된 그림이 허리 사이즈를 재고 있는 모습으로 그려져 있으므로, 아마도 '살이 쪄서 다이어트를 해야 한다'로 접근해 볼 수 있다. 연관 단어는 '胖, 瘦, 锻炼, 公斤, 运动, 体重' 등을 활용할 수 있다. 또한 '살을 빼야 한다'의 의미를 나타내기 위해 조동사 '应该'나 '得'를 활용할 수 있다.

모범답안 1 最近我胖了一点儿，该减肥了。 최근 나는 살이 좀 쪄서, 다이어트를 해야 한다.

모범답안 2 我又胖了五公斤，为了减肥开始锻炼了。
나는 또 5kg 살이 쪄서 다이어트를 위해 운동을 시작했다.

단어 锻炼 duànliàn 동 단련하다, 제련하다

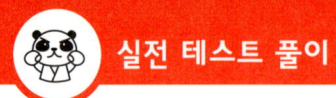

第一部分

| 1회 | p.248 |

1.
- **단어** 最近 zuìjìn 몡 최근, 요즈음 | 才 cái 부 이제서야, ~되어서야, ~서야 비로소 | 消息 xiāoxi 몡 뉴스, 정보, 기사, 보도, 소식
- **功夫 공식** 주어 + 부사어 + 술어 + 목적어
- **功夫 풀이** 이 문제는 중국어의 가장 기본적인 어순을 물어보고 있다. 중국어의 기본 어순은 '주어 + 술어 + 목적어' 구조로서 항상 주어와 술어를 최우선적으로 찾아야 한다. 주어는 주로 명사가 담당하여 대부분 주체자로서의 성격을 갖는데, 주어진 단어 중 주어를 담당할 수 있는 '我'가 포함된 '最近我'가 문장 맨 앞에 와야 한다. 술어는 동사 혹은 형용사가 주로 이루므로, 여기서는 동사 '知道'만이 가능하다. 목적어는 '지시대명사 + (수사) + 양사 + 명사'를 함께 묶어 '这个消息'가 된다. 부사 '才'는 문장에서 부사어가 되므로 술어 앞에 놓인다.
- **모범답안** 最近我才知道这个消息。 나는 최근에야 비로소 이 소식을 알았다.

2.
- **단어** 冬季 dōngjì 몡 겨울 | 干燥 gānzào 형 건조하다
- **功夫 공식** 정도부사 + 형용사
- **功夫 풀이** 이 문제의 술어는 형용사 '干燥'이다. 주의할 점은 부사 '都'와 '比较'의 순서인데, 정도부사는 형용사와 긴밀한 관계에 있기 때문에 정도부사 '比较'를 술어 가까이 두어야 한다.
- **모범답안** 北方的冬季都比较干燥。 북방의 겨울은 모두 비교적 건조하다.

3.
- **단어** 冰箱 bīngxiāng 몡 냉장고 | 实在 shízài 부 정말로, 확실히, 참으로
- **功夫 공식** 부사 + 술어
- **功夫 풀이** '实在'의 품사가 부사임을 기억하자. 부사는 동사나 형용사를 꾸미는 단어이므로 여기서는 술어인 동사 '看不懂'을 수식하는 부사어가 된다. 구조조사 '的' 뒤에는 명사가 와야 하므로 '这种冰箱的' 뒤에는 '使用说明'을 붙인다.
- **모범답안** 我实在看不懂这种冰箱的使用说明。
  나는 정말로 이러한 냉장고의 사용설명을 이해를 못하겠다.

4.
- **단어** 招聘 zhāopìn 동 모집하다, 채용하다, 초빙하다
- **功夫 공식** 수량사 + 동사구的 + 명사

功夫 풀이 수량사 '一些'와 구조조사 '的'를 활용한 '刚毕业的'는 모두 문장에서 명사를 수식하는 관형어가 된다. 여기서는 의미상 모두 목적어 '学生'을 수식하게 되는데, 이때 두 관형어의 순서는 보다 명사를 구체적으로 묘사하고 있는 것이 명사 가까이 가게 된다. 그러므로 수량사 '一些'가 먼저 와야 한다.

모범답안 公司招聘了一些刚毕业的学生。 회사는 막 졸업한 학생 몇 명을 채용했다.

5.
단어 矮 ǎi [형] (사람의 키가) 작다

功夫 공식 A 比 B + 술어 + 구체적 수치

功夫 풀이 단어 중 '比'가 등장하면 비교문으로 접근해야 한다. 비교문의 기본공식은 'A 比 B + 술어'로서 여기서는 '姐姐比妹妹矮' 혹은 '妹妹比姐姐矮'가 된다. 문제는 '一头'이다. 여기서는 수량사구로 봐야 하는데, 비교문에서 구체적인 비교의 수치를 표현하기 위한 수량사구는 보어로 쓰여 술어를 보충해 준다. 그러므로 '矮' 뒤에 놓아야 한다.

모범답안 姐姐比妹妹矮一头。 언니가 여동생보다 머리 하나정도 작다.
妹妹比姐姐矮一头。 여동생이 언니보다 머리 하나정도 작다.

6.
단어 希望 xīwàng [동] 희망하다, 바라다

功夫 공식 주어 + 조동사 + 把 + 목적어 + 술어 + 보어

功夫 풀이 '把자문'은 술어와 목적어가 도치되어 목적어가 전치사 '把'의 목적어 자리로 오게 된다. 그렇다면 술어는 '学好'이고, 목적어가 '汉语'이므로 '汉语'가 '把'의 목적어가 되어 술어 '学好' 앞에 놓아야 한다. 이때 주의할 점은 '希望' 역시 '~을 바라다, ~을 희망하다'의 의미를 지니는 동사이다. 따라서 흔히 '他把汉语希望学好'라고 어순을 배열하는 경우가 종종 있다. 하지만, '把자문'의 술어는 '처치의 의미', 즉 동작을 나타내는 동사만이 사용될 수 있기 때문에 '希望'과 같은 심리동사는 마치 조동사처럼 전치사 '把' 앞으로 이동시켜야 한다.

모범답안 他希望把汉语学好。 그는 중국어를 잘 공부하길 바란다.

7.
단어 信任 xìnrèn [동] 신임하다, 신뢰하다 | 连 lián [전] ~조차도, ~마저도

功夫 공식 连 ~ 都(也)

功夫 풀이 '连'의 다양한 용법 중 강조를 위한 전치사 용법을 기억해야 한다. 전치사 '连'은 부사 '都'나 '也'와 호응하여 '~조차도, ~마저도'의 의미를 나타낸다. '连~都'는 문장에서 술어 앞에 놓여 부사어로 쓰인다.

모범답안 他连自己的父母都不信任。 그는 자신의 부모조차도 믿지 않는다.

8.
- **단어** 水平 shuǐpíng 명 수준
- **功夫 공식** 一天比一天 + 술어
- **功夫 풀이** '一天比一天'은 문장에서 술어를 수식하는 부사어로 쓰인다.
- **모범답안** 人们的生活水平一天比一天高了。 사람들의 생활 수준이 하루하루 높아진다.

9.
- **단어** 上课 shàngkè 동 수업하다, 강의하다
- **功夫 공식** 전치사구 + 술어
- **功夫 풀이** 전치사 '离'는 거리나 간격의 격차를 표시할 때 주로 쓰인다. 전치사구는 문장에서 대개 부사어로 쓰이므로 술어 앞에 놓이게 된다.
- **모범답안** 现在离上课还有半个小时。 현재 수업까지 아직 30분이 남아있다.

10.
- **단어** 愿意 yuànyì 동 원하다, 희망하다
- **功夫 풀이** 문장의 술어는 '愿意'가 되고, '看那部电影'은 목적어가 되므로, 부정부사 '不'는 술어 '愿意' 앞에 놓여야 한다.
- **모범답안** 我不愿意看那部电影。 나는 그 영화를 보기를 원하지 않는다.

2회   p.249

1.
- **단어** 在 zài 부 마침 ~하고 있다, ~하고 있는 중이다 | 电视 diànshì 명 텔레비전
- **功夫 공식** 동작자 제한 부사 + 동작 제한 부사 + 술어
- **功夫 풀이** 기본적인 '주어 + 술어 + 목적어' 어순의 문장을 만들어보면 '我们看电视'이다. '都'는 '모두'라는 의미의 범위부사이고, '在'는 주어진 단어 중 시간이나 장소명사가 따로 없으므로 여기서는 전치사가 아닌 부사로 봐야 한다. '在'가 부사로 쓰일 때는 '~하고 있다'의 진행의 의미를 표현한다. '都'와 '在'가 모두 부사이나 '都'는 주어의 범위를 제한하고 있고, '在'는 술어의 동작을 직접적으로 제한하고 있으므로 '在'를 '都'보다 술어 가까이에 두어야 한다.
- **모범답안** 我们都在看电视。 우리는 모두 텔레비전을 보고 있다.

2.
- **단어** 鸡蛋 jīdàn 명 계란, 달걀
- **공부 공식** 주어 + 술어 + 겸어 + 술어 + 목적어
- **공부 풀이** '让'은 대표적인 사동사로서 문장에서 겸어문을 만든다. 겸어문의 공식은 '주어 + 술어 + 겸어 + 술어 + 목적어'의 어순을 따른다. 사동문에서 중요한 점은 겸어를 잘 판별해야 하는데, 의미상 '엄마가 나를 시키는 것'이 적당하지 '내가 엄마를 시키는 것'은 적당하지 않다. 결국 내가 계란을 사러 가는 것이므로 문장에서 '我'가 겸어가 된다.
- **모범답안** 妈妈让我去买鸡蛋。 엄마가 나에게 계란을 사러 가도록 시켰다.

3.
- **단어** 一定 yídìng 부 반드시, 필히, 꼭
- **공부 공식** 시간명사 + 일반부사 + 조동사
- **공부 풀이** '明天'과 '一定'은 문장에서 모두 부사어 역할을 한다. 그 중 시간명사가 부사어들 중에서 가장 앞에 위치하므로 '明天'이 '一定'보다 앞에 위치해야 한다. '会'는 조동사인데, 여기서는 추측의 의미를 가지고 있으며, 전치사구를 제외하고 대부분의 부사는 조동사 앞에 위치해야 하므로, '一定'은 '会' 앞에 둔다.
- **모범답안** 明天一定会下雪。 내일 분명히 눈이 내릴 거야.

4.
- **단어** 收 shōu 동 받다, 접수하다
- **공부 공식** 시간명사 + 주어
- **공부 풀이** '昨天'과 '下午'는 모두 시간을 나타내는 명사로서 문장에서 부사어가 되는데, 이렇게 시간명사가 두 개 이상일 때는 포괄성이 큰 것에서 작은 것으로 배열해야 한다. 여기서는 '昨天'이 '下午'보다 큰 개념이므로 '昨天下午'의 순서로 배열되는 것이 옳다. 시간명사는 문장에서 주어 앞뒤에 모두 놓일 수 있지만, 여기서는 이미 시간명사 '下午'가 주어 '我' 앞에 위치한 상태이므로, 이보다 큰 개념인 '昨天'은 가장 앞에 두어야 한다.
- **모범답안** 昨天下午我收到了一封信。 어제 오후 나는 한 통의 편지를 받았다.

5.
- **단어** 讨论 tǎolùn 동 토론하다
- **공부 공식** 조동사 + 再 + 술어
- **공부 풀이** 이 문장을 기본 어순인 '주어 + 술어 + 목적어' 구조로 먼저 배열하면, '我们讨论这个问题'가 쉽게 완성된다. 이 문제의 핵심은 부사 '再'의 특징을 알고 있느냐이다. 보통 일반부사들은 조동사와 함께 있을 때는 '부사 + 조동사 + 술어'의 어순을 따르게 되나, '再'는 예외적으로 '조동사 + 再'의 어순을 따른다. 그러므로 '不想再'의 순서로 술어 '讨论' 앞에 배열해야 한다.
- **모범답안** 我们不想再讨论这个问题了。 우리는 다시 이 문제를 토론하고 싶지 않다.

6.
- **단어**: 密码 mìmǎ 몡 비밀번호 | 猜 cāi 동 추측하다, 알아맞히다
- **功夫 공식**: 객체 + 被 + 주체 + 술어(동사 + 기타성분)
- **功夫 풀이**: 이 문제는 피동문형으로서, 피동문은 주체와 객체가 바뀌는 것으로 객체가 주어 자리에, 주체가 '被'의 목적어 자리에 오게 된다. 따라서 주어와 목적어의 구분이 최우선적으로 선행되어야 하는데, 여기서 동사 '猜'의 주체는 '同学们'이고, 객체는 '他的电脑密码'가 된다.
- **모범답안**: 他的电脑密码被同学们猜到了。 그의 컴퓨터 비밀번호를 친구들이 알아 맞췄다.

7.
- **단어**: 玻璃 bōli 몡 유리 | 打碎 dǎsuì 동 부수다, 깨지다
- **功夫 공식**: 주어 + 把 + 목적어 + 술어(동사 + 기타성분)
- **功夫 풀이**: 이 문장은 '把'자문의 어순을 물어보는 문제이다. '把'는 전치사로서 목적어를 이끌어, 결국 목적어와 술어의 자리가 도치되도록 만든다. 주어진 단어에서 주어는 '他'가 되어야 하고, 목적어 즉 동작의 객체는 '玻璃'이므로 '把' 뒤에 '玻璃'가 와야 한다. 또한 술어는 '打碎了'가 되므로, 목적어 '玻璃' 뒤에 와야 한다.
- **모범답안**: 他把玻璃打碎了。 그가 유리를 깼다.

8.
- **단어**: 产量 chǎnliàng 몡 생산량 | 增加 zēngjiā 동 증가하다
- **功夫 공식**: A 比 B 술어 + 구체적 수치
- **功夫 풀이**: '比'비교문에서 비교의 정도를 구체적인 수치로 나타낼 때 수량사구는 보어가 된다. 그러므로 여기서 구체적인 증가량 '一倍'는 보어로 쓰여야 하므로 술어인 '增加了' 뒤에 놓여야 한다.
- **모범답안**: 今年的大米产量比去年增加了一倍。 올해 쌀 생산량은 작년보다 배로 증가했다.

9.
- **단어**: 球赛 qiúsài 몡 구기 경기, 구기 시합 | 精彩 jīngcǎi 형 뛰어나다, 훌륭하다 | 极了 jíle 형용사 뒤에 위치해서 그 뜻을 매우 강조할 때 쓰임
- **功夫 공식**: 형용사 + 极了
- **功夫 풀이**: '极了'는 '정도의 심함'을 표현하는 상용 정도보어이다. 문장에서 형용사 술어 뒤에서 보어로 쓰여 정도의 심함을 표현하는데, 이러한 의미를 가진 또 다른 보어들로는 '坏了, 死了, 透了' 등이 있다. 따라서 '极了'는 술어 뒤에 위치해야 하므로 '精彩' 뒤에 와야 한다. '的'는 관형어를 만드는 조사이므로, 여기서는 '昨天的'가 '球赛'를 수식하여 함께 주어가 된다.
- **모범답안**: 昨天的球赛精彩极了。 어제 경기는 매우 훌륭했다.

10. **단어** 遇到 yùdào 통 만나다, 마주치다 | 偶尔 ǒu'ěr 부 때때로, 간혹 | 放弃 fàngqì 통 포기하다

功夫 공식 부사 + 조동사 + 술어

功夫 풀이 '遇到困难时'는 시간을 나타내는 개념으로 문장에서 부사어가 된다. 시간을 나타내는 부사어는 주어 앞뒤에 모두 놓일 수 있다. 부사 '偶尔'과 조동사 '会'는 모두 술어 앞에 놓여야 하는데, 이때 기본 어순은 부사가 조동사보다 먼저 오게 되어 있다.

모범답안 年轻人遇到困难时偶尔会放弃。

遇到困难时年轻人偶尔会放弃。 젊은 사람들은 어려움을 당할 때 종종 포기한다.

3회   p.250

1. **단어** 暑假 shǔjià 명 여름 방학 | 旅行 lǚxíng 통 여행하다

功夫 공식 주어 + 부사 + 술어₁ + 술어₂

功夫 풀이 '每年的'는 관형어로서 뒤에 명사가 와야 하는데 명사는 '暑假' 밖에 없고, '都'는 부사이므로 술어 앞에 놓는다. 문장에서 주어는 하나이나, 술어는 '出去'와 '旅行' 모두 가능한데, 주어가 하나인데 술어가 둘 이상인 문장을 '연동문'이라고 한다. 연동문에서는 선행되거나 전제되는 동작이 먼저 나와야 하는데, 여기서는 '나가서 여행하는 것(出去旅行)'이지 '여행하고 나가는 것(旅行出去)'은 맞지 않으므로, '出去旅行'의 어순이 되어야 한다.

모범답안 他每年的暑假都出去旅行。 그는 매년 여름방학마다 여행을 간다.

2. **단어** 把 bǎ 양 손잡이가 달린 물건을 세는 단위 | 椅子 yǐzi 명 의자

功夫 공식 수사 + 양사 + 명사

功夫 풀이 수사는 보통 단독으로 쓰지 않고 양사와 결합하여 '수량사구'를 이루어 명사를 수식한다. '把'가 있다고 해서 무조건 '把자문'으로 연결시키면 이 문제는 풀리지 않는다. 여기서 '把'는 '椅子' 등과 같이 주로 손잡이가 있는 물건을 세는 양사의 개념이다. 그러므로 '一把'가 '椅子'를 수식해 주어야 한다.

모범답안 房间里有一把椅子。 방 안에는 의자 하나가 있다.

3. **단어** 抽烟 chōuyān 통 담배 피우다, 흡연하다

功夫 공식 술어(사동) + 겸어 + 술어

功夫 풀이 사역동사 '让'이 나오면 겸어문을 떠올리자. '让'의 목적어는 '让'당하면서 동시에 두 번째 동작 '抽烟'의 주체가 되어야 하므로 '留学生'이 되어야 한다.

모범답안 学校不让留学生在教室里抽烟。 학교는 유학생들에게 교실에서 담배를 피우지 못하게 한다.

쓰기 실전 테스트 풀이   151

4.
- **단어** 国家 guójiā 명 국가, 나라 | 冷 lěng 형 춥다, 차다
- **功夫 공식** A 跟 B 一样 + 술어
- **功夫 풀이** 비교문에서 차이가 없음을 표현하는 공식은 'A 跟 B 一样'으로 'A와 B는 같다'는 의미를 나타낸다. 중요한 것은 보다 구체적으로 술어를 이용하여 어떻게 같은지를 표현하고자 할 때는 술어를 '一样' 뒤에 두어야 한다. 여기서 비교대상 A와 B는 각각 우리나라의 겨울과 베이징의 겨울인데, '冬天'은 뒤에서 생략할 수 있다. 또한 술어 '冷'은 앞서 말한 공식처럼 '一样' 뒤에 놓아야 한다.
- **모범답안** 我们国家的冬天跟北京一样冷。 우리나라 겨울은 베이징과 똑같이 춥다.

5.
- **功夫 공식** 부사 + 조동사 + 술어
- **功夫 풀이** 부사와 조동사는 모두 술어 앞에 놓이게 된다. 이때 일반적으로 부사가 조동사보다 먼저 오게 된다. 따라서 부사 '才'는 조동사 '能' 앞에 놓여야 한다.
- **모범답안** 我明天早上才能买到那本书。 나는 내일 아침에서야 비로서 그 책을 살 수 있다.

6.
- **단어** 访问 fǎngwèn 동 방문하다 | 工人 gōngrén 명 노동자 | 家庭 jiātíng 명 가정
- **功夫 공식** 조동사 + 술어 + 관형어 + 목적어
- **功夫 풀이** '访问'은 '~을(를) 방문하다'의 의미를 갖는 동사로서 '방문 대상'을 목적어로 가질 수 있다. 여기서는 '一个家庭'이 '访问'의 목적어가 되고, '中国工人的'가 '家庭'을 수식해 준다. 이때 '中国工人的'가 '一个'에 비해 '家庭'에 대하여 보다 구체적인 묘사의 성격이 강하므로 '中国工人的'가 '家庭' 바로 앞에 놓이게 된다. '想'은 조동사로서 단독으로 쓰이지 않고 술어 앞에서 바람이나 희망을을 표현한다.
- **모범답안** 我想访问一个中国工人的家庭。 나는 한 중국 노동자의 가정을 방문하고 싶다.

7.
- **단어** 新闻 xīnwén 명 뉴스
- **功夫 공식** 주어 + 술어 + 목적어 + 술어 + 보어
- **功夫 풀이** '一个小时'는 시간의 양을 표현하므로 이 문제는 시량보어를 이해해야 하는 문제이다. 보어는 술어 뒤에 놓이는데, 이때 술어가 2개인 중첩형식으로 어순을 배열할 때는 '술 + 목 + 술 + 보'의 어순임을 기억해야 한다.
- **모범답안** 我每天看新闻看一个小时。 나는 매일 한 시간씩 뉴스를 본다.

8. **功夫 공식** 조동사 + 전치사구

   功夫 풀이 '跟他'는 전치사구로서 문장에서는 보통 부사어가 되어 술어 앞에 놓인다. '不想'은 조동사의 부정 형태로서, 조동사와 전치사구가 함께 있을 때는 조동사가 전치사구 앞에 위치한다. '一起'는 일반부사로서 보통 조동사 앞에 위치해야 하나, 여기서는 '跟他'와 함께 술어의 범위를 제한해야 하므로 '跟他' 뒤에 놓아야 한다.

   모범답안 我不想跟他一起去。 나는 그와 함께 가고 싶지 않다.

9. **단어** 身体 shēntǐ 몡 건강 | 健康 jiànkāng 혱 건강하다

   功夫 공식 A + 有/没有 + B (+ 这么/那么) + 술어

   功夫 풀이 이 문장은 '有(没有)자 비교문'을 물어보는 문제이다. 단어 중 '有/没有'가 나오면, 무조건 '있다/없다'로 접근하는 경향이 있는데, '有/没有'를 제외한 또 다른 술어가 주어진 단어 중 있고, 비슷한 수준의 명사성 단어가 두 개 출현하면 비교문으로 접근해야 옳다. 기본 어순은 'A + 有/没有 + B (+ 这么/那么) + 술어'이다. 여기서 술어는 '健康'이므로 문장의 끝에 위치한다.

   모범답안 我哥哥的身体没有你哥哥那么健康。 우리 오빠 몸은 너희 오빠처럼 그렇게 건강하지는 않다.

10. **단어** 干净 gānjìng 혱 깨끗한

    功夫 공식 주어 + 부사 + 把 + 목적어 + 술어(동사 + 기타성분)

    功夫 풀이 문장의 술어는 '打扫'가 되고, 목적어는 '教室'가 되는데, '把자문'은 술어와 목적어의 위치가 도치되는 문장구조이다. '주어 + 술어 + 목적어' 구조가 '주어 + 把 + 목적어 + 술어' 구조가 되므로, '同学们把教室打扫'가 된다. 일반적으로 술어 자리에 동사 단독으로 오지 않고 뒤에 기타성분을 두게 되는데, '干净了'는 결과보어와 동태조사가 결합된 형태로서 동사 '打扫' 뒤에서 기타성분을 담당하고, '一起'는 부사로서 '把' 앞에 놓인다.

    모범답안 同学们一起把教室打扫干净了。 학생들은 함께 교실을 깨끗이 청소했다.

第二部分

1회 p.260

1. 功夫 풀이 제시된 단어는 '감동하다, 감동시키다'의 의미를 나타내는 동사이다. 그런데 제시된 그림은 '책을 보고 있는 모습'이므로, '책을 읽고 감동받았다, 책이 매우 감동적이다' 등의 문장으로 접근하여 작문을 시도하는 것이 옳다. 아주 간단한 '주어 + 술어 + 목적어' 문장 구조인 '这本书感动了我(이 책이 나를 감동시켰다)'의 형태도 가능하지만, '感动'을 가지고 이러한 의미를 전달할 때는 주로 '让, 令' 등의 사동의 의미를 지니는 동사를 통한 문장 구조나, '被'를 사용한 피동형태로 작문한다는 점을 염두해 두자.

모범답안 1 这本书让我非常感动。 이 책이 나를 매우 감동시켰다.
모범답안 2 她被这本书的内容感动了。 그녀는 이 책의 내용에 감동했다.
단어 感动 gǎndòng 통 감동하다, 감동되다 | 让 ràng 통 ~하게 시키다, ~하도록 만들다 | 内容 nèiróng 명 내용

2. 功夫 풀이 제시된 단어는 '세일하다'의 의미를 나타내는 동사이다. '세일'하면 떠오르는 단어들로는 '购物 gòuwù 물건을 사다, 쇼핑하다, 逛街 guàngjiē 쇼핑하다, 구경하다, 百货商店 bǎihuò shāngdiàn 백화점' 등이 있다. '打折' 단어를 사용할 때, 예를 들어 '打七折'와 같이 구체적으로 '몇 % 세일한다'라는 표현이 포함된 경우, 이것은 70%를 의미하는 것이 아니라 30%세일을 의미한다는 점에 유의하자. 엄밀히 말해 '세일되어 가격이 총 정상가의 몇 %만을 차지한다'의 의미로 접근해야만 실수 없이 이 단어를 사용할 수 있다.

모범답안 1 现在大部分百货商店都开始打折了，我们去逛逛吧。
현재 대부분의 백화점이 세일을 시작했어, 우리 구경가자.
모범답안 2 她特别喜欢打折商品。 그녀는 특히 세일상품을 좋아한다.
단어 打折 dǎzhé 통 가격을 깎다, 세일하다 | 百货商店 bǎihuò shāngdiàn 명 백화점 | 逛 guàng 통 돌아다니다, 구경하다 | 特别 tèbié 부 특히, 아주

3. 功夫 풀이 제시된 단어는 '진지한, 착실한, 열심히 하는'의 의미를 나타내는 형용사이다. 이 단어는 어떤 행위 및 동작에 대한 태도를 묘사하고자 할 때 주로 쓰이는 형용사로, 단독으로 술어가 될 수 있고, 혹은 '认真地'의 형태로 술어를 수식하는 부사어가 될 수도 있다. 주어진 그림은 '공부하는 모습'을 나타내고 있으므로, '공부하는 태도가 매우 열심이다' 등의 표현으로 접근할 수 있다.

모범답안 1 她很认真地学习汉语，进步很大。 그녀는 중국어 공부를 매우 열심히 해서, 발전이 매우 크다.
모범답안 2 她的学习态度总是很认真。 그녀의 학습 태도는 늘 매우 성실하다.
단어 认真 rènzhēn 형 진지하다, 착실하다 | 进步 jìnbù 통 진보하다 | 态度 tàidu 명 태도 | 总是 zǒngshì 부 늘, 언제나

4. **功夫 풀이** 제시된 단어는 '건조하다'의 의미를 나타내는 형용사이며, 반대의 뜻을 지니는 단어는 '湿润 shīrùn'으로서, '축축하다, 습하다'의 의미를 나타낸다. 이 두 단어 모두 주로 특정 지역의 기후나 구체적인 날씨에 대한 정보를 제공하고자 할 때 사용되며, 단독으로 술어가 될 수 있다. 일반적이고 객관적인 날씨에 대한 현상을 나타낼 때는 주로 '气候 qìhòu'라는 단어를 쓸 수 있다. 중국에서는 주로 북방이 남방에 비해서 건조한 날씨이므로, 이를 바탕으로 남북을 대비하여 표현할 수도 있고, 아니면 '최근 비가 적게 내려 날씨가 건조하다' 등으로 표현할 수도 있다.

   모범답안 1 中国北方的气候很干燥，不太适合农业发展。
   중국 북방의 기후는 매우 건조하여, 농업 발전에 적합하지 않다.

   모범답안 2 这几个月没下雨，干燥得厉害。 요 몇 개월 비가 내리지 않아서 매우 건조하다.

   단어 气候 qìhòu 명 기후 | 适合 shìhé 동 적합하다, 알맞다 | 农业 nóngyè 명 농업 | 厉害 lìhai 형 대단하다, 극심하다

5. **功夫 풀이** 제시된 단어는 '획득하다, 취득하다'의 의미를 나타내는 동사이다. 주로 '成绩 chéngjì 성적, 成果 chéngguǒ 성과, 进步 jìnbù 진보' 등을 목적어로 가진다. 주어진 그림이 메달을 나타내고 있으므로, 성과 혹은 성적 등을 목적어로 접근하면 쉽게 해결이 가능하다.

   모범답안 1 这次考试我取得了好成绩。 이번 시험에서 나는 좋은 성적을 얻었다.

   모범답안 2 这次冬季奥运会上我国代表团取得了新成果。
   이번 동계올림픽에서 우리나라 대표단은 새로운 성과를 거두었다.

   단어 成绩 chéngjì 명 성적 | 冬季奥运会 Dōngjì Àoyùnhuì 명 동계올림픽 | 代表团 dàibiǎotuán 명 대표단, 대표팀

2회 p.261

1. **功夫 풀이** 제시된 단어는 '보호하다' 의미를 나타내는 동사이다. 주로 '自然 zìrán 자연, 动物 dòngwù 동물, 环境 huánjìng 환경' 등을 목적어로 가진다. 주어진 그림에서 보여지는 것은 가장 크게는 '지구', 구체적으로는 '환경' 및 '자연'으로 접근해서, '우리는 지구(자연)를 보호해야 한다' 등의 접근방식으로 작문을 할 수 있다.

   모범답안 1 我们都有保护地球的责任。 우리는 모두 지구 보호의 책임이 있다.

   모범답안 2 环境污染越来越严重了，我们应该保护地球。
   환경오염이 갈수록 심각해지고 있다. 우리는 마땅히 지구를 보호해야 한다.

   단어 自然 zìrán 명 자연 | 责任 zérèn 명 책임 | 严重 yánzhòng 형 심각하다

2. **功夫 풀이** 제시된 단어는 명사 '커피'로서, 함께 쓸 수 있는 동사는 '마시다'의 '喝'가 있다. 커피를 잔 단위로 세고자 할 때는 보통 양사 '杯'를 이용하여 '수사 + 杯 + 咖啡'의 형태로 구성할 수 있다. '커피를 반드시 마셔야 한다'라는 의미를 나타내고자 한다면, 조동사 '应该' 등을 활용할 수도 있지만, '非……不可'의 이중부정 형식을 활용하는 것도 좋다.

모범답안 1 每天他至少要喝三杯咖啡。 매일 그는 최소한 세 잔의 커피를 마셔야 한다.

모범답안 2 吃饭后，我非喝咖啡不可。 식사 후, 나는 커피를 마시지 않으면 안 된다.

단어 至少 zhìshǎo 🇧 적어도, 최소한 | 非……不可 fēi…bùkě ~하지 않으면 안 된다. 반드시 ~해야 한다

3. **功夫 풀이** 제시된 단어는 '옮기다'의 의미를 나타내는 동사이며, 주로 목적어와 함께 쓰여 '~을 옮기다'라는 의미를 나타낸다. 가장 대표적인 형태가 목적어 '家'를 취한 '搬家'로서, '집을 옮기다' 즉 '이사하다'이다. 이를 활용한 단어로서 '搬家(的)行李'가 있는데, 이는 우리말로 '이삿짐'으로 풀이가 가능하다.

모범답안 1 他还没把搬家行李收拾好。 그는 아직 이삿짐을 다 정리하지 못했다.

모범답안 2 这么多的箱子他一个人搬得动。 이렇게 많은 상자를 그 혼자서 옮길 수 있다.

단어 行李 xíngli 🇧 짐, 수화물 | 收拾 shōushi 🇨 정리하다, 치우다 | 箱子 xiāngzi 🇧 상자, 트렁크

4. **功夫 풀이** 제시된 단어는 본래 '노트, 수첩'을 의미하는 단어이지만, 현재는 '笔记本电脑 bǐjìběn diànnǎo' 즉 노트북 컴퓨터를 지칭하는 경우가 대부분이므로 주의가 필요하다. 제시된 그림 역시 노트북 컴퓨터를 이용하는 그림이므로, '笔记本'의 접근을 '노트북 컴퓨터'로 하는 것이 옳다. 그림에서 노트북을 이용하여 할 수 있는 동작을 표현하는 것이 올바른데, 예를 들어, '发电子邮件 fā diànzǐ yóujiàn 이메일을 보내다, 查资料 chá zīliào 자료를 찾다, 写日记 xiě rìjì 일기를 쓰다' 등이 가능하다.

모범답안 1 有空儿的时候，她用笔记本看当天的新闻。
시간이 있을 때, 그녀는 노트북으로 그 날의 뉴스를 본다.

모범답안 2 有了笔记本，就可以随时发电子邮件。 노트북이 있으면, 어느 때나 메일을 보낼 수 있다.

단어 空儿 kòngr 🇧 시간, 짬, 여유 | 新闻 xīnwén 🇧 뉴스 | 随时 suíshí 🇩 수시로, 언제나 | 电子邮件 diànzǐ yóujiàn 🇧 전자우편, 이메일

5. **功夫 풀이** 제시된 단어는 '상심하다, 슬퍼하다'의 의미를 나타내는 동사이며, 주로 심리적인 상태를 묘사하고자 할 때, 문장 안에서 술어로 쓰인다.

모범답안 1 他很伤心，所以我去安慰安慰他。 그가 너무 상심해서, 나는 그를 위로해주러 간다.

모범답안 2 他伤心得不吃也不喝，因为他没考上大学。
그는 상심하여 먹지도 마시지도 않는다. 왜냐하면 대학입시에 떨어졌기 때문이다.

단어 安慰 ānwèi 🇨 위로하다, 안위하다

모의고사

녹음 스크립트
정답

4급 | 모의고사 녹음 스크립트

（音乐，30秒，渐弱）
大家好！欢迎参加HSK（四级）考试。
大家好！欢迎参加HSK（四级）考试。
大家好！欢迎参加HSK（四级）考试。

HSK（四级）听力考试分三部分，共45题。
请大家注意，听力考试现在开始。

第一部分

一共10个题，每题听一次。

例如：我想去办个信用卡，今天下午你有时间吗？陪我去一趟银行？
★ 他打算下午去银行。

现在我很少看电视，其中一个原因是，广告太多了，不管什么时间，也不管什么节目，只要你打开电视，总能看到那么多的广告，浪费我的时间。
★ 他喜欢看电视广告。

现在开始第1题：

1. 这个学期作业太多了，又要写论文，也不能锻炼身体，所以现在感觉身体越来越差，经常感冒。
★ 他没有时间锻炼身体。

2. 我经常上网和朋友聊天儿、或者玩儿游戏、看新闻、欣赏电影。我觉得上网比看电视更有趣。
★ 他喜欢看电视。

3. 她在这次唱歌比赛中唱得实在是太好了,但是最后却没有得到第一名,同学们都觉得很可惜。
   ★ 她唱得非常好。

4. 很多学生喜欢到图书馆去学习,其中最重要的原因就是那里很安静,没有人大声说话。
   ★ 图书馆没有人说话。

5. 现在我用短信比较多,一些不是太复杂的事情,我都会发短信,这样可以省不少通话费。
   ★ 他不想浪费电话费。

6. 这条路离城里很远,所以很安静,没有公共汽车,只有一两辆小汽车和自行车。
   ★ 这条路很热闹。

7. 他这个人什么都好,就是常常迟到,无论是开会还是上班,他总是比别人晚几分钟。
   ★ 他很准时。

8. 骑自行车在欧洲是一种体育运动,可以锻炼身体;在中国自行车却是一种交通工具,但是骑自行车也达到了体育锻炼的效果。
   ★ 无论是在欧洲还是在中国,骑自行车都锻炼了身体。

9. 有一本书,我找了很长时间都没找到。过了一段时间我才想起来已经还给图书馆了。
   ★ 他的书丢了。

10. 我妈妈总是记不住事情,有好几次用洗衣机洗衣服,都没有往洗衣机里放水。
    ★ 妈妈忘记往洗衣机里放水了。

第二部分

一共15个题,每题听一次。

例如:女:该加油了,去机场的路上有加油站吗?
　　　男:有,你放心吧。
　　　问:男的主要是什么意思?

现在开始第11题:

11. 女:你可以帮我翻译这段英语吗?
　　　男:就我这样的英语水平,恐怕不行。
　　　问:男的的意思是什么?

12. 男:小姐,这钱是不是算错了?
　　　女:没有错,我们这儿的菜是打折的,但是水果不打折。
　　　问:他们可能在哪儿?

13. 女:今天上街你都买了什么?
　　　男:本来是去买鞋子和裤子的,结果一看,钱包忘带了。
　　　问:男的买了什么?

14. 男:你平时怎样和朋友交流?
　　　女:我以前都是写信、打电话,但是现在比较喜欢上网发电子邮件。
　　　问:女的现在喜欢怎么交流?

15. 女:请问,这儿附近有商店吗?我做菜的时候才发现没有盐了。
　　　男:有,你再往前走30米就到了。
　　　问:女的要买什么?

16. 男:你看看你迟到了多长时间?
　　　女:现在是七点半,迟到了十分钟。
　　　问:女的应该要几点到?

17. 女：我们明天怎么去颐和园，是坐公交车还是坐地铁？
    男：我的一个朋友明天没事，说可以开车送我们去。
    问：他们坐什么去颐和园？

18. 男：昨天的网球比赛你看了吗？
    女：看了，真是太精彩了，特别是第三场。
    问：女的觉得比赛怎么样？

19. 女：师傅，麻烦您快点儿行吗？我一定得在十点之前到博物馆。
    男：不用担心，我保证按时把您送到。
    问：女的要去哪儿？

20. 男：祝贺你考上了硕士。
    女：谢谢，如果没有你的帮助，恐怕不会这么顺利。
    问：关于女的可以知道什么？

21. 女：你以前不是很喜欢吃巧克力吗？怎么不吃了？
    男：我最近牙疼，连面包这种稍微有点儿甜的东西都不敢吃，更别说巧克力了。
    问：男的怎么了？

22. 男：你现在去超市？顺便帮我买两瓶葡萄酒吧。
    女：外面阳光这么好，你和我一起去吧，正好散散步。
    问：外面天气怎么样？

23. 女：他乘坐的就是这个航班呀？怎么还没看见他呢？
    男：再等五分钟吧，今天星期六，可能会堵车。
    问：他们最可能在哪儿？

24. 男：真奇怪，我的眼镜怎么不见了？刚才还戴着呢。
    女：你那会儿不是在房间里看书吗？是不是在那儿？
    问：男的怎么了？

25. 女：你的汉语水平考试考得怎么样？
    男：我这次没考，因为我错过了报名时间，只能等下次了。
    问：男的为什么没参加考试？

第三部分

一共20个题，每题听一次。

例如：男：把这个文件复印五份，一会儿拿到会议室发给大家。
　　　女：好的。会议是下午3点吗？
　　　男：改了。三点半，推迟了半个小时。
　　　女：好，602会议室没变吧？
　　　男：对，没变。
　　　问：会议几点开始？

现在开始第26题：

26. 男：你今天怎么穿得这么正式？
    女：有家饭店通知我去面试，所以就打扮了一下。
    男：饭店挺好的，祝你成功！
    女：谢谢，有好消息我就告诉你。
    问：女的为什么穿得很正式？

27. 女：听说你在做生意，怎么样？
    男：我本来以为很简单，做起来才发现并不容易，压力很大。
    女：慢慢儿来，万事开头都很辛苦，关键是要多积累经验。
    男：是，我也是这样想的。
    问：女的是什么意思？

28. 男：你认识这本书的作者吗?
    女：对，他在我们学校工作。
    男：是吗? 他的小说让人很感动。
    女：是，我也喜欢他的小说。
    问：他们觉得那位作者的小说写得怎么样?

29. 女：喂，我到国家剧场了，你在哪儿呢?
    男：我还在地铁里，大概五分钟就到了。
    女：好，你到了就从东北口出来吧。我在那儿等您。
    男：好的，一会儿见。
    问：他们一会儿在哪儿见面?

30. 男：我虽然在这儿出生，可七岁就搬走了。
    女：你觉得这儿变化大吗?
    男：挺大的，以前这条路很窄，商场也少。你看现在多热闹。
    女：那你可能记不住当时住的地方啊。
    问：男的觉得那儿现在怎么样?

31. 女：我猜照片中间这个男孩儿是您，对不对?
    男：对，右边就是我弟弟。
    女：你们俩长得真像，个子也差不多。
    男：是，大家都这么说。
    问：关于男的可以知道什么?

32. 男：抱歉，明天我不能陪你逛街了。
    女：为什么? 周六要加班?
    男：不是，我刚接到通知，明天去上海出差。
    女：好的，要去几天呢?
    问：男的为什么不能去逛街了?

33. 女：唉哟，我们这儿屋子里烟味儿太大了。
    男：刚才写了点儿文章，抽了几支烟。
    女：快把窗户开开！我实在受不了。
    男：好，好。我听你的。开会儿窗户，换换空气。
    问：女的为什么让男的开窗户？

34. 男：你好像和那位张老师很熟似的。
    女：是很熟，我经常去她家。
    男：如果你觉得方便的话，能不能给我介绍一下？
    女：没问题。明天我正好要去张老师家还一本书，你要是有时间，跟我一起去，怎么样？
    男：太好啦！就这样说定了。
    问：男的请女的做什么？

35. 女：昨天晚上的演讲怎么样？
    男：精彩极了，好久没听这样的演讲了，是关于保护自然环境的。
    女：其实我也很关心环保问题，可惜把这么好的机会错过了。
    男：没关系，我全都记下来了，你拿去看看就行了。
    问：根据对话可以知道什么？

第36到37题是根据下面一段话：

36-37. 儿子告诉我他长大后想做305路公共汽车的司机，我听了很吃惊就问他"当司机也不错，可为什么一定是305路呢？" "因为305路车的最后一站是动物园，这样我就可以天天到动物园看老虎和熊猫了。"

36. 问：儿子将来想做什么？

37. 问：关于305路公交车可以知道什么？

第38到39题是根据下面一段话：

38-39. 说话是最容易的事，也是最难的事。于是有人说："既然话难说，那么，少说话，多做事，不就行了？"实际上，这种想法也不对。成功离不开交流，交流自然需要说话。会说话的人，更容易交到朋友，也更容易获得成功。

38. 问：什么样的人更容易交到朋友？

39. 问：说话人对"少说话，多做事"是什么态度？

第40到41题是根据下面一段话：

40-41. 下班时，同事小王叫住我，说到现在还没有联系上那位顾客，我告诉他的电话号码不对。我查了一下手机，才发现那个电话号码少了一个数字，我真是太粗心了。

40. 问：小王为什么没联系上那个顾客？

41. 问：说话人怎么样？

第42到43题是根据下面一段话：

42-43. 我是一个非常懒的人，一般每天晚上九点就睡觉，第二天早上十点才起床。要是星期天，起得就更晚了，通常要睡到十一点。这个习惯很难改掉，因为，十年前我刚上大学的时候就是这样的。

42. 问：男的是一个什么样的人？

43. 问：男的一般每天睡几个小时？

第44到45题是根据下面一段话：

44-45. 今年冬天，我看到弟弟穿着一件大衣，觉得很熟悉，再仔细一看才想起来，原来，五年前，我去过美国，回来的时候给他带了一件大衣。我早把这件事忘了，要不是他穿在身上，我真的一点儿都记不得了。

44. 问：弟弟穿的衣服是从哪儿来的？

45. 问：关于女的可以知道什么？

听力考试现在结束。

HSK(四级) 答案

一、听力

第一部分

1. √	2. X	3. √	4. X	5. √
6. X	7. X	8. √	9. X	10. √

第二部分

11. C	12. C	13. D	14. B	15. A
16. C	17. C	18. A	19. D	20. D
21. C	22. B	23. D	24. A	25. B

第三部分

26. B	27. B	28. C	29. C	30. A
31. B	32. D	33. B	34. A	35. C
36. A	37. B	38. C	39. B	40. D
41. B	42. C	43. D	44. A	45. B

二、阅读

第一部分

46. B	47. F	48. C	49. A	50. E
51. E	52. A	53. B	54. F	55. D

第二部分

56. A C B	57. B C A	58. B A C
59. B C A	60. B C A	61. A C B
62. A B C	63. B C A	64. C A B
65. C A B		

第三部分

66. D	67. C	68. A	69. A	70. B
71. A	72. B	73. C	74. C	75. C
76. B	77. A	78. D	79. C	80. D
81. C	82. B	83. D	84. A	85. D

三、书写

第一部分

86. 你最好重新换一个密码。
87. 教室里不允许抽烟。
88. 电脑已经可以正常使用了。
89. 这个消息真是太让人吃惊了。
90. 他出生在一个美丽的农村。
91. 姐姐把桌子周围收拾得很整齐。
92. 这次调查是由黄校长负责的。
93. 今年的产量比去年增加了一倍。
94. 难道你没有先检查一下。
95. 环境保护需要大家的共同努力。

第二部分（参考答案）

96. 他把自己的衬衫弄脏了。
97. 鼓励你的孩子发展自己的兴趣。
98. 这台洗衣机又便宜又好用。
99. 下雪的时候开车很危险。
100. 夏天喝果汁对解渴很有效。

HSK（四级）成绩报告

国家汉办/孔子学院总部
Hanban/Confucius Institute Headquarters

新 汉 语 水 平 考 试
Chinese Proficiency Test

HSK（四级）成绩报告
HSK (Level 4) Examination Score Report

姓名：_____
Name

性别：_____ 国籍：_____
Gender   Nationality

考试时间：_____ 年 _____ 月 _____ 日
Examination Date   Year   Month   Day

编号：_____
No.

	满分 (Full Score)	你的分数 (Your Score)
听力 (Listening)	100	
阅读 (Reading)	100	
书写 (Writing)	100	
总分 (Total Score)	300	

总分180分为合格 (Passing Score：180)

主任　_____　国家汉办
Director   Hanban

中国 • 北京
Beijing • China

저자

윤숙연

덕성여자 대학교 중어중문학과 졸업
인하대학교 교육대학원 중국학교육 석사 취득
청룡초등학교, 생연중학교 중국어 강사
시사중국어학원 신촌캠퍼스 新HSK 4급 전임강사

新HSK 한권으로 합격하기 4급 개정판 해설집

저자	윤숙연
펴낸이	엄태상
펴낸곳	시사중국어사(시사북스)
주소	서울시 종로구 자하문로 300 시사빌딩
주문 및 교재 문의	1588-1582
팩스	(02)3671-0500
홈페이지	http://www.sisabooks.com
이메일	book_chinese@sisadream.com
등록일자	1988년 2월 13일
등록번호	제1 - 657호

ISBN 979-11-5720-005-4 18720
　　　979-11-5720-004-7(set)

* 이 책의 내용을 사전 허가 없이 전재하거나 복제할 경우 법적인 제재를 받게 됨을 알려 드립니다.
* 잘못된 책은 구입하신 서점에서 교환해 드립니다.
* 정가는 표지에 표시되어 있습니다.

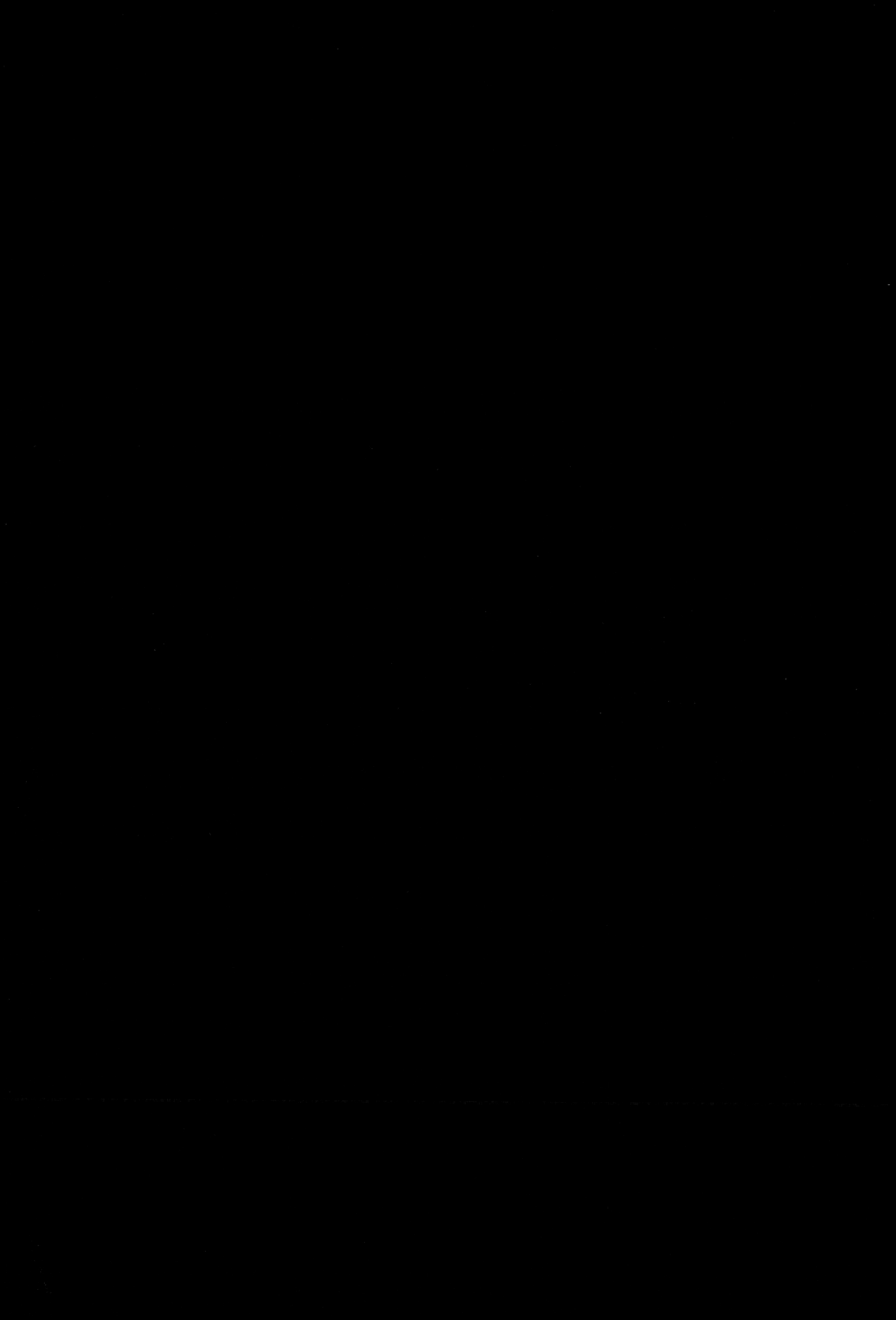

新 HSK
한 권으로 합격하기
필수어휘 1200

4급

MP3 무료 다운로드
www.sisabooks.com

A

0001	³阿姨	āyí	몡	아주머니.
0002	³啊	a	조	문장 끝에 쓰여 감탄·찬탄을 나타냄.
0003	³矮	ǎi	형	(사람의 키가) 작다. (높이가) 낮다.
0004	¹爱	ài	동	사랑하다. 좋아하다. (어떤 일을 취미로서) 애호하다.
0005	³爱好	àihào	동	애호하다. 몡 취미. 애호.
0006	⁴爱情	àiqíng	몡	남녀 간의 애정. 사랑.
0007	³安静	ānjìng	형	조용하다.
0008	⁴安排	ānpái	동	(인원·시간 등을) 안배하다. 일을 처리하다.
0009	⁴安全	ānquán	형	안전하다.
0010	⁴按时	ànshí	부	제때에. 시간에 맞추어.
0011	⁴按照	ànzhào	전	…에 의해. …에 따라.

B

0012	¹八	bā	수	8. 팔. 여덟.
0013	³把	bǎ	양	자루. 개. (자루 있는 물건을 세는 단위) 전 …을[를].
0014	¹爸爸	bàba	몡	아빠. 아버지.
0015	²吧	ba	조	문장 맨 끝에 쓰여, 상의·제의·청유·기대·명령 등의 어기를 나타냄.
0016	²白	bái	형	하얗다. 희다.
0017	²百	bǎi	수	100. 백.

필수어휘 3

0018	⁴百分之	bǎi fēn zhī		퍼센트
0019	³班	bān	명	조. 그룹. 반.
0020	³搬	bān	동	(비교적 크거나 무거운 것을) 옮기다. 운반하다.
0021	³办法	bànfǎ	명	(일을 처리하는) 방법. 수단.
0022	³办公室	bàngōngshì		사무실.
0023	³半	bàn	수	절반. 2분의 1.
0024	³帮忙	bāngmáng	동	일손을 돕다. 거들다.
0025	²帮助	bāngzhù	동	돕다. 원조하다. 명 도움. 원조.
0026	⁴棒	bàng	형	(성적이) 좋다. (수준이) 높다.
			명	몽둥이.
0027	³包	bāo	명	주머니. 가방. 동 (종이나 베 혹은 기타 얇은 것으로) 싸다.
0028	⁴包子	bāozi	명	(소가 든) 찐빵. 바오쯔.
0029	³饱	bǎo	형	배부르다.
0030	⁴保护	bǎohù	동	보호하다.
0031	⁴保证	bǎozhèng	동	보증하다. 담보하다. 보장하다.
0032	⁴报名	bàomíng	동	신청하다. 지원하다.
0033	²报纸	bàozhǐ	명	신문.
0034	⁴抱	bào	동	안다. 껴안다. 포옹하다.
0035	⁴抱歉	bàoqiàn	동	미안해하다. 죄송합니다.
0036	¹杯子	bēizi	명	(술·물·차 등 음료의) 잔. 컵.
0037	³北方	běifāng	명	북방. 북쪽.
0038	¹北京	Běijīng	명	베이징. (중국의 수도)
0039	⁴倍	bèi	양	배. 배수. 곱절. 갑절.
0040	³被	bèi	전	(피동문에서 행위자 앞 혹은 행위자를 생략한 채 동사 앞에 사용)당하다.

0041	¹本	běn	몡 책. 공책.
			양 ~儿로 쓰여 (책의) 권을 나타냄.
0042	⁴本来	běnlái	부 본래(본질). 원래(시간상).
0043	⁴笨	bèn	형 멍청하다. 우둔하다.
0044	³鼻子	bízi	몡 코.
0045	²比	bǐ	전 …에 비해. …보다. 동 비교하다.
0046	³比较	bǐjiào	부 비교적. 상대적으로. 동 비교하다.
0047	⁴比如	bǐrú	동 예를 들다.
0048	³比赛	bǐsài	몡 경기. 시합. 동 경기하다.
0049	³笔记本	bǐjìběn	몡 노트. 수첩.
0050	³必须	bìxū	부 반드시 …해야 한다. 꼭 …해야 한다.
0051	⁴毕业	bìyè	동 졸업하다.
0052	³变化	biànhuà	동 변화하다. 달라지다. 몡 변화.
0053	⁴遍	biàn	양 번. 차례. 회.
0054	⁴标准	biāozhǔn	몡 표준. 기준.
0055	⁴表格	biǎogé	몡 표. 양식. 도표.
0056	⁴表示	biǎoshì	동 의미하다. 가리키다.
0057	⁴表演	biǎoyǎn	동 상연하다. 공연하다. 연기하다.
			몡 공연. 연기.
0058	⁴表扬	biǎoyáng	동 칭찬하다. 표창하다.
0059	²别	bié	대 그 밖에. 달리. 따로. 부 …하지 말라.
0060	³别人	biéren	대 (나 또는 특정한 사람 이외의) 다른 사람.
0061	²宾馆	bīnguǎn	몡 호텔.
0062	³冰箱	bīngxiāng	몡 냉장고.
0063	⁴饼干	bǐnggān	몡 비스킷. 과자.

0064	⁴并且	bìngqiě	접	그리고. 게다가. 또한.
0065	⁴博士	bóshì	명	박사.
0066	³不但……而且……	búdàn……érqiě……		…뿐만 아니라, 게다가 ….
0067	⁴不过	búguò	접	그러나. 그렇지만.
0068	¹不客气	bú kèqi	형	사양하지 않다.
0069	¹不	bù	부	(동사·형용사 또는 기타 부사 앞에서) 부정(否定)을 나타냄.
0070	⁴不得不	bùdébù	부	어쩔 수 없이.
0071	⁴不管	bùguǎn	접	…에 관계없이. …을 막론하고.
0072	⁴不仅	bùjǐn	접	…뿐만 아니라.
0073	⁴部分	bùfen	명	(전체 중의) 부분. 일부(분).

C

0074	⁴擦	cā	동	(천·수건 등으로) 닦다.
0075	⁴猜	cāi	동	추측하다. 알아맞히다.
0076	⁴材料	cáiliào	명	재료. 원료. 감. 자재.
0077	¹菜	cài	명	요리. 채소. 야채.
0078	³菜单	càidān	명	메뉴. 식단.
0079	⁴参观	cānguān	동	참관하다.
0080	³参加	cānjiā	동	참가하다. 가입하다. 참여하다.
0081	⁴餐厅	cāntīng	명	식당. 레스토랑.
0082	³草	cǎo	명	풀.
0083	⁴厕所	cèsuǒ	명	화장실. 변소.
0084	³层	céng	양	층. 겹.

0085	¹茶	chá	명 차.
0086	³差	chà	형 나쁘다. 표준에 못 미치다. 동 부족하다. 모자라다.
0087	⁴差不多	chābuduō	형 (시간·정도·거리 등이) 비슷하다. 가깝다. 부 거의. 대체로.
0088	²长	cháng	형 (길이가) 길다. 명 길이.
0089	⁴长城	Chángchéng	명 만리장성
0090	⁴长江	Chángjiāng	명 양자강(扬子江).
0091	⁴尝	cháng	동 맛보다.
0092	⁴场	chǎng	명 장소. 곳. 양 회. 번. 차례.
0093	²唱歌	chànggē	동 노래 부르다.
0094	⁴超过	chāoguò	동 초과하다. 넘다.
0095	³超市	chāoshì	명 슈퍼마켓.
0096	³衬衫	chènshān	명 와이셔츠. 셔츠. 블라우스.
0097	⁴成功	chénggōng	동 성공하다. 형 성공적이다.
0098	³成绩	chéngjì	명 (일·학업상의) 성적. 성과. 수확.
0099	⁴成为	chéngwéi	동 …이[가] 되다. …(으)로 되다.
0100	⁴诚实	chéngshí	형 진실하다. 성실하다.
0101	³城市	chéngshì	명 도시.
0102	⁴乘坐	chéngzuò	동 (자동차·비행기 등을) 타다.
0103	¹吃	chī	동 먹다.
0104	⁴吃惊	chījīng	동 놀라다.
0105	³迟到	chídào	동 지각하다.
0106	⁴重新	chóngxīn	부 다시. 재차.
0107	⁴抽烟	chōu yān	담배(를) 피우다.
0108	²出	chū	동 나가다. 나오다.

0109	⁴出差	chūchāi	동 (외지로) 출장 가다.
0110	⁴出发	chūfā	동 출발하다. 떠나다.
0111	⁴出生	chūshēng	동 출생하다. 태어나다.
0112	⁴出现	chūxiàn	동 출현하다. 나타나다.
0113	¹出租车	chūzūchē	명 택시.
0114	³除了	chúle	전 …을(를) 제외하고.
0115	⁴厨房	chúfáng	명 주방. 부엌.
0116	²穿	chuān	동 입다. 신다
0117	⁴传真	chuánzhēn	명 팩시밀리. 팩스.
0118	³船	chuán	명 배. 선박.
0119	⁴窗户	chuānghu	명 창문.
0120	³春	chūn	명 봄. 춘계.
0121	³词典	cídiǎn	명 사전.
0122	⁴词语	cíyǔ	명 단어. 어휘.
0123	²次	cì	양 차례. 번. 회.
0124	³聪明	cōngming	형 똑똑하다. 총명하다.
0125	²从	cóng	전 …부터. …을 기점으로. …을 지나.
0126	⁴从来	cónglái	부 (과거부터) 지금까지. 여태껏.
0127	⁴粗心	cūxīn	형 소홀하다. 부주의하다.
0128	⁴存	cún	형 보존하다. 저장하다.
0129	²错	cuò	동 틀리다. 맞지 않다. 명 잘못.
0130	²错误	cuòwù	명 착오. 잘못.

D

| 0131 | ⁴答案 | dá'àn | 명 답안. 답. 해답. |

0132	⁴打扮	dǎban	동 화장하다. 꾸미다.
0133	¹打电话	dǎ diànhuà	동 전화를 걸다.
0134	²打篮球	dǎ lánqiú	농구하다.
0135	⁴打扰	dǎrǎo	동 방해하다. 지장을 주다.
0136	³打扫	dǎsǎo	동 청소하다.
0137	³打算	dǎsuàn	동 …하려고 하다. 명 생각. 계획.
0138	⁴打印	dǎyìn	동 인쇄하다. 프린트하다.
0139	⁴打招呼	dǎ zhāohu	동 인사하다. (사전에) 알리다.
0140	⁴打折	dǎzhé	동 가격을 깎다. 할인하다.
0141	⁴打针	dǎzhēn	동 주사를 놓다. 주사를 맞다.
0142	¹大	dà	형 크다. 넓다. 많다. 세다.
0143	⁴大概	dàgài	부 아마도. 대개.
0144	²大家	dàjiā	대 모두. 다들.
0145	⁴大使馆	dàshǐguǎn	명 대사관.
0146	⁴大约	dàyuē	부 대략. 대강. 얼추.
0147	⁴大夫	dàifu	명 의사.
0148	³带	dài	동 몸에 지니다. 휴대하다. 명 띠. 벨트.
0149	⁴戴	dài	동 착용하다. 쓰다. 몸에 달다.
0150	³担心	dānxīn	동 걱정하다.
0151	³蛋糕	dàngāo	명 케이크.
0152	⁴当	dāng	동 …이(가) 되다. 담당하다.
0153	³当然	dāngrán	형 당연하다. 물론이다. 부 당연히.
0154	⁴当时	dāngshí	명 당시.
0155	⁴刀	dāo	명 칼.
0156	⁴导游	dǎoyóu	명 가이드.

0157	²到	dào	⑧ 도착하다. 어느 곳에 이르다.
			㉠ …까지.
0158	⁴到处	dàochù	⑲ 도처. 곳곳.
0159	⁴到底	dàodǐ	⑭ 대체.
0160	⁴倒	dǎo	⑧ 상하·전후를 거꾸로 하다. 뒤집다. 쏟다. ⑭ 오히려.
0161	⁴道歉	dàoqiàn	⑧ 사과하다.
0162	⁴得意	déyì	⑲ 득의하다.
0163	³地	de	㉠ …하게. (부사어로 쓰이는 단어나 구 뒤에 쓴다)
0164	¹的	de	㉠ …한. …의. (관형어 뒤에 쓴다)
0165	²得₁	de	㉠ 결과나 정도를 나타내는 보어와 연결시킴. (동사나 형용사 뒤에 쓴다)
0166	⁴得₂	děi	㊂ …해야 한다.
0167	³灯	dēng	⑲ 등. 라이트.
0168	⁴登机牌	dēngjīpái	⑲ 비행기의 탑승권.
0169	⁴等₂	děng	㉠ 등. 따위.
0170	²等₁	děng	⑧ 기다리다.
0171	⁴低	dī	⑲ (높이나 등급이) 낮다.
0172	⁴底	dǐ	⑲ 밑. 바닥.
0173	⁴地点	dìdiǎn	⑲ 장소. 지점.
0174	³地方	dìfang	⑲ 장소. 곳.
0175	⁴地球	dìqiú	⑲ 지구.
0176	³地铁	dìtiě	⑲ 지하철.
0177	³地图	dìtú	⑲ 지도.
0178	⁴地址	dìzhǐ	⑲ 주소.

0179	²弟弟	dìdi	몡 남동생.
0180	²第一	dìyī	쉬 제1. 제일이다.
0181	¹点	diǎn	동 지명하다. 주문하다. 불을 붙이다.
			양 시(時).
0182	¹电脑	diànnǎo	몡 컴퓨터.
0183	¹电视	diànshì	몡 텔레비전.
0184	³电梯	diàntī	몡 엘리베이터.
0185	¹电影	diànyǐng	몡 영화.
0186	³电子邮件	diànzǐ yóujiàn	몡 이메일.
0187	⁴调查	diàochá	동 조사하다.
0188	⁴掉	diào	동 떨어지다.
0189	⁴丢	diū	동 잃다. 잃어버리다. 버리다.
0190	³东	dōng	몡 동쪽. 동방.
0191	¹东西	dōngxi	몡 물건. 물품.
0192	³冬	dōng	몡 겨울.
0193	²懂	dǒng	동 알다. 이해하다.
0194	³动物	dòngwù	몡 동물.
0195	⁴动作	dòngzuò	몡 동작.
0196	¹都	dōu	부 모두. 이미.
0197	¹读	dú	동 읽다. 낭독하다.
0198	⁴堵车	dǔchē	동 교통이 꽉 막히다.
0190	⁴肚子	dùzi	몡 복부.
0200	³短	duǎn	형 짧다.
0201	⁴短信	duǎnxìn	몡 문자 메시지.
0202	³段	duàn	양 단락. 토막.
0203	³锻炼	duànliàn	동 단련하다. 제련하다.

필수어휘 11

0204	²对₁	duì	형	맞다. 옳다.
0205	²对₂	duì	전	…에게. …을[를] 향하여.
0206	¹对不起	duìbuqǐ	동	미안합니다. 죄송합니다.
0207	⁴对话	duìhuà	동	대화하다. 담판하다.
0208	⁴对面	duìmiàn	명	맞은편. 반대편.
0209	⁴对于	duìyú	전	…에 대해(서). …에 대하여.
0210	¹多	duō	부	얼마나. 아무리. 형 수량이 많다.
			수	여. 남짓.
0211	³多么	duōme	부	얼마나.
0212	¹多少	duōshao	대	얼마. 몇.

E

0213	³饿	è	형	배고프다.
0214	⁴儿童	értóng	명	아동. 어린이.
0215	¹儿子	érzi	명	아들.
0216	⁴而	ér	접	그리고. …지만. …나.
0217	³耳朵	ěrduo	명	귀.
0218	¹二	èr	수	2. 둘.

F

0219	³发	fā	동	보내다. 건네주다. 발생하다.
0220	³发烧	fāshāo	동	열이 나다.
0221	⁴发生	fāshēng	동	생기다. 발생하다.
0222	³发现	fāxiàn	동	발견하다. 알아차리다.

0223	⁴发展	fāzhǎn	동 발전하다.
0224	⁴法律	fǎlǜ	명 법률.
0225	⁴翻译	fānyì	동 번역하다. 통역하다.
0226	⁴烦恼	fánnǎo	형 번뇌하다. 고민스럽다. 명 걱정. 번뇌.
0227	⁴反对	fǎnduì	동 반대하다.
0228	¹饭店	fàndiàn	명 호텔. 식당.
0229	³方便	fāngbiàn	형 편리하다. 동 편리하게 하다.
0230	⁴方法	fāngfǎ	명 방법. 수단.
0231	⁴方面	fāngmiàn	명 방면. 분야.
0232	⁴方向	fāngxiàng	명 방향.
0233	⁴房东	fángdōng	명 집주인.
0234	²房间	fángjiān	명 방.
0235	³放	fàng	동 놓아주다. 놓다. 넣다.
0236	⁴放弃	fàngqì	동 버리다. 포기하다.
0237	⁴放暑假	fàng shǔjià	여름 방학을 하다.
0238	⁴放松	fàngsōng	동 늦추다. 느슨하게 하다. 긴장을 풀다.
0239	³放心	fàngxīn	동 마음을 놓다. 안심하다.
0240	¹飞机	fēijī	명 비행기.
0241	²非常	fēicháng	부 대단히. 매우. 아주.
0242	³分	fēn	명 분. 점. 동 나누다.
0243	¹分钟	fēnzhōng	명 (시간의) 분.
0244	⁴份	fèn	양 조각. 벌. 세트. 명 전체 중의 일부분.
0245	⁴丰富	fēngfù	형 많다. 풍부하다.
0246	⁴否则	fǒuzé	접 만약 그렇지 않으면.
0247	²服务员	fúwùyuán	명 종업원.
0248	⁴符合	fúhé	동 부합하다.

필수어휘 13

0249	⁴父亲	fùqīn	몡 아버지.
0250	⁴付款	fùkuǎn	동 돈을 지불하다.
0251	⁴负责	fùzé	동 책임지다.
0252	³附近	fùjìn	몡 부근. 근처.
0253	³复习	fùxí	동 복습하다.
0254	⁴复印	fùyìn	동 복사하다.
0255	⁴复杂	fùzá	형 복잡하다.
0256	⁴富	fù	형 풍부하다. 부유하다.

G

0257	⁴改变	gǎibiàn	동 변하다. 바뀌다.
0258	⁴干杯	gānbēi	동 건배하다.
0259	³干净	gānjìng	형 깨끗하다.
0260	⁴赶	gǎn	동 쫓다. 재촉하다. 가다. 내쫓다.
0261	⁴敢	gǎn	부 감히 …하다.
0262	⁴感动	gǎndòng	동 감동하다. 감동시키다.
0263	⁴感觉	gǎnjué	동 느끼다. 몡 감각. 느낌.
0264	³感冒	gǎnmào	동 감기에 걸리다. 몡 감기.
0265	⁴感情	gǎnqíng	몡 감정.
0266	⁴感谢	gǎnxiè	동 고맙다. 감사하다.
0267	³感兴趣	gǎnxìngqù	관심이 있다. 흥미를 느끼다.
0268	⁴干	gàn	동 하다.
0269	⁴刚	gāng	부 막. 바로. 가까스로. 마침. 꼭.
0270	³刚才	gāngcái	몡 아까. 방금 전.
0271	²高	gāo	형 (높이나 기준이) 높다.

0272	⁴高速公路	gāosù gōnglù	몡 고속도로.
0273	¹高兴	gāoxìng	혱 기쁘다. 즐겁다. 됭 즐기다. 기뻐하다
0274	²告诉	gàosu	됭 말하다. 알리다.
0275	²哥哥	gēge	몡 형. 오빠.
0276	⁴胳膊	gēbo	몡 팔.
0277	¹个	gè	얭 개. 사람.
0278	³个子	gèzi	몡 (사람의) 키.
0279	⁴各	gè	댸 각. 여러.
0280	²给	gěi	됭 주다. 젠 …에게. (피동문에서 주체 혹은 동사 앞에서) …에게 (…당하다.)
0281	³根据	gēnjù	젠 …에 의거하여. 몡 근거.
0282	³跟	gēn	젠 왜과]. 됭 따라가다.
0283	³更	gèng	뷔 더욱. 더.
0284	⁴工资	gōngzī	몡 월급.
0285	¹工作	gōngzuò	됭 일하다. 작업하다. 몡 직업. 일자리.
0286	²公共汽车	gōnggòng qìchē	몡 버스.
0287	³公斤	gōngjīn	얭 킬로그램(kg).
0288	⁴公里	gōnglǐ	얭 킬로미터(km).
0289	²公司	gōngsī	몡 회사.
0290	³公园	gōngyuán	몡 공원.
0291	⁴功夫	gōngfu	몡 실력. 능력. 무술. 시간(工夫)
0292	⁴共同	gòngtóng	혱 공동의. 공통의. 뷔 모두. 함께.
0293	¹狗	gǒu	몡 개.
0294	⁴购物	gòuwù	됭 물건을 사다.

필수어휘 15

0295	⁴够	gòu	형 충분하다. 넉넉하다. 부 매우. 아주. 동 도달하다. 미치다.
0296	⁴估计	gūjì	동 추측하다.
0297	⁴鼓励	gǔlì	동 격려하다.
0298	³故事	gùshi	명 이야기.
0299	⁴故意	gùyì	부 고의로. 일부러.
0300	⁴顾客	gùkè	명 고객. 손님.
0301	³刮风	guā fēng	바람이 불다.
0302	⁴挂	guà	동 걸다. (전화를) 끊다.
0303	³关	guān	동 닫다. 가두다.
0304	⁴关键	guānjiàn	명 관건. 형 매우 중요한. 관건이 되다.
0305	³关系	guānxì	명 관계. 동 관계하다.
0306	³关心	guānxīn	동 관심을 갖다. 관심을 기울이다.
0307	³关于	guānyú	전 …에 관하여.
0308	⁴观众	guānzhòng	명 관중. 구경꾼. 시청자.
0309	⁴管理	guǎnlǐ	동 보관하고 처리하다. 관리하다.
0310	⁴光	guāng	부 단지. 다만. 빛. 광선. 동 드러내다.
0311	⁴广播	guǎngbō	동 방송하다. 명 방송.
0312	⁴广告	guǎnggào	명 광고.
0313	⁴逛	guàng	동 돌아다니다. 구경하다.
0314	⁴规定	guīdìng	동 규정하다. 정하다.
0315	²贵	guì	형 비싸다. 귀한.
0316	⁴国籍	guójí	명 (사람의) 국적.
0317	⁴国际	guójì	명 국제. 형 국제적인.
0318	³国家	guójiā	명 국가. 나라.

0319	⁴果汁	guǒzhī	명 과일즙.
0320	³过₂	guò	동 가다. 건너다.
0321	⁴过程	guòchéng	명 과정.
0322	³过去	guòqù	명 과거. 동 지나가다.
0323	²过₁	guo	조 …한 적이 있다. (어떤 동작이나 변화가 일찍이 발생하였음을 나타냄)

H

0324	²还₁	hái	부 역시. 아직. 또.
0325	³还是	háishi	접 또는. 아니면.
			부 여전히. 아직. 그래도.
0326	²孩子	háizi	명 애. 어린이.
0327	⁴海洋	hǎiyáng	명 해양. 바다.
0328	³害怕	hàipà	동 겁내다. 두려워하다.
0329	⁴害羞	hàixiū	동 부끄러워하다. 수줍어하다.
0330	⁴寒假	hánjià	명 겨울 방학.
0331	¹汉语	Hànyǔ	명 중국어. 한어.
0332	⁴汗	hàn	명 땀.
0333	⁴航班	hángbān	명 운항편. 항공편.
0334	¹好	hǎo	형 좋다. 낫다.
0335	²好吃	hǎochī	형 맛있다. 맛나다.
0336	⁴好处	hǎochu	명 이익. 이로운 점.
0337	⁴好像	hǎoxiàng	부 마치 …과 같다.
0338	¹号	hào	명 번호. 일(日).
0339	⁴号码	hàomǎ	명 번호. 숫자.

필수어휘 17

0340	¹喝	hē	동 마시다.
0341	⁴合格	hégé	동 규격에 맞다. 합격이다.
0342	⁴合适	héshì	형 적당하다. 알맞다.
0343	¹和	hé	전 …와[과]. 접 …와[과].
0344	⁴盒子	hézi	명 작은 상자. 합. 곽.
0345	²黑	hēi	형 검다. 까맣다.
0346	³黑板	hēibǎn	명 칠판.
0347	¹很	hěn	부 매우. 대단히. 아주.
0348	²红	hóng	형 붉다. 빨갛다.
0349	⁴后悔	hòuhuǐ	동 후회하다.
0350	³后来	hòulái	명 그 후. 그 뒤. 그 다음.
0351	¹后面	hòumiàn	명 뒤. 뒤쪽. 뒷면.
0352	⁴厚	hòu	형 두껍다. 두텁다.
0353	⁴互联网	hùliánwǎng	명 인터넷.
0354	⁴互相	hùxiāng	부 서로. 상호.
0355	⁴护士	hùshi	명 간호사.
0356	³护照	hùzhào	명 여권.
0357	³花₁	huā	명 꽃.
0358	³花₂	huā	동 (돈이나 시간 등을) 쓰다.
0359	³画	huà	동 그림을 그리다.
0360	⁴怀疑	huáiyí	동 의심하다.
0361	³坏	huài	형 나쁘다.
0362	³欢迎	huānyíng	동 환영하다.
0363	³还₂	huán	동 돌아가다. 돌아오다. 갚다.
0364	³环境	huánjìng	명 환경.
0365	³换	huàn	동 교환하다.

0366	³黄河	Huáng Hé	명 황하(강)
0367	¹回	huí	동 돌아오다(가다). 돌리다. 회답하다.
			양 번. 회.
0368	³回答	huídá	동 대답하다. 회답하다.
0369	⁴回忆	huíyì	동 회상하다. 추억하다. 명 추억. 회상.
0370	¹会	huì	조동 (배워서) …을[를] 할 수 있다.
0371	³会议	huìyì	명 회의.
0372	⁴活动	huódòng	몸을 움직이다. 운동하다.
0373	⁴活泼	huópō	형 활발하다.
0374	⁴火	huǒ	명 불. 화염.
0375	²火车站	huǒchēzhàn	명 기차역.
0376	³或者	huòzhě	접 …이던가 아니면 …이다.
0377	⁴获得	huòdé	동 얻다. 취득하다.

J

0378	³几乎	jīhū	부 거의. 하마터면.
0379	²机场	jīchǎng	명 공항. 비행장.
0380	³机会	jīhuì	명 기회.
0381	²鸡蛋	jīdàn	명 계란.
0382	⁴积极	jījí	형 적극적이다. 열성적이다.
0383	⁴积累	jīlěi	동 쌓이다. 누적되다.
0384	⁴基础	jīchǔ	명 기초.
0385	⁴激动	jīdòng	동 격렬하다. 열성적이다.
0386	⁴及时	jíshí	형 시기 적절하다. 부 즉시. 곧바로.
0387	³极	jí	부 아주. 극히.

필수어휘 19

0388	⁴即使	jíshǐ	젭 설령 …하더라도.
0389	几	jǐ	때 몇. 얼마.
			㈜ 몇. (부정확한 수를 대신함)
0390	⁴计划	jìhuà	동 계획하다. 기획하다.
0391	³记得	jìde	동 기억하고 있다.
0392	⁴记者	jìzhě	명 기자.
0393	⁴技术	jìshù	명 기술.
0394	³季节	jìjié	명 계절. 철. 절기.
0395	⁴既然	jìrán	젭 …된 바에야. …한 이상.
0396	⁴继续	jìxù	동 계속하다.
0397	⁴寄	jì	동 우편으로 부치다. 보내다.
0398	⁴加班	jiābān	동 초과 근무를 하다.
0399	⁴加油站	jiāyóuzhàn	명 주유소.
0400	¹家	jiā	명 집. 양 가정. 집. (가게, 가정, 공장 등을 세는 단위)
0401	⁴家具	jiājù	명 가구.
0402	⁴假	jiǎ	형 거짓의. 가짜의.
0403	⁴价格	jiàgé	명 가격. 값.
0404	⁴坚持	jiānchí	동 견지하다. 고수하다.
0405	³检查	jiǎnchá	동 검사하다.
0406	⁴减肥	jiǎnféi	동 살을 빼다. 감량하다.
0407	⁴减少	jiǎnshǎo	동 감소하다. 줄다. 줄이다.
0408	³简单	jiǎndān	형 간단하다. 단순하다.
0409	³见面	jiànmiàn	동 만나다. 대면하다.
0410	²件	jiàn	양 건. 개.
0411	⁴建议	jiànyì	동 제안하다. 건의하다. 명 건의.

0412	³健康	jiànkāng	형 건강하다.
0413	⁴将来	jiānglái	명 장래. 미래.
0414	³讲	jiǎng	동 말하다. 이야기하다.
0415	⁴奖金	jiǎngjīn	명 상금. 상여금.
0416	⁴降低	jiàngdī	동 내리다. 낮추다. 인하하다.
0417	⁴降落	jiàngluò	동 내려오다. 착륙하다.
0418	⁴交	jiāo	동 왕래하다. 사귀다.
0419	⁴交流	jiāoliú	동 서로 소통하다. 교류하다.
0420	⁴交通	jiāotōng	명 교통.
0421	⁴郊区	jiāoqū	명 도시의 변두리.
0422	⁴骄傲	jiāo'ào	형 오만하다. 거만하다.
0423	³教	jiāo	동 가르치다.
0424	³角	jiǎo	명 뿔. 모서리. 구석. 양 위안의 1/10.
0425	⁴饺子	jiǎozi	명 만두. 교자.
0426	³脚	jiǎo	명 발.
0427	¹叫	jiào	동 (…라고) 하다. 부르다. …을[를] 시키다. 전 …에 의하여. (피동문에서 주체 앞에 쓴다.)
0428	²教室	jiàoshì	명 교실.
0429	⁴教授	jiàoshòu	명 교수.
0430	⁴教育	jiàoyù	명 교육. 동 교육하다.
0431	³接	jiē	동 잇다. 연결하다. 받다. 마중하다.
0432	⁴接受	jiēshòu	동 받아들이다. 받다.
0433	⁴接着	jiēzhe	동 이어서 …을[를] 하다.
0434	³街道	jiēdào	명 거리. 가두.

0435	⁴节	jié	명	기념일. 관절. 동 절약하다.
			양	수업 시간.
0436	³节目	jiémù	명	프로그램.
0437	³节日	jiérì	명	경축일. 명절.
0438	⁴节约	jiéyuē	동	절약하다.
0439	⁴结果	jiéguǒ	명	결과. 부 결국. 끝내.
0440	³结婚	jié//hūn	동	결혼하다.
0441	³结束	jiéshù	동	끝나다. 마치다.
0442	²姐姐	jiějie	명	누나. 언니.
0443	³解决	jiějué	동	해결하다.
0444	⁴解释	jiěshì	동	해석하다.
0445	²介绍	jièshào	동	소개하다.
0446	³借	jiè	동	빌리다.
0447	¹今天	jīntiān	명	오늘.
0448	⁴尽管	jǐnguǎn	접	비록 …지만. …에도 불구하고.
			부	얼마든지. 마음대로.
0449	⁴紧张	jǐnzhāng	형	긴장해 있다. 불안하다.
0450	²进	jìn	동	들다.
0451	⁴进行	jìnxíng	동	진행하다.
0452	²近	jìn	형	가깝다. 짧다.
0453	⁴禁止	jìnzhǐ	동	금지하다. 불허하다.
0454	⁴京剧	jīngjù	명	경극.
0455	³经常	jīngcháng	부	언제나. 늘.
0456	³经过	jīngguò	동	경유하다. 통과하다.
0457	⁴经济	jīngjì	명	경제. 국민 경제.
0458	³经理	jīnglǐ	명	매니저. 지배인.

0459	⁴经历	jīnglì	동 체험하다. 경험하다. 겪다.
0460	⁴经验	jīngyàn	명 경험. 체험. 동 경험하다.
0461	⁴精彩	jīngcǎi	형 뛰어나다. 훌륭하다.
0462	⁴景色	jǐngsè	명 풍경. 경치.
0463	⁴警察	jǐngchá	명 경찰.
0464	⁴竞争	jìngzhēng	동 경쟁하다. 명 경쟁.
0465	⁴竟然	jìngrán	부 뜻밖에도. 의외로.
0466	⁴镜子	jìngzi	명 거울.
0467	⁴究竟	jiūjìng	부 도대체. 대관절. 명 경위. 결말. 결과.
0468	¹九	jiǔ	수 9. 아홉.
0469	³久	jiǔ	형 오래다. 시간이 길다.
0470	³旧	jiù	형 헐다. 낡다.
0471	²就	jiù	부 즉시. 바로. 당장. 겨우.
0472	⁴举	jǔ	동 들다.
0473	⁴举办	jǔbàn	동 거행하다. 열다.
0474	³举行	jǔxíng	동 거행하다.
0475	³句子	jùzi	명 문. 문장.
0476	⁴拒绝	jùjué	동 거절하다. 거부하다.
0477	⁴距离	jùlí	명 거리. 간격.
0478	⁴聚会	jùhuì	명 모임. 집회.
0479	³决定	juédìng	동 결정하다.
0480	²觉得	juéde	동 …라고 여기다.

K

0481	²咖啡	kāfēi	몡	커피
0482	¹开	kāi	동	열다. 켜다. 개업하다. 개설하다. 거행하다. 발행하다. 끓다.
0483	²开始	kāishǐ	동	시작되다. 개시하다. 몡 처음. 시작.
0484	⁴开玩笑	kāi wánxiào	동	농담하다. 놀리다.
0485	²开心	kāixīn	형	기쁘다. 즐겁다.
0486	¹看	kàn	동	보다. …라고 생각하다. 진찰하다 (받다). ~에 달려있다.
0487	⁴看法	kànfǎ	몡	견해.
0488	¹看见	kànjiàn	동	보다. 보이다.
0489	⁴考虑	kǎolǜ	동	고려하다. 생각하다.
0490	²考试	kǎoshì	동	시험을 치다. 몡 시험.
0491	⁴烤鸭	kǎoyā	몡	오리구이.
0492	⁴科学	kēxué	몡	과학. 형 과학적이다.
0493	⁴棵	kē	양	그루. 포기.
0494	⁴咳嗽	késou	동	기침하다. 몡 기침.
0495	³可爱	kě'ài	형	귀엽다.
0496	⁴可怜	kělián	형	가련하다. 불쌍하다.
0497	²可能	kěnéng	형	가능하다. 몡 가능성. 가망. 조동 아마도.
0498	⁴可是	kěshì	접	그러나. 하지만. 그렇지만
0499	⁴可惜	kěxī	형	섭섭하다. 아쉽다.
0500	²可以	kěyǐ	조동	…할 수 있다. 형 좋다. 괜찮다.
0501	³渴	kě	형	목이 타다. 목마르다.

0502	³刻	kè	동 새기다. 양 15분.
0503	³客人	kèrén	명 손님. 고객.
0504	⁴客厅	kètīng	명 객실. 응접실.
0505	²课	kè	명 수업. 강의. 과.
0506	⁴肯定	kěndìng	부 확실히. 틀림없이. 동 확언하다. 확신하다. 형 확실하다.
0507	⁴空	kōng	형 공허한. 명 하늘. 부 헛되이. / 형 비어있는. 명 빈 공간. 짬.
0508	⁴空气	kōngqì	명 공기.
0509	³空调	kōngtiáo	명 에어컨
0510	⁴恐怕	kǒngpà	부 아마 …일 것이다. 대체로.
0511	³口	kǒu	명 입. 양 식구. (돼지) 마리. 모금.
0512	³哭	kū	동 울다.
0513	⁴苦	kǔ	형 쓰다. 고생스럽다.
0514	³裤子	kùzi	명 바지.
0515	¹块	kuài	양 덩이. 조각. 장. 위안(인민폐의 기본 단위)
0516	²快	kuài	형 빠르다. 날카롭다. 시원스럽다. 부 곧.
0517	²快乐	kuàilè	형 즐겁다. 유쾌하다.
0518	³筷子	kuàizi	명 젓가락.
0519	⁴矿泉水	kuàngquánshuǐ	명 광천수. 생수.
0520	⁴困	kùn	형 피곤하다. 졸리다.
0521	⁴困难	kùnnan	명 곤란. 어려움.

L

0522	⁴垃圾桶	lājītǒng	명	쓰레기통.
0523	⁴拉	lā	동	끌다. 당기다. 견인하다.
0524	⁴辣	là	형	맵다.
0525	¹来	lái	동	오다.
0526	⁴来不及	láibují	동	따라가지 못하다. 제 시간에 댈 수 없다.
0527	⁴来得及	láidejí	동	늦지 않다. 제 시간에 댈 수 있다.
0528	⁴来自	láizì		…로부터 오다. …에서 나오다.
0529	³蓝	lán	형	푸르다.
0530	⁴懒	lǎn	형	게으르다. 나태하다.
0531	⁴浪费	làngfèi	동	낭비하다.
0532	⁴浪漫	làngmàn	형	낭만적이다. 로맨틱하다.
0533	³老	lǎo	형	늙다.
0534	⁴老虎	lǎohǔ	명	호랑이.
0535	¹老师	lǎoshī	명	선생님. 스승.
0536	¹了	le	조	행위의 완성. 사건의 발생 또는 변화를 나타냄.
0537	²累	lèi	형	지치다. 피곤하다.
0538	¹冷	lěng	형	춥다. 인기가 없다.
0539	⁴冷静	lěngjìng	형	냉정하다. 침착하다.
0540	²离	lí	조	…로부터.
0541	³离开	líkāi	동	떠나다.
0542	⁴礼拜天	lǐbàitiān	명	일요일.
0543	⁴礼貌	lǐmào	명	예의. 예의범절.
0544	³礼物	lǐwù	명	선물. 예물.

0545	¹里	lǐ	몡 가운데. 안쪽. 내부.
0546	⁴理发	lǐfà	동 이발하다. 머리를 깎다.
0547	⁴理解	lǐjiě	동 알다. 이해하다.
0548	⁴理想	lǐxiǎng	몡 이상. 혱 이상적이다.
0549	⁴力气	lìqi	몡 힘.
0550	³历史	lìshǐ	몡 역사.
0551	⁴厉害	lìhai	혱 사납다. 대단하다.
0552	⁴例如	lìrú	동 예를 들면.
0553	⁴俩	liǎ	쉬 두 개.
0554	⁴连	lián	동 잇다. 부 계속하여. 전 …조차도.
0555	⁴联系	liánxì	동 연락하다. 연결하다.
0556	³脸	liǎn	몡 얼굴.
0557	³练习	liànxí	동 연습하다. 익히다. 몡 연습 문제. 숙제.
0558	⁴凉快	liángkuai	혱 시원하다. 서늘하다.
0559	²两	liǎng	쉬 2. 둘.
0560	³辆	liàng	양 대. 량.
0561	³聊天	liáo tiān	동 한담하다. 이야기하다.
0562	³了解	liǎojiě	동 자세하게 알다.
0563	³邻居	línjū	몡 이웃집.
0564	²零	líng	쉬 0. 영.
0565	⁴零钱	língqián	몡 푼돈. 잔돈.
0566	⁴另外	lìngwài	대 다른 사람이나 사물. 접 이외에.
0567	⁴留	liú	동 남기다.
0568	⁴留学	liúxué	동 유학하다.
0569	⁴流利	liúlì	혱 막힘이 없다. 유창하다.

필수어휘 27

0570	⁴流行	liúxíng	동 유행하다. 형 유행하는.
0571	¹六	liù	수 6. 여섯.
0572	³楼	lóu	명 다층 건물. 양 층.
0573	²路	lù	명 길. 도로.
0574	⁴旅行	lǚxíng	동 여행하다.
0575	²旅游	lǚyóu	동 여행하다. 관광하다.
0576	⁴律师	lǜshī	명 변호사.
0577	³绿	lǜ	형 푸르다.
0578	⁴乱	luàn	형 어지럽다. 혼란하다.

M

0579	¹妈妈	māma	명 엄마. 어머니.
0580	⁴麻烦	máfan	형 귀찮다. 동 폐를 끼치다.
0581	³马	mǎ	명 말.
0582	⁴马虎	mǎhu	형 조심성이 없다.
0583	³马上	mǎshàng	부 곧. 즉시.
0584	¹吗	ma	조 의문의 어기를 나타냄.
0585	¹买	mǎi	동 사다. 구매하다.
0586	²卖	mài	동 팔다. 판매하다.
0587	⁴满	mǎn	형 가득차다. 가득하다.
0588	³满意	mǎnyì	형 만족하다. 만족스럽다.
0589	²慢	màn	형 느리다.
0590	²忙	máng	형 바쁘다.
0591	¹猫	māo	명 고양이.
0592	⁴毛	máo	명 털. 깃. 깃털.

			양 화폐단위(元의 1/10)
0593	⁴毛巾	máojīn	명 수건. 타월.
0594	³帽子	màozi	명 모자.
0595	¹没关系	méi guānxi	괜찮다. 상관없다.
0596	¹没有	méiyǒu	동 (소유 혹은 존재) 없다. …만 못하다. (수량) …안 되다.
0597	²每	měi	대 매. 각. …마다.
0598	⁴美丽	měilì	형 아름답다. 예쁘다.
0599	²妹妹	mèimei	명 여동생.
0600	²门	mén	명 문. 양 과목.
0601	⁴梦	mèng	명 꿈.
0602	⁴迷路	mílù	동 길을 잃다.
0603	³米	mǐ	명 쌀.
0604	¹米饭	mǐfàn	명 쌀밥.
0605	⁴密码	mìmǎ	명 암호. 비밀 번호.
0606	⁴免费	miǎnfèi	동 무료로 하다.
0607	³面包	miànbāo	명 빵.
0608	³面条	miàntiáo	명 국수.
0609	⁴秒	miǎo	양 초.
0610	⁴民族	mínzú	명 민족.
0611	¹名字	míngzi	명 이름. 성명.
0612	³明白	míngbai	동 이해하다.
0613	¹明天	míngtiān	명 내일. 명일.
0614	⁴母亲	mǔqīn	명 엄마. 어머니.
0615	⁴目的	mùdì	명 목적.

N

0616	³拿	ná	동	쥐다. 잡다. 가지다.
0617	¹哪	nǎ	대	어느. 어느 것.
0618	¹哪儿	nǎr	대	어디.
0619	¹那	nà	대	저. 그. 저것. 그것.
0620	³奶奶	nǎinai	명	할머니.
0621	⁴耐心	nàixīn	명 인내심. 형 참을성이 있다.
0622	²男	nán	형	남자(의).
0623	³南	nán	명	남. 남쪽.
0624	³难	nán	형	어렵다. 힘들다. 곤란하다.
0625	⁴难道	nándào	부	설마 …란 말인가? 설마 …하겠는가?
0626	³难过	nánguò	형	괴롭다. 슬프다.
0627	⁴难受	nánshòu	형	몸이 불편하다. 상심하다.
0628	¹呢	ne	조	의문 혹은 지속을 나타냄.
0629	⁴内	nèi	명	안. 속. 내부.
0630	⁴内容	nèiróng	명	내용.
0631	¹能	néng	조동	…할 수 있다.
0632	⁴能力	nénglì	명	능력.
0633	¹你	nǐ	대	너. 당신.
0634	¹年	nián	명 년. 해. 양 년.
0635	³年级	niánjí	명	학년.
0636	⁴年龄	niánlíng	명	연령.
0637	³年轻	niánqīng	형	젊다. 어리다.
0638	³鸟	niǎo	명	새.

0639	²您	nín	대 당신. ('你'의 높임말)
0640	²牛奶	niúnǎi	명 우유.
0641	⁴弄	nòng	동 하다. 행하다. 만들다.
0642	³努力	nǔlì	동 노력하다.
0643	²女	nǚ	형 여자(의).
0644	¹女儿	nǚ'ér	명 딸.
0645	⁴暖和	nuǎnhuo	형 따뜻하다. 따사롭다.

O

| 0646 | ⁴偶尔 | ǒu'ěr | 부 때때로. 가끔. |

P

0647	³爬山	pá shān	산을 오르다.
0648	⁴排队	páiduì	동 줄을 서다.
0649	⁴排列	páiliè	동 배열하다. 정렬하다.
0650	³盘子	pánzi	명 쟁반. 접시.
0651	⁴判断	pànduàn	동 판단하다. 판정하다.
0652	²旁边	pángbiān	명 옆. 곁.
0653	³胖	pàng	형 뚱뚱하다.
0654	²跑步	pǎobù	동 달리다. 구보하다.
0655	⁴陪	péi	동 모시다. 동반하다.
0656	¹朋友	péngyou	명 친구.
0657	⁴批评	pīpíng	동 비판하다. 지적하다.
0658	⁴皮肤	pífū	명 피부.

0659	³皮鞋	píxié	명	가죽 구두.
0660	³啤酒	píjiǔ	명	맥주.
0661	⁴脾气	píqi	명	성격. 기질.
0662	⁴篇	piān	양	편. 장.
0663	²便宜	piányi	형	값이 싸다.
0664	⁴骗	piàn	동	속이다. 기만하다.
0665	²票	piào	명	표.
0666	¹漂亮	piàoliang	형	예쁘다. 아름답다
0667	⁴乒乓球	pīngpāngqiú	명	탁구.
0668	⁴平时	píngshí	명	평소. 평상시.
0669	¹苹果	píngguǒ	명	사과.
0670	³瓶子	píngzi	명	병.
0671	⁴破	pò	동	파손되다. 찢어지다.
0672	⁴葡萄	pútao	명	포도.
0673	⁴普遍	pǔbiàn	형	보편적인. 일반적인.
0674	⁴普通话	pǔtōnghuà	명	현대 중국 표준어.

Q

0675	¹七	qī	수	7. 일곱.
0676	²妻子	qīzi	명	아내.
0677	⁴其次	qícì	대	순서상으로 부차적인 것. 그 다음.
0678	³其实	qíshí	부	사실은. 실제는.
0679	³其他	qítā	대	기타. 그 외.
0680	⁴其中	qízhōng	대	그 중에. 그 안에.
0681	³奇怪	qíguài	형	이상하다. 괴이하다.

0682	³骑	qí	동	타다.
0683	²起床	qǐchuáng		잠자리에서 일어나다.
0684	³起飞	qǐfēi	동	이륙하다.
0685	³起来	qǐlái	동	일어나다.
0686	⁴气候	qìhòu	명	기후.
0687	²千	qiān	수	1,000. 천.
0688	⁴千万	qiānwàn	부	부디. 제발.
0689	²铅笔	qiānbǐ	명	연필.
0690	⁴签证	qiānzhèng	명	비자. 사증.
0691	¹前面	qiánmiàn	명	앞.
0692	¹钱	qián	명	돈.
0693	⁴敲	qiāo	동	두드리다.
0694	⁴桥	qiáo	명	다리. 교량.
0695	⁴巧克力	qiǎokèlì	명	초콜릿.
0696	⁴亲戚	qīnqi	명	친척.
0697	⁴轻	qīng	형	가볍다.
0698	⁴轻松	qīngsōng	형	수월하다. 부담이 없다.
0699	³清楚	qīngchu	형	분명하다. 뚜렷하다.
0700	⁴情况	qíngkuàng	명	상황. 정황. 형편. 사정.
0701	²晴	qíng	형	하늘이 맑다.
0702	¹请	qǐng	동	청하다. 부탁하다.
0703	³请假	qǐng jià	동	휴가를 신청하다.
0704	⁴穷	qióng	형	빈곤하다. 궁하다.
0705	³秋	qiū	명	가을.
0706	⁴区别	qūbié	명	구별. 차이. 동 구별하다.
0707	⁴取	qǔ	동	취하다. 받다.

필수어휘 33

0707	¹去	qù	동 가다. 떠나다.
0709	²去年	qùnián	명 작년.
0710	⁴全部	quánbù	명 전부. 전체. 모두.
0711	⁴缺点	quēdiǎn	명 결점. 단점.
0712	⁴缺少	quēshǎo	동 부족하다. 모자라다.
0713	⁴却	què	부 …지만. …하지만.
0714	⁴确实	quèshí	형 확실하다. 부 확실히.
0715	³裙子	qúnzi	명 치마. 스커트.

R

0716	⁴然而	rán'ér	접 그러나. 하지만. 그렇지만.
0717	³然后	ránhòu	접 그런 후에. 그 다음에.
0718	²让	ràng	동 사양하다. 양보하다. 시키다. 전 …에게 (…되다).
0719	¹热	rè	형 덥다. 뜨겁다. 동 가열하다. 명 열.
0720	⁴热闹	rènao	형 번화하다. 흥성거리다.
0721	³热情	rèqíng	형 열정적이다. 친절하다.
0722	¹人	rén	명 사람. 인간.
0723	¹认识	rènshi	동 알다. 인식하다.
0724	³认为	rènwéi	동 …라고 여기다. …라고 생각하다.
0725	³认真	rènzhēn	형 진지하다. 착실하다.
0726	⁴任何	rènhé	대 어떠한.
0727	⁴任务	rènwu	명 임무.
0728	⁴扔	rēng	동 던지다.
0729	⁴仍然	réngrán	부 변함없이. 여전히.

0730	¹日	rì	몡	해. 일. 날.
0731	⁴日记	rìjì	몡	일기.
0732	³容易	róngyì	혱	쉽다.
0733	³如果	rúguǒ	젭	만약.
0734	⁴入口	rùkǒu	몡	입구.

S

0735	¹三	sān	수	3. 셋.
0736	³伞	sǎn	몡	우산.
0737	⁴散步	sànbù	동	산보하다.
0738	⁴森林	sēnlín	몡	삼림. 숲.
0739	⁴沙发	shāfā	몡	소파.
0740	⁴伤心	shāngxīn	동	상심하다. 슬퍼하다.
0741	¹商店	shāngdiàn	몡	상점.
0742	⁴商量	shāngliang	동	상의하다. 의논하다. 협의하다.
0743	¹上	shàng	몡	위. 지난.
			동	올라가다. 가다. 내놓다. 바르다.
0744	²上班	shàng bān	동	출근하다.
0745	³上网	shàng wǎng		인터넷을 하다.
0746	¹上午	shàngwǔ	몡	오전. 상오.
0747	⁴稍微	shāowēi	부	조금. 약간.
0748	⁴勺子	sháozi	몡	국자. 수저.
0749	¹少	shǎo	혱	적다. 동 부족하다. 빠지다.
0750	⁴社会	shèhuì	몡	사회.
0751	¹谁	shéi	대	누구.

필수어휘 35

0752	⁴申请	shēnqǐng	통 신청하다.
0753	²身体	shēntǐ	명 몸. 신체.
0754	⁴深	shēn	형 깊다.
0755	¹什么	shénme	대 무엇. 무슨.
0756	⁴甚至	shènzhì	접 심지어. …까지도.
0757	²生病	shēng bìng	통 병이 나다.
0758	⁴生活	shēnghuó	명 생활.
0759	⁴生命	shēngmìng	명 생명.
0760	³生气	shēng qì	통 화내다.
0761	²生日	shēngrì	명 생일.
0762	⁴生意	shēngyi	명 장사.
0763	³声音	shēngyīn	명 소리. 목소리.
0764	⁴省	shěng	통 절약하다.
0765	⁴剩	shèng	통 남다.
0766	⁴失败	shībài	통 실패하다.
0767	⁴失望	shīwàng	통 실망하다.
0768	⁴师傅	shīfu	명 스승. 사부. 선생님.
0769	¹十	shí	수 10. 열.
0770	⁴十分	shífēn	부 매우. 아주.
0771	¹时候	shíhou	명 때. 시각.
0772	²时间	shíjiān	명 시간.
0773	⁴实际	shíjì	형 실제의. 명 실제.
0774	⁴实在	shízài	부 확실히. 정말. 참으로.
0775	⁴使	shǐ	통 (…에게) …시키다. …하게 하다.
0776	⁴使用	shǐyòng	통 사용하다. 쓰다.
0777	⁴世纪	shìjì	명 세기.

0778	³世界	shìjiè	몡	세계.
0779	²事情	shìqing	몡	일. 사건.
0780	³试	shì	동	시험삼아 해 보다. 시험하다.
0781	¹是	shì	동	…이다.
0782	⁴是否	shìfǒu	부	…인지 아닌지.
0783	⁴适合	shìhé	동	적합하다. 부합하다.
0784	⁴适应	shìyìng	동	적응하다.
0785	⁴收	shōu	동	받다. 접수하다.
0786	⁴收入	shōurù	몡	수입. 소득.
0787	⁴收拾	shōushi	동	정리하다. 치우다.
0788	²手表	shǒubiǎo	몡	손목시계.
0789	²手机	shǒujī	몡	휴대전화.
0790	⁴首都	shǒudū	몡	수도.
0791	⁴首先	shǒuxiān	부	가장 먼저.
0792	⁴受不了	shòubuliǎo		견딜 수 없다.
0793	⁴受到	shòudào	동	얻다. 받다.
0794	⁴售货员	shòuhuòyuán	몡	판매원.
0795	³瘦	shòu	형	마르다. 여위다.
0796	¹书	shū	몡	책.
0797	³叔叔	shūshu	몡	숙부. 작은아버지. 삼촌.
0798	³舒服	shūfu	형	편안하다.
0799	⁴输	shū	동	패하다. 지다.
0800	⁴熟悉	shúxī	형	잘 알다. 숙지하다.
0801	³树	shù	몡	나무. 수목.
0802	⁴数量	shùliàng	몡	수량. 양.
0803	³数学	shùxué	몡	수학.

0804	⁴数字	shùzì	몡 숫자.
0805	³刷牙	shuā yá	동 이를 닦다.
0806	⁴帅	shuài	형 잘생기다. 멋지다.
0807	³双	shuāng	양 짝. 켤레. 쌍.
0808	¹水	shuǐ	몡 물.
0809	¹水果	shuǐguǒ	몡 과일. 과실.
0810	³水平	shuǐpíng	몡 수준.
0811	¹睡觉	shuìjiào	동 자다.
0812	⁴顺便	shùnbiàn	부 …하는 김에.
0813	⁴顺利	shùnlì	형 순조롭다.
0814	⁴顺序	shùnxù	몡 순서. 차례.
0815	¹说	shuō	동 말하다. 설명하다. 가리키다. 나무라다.
0816	²说话	shuō huà	동 말하다.
0817	⁴说明	shuōmíng	동 설명하다. 해설하다.
0818	⁴硕士	shuòshì	몡 석사.
0819	³司机	sījī	몡 기사. 운전사.
0820	⁴死	sǐ	동 죽다.
0821	¹四	sì	수 4. 넷.
0822	²送	sòng	동 보내다. 배웅하다. 선물하다.
0823	⁴速度	sùdù	몡 속도.
0824	⁴塑料袋	sùliàodài	몡 비닐 봉투.
0825	⁴酸	suān	형 시다.
0826	²虽然……但是……		
	suīrán……dànshì……		비록 …이지만 그러나….
0827	⁴随便	suíbiàn	부 마음대로. 함부로.

				동 마음대로 하다. 형 제멋대로 하다.
0828	⁴随着	suízhe	동	…에 따르다.
0829	¹岁	suì	명	살. 세.
0830	⁴孙子	sūnzi	명	손자.
0731	⁴所有	suǒyǒu	형	모든. 전부의.

T

0832	¹他	tā	대	그. 그 사람.
0833	²它	tā	대	그. 저. 그것. 저것.
0834	¹她	tā	대	그녀.
0835	⁴台	tái	양	(기계·차량·설비 등을 세는) 대.
0836	⁴抬	tái	동	들어올리다.
0837	¹太	tài	부	대단히. 매우. 지나치게.
0838	³太阳	tàiyáng	명	태양. 해.
0839	⁴态度	tàidu	명	태도.
0840	⁴谈	tán	동	말하다.
0841	⁴弹钢琴	tán gāngqín		피아노를 치다.
0842	⁴汤	tāng	명	국. 탕.
0843	³糖	táng	명	설탕. 사탕.
0844	⁴躺	tǎng	동	눕다. 드러눕다.
0845	⁴趟	tàng	양	차례. 번.
0846	⁴讨论	tǎolùn	동	토론하다.
0847	⁴讨厌	tǎoyàn	동	싫어하다. 미워하다.
0848	³特别	tèbié	형	특별하다. 부 특히.
0849	⁴特点	tèdiǎn	명	특색. 특점.

필수어휘 39

0850	³疼	téng	⑱ 아프다.
0851	²踢足球	tī zúqiú	축구를 하다.
0852	⁴提	tí	⑧ 끌어올리다. 제기하다. 들다.
0853	³提高	tígāo	⑧ 제고하다. 향상시키다.
0854	⁴提供	tígōng	⑧ 제공하다. 공급하다.
0855	⁴提前	tíqián	⑧ 앞당기다.
0856	⁴提醒	tíxǐng	⑧ 일깨우다. 깨우치다.
0857	²题	tí	⑲ 문제.
0858	³体育	tǐyù	⑲ 체육.
0859	¹天气	tiānqì	⑲ 날씨. 일기.
0860	³甜	tián	⑱ 달다. 달콤하다.
0861	⁴填空	tiánkòng	빈 칸에 써 넣다.
0862	³条	tiáo	⑳ 가늘고 긴 것을 세는 단위.
0863	⁴条件	tiáojiàn	⑲ 조건.
0864	²跳舞	tiào wǔ	춤을 추다.
0865	¹听	tīng	⑧ 듣다. 듣고 따르다.
0866	⁴停	tíng	⑧ 정지하다. 멎다. 세우다. 체류하다.
0867	⁴挺	tǐng	㉰ 상당히. 대단히.
0868	⁴通过	tōngguò	⑧ 건너가다. 통과하다.
0869	⁴通知	tōngzhī	⑧ 통지하다.
0870	同情	tóngqíng	동정하다.
0871	⁴同时	tóngshí	⑲ 동시. 같은 시간.
0872	³同事	tóngshì	⑲ 동료.
0873	¹同学	tóngxué	⑲ 동창. 학우. 학교 친구.
0874	³同意	tóngyì	⑧ 동의하다.
0875	³头发	tóufa	⑲ 머리카락. 머리털.

0876	³**突然**	tūrán	⑱ 갑작스럽다. ⑭ 갑자기. 문득.
0877	³**图书馆**	túshūguǎn	⑲ 도서관.
0878	⁴**推**	tuī	⑧ 밀다.
0879	⁴**推迟**	tuīchí	⑧ 뒤로 미루다. 늦추다.
0880	³**腿**	tuǐ	⑲ 다리.
0781	⁴**脱**	tuō	⑧ 몸에서 벗다.

W

0882	⁴**袜子**	wàzi	⑲ 양말. 스타킹.
0883	²**外**	wài	⑲ 밖. 바깥.
0884	²**完**	wán	⑧ 마치다. 끝나다.
0885	³**完成**	wánchéng	⑧ 완성하다.
0886	⁴**完全**	wánquán	⑭ 완전히. ⑱ 완전하다.
0887	²**玩**	wán	⑧ 놀다. 놀이하다.
0888	²**晚上**	wǎnshang	⑲ 저녁.
0889	³**碗**	wǎn	⑲ 그릇. ⑳ 그릇.
0890	³**万**	wàn	㈜ 10,000. 만.
0891	⁴**网球**	wǎngqiú	⑲ 테니스.
0892	⁴**网站**	wǎngzhàn	⑲ 웹사이트.
0893	²**往**	wǎng	⑧ …로 향하다.
0894	⁴**往往**	wǎngwǎng	⑭ 왕왕. 자주.
0895	³**忘记**	wàngjì	⑧ 잊다.
0896	⁴**危险**	wēixiǎn	⑱ 위험하다. ⑲ 위험.
0897	⁴**卫生间**	wèishēngjiān	⑲ 화장실.
0898	³**为**	wèi	㉔ …을[를] 위하여. …때문에.

필수어휘 41

0899	³为了	wèile	전 …을[를] 하기 위하여.
0900	²为什么	wèishénme	왜. 어째서.
0901	³位	wèi	양 (사람을 세는 단위)분. 명.
0902	⁴味道	wèidào	명 맛.
0903	¹喂	wèi	감 야. 이봐. 여보세요.
0904	⁴温度	wēndù	명 온도.
0905	³文化	wénhuà	명 문화. 교육 수준.
0906	⁴文章	wénzhāng	명 글. 문장.
0907	²问	wèn	동 묻다. 질문하다.
0908	²问题	wèntí	명 문제.
0909	¹我	wǒ	대 나. 저.
0910	¹我们	wǒmen	대 우리.
0911	⁴污染	wūrǎn	동 오염시키다. 오염되다.
0912	⁴无	wú	동 없다.
0913	⁴无聊	wúliáo	형 심심하다.
0914	⁴无论	wúlùn	접 …에 관계 없이.
0915	¹五	wǔ	수 5. 다섯.
0916	⁴误会	wùhuì	동 오해하다. 명 오해.

X

0917	³西	xī	명 서쪽.
0918	²西瓜	xīguā	명 수박.
0919	⁴西红柿	xīhóngshì	명 토마토.
0920	⁴吸引	xīyǐn	동 흡인하다. 빨아당기다.
0921	²希望	xīwàng	동 희망하다. 명 희망.

0922	³习惯	xíguàn	명 버릇. 습관. 동 익숙해지다.
0923	²洗	xǐ	동 씻다. 빨다.
0924	³洗手间	xǐshǒujiān	명 화장실.
0925	³洗澡	xǐzǎo	동 목욕하다. 몸을 씻다.
0926	¹喜欢	xǐhuan	동 좋아하다.
0927	¹下	xià	명 밑. 아래. 동 내려가다. (결론을)내리다. 넣다. 마치다.
0928	¹下午	xiàwǔ	명 오후.
0929	¹下雨	xià yǔ	동 비가 오다.
0930	³夏	xià	명 여름.
0931	³先	xiān	부 먼저.
0932	¹先生	xiānsheng	명 성인 남성에 대한 경칭.
0933	⁴咸	xián	형 짜다.
0934	⁴现金	xiànjīn	명 현금.
0935	¹现在	xiànzài	명 현재. 이제.
0936	⁴羡慕	xiànmù	동 흠모하다. 부러워하다.
0937	⁴相反	xiāngfǎn	접 반대로. 형 상반되다.
0938	⁴相同	xiāngtóng	형 서로 같다. 일치하다.
0939	³相信	xiāngxìn	동 믿다. 신임하다.
0940	⁴香	xiāng	형 향기롭다. 맛이 좋다.
0941	³香蕉	xiāngjiāo	명 바나나.
0942	⁴详细	xiángxì	형 상세하다. 자세하다.
0943	⁴响	xiǎng	동 울리다. 형 소리가 크다.
0944	¹想	xiǎng	조동 …하고 싶다. 동 생각하다. 그리워하다.
0945	³向	xiàng	전 …로. …을[를] 향하여.

필수어휘 43

0946	³像	xiàng	동 같다. 비슷하다. 닮다.
0947	⁴橡皮	xiàngpí	명 지우개.
0948	⁴消息	xiāoxi	명 소식.
0949	¹小	xiǎo	형 작다. 어리다. (서열이) 맨끝의.
0950	⁴小吃	xiǎochī	명 간단한 먹을거리.
0951	⁴小伙子	xiǎohuǒzi	명 젊은 청년. 총각.
0952	¹小姐	xiǎojiě	명 아가씨.
0953	²小时	xiǎoshí	명 시간.
0954	⁴小说	xiǎoshuō	명 소설.
0955	³小心	xiǎoxīn	동 조심하다.
0956	³校长	xiàozhǎng	명 학교장.
0957	²笑	xiào	동 웃다.
0958	⁴笑话	xiàohua	명 우스운 이야기. 동 비웃다. 조소하다.
0959	⁴效果	xiàoguǒ	명 효과.
0960	¹些	xiē	양 조금. 약간.
0961	¹写	xiě	동 글씨를 쓰다.
0962	¹谢谢	xièxie	동 감사하다. 고맙다.
0963	⁴心情	xīnqíng	명 심정. 기분.
0964	⁴辛苦	xīnkǔ	형 고생스럽다.
0965	²新	xīn	형 새로운.
0000	³新闻	xīnwén	명 뉴스.
0967	³新鲜	xīnxiān	형 신선하다. 싱싱하다.
0968	⁴信封	xìnfēng	명 편지 봉투.
0969	⁴信息	xìnxī	명 정보.
0970	⁴信心	xìnxīn	명 자신. 신념.

0971	³信用卡	xìnyòngkǎ	명 신용 카드.
0972	⁴兴奋	xīngfèn	형 격동하다. 격분하다. 흥분하다.
0973	¹星期	xīngqī	명 주일. 요일
0974	⁴行	xíng	동 유능하다. 걷다. 가다. …해도 좋다.
0975	³行李箱	xínglǐxiāng	명 짐가방.
0976	⁴醒	xǐng	동 잠에서 깨다.
0977	⁴幸福	xìngfú	형 행복하다. 명 행복.
0978	⁴性别	xìngbié	명 성별.
0979	⁴性格	xìnggé	명 성격.
0980	²姓	xìng	명 성. 성씨. 동 성이 …이다.
0981	³熊猫	xióngmāo	명 팬더.
0982	²休息	xiūxi	동 휴식하다. 쉬다.
0983	⁴修理	xiūxi	동 수리하다. 수선하다.
0984	³需要	xūyào	동 필요하다.
0985	⁴许多	xǔduō	형 매우 많다.
0986	³选择	xuǎnzé	동 고르다. 선택하다.
0987	⁴学期	xuéqī	명 학기.
0988	¹学生	xuésheng	명 학생.
0989	¹学习	xuéxí	동 공부하다. 배우다.
0990	¹学校	xuéxiào	명 학교.
0991	²雪	xuě	명 눈.

Y

| 0992 | ⁴压力 | yālì | 명 압력. 스트레스. |
| 0993 | ⁴呀 | ya | 조 조사 啊의 변형. |

필수어휘 45

0994	⁴**牙膏**	yágāo	명 치약.
0995	⁴**亚洲**	Yàzhōu	명 아시아주.
0996	⁴**严格**	yángé	형 엄격하다. 엄하다.
0997	⁴**严重**	yánzhòng	형 위급하다. 심각하다.
0998	⁴**研究**	yánjiū	동 연구하다. 고려하거나 협의하다.
0999	⁴**盐**	yán	명 소금.
1000	²**颜色**	yánsè	명 색. 색깔.
1001	²**眼睛**	yǎnjing	명 눈.
1002	⁴**眼镜**	yǎnjìng	명 안경.
1003	⁴**演出**	yǎnchū	동 공연하다. 명 공연.
1004	⁴**演员**	yǎnyuán	명 배우. 연기자.
1005	²**羊肉**	yángròu	명 양고기.
1006	⁴**阳光**	yángguāng	명 햇빛.
1007	⁴**养成**	yǎngchéng	동 (습관 등을) 기르다. 배양하다.
1008	⁴**样子**	yàngzi	명 모양. 모습.
1009	³**要求**	yāoqiú	동 요구하다. 명 요구.
1010	⁴**邀请**	yāoqǐng	동 초청하다. 명 초청. 초대.
1011	²**药**	yào	명 약. 약물.
1012	²**要**	yào	조동 …하려 하고 있다.
			동 요구하다. 청구하다. 접 만약.
1013	⁴**要是**	yàoshi	접 만약 …이라면.
1014	⁴**钥匙**	yàoshi	명 열쇠.
1015	³**爷爷**	yéye	명 할아버지.
1016	²**也**	yě	부 …도.
1017	⁴**也许**	yěxǔ	부 어쩌면. 아마도.
1018	⁴**叶子**	yèzi	명 잎.

1019	⁴页	yè	명 쪽. 면.
1020	¹一	yī	수 1. 하나.
1021	³一般	yìbān	형 보통이다. 일반적이다.
1022	³一边	yìbiān	명 한쪽. 한 편. 부 …하면서 …하다.
1023	¹一点儿	yìdiǎnr	수량 조금.
1024	³一定	yídìng	부 반드시. 꼭.
1025	³一共	yígòng	부 모두. 전부.
1026	³一会儿	yíhuìr	수량 잠시. 잠깐. 부 …하다가 …하다.
1027	²一起	yìqǐ	부 같이. 함께. 명 같은 장소.
1028	⁴一切	yíqiè	대 일체. 모든 것.
1029	²一下	yíxià	수량 한번. 한차례. 부 잠깐.
1030	³一样	yíyàng	형 같다.
1031	³一直	yìzhí	부 계속. 줄곧. 똑바로.
1032	¹衣服	yīfu	명 옷. 의복.
1033	¹医生	yīshēng	명 의사.
1034	¹医院	yīyuàn	명 병원.
1035	²已经	yǐjing	부 이미. 벌써.
1036	⁴以	yǐ	전 …로써. …으로. …에 의거하여.
1037	³以前	yǐqián	명 이전. 예전.
1038	³以为	yǐwéi	동 여기다. 간주하다.
1039	¹椅子	yǐzi	명 의자.
1040	⁴艺术	yìshù	명 예술.
1041	⁴意见	yìjiàn	명 견해. 의견.
1042	²意思	yìsi	명 의미. 뜻. 재미. 성의.
1043	⁴因此	yīncǐ	접 이로 인하여.

필수어휘 47

1044	²因为……所以……	yīnwèi……suǒyǐ……	…이기 때문에 그래서 ….
1045	²阴	yīn	형 흐리다.
1046	³音乐	yīnyuè	명 음악.
1047	³银行	yínháng	명 은행.
1048	⁴引起	yǐnqǐ	동 일으키다. 야기하다. 끌다.
1049	³饮料	yǐnliào	명 음료.
1050	⁴印象	yìnxiàng	명 인상.
1051	³应该	yīnggāi	조동 …해야 한다.
1052	⁴赢	yíng	동 이기다. 승리하다.
1053	³影响	yǐngxiǎng	명 영향. 동 영향을 주다.
1054	⁴应聘	yìngpìn	동 지원하다.
1055	⁴永远	yǒngyuǎn	부 영원히.
1056	⁴勇敢	yǒnggǎn	형 용감하다.
1057	³用	yòng	동 쓰다. 사용하다.
1058	⁴优点	yōudiǎn	명 장점.
1059	⁴优秀	yōuxiù	형 우수하다.
1060	⁴幽默	yōumò	형 유머러스하다.
1061	⁴尤其	yóuqí	부 더욱이. 특히.
1062	⁴由	yóu	전 …에 의해. …이/가. …로부터. …로써
1063	⁴由于	yóuyú	전 …때문에.
1064	⁴邮局	yóujú	명 우체국.
1065	³游戏	yóuxì	명 게임. 놀이. 동 놀다.
1066	²游泳	yóuyǒng	동 수영하다. 헤엄치다.
1067	⁴友好	yǒuhǎo	형 우호적이다.
1068	⁴友谊	yǒuyì	명 우의. 우정.

1069	¹有	yǒu	동	있다.
1070	³有名	yǒumíng	형	유명하다.
1071	⁴有趣	yǒuqù	형	재미있다.
1072	³又	yòu	부	또, 다시.
1073	²右边	yòubiān	명	오른쪽.
1074	⁴于是	yúshì	접	그래서. 그리하여.
1075	²鱼	yú	명	물고기.
1076	⁴愉快	yúkuài	형	기쁘다. 유쾌하다.
1077	⁴与	yǔ	접	…와[과]. 전 …와[과].
1078	⁴羽毛球	yǔmáoqiú	명	배드민턴.
1079	⁴语法	yǔfǎ	명	어법.
1080	⁴语言	yǔyán	명	언어.
1081	⁴预习	yùxí	동	예습하다.
1082	³遇到	yùdào	동	만나다. 마주치다.
1083	³元	yuán	양	위안. (중국 본위 화폐 단위)
1084	⁴原来	yuánlái	부	원래. 본래. 알고 보니.
1085	⁴原谅	yuánliàng	동	양해하다.
1086	⁴原因	yuányīn	명	원인.
1087	²远	yuǎn	형	멀다.
1088	³愿意	yuànyi	조동	…하기를 바라다. 동 희망하다.
1089	⁴约会	yuēhuì	동	약속하다. 명 약속.
1090	¹月	yuè	명	달. 월.
1091	³月亮	yuèliang	명	달.
1092	⁴阅读	yuèdú	동	열독하다. 읽다.
1093	³越	yuè	동	뛰어넘다. 부 점점 …하다. …할수록 …하다.

1094	⁴云	yún	몡 구름.
1095	⁴允许	yǔnxǔ	동 동의하다. 허락하다.
1096	²运动	yùndòng	동 운동하다. 몡 운동. 캠페인.

Z

1097	⁴杂志	zázhì	몡 잡지.
1098	²再	zài	뷔 재차. 또.
1099	¹再见	zàijiàn	동 또 뵙겠습니다. 안녕.
1100	¹在	zài	동 …에 있다. 전 …에. …에서.
1101	⁴咱们	zánmen	대 우리.
1102	⁴暂时	zànshí	몡 잠깐. 잠시.
1103	⁴脏	zāng	혱 더럽다.
1104	²早上	zǎoshang	몡 아침.
1105	⁴责任	zérèn	몡 책임.
1106	¹怎么	zěnme	어떻게. 왜. 어째서.
1107	¹怎么样	zěnmeyàng	대 어떻다. 어떠하다.
1108	⁴增加	zēngjiā	동 증가하다. 늘리다.
1109	⁴占线	zhànxiàn	동 전화 선로가 통화 중이다.
1110	³站	zhàn	동 서다. 일어서다. 몡 정거장. 역.
1111	³张	zhāng	양 장. 동 열다. 펼치다.
1112	²长₂	zhǎng	동 자라다. 생기다.
1113	²丈夫	zhàngfu	몡 남편.
1114	⁴招聘	zhāopìn	동 모집하다. 초빙하다.
1115	³着急	zháo//jí	동 조급해하다.
1116	²找	zhǎo	동 찾다.

1117	⁴照	zhào	동	비추다. (사진이나 영화를) 찍다.
1118	³照顾	zhàogù	동	돌보다. 간호하다.
1119	³照片	zhàopiàn	명	사진.
1120	³照相机	zhàoxiàngjī		사진기. 카메라.
1121	¹这	zhè	대	이. 이것.
1122	²着	zhe	조	…하고 있다. …한 채로 있다.
1123	²真	zhēn	부	확실히. 진정으로. 형 진실하다.
1124	⁴真正	zhēnzhèng		진정한. 참된. 부 정말로.
1125	⁴整理	zhěnglǐ	동	정리하다.
1126	⁴正常	zhèngcháng		정상적인.
1127	⁴正好	zhènghǎo		꼭 맞다. 부 마침. 때마침.
1128	⁴正确	zhèngquè	형	정확하다. 올바르다.
1129	⁴正式	zhèngshì	형	정식의.
1130	²正在	zhèngzài	부	지금 …하고 있다.
1131	⁴证明	zhèngmíng		증명하다. 명 증명서.
1132	⁴之	zhī	대	이. 그. 이것. 그것. 조 …의.
1133	⁴支持	zhīchí	동	지지하다.
1134	³只₁	zhī	양	마리.
1135	²知道	zhīdao	동	알다. 이해하다.
1136	⁴知识	zhīshi	명	지식.
1137	⁴直接	zhíjiē	형	직접적인.
1138	⁴值得	zhíde	동	…할 만한 가치가 있다.
1139	⁴职业	zhíyè	명	직업.
1140	⁴植物	zhíwù	명	식물.
1141	³只₂	zhǐ	부	단지. 다만.
1142	⁴只好	zhǐhǎo	부	부득이. 부득불. 어쩔 수 없이.

필수어휘 51

1143	⁴只要	zhǐyào	접 …하기만 하면.
1144	⁴只有……才……		
	zhǐyǒu……cái……		오로지 …해야만 비로소 ….
1145	⁴指	zhǐ	명 손가락. 동 가리키다.
1146	⁴至少	zhìshǎo	부 적어도. 최소한.
1147	⁴质量	zhìliàng	명 품질.
1148	¹中国	Zhōngguó	명 중국.
1149	³中间	zhōngjiān	명 중간. 가운데.
1150	³中文	Zhōngwén	명 중국어. 중국글.
1151	¹中午	zhōngwǔ	명 정오.
1152	³终于	zhōngyú	부 마침내. 결국.
1153	³种₁	zhǒng	양 종 (종류).
1154	⁴重	zhòng	형 무겁다.
1155	⁴重点	zhòngdiǎn	명 중점.
1156	⁴重视	zhòngshì	동 중시하다.
1157	³重要	zhòngyào	형 중요하다.
1158	³周末	zhōumò	명 주말.
1159	⁴周围	zhōuwéi	명 주위. 주변.
1160	³主要	zhǔyào	형 주요한. 주된.
1161	⁴主意	zhǔyi	명 방법. 생각.
1162	¹住	zhù	동 숙박하다. 살다.
1163	³注意	zhùyì	동 주의하다. 조심하다.
1164	⁴祝贺	zhùhè	동 축하하다. 경하하다.
1165	⁴著名	zhùmíng	형 저명하다. 유명하다.
1166	⁴专门	zhuānmén	형 전문적이다.
			부 전문적으로. 일부러.

1167	⁴专业	zhuānyè	몡	전공. 전문. 혱 전문의.
1168	⁴转	zhuǎn/zhuàn	동	회전하다. 바뀌다. 전하다. / 돌다. 돌아다니다.
1169	⁴赚	zhuàn	동	벌다.
1170	²准备	zhǔnbèi	동	준비하다.
1171	⁴准确	zhǔnquè	혱	확실하다. 정확하다.
1172	⁴准时	zhǔnshí	혱	시간에 맞다. 븟 제때에.
1173	¹桌子	zhuōzi	몡	탁자. 테이블.
1174	⁴仔细	zǐxì	혱	세심하다. 꼼꼼하다.
1175	³自己	zìjǐ	대	자기. 자신.
1176	⁴自然	zìrán	몡	자연. 혱 천연의. 자연의.
1177	⁴自信	zìxìn	동	자신하다. 몡 자신감.
1178	³自行车	zìxíngchē	몡	자전거.
1179	¹字	zì	몡	문자. 글자.
1180	⁴总结	zǒngjié	동	총괄하다. 몡 총결산.
1181	³总是	zǒngshì	븟	늘. 언제나.
1182	²走	zǒu	동	걷다. 떠나다. 통과하다.
1183	⁴租	zū	동	세내다. 임차하다.
1184	³嘴	zuǐ	몡	입.
1185	²最	zuì	븟	가장. 제일.
1186	⁴最好	zuìhǎo	혱	가장 좋다. 븟 …하는 게 제일 좋다.
1187	³最后	zuìhòu	혱	최후의.
1188	³最近	zuìjìn	몡	최근. 요즈음.
1189	⁴尊重	zūnzhòng	동	존중하다.
1190	¹昨天	zuótiān	몡	어제.
1191	²左边	zuǒbiān	몡	왼쪽. 왼편.
1192	²左右	zuǒyòu	몡	좌와 우. 좌우. 가량. 동 좌우하다.

1193	⁴作家	zuòjiā	명	작가.
1194	³作业	zuòyè	명	숙제. 과제.
1195	⁴作用	zuòyòng	명	작용. 역할.
1196	⁴作者	zuòzhě	명	저자. 필자.
1197	¹坐	zuò	동	앉다.
1198	⁴座	zuò	명	좌석. 자리.
1199	⁴座位	zuòwèi	명	좌석. 자리.
1200	¹做	zuò	동	하다.

新 HSK 한 권으로 합격하기

비법
노트

4급

一、听力

듣기 제 1부분

I 제시된 문장의 주요 단어를 확인하라

1 숫자 및 시간 확인하기

듣기의 어느 영역에서든 날짜, 시간, 금액, 수량 등과 관계되는 부분과 관련하여 높은 빈도의 문항수가 출제되기 때문에, 수치와 관련된 내용은 필히 메모를 해두어 정확히 판별할 수 있어야 하며, 특히 계산을 해야 하는 경우 각별히 신경을 써야 한다. (이 부분의 자세한 설명은 듣기 2부분의 『Ⅳ. 내용별 맞춤식 전략을 세워라』참고.)

2 장소 및 지명 확인하기

제시된 문장 중 장소나 지명과 관련된 단어가 있다면 반드시 확인하여 녹음내용에서 그 부분이 어떻게 설명되고 있는지를 확실히 판별해야 한다. (이 부분의 자세한 설명은 듣기 2부분의 『Ⅳ. 내용별 맞춤식 전략을 세워라』참고)

3 부사 확인하기

다양한 부사의 종류

정도부사 • 정도의 심함을 표시

最 zuì 가장, 제일 │ 极 jí 아주, 극히 │ 非常 fēicháng 대단히 │ 十分 shífēn 매우, 아주 │ 特别 tèbié 유달리, 각별히 │ 太 tài 몹시, 너무 │ 挺 tǐng 꽤, 제법 │ 过于 guòyú 지나치게, 과도하게

- **일반의 유형**

  比较 bǐjiào 비교적 | 较为 jiàowéi 비교적 | 较 jiào 비교적, 좀 | 还 hái 그만하면, 그럭저럭

- **정도의 약함을 표시**

  有点 yǒudiǎn 조금, 약간 | 稍微 shāowēi 조금, 약간 | 有些 yǒuxiē 조금, 약간

- **비교를 표시**

  越 yuè 점점 ~하다 | 更 gèng 더욱 | 尤其 yóuqí 더욱이, 특히 | 更加 gèngjiā 더욱, 한층 더

시간부사	• **과거를 표시** 曾 céng 일찍이, 이미	曾经 céngjīng 일찍이, 이전에	早 zǎo 이미, 벌써	早就 zǎojiù 이미, 벌써	早已 zǎoyǐ 훨씬 전에	已经 yǐjing 이미, 벌써	刚 gāng 방금, 막	刚才 gāngcái 지금 막	刚刚 gānggāng 지금 막, 금방 • **현재를 표시** 正 zhèng 마침, 한창	正在 zhèngzài 지금 ~하고있다	在 zài 마침 ~하고 있는 중이다	立刻 lìkè 곧, 즉시	就 jiù 곧, 즉시 • **미래를 표시** 马上 mǎshàng 금방	就要 jiùyào 머지않아, 곧	快要 kuàiyào 곧 ~하다	将要 jiāngyào 장차 ~하려하다	眼看 yǎnkàn 곧, 즉각	将 jiāng ~하게 될 것이다
대략부사	大概 dàgài 아마도, 대개	大约 dàyuē 아마, 대략	约 yuē 대개, 대략	恐怕 kǒngpà 대체로, 대략	几乎 jīhū 거의	也许 yěxǔ 어쩌면, 아마도	或者 huòzhě 아마, 어쩌면	好像 hǎoxiàng 마치 ~와 같다	差点儿 chàdiǎnr 거의
빈도부사	又 yòu 또, 다시	再 zài 재차, 또	还 hái 또, 게다가	重新 chóngxīn 다시, 재차

연속형부사	连续 liánxù 연속하다 | 不断 búduàn 부단히, 끊임없이 | 继续 jìxù 연속, 계속 | 常常 chángcháng 늘, 항상 | 往往 wǎngwǎng 자주, 흔히 | 一直 yìzhí 계속, 줄곧
돌연성부사	忽然 hūrán 갑자기, 홀연 | 突然 tūrán 갑자기, 문득 | 猛然 měngrán 돌연히, 갑자기
방식표시	偶尔 ǒu'ěr 때때로, 간혹 | 特意 tèyì 특별히, 일부러 | 亲自 qīnzì 직접, 손수 | 顺便 shùnbiàn ~하는 김에 | 仍然 réngrán 변함없이, 여전히
기타	果然 guǒrán 과연, 아니나다를까 | 自然 zìrán 자연히, 당연히 | 原来 yuánlái 알고보니 | 明明 míngmíng 분명히, 명백히 | 只好 zhǐhǎo 부득이

Ⅱ 내용의 긍정과 부정 표현에 유의하라

1 긍정의 의미를 나타내는 부사들

一定 yídìng 반드시, 꼭	我一定去. 나는 꼭 간다.
确实 quèshí 확실히, 정말로	我的病确实好起来了. 내 병은 확실히 좋아지기 시작했다.
的确 díquè 확실히, 분명히	妈妈的确很辛苦. 어머니는 확실히 매우 고생하신다.
必须 bìxū 반드시, 기필코	我们必须明白保护环境就是保护自己. 우리는 환경을 보호하는 것이 곧 자기를 보호하는 것임을 반드시 알아야 한다.
当然 dāngrán 당연히, 물론	我当然希望你成功. 나는 당연히 네가 성공하길 희망한다.
准 zhǔn 틀림없이, 꼭	明天准是好天气. 내일은 꼭 좋은 날씨일 것이다.

2 부정의 의미를 나타내는 부사들

不 bù (동사·형용사 또는 기타 부사 앞에서) 부정(否定)을 나타냄	我不走。 나는 안 간다.
没(有) méiyǒu ~않다	他没(有)说。 그는 말하지 않았다.
别 bié ~하지 마라	你别生气。 너는 화내지 마라.
不要 búyào ~하지 마라	请不要拿老眼光看现实。 낡은 안목으로 현실을 보지 마시오.
非 fēi 반드시, ~하지 않으면 안된다	我非说不可。 나는 말하지 않으면 안된다.
不必 búbì ~할 필요 없다	你不必伤心。 너는 상심할 필요 없다.
不用 búyòng ~할 필요가 없다	你不用对她太客气。 너는 그녀에게 너무 예의를 차릴 필요가 없다.

3 주의해야 할 이중부정

不能不 ~하지 않을 수 없다 → 반드시 ~해야만 한다	明天的会议你不能不去。 내일 회의에 네가 가지 않으면 안된다.
非 fēi……不可 ~하지 않으면 안된다 → 반드시 ~해야만 한다	为了取得好成绩, 非努力学习不可。 좋은 성적을 얻기 위해서, 열심히 공부하지 않으면 안된다.
未必 wèibì 不 반드시 ~하지 않은 것은 아니다 → ~할 수도 있다	他说的话未必不可靠。 그가 하는 말이 반드시 믿을 만하지 않은 것은 아니다.

不会不 ~하지 않을 리 없다 → 반드시 ~할 것이다	这么重要的事情他不会不知道吧。 이렇게 중요한 일을 그가 모르지 않을 리 없다.
没有……不…… ~하지 않은 것이 없다 → 모두(모든 것이) ~하다	在我们当中没有一个不喜欢李老师的。 우리 중에서 이 선생님을 싫어하는 사람은 없다.
不是没有…… ~가 없는 것은 아니다 → 있다	小孩子不是没有烦恼。 어린 아이가 고민이 없는 것은 아니다.
难道 nándào 不(是)……吗? 설마 ~가 아니란 말인가? → ~이다	勇于这样做的人，难道不是一个英雄吗? 용감히 이렇게 할 수 있는 사람이 영웅이 아니란 말인가?

Ⅲ 문장의 논리 관계에 귀를 기울여라

접속사를 활용한 복문의 이해

1 병렬관계

- 既 jì A 又 yòu B
- 既 jì A 也 yě B
- 又 yòu A 又 yòu B
- 也 yě A 也 yě B

A하기도 하고 B하기도 하다

예 她既聪明，又用功。 그녀는 똑똑하고 또 열심히 공부한다.
　 这个房间又干净又漂亮。 이 방은 깨끗하고 예쁘다.

- 一边 yìbiān A 一边 yìbiān B
- 一面 yímiàn A 一面 yímiàn B

A하면서 동시에 B하다

예 他一边听音乐一边做作业。 그는 음악을 들으면서 숙제를 한다.
　 我一面走一面唱。 나는 걸으면서 노래를 부른다.

2 점층관계

> ▫ 不但 búdàn A 而且 érqiě (也 yě) B
> ▫ 不仅 bùjǐn A 并且 bìngqiě (还 hái) B
>
> A일 뿐만 아니라 또한 B하다

예) **不但**价钱便宜, **而且**东西也不错。
가격이 저렴할 뿐만 아니라, 게다가 물건도 좋다.
我**不仅**会说汉语, **并且**还会写汉字。
나는 중국어를 할 수 있을 뿐 아니라, 한자도 쓸 수 있다.

> ▫ 不但不 búdàn bù A 反而 fǎn'ér B   A 안 할 뿐 아니라 오히려 B하다

예) 他们**不**但**不**支持我, **反而**泼我的冷水。
그들은 나를 지지하지 않을 뿐 아니라, 오히려 나에게 찬물을 끼얹었다.

> ▫ 除了 chúle A (外 wài / 以外 yǐwài / 之外 zhīwài), 都 dōu / 全 quán B
>
> A를 제외하고, 모두 B하다 (A는 포함하지 않고, B만 포함하는 개념)

예) **除了**李老师以外, 其他人**都**来了。
이 선생님을 제외하고, 다른 사람들은 모두 왔다.
除了苹果以外, 我什么水果**都**喜欢。
사과를 제외하고, 나는 무슨 과일이든 다 좋아한다.

> ▫ 除了 chúle A (外 wài / 以外 yǐwài / 之外 zhīwài), 也 yě / 还 hái B
>
> A외에, 또 B하다 (A뿐만 아니라 B 또한 포함하는 개념)

예) **除了**香港以外, 她**还**去过广州、深圳。
그녀는 홍콩을 외에, 광저우와 선전도 가 보았다.
除了咖啡以外, **还**有果汁。 커피 외에, 과일 주스도 있다.

> ▫ A 甚至 shènzhì B   A하고, 심지어 B하다

예) 五十多岁**甚至**六十多岁的老年人也参加了植树活动。
500여 세, 심지어 60여 세의 노인들도 식목활동에 참가했다.

3 선후관계

- 一 yī A, 就 jiù B
- A 了 le, 就 jiù B

A하자마자 B하다

예 他们一下班就去看电影了。그들은 퇴근하자마자 영화를 보러 갔다.
下了课, 他就回宿舍了。수업이 끝나고, 그는 바로 기숙사로 돌아갔다.

- 先 xiān A, 再 zài / 接着 jiēzhe B
- 先 xiān A, 然后 ránhòu B, 最后 zuìhòu C

먼저 A한 뒤 B하다
먼저 A하고 B한 뒤 C하다

예 该先治好病, 再考虑工作问题。
너는 먼저 병을 치료하고, 그런 다음 일 문제를 생각해야 한다.

先去长城, 然后去颐和园, 最后去故宫。
먼저 만리장성에 가고, 그 다음 이화원에 가고, 마지막에 고궁에 가자.

4 가정관계

- 如果 rúguǒ / 要是 yàoshi A, 就 jiù / 那么 nàme B
- A 的话 dehuà, 就 jiù B

만약 A하면 B하겠다

예 如果下雨, 明天就不去了。만약 비가 오면, 내일 가지 않겠다.
要是大家都去的话, 我就去。만약 모두가 간다고 한다면, 나도 가겠다.

- 即使 jíshǐ / 就是 jiùshì / 就算 jiùsuàn / 哪怕 nǎpà A, 也 yě B

설령 A하더라도 B하다

예 即使下雨, 我们也要去博物馆参观。
설령 비가 오더라도, 우리는 박물관 견학을 갈 것이다.
就是你不去, 我也会去。설령 네가 가지 않더라도, 나는 갈 것이다.

5 선택관계

- 不是 búshì A, 而是 érshì B   A가 아니라 B

예 他不是老师, 而是家长。그는 선생님이 아니라 학부형이다.

我想找的不是你，而是他。내가 찾는 사람은 네가 아니라 그다.

- 不是 búshì A，就是 jiùshì B   A가 아니면 B

예) 他现在不是在家，就是在办公室。그는 지금 집이 아니면 사무실에 있다.
明天不是下雨，就是下雪。내일 비가 내리지 않으면 눈이 올 것이다.

- (是 shì) A，还是 háishi B   A입니까 B입니까?

예) 明天你坐飞机去，还是坐火车去?
내일 너는 비행기를 타고 가니 아니면 기차를 타고 가니?
你是A型，还是B型? 너는 A형이니 아니면 B형이니?

6 조건관계

- 只有 zhǐyǒu A，才 cái B   A해야만 B하다(조건강조)

예) 只有努力学习，才能通过考试。열심히 공부해야만 시험에 통과할 수 있다.

- 只要 zhǐyào A，就 jiù B   A하면 B할 수 있다(결과강조)

예) 只要有时间，我就去看你。시간만 있으면 나는 너를 보러 갈 것이다.

- 无论 wúlùn A，都 dōu / 也 yě B
- 不管 bùguǎn A，都 dōu / 也 yě B   A에 관계없이(A하더라도) B하다

예) 无论多忙，我每天都要学习两个小时的汉语。
얼마나 바쁘든 상관없이, 나는 매일 2시간 동안 중국어를 공부할 것이다.
不管他有没有钱，我都喜欢他。그가 돈이 있든지 없든지 상관없이, 나는 그를 좋아한다.

7 목적관계

- 为 wèi / 为了 wèile A   A를 위해서

예) 为了达到目的，我们必须做进一步的努力。
목표에 도달하기 위해서, 우리는 반드시 진일보된 노력을 해야 한다.

- A, 以免 yǐmiǎn / 免得 miǎnde B   B하지 않도록 (B를 면하도록) A하다

예 你应该来，以免他不高兴。 그가 기분 나빠하지 않도록 너는 와야 해.
我还是跟你们一起去吧，免得到时候你们骂我。
그때가서 너희들이 나를 욕하지 않도록, 그래도 너희들과 함께 갈게.

8 전환관계

- 虽然 suīrán / 尽管 jǐnguǎn / 虽说 suīshuō A,
  但是 dànshì / 可是 kěshì / 不过 búguò B   비록 A하지만 B하다

예 虽然身体不舒服，但是他还是每天都来上课。
비록 몸이 좋지 않지만, 그는 여전히 매일 수업에 나온다.
尽管病了，他还是来上课了。 비록 병에 걸렸지만, 그는 그래도 수업에 나왔다.
他虽说不帅，可是很有能力。 그는 비록 잘 생기지 않았지만, 매우 능력이 있다.

앞의 접속사를 생략하고 뒷절에 '但是, 可是, 然而' 등의 접속사만을 사용해 전환을 나타낼 수도 있다.
예 他说来，可是没来。 그는 오겠다고 말했지만, 오지 않았다.

9 인과관계

- 因为 yīnwèi A, 所以 suǒyǐ B
- ((之 zhī)所以 suǒyǐ) A, 是因为 shì yīnwèi B   A하기 때문에, 그래서 B하다

예 因为身体不舒服，所以他今天没有来上课。
몸이 좋지 않기 때문에, 그는 오늘 수업에 오지 않았다.
他没来上班，是因为家里有急事。
그는 출근하지 않았다. 왜냐하면 집에 급한 일이 있기 때문이다.

- 由于 yóuyú A, 因此 yīncǐ / 所以 suǒyǐ / 因而 yīn'ér B
  A하기 때문에, B하다

예 由于最近天气不好，因此大家的情绪都不高。
최근에 날씨가 좋지 않기 때문에, 모두의 기분이 좋지 않다.
由于下雨，因而演唱会只能取消了。 비가 오기 때문에, 콘서트는 어쩔수 없이 취소되었다.

□ 既然 jìrán A, 就 jiù B   기왕 A하게 되었으니, B해라

예 既然已开始学了, 就努力吧。 기왕 배우기 시작했으니, 열심히 해라.
　　既然你已经买了, 就不要后悔。 기왕 네가 이미 산 바에, 후회하지 말아라.

유사한 단어나 표현에 주의하라

꼭 알아두어야 할 유의어

按时 ànshí 분 시간대로, 시간에 맞추어
准时 zhǔnshí 분 정시에, 정확한 시간에

宝贵 bǎoguì 귀중하다, 소중하다
珍贵 zhēnguì 진귀하다, 귀중하다

本来 běnlái 분 본래, 원래, 당연히
原来 yuánlái 분 원래, 본래, 알고보니

别 bié 분 ~하지 마라
不要 búyào 분 ~하지 마라
不用 búyòng 분 ~할 필요가 없다, ~하지 마라

不见得 bújiàndé
분 반드시 ~라고는 할 수 없다
不一定 bù yídìng 분 반드시 ~은 아니다

不同 bùtóng 형 같지 않다, 다르다
不一样 bù yíyàng 형 같지 않다, 다르다
区别 qūbié 동 구별하다

成就 chéngjiù 명 성취, 성과, 업적
成绩 chéngjì 명 성적

从前 cóngqián 명 예전, 종전
以前 yǐqián 명 이전
过去 guòqù 명 과거

帮忙 bāngmáng 동 일(손)을 돕다, 원조하다
帮助 bāngzhù 동명 돕다, 원조하다, 도움

保持 bǎochí 동 지키다, 유지하다
坚持 jiānchí 동 견지하다, 고수하다

抱歉 bàoqiàn 동 미안해하다, 미안하게 여기다
道歉 dàoqiàn 동 사과하다, 미안함을 표시하다

表达 biǎodá
동 (생각이나 감정을) 나타내다, 표현하다
表示 biǎoshì 동 표시하다, 밝히다, 가리키다

不好意思 bù hǎoyìsi
형 쑥스럽다, 미안하다, 창피하다
害羞 hàixiū 형 수줍어하다, 부끄러워하다

成果 chéngguǒ 명 성과, 수확
效果 xiàoguǒ 명 효과

吃惊 chījīng 동 (깜짝) 놀라다
奇怪 qíguài 형 기이하다, 이상하다

答应 dāying 동 대답하다, 응하다, 동의하다
同意 tóngyì 동 동의하다

打算 dǎsuan 통 ~할 작정이다, 계획하다
准备 zhǔnbèi 통 준비하다, 계획하다

大概 dàgài 부 대략, 아마도
大约 dàyuē 부 대략, 얼추, 대강
可能 kěnéng 부 (어쩌면) ~일 것이다, 아마도
也许 yěxǔ 부 아마도, 어쩌면

确实 quèshí 형부 확실하다, 확실히, 정말
真的 zhēnde 부 진짜, 참으로, 정말로

丢 diū 통 잃다, 놓다, 내던지다
失去 shīqù 통 잃다, 잃어버리다

懂 dǒng 통 알다, 이해하다
理解 lǐjiě 통 이해하다
了解 liǎojiě 통 이해하다, 알다
明白 míngbai 통 분명하다, 이해하다

付钱 fùqián 통 돈을 내다
交钱 jiāoqián 통 돈을 내다

赶快 gǎnkuài 부 빨리, 얼른, 어서
立刻 lìkè 부 즉시, 곧, 당장
马上 mǎshàng 부 곧, 즉시

按照 ànzhào
전 ~에 비추어, ~에 따라, ~에 근거해
根据 gēnjù 전 ~에 근거하여, ~에 의거하여

工作 gōngzuò 통 일하다, 근무하다, 노동하다
上班 shàngbān 통 출근하다, 근무하다

估计 gūjì 통 예측하다, 평가하다, 추정하다
猜 cāi 통 추측하다, 추측하여 풀다

好像 hǎoxiàng 통 마치 ~과 같다(인 듯 하다)
像 xiàng 통 닮다, 비슷하다, 마치 ~과 같다

忽然 hūrán 부 갑자기, 별안간
突然 tūrán 형 갑자기, 돌연히, 갑작스럽다

几乎 jīhū 부 거의, 하마터면
差不多 chàbuduō
부 대강, 대체로 거의(비슷하다)
差点儿 chàdiǎnr 부 거의, 하마터면

简单 jiǎndān 형 간단하다, 단순하다
容易 róngyì 형 쉽다, 용이하다

客气 kèqi 형동 예의바르다, 사양하다
礼貌 lǐmào 명형 예의, 예절, 예의바르다

麻烦 máfan 형 귀찮다, 번거롭다
打扰 dǎrǎo 통 방해하다, 폐를 끼치다

难过 nánguò 형 괴롭다, 지내기 어렵다
伤心 shāngxīn 형 상심하다, 슬퍼하다

普遍 pǔbiàn 형 보편적이다, 널리 퍼져 있다
普及 pǔjí 통 보급하다, 보편화시키다
普通 pǔtōng 형 보통이다, 평범하다, 일반적이다

随便 suíbiàn 부 마음대로, 편할대로, 자유로이
马虎 mǎhu 형 소홀하다, 대충하다
粗心 cūxīn 형 부주의하다, 꼼꼼하지 않다

提前 tíqián
통 (예정된 시간, 기한 등을) 앞당기다
早点儿 zǎodiǎnr 부 좀(더) 일찍

듣기 제 2부분

I 문제의 보기 안에 힌트가 있다

다양한 보기 유형들

해결 전략

1. 먼저 보기를 통해 질문의 유형을 유추해 본다.
2. 녹음 내용을 들으면서 보기에서 제시된 단어와 관련된 내용을 파악하여 알아보기 쉽게 표시해 둔다.
3. 마지막 질문을 듣고, 표시한 내용과 대입하여 정답을 찾는다.

II 상용되는 단어 및 관용어 표현을 외워라

1 칭찬을 나타내는 표현

不错 búcuò 괜찮다
了不起 liǎobuqǐ 대단하다
非常精彩 fēicháng jīngcǎi 매우 훌륭하다
你真行 Nǐ zhēn xíng 정말 능력이 대단하다

好极了 hǎo jíle 매우 좋다
有两下子 yǒu liǎngxiàzi 솜씨가 있다
很满意 hěn mǎnyì 아주 만족하다
能干 nénggàn 능력이 있다

2 불만을 나타내는 표현

没法儿说 méifǎr shuō 말할 도리가 없다
马虎 mǎhu 대충대충 하다
禁不住 jīn bu zhù 견딜 수 없다

气死了 qìsǐ le 화가 나 죽겠다
你真是的! Nǐ zhēnshì de! 너 정말 (답답하다)!
粗心 cūxīn 부주의하다

忍不住 rěn bu zhù 견딜 수 없다   受不了 shòu bu liǎo 참을 수 없다

你这是什么话？Nǐ zhè shì shénme huà? 너 무슨 소리하는 거니?

动不动 dòng bu dòng 걸핏하면

3 동의를 나타내는 표현

好的 hǎode 좋다

可不是 kě búshì 왜 아니겠는가

没问题 méi wèntí 문제 없다

行 xíng 괜찮다

好主意 hǎo zhǔyi 좋은 생각이다

没错 méicuò 맞다

就是 jiùshì 바로 그렇다

好说 hǎoshuō 동의할 수 있다. 걱정할 필요 없다

可以 kěyǐ 괜찮다

倒是 dàoshì 그렇기는 하다

4 부정 및 반대를 나타내는 표현

不对 bú duì 틀리다

不必 búbì ~할 필요가 없다

不怎么样 bù zěnmeyàng 그저 그렇다

好什么呀！Hǎo shénme ya? 좋긴 뭐가 좋아?

哪有那样的事？Nǎ yǒu nàyàng de shì?
그런 일이 어디 있어?

不行 bù xíng 안 된다

谁说的？Shéi shuōde? 누가 그렇게 말해?

没意思 méi yìsi 재미없다

哪儿呀？Nǎr ya? 어디?

不可能 bù kěnéng 불가능하다

5 추측 및 확실하지 않음을 나타내는 표현

说不准 shuō bu zhǔn   아마도 ~일지 모른다

说不定 shuō bú dìng   아마도 ~일지 모른다

没准儿 méizhǔnr   확실하지 않다

未必 wèibì   반드시 ~한 것은 아니다

不见得 bú jiànde   ~라고 할 수는 없다

搞不清楚 gǎo bu qīngchu   잘 모르겠다

6 기타 관용어 표현

随便 suíbiàn 마음대로, 편할 대로
不在乎 bú zàihu 개의치 않다
不得不 bùdébù 어쩔 수 없이
开夜车 kāi yèchē 밤을 새우다
不好意思 bù hǎoyìsi 겸연쩍다, 미안하다

没关系 méi guānxi 괜찮다, 상관없다
无所谓 wúsuǒwèi 상관없다
开玩笑 kāi wánxiào 농담하다, 장난하다
打招呼 dǎ zhāohu 인사하다
包在我身上 bāozài wǒ shēnshang
내가 책임진다

기초 어법 지식은 듣기에서도 통한다

1 접속사 이해하기

문장 안에서 접속사의 자세한 기능과 역할은 듣기 1부분의 「Ⅲ. 문장의 논리관계에 귀를 기울여라」에서 자세히 설명하였으므로, 다시 한번 확인해 보세요.

2 비교문 이해하기

1 比비교문

1. A 比 B + 술어(동사/ 형용사) : A가 B보다 ~하다. (A 〉 B)
   예 我比他大。 나는 그 보다 나이가 많다.

2. A 比 B + 술어 + 一点/ 一些 : A가 B보다 조금(약간) ~하다.
   예 我比他大一点。 나는 그 보다 조금 나이가 많다.

3. A 比 B + 술어 + 多了/ 得多 : A가 B보다 훨씬 ~하다.
   예 我比他大得多。 나는 그 보다 훨씬 나이가 많다.

4. A 比 B + 술어 + 구체적 수치(수량사) : A가 B보다 얼마(수치) ~하다.

   예 我比他大三岁。 나는 그 보다 세 살 나이가 많다.

5. A 比 B + 부사(更, 还, 都) + 술어 : A가 B보다 훨씬(더) ~하다.

   예 我比他更(还/都)大。 나는 그 보다 훨씬 (더) 나이가 많다.

2 有비교문

A 有 B (+ 这么/ 那么) + 술어 : A가 B만큼 ~하다. (A≒B, '差不多' 의미)

  예 他有我妹妹那么高。 그는 내 여동생만큼 키가 크다.

3 비교문의 부정형식

1. A 不比 B + 술어 : A가 B보다 ~하지 않다. (A < B)

   예 我不比妹妹高。 나는 여동생보다 키가 크지 않다.

2. A 不如 B + 술어 : A가 B보다 ~하지 않다. (A < B)

   예 我不如妹妹高。 나는 여동생보다 키가 크지 않다.

3. A 没有 B (+ 这么/ 那么) + 술어 : A가 B만큼 ~하지는 않다. (A < B)

   예 我没有妹妹 (那么) 高。 나는 여동생만큼 (그렇게) 키가 크지는 않다.

4 차이가 없음을 표현

A 跟 B 一样 (+ 술어) : A와 B는 같다.

  예 我的衣服跟你的一样。 내 옷은 네 옷과 똑같다.

5 차이가 있음을 표현

A 跟 B + 不一样 (+ 술어) : A와 B 는 같지 않다.

  예 我的衣服跟你的不一样。 내 옷은 네 옷과 다르다.

6 비교급의 최상급 표현

1. 再 + 술어 + 不过了 : 再好不过了。

2. 再 + 술어 + 没有了 : 再好没有了。

3. 술어 + 得 + 不能再 + 술어 + 了 : 好得不能再好了。

= 最好
(이보다 더 좋을 수는 없다.)

Ⅳ 내용별 맞춤식 전략을 세워라

1 장소 및 방향 관련 문제

1 자주 출현하는 질문유형

▫ 在哪儿?	[장소]	어디서?
▫ 什么地方?	[장소]	어느 곳에서?
▫ 怎么走?	[방향]	어떻게 가는가?
▫ 离这儿远吗?	[거리]	여기서 멀어요?
▫ 从……到……	[출발 및 도착]	~부터 ~까지

2 장소 명사들과 그 장소를 상징하는 단어들

- **饭馆 fànguǎn / 食堂 shítáng** 식당

  点菜 diǎncài 음식을 주문하다 │ 菜单 càidān 메뉴, 차림표 │ 请客 qǐngkè 접대하다 │ 烤鸭 kǎoyā 통오리구이 │ 味道 wèidao 맛 │ 筷子 kuàizi 젓가락 │ 付钱 fùqián 돈을 지불하다 │ 打包 dǎbāo 포장하다

- **医院 yīyuàn / 诊所 zhěnsuǒ** 병원

  大夫 dàifu 의사 │ 医生 yīshēng 의사 │ 护士 hùshi 간호사 │ 打针 dǎzhēn 주사를 맞다(놓다) │ 药 yào 약 │ 住院 zhùyuàn 입원하다 │ 出院 chūyuàn 퇴원하다 │ 外科 wàikē 외과 │ 内科 nèikē 내과 │ 手术 shǒushù 수술(하다) │ 检查 jiǎnchá 검사하다

- **邮局 yóujú** 우체국

  寄 jì 우편으로 부치다 │ 信 xìn 편지 │ 包裹 bāoguǒ 소포 │ 邮票 yóupiào 우표 │ 信封 xìnfēng 편지봉투 │ 回信 huíxìn 답장 │ 信箱 xìnxiāng 우체통

- **火车站 huǒchēzhàn / 飞机场 fēijīchǎng / 汽车站 qìchēzhàn** 기차역/ 공항/ 버스정류장

  车票 chēpiào 승차권 │ 乘客 chéngkè 승객 │ 旅客 lǚkè 여행객 │ 订票 dìngpiào 표를 예매하다 │ 列车 lièchē 열차 │ 开车 kāichē 운전하다 │ 车站 chēzhàn 정류장 │

护照 hùzhào 여권 | 飞机 fēijī 비행기 | 起飞 qǐfēi 이륙하다 | 机票 jīpiào 항공권 | 出国 chūguó 출국하다

- 商店 shāngdiàn / 商场 shāngchǎng / 百货商店 bǎihuòshāngdiàn 상점/ 백화점

  柜台 guìtái 계산대 | 付钱 fùqián 돈을 지불하다 | 打折 dǎzhé 할인하다 | 逛街 guàngjiē 아이쇼핑하다 | 购物 gòuwù 물건을 사다

- 书店 shūdiàn / 图书馆 túshūguǎn 서점/ 도서관

  看书 kànshū 책을 보다 | 买书 mǎishū 책을 사다 | 借书 jièshū 책을 빌려 주다(빌리다) | 还书 huánshū 책을 반납하다 | 查资料 chá zīliào 자료를 찾나 | 写论文 xiě lùnwén 논문을 쓰다

- 银行 yínháng 은행

  交钱 jiāoqián 돈을 내다 | 换钱 huànqián 환전하다 | 信用卡 xìnyòngkǎ 신용카드 | 存钱 cúnqián 저축하다 | 贷款 dàikuǎn 대출하다

- 公司 gōngsī 회사

  经理 jīnglǐ 사장 | 领导 lǐngdǎo 지도자 | 同事 tóngshì 동료 | 开会 kāihuì 회의를 열다 | 上班 shàngbān 출근하다 | 下班 xiàbān 퇴근하다 | 传真 chuánzhēn 팩스 | 复印机 fùyìnjī 복사기 | 工资 gōngzī 임금 | 出差 chūchāi 출장가다

2 시간 및 수치 관련 문제

1 자주 출현하는 질문유형

- 什么时候? [때] 언제?
- 哪天? [시점] 어느 날?
- 几点? [시간] 몇 시?
- 什么日子? [특정일] 무슨 날?
- 多少? [양] 얼마나?

2 수치, 특정 기념일 및 때와 관계되는 단어들

숫자를 읽는 방법

❶ 숫자를 읽을 때 주의점

1000	一千	
10000	一万	
100000	十万	'一'를 생략한다.
1000000	一百万	
10000000	一千万	
206	二百零六	10단위에 '0'이 올 때는 반드시 '零'을 쓴다.
600019	六十万零十九	천 단위 수의 중간에 '0'이 몇 개가 있어도 '零'은 하나로 족하다.
43000	四万三(千)	백 단위 수의 끝에 오는 '0'은 정식의 경우를 제외하고는 '百, 千' 등은 생략할 수 있다.
22222	两万两千二百二十二	'千, 万' 등의 앞에서는 보통 '两'을 쓴다.

❷ 분수

1/5   五分之一

❸ 백분율

25%   百分之二十五

❹ 소수점

32.9   三十二点九

❺ 배수

五的七倍是三十五。 5의 7배는 35이다.

他的工资比我多一倍。/ 他的工资是我的两倍。
그의 월급은 내 2배이다.

특정 절기

新年 xīnnián 새해 | 除夕 chúxī 그믐날 | 春节 Chūn Jié 설날 | 中秋节 Zhōngqiū Jié 중추절 | 母亲节 Mǔqīn Jié 어머니날 | 劳动节 Láodòng Jié 노동절 | 儿童节 Értóng Jié 어린이날 | 国庆节 Guóqìng Jié 국경절 | 生日 shēngrì 생일 | 结婚纪念日 jiéhūn jìniànrì 결혼기념일

때(时)와 관계되는 단어

大前天 dàqiántiān 그끄저께 | 前天 qiántiān 그저께 | 昨天 zuótiān 어제 | 今天 jīntiān 오늘 | 明天 míngtiān 내일 | 后天 hòutiān 모레 | 大后天 dàhòutiān 글피 | 早上 zǎoshang 아침 | 晚上 wǎnshang 저녁 | 上午 shàngwǔ 오전 | 中午 zhōngwǔ

정오 | 下午 xiàwǔ 오후 | 上星期 shàngxīngqī 지난주 | 这(个)星期 zhè(ge)xīngqī 이번 주 | 下星期 xiàxīngqī 다음 주 | 前年 qiánnián 재작년 | 去年 qùnián 작년 | 今年 jīnnián 금년 | 明年 míngnián 내년 | 后年 hòunián 후년 | 大后年 dàhòunián 내후년

3 반어문 관련 문제

1 자주 출현하는 질문 유형

- 男(女)的话是什么意思? 남자(여자)가 한 말은 무슨 의미인가?
- 女(男)的是什么意思? 여자(남자)는 무슨 의미인가?

2 상용되는 반어문의 형식

不是…吗?
búshì……ma
- 이 형식은 특정 사실을 강조하기 위한 반어문 용법이다.
  예 我这不是来了吗?
  내가 온 거 아니야? (→ 나는 이미 왔다)

还
hái
- 부사 '还'는 보통 '不会, 不应该, 不算'의 의미를 나타낸다.
  예 这还多呀?
  이게 많다고? (→ 많은 편은 아니다)

哪儿
nǎr
- 반어문에서 '哪儿'은 장소를 표시하지 않고, 다만 부정의 어기만을 나타낸다.
  예 我哪儿有时间啊?
  어디 시간이 있어? (→ 시간이 없다)

怎么
zěnme
- 반어문에서 '怎么'는 방식이나 원인을 표현하지 않고 다만 부정의 어기만을 나타낸다.
  예 我怎么知道?
  내가 어떻게 알아? (→ 난 모른다)

什么 shénme	• 반어문에서 '什么'는 보통 형용사 혹은 동사 뒤에 놓여, 의문을 표현하지 않고, '不……', '不要……', '不用……'의 의미를 나타낸다. 예 咱们是老朋友，谢什么呀！ 　　우리는 오랜 친구인데, 뭐가 고마워! (→ 고마워할 필요 없다)
有什么 yǒu shénme	• 반어문에서 '有什么'는 단독으로도 술어가 될 수 있고, 형용사 앞에 놓여 '不……', '没有……'의 의미를 나타낸다. 만약 형식이나 의미가 긍정이라면, 전체가 부정의 의미를 나타내고, 형식이나 의미가 부정이라면, 전체가 긍정의 의미를 나타낸다. 예 夫妻没有感情，住在一起有什么意思呢？ 　　부부가 감정이 없으면, 함께 사는 게 무슨 의미야? (→ 함께 사는 게 의미가 없다)
干什么 gàn shénme	• 반어문에서 '干什么'는 대부분 문장의 끝에 사용되어, '不必……', '不该……'의 의미를 나타낸다. 예 来我家玩儿，还带礼物干什么！ 　　우리 집에 와서 노는데, 무슨 선물을 갖고 오니! (→ 선물을 갖고 올 필요 없다)
谁 shéi	• 반어문에서 '谁'는 부정의 의미로 쓰여, '没有人……' 혹은 '我不……'의 의미를 나타낸다. 예 谁喜欢他呀！ 　　누가 그를 좋아한대! (→ 나는 그를 좋아하지 않는다)

4 분석 및 추론/유추 관련 문제

1 자주 출현하는 질문 유형

▫ 根据对话我们可以知道什么？	대화를 통해 우리는 무엇을 알 수 있는가?
▫ 男的(女的)是什么态度？	남자(여자)는 태도가 어떠한가?
▫ 男的(女的)是什么意思？	남자(여자)는 무슨 의미인가?
▫ 这句话告诉我们什么？	이 말은 우리에게 무엇을 알려주고 있는가?
▫ 男的(女的)为什么这样做(决定)？	남자(여자)는 왜 이렇게 (결정)하였는가?

2 감정 및 태도와 관련된 단어들

긍정적 태도 및 감정

同意 tóngyì 동의하다 | 肯定 kěndìng 긍정하다 | 感动 gǎndòng 감동하다 | 认真 rènzhēn 진지하게 생각하다 | 自信 zìxìn 자신있다 | 大方 dàfang 대범하다 | 热情 rèqíng 친절하다 | 尊重 zūnzhòng 존중하다 | 鼓励 gǔlì 격려하다 | 羡慕 xiànmù 부럽다 | 抱歉 bàoqiàn 미안해하다 | 感谢 gǎnxiè 감사하다 | 关心 guānxīn 관심이 있다 | 客气 kèqi 예의바르다 | 支持 zhīchí 지지하다 | 表扬 biǎoyáng 칭찬하다 | 周到 zhōudào 세심하다 | 相信 xiāngxìn 믿다 | 诚实 chéngshí 성실하다

부정적 태도 및 감정

反对 fǎnduì 반대하다 | 否定 fǒudìng 부정하다 | 伤心 shāngxīn 상심하다 | 难过 nánguò 견디기 힘들어하다 | 骄傲 jiāo'ào 교만하다 | 怀疑 huáiyí 의심하다 | 不满 bùmǎn 불만스럽다 | 粗心 cūxīn 꼼꼼하지 못하다 | 害怕 hàipà 겁내다 | 失望 shīwàng 실망하다 | 批评 pīpíng 비평하다 | 拒绝 jùjué 거절하다 | 放弃 fàngqì 포기하다

중립적 태도 및 감정

不在乎 bú zàihu 개의치 않다 | 无所谓 wúsuǒwèi 상관없다 | 吃惊 chījīng 놀라다 | 好奇 hàoqí 호기심이 많다 | 可惜 kěxī 안타깝다 | 害羞 hàixiū 부끄럽다 | 担心 dānxīn 걱정하다

5 대화의 화제 및 중심내용 파악 문제

자주 출현하는 질문 유형

▫ 他们在谈论什么?	[소재]	그들은 무엇을 이야기하고 있는가?
▫ 这段对话主要讲什么?	[주제]	이 대화는 주로 무엇을 이야기하고 있는가?
▫ 告诉我们什么?	[주제]	우리에게 무엇을 알려주는가?
▫ 主要观点是什么?	[관점]	주요한 관점은 무엇인가?

듣기 제 3부분

I 장문 대화 형식

1 대화 속 남녀를 확실히 구별하라

자주 출현하는 질문 유형

▫ 男(女)的是什么意思?	[판단]	남자(여자)는 무슨 의미인가?
▫ 女(男)的认为……怎么样?	[분석]	여자(남자)는 ~을 어떻게 생각하는가?
▫ 男(女)的对……什么态度?	[어기]	남자(여자)는 ~에 대해 어떠한 태도인가?
▫ 女(男)的可能在哪儿?	[장소]	여자(남자)는 아마도 어디에 있겠는가?
▫ 男(女)的为什么……?	[이유]	남자(여자)는 왜 ~한가?
▫ 关于女(男)的可以知道什么?	[유추]	여자(남자)에 관하여 알 수 있는 것은 무엇인가?

2 화자의 태도와 어기를 판별하라

자주 출현하는 질문 유형

▫ 男(女)的是什么态度?	[태도]	남자(여자)는 어떠한 태도인가?
▫ 女(男)的是什么意思?	[어기]	여자(남자)의 말은 무슨 의미인가?
▫ 男(女)的对……怎么认为?	[감정]	남자(여자)는 ~에 대해 어떻게 생각하는가?

II 단문 낭독 형식

1 내용의 중심소재 및 주제를 파악하라

자주 출현하는 질문 유형

□ 他在谈论什么?	[소재]	그는 무엇을 이야기하고 있는가?
□ 说话人主要想说什么?	[주제]	화자가 주로 하고자 하는 말은 무엇인가?
□ 这段话主要讲什么?	[주제]	이 단락의 말은 주로 무엇을 이야기하고 있는가?
□ 这段话告诉我们什么?	[주제]	이 단락의 말은 우리에게 무엇을 알려주는가?
□ 主要观点是什么?	[관점]	주요한 관점은 무엇인가?

2 사건의 배경과 원인에 주목하라

자주 출현하는 질문 유형

□ 这件事情可能发生在哪儿?	[장소]	이 일은 어디서 발생했는가?
□ 这场(交通)事故怎么发生的?	[배경]	이 (교통)사고는 어떻게 발생했는가?
□ 说话人为什么没跟老师说?	[원인]	화자는 왜 선생님에게 말하지 않았는가?
□ 哪个城市受灾最严重?	[장소]	어느 도시가 재해를 가장 심하게 입었는가?

3 보기를 통하여 문제를 추측하라

해결 전략
1. 먼저 보기를 통해 질문의 유형을 유추해 본다.
2. 녹음 내용을 들으면서 보기에서 제시된 단어와 관련된 내용을 파악하여 알아보기 쉽게 표시해 둔다.
3. 마지막 질문을 듣고, 표시한 내용과 대입하여 정답을 찾는다.

二、阅读

독해 제 1부분

I 단어 선택의 폭을 좁혀라

1 명사가 주로 놓일 위치

1 동사 뒤에서 목적어 역할
예 我学习汉语。 나는 중국어를 공부한다.

2 전치사 뒤에서 전치사구를 형성할 목적어 역할
예 他从中国回来了。 그는 중국에서 돌아왔다.

3 관형어가 되는 구조조사 的 뒤
예 小王是一个聪明的孩子。 샤오왕은 매우 똑똑한 아이다.

2 부사가 주로 놓일 위치

1 동사나 형용사 앞에서 술어를 수식해 준다
예 你到底去不去长城? 너는 도대체 만리장성에 가니 안 가니?

2 때때로 문장의 맨 앞에 올 수 있는 부사(어기부사) 및 부사어(시간사)가 있다
예 刚才他来过了。 방금 그가 왔다.

3 종종 접속사와 호응하여 사용된다
예 只有你才能解决这个问题。 오직 너만이 이 문제를 해결할 수 있다.

접속사와 호응하여 사용되는 부사의 용례

就
jiù
- 如果 A 就 B / 要是 A 就 B : 만약 A하면 B하겠다 [가정관계]
  - 예 如果明天下雨, 我就不去了。 만약 내일 비가 오면, 나는 가지 않겠다.
- 只要 A 就 B : A하기만하면 B할 수 있다 [조건관계]
  - 예 只要努力学习, 就能考上大学。 열심히 공부하기만 하면, 대학에 합격할 수 있다.
- 既然 A 就 B : 기왕 A하게 되었으니, B해라 [인과관계]
  - 예 既然已经开始了, 就努力吧。 기왕 이미 시작했으니, 열심히 해라.

才
cái
- 只有 A 才 B : 오직 A해야만 비로소 B한다 [조건관계]
  - 예 只有你来, 才能解决这个问题。 네가 와야만 이 문제를 해결할 수 있다.

也
yě
- 既 A 也 B / 也 A 也 B : A하기도하고 B하기도 하다 [병렬관계]
  - 예 她既聪明, 也漂亮。 그녀는 똑똑하고, 예쁘기도 하다.
- 连 A 也 B : A조차도 B하다 [강조]
  - 예 连妈妈也忘了我的生日。 내 생일을 엄마조차도 잊어버렸다.
- 即使 A 也 B : 설령 A하더라도 B하다 [가정관계]
  - 예 即使不吃, 我们也要准备。 먹지 않아도 우리는 준비할 것이다.
- 无论 / 不管 A 也 B : A를 막론하고(상관없이) B하다 [조건관계]
  - 예 他觉得无论怎么努力也无法完成现在的工作。
    그는 아무리 노력해도 지금의 업무를 완성시킬 수 없다고 느꼈다.

都
dōu
- 无论 / 不管 A 都 B : A를 막론하고(상관없이) B하다 [조건관계]
  - 예 不管忙还是不忙, 我每天都学习汉语。
    바쁘던 안 바쁘던 관계없이, 나는 매일 중국어 공부를 한다.

又
yòu
- 又 A 又 B : A하기도하고 B하기도 하다 [병렬관계]
  - 예 你的新房子又大又漂亮。 네 새집이 크고 예쁘다.

还
hái
- 不仅 / 不但 A 还 B : A할뿐 아니라 또한 B하다 [점층관계]
  - 예 他不仅会说英语, 还会说汉语。
    그는 영어를 할 수 있을 뿐 아니라, 또한 중국어도 할 수 있다.
- 除了 A 还 B : A 이외에 또한 B하다 [점층관계]
  - 예 除了韩国人以外, 还有中国人。
    한국인 이외에, 중국인도 있다.

3 동사/형용사가 주로 놓일 위치

1 문장에서 술어 위치에 온다

예 我们马上就动手。 우리는 바로 착수했다.

2 동사는 주로 목적어를 가질 수 있으므로 목적어(주로 명사) 앞에 온다

예 你应该表明自己的态度。 너는 자신의 태도를 분명히 밝혀야 한다.

3 형용사는 주로 정도부사의 수식을 받는다

'很, 非常, 最, 十分, 比较, 太' 등의 정도부사 뒤에는 주로 형용사가 놓인다.

예 这间屋子很干净。 이 집은 매우 깨끗하다.

4 동사는 부사나 조동사 뒤에 온다

예 你应该吃这种药。 너는 이런 종류의 약을 먹어야 한다.

정도부사 제외하고 일반부사와 조동사 뒤에도 형용사가 놓일 수 있다.

예 他的病会好起来的。 그의 병은 좋아질 거야.

5 대부분의 동사는 동태조사(了, 着, 过) 앞에 온다

예 我吃了两个面包。 나는 빵 두 개를 먹었다.

II 유사한 의미의 단어들에 주의하라

유사한 단어의 차이 비교

抱歉
bào qiàn
道歉
dào qiàn

· 모두 '미안하다'의 뜻이지만, '抱歉'은 마음 속의 느낌으로 품사는 형용사이고, '道歉'은 잘못을 인정하는 것으로 실제적인 행동을 의미하는 동사이다. 주의할 점은 '抱歉'은 이합사이기때문에 뒤에 동사나 목적어가 올 수 없다.

예 我怀着抱歉的心情来到他家。 나는 미안한 마음을 품고서 그의 집에 왔다.
我想向他道歉。 나는 그에게 사과하고 싶다.

避免 bìmiǎn **免得** miǎn de	모두 어떤 일이 발생하지 않게끔 방법을 취하는 것을 가리킨다. '避免'은 동사로서 뒤에 목적어를 취한다. 반면에 '免得'는 부사 및 접속사로서 동사나 형용사 앞에서 부사어 역할을 하거나 문장 앞에 위치하여 절을 이끌 수도 있다. 예 他们**避免**了一场事故。 그들은 사고를 모면하였다. 请仔细听清楚，**免得**引起误会。 오해가 생기지 않도록 자세히 들어주세요.
道理 dàolǐ **原因** yuányīn	'道理'는 일이 어떻게, 왜 성립되는가의 이치나 도리, 일리를 나타낸다. 반면에 '原因'은 어떠한 결과를 만들어 낸 조건을 뜻한다. 예 你的话有**道理**，我听你的。 네 말에 일리가 있으니 네 말을 듣겠다. 是什么**原因**造成了现在这种情况? 지금의 이런 상황을 만든 원인이 무엇입니까?
后果 hòuguǒ **结果** jiéguǒ	'后果'는 좋지 못한 최종적인 결과를 가리키는 부정적인 단어이이며, '结果'는 객관적인 성격을 지닌다. 예 **后果**很严重。 결과가 매우 심각하다. 事情还没有**结果**。 일에 아직 결과가 없다.
忽然 hūrán **突然** tūrán	모두 뜻밖이라는 의미를 가지는데, '忽然'은 부사로 서술어 앞에 놓여서 부사어 역할만 한다. 반면에 '突然'은 형용사이자 부사로서 부사어로도 쓰일 수 있고, 단독으로 술어가 되기도 한다. 예 大家正要出门，**忽然**下起雨来。 모두 문을 나서려는 참에 갑자기 비가 내리기 시작했다. 这件事我感到有点**突然**。 이 일은 나에게 조금 갑작스럽게 느껴졌다.
认识 rènshi **知道** zhīdào	모두 사람이나 사물을 알고 있다는 뜻이지만 약간의 차이가 있다. 사람을 예로 들면, '认识'는 사람의 얼굴을 알거나 그 사람과 왕래가 있다는 뜻을 포함하지만, '知道'는 단편적인 측면이나 이름만을 아는 것이다. 목적어는 구체적일 수도 있고 추상적일 수도 있는데, '认识'는 한층 깊은 이해를 의미하며 아울러 '승인하다, 인정하다'의 뜻을 가지고 있기도 한다. 예 我们**认识**多年了。 우리가 안지는 여러 해가 되었다. 我只**知道**他的名字，可是不认识他。 나는 그의 이름만 알 뿐 그를 알지는 못한다.

认为 rènwéi **以为** yǐwéi	· 모두 '~라고 여기다'라는 뜻으로 어떤 사물이나 사실에 대한 판단을 나타낸다. 그러나 '认为'가 객관적인 결론이나 사실을 나타내는 반면, '以为'는 주로 사실과 다른 판단을 나타낸다. 예 我也曾经这样**认为**。 나도 이전에 이렇게 생각한 적이 있다. 我**以为**你是中国人，原来是韩国人啊！ 나는 네가 중국인이라고 생각했는데, 알고 보니 한국인이구나!
合适 héshì **适合** shìhé	· 모두 '적합하다, 어울리다'의 의미를 나타내지만, '合适'는 형용사로서 술어로 쓰일 수 있으나 목적어를 취할 수 없고, '适合'는 동사로서 목적어를 취해 '~에 적합하다'의 의미를 나타낼 수 있다. 예 这件衣服你穿很**合适**。 이 옷은 너에게 매우 잘 어울린다. 你这种性格不太**适合**我们的工作。 당신의 이런 성격은 우리 일에 그다지 적합하지 않다.
经历 jīnglì **经验** jīngyàn	· '经历'는 명사뿐 아니라 동사로도 쓰이며, '겪다, 경험하다'의 의미와 직접 보았거나 겪었거나 해본 사람의 경력을 가리킨다. 반면에 '经验'은 명사로서 자신이나 타인이 실천해서 얻어낸 지식이나 경험을 가리킨다. 예 每个人都**经历**过痛苦与快乐。 사람들은 누구나 고통과 즐거움을 겪은 적이 있다. 他的**经验**非常丰富。 그는 경험이 대단히 풍부하다.
普通 pǔtōng **普及** pǔjí	· '普通'은 '평범한, 보통, 일반적인'이라는 뜻의 형용사로서 특수성이 없음을 의미한다. '普及'는 동사로서 인위적인 선전과 작업을 통해 사물이나 문화지식 등을 널리 전파시키는 것을 뜻한다. 예 这个现象很**普通**。 이런 현상은 매우 일반적이다. **普及**法律知识。 법률지식을 보급하다.
青年 qīngnián **年轻** niánqīng	· '青年'은 '청년'의 뜻을 가진 명사로서 상대적인 단어는 '少年'과 '老年'이다. 반면에 '年轻'은 '젊다'라는 의미의 형용사로서 서술어 역할을 할 수 있다. 예 **青年**是国家的未来。 청년은 국가의 미래이다. 你还**年轻**，不要对将来失去信心。 너는 아직 젊으니, 장래에 대해 자신감을 잃지 마라.

严格
yángé

严重
yánzhòng

· 모두 형용사이며, '严格'는 '엄격하다'의 의미로서, 태도에 중점을 두며, 대상은 자신이나 다른 사람 모두 가능하다. 반면에 '严重'은 어떤 사태나 문제가 '심각함'을 표현하고, 사람의 성품이나 인품을 묘사하는 데에는 쓰지 않는다. '严格'는 '엄하게 하다'의 동사로도 쓰일 수 있다.

예 父亲很严格。
아버지는 매우 엄격하시다.

病情很严重。
병세가 매우 심각하다.

독해 제 2부분

I 접속사들의 의미와 관계를 파악하라

접속사들의 의미와 관계 비교

인과관계
· 因为yīnwèi A 所以suǒyǐ B : A때문에 (그래서) B하다
예 因为这种小说看得多了, 所以我没兴趣。
나는 이러한 종류의 소설을 많이 봐서 재미가 없다.

· 由于yóuyú A 因此yīncǐ / 因而yīn'ér / 所以suǒyǐ B :
A로 말미암아(때문에) 그러므로 B하다
예 由于跟他相处多年了, 因此我很了解他。
나는 그와 몇 년을 지냈기 때문에, 그를 잘 이해한다.

· 既然jìrán A 就jiù B : 기왕 A한 바에야, B하다
예 既然病好了, 你就去上学吧。
기왕 병이 다 나았으니, 너는 학교에 가라.

전환관계
· 虽然suīrán A 但是dànshì / 却què B : 비록 A하지만 B하다
예 这篇文章虽然很短, 但是写得很好。 이 문장은 비록 짧지만, 매우 잘 썼다.

· 尽管jǐnguǎn A 可是kěshì B : 비록 A하지만 B하다
예 这个公司的条件尽管很好, 可是我不愿意留下来。
이 회사의 조건이 비록 매우 좋지만, 나는 남아있고 싶지 않다.

- 可是kěshì / 但是dànshì / 不过búguò / 然而rán'ér : 그러나
  예 这种花很美, 可是没有花香。 이런 꽃은 매우 아름답지만, 꽃 향기가 없다.

- 否则fǒuzé : 그렇지 않으면, 아니면
  예 你应该努力学习, 否则考不上大学。
  너는 열심히 공부해야 해. 그렇지 않으면 대학에 합격할 수 없어.

가설관계

- 如果rúguǒ / 要是yàoshi A 就jiù / 那么nàme B : 만약 A라면 곧 B하다
  예 如果大家都同意, 明天就不休息了。
  만약 모두들 동의한다면, 내일 쉬지 않겠다.

- 即使jíshǐ / 就算jiùsuàn A 也yě B : 설령 A라 할지라도 B하다
  예 即使你不去, 我也一定要去。 설령 네가 가지 않더라도, 나는 반드시 가겠다.

조건관계

- 只要zhǐyào A 就jiù B : A하기만하면 곧 B하다
  예 只要努力学习, 就能取得好成绩。
  열심히 공부하기만 하면, 좋은 성적을 얻을 수 있다.

- 只有zhǐyǒu A 才cái B : 오직 A해야만 비로소 B하다
  예 只有全心全意地接待客人, 才能让他们满意。
  성의껏 손님을 대해야만, 비로소 그들을 만족시킬 수 있다.

- 无论wúlùn / 不管bùguǎn A 也yě / 都dōu B :
  A를 막론하고(A든지 상관없이) B하다
  예 不管有多少困难, 你都要坚持学习。
  아무리 어려움이 있더라도, 너는 꾸준히 공부해야 한다.

점층관계

- 不但búdàn / 不仅bùjǐn A 而且érqiě / 也yě / 还hái B :
  A할 뿐만 아니라 게다가 B하다.
  예 他不但努力学习, 而且还积极参加社会活动。
  그는 열심히 공부할 뿐만 아니라, 사회활동에도 적극적으로 참여한다.

- 不止bùzhǐ / 不只bùzhǐ A 还hái / 而且érqiě / 也yě / 又yòu B :
  다만 A할 뿐 아니라 또한 B한다.
  예 这里不只是我工作的地方, 也是我的家。
  이곳은 내가 작업하는 곳일 뿐만 아니라, 내 집이다.

- 而且érqiě / 并且bìngqiě : 게다가, 또한
  예 他会说英语, 并且也会说汉语。
  그는 영어를 할 수 있고, 게다가 중국어도 할 수 있다.

- 甚至shènzhì : 심지어(~조차도)
  예 他工作的时候很专心, 甚至连吃饭都忘了。
  그는 일할 때 매우 집중하여, 심지어 밥 먹는 것 조차 잊어버린다.

병렬관계	· 又yòu / 既jì A 又yòu / 也yě B : A하고 또 B하다
	예 这台机器又便宜又好用.
	이 기계는 싸고 쓰기도 간편하다.
	· 不是búshì A 而是érshì B : A가 아니라 B다
	예 我不是老师, 而是学生.
	나는 선생님이 아니라 학생이다.
선택관계	· A 或者huòzhě / 或huò B : A 혹은 B
	예 英语或汉语都可以. 영어나 중국어 모두 괜찮다.
	· A 还是háishi B : A아니면 B (의문문)
	예 咱们明天去长城还是后天去长城?
	우리 내일 만리장성에 가니 아니면 모레 만리장성에 가니?
	· 不是búshì A 就是jiùshì B : A가 아니면 B다
	예 他不是老师, 就是医生.
	그는 선생님이 아니면 의사다.

II 대명사를 유심히 살펴라

인칭대명사/지시대명사/의문대명사

1 인칭대명사

인칭	단 수	복 수
1인칭	我 나 自己(=自个儿, 自家) 자기, 자신	我们, 咱们 우리, 우리들
2인칭	你 너 您 당신	你们 너희들, 당신들
3인칭	他 그 她 그녀 它 그것 人家 그, 다른 사람, 나	他们 그들 她们 그녀들 它们 그것들
기 타	大家 모두	

2 지시대명사

용법	가까이 있는 것을 가리킴	멀리 있는 것을 가리킴
사람, 사물, 다른 것을 가리킴	这 이, 이것	那 저, 저것, 그, 그것
둘 이상의 사람, 사물	这些 이들, 이러한 这些个 이런 것들	那些 저런, 저러한, 그런, 그러한 那些个 저런 것들, 그런 것들
장소를 가리킴	这里，这儿 여기, 이곳	那里，那儿 저기, 저곳, 거기, 그곳
시간을 가리킴	这会儿，这时 이때	那会儿，那时 그때, 그때 당시
방식, 정도, 다른것을 가리킴	这么，这么样，这样 이런, 이렇게	那么，那么样，那样 저런, 저렇게, 그런, 그렇게
기 타	如此 이러하다 彼此 피차, 상호, 양측	

3 의문대명사

묻는 방면	의문 대명사
사람/사물	谁 누구 什么 무엇
시간	什么时候 언제
장소	哪儿, 哪里 어디, 어느곳
어떤 사람, 사물, 시간	哪 어느, 어떤, 어디
원인, 이유	为什么 왜, 어째서
방식	怎么, 怎样, 怎么样, 如何 어떻게
의견을 구함	怎么样, 如何 어때, 어떠니
수량	几 , 多少 몇, 얼마

III 문장 전체의 논리적 맥락에 주의를 기울여라

문장의 논리적 맥락 파악하기

전체적인 문맥이 논리에 타당하기 위해서는 가장 기본적인 흐름이 '포괄 → 구체'로 진행되어야 한다. 즉, 큰 개념을 먼저 제시하고 그에 따르는 작은 개념들을 상세히 나열해야 하고, 추상적인 내용이 먼저 나오고 구체적인 내용이 나중에 나오게 된다. 또한 사건의 배경이 되는 내용이 문장의 가장 앞에 위치하는 것이 일반적이다.

독해 제 3부분

I 독해의 기초 기술 습득하기

1 전체 내용의 중심 주제를 먼저 밝혀라

중심 주제를 파악하면, 반드시 꼼꼼히 독해해야 할 부분과 굳이 꼼꼼히 독해를 하지 않아도 될 부분, 반드시 알아야 할 단어와 몰라도 되는 단어들이 파악되어 결정적으로 시간절약에 도움이 된다. 대부분 주제는 전체 문장의 서두 혹은 말미에 나오는 경우가 많으므로, 처음과 마지막을 특히 신중히 살펴볼 필요가 있다.

2 주요 표점부호(标点符号)의 용법을 확실히 이해하라

주요 표점부호 정리

标点符号	특징
句号(。) jùhào 마침표, 고리점	중국어의 마침표는 그 용법에 있어서 한국어의 그것과 별로 차이가 없다. 다만 주의해야 할 점이 있다면 한국어의 마침표는 온점(.)인데 반해, 중국어의 마침표는 고리점(。)임에 유의해야 한다.

逗号(,) dòuhào 쉼표, 반점	· 반점은 문장 안에서의 짧은 휴지를 나타낸다. 반점은 단문 내에서의 휴지를 나타내기도 하고, 복문 내에서 절 사이의 휴지를 나타내기도 한다.
问号(?) wènhào 물음표	· 물음표는 의문문 문미의 휴지를 나타낸다. 반어법도 일종의 특수한 의문문으로서 문미에 일반적으로 물음표를 쓴다.
叹号(!) tànhào 느낌표	· 느낌표는 감탄문 문미의 휴지를 표시한다. 그리고 어기가 강한 기원문 등의 문미에도 느낌표를 사용하며, 어떤 경우에는 어기가 강한 반어문에도 사용한다.
冒号(:) màohào 쌍점	· 쌍점은 제시적 성격의 구절 뒤에서 휴지를 나타내며, 그 다음의 문장을 이끌어내는데 쓰인다. 그리고 총괄적 성격의 말 앞에 사용할 수 있다. 이 경우 앞 문장을 구체적으로 설명하는데 쓰인다.
分号(;) fēnhào 머무름표, 쌍반점	· 머무름표는 복문 내부의 병렬된 절 사이의 휴지를 나타낸다. 머무름표가 나타내는 휴지는 '顿号(、)'보다 큰 것으로 주로 절을 갈라 구분하는 데 쓰인다.
顿号(、) dùnhào 쉼표, 모점	· 모점은 문장 안에서 병렬된 단어 사이의 휴지를 나타낸다. 모점이 나타내는 휴지는 반점에 비해 짧은 것으로 병렬된 단어나 구를 갈라 구분하는 데 쓰인다.

3 연결작용을 하거나 분위기를 바꾸는 역할을 하는 단어에 주목하라

독해를 하다 보면, 중간중간 문장을 이어갈 수 있도록 도와주는 단어들이 있다. 대게는 접속사들이 이러한 역할을 하지만, 접속사 외에 부사 등을 통해서도 가능하다. 이러한 단어들을 주목하면, 글쓴이가 전체 내용을 이끌어가는 사고의 맥락과 방향을 파악하는데 도움이 된다. 또한 분위기 전환이 일어나는 단어들이 있는데, 예를 들어 '可是, 然而, 相反, 却' 등의 단어들이 이에 속한다. 이러한 경우 일반적으로 글쓴이가 결국 하고자 하는 말은 전환의 단어 후반부에 놓일 가능성이 높으므로 특별히 더 주목할 필요가 있다.

4 시간을 절약할 수 있는 방법들을 익혀라

지문독해는 전체 독해문제의 절반을 차지하는 20문제가 출제된다. 짧은 시간 안에 주어진 모든 문제를 해결하고자 할 때, 모든 단어와 구절을 낱낱이 다 살피기는 현실적으로 어렵다. 그렇다고 모든 부분을 대강대강 독해를 할 수도 없는 일이다. 이 고민을 해결하기 위해서는 핵심만 자세히 살피고 그 외의 부분은 간략히 독해하는 '약독(略读)' 즉 '범독(泛读)'의 기술을 터득해야 한다. 대부분 중복되거나, 앞서 언급한 내용을 한 걸음 더 나아가 풀이하는 부분들, 혹은 설득력을 증가시키기 위해서 사용되는 예시 등은 간단히 읽거나 때론 독해하지 않고 지나가도 무관한 경우가 많다.

II 문제 유형에 따른 독해 기술

1 글의 주제를 묻는 유형

1 자주 출현하는 질문 유형

▫ 本文主要谈论什么？	본문에서 주로 무엇에 대해 이야기하는가?
▫ 上文的主要观点是：	윗글의 주요 관점은?
▫ 本文谈论的主题是：	본문에서 다룬 주제는?
▫ 这篇文章的中心意思是：	이 문장의 중심 의미는?
▫ 这段短文说明了什么？	이 단문에서는 무엇을 설명했는가?
▫ 下面哪一句话最接近文章的主题？	다음 어느 것이 문장의 주제와 가장 근접한가?
▫ 这段话主要介绍了什么？	이 글은 주로 무엇에 대해 소개하였는가?
▫ 通过本文作者想告诉人们：	본문을 통해 글쓴이가 말하고 싶은 것은?

2 해결 전략

1. 글 전체의 가장 처음과 가장 마지막에 주제가 있을 확률이 높으므로 주의 깊게 살펴본다.
2. 접속사는 글 전체 구조의 실마리가 되므로 접속사를 중심으로 논리관계를 잘 따져본다.
3. 특별한 주제가 드러나 있지 않은 경우는 중복되는 말 혹은 글 전체를 포괄하는 내용을 답으로 선택한다.

2 숫자 관련 문제 유형

1 자주 출현하는 질문 유형

- 故宫前后一共修建了<u>几次</u>?   고궁은 지금까지 모두 몇 번 보수 공사를 했는가?
- 电脑的发明是在<u>哪一年</u>?   컴퓨터는 몇 년도에 발명되었는가?
- 飞机的一般速度是<u>多少</u>?   비행기의 일반속도는 얼마나 되는가?
- 中国除了汉族以外还有<u>多少</u>民族?   중국은 한족 외에 몇 개의 민족이 더 있는가?
- 人体消化一个鸡蛋需要<u>多长</u>时间?
  인체가 계란 한 개를 소화시키는 데 시간이 얼마나 걸리는가?
- 如果你想学好汉语,本文提出了<u>几种</u>不同的建议?
  만일 당신이 중국어를 잘 배우고 싶다면, 본문에서 몇 가지 다른 의견을 내놓았는가?

2 해결 전략

1. 먼저 질문을 관찰하고 질문의 핵심단어를 가려내라. 예를 들어 '电脑的发明是在哪一年?'에서 핵심단어는 '发明'과 '年'이라고 할 수 있다.
2. 빠른 독해를 거쳐 질문의 핵심단어와 관련된 부분을 찾아라.
3. 문제를 해결하는데 관건이 되는 지문은 보다 꼼꼼히 살펴보고, 질문과 관련된 수치를 찾아내거나 산출해낸다.

3 '最'와 관련된 문제 유형

1 자주 출현하는 질문 유형

- 世界上最高的山是： 세계에서 가장 높은 산은?
- 这项研究工作遇到的最大困难是： 이 연구 업무 중 만난 가장 큰 어려움은?
- 一天中人的注意力最好的时候是： 하루 중 사람의 주의력이 가장 좋은 때는?
- 世界上个子最矮的人生活在哪里? 세계에서 키가 가장 작은 사람은 어디에서 생활하는가?
- 最近什么工作最受欢迎? 최근 어떤 일이 가장 인기가 많은가?

2 해결 전략

1. 먼저 질문을 관찰하고 질문의 핵심단어를 가려내라. 핵심단어는 보통 '最'와 그 뒤에 바로 이어지는 술어일 경우가 많다.
2. 빠른 독해를 거쳐 질문의 핵심단어와 관련된 부분을 찾아라.
3. 문제를 해결하는데 관건이 되는 지문은 보다 꼼꼼히 살펴본 후, 질문과 관련하여 설명하고 있는 부분을 보기와 비교, 대조하여 답을 찾아낸다.

4 배제형의 문제 유형

1 자주 출현하는 질문 유형

- 下列关于…(什么)…的说法不正确的是：
  다음 ~에 관한 내용 중 옳지 않은 것은?
- 根据文章内容，下面哪一项正确?
  본문 내용에 근거하여, 다음 중 어느 것이 옳은가?
- 下面哪种说法不正确? 다음 중 어느 것이 옳지 않은가?
- 苹果所含的维生素不包括： 사과가 함유한 비타민이 포함하지 않는 것은?

2 해결 전략

1. 먼저 질문을 관찰하고, 질문에 특별히 드러나는 핵심단어가 없을 때는 보기의 A, B, C, D를 관찰해야 한다.

2. 본문 전체를 대강 독해하고, 비교적 접근이 쉬운 보기의 핵심단어부터 본문과 대조해본다.

3. 주의해야 할 점은 본문에서 사용한 단어를 보기에서 그대로 사용하지 않고, 유사한 의미의 동의어를 사용하거나 의미는 같으나 다른 표현방식으로 나타낸 문장들을 판단할 수 있어야 한다.

5 원인 및 목적추측의 문제유형

1 자주 출현하는 질문 유형

- 经常喝牛奶的人容易变胖是因为：
  자주 우유를 마시는 사람이 쉽게 살이 찌는 원인은?
- 他选择这份工作的重要原因是： 그가 이 일을 선택한 중요한 원인은?
- 他们离婚的理由可能是： 그들의 이혼 이유는 아마도 무엇 때문인가?
- 他放弃了留学的机会是由于： 그가 유학 기회를 포기한 이유는?
- 为什么经常吃肉对身体不好? 자주 고기를 먹는 것이 왜 신체에 좋지 않은가?
- 他进入这家公司的目的是： 그가 이 회사에 들어간 목적은?
- 他们提供的服务是为了： 그들이 제공한 서비스는 무엇을 위해서인가?

2 해결 전략

1. 먼저 질문을 관찰하고, 원인 및 목적을 질문하는 유형의 문제인지 판별하고, 핵심 단어를 확정지어 본문을 탐색한다.

2. 본문에서 핵심단어를 포함하고 있는 구절 주위를 관찰하여, 인과관계 및 목적관계 등을 나타내는 단어나 구절이 있는지 살펴본다.

3. 전체적인 내용과의 논리관계를 고려한 후 판단 및 추리를 통하여 답을 고른다.

3 인과관계를 표현할 때 상용하는 고정 격식 및 표현

고정 격식 및 표현	예시
因为、由于……, …… yīnwèi, yóuyú	因为(由于)天气不好, 旅行计划推迟了。 날씨가 안 좋아서, 여행 계획이 미뤄졌다.
……, 所以/因此/因而…… suǒyǐ / yīncǐ / yīn'ér	路上堵车, 所以来晚了。 길에 차가 막혀서 늦게 왔다.
……是由……引起的 shìyóu yǐnqǐ de	人生病是由压力引起的。 사람이 병에 걸리는 것은 스트레스로 야기된 것이다.
……是由……引发的 shìyóu yǐnfā de	这场争论是由一篇论文引发的。 이 논쟁은 한 편의 논문 때문에 일어난 것이다.
……是由……造成的 shìyóu zàochéng de	这场交通事故是由司机不注意造成的。 이 교통사고는 운전기사의 부주의로 말미암은 것이다.
……之所以……是因为 zhīsuǒyǐ shì yīnwèi	之所以不让你去, 是因为担心你的健康。 너를 못 가게 한 것은 네 건강이 걱정되었기 때문이다.
……是主要(重要、直接)原因 shì zhǔyào(zhòngyào, zhíjiē) yuányīn	没有认真学习, 是不打算上大学的主要原因。 열심히 공부하지 않았던 것이 대학에 진학하지 않으려는 주요 원인이다.
为/为了…… wèi / wèile	大家都在为取得好成绩而努力学习着。 모두 좋은 성적을 얻기 위해 열심히 공부한다.
……, 以免…… yǐmiǎn	咱们早点出发, 以免迟到。 우리는 지각하지 않으려고 일찍 출발한다.
以…… yǐ	我们要努力生产, 以满足人们的生活需要。 사람들 생활의 수요를 만족시키기 위해서, 우리는 열심히 생산해야 한다.

6 단어 및 문장의 의미 유추 문제 유형

1 자주 출현하는 질문 유형

- 文中的 "绿色食品" 指的是什么? 문장에서 '绿色食品'이 가리키는 것은 무엇인가?
- 文章中的 "黑马" 是指什么? 문장에서 '黑马'가 가리키는 것은 무엇인가?
- "酸儿辣女" 的意思是 : '酸儿辣女'의 뜻은?
- 文中的 "鸡毛蒜皮" 是什么意思? 문장에서 '鸡毛蒜皮'뜻은 무엇인가?
- 文中 "他人生鲜红的春天终于来到了" 的意思是 :
  문장에서 '他人生鲜红的春天终于来到了'라는 말의 의미는?

2 해결 전략

1. 의미를 파악해야 하는 핵심 단어나 구절은 단독으로 존재하지 않고, 주위 단어들과 밀접한 상관관계를 맺고 있다. 그러므로 상관관계에 있는 단어나 구절끼리의 논리관계를 분석하고 판단한 후, 원하는 단어나 문장의 의미를 추측해야 한다.

2. 보통 의미를 추측해야 할 어려운 단어나 구절 및 사자성어 뒤에는 다시 그것을 쉬운 말로 풀이하여 설명하는 형태로 문장이 진행되는 경우가 많다. 그러므로 이와 같이 보충설명을 하고 있는 구절에서 힌트를 얻어 단어의 의미를 추측할 수 있다. 주로 아래와 같은 표현들이 해결해야 할 단어 뒤에 나온다면 부연설명으로 보면 된다.

   ……也就是说……, ……比如……, ……换句话说……, ……其实就是……

3. 구체적인 관련 예시들을 독해한 후 종합하면 원하는 단어나 문장의 의미를 추측할 수 있다.

4. 본문 중 제시된 유의어나 반의어를 통해서 원하는 단어나 문장의 의미를 추측할 수 있다.

三、书写

쓰기 제 1부분

I 중국어의 문장 구조만 잡아도 쓰기가 보인다

중국어 문장의 6大 성분 및 기본 어순 공식

1 중국어 문장의 6大 문장 성분

1. 주어(主语)

    동작이나 행동을 하는 사람이나 사물로 동작의 주체를 의미한다. '누가, 무엇이'에 해당하는 말로 주로 명사나 대명사가 담당한다.

    예 我买词典。 나는 사전을 산다.
    中文书放在桌子上。 중국어 책이 탁자 위에 놓여 있다.

2. 술어(谓语)

    주어가 하는 동작이나 행동을 나타내는 말로 대부분 동사나 형용사가 담당한다.

    예 我买词典。 [동사] 나는 사전을 산다.
    这本小说很有意思。 [형용사] 이 소설은 정말 재미있다.

3. 목적어(宾语)

    동작의 대상이 되는 말로 보통 객체를 가리킨다. 동사는 목적어를 취할 수 있으나, 형용사는 일반적으로 불가능하다. 주로 명사나 대명사가 담당한다.

    예 我买词典。 나는 사전을 산다.
    我在等地铁。 나는 지하철을 기다리고 있다.

4. 관형어(한정어/ 定语)

    명사나 대명사의 범위를 한정하는 말로 주어나 목적어를 수식해주는 성분이다. 주로 구조조사 '的'를 이용한다.

    예 我买一本中文书。 나는 중국어 책을 한 권 산다.
    这是我买的书。 이것은 내가 산 책이다.

5. 부사어(상황어/ 状语)

술어 혹은 문장 앞에서 동작 혹은 문장의 전체의 상황을 설명하는 말로 술어를 수식해주는 성분이다. 부사어 중 시간과 장소를 나타내는 말은 문장의 맨 앞, 즉 주어 앞으로 갈 수 있다.

예) 我在书店买词典。 나는 서점에서 사전을 산다.
我们也都是学生。 우리도 모두 학생이다.

6. 보어(补语)

❶ 결과보어 : 동작 후 나타난 결과를 보충
예) 买到了。 샀다.

❷ 방향보어 : 동작의 방향성을 보충
예) 买来了。 사왔다.

❸ 가능보어 : 동작의 가능성 여부를 보충
예) 买得到。 살 수 있다.

❹ 정도보어 : 동작이나 상태의 정도를 보충
예) 说得很好。 말을 아주 잘한다.

❺ 동량보어 : 동작의 진행횟수를 보충
예) 去过一次。 한 번 가보았다.

❻ 시량보어 : 동작의 지속시간을 보충
예) 说了一个小时。 한 시간 말했다.

2 중국어의 기본 어순 공식

1. 我 / 买 / 词典
   주어 + 술어 + 목적어

2. 我 / 买 / 到了
   주어 + 술어 + 보어

3. 我 / 买 / 到了 / 词典
   주어 + 술어 + 보어 + 목적어

4. 我的 / 朋友 / 买 / 到了 / 一本汉语 / 词典
   관형어 + 주어 + 술어 + 보어 + 관형어 + 목적어

5. 我的 / 朋友 / 也 / 买 / 到了 / 一本汉语 / 词典
   관형어 + 주어 + 부사어 + 술어 + 보어 + 관형어 + 목적어

6. 昨天 / 我的 / 朋友 / 也 / 买 / 到了 / 一本汉语 / 词典
   부사어 + 관형어 + 주어 + 부사어 + 술어 + 보어 + 관형어 + 목적어

Ⅱ 주요 품사별 접근 공식을 밝혀라

1 명사/대명사 및 수사/양사 공략하기

1 명사/ 대명사

1. 명사의 특징

❶ 수사, 양사와 만나면 ⇒ 수사 + 양사 + 명사
   예) 一个人 한 사람   两本书 책 두 권
❷ 관형어의 수식을 받는다. ☞ 문장 안에 的가 보이면 的 뒤엔 명사를 놓을 것!
   예) 姐姐的书包 언니의 책 가방
       我的衣服 나의 옷
❸ 복수 표현 ⇒ 명사 + 们
   예) 朋友们 친구들   学生们 학생들

   그러나 문장 안에 명사를 수식해 주는 수량사나 기타 복수를 의미하는 다른 단어가 있으면 '们'을 생략한다.
   예) 三个朋友 세 명의 친구들

2. 대명사의 특징

❶ 대명사의 종류

인칭대명사 [사람이나 사물]	我, 我们, 你, 你们, 她, 他们	我是公务员。 나는 공무원이다.
지시대명사 [사람이나 장소]	这, 那, 这儿, 那儿	这是苹果。 이것은 사과이다.
의문대명사 [의문문을 만듦]	什么, 谁, 哪儿	他是谁? 그는 누구니?

❷ 지시대명사 '这'와 '那'가 홀로 쓰이면 대명사로서 주어가 주로 되나, 뒤에 명사나 양사가 따르면 관형어가 되어 지시대명사 + (수)양사 + 명사 공식이 적용된다.
   예) 这个人 이 사람   那本书 저 책

❸ 여기에 다시 인칭대명사가 더해지면 인칭대명사 + 지시대명사 + (수)양사 + 명사의 공식을 적용해야 한다.
　예) 我们这两个人 우리 두 사람
　　　他们那几个人 그들 몇 사람

3. 명사/대명사와 문장성분과의 주요 대응관계

주어	这是我的书。이것은 내 책이다. 他们是中国人。그들은 중국인이다.	
목적어	他们都是学生。그들은 모두 학생이다. 我有一本中文小说。나는 중국어 소설이 한 권 있다.	
관형어(的)	他是我的弟弟。그는 내 남동생이다. 这本书不是我的。이 책은 내 책이 아니다.	

2 수사/ 양사

수사/ 양사의 특징

❶ 수사와 양사는 일반적으로 문장에서 단독으로 활용되지 않는다. 수사와 양사의 주된 문법기능은 함께 결합하여 '수량사구'를 구성하여 문장에서 주로 관형어, 보어로 쓰인다.

관형어	十个人	两双皮鞋	一本书	五辆汽车
보어	去了两次	看了三遍	说了几回	走了一趟

❷ 양사의 종류

명량사	사람이나 사물을 세는 단위. 주로 관형어로 쓰임.	个 条 本 位 张 등
동량사	동작의 단위나 횟수를 표시. 주로 보어로 쓰임.	次 回 遍 趟 顿 등

❸ 명량사는 반드시 명사 앞에 사용해야 하고, 동량사는 동사 뒤에 사용해야 한다.

❹ 주요 양사 소개

a. 명량사 : 명사를 세는 양사로써 사람이나 사물의 수량을 센다.

양사	쓰임	예시
个 ge	가장 보편적인 명량사	一个人　一个问题　一个月
条 tiáo	길고 구부릴 수 있는 것	一条路　一条裤子　一条毛巾
	개별 사항이나 추상사물	一条新闻　一条消息　一条经验
张 zhāng	평면이거나 펼 수 있는 것	一张桌子　一张床　一张纸
把 bǎ	자루가 있는 기구	一把伞　一把钥匙　一把刀　一把椅子
块 kuài	덩어리, 조각, 화폐단위	一块石头　一块肉　一块玻璃　一块钱
本 běn	(책을 셀 때) 권	一本书　一本杂志　一本词典
间 jiàn	방을 세는 최소 단위	一间房子　一间教室　几间宿舍
件 jiàn	일, 사건, 옷을 세는 단위	一件事　两件衣服
朵 duǒ	꽃이나 꽃송이 모양의 사물을 세는 단위	一朵花　一朵云
只 zhī	동물이나 쌍을 이룬 물건의 한 짝을 세는 단위	一只鸡　两只小狗　一只鞋　一只手套
棵 kē	식물, 채소를 셀 때	一棵树　一棵白菜　一棵草
座 zuò	크고 고정된 것, 건축물	一座山　一座桥　一座城市

家 jiā	기업에 쓰임	一家商店 一家饭店 一家公司	
段 duàn	일정한 시간, 공간의 구간	一段时间 一段距离	
封 fēng	봉투	一封信	
辆 liàng	자전거, 차량	一辆自行车 一辆汽车	
篇 piān	글을 세는 단위	一篇文章 一篇论文 两篇小说	
台 tái	기계, 기기를 세는 단위	一台电视 一台冰箱 一台录音机	

b. 동량사 : 동작의 횟수를 나타내는 양사를 동량사라 한다.

양사	쓰임	예시
次 cì	동작의 중복을 표시하며, 동작의 횟수를 중점적으로 가리킨다.	我看过两次这部电影。
回 huí	次와 같고 회화에 많이 쓰임	我看过两回这部电影。
趟 tàng	사람이나 차의 왕래하는 횟수	他去了两趟北京。
遍 biàn	시작부터 끝까지 전체 과정	**再说一遍。**
场 chǎng	문화, 체육, 공연에 자주 쓰임 자연현상을 셀 때	我们看了一场戏。 下了一场雨。

❺ 특수한 수사 용법

a. 半

'半'은 1/2을 가리키며, 단독으로 사용하지 않고 반드시 양사와 함께 사용한다. 수사가 없으면 '半 + 양사 + 명사'로, 수사가 있으면 '수사 + 양사 + 半 + 명사'의 형태로 쓴다.

예) 半斤苹果　　　半瓶酒
　　三个半小时　　两斤半水果

b. '两'과 '二'

'两'과 '二'은 모두 '2'를 뜻하지만, 일반양사의 앞에는 '两'을 사용하고, 10이상의 숫자에 있는 '2'는 양사에 상관없이 '二'로 읽는다. 도량단위를 나타내는 양사 앞에는 '两'과 '二' 모두 사용 가능하다.

예) 二本书 (X) → 两本书 (O)
　　二张邮票 (X) → 两张邮票 (O)
　　十两个月 (X) → 十二个月 (O)
　　五十两个人 (X) → 五十二个人 (O)
　　2斤大米 → 两斤大米, 二斤大米
　　2公里路 → 两公里路, 二公里路

c. 俩

'俩'는 '两个'의 의미로서 그 뒤에는 양사가 올 수 없다.

예) 俩个好朋友 (X) → 俩好朋友 (O)
　　俩老师　　俩人　　父子俩　　咱们俩

❻ 어림수를 표시하는 '多'는 그 앞에 놓이는 수사보다 큰 어림치를 표시한다. 즉 한국어의 '남짓'에 해당되는 표현이라고 할 수 있으며, '多'의 위치는 앞에 놓이는 수사에 따라 달라진다.

a. 수사가 '1~9' 사이의 정수로 끝날 때 : **수사 + 양사 + 多 + 명사**

예) 一年多时间 1년 여의 시간　　四个多小时 4시간 여

b. 수사의 끝자리가 '0'으로 끝날 때 : **수사 + 多 + 양사 + 명사**

예) 二十多个人 20여 명　　三十多本书 30여 권의 책

2 전치사 공략하기

1 전치사구의 활용

1. 부사어

전치사구는 술어 앞에서 술어를 수식하는 부사어로 주로 쓰이는데, 시간·장소·방향·대상·목적·근거 등을 표시한다.

예) 我**给你**介绍一下这儿的情况。 내가 너에게 이곳 상황을 소개해 주겠다.
   我们都**在学生食堂**吃饭。 우리는 모두 학생식당에서 밥을 먹는다.

2. 보어

전치사구는 술어 뒤에 놓여 보어로 쓰이기도 한다. 이러한 전치사구에 사용되는 전치사는 주로 '于', '向', '自', '往', '在' 등이다.

예) 我们班的同学来**自世界各地**。 우리 반 친구들은 세계 각지에서 왔다.
   信放**在桌子上**了。 편지는 책상 위에 두었다.

3. 관형어

전치사구와 피수식어 사이에 구조조사 '的'를 사용하여 명사나 명사성 어구를 수식하는 관형어로 쓰인다.

예) 请你谈谈**对这个问题的**看法。 이 문제에 대한 생각을 이야기해 보세요.
   我们正在讨论**关于暑假旅行的**事。
   우리는 여름 방학 여행에 관한 일을 토론하는 중이다.

4. 목적어

'为了……'나 '在……'는 동사 '是' 뒤에 놓여 목적어가 될 수 있다.

예) 我们这样做完全是**为了你**。
   우리가 이렇게 하는 것은 온전히 너를 위해서이다.
   我们俩第一次见面是**在一次会议上**。
   우리 둘이 처음 만난 것은 어떤 회의에서였다.

2 종류

장소, 시간	~에서, ~로부터 从 cóng　离 lí　自 zì　在 zài　于 yú
화제	~에 대하여, ~에 관해, ~으로 말하자면 对 duì　对于 duìyú　关于 guānyú

방향	~을 향해서 向 xiàng 朝 cháo 往 wǎng
대상	~에 대하여 给 gěi 对 duì 跟 gēn 和 hé
원인, 목적	~때문에, ~를 위하여 由于 yóuyú 为 wèi 为了 wèile
근거, 의거	~에 따라, ~에 근거하여 按 àn 按照 ànzhào 根据 gēnjù 以 yǐ

3 동사/ 조동사/ 형용사 공략하기

1 동사의 특징

1. **대부분의 동사는 일반적으로 문장 안에서 술어로 사용된다.**

   예 我们马上就出发。 우리는 바로 출발한다.

   하지만, 형태의 변화가 없는 중국어의 특성상 아무런 표지 없이 주어나 목적어가 되기도 하고, 구조조사 '的'를 이용하여 관형어로 사용되기도 한다.

   예 爱是观念上的东西。 (주어) 사랑은 관념적인 것이다.
   朋友们都表示欢迎。 (목적어) 친구들이 환영을 표했다.
   校长给所有学生提供了参加的机会。
   (관형어) 교장선생님은 모든 학생들에게 참가할 기회를 제공했다.

2. **대부분의 동사는 목적어를 뒤에 동반할 수 있고, 목적어는 대개 명사나 대명사이다.**

   예 我吃面包。 나는 빵을 먹는다.
   他来找我。 그가 나를 찾아 온다.

   하지만, 동사 중 일부는 명사나 대명사를 목적어로 가지지 않으며 동사나 형용사, 동사구 등과 같은 용언 성분을 목적어로 가진다.

예 进行了一次会议 (X)
　　开始汉语课 (X)
　　希望好成绩 (X)

용언 성분을 목적어로 취하는 동사는 보통 처리동사, 심리동사, 지각동사이며, '进行, 开始, 决定, 继续, 打算, 觉得, 感到, 认为, 希望' 등의 동사가 이에 해당된다.

예 我希望能再来中国。 나는 다시 중국에 올 수 있길 바래.
　　寒假我决定去中国。 겨울방학 때 나는 중국에 가기로 결정했다.

또한, 중국어에는 드물지만 목적어를 가지지 못하는 동사들도 있다. (대부분이 이합동사)
　旅行, 旅游, 观光, 出发, 休息, 见面, 帮忙, 握手 등

3. 대부분의 동사 뒤에 동태조사 '了, 着, 过'가 올 수 있다.
　　예 他还没去过中国。 그는 아직 중국에 간 적이 없다.

2 조동사의 특징

1. 동사처럼 직접 목적어를 갖지 못하고 동사나 형용사, 즉 술어 앞에만 사용된다.
　　예 我要喝咖啡。 나는 커피를 마시려고 한다.
　　　 我会开汽车。 나는 자동차를 운전할 수 있다.

2. 조동사 뒤에는 동태조사 '了, 着, 过'가 올 수 없다.
　　예 他会着打乒乓球。(X) → 他会打乒乓球。(O) 그는 탁구를 칠 수 있다.
　　　 你应该了吃这个药。(X) → 你应该吃这个药。(O)
　　　 너는 반드시 이 약을 먹어야 한다.

3. 조동사가 사용된 문장에서는 어떤 문장이든 관계없이 부정형은 조동사 앞에 '不'를 사용한다.
　　예 她不会打网球。 그녀는 테니스를 칠 줄 모른다.

4. '跟, 给, 向' 등의 전치사로 구성되는 전치사구가 부사어가 될 때는 조동사가 전치사구 앞에 놓인다.
　　예 我向你可以请教吗? (X) → 我可以向你请教吗? (O)
　　　 제가 당신한테 여쭤봐도 될까요?

3 형용사의 특징

1. 문장 안에서 주로 술어가 된다.
   예 今天很冷。 오늘은 매우 춥다.

2. 일반적으로 정도부사 '很, 非常, 十分, 最' 등의 수식을 받는다.
   예 我最近很忙。 나는 요즘 매우 바쁘다.

3. 형용사는 일반적으로 목적어를 가질 수 없다.
   예 他很友好我。 (X) → 他对我很友好。 (O) 그는 내게 매우 우호적이다.

4 부사 공략하기

1 부사의 특징

1. 부사는 동사 또는 형용사를 수식하거나 제한하는 역할을 한다.

2. 부사는 동작의 정도, 범위, 빈도, 시간, 부정, 상태, 어기를 나타낸다.

3. 부사는 문장 안에서 술어 또는 문장 전체를 수식하는 역할을 한다.

2 부사의 종류

종류	분류
정도부사	比较 bǐjiào 비교적 | 非常 fēicháng 매우 | 更 gèng 더욱 | 很 hěn 매우 | 极 jí 극히 | 稍微 shāowēi 조금 | 特别 tèbié 특히 | 太 tài 너무 | 相当 xiāngdāng 상당히 | 真 zhēn 정말 | 最 zuì 가장 | 挺 tǐng 매우 | 多么 duōme 얼마나
범위부사	光 guāng 다만 | 就 jiù ~만 | 都 dōu 전부 | 仅仅 jǐnjǐn 단지, 다만 | 另外 lìngwài 그 밖에 | 才 cái ~에야 비로소 | 全 quán 모두 | 一共 yígòng 합쳐서 | 一块儿 yíkuàir 함께 | 一起 yìqǐ 함께 | 只 zhǐ 단지
빈도부사	常常 chángcháng 늘 | 往往 wǎngwǎng 가끔 | 又 yòu 또 | 再 zài 또 | 还 hái 또한 | 也 yě ~도 역시 | 一直 yìzhí 늘, 자주 | 一向 yíxiàng 줄곧, 원래

시간부사	才 cái 겨우 曾经 céngjīng 이미 刚 gāng 막 都 dōu 이미 就 jiù 곧 快 kuài 곧 马上 mǎshàng 즉시 立刻 lìkè 바로 已经 yǐjing 이미 正在 zhèngzài 지금 将 jiāng 장차
부정부사	不 bù 아니다 没 méi (아직) ~하지 않았다 别 bié ~하지 마라 未 wèi 아직 ~하지 않다 无 wú ~하지 않다
상태부사	突然 tūrán 갑자기 忽然 hūrán 갑자기 猛然 měngrán 갑자기 渐渐 jiànjiàn 점점 仍然 réngrán 여전히
어기부사	只好 zhǐhǎo 할 수 없이 差点儿 chàdiǎnr 하마터면 原来 yuánlái 원래 明明 míngmíng 명백히, 확실히 大概 dàgài 아마 大约 dàyuē 대체로 难道 nándào 설마 ~란 말인가 到底 dàodǐ 도대체 究竟 jiūjìng 필경, 도대체 一定 yídìng 반드시, 꼭 竟 jìng 뜻밖에 竟然 jìngrán 의외로, 뜻밖에는

3 부사≠부사어

부사는 '품사(词)'의 개념으로서 동사나 형용사를 수식해 주는 기능을 하는 '단어'를 의미한다. 반면에 부사어는 문장 안에서 하나나 두 개 이상의 단어가 무슨 역할을 하는지의 개념으로서 문장에서 술어를 수식해 주는 성분을 의미한다.

　　모든 부사 → 부사어 (O)　모든 부사는 문장에서 부사어가 된다.
　　모든 부사어 → 부사 (X)　부사어를 이루는 모든 것이 부사인 것은 아니다.
부사어를 이루는 것에는 '부사' 외에도 '전치사구, 시간/장소를 표현하는 단어(구), ……地자구' 등이 있다.

4 부사어의 종류

1. 제한성 부사어

제한성 부사어로는 시간 및 장소를 나타내는 단어(구)와 각종 부사들이 여기에 속한다.

예 昨天早上七点我起床了。[시간] 어제 아침 7시에 나는 일어났다.
　我们在餐厅里吃饭。[장소] 우리는 식당에서 밥을 먹는다.
　大家都在找你, 你在哪儿？[범위] 모두 너를 찾고 있는데, 너 어디에 있니?
　请你再说一遍, 可以吗？[빈도] 한번만 더 말씀해 주시겠어요?
　这座楼房很不错。[정도] 이 집은 꽤 괜찮은데요.

你到底去不去长城? [어기] 너 도대체 만리장성에 갈거니 안 갈거니?
我没去过韩国。[부정] 나는 한국에 가본 적이 없다.

2. 묘사성 부사어

묘사성 부사어에는 동작자의 표정, 상태, 심리 혹은 동작의 방식을 묘사하는 것으로서 일반적으로 …地자구가 이에 속한다.

예) 他伤心地哭了。 그는 상심하며 울었다.
他很有礼貌地向客人问好。 그는 매우 예의 있게 손님에게 안부를 전한다.
他把玻璃杯子轻轻地放下。 그는 유리컵을 가볍게 내려 놓았다.

★ 한 문장 내에 여러 개의 부사어와 조동사 등이 모두 출현할 때 그 순서는 :
주어 + 제한성 부사어 + 조동사 + 전치사구 + 묘사성 부사어 + 술어

III 쓰기에 자주 출현하는 주요 어법 유형별 공략하기

1 비교문 분석하기

1 '比'자 비교문

1. 기본 형식

A 比 B 술어(동사/형용사) : A가 B보다 ~하다.
예) 我比妹妹高。 나는 여동생보다 키가 크다.

2. '比'자 비교문에서 의미의 확장은 보어를 이용해야 한다.

❶ A 比 B + 술어 + 一点/一些 : A가 B보다 조금(약간) ~하다.
  예) 我比妹妹高一点。 나는 여동생보다 조금 키가 크다.

❷ A 比 B + 술어 + 多了/得多 : A가 B보다 훨씬 ~하다.
  예) 我比妹妹高得多。 나는 여동생보다 훨씬 키가 크다.

❸ A 比 B + 술어 + 구체적 수치(수량사) : A가 B보다 얼마(수치) ~하다.
  예) 我比妹妹高三厘米。 나는 여동생보다 3cm 키가 크다.

3. 보어 외에 부사로도 정도를 표시할 수 있다.

　　단, 사용할 수 있는 부사가 제한적인데, '更, 还, 都, 再' 등의 부사는 사용할 수 있지만, '很, 非常, 十分, 最' 등의 정도부사는 사용할 수 없는 점에 유의해야 한다.

　　A 比 B + 부사 + 술어 : A가 B보다 훨씬(더) ~하다.
　　예 我比妹妹更(还/都)大。 나는 여동생보다 훨씬 나이가 많다.

4. '比'자 비교문의 부정

　❶ A 不比 B + 술어 : A가 B보다 ~하지 않다.
　　예 我不比安娜大。 나는 안나보다 나이가 많지 않다.

　❷ A 不如 B + 술어 : A가 B보다 ~하지 않다.
　　예 我不如妹妹聪明。 나는 여동생만큼 똑똑하지 않다.

2 '有'자 비교문

❶ A 有 B + (这么/那么) + 술어 : A가 B만큼 ~하다.
　예 我有小王那么高。 나는 샤오왕만큼 키가 크다.

❷ A 没有 B + (这么/那么) + 술어 : A가 B만큼 ~하지는 않다.
　예 我没有姚明那么高。 나는 야오밍만큼 키가 그렇게 크지는 않다.

3 차이가 없음을 표시하는 비교문

❶ A 跟 B + 一样 + (술어) : A와 B는 같다/ A와 B는 똑같이 ~하다.
　예 他的性格跟爸爸一样。 그의 성격은 아빠와 같다.

❷ A 跟 B + 不一样 + (술어) : A와 B는 같지 않다/ A와 B는 다르게 ~하다.
　예 我的看法跟老婆不一样。 내 생각은 아내와 다르다.

2 把/被 이해하기

1 把字句 (처치문)

1. 기본 형식

주어 + 술어 + 목적어　　　　　　예 我做完作业了。 나는 숙제를 다 했다.

⇒ 주어 + 把목적어 + 술어　　　　예 我把作业做完了。 나는 숙제를 다 했다.

2. 주요 어법 포인트

❶ 조동사, 부정부사(不/ 没), 시간사 등 **대부분의 부사는 ⇒ 把 앞에**
  예) 我没把作业做完。 나는 숙제를 다하지 못 했다.
   我能把作业做完。 나는 숙제를 다 할 수 있다.
   我也把作业做完了。 나도 숙제를 다 했다.
   我今天才把作业做完了。 나는 오늘에서야 숙제를 다 했다.

❷ 술어가 동사 단독이어서는 안 된다. ⇒ **술어 = 동사 + 기타성분**
  예) 妈妈把我的衣服洗干净。 [보어] 어머니께서 내 옷을 깨끗이 빠셨다.
   我们把这个问题好好讨论讨论。 [중첩] 우리는 이 문제를 잘 의논했다.
   妹妹把这件事情告诉我。 [목적어] 여동생은 이 일을 내게 말했다.
   他把大衣丢了。 [동태조사] 그는 외투를 잃어버렸다.

2 被字句 (피동문)

1. 기본형식

주어 + 술어 + 목적어
예) 小偷偷走了我的自行车。 도둑이 내 자전거를 훔쳐갔다.

⇒ **목적어 + 被주어 + 술어**
예) 我的自行车被小偷偷走了。 내 자전거는 도둑이 훔쳐갔다.

2. 주요 어법 포인트

❶ 조동사, 부정부사(不/ 没), 시간사 등 **대부분의 부사는 ⇒ 被 앞에**
  예) 我的自行车没被小偷偷走了。 내 자전거는 도둑이 훔쳐 가지 않았다.
   我的自行车也被小偷偷走了。 내 자전거도 도둑이 훔쳐 갔다..
   我的自行车可能被小偷偷走了。 내 자전거는 아마 도둑이 훔쳐 갔다.
   我的自行车昨天被小偷偷走了。 내 자전거는 어제 도둑이 훔쳐 갔다.

❷ 술어가 동사 단독이어서는 안 된다. ⇒ **술어 = 동사 + 기타성분**
  예) 这本书被弟弟借走了。 [보어] 이 책은 남동생이 빌려 갔다.
   这件事被他解决了。 [동태조사] 이 일은 그가 해결했다.

❸ 기타 피동을 만드는 전치사 ⇒ **叫, 让, 给**

예) 这本书让孩子撕破了。 이 책은 아이가 찢어 버렸다.
我的衣服叫雨淋湿了。 내 옷이 비에 젖었다.
电脑给我弟弟弄坏了。 컴퓨터는 내 남동생이 망가뜨렸다.

❹ '被'를 사용할 때는 목적어가 생략될 수 있으나, '叫' 또는 '让'을 사용할 때는 반드시 목적어가 표시되어야 한다. ⇒ **주어 + 被 + 동사 + 기타성분**
예) 啤酒被喝完了。 맥주를 다 마셨다.
我被骗了。 나는 속았다.

3 정도/가능보어 이해하기

1 정도보어

1. 정도보어란?

술어(동사, 형용사) 뒤에 놓여 동작이나 상태의 정도를 나타내거나 모습을 묘사한다.

[기본공식]

주어	술어 (동사 / 형용사)	得	정도보어
他	跑	得	很快

정도보어를 구성하는 형태로는 형용사(구/중첩), 동사(구/중첩), 사자성어, 주어 + 술어구 등 정도의 의미를 전달하는 어떠한 형태도 보어로 쓰일 수 있다.

예) 那个老头儿走得慢悠悠的。 [형용사중첩] 그 노인은 천천히 걷는다.
他跑得直流汗。 [동사구] 그는 뛰어서 땀을 흠뻑 흘렸다.
他着急得坐立不安。 [성어] 그는 조급해서 좌불안석이었다.
哥哥说得大家笑起来了。 [주술구] 형의 말에 모두 웃기 시작했다.

2. 주요 어법 포인트

❶ 목적어와 정도보어가 함께 사용될 때는 술어를 한번 더 중첩해야 한다.
⇒ **주어 + 술어 + 목적어 + 술어 + 得 + 정도보어**

예 他说汉语说得不错。 그는 중국어를 잘 한다.

你写汉字写得很快。 그는 한자를 매우 빨리 쓴다.

아니면, 목적어를 다음과 같이 앞으로 도치시킬 수도 있다. 이 경우 술어를 중첩할 필요가 없다.

⇒ 주어 + 목적어 + 술어 + 得 + 정도보어

예 他汉语说得不错。
   你汉字写得很快。

❷ 정도보어의 부정형식

정도보어는 보어에 포커스가 있다. 그래서 부정할 때는 '不'로 보어를 부정한다.

a. 긍정형 : 술어 + 得 + 정도보어   예 他说得清楚。 그는 명확하게 말했다.
b. 부정형 : 술어 + 得不 + 정도보어   예 他说得不清楚。 그는 불명확하게 말했다.

❸ '得'가 필요없는 정도보어 ⇒ 极了, 坏了, 死了

형용사 혹은 심리 활동을 표시하는 동사 뒤에 놓여 정도가 매우 높음을 표시한다.

예 她听到这个消息, 高兴极了。 그녀는 이 소식을 듣고 매우 기뻐했다.

这件事把我气坏了。 이 일은 나를 아주 화나게 했다.

大女儿现在还没结婚, 妈妈急死了。

큰 딸이 현재 아직 결혼하지 않아 엄마는 초조해 죽으려 한다.

2 가능보어

1. 가능보어란?

술어 뒤, 결과보어나 방향보어 앞에 '得, 不'를 써서 동작이 실현 가능한지 불가능한지를 나타낸다.

[기본공식]

주어	술어 (동사 / 형용사)	得 / 不	가능보어 (결과보어 / 방향보어)
我	走	得	进去
我	听	不	懂

2. 주요 어법 포인트

❶ 가능보어의 부정형식 ⇒ '得'를 '不'로 바꾸면 불가능을 나타낸다.

  a. 긍정형 : 술어 + 得 + 가능보어 ~할 수 있다

   예 这些菜不多，我吃得下。
   음식이 많지 않아서, 나는 다 먹을 수 있다.

  b. 부정형 : 술어 + 不 + 가능보어 ~할 수 없다

   예 这些菜太多了，我吃不下。
   음식이 너무 많아서, 나는 다 먹을 수 없다.

❷ 가능보어와 목적어의 위치 ⇒ **주어 + 술어 + 가능보어 + 목적어**

   예 他们都听不懂韩语。
   그들은 모두 한국어를 이해하지 못한다.

❸ 가능보어의 기타형식

  [가능, 추측]

  a. 긍정형 : 술어 + 得了 ~할 수 있다

   예 老师病好了，明天上得了课了。
   선생님의 병이 나아서, 내일은 수업을 할 수 있을 것이다.

  b. 부정형 : 술어 + 不了 ~할 수 없다

   예 老师病了，明天上不了课了。
   선생님이 아파서 내일 수업할 수 없을 것이다.

  [금지, 허락]

  a. 긍정형 : 술어 + 得 ~할 수 있다

   예 这个网吧，小孩儿去得。 이 PC방은 어린아이들이 갈 수 있다.

  b. 부정형 : 술어 + 不得 ~할 수 없다

   예 这个网吧，小孩儿去不得。 이 PC방은 어린아이들이 갈 수 없다.

4 시량/동량보어 이해하기

1 동량보어

1. 동량보어란?

동작의 양적인 표현(동량사)을 이용하여 술어 뒤에서 동작을 진행한 횟수를 표현해 주는 보어이다.

2. 주요 어법 포인트

❶ 목적어가 대명사가 아닌 일반 목적어일 때

⇒ **주어 + 술어 + 동량보어 + 목적어**

예 我看了一遍那部电影。 나는 그 영화를 한 번 보았다.
　我吃过一次中国菜。 나는 중국요리를 한 번 먹어 본 적이 있다.

❷ 목적어가 대명사일 때

⇒ **주어 + 술어 + 목적어 + 동량보어**

예 我看过他一次。 나는 그를 한 번 본 적이 있다.
　我去过那儿两趟。 나는 그 곳에 두 번 간 적이 있다.

2 시량보어

1. 시량보어란?

시간의 양을 나타내는 양사(시량사)를 이용하여 술어 뒤에서 동작이 얼마 동안 지속되었는지를 표현해 주는 보어이다.

2. 주요 어법 포인트

❶ 목적어가 대명사가 아닌 일반목적어일 때

⇒ **주어 + 술어 + 시량보어 + 목적어**

예 我等了一个小时(的)公共汽车。 나는 버스를 1시간 기다렸다.
　我学两年(的)汉语了。 나는 2년 동안 중국어를 공부했다.

혹은 **주어 + 술어 + 목적어 + 술어 + 시량보어**의 형태도 가능하다.
이때, 술어를 중첩할 때 부사나 동태조사 등은 두 번째 술어를 기준으로 삼아야 한다.

예 我等了公共汽车等一个小时。 (X) → 我等公共汽车等了一个小时。
　我学了汉语学两年。 (X) → 我学汉语学了两年。
　我只学了汉语学两年。 (X) → 我学汉语只学了两年。

❷ 목적어가 대명사일 때

⇒ **주어 + 술어 + 목적어 + 시량보어**

예 我等了他半个小时。 나는 그를 30분 기다렸다.
　妈妈找他半天了。 엄마는 그를 한나절 찾았다.

❸ 목적어가 지명일 때
⇒ **주어 + 술어 + 목적어 + 시량보어**
예 我来中国一年了。 나는 중국에 온지 1년이 되었다.

5 겸어문 이해하기

1 겸어문이란?

앞 동사 (V₁)의 목적어가 뒷 동사 (V₂)의 주어를 겸하는 문장이다.
예 他请我们吃饭。 그는 우리를 식사에 초청했다.

[기본공식]

주어	동사 (V₁)	**목적어**		
他	请	我们	吃	饭
		주어	동사 (V₂)	목적어

'我们'은 앞에 오는 동사 '请'의 목적어이자, 뒤에 오는 동사 '吃'의 주어 역할을 하는 겸어임.

2 주요 어법 포인트

1. '사동의 의미'를 가지는 동사가 출현하면 겸어문으로 접근하라.
   ⇒ 请, 让, 叫, 使, 派 등
   예 我请他帮我的忙。 나는 그에게 도와달라고 청했다.
   妈妈让孩子学音乐。 엄마가 아이에게 음악을 배우도록 시킨다.
   他叫弟弟打扫房间。 그는 남동생에게 방을 청소하도록 시킨다.
   他的话使我非常生气。
   그의 말이 나를 매우 화나게 만들었다.
   公司派我到上海去工作。
   회사가 나를 상하이로 가서 일하도록 파견한다.

2. 조동사, 부정부사, 시간부사 등의 위치는 첫 번째 술어 앞이다.
   예 他今天晚上请我吃饭。 그는 오늘 저녁 우리를 식사에 초대했다.
   妈妈不让我们看电视。 엄마는 우리가 TV를 보지 못하게 한다.

他的话**能**使我们下决心。 그의 말은 우리로 하여금 결심을 할 수 있게 만들 수 있다.

3. 有/没有를 사용한 겸어문 → 주어 + 술어(有/没有) + 겸어 + 술어

   예) 他**有**一个哥哥上大学。

   그는 대학에 다니는 형이 한 명 있다.

   没有人知道他的名字。

   그의 이름을 아는 사람이 없다.

쓰기 제 2부분

작문비법 및 실전문제 해결 TIP

1 작문비법

1. 중국어 문장 어순에 맞는 작문을!
중국어 어순의 기본은 '주어 + 술어 + 목적어' 구조임을 잊지 마라!

2. 한자를 정확하게 쓰는 연습에 힘쓰라!
한자는 필획 하나 잘못 그어도 전혀 다른 글씨가 되므로, 평소 단어를 쓰면서 외우는 습관을 길러야 한다. 절대 눈으로 보면서 외우려고 하지 마라!

3. 단어 정복이 중요하다!
新HSK 4급의 1200개 단어는 작문을 위해서라도 확실히 암기하자!

4. 평소 짧은 문장들을 많이 외워둬라!
'모방은 창조의 어머니'라고 했듯이, 다양한 형태와 표현의 문장들을 평소 많이 외워 둔다면, 실전에서 주어진 어휘만 바꿔서 얼마든지 새롭게 글짓기를 할 수가 있다.

2 실전문제 해결 TIP

1. 먼저 주어진 그림과 제시 단어를 보고 연상되는 상황이나 단어를 적어본다.

2. 연상되는 단어들을 이용하여 문장의 가장 기본 형태인 '주어 + 술어 + 목적어' 구조의 문장을 만들어 본다. 처음부터 어렵게 하려고 하지 말고 기본 어순에 충실하도록 한다.

3. '주어 + 술어 + 목적어'를 바탕으로 관형어나 부사 등을 첨가하여 문장을 확장시켜 그림과 관련하여 원하는 표현을 만들어 간다.

4. 작문을 다 완성한 후, 마지막으로 글자 하나하나 체크하여 잘못 적은 글자가 없는지 확인한다.

3 쓰기 필수 주제별 단어 정리

1. 장소관련 단어와 연관 단어

图书馆 túshūguǎn 도서관	借 jiè 빌리다 | 还 huán 반납하다 | 查 chá 검색하다 | 资料 zīliào 자료 | 研究 yánjiū 연구하다 | 论文 lùnwén 논문
学校 xuéxiào 학교	小学 xiǎoxué 초등학교 | 初中 chūzhōng 중학교 | 高中 gāozhōng 고등학교 | 大学 dàxué 대학교 | 高考 gāokǎo 대입시험 | 教室 jiàoshì 교실 | 老师 lǎoshī 선생님 | 课本 kèběn 교과서 | 宿舍 sùshè 기숙사 | 运动场 yùndòngchǎng 운동장 | 同学 tóngxué 급우 | 考试 kǎoshì 시험 | 作业 zuòyè 숙제 | 上学 shàngxué 등교하다 | 放学 fàngxué 하교하다 | 复习 fùxí 복습하다 | 预习 yùxí 예습하다
电影院 diànyǐngyuàn 영화관	电影 diànyǐng 영화 | 电影票 diànyǐngpiào 영화표 | 观众 guānzhòng 관중, 관객 | 票房 piàofáng 매표소 | 角色 juésè 역할, 배역 | 演员 yǎnyuán 배우 | 导演 dǎoyǎn 감독
百货大楼 / 商店 bǎihuòdàlóu / shāngdiàn 백화점 / 상점	逛街 guàngjiē 쇼핑하다 | 包装 bāozhuāng 포장하다 | 大减价 dàjiǎnjià 바겐세일 | 打折 dǎzhé 할인하다 | 购物 gòuwù 물건을 사다 | 收银台 shōuyíntái 계산대 | 顾客 gùkè 고객 | 退货 tuìhuò 반품하다 | 礼物 lǐwù 선물
医院 yīyuàn 병원	医生 yīshēng 의사 | 大夫 dàifu 의사 | 护士 hùshi 간호사 | 看病 kànbìng 진찰하다(받다) | 打针 dǎzhēn 주사를 놓다(맞다) | 病人 bìngrén 환자 | 手术 shǒushù 수술 | 治疗 zhìliáo 치료하다 | 生病 shēngbìng 병이 나다
邮局 yóujú 우체국	信 xìn 편지 | 信封 xìnfēng 편지봉투 | 邮票 yóupiào 우표 | 包裹 bāoguǒ 소포 | 寄 jì 편지를 부치다 | 收 shōu 받다 | 地址 dìzhǐ 주소 | 邮递员 yóudìyuán 집배원

银行 yínháng 은행	存款 cúnkuǎn 저금, 예금 | 贷款 dàikuǎn 대출금 | 信用卡 xìnyòngkǎ 신용카드 | 换钱 huànqián 환전하다 | 密码 mìmǎ 비밀번호 | 交钱 jiāoqián 돈을 납부하다 | 柜台 guìtái 업무창구 | 签名 qiānmíng 서명하다
餐厅 / 食堂 cāntīng / shítáng 식당	菜 cài 요리 | 点菜 diǎncài 요리를 주문하다 | 发票 fāpiào 영수증 | 味道 wèidao 맛 | 点心 diǎnxin 간식 | 好吃 hǎochī 맛있다 | 饮料 yǐnliào 음료

2. 감정을 나타내는 단어와 예시

幸福 xìngfú 행복하다	虽然家里钱不多，但是全家都很幸福。 비록 집에 돈은 많지 않지만, 모든 식구들이 다 매우 행복하다.
伤心 shāngxīn 상심하다	他没考上大学，所以很伤心。 그는 대학에 합격하지 못해서 매우 상심했다.
生气 shēngqì 화가 나다	因为他的话，我非常生气。 그의 말 때문에 나는 매우 화가 났다.
吃惊 chījīng 놀라다	听到这个消息，我很吃惊。 이 소식을 듣고 나는 매우 놀랐다.
不好意思 bù hǎoyìsi 부끄럽다, 미안하다	我不想参加她的生日晚会，可又不好意思说出来。 나는 그녀의 생일파티에 참가하고 싶지 않지만, 말하기가 미안하다.
失望 shīwàng 실망하다	考试成绩不好，让父母很失望。 시험 성적이 좋지 않아, 부모님을 매우 실망시켰다.
高兴 gāoxìng 기쁘다	这次考试我得了第一名，高兴极了。 이번 시험에서 나는 1등을 해서 매우 기쁘다.
害怕 hàipà 무섭다	她很害怕一个人深夜回家。 그녀는 깊은 밤에 혼자 집에 가는 것을 매우 무서워한다.
希望 xīwàng 희망하다	我希望能学好汉语。 나는 중국어를 잘 배우길 희망한다.

担心 dānxīn 걱정하다	父母总是为我们的将来担心。 부모님은 늘 우리의 장래 때문에 걱정하신다.		
紧张 jǐnzhāng 긴장하다	明天有重要的考试,紧张得睡不着觉。 내일 중요한 시험이 있는데, 긴장이 되서 잠을 잘 수 없다.		
后悔 hòuhuǐ 후회하다	小的时候,我学习不太认真,现在后悔了。 어렸을 때 나는 공부를 열심히 하지 않았다. 지금은 후회된다.		

3. 스포츠 관련 단어

体育 tǐyù	체육	运动 yùndòng	운동하다
比赛 bǐsài	경기, 시합	进球 jìnqiú	골
取胜 qǔshèng	승리하다	赢 yíng	이기다
输 shū	지다	赛程 sàichéng	경기일정
奥林匹克运动会 Àolínpǐkè Yùndònghuì	올림픽	世界杯足球赛 Shìjièbēi Zúqiúsài	월드컵 축구대회
赛跑 sàipǎo	경주하다	跑步 pǎobù	조깅하다
游泳 yóuyǒng	수영(하다)	滑冰 huábīng	스케이트(를 타다)
滑雪 huáxuě	스키(를 타다)	足球 zúqiú	축구
棒球 bàngqiú	야구	篮球 lánqiú	농구
排球 páiqiú	배구	网球 wǎngqiú	테니스
乒乓球 pīngpāngqiú	탁구	台球 táiqiú	당구
太极拳 tàijíquán	태극권	体操 tǐcāo	체조

4. 날씨 관련 단어

天气 tiānqì	날씨	预报 yùbào	예보(하다)
下雨 xiàyǔ	비가 내리다	下雪 xiàxuě	눈이 내리다
下雾 xiàwù	안개가 끼다	晴天 qíngtiān	맑은 날

阴天 yīntiān	흐린 날	刮风 guāfēng	바람이 불다
多云 duōyún	구름이 많다	干燥 gānzào	건조하다
潮湿 cháoshī	습하다	冷 lěng	춥다
热 rè	덥다	凉快 liángkuai	시원하다

5. 도로와 교통 관련 단어

道路 dàolù	도로	地道 dìdào	지하도
胡同 hútòng	골목	人行道 rénxíngdào	인도, 보도
大街 dàjiē	번화가	马路 mǎlù	큰길
开车 kāichē	운전하다	红绿灯 hónglǜdēng	신호등
右转 yòuzhuǎn	우회전하다	高速公路 gāosùgōnglù	고속도로
左转 zuǒzhuǎn	좌회전하다	汽车站 qìchēzhàn	정류장
火车站 huǒchēzhàn	기차역	机场 jīchǎng	공항
停车场 tíngchēchǎng	주차장	火车 huǒchē	기차
地铁 dìtiě	지하철	汽车 qìchē	자동차
公共汽车 gōnggòngqìchē	버스	自行车 zìxíngchē	자전거
飞机 fēijī	비행기	船 chuán	배

Note

Note

Note

Note

Note